EMPLOI ET GESTION DES RESSOURCES HUMAINES DANS L'ÉCONOMIE DU SAVOIR

Membre de L'ASSOCIATION NATIONALE DES ÉDITEURS DE LIVRES

Presses de l'Université du Québec
Le Delta I, 2875, boulevard Laurier, bureau 450, Québec (Québec) G1V 2M2
Téléphone : 418 657-4399 *Télécopieur :* 418 657-2096
Courriel : puq@puq.ca *Internet :* www.puq.ca

Diffusion / Distribution :

CANADA Prologue inc., 1650, boulevard Lionel-Bertrand, Boisbriand (Québec) J7H 1N7
Tél. : 450 434-0306 / 1 800 363-2864

FRANCE AFPU-D – Association française des Presses d'université
Sodis, 128, avenue du Maréchal de Lattre de Tassigny, 77 403 Lagny, France – Tél. : 01 60 07 82 99

BELGIQUE Patrimoine SPRL, avenue Milcamps 119, 1030 Bruxelles, Belgique – Tél. : 02 7366847

SUISSE Servidis SA, Chemin des Chalets 7, 1279 Chavannes-de-Bogis, Suisse – Tél. : 022 960.95.32

Diane-Gabrielle Tremblay

EMPLOI ET GESTION DES RESSOURCES HUMAINES DANS L'ÉCONOMIE DU SAVOIR

Avec la collaboration de
Siham Abouaissa
et **Nadia Lazzari Dodeler**

Presses de l'Université du Québec

Catalogage avant publication de Bibliothèque et Archives nationales du Québec et Bibliothèque et Archives Canada

Tremblay, Diane-Gabrielle

Emploi et gestion des ressources humaines dans l'économie du savoir

Comprend des références bibliographiques.

ISBN 978-2-7605-4170-2

1. Personnel – Direction. 2. Économie du savoir. I. Titre.

HF5549.T73 2014 658.3 C2014-941860-4

Les Presses de l'Université du Québec
reconnaissent l'aide financière du gouvernement du Canada
par l'entremise du Fonds du livre du Canada
et du Conseil des Arts du Canada pour leurs activités d'édition.

Elles remercient également la Société de développement
des entreprises culturelles (SODEC) pour son soutien financier.

Conception graphique
Michèle Blondeau

Image de couverture
iStock

Mise en pages
Le Graphe

Dépôt légal : 1er trimestre 2015
› Bibliothèque et Archives nationales du Québec
› Bibliothèque et Archives Canada

Imprimé au Canada

REMERCIEMENTS

Je tiens à remercier les personnes qui m'ont aidée dans la réalisation de cet ouvrage. Je remercie d'abord le Conseil de recherches en sciences humaines du Canada qui, depuis de nombreuses années, finance mes recherches sur l'économie du savoir et sur plusieurs des enjeux présentés dans les chapitres, dont la conciliation travail-famille, les nouvelles formes d'emploi et le vieillissement de la main-d'œuvre. Je veux remercier le programme des Chaires de recherche du Canada, qui a financé ma chaire sur les enjeux socioorganisationnels de l'économie du savoir, ainsi que le programme des ARUC (Alliance de recherche université-communauté), qui a financé mon ARUC sur la gestion des âges et des temps sociaux.

Je veux remercier Siham Abouaissa et Nadia Lazzari Dodeler, qui ont travaillé à la recherche et à la rédaction préliminaire des chapitres, ainsi que le service de la documentation de la Télé-université, qui nous a aidée dans la recherche documentaire. Des remerciements s'adressent enfin à Dominique Dorion et à Jacqueline Chevalier, qui ont travaillé à la révision linguistique.

AVIS AU LECTEUR

Dans le présent document, le générique masculin est utilisé sans discrimination et uniquement dans le but d'alléger le texte.

TABLE DES MATIÈRES

CHAPITRE 2.

CHAPITRE 3.

LISTE DES FIGURES

LISTE DES TABLEAUX

Introduction

Au cours des dernières décennies, l'économie s'est profondément transformée et depuis quelques années, on parle d'économie du savoir (Laroche, 2001), d'économie des connaissances (Foray, 2009) ou encore de société du savoir lorsqu'on veut inclure davantage la dimension sociologique. On avait aussi parlé de « nouvelle économie » (Tremblay et Rolland, 2003), renvoyant en gros au même phénomène, mais au fil des ans, le qualificatif de « nouvelle » est devenu de moins en moins pertinent. On en est donc venu à retenir le concept d'économie du savoir (certains traitant aussi d'économie de la connaissance), pour renvoyer à un changement fondamental dans l'économie et la société. Mais de quoi s'agit-il ? Pour notre part, nous allons retenir ici cette définition :

> L'économie du savoir est un stade de l'évolution de notre économie caractérisé par une progression et une prolifération accélérée de connaissances, incorporées dans des produits et techniques, et dont la complexité est maintenant telle que leur production repose sur une main-d'œuvre plus spécialisée qui doit nécessairement travailler au sein d'équipes et de systèmes pour appliquer ces connaissances (Bourgeois, 2007, p. 18-19).

Le concept de connaissances ou de savoir est ainsi fondamental dans le nouveau contexte économique et c'est ce qui nous distingue de périodes antérieures, où l'on traitait davantage de travail manuel ou encore de travail industriel. On peut ainsi considérer que nous sommes passés d'une économie axée sur le secteur primaire (agriculture ou mines par exemple), vers une économie fondée sur le secteur secondaire et l'industrie manufacturière, puis vers une économie de services, ou économie tertiaire, pour enfin passer à une économie du savoir, ou de la connaissance, que certains qualifient de quatrième secteur.

Une des caractéristiques de l'économie du savoir, c'est aussi l'importance de l'innovation, de la créativité, qui amène même certaines personnes à parler d'économie de la créativité. Par ailleurs, comme on met souvent l'accent sur l'importance de la collaboration et du partage de connaissances et de savoir dans cette nouvelle économie, on peut aussi parler d'économie du partage, de la collaboration, ou d'économie contributive. Nous verrons que la collaboration et le partage de connaissances, comme l'innovation et la créativité, sont au cœur de cette nouvelle économie, mais pour simplifier, nous retiendrons le terme d'économie du savoir.

Une des dimensions propres à l'économie du savoir, ou à ce nouveau modèle de production (Durand, 1994) c'est bien sûr l'importance de la connaissance, mais cela signifie aussi que la main-d'œuvre ou le travail sont aussi fondamentaux dans les nouveaux processus de production, ou la « nouvelle économie ». Cette économie du savoir exige une main-d'œuvre qualifiée, elle requiert souvent du travail en équipe et un partage des connaissances, de sorte que l'on se trouve bien dans un tout nouveau contexte, qui exige de nouvelles modalités de gestion des ressources humaines. Ces nouvelles modalités de gestion des ressources humaines viennent aussi en réaction à des difficultés de gestion de la main-d'œuvre, qui s'accentuent au fil des ans, en raison d'une insatisfaction profonde des salariés quant à l'organisation du travail, et notamment du travail prescrit (Tremblay, 2013).

On peut considérer que l'économie du savoir a émergé dans les années 1970, en réaction à la crise industrielle très importante vécue à cette époque (Houben et Ingham, 1996). Non seulement observait-on alors une certaine démotivation des salariés dans le contexte de l'organisation du travail tayloriste, fondée sur une forte parcellisation des tâches ou division du travail, mais l'ensemble de l'économie s'est alors retrouvée dans un contexte de crise (sur cet historique, voir plusieurs articles de Tremblay et Alberio, 2014). En effet, la répartition des richesses qu'avait assurée l'État-providence au cours de l'après-guerre ne fonctionnant plus et des crises tant sociales qu'économiques se manifestant dans nombre de pays (Freyssinet, 2002).

C'est donc bien en lien avec la crise du modèle de production fordiste dans les années 1970, mais aussi en raison des crises successives des années 1970-1980 dues aux chocs pétroliers et aux crises financières (Boyer, 1993), que s'instaure l'économie du savoir. Piore et Sabel (1988) expliquent le passage à cette nouvelle économie, à cette économie du savoir précisément par la crise du modèle fordiste dont la dynamique organisationnelle est fondée sur des produits de masse uniformisés, alors que les exigences des consommateurs ont changé et se portent sur la qualité et sur la différenciation des produits.

Dans cet ouvrage nous nous intéressons donc à l'ensemble des transformations issues du passage à cette économie du savoir, principalement aux changements touchant l'emploi et la gestion des ressources humaines.

Ainsi, après avoir bien défini ce qu'est l'économie du savoir, et qui sont les travailleurs du savoir, au chapitre 1, nous nous intéresserons ensuite aux caractéristiques des nouvelles carrières dans cette économie du savoir, au chapitre 2.

Au chapitre 3, nous nous pencherons sur le concept de l'engagement, et nous traiterons des diverses approches et modalités d'engagement des travailleurs du savoir. Nous nous intéresserons aux motifs qui incitent les entreprises à rechercher l'engagement de leurs salariés et nous nous attarderons aussi aux mesures de l'engagement et aux divers modèles de gestion des ressources humaines qui permettent d'obtenir cet engagement. Enfin, nous nous pencherons sur ce que nous avons appelé les « côtés sombres de l'engagement ».

Dans le chapitre 4, nous nous intéresserons à l'autonomie au travail. Nous définirons ce concept et nous nous pencherons notamment sur les conditions de sa mise en œuvre et sur l'évaluation des effets de l'autonomie au travail, tout comme les paradoxes du concept d'autonomie.

Nous passerons ensuite à une autre caractéristique importante de l'économie du savoir, soit la participation au travail. Tout comme l'engagement et l'autonomie, la participation est souvent recherchée par les employeurs dans le contexte de l'économie du savoir, et nous essaierons de comprendre pourquoi c'est le cas. Après avoir défini le concept, nous nous intéresserons aux divers types de participation, aux méthodes participatives existant dans le monde, en traitant des modèles japonais et suédois, mais aussi des cercles de qualité et des équipes autonomes. Nous nous pencherons sur les conditions de mise en œuvre et sur les facteurs de succès.

Au chapitre 6, nous nous intéresserons aux nouvelles modalités d'apprentissage et notamment à l'apprentissage organisationnel. Nous nous penchons notamment sur les communautés de pratique, le mentorat, le coaching et l'autoformation et montrons comment ces nouvelles modalités d'apprentissage sont importantes dans l'économie du savoir.

Nous passons ensuite, au chapitre 7, aux nouvelles formes d'organisation du travail caractéristiques de l'économie du savoir. Après une définition et une typologie, nous nous intéressons aux modalités de mise en œuvre et aux effets de la mise en place de ces nouvelles modalités d'organisation du travail, à la fois pour les salariés et pour les entreprises.

Au chapitre 8, nous nous penchons sur un des effets observés du développement de l'économie du savoir, soit la précarisation de certains emplois. Après avoir défini ce concept, nous voyons les catégories les plus touchées, et nous nous intéressons à une nouvelle option, soit la flexicurité, qui permet d'offrir de la flexibilité aux entreprises de l'économie du savoir, sans nécessairement rendre le travail précaire. Nous nous penchons sur les positions des acteurs sociaux sur cette question également.

Dans le chapitre 9, nous nous intéressons à un autre effet négatif de l'économie du savoir, soit l'intensification du travail, observée dans plusieurs milieux. Nous traitons de la définition, des causes et formes de l'intensification, des conséquences pour les travailleurs comme pour les organisations, ainsi que des autres options qui pourraient être possibles, de même que de la position des acteurs sociaux.

Le temps de travail et le présentéisme font l'objet du chapitre 10. Nous nous penchons sur les heures de travail dans le contexte de l'économie du savoir, au Canada, au Québec et ailleurs dans le monde. Nous traitons de la définition du présentéisme, ainsi que de la manière dont il se présente, de son ampleur et de ses coûts. Nous abordons aussi le télétravail, car c'est là un contexte qui peut parfois aussi donner lieu à des heures de travail longues, même si on le voit parfois comme une mesure favorable à la conciliation entre les activités professionnelles et familiales, objet du chapitre 11.

En effet, le chapitre 11, traite de la conciliation entre le travail, la famille et la vie personnelle. Après avoir défini le concept et traité du conflit entre travail et famille, qui est souvent observé chez les travailleurs de l'économie du savoir, nous nous intéressons aux aspects plus positifs, notamment la satisfaction et l'autodétermination. Nous traitons des positions de l'État et des acteurs sociaux en matière d'articulation ou de conciliation entre vie professionnelle et vie familiale/personnelle. Nous nous intéressons enfin à l'entreprise et au soutien organisationnel sur ce plan.

Pour conclure cet ouvrage, nous nous intéressons à la gestion des âges et au parcours de vie, et nous nous interrogeons sur la manière dont cela s'articule avec l'économie du savoir. Après quelques données démographiques, nous nous intéressons à la transmission intergénérationnelle des savoirs, aux politiques de gestion des âges et aux politiques plus précises en matière de santé, bien-être et motivation au travail, qui peuvent être importantes dans le contexte de la gestion des parcours de vie dans l'économie du savoir.

L'ensemble de ces thèmes permet d'établir un portrait assez complet de l'économie du savoir, tout en mettant en évidence un certain nombre d'enjeux reliés à ce contexte particulier, notamment les risques d'intensification du travail, de présentéisme, de précarisation. Ces éléments permettent de mieux comprendre les défis liés à l'emploi dans l'économie du savoir, mais aussi pour les gestionnaires de ressources humaines, d'envisager des pratiques favorables à la santé, au mieux-être, à la motivation, comme à une meilleure gestion des âges et des travailleurs sur l'ensemble de leur parcours de vie dans le contexte de l'économie du savoir.

Bibliographie

BOURGEOIS, Y. (2007). « L'économie du savoir francophone au Nouveau-Brunswick », Étude présentée au Réseau de développement économique et d'employabilité du Nouveau-Brunswick (RDÉE NB), 103 p.

BOYER, R. (1993). « Comment émerge un nouveau système productif ? », dans Boyer, R. et Durand, J.-P. (dir.), *L'après-fordisme*. Paris : Syros, p. 7-80.

DURAND, J.P. (dir.) (1993). *Vers un nouveau modèle productif ?* Paris : Éditions Syros.

DURAND, J.P. (1994). *La fin du modèle suédois ?* Paris : Éditions Syros.

FORAY, D. (2009). *L'économie de la connaissance*. Paris : La Découverte, coll. « Repères », n° 302.

FREYSSINET, J. (2002). « Modes d'accumulation du capital et nature du rapport salarial : une nouvelle dialectique ? », dans Dockès, P. (dir.), *Ordre et désordres dans l'économie-monde*. Paris : Presses universitaires du France, p. 55-80.

HOUBEN, H. et INGHAM, M. (1996). « Par quel système remplacer le fordisme ? », *Problèmes économiques*, n° 2458, p. 1-10.

LAROCHE, G. (2001). « Économie du savoir : mythe ou réalité ? ». Montréal : Centre d'étude sur l'emploi et la technologie (CETECH), 31 p.

PIORE, M. J. et SABEL, C. F. (1988). *Les chemins de la prospérité*. Paris : Seuil.

TREMBLAY, D.-G. (dir.) (2013). *Temporalités sociales, temps prescrits, temps institutionnalisés*. Québec : Presses de l'Université du Québec, 271 p.

TREMBLAY, D.-G. (2014). *L'innovation technologique, organisationnelle et sociale*. Québec : Presses de l'Université du Québec.

TREMBLAY, D.-G. et M. ALBERIO (dir.) (2014). *Travail et société : une introduction à la sociologie du travail*. Québec : Presses de l'Université du Québec.

TREMBLAY, D.-G. et D. ROLLAND (dir.) (2003). *La nouvelle économie : où ? Quoi ? Comment ?* Québec : Presses de l'Université du Québec. Collection « Études d'économie politique », 224 p.

CHAPITRE 1
L'économie du savoir et les travailleurs du savoir

SOMMAIRE

Introduction

Aujourd'hui, le succès économique ne se fonde plus que sur les richesses en matières premières, sur les industries manufacturières ou encore sur le capital matériel de chaque pays. En effet, le capital immatériel, c'est-à-dire les talents, les connaissances et le savoir détenus par les hommes et les femmes sont devenus une nouvelle composante de la croissance de l'économie. Cette nouvelle composante s'impose par suite de l'importance cruciale de l'innovation, de la recrudescence des technologies de l'information et de la communication, de la tertiarisation grandissante des économies ainsi que de la déréglementation et de l'ouverture des marchés (Lévy et Jouyet, 2006; Veilleux, 2006; Laroche, 2001; Tebourbi, 2000; Raymond, 2000; OCDE, 1996). C'est dans ce contexte d'évolution rapide de ces facteurs que l'on parle de l'ère du savoir, de l'économie du savoir, de l'économie de la connaissance, de l'entreprise apprenante et des travailleurs du savoir (Baldwin et Beckstead, 2003; Lesemann et Goyette, 2003; Foray, 2000; Fillol, 2006).

1.1. Le contexte de l'émergence de l'économie du savoir

Avant de présenter le contexte d'émergence de l'économie du savoir, voici brièvement ce que désigne le concept d'économie du savoir aujourd'hui.

La littérature scientifique fait état de nombreuses définitions du concept d'économie du savoir. Nous retenons ici la définition de Bourgeois (2007), définition plutôt contemporaine de ce concept:

> L'économie du savoir est un stade de l'évolution de notre économie caractérisé par une progression et une prolifération accélérée de connaissances, incorporées dans des produits et techniques, et dont la complexité est maintenant telle que leur production repose sur une main-d'œuvre plus spécialisée qui doit nécessairement travailler au sein d'équipes et de systèmes pour appliquer ces connaissances (Bourgeois, 2007, p. 18-19).

Cette citation met en relief le lien étroit entre *connaissances* et *innovation*. C'est « le nouveau savoir » (nouvelles idées), ou « la recombinaison de connaissances existantes », issu des individus et des entreprises qui permet d'innover (Bourgeois, 2007, p. 19). L'innovation est donc un processus créatif qui peut porter sur les produits, les procédés ou l'organisation (Bourgeois, 2007). Par ailleurs, cette définition souligne également l'importante place du travail collectif (partage des connaissances) et la présence dans les organisations d'une main-d'œuvre qualifiée.

Mais avant d'aller plus loin sur la teneur de ces concepts et afin de donner un éclairage sur la manière dont a émergé l'économie du savoir, nous présentons l'évolution des différents modèles productifs au XXe siècle.

1.1.1. Le modèle productif fordiste

De manière générale, dès les années 1960-1970, le discours de l'économie du savoir est appréhendé par plusieurs auteurs comme *une stratégie de sortie de crise* imputable aux formes d'organisation du travail en lien avec le taylorisme et le fordisme (Descheneau-Guay, 2008; Beaudry, 2008; Freyssinet, 2002). En effet, dans la continuité du taylorisme, le fordisme se caractérise par « une division taylorienne du travail et une répartition sociale de la richesse par l'État-providence » (Descheneau-Guay, 2008, p. 10).

Ainsi, poursuivant le mode d'organisation du travail tayloriste, l'industriel américain Henry Ford perfectionne la technique d'assemblage tout au long de la chaîne de montage qui doit permettre de produire à moindre coût (Rodrigue, 2000) et propose à ses travailleurs un compromis communément appelé par les régulationnistes, « compromis social fordiste » (Boyer et Saillard, 2002). Il s'agit de permettre aux syndicats d'obtenir le droit de négociation ou de grève pour le partage des gains de productivité aux salariés en échange de leur acceptation des façons de faire prescrites et délimitées par l'employeur (conformément aux principes tayloristes) quant à l'organisation du travail (Boyer et Saillard, 2002). C'est-à-dire que les salariés, qu'ils soient ouvriers de production ou travailleurs plus qualifiés, sont exclus de tout ce qui concerne l'organisation du travail et qu'ils acceptent les difficiles conditions de travail (cadences élevées) du système tayloriste-fordiste en contrepartie de hausses de salaire (Mills, 1966).

La très forte croissance des gains de productivité due à ce mode d'organisation a permis la baisse des prix des biens industriels et, la plupart des dépenses de santé et d'éducation étant prises en charge par l'État-providence, l'acquisition de biens industriels est devenue accessible aux classes populaires qui disposent désormais de plus de moyens financiers. Ceci a entraîné une importante augmentation de la consommation de masse (Durand, 2009). Les impératifs de production de masse qui amènent les employeurs à favoriser la parcellisation et la simplification des tâches ont eu pour incidence d'appauvrir le niveau du savoir des ouvriers qui sont dès lors dépourvus de qualification (Boyer et Saillard, 2002; Freyssinet, 2002).

Pour résumer, à l'inverse de Taylor, en ayant recours à la technologie par l'imposition de la cadence de la chaîne de montage, Ford parvient au contrôle des mouvements de ses ouvriers (FTQ, 2005). Ceux-ci ne se déplacent plus dans l'usine, mais sont postés à un endroit précis et c'est la chaîne qui donne la cadence. De plus, l'organisation du travail fordiste repose sur une forte supervision du travail (Boyer et Freyssenet, 2000), ainsi que sur « la séparation entre conception et exécution du travail et une division de plus en plus poussée du travail d'exécution » (Bélanger et Lévesque, 1994, p. 16).

1.1.2. La crise du fordisme

Durant les années 1970, le modèle de production fordiste est en crise et les explications relatives à l'origine et aux facteurs qui sous-tendent ses transformations sont multiples.

Outre les différentes crises des années 1970-1980 dues aux chocs pétroliers et aux crises financières (Boyer, 1993), Piore et Sabel (1988) expliquent la crise du modèle fordiste par la dynamique organisationnelle fordiste fondée sur le concept de produits de masse uniformisés, alors que les exigences des consommateurs ont changé et se portent sur la qualité et sur la différenciation des produits.

On passe alors à « la production diversifiée, de qualité », car il faut différencier les produits pour en vendre à des segments de marché plus précis, la production de masse étant pratiquement chose du passé (Tremblay, 1989, 2007). L'explication la plus répandue serait « la pression généralisée de la concurrence accrue, associée à la mondialisation et à la déréglementation » (Bélanger, Giles et Murray, 2004, p. 25), sans oublier le ralentissement démographique dans de nombreux pays, qui fait que la production de masse n'est plus de mise, du moins dans les pays développés (Tremblay, 2007). Ainsi, pour pouvoir contribuer à l'accroissement des ventes, les entreprises ont dû trouver des moyens plus efficaces et moins onéreux de produire des biens et des services (Bélanger, Giles et Murray, 2004).

Bien que l'utilisation de technologies de plus en plus perfectionnées a permis aux entreprises d'augmenter la productivité et de diminuer la main-d'œuvre dans de nombreuses entreprises, Durand (2009, p. 4) attribue aussi cette crise à de nombreuses pannes : « en raison des nombreuses pannes des relais électromécaniques qui automatisaient la production, les gains de productivité se sont amoindris ».

La crise du fordisme peut aussi être rattachée à une crise du travail ou de la motivation au travail. En effet, comme nous l'avons vu plus haut, le compromis fordiste ne laissait que peu de place à la flexibilité requise dans un contexte de concurrence, ni même à l'acquisition de nouvelles qualifications ainsi qu'à la diffusion des savoirs au sein de l'organisation. Les salariés étaient invités à produire, mais en laissant en quelque sorte leur tête à l'extérieur de l'usine. Or, avec l'évolution des technologies (perfectionnement des machines-outils), désormais les organisations ont besoin de main-d'œuvre plus qualifiée, pour qui le compromis fordiste n'est plus de mise. En d'autres mots, les employés relégués au rang d'exécutants refusent l'aliénation de l'organisation tayloriste du travail et ne veulent plus être considérés comme une partie de la chaîne de production qui fait abstraction de leur savoir-faire et de leur créativité. L'absence de participation résultant du mode d'organisation tayloriste-fordiste a fait en sorte qu'il n'a pas suscité l'engagement des employés, privant ainsi les employeurs de leur potentiel créatif (Boucher, 2001 ; Bélanger, Giles et Murray, 2004). Ainsi cette crise « prend sa source dans les rapports sociaux, plus précisément dans le rapport qui lie le patronat et le travail » (Boucher, 2001, p. 6). Il s'agit donc bien d'une crise du travail.

1.1.3. Le toyotisme comme nouveau paradigme productif

Alors que dans le passé, les processus de changements économiques s'appuyaient sur la fabrication de biens matériels toujours plus performants, comme la *machine à vapeur*, le *chemin de fer* et l'*électricité* (Laroche, 2001), de nos jours, la croissance économique repose davantage sur un bien immatériel, intangible, comme l'information qui emprunte différentes formes : disque dur, lecteur externe, transmission par câble, etc. Ceci a provoqué des changements majeurs sur la pratique professionnelle avec le retour de l'autonomie et la réintégration du savoir des individus (Curien *et al.*, 2004).

Selon Liagouras (1997), le fordisme correspond à l'apothéose, mais aussi au début de la fin du capitalisme industriel qualifié de postfordisme. Ainsi nombre de chercheurs se sont interrogés sur l'émergence d'un nouveau système de production qui dépasserait le taylorisme et le fordisme. Le toyotisme semble apporter des solutions aux problèmes du système tayloriste-fordiste.

La forme d'organisation de production postfordiste, souvent appelée *toyotisme*, a été développée par T. Ohno, ingénieur chez Toyota. Pour sortir de la production en masse et des coûts de stockage qui y étaient associés, Ohno (1989) a mis au point un processus productif qui permettait de répondre aux besoins immédiats du marché ; il s'agit du modèle productif nommé la production en *juste-à-temps* ou en *flux tendu* (Ohno, 1989). Celle-ci consiste à produire en fonction de la demande du client, dans des délais très courts, en minimisant les stocks et les effectifs. Selon Adler *et al.* (1997), quatre principes structurent ce modèle :

- La production en juste-à-temps appelée également « flux tendu » : vise à produire les unités nécessaires en quantité demandée, au moment requis (permet d'éviter les stocks et les gaspillages). La ligne de production doit être flexible, ainsi que le travail (usine composée d'un minimum de salariés) qui s'organise en cas de production supplémentaire par l'emploi de travailleurs temporaires, les heures supplémentaires et la sous-traitance. La firme Toyota ne fabrique qu'une partie des pièces dont elle a besoin, le reste étant fabriqué par des sous-traitants chez qui les salaires et les frais de structure sont bien moindres. En effet, la firme a lié des partenariats étroits à long terme avec un petit nombre de fournisseurs dans le but de réduire les coûts de transaction entre acteurs. Les technologies de l'information ont contribué à l'objectif de flux tendu grâce à la réduction des coûts de transaction (absence de stock, livraison au moment souhaité, etc.) entre les partenaires (Durand, 1994).
- Les *équipes autonomes de travail*: se composent d'une dizaine de personnes. Les individus ne sont plus assignés à une tâche ou à une fonction (polyvalence multifonctionnelle). Ils sont collectivement responsables de la production et autonomes dans la répartition des tâches au sein de l'équipe. La responsabilisation fait en sorte de les motiver davantage et les oblige à utiliser leurs compétences pour résoudre les problèmes rencontrés.
- Le principe de qualité du processus de production *Jidoka*: a pour but de minimiser les erreurs de fabrication. En effet, il représente le transfert de l'intelligence humaine à la machine. Il permet d'arrêter la machine en cas de pièces défectueuses plutôt que de produire des pièces insatisfaisantes.
- Le principe d'amélioration continue *kaisen*: réconcilie les activités d'exécution et de conception que le taylorisme avait séparées. En effet, dans le toyotisme, les travailleurs sont invités à émettre des suggestions visant l'amélioration graduelle du processus de production et de leurs tâches lors de réunions de cercles de qualité ou de *kaisen*.

Le tableau 1.1 récapitule les principales caractéristiques du fordisme et du postfordisme.

Tableau 1.1. Principales caractéristiques du fordisme et du postfordisme

	Fordisme	Postfordisme (Taylorisme)
Débuts	1908 : Assemblage de la première Ford T avec une division du travail rudimentaire. 1913 : Première chaîne de montage à Highland Park, Michigan où les principes de division du travail sont appliqués. 1927 : Intégration verticale à River Rouge, Michigan. La spécialisation de la production prend une composante régionale.	1947 : Premières tentatives de flexibilité dans les ateliers de fabrication des moteurs au Japon. 1950 : Premiers systèmes du « juste-à-temps » au Japon. 1955 : Généralisation du « juste-à-temps » au sous-traitant au Japon.
Concept	Production de masse pour une consommation de masse.	Production intégrée à la demande. Production de masse à flux tendus.
Mécanisation	Machines monofonctionnelles.	Machines multifonctionnelles et robotisation.
Relation avec les fournisseurs	Intégration verticale avec plusieurs milliers de fournisseurs.	Sous-traitance pyramidale avec 300 sous-traitants.
Stocks moyens	2 semaines.	2 heures à une journée.
Type de travail	Spécialisation routinière du travail.	Travail polyvalent et multifonctionnel.
Contenu du travail	Travail simplifié et répétitif.	Travail contenant plusieurs tâches dont le contrôle de la qualité, l'entretien de l'équipement et le nettoyage.
Répartition du travail	Ouvrier « parcellisé » avec une opération de moins de 2 minutes.	Travail individuel intégré dans une équipe de travail. Les opérations durent de 1 à 3 minutes.
Formation de la main-d'œuvre	Formation minimale de quelques jours.	Plusieurs semaines et diversification de la formation. Principe de formation continue.
Changement conjoncturel à la hausse	Engagement de nouveaux employés et ajour d'un nouveau quart de travail.	Adaptation du personnel temporaire et des heures supplémentaires.
Changement conjoncturel à la baisse	Recours au chômage technique et aux licenciements	Baisse des temporaires et des heures supplémentaires. Envoi en formation et baisse de la sous-traitance.
Relations sociales	Simple exécution des décisions.	Management participatif et contrôle de la qualité.
Relations industrielles	Croissance des salaires basée sur une croissance de la productivité. Syndicalisme de confrontation.	Consensus patronal et syndical.
Salaire	Salaire par fonction et primes.	Salaire basé sur l'ancienneté et le mérite. Primes à la productivité.
Intégration verticale	Une grande firme fordiste possède en moyenne 50 % des firmes associées à son intégration verticale.	Une grande firme postfordiste possède en moyenne 25 % des firmes associées à son intégration verticale.
Productivité	Environ 350 heures pour produire une voiture par employé (1994).	Environ 200 heures pour produire une voiture par employé (1994).
Adaptation	Environ deux années pour développer un nouveau modèle de voiture.	Environ 6 mois.

Source : Adapté de Houben et Ingham (1996), cités dans Rodrigue (2000).

Le tableau 1.1 souligne les différences entre l'organisation de la production fordiste et postfordiste dans le secteur de l'automobile au Japon. La production en flux tendu a très souvent été utilisée dans le secteur de l'automobile, avant de s'étendre à presque tous les secteurs d'activité de production industrielle (agroalimentaire, électronique, etc.), ainsi qu'aux secteurs des services (restauration, centres d'appels, etc.) en Amérique et plus tard en Europe (Rodrigue, 2000).

En somme, à l'inverse du modèle tayloriste-fordiste, ce nouveau paradigme productif s'appuie sur la valorisation et l'accroissement des qualifications des ouvriers. En effet, le savoir des ouvriers, complètement ignoré dans les modèles productifs précédents, prend une place cruciale sous le toyotisme. Il se caractérise aussi par des innovations technologiques et organisationnelles: les groupes de travail, la polyvalence, la participation des ouvriers (suggestions), l'autonomisation et la responsabilisation des ouvriers, le travail en continu et l'amélioration de l'appareil productif.

1.2. Qu'appelle-t-on innovation?

Comme le soutiennent Boyer et Didier (1998, p. 12), l'innovation est « un concept large qui dépasse les aspects strictement techniques et recouvre le changement organisationnel, commercial, voire financier ». De plus, le concept d'innovation peut porter sur différents éléments: le procédé, le produit ou encore l'organisation.

1.2.1. L'innovation de procédé et de produit

Selon Boyer et Didier (1998), l'innovation de procédé et de produit peut porter sur la production de nouveaux produits (innovation radicale) ou l'amélioration de produits existants (innovation progressive ou incrémentale) grâce à de nouvelles installations ou à de nouvelles méthodes. Ainsi il est possible de parler d'innovation progressive ou incrémentale lorsque les performances et les propriétés du produit ont changé. Un rendement plus conséquent de la production de produits existants constitue également une innovation.

Mais, l'innovation va au-delà des aspects techniques puisque la diffusion des technologies a transformé les pratiques de gestion des autres secteurs et se voit conférer un rôle tout aussi important que celui de la création de produits (Boyer et Didier, 1998).

De plus, il faut faire la distinction entre les notions de *recherche* et d'*innovation*. En effet, l'importance de les distinguer réside dans le fait que l'innovation va plus loin que la recherche, qu'elle obéit à des normes et qu'elle est liée au marché et aux laboratoires. Ainsi « la recherche est l'affaire des scientifiques, l'innovation est celle des entrepreneurs » (Boyer et Didier, 1998, p. 13).

C'est ainsi que Boyer et Didier (1998, p. 26) résument les transformations des modes de production comme le passage d'un « mode linéaire vers un mode interactif ». Le mode linéaire correspond à celui de la croissance de l'après-Seconde Guerre mondiale et renvoie à un processus de production fondée sur une idée, qui se traduit par une invention à la suite de recherches successives, pour finalement peut-être devenir une innovation si elle est retenue par le marché. Ces transformations synthétisent « le passage d'un modèle linéaire, typique de la croissance de l'après-Seconde Guerre mondiale, à un modèle interactif mettant en œuvre de fortes interdépendances entre innovation, analyse du marché et polyvalence et adaptabilité de la main-d'œuvre » (Boyer et Didier, 1998, p. 29).

La figure 1.1 présente le modèle linéaire (correspondant aux Trente Glorieuses) et le modèle interactif (années 1990).

Figure 1.1. Modèle linéaire et modèle interactif

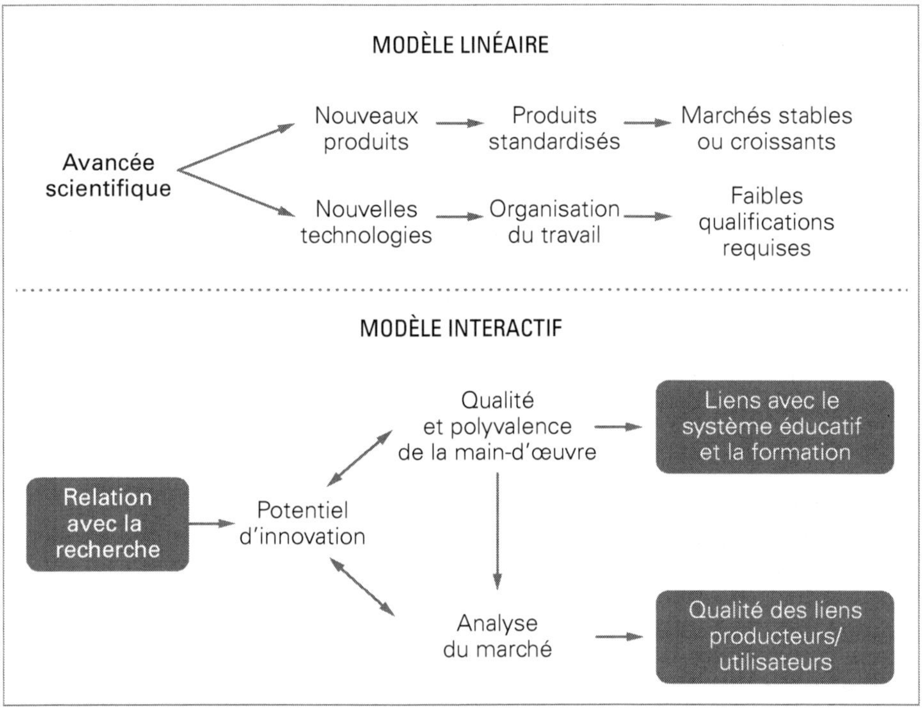

Source : Boyer et Didier (1998, p. 29).

Les transformations des modes de production font aussi en sorte que la création de nouvelles connaissances devient essentielle pour l'innovation au sein des organisations.

1.2.2. La création de connaissances

Ainsi, selon Nonaka et Takeuchi (1997), la création de connaissances est caractérisée par deux dimensions : épistémologique et ontologique. La dimension épistémologique se base sur la distinction entre savoir tacite et savoir explicite, la dimension ontologique sur le fait que c'est l'individu qui crée les connaissances, mais que le rôle de l'organisation est crucial dans la cristallisation des connaissances sur le plan organisationnel. Selon Nonaka et Takeuchi, il y a création de connaissances lorsque deux types de connaissances se rencontrent.

La spirale de création de connaissances repose sur les interactions entre connaissances tacites et explicites et donne lieu à quatre modes de conversion des connaissances (figure 1.2).

- La *socialisation* (tacite vers tacite) : représente le processus de transmission des connaissances tacites (modèles mentaux, compétences techniques). L'acquisition des connaissances se fait donc par l'expérience, la pratique, etc.
- L'*extériorisation* (tacite vers explicite) : permet le passage des connaissances tacites en connaissances explicites sous la forme de métaphores, d'analogies, de concepts, d'hypothèses ou de modèles.
- La *combinaison* (explicite vers explicite) : consiste à articuler des connaissances explicites entre elles, sous forme de tri, d'addition, de catégorisation pour en faire émerger de nouveaux savoirs.
- L'*intériorisation* (explicite vers tacite) : renvoie à un processus d'incorporation de connaissances explicites en connaissances tacites. L'intériorisation est liée à l'apprentissage *en faisant* afin de convertir la connaissance explicite en connaissance tacite, « elle doit être verbalisée ou présentée sous forme de diagramme dans des documents, manuels ou récits oraux » (Nonaka et Takeuchi, 1997, p. 91).

Figure 1.2. Quatre modes de conversion de connaissances

	Connaissance tacite	Connaissance explicite
Connaissance tacite	SOCIALISATION	EXTÉRIORISATION
Connaissance explicite	INTÉRIORISATION	COMBINAISON

Source : Nonaka et Takeuchi (1997, p. 83).

Cependant, l'interaction entre les connaissances n'est pas suffisante pour créer de la connaissance. Sans les individus, l'organisation ne peut créer de la connaissance. L'organisation « aide les individus créatifs ou fournit les contextes favorables à la création de connaissances » (Nonaka et Takeuchi, 1997, p. 78).

Comme l'illustre la figure 1.3, la création de connaissances organisationnelles doit être comprise comme « un processus qui amplifie de façon organisationnelle les connaissances créées par les individus et les cristallise en tant que parties d'un réseau de connaissances de l'organisation » (Nonaka et Takeuchi, 1997, p. 78). Ce processus est mis en œuvre dans « une communauté d'interactions qui s'étend et traverse les niveaux et frontières intra et interorganisationnels » (Nonaka et Takeuchi, 1997, p. 79).

Figure 1.3. Spirale de création de connaissances organisationnelles

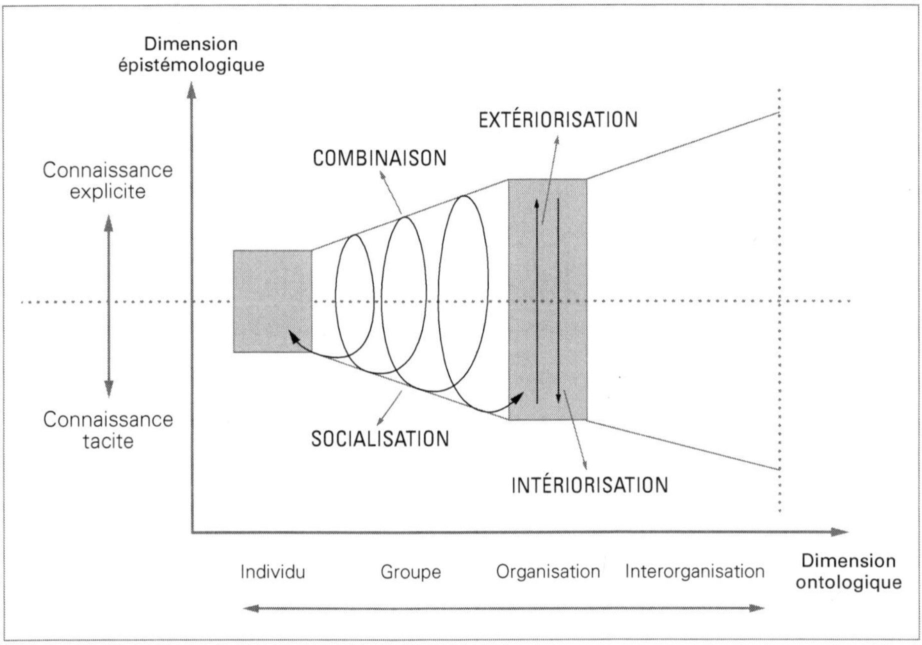

Source : Nonaka et Takeuchi (1997, p. 95).

1.3. Les failles du modèle postfordiste

À compter des années 1990, le modèle d'organisation postfordiste souffre de défaillances. Le manque de considération pour les individus, la valorisation du collectivisme au détriment de l'individualité et la nécessité criante pour les ouvriers d'améliorer leurs conditions de travail se font sentir (Brabant, 2008). En effet, malgré la simplification du travail, l'intensification criante du travail, qui se traduit par « l'augmentation des responsabilités quant à la suppression de toutes les sources de gaspillages, l'augmentation du rythme de travail, l'augmentation de la charge cognitive investie dans le travail, les difficultés de mémorisation et le développement des compétences par une formation en continu auxquelles s'ajoutent les difficultés d'apprentissage » (Brabant, 2008, p. 79), semble avoir des conséquences sur la santé (stress et fatigue psychique) des ouvriers. Ainsi, durant les années 1990 au Japon, le taux de roulement des ouvriers atteint 25 % durant la première année de leur embauche (Freyssenet, 1993).

De plus, au Japon, avec la croissance du marché de l'automobile et le manque de main-d'œuvre, les firmes ont été contraintes d'accélérer l'automatisation pour l'étendre à l'assemblage. Tout ceci a eu pour effet d'augmenter les coûts et la rentabilité a diminué, et cette diminution s'est encore accentuée avec l'éclatement « de la bulle spéculative et la récession de 1992-1993 » (Freyssenet, 1993, p. 10).

C'est ainsi que Toyota commence à revoir plusieurs principes ohniens et fait ainsi évoluer le modèle dit « toyotiste » en introduisant les éléments suivants:

> la reconnaissance de la nécessité d'un minimum de stocks tampon, l'autocontrôle, la réintroduction du contrôle qualité et des retouches en bout de chaîne, prenant le pas sur l'autocontrôle, l'arrêt de la poursuite de la diversification et du renouvellement accéléré des produits, la remise en cause du travail parcellisé, l'allégement de l'incitation salariale à la productivité, la réduction du temps du travail et des contraintes horaires, la revalorisation de la vie privée des salariés au détriment des valeurs et des institutions collectives suscitées et animées par la direction, la remise en cause d'une stratégie de conquête systématique des parts de marché (Freyssenet, 1993, p. 11).

En outre, la crise de ce modèle tient aussi du fait qu'avec la recherche de production à bas coûts, certaines entreprises ont délocalisé leur production de biens et de services vers des pays où la main-d'œuvre est peu coûteuse. Selon Durand (2009), cette production à coûts réduits fondée sur les bas salaires aura pour effet de créer du chômage dans les pays industrialisés. On observe en parallèle le développement des emplois précaires dans des services peu producteurs de valeur, mais aussi le développement des services à haute valeur ajoutée comme ceux touchant à l'information: services informatiques, Internet, jeux vidéo, etc. Ce type de services liés aux technologies de l'information et de la communication (TIC) donne de la mobilité au capital. Cependant, si les gains de productivité dans l'industrie semblaient faciles à acquérir, il n'en est pas de même concernant les services, car ces derniers ne sont pas stockables et le travail intellectuel semble plus difficile à rationaliser que le travail manuel (Durand, 2009).

1.4. Les notions de connaissance et d'information

De nombreuses notions ont caractérisé l'économie lors des dernières décennies et plusieurs d'entre elles se trouvent souvent amalgamées. C'est notamment le cas des notions de *connaissance* et d'*information* qui, en sciences économiques, ont longtemps été confondues (Steinmueller, 2002; Vercellone, 2004). En effet, alors qu'Arrow (1962) assimilait information et connaissance, Machlup (1983) et Dosi (1988) font la distinction entre les deux notions et définissent l'information comme un flux de messages. En outre, Machlup (1984) propose une définition qui distingue la notion d'information de celle de connaissance.

> Linguistiquement, la différence entre «connaissance» et «information» réside surtout dans le verbe former: informer est une activité par laquelle la connaissance est transmise; le fait de savoir peut résulter du fait d'avoir été informé. L'«information», conçue comme l'acte d'informer, produit un état de savoir dans l'esprit de quelqu'un. L'«information», telle qu'elle est communiquée, devient identique à la «connaissance» dans le sens de ce qui est connu (Machlup, 1984, p. 56-57, notre traduction)[1].

Dosi (1988) et Foray (2001) soulignent que si l'information correspond à un flux de messages, la connaissance suppose une production subjective de la part de l'individu qui consiste à sélectionner, traiter et interpréter ces flux de messages pour en produire de nouveaux. La production de connaissance correspond donc à une activité cognitive de la part de l'individu (Foray, 2009), alors qu'en revanche l'information «est un ensemble de données, structurées et formatées, mais inertes et inactives tant qu'elles ne sont pas utilisées par ceux qui ont la connaissance pour les interpréter et les manipuler» (David et Foray, 2002, p. 6). De plus, alors que les coûts de reproduction de l'information sont peu onéreux, ceux de reproduction de la connaissance le sont beaucoup plus puisque la capacité cognitive est difficilement transférable d'un individu à l'autre (David et Foray, 2002).

Dayan (s. d., p. 19) différencie «économie des connaissances» et «économie d'une société du savoir». Il précise que si certaines connaissances peuvent être similaires à de l'information, les savoirs, qui sont aussi des savoir-faire ne sont pas de l'information. Ainsi «l'économie des connaissances ne peut être l'économie d'une société du savoir». Selon l'auteur, «le savoir exprime la capacité créatrice d'une communauté ou d'un sujet vivant, il est capable de transformer la connaissance en actes. Il ne peut permettre un usage exclusivement économique des connaissances, il perdrait son inventivité et sa crédibilité».

Cependant, si l'information est importante, il semblerait que l'accent soit davantage mis sur le savoir qui représenterait le principal moteur des changements (Vercelonne, 2004). Ainsi le terme économie du savoir est lié à la prise de conscience du rôle du savoir et de la technologie dans la croissance économique (OCDE, 1996).

En outre, comme le soulignent Robert *et al.* (2011), de nombreuses organisations internationales contribuent à l'importance du paradigme d'économie du savoir comme l'Organisation des Nations Unies en ce qui concerne l'éducation, l'UNESCO en ce qui a trait à la science et la culture, la Banque mondiale, le Fonds monétaire international (FMI), l'Union européenne (UE) et l'Organisation de coopération et de développement économiques (OCDE). D'ailleurs, dans son rapport de 1996, l'OCDE souligne la place cruciale de l'économie du savoir

1. «*Linguistically, the difference between "knowledge" and "information" lies chiefly in the verb form: to inform is an activity by which knowledge is conveyed; to know may be the result of having been informed. "Information" as the act of informing is designed to produce a state of knowing in someone's mind. "Information" as that which is being communicated becomes identical with "knowledge" in the sense of that which is known.*»

dans les économies de l'OCDE[2] et prône une collaboration étroite entre les entreprises et les universités qui devraient mener vers plus d'innovation en formant de la main-d'œuvre très qualifiée pour les industries (OCDE, 1996).

C'est ainsi que les emplois se transforment, laissant émerger une nouvelle classe professionnelle, et que le savoir devient la source première de la richesse des pays industrialisés. En effet, le savoir remplace le capital et est devenu la source de richesse et le facteur de production le plus important, c'est-à-dire que si les facteurs traditionnels (ressources naturelles, travail et capital) jouent encore un rôle important, ils deviennent secondaires (Drucker, 1993). Les manufactures qui ont informatisé intégralement leur processus avec les systèmes de juste-à-temps en sont un bon exemple (Schwartz *et al.*, 1999). La Silicon Valley qui emploie un grand nombre de travailleurs hautement qualifiés venant du monde entier en est un autre. Les pays tirent donc un avantage concurrentiel à attirer les meilleurs travailleurs du savoir.

1.5. L'organisation apprenante et les communautés de pratique

La rapidité des progrès techniques a poussé les organisations à revoir leur modèle de fonctionnement ; dans ce contexte, la production et la diffusion des savoirs (savoir-faire et savoir-être), et les connaissances techniques deviennent déterminantes pour l'organisation. Ainsi les organisations qui veulent être compétitives doivent développer différentes formes d'apprentissage (Mailis, 2011).

La littérature propose différents termes pour nommer ce type d'organisation : *organisation apprenante, entreprise apprenante* et *apprentissage organisationnel*, sont autant de vocables qui désignent « la gestion des savoirs dans la création de valeur ajoutée et qui caractérise un nouveau modèle socio-productif » (Grimand, 1998, p. 2). La valeur ajoutée renvoie à la conversion des informations individuelles en connaissances organisationnelles (Nonaka et Takeuchi, 1995).

Développé par Peter Senge dans son livre *La cinquième discipline*, le concept d'organisation apprenante émet l'idée que tout individu peut développer ses connaissances et ses compétences dans le but de produire une plus grande efficacité dans son organisation. Selon cet auteur, les organisations apprenantes portent leurs efforts sur la qualité du raisonnement des individus, sur leurs visions partagées, sur leur aptitude à la réflexion, à l'apprentissage en équipe, et à la compréhension des problèmes complexes de la vie des affaires.

2. Selon l'OCDE (1999), les pays membres originaires de l'OCDE sont : l'Allemagne, l'Autriche, la Belgique, le Canada, le Danemark, l'Espagne, les États-Unis, la France, la Grèce, l'Irlande, l'Islande, l'Italie, le Luxembourg, la Norvège, les Pays-Bas, le Portugal, le Royaume-Uni, la Suède, la Suisse et la Turquie. Les pays suivants sont ultérieurement devenus membres par adhésion aux dates indiquées ci-après : le Japon (28 avril 1964), la Finlande (28 janvier 1969), l'Australie (7 juin 1971), la Nouvelle-Zélande (29 mai 1973), le Mexique (18 mai 1994), la République tchèque (21 décembre 1995), la Hongrie (7 mai 1996), la Pologne (22 novembre 1996) et la Corée (12 décembre 1996). La Commission des Communautés européennes participe aux travaux de l'OCDE (article 13 de la Convention de l'OCDE).

D'autres définitions, comme celle de Garvin (1993, p. 3, notre traduction), décrivent l'organisation apprenante, comme « une organisation qui sait créer, acquérir et transférer les connaissances, et sait modifier son comportement en fonction des nouveaux savoirs ».

Plus récemment, Schilling et Kluge (2009, p. 2, notre traduction) définissent l'apprentissage organisationnel comme

> un processus d'apprentissage collectif régulé par l'organisation et par lequel les expériences d'apprentissage individuel et de groupe qui concernent les améliorations de la performance ou les objectifs organisationnels sont transférées dans des routines, des processus et des structures organisationnels qui, à leur tour, influent sur les futures activités d'apprentissage des membres de l'organisation[3].

Mailis (2011, p. 13) fait la distinction entre organisation qualifiante et organisation apprenante. En effet, selon cet auteur, l'organisation apprenante se démarque

> d'une logique de qualification, l'organisation apprenante s'emploie à remettre à l'honneur le caractère formateur du travail. Résolument ouverte sur l'apprentissage expérientiel et la professionnalisation, elle vise à mettre en œuvre et à encadrer la création, la diffusion et l'assimilation des savoir-faire et des modes opératoires. C'est pourquoi elle tend à recourir à des pratiques de formation professionnelle fondées sur des ressources locales (analyse des retours d'expérience, tutorat, coaching…) plutôt que sur les outils pédagogiques traditionnels (exposé, enseignement programmé…).

Ces derniers éléments renverraient davantage à l'organisation qualifiante.

De manière générale, les définitions mettent en relief « trois niveaux d'entités », éléments essentiels de l'organisation apprenante : « les individus, les groupes et les organisations » (Ingham, 1995, p. 107, cité dans Fillol, 2006).

- Concernant les individus, le principe d'acquisition *de la maîtrise personnelle* de Senge (1991) prône que les individus doivent être continuellement concentrés sur un véritable but afin de redéfinir chaque fois une nouvelle vision d'avenir. Ainsi l'apprentissage continu doit être un réflexe. Un autre principe de Senge porte sur la clarification et la remise en cause des modèles mentaux, c'est-à-dire que le travail sur des modèles mentaux exige l'apprentissage de nouveaux savoir-faire ainsi que la mise en œuvre de nouvelles règles les régissant au sein de l'organisation.
- En ce qui concerne le groupe, le partage se fait sur le plan des connaissances explicites (connaissances qui peuvent être codifiées, consignées) et implicites (non codifiables, p. ex., savoir-faire), et des expériences (opinions liées au travail). Selon Senge (1990), l'apprentissage en équipe nécessite la maîtrise d'un dialogue libre et ouvert sur des sujets complexes. Il n'y a pas de mauvaises idées puisqu'elles sont toutes perçues comme

3. Schilling et Kluge (2009) donnent cette définition de l'apprentissage organisationnel : « *We define OL as an organizationally regulated collective learning process in which individual and group-based learning experiences concerning the improvement of organizational performance and/or goals are transferred into organizational routines, processes and structures, which in turn affect the future learning activities of the organization's members.* »

un moyen de découvrir ou d'apprendre de ses erreurs. Ainsi c'est dans le respect de la diversité des opinions qu'émergent des solutions. Cette vision partagée émane ainsi du groupe et non du dirigeant.

- Sur le plan de l'organisation, on peut noter un lien entre apprentissage et transformation de l'organisation. En effet, l'apprentissage permet à l'organisation de se transformer, d'évoluer, ce qui a une influence positive sur la productivité. Le développement de nouvelles connaissances permet de produire, de manière continue, des innovations. Ainsi, l'organisation apprenante s'apparente à un outil de changement devant permettre une meilleure productivité.

L'organisation apprenante représente donc un ensemble de collectifs en interaction que Wenger (2005, p. 127) caractérise « de constellations de communautés de pratique plus ou moins formalisées ».

Dans le contexte de l'économie du savoir, l'intérêt pour l'apprentissage en milieu de travail a permis au concept de communautés de pratique d'émerger.

Wenger (2005) définit le concept de communauté de pratique comme un groupe de personnes qui travaillent ensemble dans le but d'inventer collectivement et de manière constante des solutions aux problèmes rencontrés dans leur travail. Ainsi l'apprentissage se fait ensemble et c'est de cet apprentissage informel qu'émergent des pratiques sociales (relations interpersonnelles, processus de résolution des problèmes). De plus, ce type d'apprentissage permet de rompre avec la routine et la monotonie en développant un climat de travail plaisant fait de rituels et d'histoires partagées.

Pour Wenger, le concept de pratique inclut à la fois l'implicite (relations, conventions et représentations du monde) et l'explicite (langage, outils, documents, etc.) contrairement à Nonaka qui oppose ces deux dimensions. En effet, selon Wenger, ces deux dimensions sont toujours présentes dans toutes formes de connaissances et c'est l'association du terme de *communauté* à celui de *pratique* qui rend le concept opératoire. En outre, Wenger distingue trois dimensions qui font en sorte qu'une pratique représente un facteur de cohérence d'un groupe d'individus : *l'engagement mutuel, une entreprise commune* et *un répertoire partagé*. Ainsi l'appartenance à une ou à plusieurs communautés de pratique émane de l'engagement des individus dans leurs actions dont le sens est négocié entre eux, c'est-à-dire que les façons de faire représentent le résultat des négociations collectives prises au sein du groupe et que la responsabilité des actions est partagée entre les individus concernés. De plus, si certaines responsabilités peuvent être chosifiées (normes, règles et objectifs) d'autres peuvent relever de la participation (engagement spontané dans la pratique).

Le répertoire partagé correspond à l'engagement des individus dans une pratique qui conçoivent des ressources qui permettent la négociation de significations. Ces ressources peuvent prendre la forme de prototypes, de maquettes, de procédures, de gestes, de symboles, etc. qui au fil du temps participent de la pratique. C'est donc l'apprentissage qui engendre la communauté de pratique.

1.6. Qui sont les travailleurs du savoir ?

Baldwin et Beckstead (2003) répartissent les travailleurs du savoir entre trois grandes catégories. La première catégorie représente les professionnels salariés caractérisés par une rémunération relativement élevée et, pour un grand nombre, des études universitaires achevées. La deuxième catégorie de professionnels salariés proposée par Baldwin et Beckstead (2003) est celle des gestionnaires pour qui la rémunération est également relativement élevée, mais dont la proportion de personnes ayant terminé leurs études universitaires est plus faible. La troisième catégorie correspond aux personnels techniques qui perçoivent des salaires moins élevés et dont une proportion plus grande a fait des études postsecondaires ou des études plus élevées (Baldwin et Beckstead, 2003).

Gadrey (1994, p. 165-166) souligne que deux ensembles de conditions caractérisent les membres d'une profession. En premier lieu, ceux-ci se caractérisent par

> la détention de savoirs spécialisés et formalisés, résultant d'une formation supérieure, constituant la base des prestations intellectuelles qu'ils fournissent et une condition d'exercice de cette activité par laquelle ils gagnent leur vie.

En second lieu, ils se caractérisent par

> l'existence de « barrières à l'entrée » institutionnalisées (Freidson utilise les termes de *labor-market shelter*) pour ceux qui ne remplissent pas les conditions requises de formation ou de références professionnelles censées garantir l'usage de méthodes de travail « professionnelles ». Ces barrières sont plus ou moins élevées et il arrive que des non-professionnels (notamment des « paraprofessionnels ») viennent chasser impunément sur les terres et les marchés des professionnels. L'objectif principal des barrières à l'entrée est d'interdire ou de limiter ce phénomène, en utilisant en particulier le système de *credentialism*: références professionnelles individuelles certifiées (telles que les licences et certificats réservés aux professionnels), accréditations d'organisations professionnelles [...]

Ainsi, selon Gadrey (1994), il est possible de reconnaître plusieurs grandes organisations de services professionnels comprenant des travailleurs du savoir.

- Les organisations dont les salariés possèdent une formation de cycle supérieur, spécialisée et certifiée et jouissent d'autonomie dans leurs professions comme celles relevant de la santé (médecin) et de l'éducation (scolaire et universitaire).
- Les cabinets regroupant d'autres professions comme celles de comptable, d'architecte, de conseil en informatique, etc.

De manière générale, les professionnels de ces organisations ont en commun une propriété essentielle qui est celle d'exercer un métier en interaction directe avec des patients, des étudiants ou des clients qui sont en quête de conseils spécialisés et d'assistance pour la résolution de problèmes que seules des compétences de type professionnel peuvent résoudre. Ainsi les compétences détenues par les employés sont non seulement des savoirs formalisés, mais aussi des savoirs de type sociorelationnel (Gadrey, 1994).

D'autres auteurs intègrent plus largement différentes professions sous la terminologie *organisations fondées sur le savoir* telles que « les agences de publicité, les cabinets de conseil en management, le conseil financier, mais aussi des activités et professions aussi diverses que les programmeurs, les soins spécialisés d'infirmiers ou l'enseignement » (Sveiby, 1995, cité dans Bouchez, 2004, p. 215).

1.6.1. Les horaires de travail des travailleurs du savoir

En 2011, en se basant sur l'enquête sur la population active, la Commission des normes du travail du Québec a mené une étude sous l'angle des heures supplémentaires au Québec. Les résultats de cette étude ont montré qu'en 1996, l'économie était constituée d'une grande part de salariés œuvrant dans le secteur manufacturier alors qu'aujourd'hui, 80 % des emplois de l'économie sont liés aux services, dont une part croissante dans les secteurs de la finance, de la haute technologie, des services-conseils aux entreprises, etc.

Ainsi selon cette étude, ce changement structurel a eu plusieurs effets :

- La *diminution de la syndicalisation* : dans le secteur manufacturier, le taux de syndicalisation est passé de 40,0 % à 37,1 % de 1999 à 2009 ; dans le secteur tertiaire (services), il est demeuré pratiquement inchangé, passant de 20,4 % à 20,5 % ; et en ce qui concerne l'économie du savoir, selon l'enquête sur la population active, le taux de syndicalisation est passé de 23,0 % en 1999 à 22,4 % en 2009.
- La *recrudescence de l'emploi atypique* : de 1997 à 2008, comparativement à la hausse de création d'emploi typique (24,1 %) (permanent, horaire hebdomadaire de 40 heures/semaine), la création d'emplois atypiques a progressé de 28,3 %. De plus, alors qu'un tiers des salariés détenait un horaire de 40 heures/semaine en 2009, cette proportion a régressé depuis 2001. Plus précisément, concernant le secteur manufacturier, 56 % des salariés travaillent selon un horaire de 40 heures/semaine et un salarié sur trois le fait dans le secteur des services. Cependant, concernant les travailleurs du savoir, la proportion de personnes travaillant sur un horaire de 40 heures/semaine a crû depuis 2004, puisqu'elle s'élevait à 24,0 % en 2009, comparativement à 17,0 % en 2004.

Ainsi, les travailleurs du savoir œuvrent souvent sur des horaires de 40 heures/semaine et sont plus susceptibles d'effectuer des heures supplémentaires, comme c'est le cas, par exemple, dans le secteur du multimédia où les concepteurs de jeux vidéo peuvent être amenés à travailler fréquemment de longues heures, même si elles ne sont pas rémunérées (Ouellet, 2011). En effet, ne pas refuser de faire des heures supplémentaires au moment où un projet en a besoin, a une influence positive sur l'évolution de leur carrière avec la possibilité, par la suite, de participer à des projets prestigieux et d'accéder à de meilleures conditions salariales.

La figure 1.4 montre qu'en moyenne, en 2008, dans les secteurs suivants, 42 % des salariés, soit près d'un sur deux, ont effectué des heures supplémentaires, non payées et non majorées : finance, assurance, services professionnels et techniques scientifiques, soins de la santé et assistance sociale, information, culture et loisirs. Vient ensuite le secteur de l'hébergement, de la restauration et du commerce à hauteur de 29 % (un salarié sur trois) puis celui des biens manufacturiers pour 25 % (un salarié sur quatre). Ainsi les travailleurs du savoir, qui relèvent des secteurs énumérés ci-dessus, sont proportionnellement plus nombreux à faire des heures supplémentaires que les salariés des autres secteurs.

Figure 1.4. Pourcentage de salariés ayant fait l'objet d'infraction (heures supplémentaires) selon le secteur (moyenne 2008)

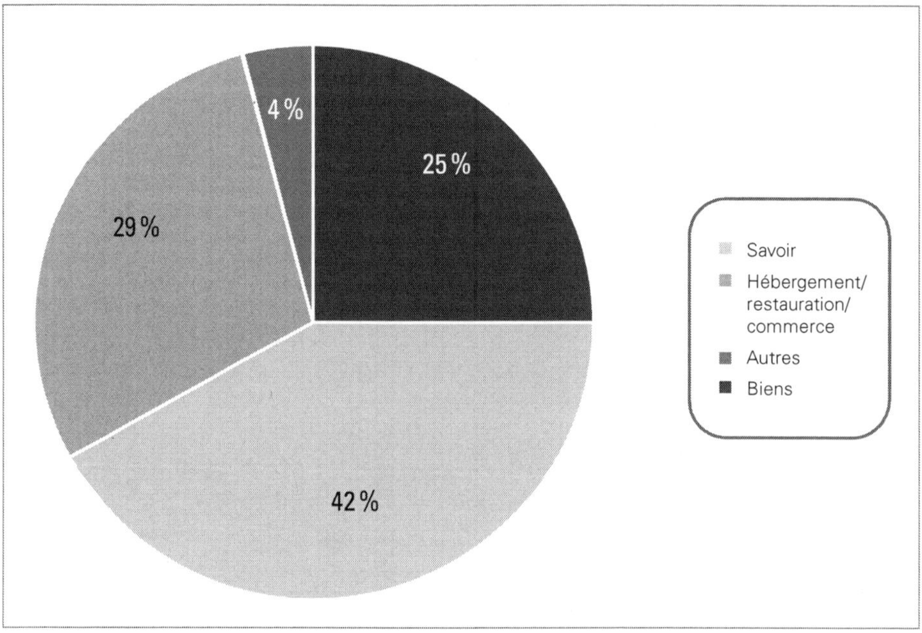

Source : Statistique Canada, *Enquête sur la population active, mars 2001 à mars 2009*, cité dans Desrosiers, (2012).

Pour résumer, les travailleurs du savoir sont des individus hautement qualifiés (études postsecondaires ou universitaires) définis selon l'occupation de professions et de métiers associés à l'économie du savoir (Mirza et Bédard, 2007) ainsi que par un haut niveau de rémunération (Statistique Canada, 2005), hormis les personnels techniques qui semblent percevoir des salaires moins élevés (Baldwin et Beckstead, 2003) et qui peuvent aussi être amenés à effectuer de longues heures de travail (Desrosiers, 2012).

1.6.2. La part de l'emploi selon l'intensité des savoirs

Outre les organisations de services professionnels, l'industrie participe également à l'économie du savoir. En effet, deux chercheurs d'Industrie Canada, Lee et Has (1996) font appel à six critères pour classer les industries du savoir : trois critères correspondent aux activités de recherche et développement (R-D) et les trois autres critères sont liés au capital humain. Ils proposent une classification des industries selon trois niveaux d'intensité du savoir : élevé, moyen et faible. Partant de cette classification, Chartrand-Beauregard et

Gingras (2005) expliquent que les industries de savoir élevé sont liées à l'innovation et aux nouvelles technologies alors que les industries de savoir moyen sont celles liées à la production de masse (automobiles, produits électriques, métaux primaires, textiles, papier, plastique, aliments, boisson, etc.) et celles de faible savoir correspondent, quant à elles, aux activités qui demandent beaucoup de main-d'œuvre (bois, meuble, commerces de détail, vêtements, etc.) (Chartrand-Beauregard et Gingras, 2005).

En suivant la classification de Lee et Has (1996), Chartrand-Beauregard et Gingras (2005) analysent la répartition de l'emploi au Québec selon le niveau de savoir. Leurs résultats montrent qu'en 2004, le secteur de savoir moyen (entreprises privées et publiques du secteur commercial) compte le plus grand nombre d'emplois (41,4 %), suivi du secteur de savoir faible (40,1 %), puis de celui de savoir élevé (18,4 %) lié à l'innovation et aux nouvelles technologies. Une analyse sur la période de 1987 à 2004 a montré que la part d'emplois liée au savoir ěievé au Québec a crû, passant de 13,6 % à 18,4 % en 2004, alors que les emplois des niveaux de savoir moyen et faible ont diminué, passant respectivement de 43,9 % à 40,1 % et de 42,6 % à 41,4 %. La figure 1.5 montre la répartition de l'emploi, au Québec, en 2004, selon le niveau de savoir.

Figure 1.5. Répartition de l'emploi au Québec, en 2004, selon le niveau de savoir

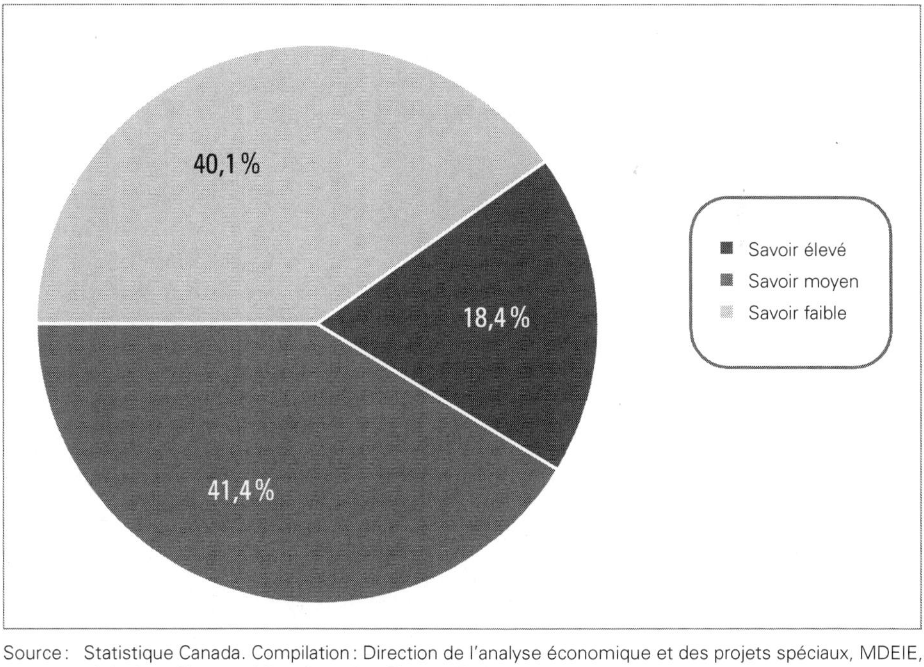

Source : Statistique Canada. Compilation : Direction de l'analyse économique et des projets spéciaux, MDEIE, citée dans Chartrand-Beauregard et Gingras (2005).

Les périodes de récession (1987 à 1993), de croissance soutenue (1993 à 2000) ainsi que celles succédant à l'éclatement de la bulle financière de 2000 sont intéressantes pour examiner la progression ou la régression des emplois liés au savoir. La figure 1.6 souligne les créations et les pertes d'emploi durant ces périodes.

Figure 1.6. Création et perte d'emploi selon le niveau de savoir au Québec, 1987 à 1993, 1993 à 2000 et 2000 à 2004

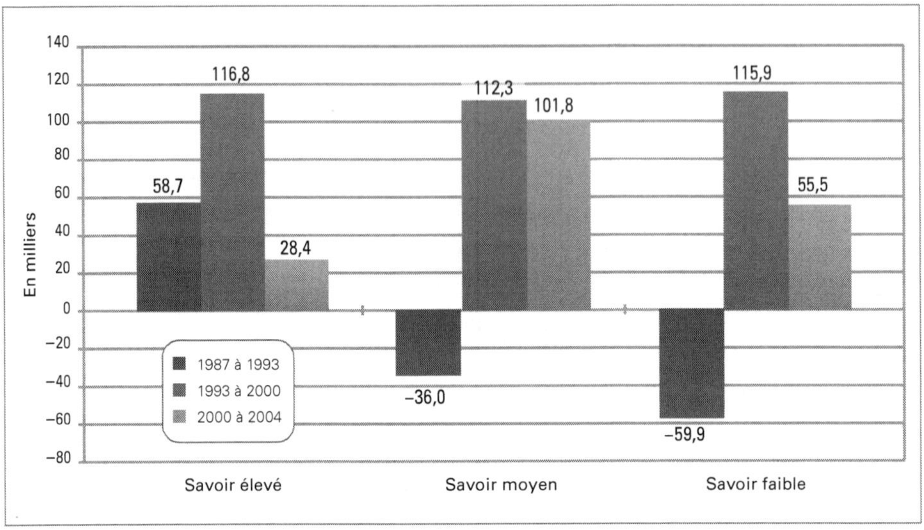

Source : Statistique Canada. Compilation. Direction de l'analyse économique et des projets spéciaux, MDEIE, citée dans Chartrand-Beauregard et Gingras (2005).

Ainsi, durant la période de 1987 à 1993, seuls les emplois liés au savoir élevé ont progressé, enregistrant une augmentation de 58700 emplois. Les emplois de savoir moyen ont connu une baisse de 36000 et ceux de savoir faible, une baisse de 59900. Il faut noter que, malgré les périodes de récession (années 1990), les emplois de savoir élevé ont continué de progresser, mais on note aussi que les emplois de savoir moyen ont également progressé, surtout dans la dernière période, où ils dépassent les emplois de haut savoir. Cela montre bien que l'économie ne se limite pas, encore aujourd'hui, aux emplois de haut savoir. Concernant la période de 1993 à 2000, les emplois correspondant aux trois types de savoir augmentent à peu près de manière égale. Ainsi, au Québec, la croissance de l'emploi de savoir élevé semble moins fluctuante que celle de l'emploi des niveaux desavoir moyen ou faible.

Chartrand-Beauregard et Gingras (2005) comparent également les emplois des trois niveaux de savoir au Canada, au Québec et en Ontario. Ils montrent que, durant la période de 1987 à 2004, les emplois de savoir élevé ont connu une progression plus forte que les deux autres types de savoir tant au Canada, qu'au Québec et qu'en Ontario. Les emplois de savoir faible affichent le taux de croissance annuel le plus bas. La figure 1.7 souligne le taux de croissance annuel composé de l'emploi selon le niveau de savoir au Québec, en Ontario et au Canada de 1987 à 2004.

Figure 1.7. Taux de croissance annuel composé de l'emploi, selon le niveau de savoir, Québec, Ontario et Canada, 1987-2004

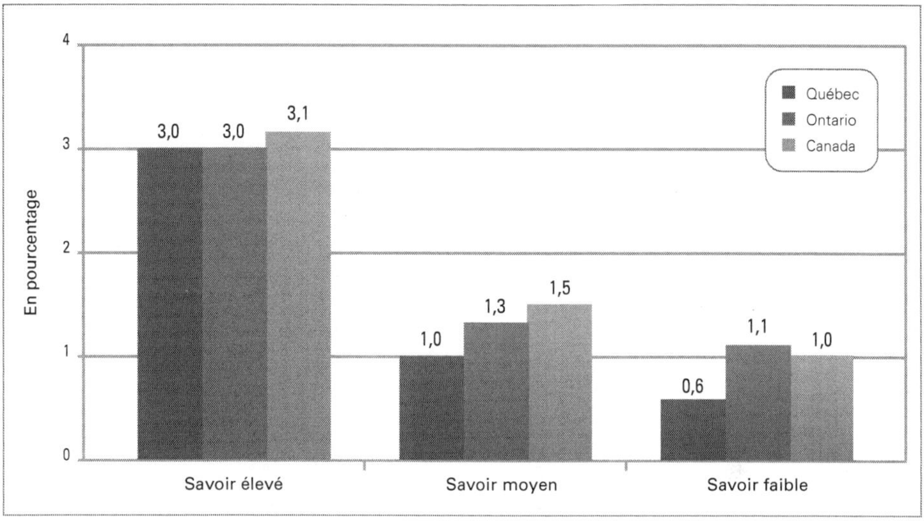

Source : Statistique Canada. Compilation : Direction de l'analyse économique et des projets spéciaux, MDEIE, citée dans Chartrand-Beauregard et Gingras (2005).

Quant à la période allant de 2002 à 2012, une autre étude menée par Québec International (2013) met en relief également une croissance notable des emplois de niveau de savoir élevé comparativement aux emplois de niveaux de savoir moyen et faible, tant au Québec que dans les autres provinces canadiennes, comme le montre la figure 1.8.

Figure 1.8. Taux de croissance annuel composé de l'emploi, selon le niveau de savoir, RMR de Québec, Québec et Canada, 2002-2013

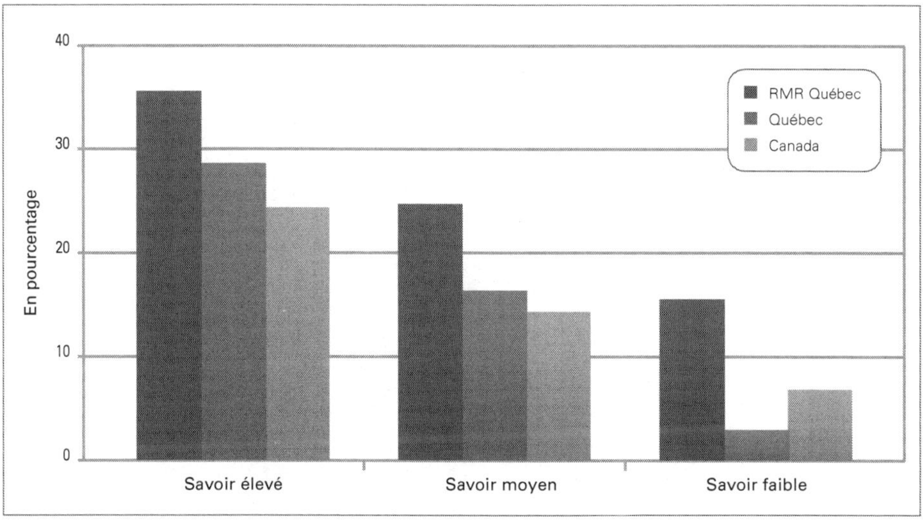

Source : Données recueillies par Québec International (2013).

Cette hausse de l'emploi de savoir élevé entre 2002 et 2012 aurait entre autres été stimulée par l'expansion de l'optique-photonique, le domaine géospatial, la création multimédia et les sciences de la vie. Par ailleurs, cette même étude révèle aussi que l'emploi lié à l'économie du savoir des niveaux élevé et moyen a augmenté plus rapidement dans la région de Québec comparativement à l'ensemble du Québec et du Canada. La figure 1.9 illustre cette progression.

Figure 1.9. Évolution de l'emploi dans les secteurs à savoir élevé et moyen, RMR de Québec, Québec et Canada, 2002-2012

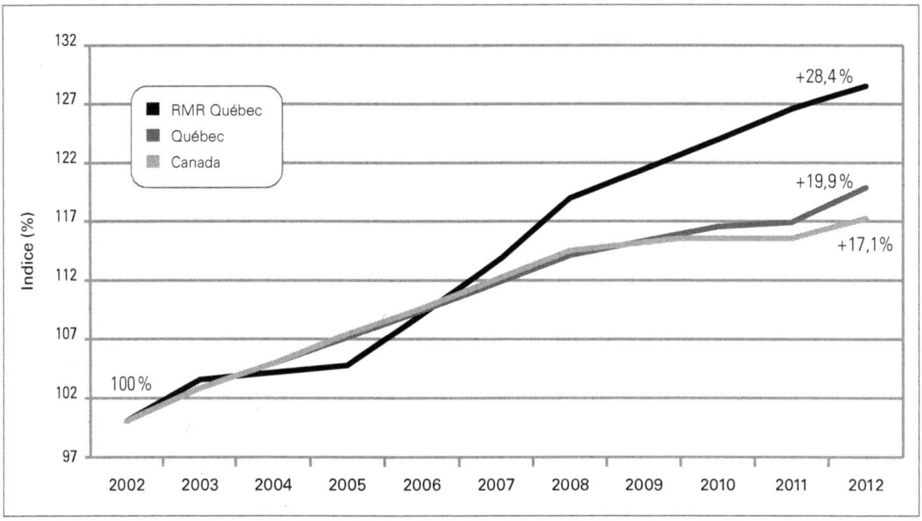

Source : Statistique Canada et Québec International, cité dans Québec International (2013).

Remarquons toutefois qu'en 2009, la récession économique mondiale a eu pour conséquence de freiner la progression des emplois de tous les niveaux de savoir, quoique la région de Québec semble avoir été moins affectée par cette dernière récession.

1.6.3. Le poids de la formation selon le genre et l'âge

Plus récemment, s'appuyant sur l'enquête sur la population active au Québec, l'ISQ (2010) a examiné la part des personnes qui occupaient un emploi au Québec et qui étaient titulaires d'un grade universitaire, et leur répartition, en 2009, entre salariés du secteur public, salariés du secteur privé et travailleurs autonomes.

Ainsi, selon l'ISQ 2010, en 2009, au Québec, 820 200 personnes, âgées de 25 à 64 ans, sont titulaires d'un grade universitaire et occupent un emploi. La plus grande part d'entre elles travaillent dans le secteur privé comme salariés (46 %) ou comme travailleurs autonomes (16,4 %). Les salariés du secteur privé représentent 51,5 % des hommes en emploi comparativement à 40,7 % des femmes. On peut noter que la part de travailleurs autonomes est supérieure chez les hommes (20,2 %) à celle des femmes (12,8 %). Concernant le secteur public, dans le groupe d'âge de 25 à 64 ans, la part des salariés titulaires d'un grade universitaire s'élève à 37,6 %. Elle regroupe 46,4 % de femmes en emploi comparativement à 28,4 % des hommes, comme l'illustre le tableau 1.2.

Tableau 1.2. Répartition de l'emploi salarié et autonome (secteur public et privé) selon le genre, en 2009 au Québec

	Emploi total (100 %)	Secteur public		Secteur privé			
		Emploi salarié		Emploi salarié		Travail autonome	
	milliers	milliers	%	milliers	%	milliers	%
15 ans et plus (emploi total)	**3 844,2**	**801,2**	**20,8**	**2 478,4**	**64,5**	**564,6**	**14,7**
25-64 ans	**3 226,0**	**739,4**	**22,9**	**1 975,7**	**61,2**	**511,0**	**15,8**
Hommes	1 670,7	285,6	17,1	1 067,4	63,9	317,7	19,0
Femmes	1 555,4	453,8	29,2	908,3	58,4	193,3	12,4
25-64 ans titulaires d'un grade universitaire	**820,2**	**308,7**	**37,6**	**377,0**	**46,0**	**134,5**	**16,4**
Hommes	400,0	113,5	28,4	205,8	51,5	80,6	20,2
Femmes	420,3	195,2	46,4	171,2	40,7	53,9	12,8
25-44 ans titulaires d'un grade universitaire	**501,7**	**183,0**	**36,5**	**257,3**	**51,3**	**61,4**	**12,1**
Hommes	225,5	50,2	26,7	133,0	59,0	32,3	14,3
Femmes	276,3	122,8	44,4	124,4	45,0	29,1	10,5
45-64 ans titulaires d'un grade universitaire	**318,5**	**125,7**	**39,5**	**119,7**	**37,6**	**73,1**	**23,0**
Hommes	174,5	53,3	30,5	72,9	41,8	48,3	27,7
Femmes	144,0	72,4	50,3	46,8	32,5	24,8	17,2

Note : En raison des arrondissements, le total n'égale pas toujours la somme des parties.

Source : Gouvernement du Québec, Institut de la statistique du Québec, *Enquête québécoise sur les conditions de travail, d'emploi et de santé et sécurité au travail*, 2007, 2008.

À partir des données des recensements de 1971, 1981, 1991 et 1996, Beckstead et Vinodrai (2003) examinent l'émergence de l'économie du savoir dans différents secteurs selon le genre. Ainsi leur étude souligne que bien que la majorité des secteurs d'activités aient connu une augmentation de la concentration de connaissances, le secteur public affiche la plus grande concentration. Toutefois, c'est dans le secteur des entreprises que les niveaux de croissance ont été les plus élevés.

Selon Beckstead et Vinodrai (2003), le secteur public au Canada comprend un grand nombre de travailleurs du savoir puisqu'il regroupe les services de santé et d'éducation. Cependant, il n'affiche qu'un taux de croissance annuel de 0,3 % comparativement à celui des entreprises (2,8 %). Plus précisément, on peut noter dans les professions du savoir une augmentation de la proportion de l'emploi de la main-d'œuvre masculine (1,2 %) et une diminution de l'emploi féminin (–0,3 %). Toutefois, il faut noter que le taux de croissance de l'emploi des femmes dans le groupe des gestionnaires (3,2 %) est supérieur à celui des hommes (1,2 %) (tableau 1.3).

Tableau 1.3. Professions à base de connaissances selon le sexe, secteur public, 1971-1996

	Protection de l'emploi[a] (%)						
	1971	1976[b]	1981	1986	1991	1996	Croissance[c]
Les deux sexes	**40,3**	**41,4**	**42,2**	**43,2**	**42,4**	**43,7**	**0,3**
Gestionnaires	3,5	4,3	4,7	5,8	5,2	4,9	1,4
Personnel professionnel	26,6	26,4	26,3	25,9	25,7	27,7	0,2
Personnel technique	10,3	10,8	11,1	11,6	11,5	11,1	0,3
Femmes	**44,2**	**42,8**	**41,9**	**43,4**	**40,4**	**41,2**	**–0,3**
Gestionnaires	1,6	2,1	2,5	3,7	3,4	3,5	3,2
Personnel professionnel	26,8	24,7	23,4	23,2	22,3	23,9	–0,5
Personnel technique	15,8	15,9	16,0	16,5	14,6	13,8	–0,5
Hommes	**36,5**	**39,8**	**42,5**	**42,9**	**45,7**	**48,6**	**1,2**
Gestionnaires	5,4	6,7	7,7	8,8	8,1	7,6	1,4
Personnel professionnel	26,4	28,4	30,1	29,8	31,3	34,8	1,1
Personnel technique	4,7	4,7	4,6	4,4	6,4	6,2	1,1

a) Concerne la population active occupée définie à partir du concept de population active du recensement de 1971.

b) Les données estimatives se situent à mi-chemin entre celles de 1971 et celles de 1981.

c) Taux moyen composé de croissance entre 1971 et 1986.

Source : Beckstead et Vinodrai (2003, p. 33).

En ce qui concerne le secteur des entreprises, le tableau 1.4 indique que si la proportion des travailleurs masculins du savoir était plus élevée en 1971, 9,6 % contre 2,9 % pour les femmes, durant la période de 1971-1996, la part des travailleurs du savoir de sexe féminin a crû de 5,3 % comparativement à celle des hommes qui a augmenté de 2,7 %. Toutefois, la proportion de la population active des hommes dans le secteur des entreprises reste supérieure (18,5 %) à celle des femmes (10,8 %) (Beckstead et Vinodrai, 2003).

Jusqu'en 1996, la proportion des gestionnaires a été en hausse constante chez les femmes alors qu'elle baisse sensiblement, en 1996, chez les hommes. Le *personnel professionnel* connaît aussi une augmentation constante durant la période de 1971 à 1996, tant chez les hommes que chez les femmes. Une autre étude plus récente effectuée cette fois par l'ISQ (2010), tant dans le secteur public que privé, montre que ce phénomène se poursuit jusqu'à récemment, soit en 2008. Le tableau 1.5 fait voir cette tendance.

Tableau 1.4. Professions à base de connaissances selon le sexe, secteur des entreprises, 1971-1996

	Protection de l'emploi[a] (%)						
	1971	1976[b]	1981	1986	1991	1996	Croissance[c]
Les deux sexes	**7,7**	**9,7**	**11,1**	**12,4**	**14,6**	**15,4**	**2,8**
Gestionnaires	1,3	2,5	3,4	4,2	5,5	5,2	5,8
Personnel professionnel	4,5	5,1	5,6	6,2	6,6	7,6	2,1
Personnel technique	1,9	2,0	2,1	1,9	2,5	2,6	1,3
Femmes	**2,9**	**5,1**	**6,3**	**8,2**	**9,6**	**10,8**	**5,3**
Gestionnaires	0,5	1,3	1,8	2,6	3,2	3,4	8,1
Personnel professionnel	2,0	3,0	3,7	4,8	5,2	6,3	4,8
Personnel technique	0,5	0,7	0,8	0,8	1,1	1,1	3,3
Hommes	**9,6**	**11,9**	**13,8**	**14,9**	**17,9**	**18,5**	**2,7**
Gestionnaires	1,6	3,1	4,3	5,2	6,9	6,4	5,8
Personnel professionnel	5,5	6,1	6,6	7,1	7,5	8,4	1,7
Personnel technique	2,4	2,7	2,9	2,6	3,4	3,6	1,6

a) Concerne la population active occupée définie à partir du concept de population active du recensement de 1971.

b) Les données estimatives se situent à mi-chemin entre celles de 1971 et celles de 1981.

c) Taux moyen composé de croissance entre 1971 et 1986.

Source : Beckstead et Vinodrai (2003, p. 31).

Tableau 1.5. Population active selon le niveau de gestion et de compétence[a] et le sexe, Québec, 1991 et 2006

	Effectif		Répartition de l'effectif		Répartition par sexe	
	1991	2006	1991	2006	1991	2006
	n	*n*	%	%	%	%
Femmes						
Gestion	94 490	123 885	6,2	6,7	28,3	35,1
A Professionnel (universitaire)	235 950	361 030	15,6	19,4	51,3	54,9
B Technique (diplôme collégial ou secondaire professionnel ou formation d'apprenti)	416 300	514 875	27,4	27,7	40,7	43,1
C Intermédiaire (diplôme secondaire général)	587 560	635 455	38,7	34,2	50,3	51,7
D Élémentaire (études secondaires non terminées)	183 015	222 955	12,1	12,0	40,3	44,4
Toutes les professions	1 517 370	1 849 395	100,0	100,0	44,1	47,1

(*suite*)

Tableau 1.5. Population active selon le niveau de gestion et de compétence et le sexe, Québec, 1991 et 2006 (*suite*)

	Effectif		Répartition de l'effectif		Répartition par sexe	
	1991	2006	1991	2006	1991	2006
	n	*n*	%	%	%	%
Hommes						
Gestion	238 855	229 145	12,4	11,0	71,7	64,9
A Professionnel (universitaire)	224 185	296 595	11,7	14,3	48,7	45,1
B Technique (diplôme collégial ou secondaire professionnel ou formation d'apprenti)	607 700	678 820	31,6	32,7	59,3	56,9
C Intermédiaire (diplôme secondaire général)	581 415	593 270	30,2	28,6	49,7	48,3
D Élémentaire (études secondaires non terminées)	271 295	279 160	14,1	13,4	59,7	55,6
Toutes les professions	1 923 440	2 080 280	100,0	100,0	55,9	52,9

a) Le niveau de compétence reflète les conditions d'accès pour exercer la profession. Quatre niveaux de compétence sont définis auxquels on rattache habituellement un niveau de formation.

Source : Gouvernement du Québec, Institut de la statistique du Québec, *Enquête québécoise sur les conditions de travail, d'emploi et de santé et sécurité au travail*, 2007, 2008.

D'ailleurs, en lien avec ce phénomène, il est possible de constater que de plus en plus de femmes faisant partie de la population active détiennent un diplôme universitaire. Notons, comme l'illustre le tableau 1.6, qu'au cours de la période 2002-2012, le poids des diplômées universitaires a connu une augmentation de 62,5 % alors que la hausse est de 30 % chez les hommes.

Il est aussi intéressant de constater au tableau 1.7 que dans la population active âgée de 50 ans et plus, tant les hommes que les femmes connaissent une évolution remarquable quant à la proportion de gestionnaires. Ainsi, dans le secteur public, la proportion d'hommes en gestion est passée de 35,5 % en 1997 à 55,8 % en 2008.

Quoi qu'il en soit, comme le soulignent Beckstead et Vinodrai (2003), ces analyses montrent que c'est de manière progressive que s'effectue l'évolution de l'économie du savoir et qu'elle se répand dans tous les secteurs de l'économie canadienne. Tout ceci laisse présumer « une augmentation des compétences, des connaissances et du capital humain dans les entreprises et les branches d'activité qui se font concurrence au sein de la nouvelle économie » (Beckstead et Vinodrai, 2003, p. 56).

Tableau 1.6. Population active selon le niveau d'études et le sexe, Québec, 2002-2012 (en milliers)

	Ensemble		Sans diplôme d'études secondaires		Diplôme d'études secondaires		Études post-secondaires		Diplôme universitaire	
	F	H	F	H	F	H	F	H	F	H
2002	1 779,6	2 124,2	273,5	461,4	312,2	337,7	848,2	940,8	345,8	384,4
2003	1 840,6	2 144,7	268,7	441,3	299,7	334,2	902,7	970,6	369,6	398,5
2004	1 861,0	2 154,4	271,3	428,4	306,3	332,1	898,0	982,1	385,4	411,8
2005	1 869,0	2 165,4	237,8	403,1	308,8	350,1	906,6	987,6	416,8	424,7
2006	1 893,0	2 177,4	258,5	390,7	311,6	337,9	901,9	1 014,0	421,1	434,7
2007	1 946,0	2 187,1	240,5	387,6	322,4	339,9	939,9	1 009,2	443,2	450,3
2008	1 974,6	2 208,3	239,7	385,6	307,1	335,5	974,7	1 964,2	453,1	425,1
2009	1 989.8	2 214,2	239,9	374,8	311,3	349,5	973,6	1 036,4	465,0	453,4
2010	2 009,4	2 244,2	216,9	368,3	202,7	228,1	993,4	1 065,5	495,4	471,3
2011	2 028,1	2 257,7	209,0	350,8	296,2	343,3	1 021,6	1 064,9	501,4	498,9
2012	2 044,7	2 275,6	201,6	338,9	276,9	352,0	1 004,6	1 082,4	561,6	502,2
Variation % 2002-2012	14,9	7,1	−26,3	−26,5	−11,3	4,2	18,4	15,1	62,5	30,6

Source : Gouvernement du Québec, Institut de la statistique du Québec, *Enquête québécoise sur les conditions de travail, d'emploi et de santé et sécurité au travail*, 2007, 2008.

Tableau 1.7. Proportion d'employés âgés de 50 ans et plus dans l'ensemble de l'emploi, résultats croisés selon le sexe, le niveau de compétence et le secteur d'appartenance, Québec, 1997 et 2008

	Femmes			Hommes		
	1997	2008	Variation	1997	2008	Variation
Niveau de compétence	%	%	(en pts de %)	%	%	(en pts de %)
Secteur public						
Gestion	–	–	–	35,7	55,8	20,1
Professionnel	18,2	26,1	7,9	27,4	31,6	4,2
Technique	13,2	29,7	16,5	17,3	35,3	18,0
Intermédiaire	21,4	34,2	12,8	20,5	26,2	5,7
Élémentaire	26,3	29,0	2,7	14,1	35,1	21,0
Secteur privé						
Gestion	11,1	25,5	14,4	21,3	31,0	9,7
Professionnel	12,2	21,9	9,7	19,2	18,4	−0,8
Technique	14,8	24,5	9,7	16,6	22,1	5,5
Intermédiaire	15,4	23,1	7,7	17,8	24,6	6,8
Élémentaire	13,3	22,0	8,7	16,3	19,7	3,4

Source : PowerPoint de présentation de L. Cloutier et J.-F. Dorion au Colloque ARUC sur la gestion des âges et des temps sociaux, novembre 2012, sur la base de Cloutier et Dorion (2010).

1.6.4. Les variations de l'emploi par secteur

Plus récemment, une projection de Grenier (2010) s'échelonnant de 2009 à 2014 révèle que l'emploi devrait connaître une croissance de 1,2 % par année. Sur 33 secteurs d'activité, seuls six secteurs pourraient perdre des emplois, soit ceux de l'agriculture et de la pêche, du textile et des produits textiles, des vêtements et des produits en cuir, du papier, de l'impression ainsi que du meuble. Les autres secteurs devraient connaître une croissance de l'emploi. Plus particulièrement, le secteur des services devrait compter pour 87 % de la création totale des emplois d'ici 2014 ; le nombre d'emplois devrait s'élever à 1 189 000 dans ce secteur.

Figure 1.10. Variation annuelle de l'emploi sectoriel de 2009 à 2014

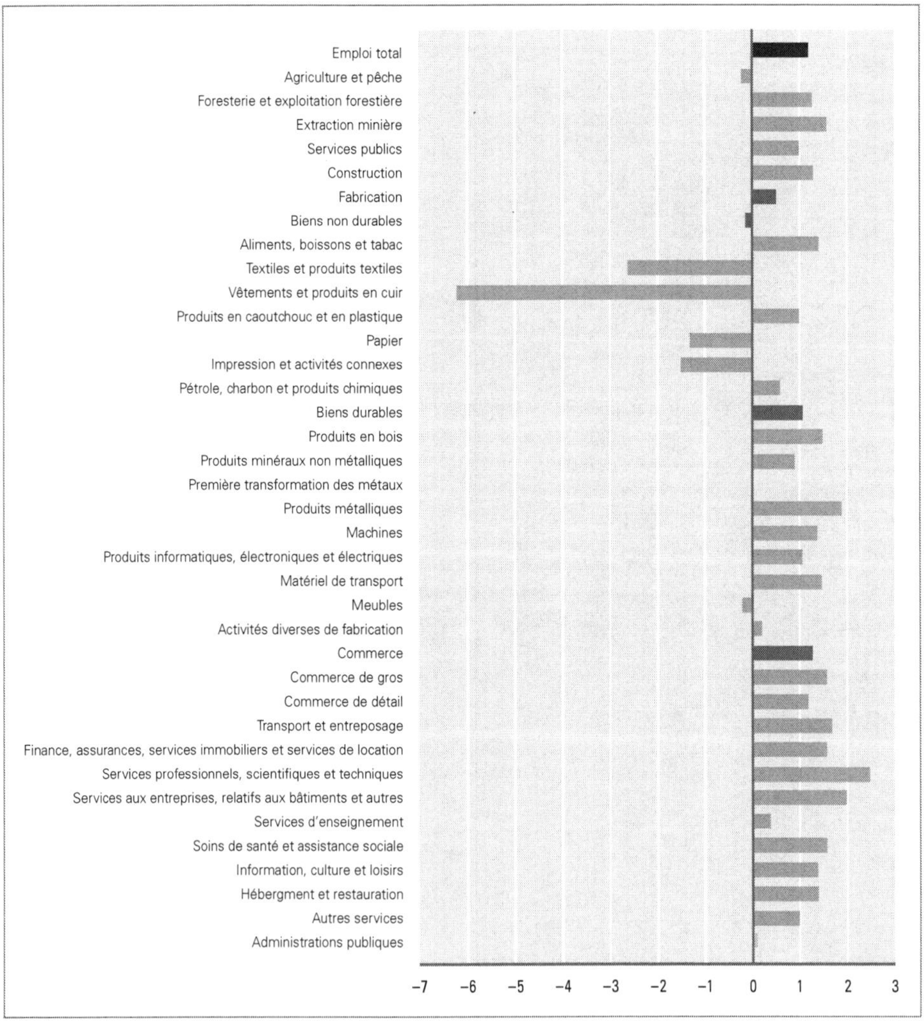

Source : Estimation emploi-Québec, cité dans Grenier (2010, p. 20).

Les services qui devraient créer le plus d'emploi sont les services professionnels, scientifiques et techniques, les services aux entreprises, les services relatifs aux bâtiments et les autres services de soutien, les soins de santé et l'assistance sociale, la finance, les assurances, l'immobilier et la location ainsi que le commerce de gros qui devraient se trouver en tête quant au taux de création d'emplois. La figure 1.10 illustre cette projection.

1.6.5. L'indice des possibilités d'emploi hautement qualifié (IPEHQ)

Une étude du CETECH (2009) s'appuie sur l'indice des possibilités d'emploi hautement qualifié (IPEHQ) qui donne les tendances de l'emploi. Ainsi la figure 1.11 montre que, par rapport à leurs étalons d'origine 1996 = 100, pour les années 2004 à 2009, les possibilités d'emploi hautement qualifié pour les professionnels sont plus basses que celles pour les techniciens et les gestionnaires, l'indice des gestionnaires étant le plus haut.

Figure 1.11. IPEHQ par niveau de compétence 2004-2009, 1996 = 100

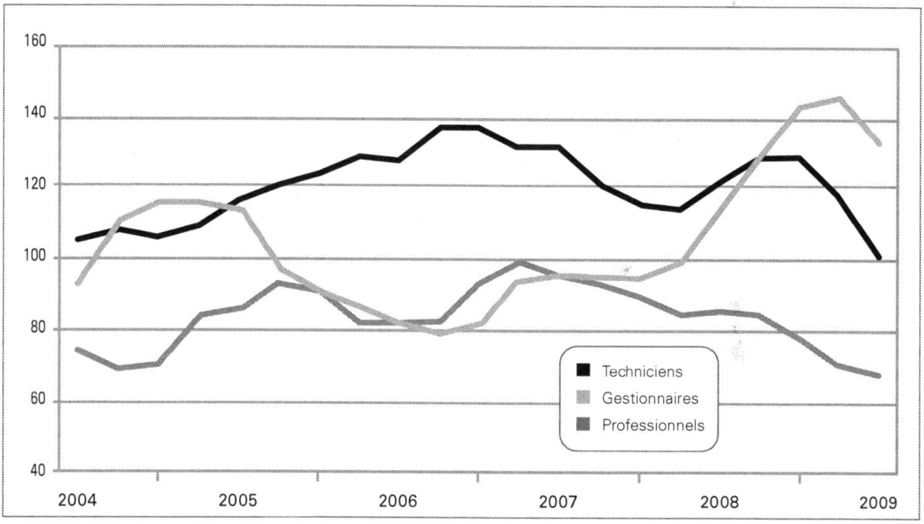

Source : PowerPoint de présentation de L. Cloutier et J.-F. Dorion au Colloque ARUC sur la gestion des âges et des temps sociaux, novembre 2012, sur la base de Cloutier et Dorion (2010).

La figure 1.12 indique que, de 2004 à 2009 et toujours selon les mêmes étalons d'origine de 1996, l'indice correspondant à la santé a plus que quadruplé, celui des sciences sociales et appliquées a diminué de moitié et celui des affaires, et de l'administration publique, d'une part, et celui des arts, de la culture, des sports et des loisirs, d'autre part, ont stagné.

Figure 1.12. IPEHQ par champs de compétence, 2004-2009, 1996 = 100

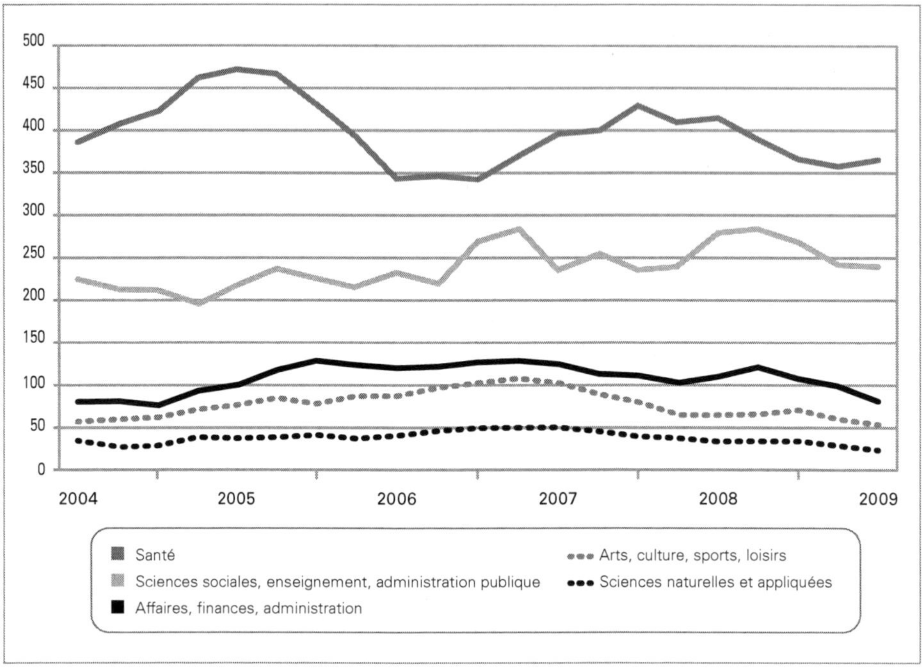

Source : PowerPoint de présentation de L. Cloutier et J.-F. Dorion au Colloque ARUC sur la gestion des âges et des temps sociaux, novembre 2012, sur la base de Cloutier et Dorion (2010).

1.6.6. Les travailleurs du savoir et l'économie du savoir en Europe

Eurostat scinde les secteurs du savoir de la moyenne à la haute technologie en quatre catégories : les services de haute technologie (R-D et informatique), les services financiers, les services liés au marché du savoir (communication, voyage, services d'affaires) et les services liés à la santé, à l'éducation, aux loisirs et à la culture (Brinkley et Lee, 2007).

Selon Brinkley et Lee (2007), en 2005, un peu plus de 40 % de la population active travaille dans les industries du savoir. Les pays nordiques et le Royaume-Uni présentent les plus grosses parts de l'emploi dans cette économie, soit 54,3 % de l'emploi en Suède et près de 50 % au Danemark, au Royaume-Uni et en Finlande. L'Allemagne et la France en comptent un peu moins, soit respectivement 43,8 % et 42,6 %. La Grèce et le Portugal sont les deux pays de l'UE-15 qui en comptent le moins, avec respectivement 26,6 % et 26 % de parts de l'emploi dans l'économie du savoir. De plus, comme le soulignent les statistiques du tableau 1.8, une grande majorité des emplois (34,7 %) dans l'UE-15 se trouve dans le secteur des services, et 6,7 % dans le secteur manufacturier.

Tableau 1.8. Emploi dans l'industrie du savoir, UE-15, 2005

	Secteur manufacturier	Secteur des services	Total
	%	%	%
Suède	6,5	47,8	54,3
Danemark	6,3	42,8	49,1
Royaume-Uni	5,6	42,4	48,0
Finlande	6,8	40,5	47,3
Pays-Bas	3,3	41,9	45,2
Belgique	6,5	38,3	44,8
France	10,4	33,4	43,8
Allemagne	6,3	36,3	42,6
Irlande	6,0	33,9	39,9
Autriche	6,5	31,0	37,5
Italie	7,4	29,8	37,2
Espagne	4,7	27,0	31,7
Grèce	2,1	24,5	26,6
Portugal	3,3	22,7	26,0
UE-15	6,7	34,7	41,4

Source : Eurostat cité dans Brinkley et Lee (2007, p. 6).

Le tableau 1.9 révèle que le secteur des services publics (santé, éducation et culture) couvre en 2005 la plus grande part des emplois du savoir, soit 19,4 % (25 % à 30 % dans les pays nordiques) ; viennent ensuite les secteurs des services marchands (services de haute technologie, services financiers, services aux entreprises et services de communication) qui représentent 15,3 % de l'emploi total. La technologie de pointe participe à hauteur de 1,1 % et la technologie moyenne à hauteur de 5,8 %.

Tableau 1.9. Part de l'emploi des industries du savoir UE-15, 2005

UE-15	En pourcentage de l'emploi total
Fabrication manufacturière basée sur les technologies	6,9
Haute technologie	1,1
Moyenne technologie	5,8
Services	15,3
Services de haute technologie	3,5
Services financiers	3,2
Affaires/communications	8,6
Santé, éducation, culture	19,4
Tous les services techniques basés sur la connaissance	41,5

Source : Eurostat, cité dans Brinkley et Lee (2007, p. 7).

Selon l'OCDE (2011), la part des ressources humaines (pays de l'OCDE) affectées à la science et à la technologie (RHST) joue un rôle crucial dans l'innovation. Ainsi la figure 1.13 montre qu'en 2010, au Luxembourg, en Suède, au Danemark et en Suisse, les ressources humaines affectées à la science et à la technologie dépassent 40 % alors qu'en Inde, en Chine et en Indonésie, elles s'élèvent à moins de 10 % de la totalité de l'emploi.

Figure 1.13. Ressources humaines en science et technologie (RHST), par profession, en 2010, en pourcentage de l'emploi total

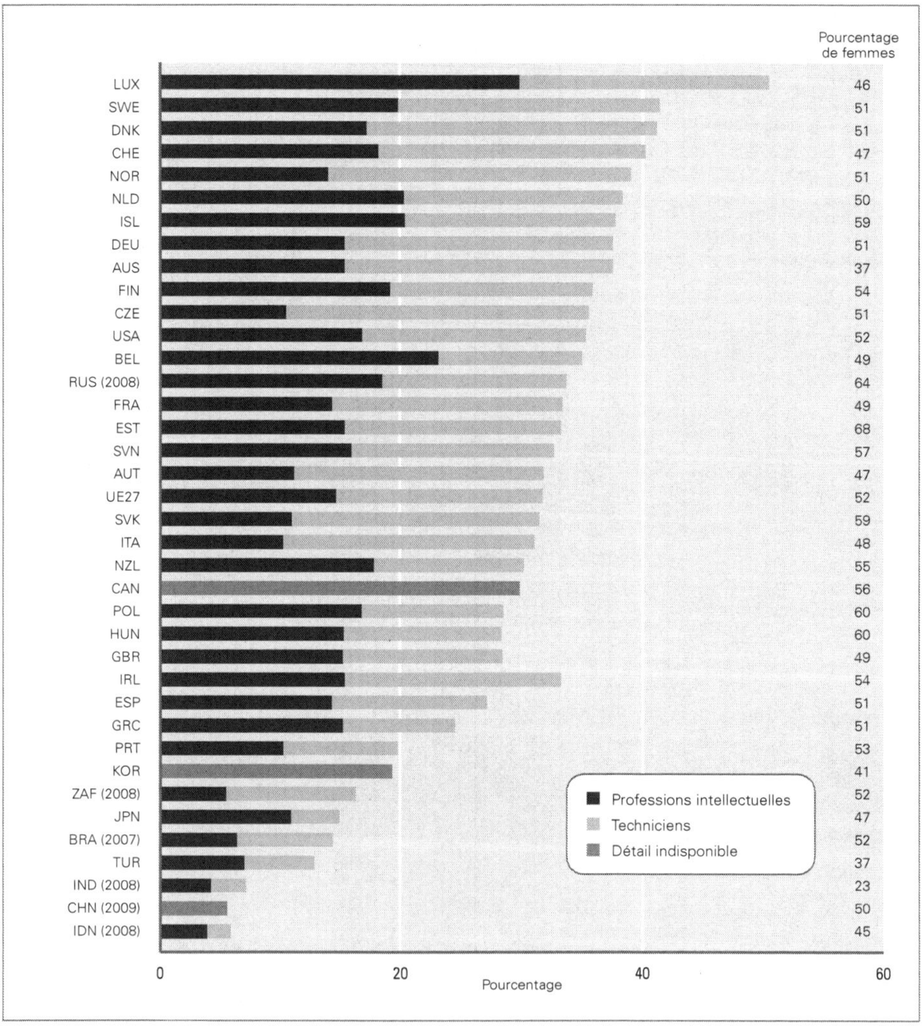

Note : Calculs de l'OCDE à partir de données empruntées aux différentes sources : enquête de l'Union européenne sur les forces de travail ; Current Population Survey des États-Unis ; enquêtes australienne, canadienne, japonaise et néo-zélandaise sur la population active ; enquête sur la population active occupée de Corée ; Annuaire statistique du travail en Chine 2010 ; National Sample Survey d'Inde et OIT, Base de données Laborsta, mai 2011.

Source : OCDE (2011, p. 3).

On peut aussi noter l'accroissement de la proportion des femmes dans les RHST. En effet, dans plusieurs pays, les femmes représentent 60 % et plus de cette main-d'œuvre, notamment dans la Fédération de Russie, en Estonie en Pologne et en Hongrie. Ainsi dans de nombreux pays, la majorité des professions sont occupées par des femmes en 2010.

La figure 1.14 montre qu'une grande majorité des RHST se trouve dans le secteur des services. Selon l'OCDE (2011, p. 4), en 2008, le pourcentage d'individus qui occupent un poste de profession intellectuelle ou scientifique et de techniciens dans les services s'échelonne de 19,3 % au Japon à 46,9 % au Luxembourg. Il s'agirait surtout de services collectifs et sociaux et de services aux particuliers. La part des RHST qui occupait un poste dans le secteur manufacturier avoisine 20 % en moyenne dans les pays de l'OCDE.

Figure 1.14. Ressources humaines en science et technologie par secteur d'activités, 2008, en pourcentage de l'ensemble des employés de la branche

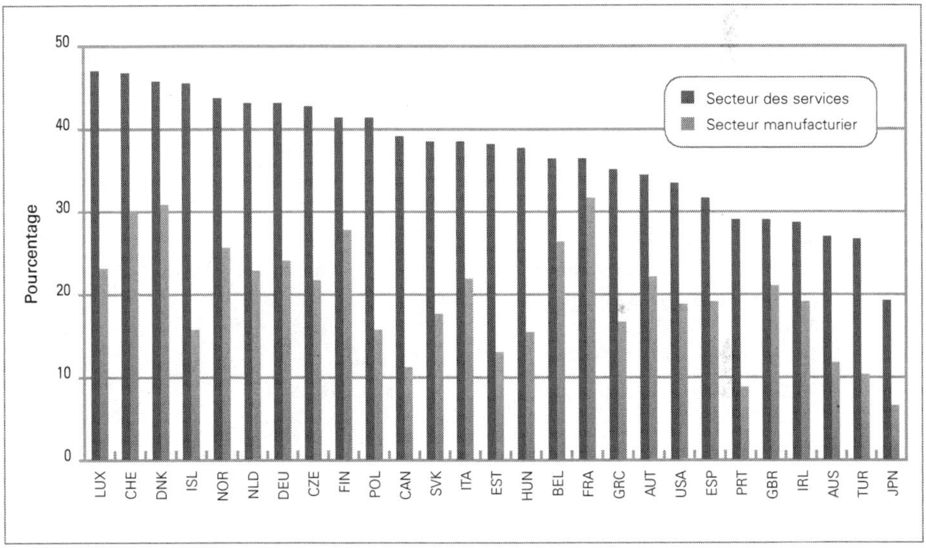

Source : OCDE (2011).

De 1998 à 2008, le taux de croissance annuel moyen des RHST du secteur des services est positif dans tous les pays s'échelonnant de + 6,3 % en Islande, à 1,2 % au Japon. Concernant le secteur manufacturier, le taux de croissance annuel moyen des RHST est négatif au Luxembourg (– 2,3 %) et au Japon (– 1,3 %) (OCDE, 2011, p. 4) (figure 1.15).

Figure 1.15. Croissance des ressources humaines en science et technologie par secteur d'activité, 1998-2008, taux de croissance annuel moyen

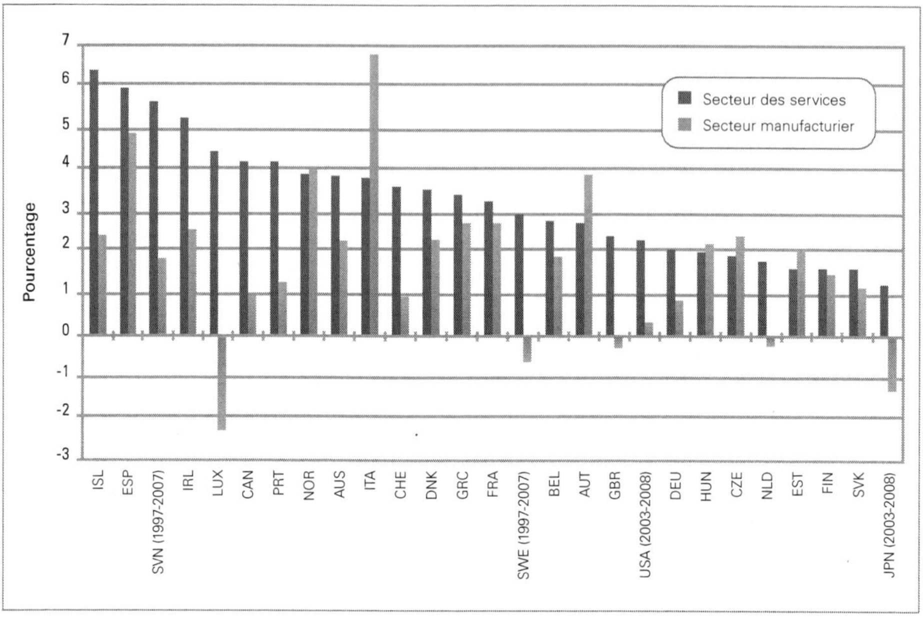

Source : OCDE (2011).

Une autre étude européenne sur les écarts entre femmes et hommes chez les travailleurs du savoir montre qu'une grande partie des ressources humaines en science et technologie européennes[4] (69,1 %) travaillaient dans les services à forte intensité de connaissances (Wilén, 2006). En 2004, la part des femmes dans cette spécialisation représentait 77,3 %. En Europe, toujours à la même période, les scientifiques et les ingénieurs étaient surtout des hommes ; la part des femmes s'élevait à 29 % (Wilén, 2006).

Voyons à présent comment se positionnent les hommes et les femmes quant au chômage, selon qu'ils travaillent ou non dans le secteur de la science et de la technologie. La figure 1.16 illustre l'évolution du chômage chez les hommes et les femmes faisant partie des ressources humaines en science et technologie ainsi que celle de ceux qui n'en font pas partie. De manière générale, tant pour les femmes qui font partie des ressources humaines en science et technologie que pour celles qui n'en font pas partie, les risques de chômage sont plus grands que ceux des hommes. Toutefois, cette différence entre les sexes tend à s'atténuer au fil du temps quant aux employés faisant partie des ressources humaines en science et technologie (2,8 % en 2003 ; 0,8 % en 2012). Par contre, il n'en est pas de même concernant l'autre groupe

4. Wilén (2006, p. 7). RHST – Ressources humaines en science et technologie : « Il s'agit des personnes qui remplissent au moins une des conditions suivantes : avoir fait des études complètes du troisième degré dans un domaine d'études de la science et de la technologie ou exercer une profession dans le secteur de la science et technologie en tant que spécialiste ou technicien. »

puisque la différence entre les sexes quant au taux de chômage est légèrement plus importante depuis la dernière récession économique de 2009, soit 0,7 % en 2003 contre 1 % en 2012.

La différence entre les taux de chômage des hommes et des femmes de ressources humaines en science et technologie est donc moins importante qu'elle ne l'était en 2000 : 0,6 % en 2004 contre 0,9 % en 2000 ; il en est de même concernant l'autre groupe : 3,1 % en 2000 contre 1,6 % en 2004.

Figure 1.16. Chômage des RHST et des non-RHST, par sexe, en milliers et en pourcentage de la population active correspondante, dans UE-27

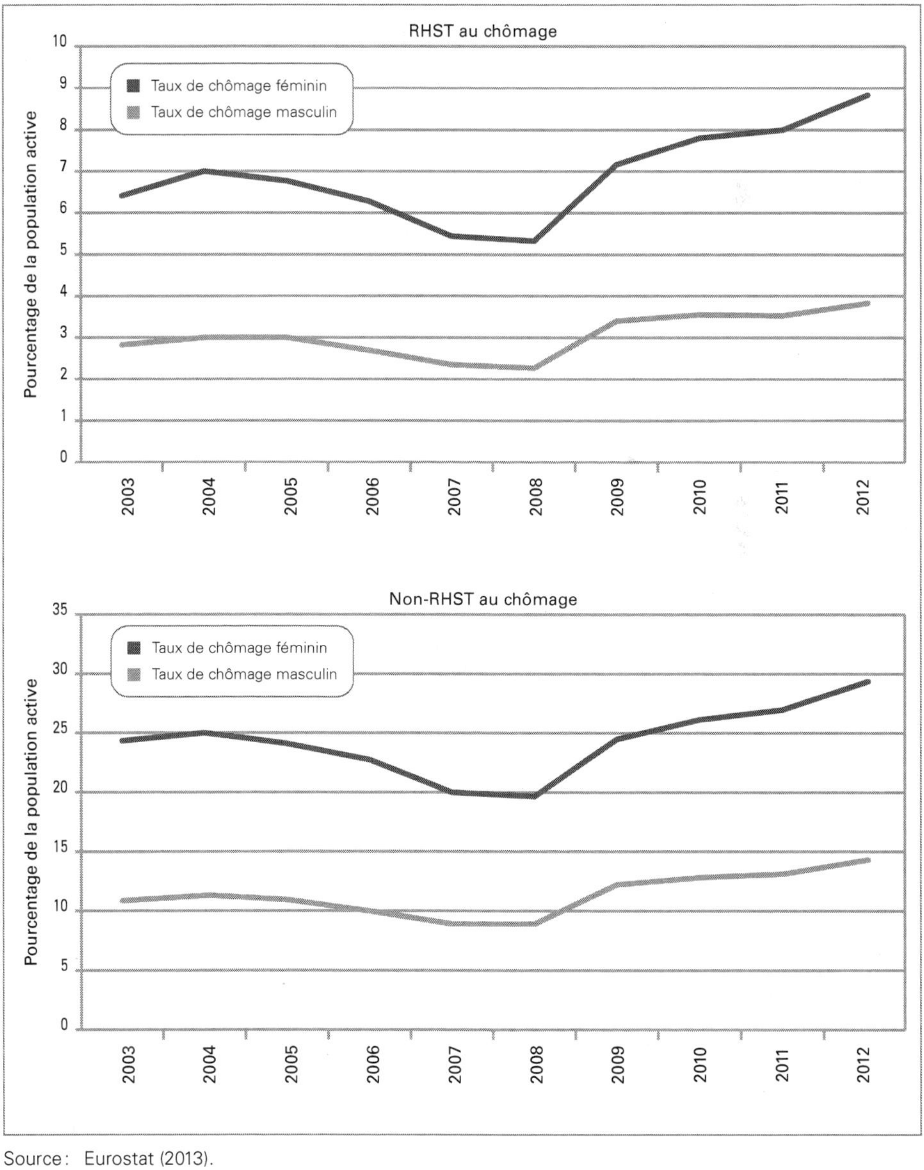

Source : Eurostat (2013).

Tableau 1.10. Taux de chômage des RHST et des non-RHST, UE-27, par pays (de 2003 à 2012)

	2003		2012	
	RHST	Non-RHST	RHST	Non-RHST
Union européenne (27 pays)	3,2	3,2	4,4	14,6
Belgique	3,5	3,5	3,2	11,6
Bulgarie	5,4	5,4	4,5	15,8
République tchèque	0,09	0,09	1,6	10,0
Danemark	3,4	3,4	3,2	10,9
Allemagne	2,9	2,9	1,6	8,5
Estonie	4,1	4,1	4,9	14,7
Irlande	2,2	5,7	6,6	22,1
Grèce	5,6	10,6	15,9	28,4
Espagne	7,1	13,4	13,4	32,6
France	4,1 (r)	11,2 (r)	4,0	15,1
Croatie	5,3	16,9	6,9	19,9
Italie	2,5	11,5	3,6	14,2
Chypre	3,1	4,8	9,1	14,3
Lettonie	3,9	13,4	5,1	21,2
Lituanie	5,0	16,6	4,8	19,7
Luxembourg	2,0 (rp)	4,6 (rp)	2,5	8,5
Hongrie	0,8 (p)	7,8 (rp)	3,2	15,0
Malte	* (p)	* (p)	* (p)	9,1
Pays-Bas	1,5 (r)	5,2 (r)	2,2	8,0
Autriche	1,3 (r)	6,3 (r)	1,1	6,5
Pologne	4,4	24,5	4,4	13,3
Portugal	3,5	6,8	8,7	18,6
Roumanie	1,9 (r)	8,1 (r)	4,2	7,9
Slovénie	2,2 (p)	8,6 (p)	4,3	12,0
Slovaquie	1,9	22,9	4,3	18,4
Finlande	3,2	15,5	3,2	11,9
Suède	2,2	7,7	3,1	12,5
Royaume-Uni	2,0	6,3	3,4	12,3
Islande	* (rp)	* (rp)	2,0	9,3
Norvège	2,2	5,7	1,2	4,8
Suisse	1,7	6,1	1,8	6,8
Ancienne République	*	*	18,1	35,8
Turquie	*	*	7,5	8,4

Légende : (r) = rupture de série ; (p) = peu fiable ; * = non disponible.

Source : Eurostat (2013).

Le tableau 1.10 souligne que, de manière générale, les taux de chômage sont beaucoup moins élevés chez les personnes travaillant dans le secteur des ressources humaines en science et technologie que chez celles travaillant dans d'autres secteurs. Nous voyons également que les taux de 2000 à 2009 ont peu varié, bien que l'on puisse noter d'importantes variations (à la hausse ou à la baisse) pour certains pays comme la Grèce ou l'Irlande.

1.7. Les défis et les enjeux liés à la gestion des ressources humaines contemporaine dans l'économie du savoir

Conséquemment aux bas taux de fécondité durant la période qui suit le *baby-boom*, le vieillissement de la population est une réalité qui va en s'accentuant au fur et à mesure que les *baby-boomers* avancent en âge. Ceci aura pour conséquence une réduction de la population en âge de travailler et certains secteurs et professions seront plus touchés que d'autres. Cette problématique s'applique naturellement à l'ensemble du marché du travail et tant aux travailleurs non qualifiés que qualifiés. Dans le contexte de l'économie du savoir, les travailleurs qualifiés nous intéressent particulièrement et, comme nous l'avons vu au fil de ces pages, certains secteurs comptent de nombreux diplômés universitaires, donc des travailleurs du savoir. Pour rappel, il s'agit des secteurs de l'éducation, de la santé et des services sociaux, des services aux entreprises et de communication, ainsi que d'autres services publics et les services financiers, d'assurance et d'immobilier.

Ainsi, en analysant l'incidence du vieillissement de ces effectifs, Lesemann et Goyette (2003) ont constaté que trois des secteurs susmentionnés détenaient une forte concentration de diplômés collégiaux ou universitaires de 45 ans et plus, soit :

- les services d'enseignement (45,4 %) ;
- les services de santé et sociaux (31,4 %) ;
- les services gouvernementaux (29,4 %).

C'est donc le secteur public qui est le plus gros utilisateur de main-d'œuvre hautement qualifiée ; il représente d'ailleurs 40 % du total des employés hautement qualifiés du Québec. Dans le secteur financier, on trouve 24,6 % de travailleurs hautement qualifiés de 45 ans et plus ; le secteur des services aux entreprises en compte 23,70 %, et celui des communications, 18,9 %. Ceci montre bien que le secteur public est de loin le plus gros employeur de travailleurs du savoir de 45 ans et plus.

En ce qui concerne les professions, hormis les professions des arts et de la culture et celles des sciences naturelles et appliquées, les professions de cadre (toutes catégories confondues), d'enseignants, de personnel de gestion, d'administration publique et des soins de santé ont un pourcentage supérieur de travailleurs du savoir, âgés de 45 ans et plus, comparativement à la moyenne de l'ensemble des professions (Lesemann, 2003). Ce sont les professions de la santé et de l'enseignement qui auront surtout à faire face à la pénurie de main-d'œuvre, ces professions ne pouvant être exercées qu'à l'issue de longues études universitaires « à haut contenu de qualification dont le cycle d'acquisition s'étend sur de nombreuses années » (Laroche, 2003, p. 31).

De plus, l'architecture des âges de la main-d'œuvre hautement qualifiée est inquiétante puisqu'elle est dominée par des travailleurs du savoir âgés et que la représentation des jeunes y est insuffisante (Laroche, 2003). En effet, près de 400000 personnes âgées de 45 ans et plus, relevant de ces professions, auront pris leur retraite d'ici 2020, ce qui réduira le bassin de travailleurs du savoir (Laroche, 2003). Toutefois, selon l'auteur, le problème pourrait se régler en partie, puisque les jeunes professionnels surqualifiés en attente d'un poste pourront prendre la relève de leurs aînés, mais vu leur sous-nombre, des mesures de fidélisation et de rétention de la main-d'œuvre âgée devront être mises en place au sein des organisations.

En outre, la scolarité influence la participation au marché du travail. Ainsi, selon Baril (2007), la croissance du niveau de scolarité des femmes a eu un effet sur l'augmentation de leur présence sur leur marché du travail. En effet, le taux de fréquentation scolaire des femmes au Québec de 20 à 24 ans est passé de 14 % à 47 % entre 1976 et 2005 ; l'écart de 30 points représentant l'équivalent du taux d'activité réalisé par les femmes de 25 à 54 ans. Plus précisément, entre 1990 et 2005, la croissance de la part des diplômées du postsecondaire, parmi les 25 à 54 ans, a augmenté de 37 % à 65 %. Cette progression est supérieure à celle des hommes qui s'élevait, en 2005, à 62 % (Baril, 2007). Ainsi les femmes détiennent en 2005 près de 55 % des emplois professionnels nécessitant un diplôme universitaire (Baril, 2007). De plus, comme le soutient Laroche (2003), le fait que les femmes soient rentrées plus tardivement que les hommes sur le marché du travail pourrait laisser présager la possibilité de combler, en partie, les départs à la retraite de certains travailleurs du savoir.

Cependant, l'économie du savoir renvoie aussi aux transformations du marché du travail en ce qui a trait à l'employabilité et aux carrières. En effet, la relative sécurité de l'emploi (jusque dans les années 1980) a fait place, pour plusieurs, à l'instabilité et à la précarité. En effet, la relation d'emploi repose désormais sur des exigences plus élevées de la part de l'employeur à l'égard des employés, par exemple, plus de compétences et d'engagement, alors que les employeurs procèdent par ailleurs à des mises à pied, en préférant embaucher du personnel à statut précaire, ce qui ne favorise pas le développement des compétences et de l'engagement (Baril, 2007). Cette non-réciprocité des relations de travail peut nuire au climat de travail et les employés épuisés peuvent chercher à quitter leur emploi. En outre, devant constamment s'adapter au changement du marché, un certain nombre d'organisations du savoir mise sur une organisation du travail plus flexible et adopte désormais des structures organisationnelles plus aplaties dont les niveaux hiérarchiques sont réduits. Ainsi les employés ont acquis plus d'autonomie et de responsabilité, le contrôle est parfois réduit au minimum, les employés sont considérés comme des *collaborateurs*.

Cependant, sous l'influence d'une constante recherche de flexibilité de la part des organisations, les employés sont conduits désormais à des changements fréquents dans leur travail, ce qui les incite à passer par un nombre plus élevé d'emplois et d'entreprises au cours de leur vie professionnelle. Tout ceci a une influence sur leurs carrières qui sont de plus en plus fragmentées (Tremblay, 2003). C'est dans ce contexte qu'un nouveau concept de carrière appelé « carrière nomade » (Cadin *et al.*, 2003) ou « *boundaryless career* » (DeFillippi et Arthur, 1994) apparaît, où l'individu est appelé à se comporter « en entrepreneur » de sa propre carrière. Plusieurs organisations vont alors considérer que, c'est à l'individu de s'assurer de développer ses compétences et son employabilité dans le modèle des carrières nomades (Arthur et Rousseau, 1996 ; Cadin *et al.*, 2003 ; Tremblay, 2003). Cependant, tous les individus ne possèdent pas toujours les compétences nécessaires ou même la flexibilité requise pour gérer eux-mêmes leur carrière (De Larquier et Remillon, 2008 ; Dany, 2004). Ce sont là des thèmes sur lesquels nous reviendrons plus en détail dans les chapitres ultérieurs.

Les transformations du marché du travail ont aussi eu une incidence sur l'emploi et particulièrement sur les emplois dits atypiques : temps partiel, sur appel, en fonction d'horaires variables ou travailleurs autonomes (ASPQ, 2007). En effet, les exigences en matière d'accès aux services couvrent de longues plages horaires afin d'offrir par exemple de plus en plus de services de santé 24 heures sur 24, sept jours sur sept. Ces transformations peuvent poser problème lorsqu'elles ne sont pas choisies, mais subies par les employés, car elles peuvent présenter des difficultés pour concilier le travail et la famille ou la vie personnelle, ceci pouvant accroître encore les difficultés des organisations à retenir leurs employés, vu le contexte démographique (Lazzari Dodeler et Tremblay, 2011a).

Ainsi le besoin de mobiliser la main-d'œuvre est grand et les organisations cherchent non seulement des collaborateurs performants sur le plan individuel, mais aussi sur le plan collectif. En effet, les employés devront montrer de la motivation à aller au-delà des tâches prescrites par le poste, en mettant leurs idées et leur créativité à la disposition de l'organisation. De plus, ils devront montrer de la bienveillance en aidant les collègues dans leur travail, en améliorant constamment les façons de faire et en prenant des décisions dans l'intérêt de l'équipe et de l'organisation (Pozzebon *et al.*, 2007). C'est ainsi dans le développement et le partage d'idées, dans la coopération au sein d'une équipe, que l'on voit se construire la performance organisationnelle (Tremblay, 2012). Cependant, la mentalité des jeunes travailleurs a évolué. En effet, les individus des générations X et Y possèdent des valeurs et des attentes différentes de ceux de la génération des *baby-boomers*, en ce sens où le travail ne semble pas tenir une place dominante dans leur vie. Ainsi les organisations n'auront pas d'autre choix que d'adapter leurs pratiques et leurs stratégies d'attraction et de rétention de la main-d'œuvre (Lazzari Dodeler et Tremblay, 2011b).

Conclusion

Globalement nous avons vu que, par suite de la déréglementation et de l'ouverture des marchés, les différents modèles de production et formes d'organisation (tayloriste-fordiste, postfordiste), mis en place dans le courant du XXe siècle, ont montré leurs limites. Ainsi, grâce au développement des technologies de l'information et de la communication, la tertiarisation grandissante des économies et l'importance cruciale de l'innovation, le savoir a supplanté le capital matériel (objet matériel) et est devenu une composante cruciale de la croissance de l'économie. À présent, c'est donc le capital immatériel, c'est-à-dire les talents, les connaissances et le savoir détenus par les hommes et les femmes qui occupent une place centrale sur le marché du travail.

Bien que l'on trouve des travailleurs du savoir dans un grand nombre d'industries, certains travaillent aussi dans le système public (enseignants, professionnels de santé, etc.). Cela pose problème puisque, d'une part, une grande portion de cette main-d'œuvre devrait partir à la retraite dans les années qui viennent et que, d'autre part, certaines professions connaissent déjà une pénurie de main-d'œuvre.

Afin d'être concurrentielles, les organisations doivent créer une culture du savoir, c'est-à-dire qu'elles doivent favoriser l'apprentissage continu, à l'intérieur de l'organisation, l'apprentissage devant devenir un réflexe conditionné, une habitude. Tout changement doit être ressenti comme une occasion d'apprendre. Ainsi, l'organisation apprenante s'apparente à un outil de changement devant permettre une meilleure productivité.

Sur le plan de l'équipe de travail, l'apprentissage se fait par l'entremise d'un dialogue libre (toutes les idées sont bonnes) et le partage des connaissances s'appuie tant sur les connaissances explicites (connaissances qui peuvent être codifiées) qu'implicites (savoir-faire, savoir-être) que sur les expériences (opinions liées au travail).

Quant à l'organisation, l'apprentissage lui permet de se transformer et d'évoluer de manière continue afin de produire des innovations technologiques (procédés et produits) et organisationnelles (groupes de travail, polyvalence, participation, autonomisation, etc.).

L'économie du savoir renvoie aussi aux transformations du marché du travail en ce qui a trait à l'employabilité et aux carrières. La recherche constante de flexibilité de la part des organisations a forcé nombre d'employés à accepter des carrières discontinues ou précaires parfois, dans lesquelles ils deviennent *entrepreneurs* de leur propre carrière, c'est-à-dire qu'ils devront s'assurer de développer leurs compétences et leur employabilité, ce qui ne sera pas possible pour tous par manque de compétences ou de flexibilité. De plus, il semblerait que les valeurs et les attentes des nouvelles générations d'employés demandent également une attention particulière de la part des organisations et ceci touche plus particulièrement les travailleurs du savoir où, dans certaines professions, les longues heures de travail, pas forcément choisies et souvent non rémunérées, ne permettent pas de concilier l'emploi et la famille, et peut nuire à la santé des travailleurs.

Dans le chapitre 2, nous nous intéressons aux carrières dans l'économie du savoir, notamment à la manière dont elles se sont transformées dans ce contexte et à la manière dont les organisations gèrent les individus dans ces nouvelles carrières.

Bibliographie

ADLER, P., GOLDOFTAS, B. et LEVINE, D. (1997). « Ergonomics, employee involvement, and the Toyota production system : A case study of NUMMI's 1993 model introduction », *Industrial and Labor Relations Review*, vol. 50, n° 3, p. 416-437.

ARROW, K. (1962). « Economic welfare and the allocation of resources for invention », dans Nelson, R. (dir.), *The Rate and Direction of Inventive Activity*. Princeton : Princeton University Press, p. 164-181.

ARTHUR, M. B. et ROUSSEAU, D. M. (dir.) (1996). *The Boundaryless Career : A New Employment Principle for a New Organizational Era*. New York : Oxford University Press, 394 p.

ASSOCIATION POUR LA SANTÉ PUBLIQUE DU QUÉBEC – ASPQ (2007). « Enjeux et solutions québécoises à la conciliation famille-travail ; une recension des écrits », version préliminaire, *Revue de littérature de l'Association pour la santé publique du Québec*, mars, p. 2-49.

BALDWIN, J.-R. et BECKSTEAD, D. (2003). *Les travailleurs du savoir dans l'économie canadienne, 1971 à 2001*, Série de documents de recherche sur l'économie canadienne en transition, n° 11-624-MIF, n° 004. Ottawa : Direction des études analytiques, Statistique Canada. <http://www.statcan.gc.ca/pub/11-624-m/11-624-m2003004-fra.pdf>. Consulté le 17 juin 2012.

BARIL, G. (2007). « Femmes au travail : toujours plus nombreuses, mais encore différentes », *Le bulletin du CETECH*, vol. 9, n° 1, 24 p.

BEAUDRY, C. (2008). *Les formes d'organisation du travail et les modalités de régulation de l'emploi des travailleurs du savoir : une étude comparative entre Hydro-Québec et EXFO Ingénierie électro-optique inc.*, Thèse de doctorat. Québec : Université Laval.

BECKSTEAD, D. et VINODRAI, T. (2003). *Nature et ampleur des changements qui ont touché les professions dans l'économie du savoir au Canada, 1971 à 1996*, Série de documents de recherche sur l'économie canadienne en transition, n° 11-622-MIF, n° 004. Ottawa : Direction des études analytiques, Statistique Canada.

BÉLANGER, J., GILES, A. et MURRAY, G. (2004). « Vers un nouveau modèle de production : possibilités, tensions et contradictions », dans Murray, G., Bélanger, J., Giles, A. et Lapointe, P.-A. (dir.), *L'organisation de la production et du travail : vers un nouveau modèle ?* Québec : Les Presses de l'Université Laval, p. 13-62.

BÉLANGER, P.-R. et LÉVESQUE, B. (1994). La modernisation sociale des entreprises, Montréal : Les Presses de l'Université de Montréal, 320 p., coll. « Politique et économie. Tendances actuelles ». <http://classiques.uqac.ca/contemporains/belanger_paul_r/modernisation_soc_entreprises/modernisation_soc_entreprises.pdf>. Consulté le 6 juillet 2012.

BOUCHER, J.-L. (2001). *Changements sociaux, mouvements sociaux et modèle de développement*, Série « Recherche » n° 22. Gatineau : Chaire de recherche en développement communautaire (CRDC), Université du Québec à Hull, 26 p.

BOUCHEZ, J.-P. (2004). « Les organisations du savoir : concepts, formes et management », dans *Les nouveaux travailleurs du savoir*. Paris : Éditions d'Organisation, p. 213-270.

BOURGEOIS, Y. (2007). *L'économie du savoir francophone au Nouveau-Brunswick*, Étude présentée au Réseau de développement économique et d'employabilité du Nouveau-Brunswick (RDÉE NB), 103 p.

BOYER, R. (1993). « Comment émerge un nouveau système productif ? », dans Boyer, R. et Durand, J.-P. (dir.), *L'après-fordisme*. Paris : Syros, p. 7-80.

BOYER, R. et DIDIER, M. (1998). *Innovation et croissance*, Rapport au Conseil d'analyse économique, n° 10. Paris : La Documentation française.

BOYER, R. et FREYSSENET, M. (2000). *Les modèles productifs*. Paris : La Découverte, 121 p.

BOYER, R. et SAILLARD, Y. (2002). *Théorie de la régulation : l'état des savoirs*. Paris : La Découverte, coll. « Recherches ».

BRABANT, L. (2008). *L'insuffisance éthique du modèle industriel*. Sherbrooke : Chaire d'éthique appliquée, Productions GGC, Université de Sherbrooke, 155 p., coll. « Essais et conférences », nº 36.

BRINKLEY, I. et LEE, N. (2007). *The Knowledge Economy in Europe*, Rapport pour le Conseil européen printemps 2007. Londres : The Work Foundation, 23 p. <http://workfoundation.net/assets/docs/publications/80_Knowledge%20Economy%20EU%20Spring%20Council.pdf>. Consulté le 23 juillet 2012.

CADIN, L., BENDER, A.-F. et DE SAINT-GINIEZ, V. (2003). *Carrières nomades : les enseignements d'une comparaison internationale*, série « Vital Roux ». Paris : Vuibert, 256 p.

CENTRE D'ÉTUDE SUR L'EMPLOI ET LA TECHNOLOGIE – CETECH (2009). « Indices des possibilités d'emploi hautement qualifié au Québec », *Les indicateurs du CETECH*, vol. 6, nº 2, 4 p.

CHANAL, V. (2000). « Communauté de pratique et management par projet : à propos de l'ouvrage de Wenger, "Communities of practice : Learning, meaning and identity" », *Management*, vol. 3, nº 1, p. 1-30.

CHARTRAND-BEAUREGARD, J. et GINGRAS, S. (2005). *L'économie du savoir au Québec*. Québec : Direction de l'analyse économique et des projets spéciaux, Ministère du Développement économique, de l'Innovation et de l'Exportation. <http://www.mdeie.gouv.qc.ca/fileadmin/contenu/publications/etudes_statistiques/innovation/economie_savoir.pdf>. Consulté le 20 juillet 2012.

CLOUTIER, L. et J.-F. DORION (2010). « Les travailleurs plus âgés au Québec : une main-d'œuvre de plus en plus présente », *Le bulletin du CETECH*, vol. 10, printemps, 24 p. <http://www.cetech.gouv.qc.ca/publications/index.asp?categorie=0700101>. Consulté le 2 août 2013.

CURIEN, N. et MUET, P.-A. (2004). *La société de l'information*, Rapport réalisé en PAO au Conseil d'analyse économique par Christine Carl. Paris : La Documentation française, p. 9-76.

DANY, F. (2004). « La théorie des carrières : d'où venons-nous et où allons-nous ? », dans Guerrero, S., Cerdin, J.-L. et Roger, A. (dir.), *La gestion des carrières : enjeux et perspectives*. Paris : AGRH, Vuibert, p. 335-349.

DAVID, P. A. et FORAY, D. (2002). « Une introduction à l'économie et à la société du savoir », *Revue internationale des sciences sociales*, nº 171, p. 13-28.

DAYAN, L. (s. d.). *Économie de la connaissance et développement durable*. Paris : European and International Actors, Practices and Researches to Implement Sustainability (APREIS), Université de Paris I Panthéon-Sorbonne, 36 p. <http://www.apreis.org/docs/day_c&d_bisk.pdf>. Consulté le 22 juin 2012.

DEFILLIPPI, R. J. et ARTHUR, M. B. (1994). « The boundaryless career : A competency-based prospective », *Journal of Organizational Behavior*, vol. 15, nº 4, p. 307-324.

DE LARQUIER, G. et REMILLON, D. (2008). « Assiste-t-on à une transformation uniforme des carrières professionnelles vers plus de mobilité ? Une exploitation de l'enquête "Histoire de vie" », *Travail et emploi*, nº 113, p. 13-30.

DESCHENEAU-GUAY, A. (2008). *Démystifier la gouvernance universitaire dans une "économie du savoir" : les discours de légitimation de la restructuration managériale de l'Université*, Rapport de recherche préparé avec le soutien de la FQPPU. Montréal : Université du Québec à Montréal, 56 p.

DESROSIERS, J. (2012). « Durée du travail sous l'angle des heures supplémentaires », *Diagnostic*, Rapport final. Québec : Commission des normes du travail, 97 p.

DILLENBOURG, P., POIRIER, C. et CARLES, L. (2003). « Communautés virtuelles d'apprentissage : e-jargon ou nouveau paradigme ? », dans Taurisson, A. et Sentini, A. (dir.), *Pédagogies.Net*. Montréal : Presses de l'Université du Québec. <http://tecfa.unige.ch/tecfa/teaching/staf11/textes/Dillenbourg03.pdf>. Consulté le 20 juillet 2012.

DOSI, G. (1988). « Sources, procedures, and microeconomic effects of innovation », *Journal of Economic Literature*, vol. 26, nº 3, p. 1120-1171.

DRUCKER, P.-F. (1993). *Post Capitalist Society*. New York : Harper Collins.

DURAND, J.-P. (1994). « Le nouveau système productif en débat », inédit. <http://www.jean-pierre-durand.com/artfrancaispdf/NMP95.pdf>. Consulté le 10 juillet 2012.

DURAND, J.-P. (2009). « Quels modèles productifs après-fordiens ? », Conférence donnée dans le cadre des XIIes *Journées internationales de sociologie du travail*, vol. 3, nº 2, p. 317-347. <http://gree.univ-nancy2.fr/digitalAssets/50940_JISTNancyDurand.pdf>.Consulté le 12 juillet 2012.

EUROSTAT (2011). *Science, Technology and Innovation in Europe*, European Commission. Luxembourg : Office of the European Union 2011, 159 p. <http://epp.eurostat.ec.europa.eu/cache/ITY_OFFPUB/KS-31-11-118/EN/KS-31-11-118-EN.PDF>. Consulté le 6 août 2013.

EUROSTAT (2013). *Données annuelles sur les RHST et non-RHST au chômage, par sexe*. <http://epp.eurostat.ec.europa.eu/portal/page/portal/product_details/dataset?p_product_code=HRST_ST_NUNESEX>. Consulté le 3 août 2013.

FÉDÉRATION DES TRAVAILLEUSES ET DES TRAVAILLEURS DU QUÉBEC – FTQ (2005). « Les TIC à quel prix ? », Colloque sur les technologies de l'information et de la communication (TIC). <http://ftq.qc.ca/librairies/sfv/telecharger.php?fichier=4204>. Consulté le 15 juillet 2012.

FILLOL, C. (2006). *L'émergence de l'entreprise apprenante et son instrumentalisation : étude de cas chez EDF*, Thèse de doctorat. Paris : Université Paris-Dauphine.

FORAY, D. (2009). *L'économie de la connaissance*. Paris : La Découverte, coll. « Repères », nº 302.

FREYSSENET, M. (1993). « Du toyotisme réel à un nouveau toyotisme ? », *Actes du GERPISA*, nº 8, p. 9-27. <http://freyssenet.com/files/Du%20toyotisme%20reel%20à%20un%20nouveau%20toyotisme.pdf>. Consulté le 12 juillet 2012.

FREYSSINET, J. (2002). « Modes d'accumulation du capital et nature du rapport salarial : une nouvelle dialectique ? », dans Dockès, P. (dir.), *Ordre et désordres dans l'économie-monde*. Paris : Presses universitaires de France, p. 55-80.

GADREY, J. (1994). « La modernisation des services professionnels : rationalisation industrielle ou rationalisation professionnelle ? », *Revue française de sociologie*, vol. 35, nº 2, p. 163-195.

GARVIN, D. A. (1993). « Building a learning organization », *Harvard Business Review*, juillet, p. 79-91. <http://w3.ualg.pt/~mzacaria/gic/HBR-Building-a-Leaning-Organization.pdf>. Consulté le 16 juillet 2012.

GRENIER, A. (2010). *Le marché du travail et l'emploi sectoriel au Québec 2010-2014*. Québec : Direction de l'analyse et de l'information sur le marché du travail (DAIMT) d'Emploi-Québec, 48 p.

GRIMAND, A. (1998). *L'entreprise apprenante : une conceptualisation inachevée ?* Saint-Étienne : Université Jean-Monnet. <http://www.strategie-aims.com/events/conferences/15-viiieme-conference-de-laims/communications/2311-lentreprise-apprenante-une-conceptualisation inachevee/download>. Consulté le 15 juillet 2012.

HOUBEN, H. et INGHAM, M. (1996). « Par quel système remplacer le fordisme ? », *Problèmes économiques*, nº 2458, p. 1-10.

INGHAM, M. (1995). *Management stratégique et compétitivité*. Bruxelles : De Boeck Université.

INSTITUT DE LA STATISTIQUE DU QUÉBEC – ISQ (2010). *Sciences, technologie et innovation : compendium d'indicateurs de l'activité scientifique et technologique au Québec*. Québec : ISQ.

INSTITUT DE LA STATISTIQUE DU QUÉBEC – ISQ (2013). *Annuaire québécois des statistiques du travail. Portrait des principaux indicateurs du marché et des conditions de travail, 2002-2012*, vol. 9, 265 p. <http://www.stat.gouv.qc.ca/publications/remuneration/pdf2013/Annuaire-vol9.pdf>. Consulté le 1er août 2013.

LAROCHE, G. (2001). *Économie du savoir: mythe ou réalité?* Montréal: Centre d'étude sur l'emploi et la technologie (CETECH), 31 p.

LAROCHE, G. (2003). « Devons-nous craindre une pénurie généralisée de main-d'œuvre hautement qualifiée? », *Le bulletin du CETECH*, vol. 5, n° 2, 16 p.

LAZZARI DODELER, N. et TREMBLAY, D.-G. (2011a). « Articulation emploi-famille chez les infirmières en France et au Québec: une entrée par le groupe professionnel », dans Barth, I. (dir.), *Pour une vision internationale et francophone de la diversité*. 79e Congrès de l'Acfas, Sherbrooke, 10-11 mai, p. 21-34.

LAZZARI DODELER, N. et TREMBLAY, D.-G. (2011b). *Comment les entreprises peuvent-elles attirer et retenir la main-d'œuvre? Le cas de deux entreprises québécoises*, Note de recherche n° 2011-12 de l'ARUC-GATS sur la gestion des âges et des temps sociaux. Montréal: ARUC-GATS. <http://www.teluq.uqam.ca/aruc-gats>. Consulté le 25 novembre 2014.

LEE, F. et HAS, H. (1996). « Évaluation quantitative des industries à forte concentration de savoir par rapport aux industries à faible concentration de savoir », dans Howitt, P. (dir.), *La croissance fondée sur le savoir et son incidence sur les politiques microéconomiques*. Calgary: The University of Calgary Press et Approvisionnement et Services Canada.

LESEMANN, F. avec la collaboration de J. BEAUSOLEIL et S. CRESPO (2003). *Les travailleurs hautement qualifiés dans le contexte du vieillissement de la main-d'œuvre*, Étude pour le Conseil de la science et de la technologie, 56 p. <http://www.inrs.ca/frederic-lesemann?f=publications>. Consulté le 15 mai 2010.

LESEMANN, F. et GOYETTE, C. (2003). *Les travailleurs de l'économie du savoir*, Rapport soumis au Conseil de la science et de la technologie. Montréal: Groupe de recherche sur les transformations du travail, des âges et des politiques sociales (TRANSPOL).

LÉVY, M. et JOUYET, J.-P. (2006). *L'économie de l'immatériel, la croissance de demain*, Rapport de la Commission sur l'économie de l'immatériel. Paris: Ministère de l'Économie, des Finances et de l'Industrie. <http://ec.europa.eu/internal_market/copyright/docs/links/immateriel_fr.pdf>. Consulté le 15 juin 2012.

LIAGOURAS, G. (1997). « La théorie de la régulation face à l'émergence d'un capitalisme post-industriel », *La Lettre de la régulation*, n° 21, p. 1-3.

MACHLUP, F. (1983). « Semantic quirks in studies of information », dans Machlup, F. et Mansfield, U. (dir.), *The Study of Information*. New York: John Wiley, p. 641-672.

MACHLUP, F. (1984). *Knowledge: Its Creation, Distribution, and Economic Significance*, vol. 1, *Knowledge and Knowledge Production*. Princeton: Princeton University Press.

MAILIS, N. (2011). « Management de la qualité et organisation apprenante: l'apport de Deming », *Journal for Communication Studies*, vol. 2, n° 1, p. 11-24.

MILLS, W.-C. (1966). *Les cols blancs. Les classes moyennes aux États-Unis*. Paris: Librairie François Maspero, 367 p.

MIRZA, V. et BÉDARD, J.-L. (2007). « La notion de haute qualification, une recension des écrits », dans Lesemann, F. (dir.), *La haute qualification chez les travailleurs âgés au Québec*. Montréal: INRS-Urbanisation, Culture et Société, Groupe de recherche TRANSPOL.

NONAKA, I. et TAKEUCHI, H. (1995). *The Knowledge-Creating Company*. New York: Oxford University Press.

NONAKA, I. et TAKEUCHI, H. (1997). *La connaissance créatrice: la dynamique de l'entreprise entreprenante*. Bruxelles: De Boeck, 303 p.

OHNO, T. (1989). *L'esprit Toyota*. Paris: Masson, coll. « Productivité de l'entreprise ».

ORGANISATION DE COOPÉRATION ET DE DÉVELOPPEMENT ÉCONOMIQUES – OCDE (1996). *L'économie fondée sur le savoir*. Paris: OCDE.

ORGANISATION DE COOPÉRATION ET DE DÉVELOPPEMENT ÉCONOMIQUES – OCDE (1999). *L'économie mondiale de demain: vers un essor durable?* Paris: OCDE, 219 p. <http://www.oecd.org/dataoecd/55/3/35637313.pdf>. Consulté le 16 juin 2012.

ORGANISATION DE COOPÉRATION ET DE DÉVELOPPEMENT ÉCONOMIQUES – OCDE (2011). « Professions de la science et de la technologie », dans OCDE, *Science, technologie et industrie : tableau de bord de l'OCDE 2011*. Paris : OCDE. <http://www.oecdilibrary.org.proxy.bibliotheques.uqam.ca :2048/docserver/download/fulltext/9211042ec014.pdf ?expires=1344316386&id=id&accname=guest&checksum=2649CB5E6A9105E0A8A2E4B13235D227>. Consulté le 6 août 2012.

OUELLET, K. (2011). *Les heures de travail chez les concepteurs de jeux vidéo : de la passion pour les jeux aux pratiques de mobilisation*, Mémoire de maîtrise. Montréal : Université de Montréal. <https ://papyrus.bib.umontreal.ca/xmlui/bitstream/handle/1866/4967/Ouellet_Kathleen_2011_memoire.pdf?sequence=4>. Consulté le 12 juillet 2012.

PIORE, M. J. et SABEL, C. F. (1988). *Les chemins de la prospérité*. Paris : Seuil.

POZZEBON, S., COIQUAUD, U., GOSSELIN, A. et CHÊNEVERT, D. (2007). « La gestion des ressources humaines. D'hier à demain », *Gestion*, vol. 32, p. 99-109.

QUÉBEC INTERNATIONAL (2013). *10 ans de succès, bilan économique 2002-2012, région métropolitaine de Québec*, 44 p. <http://www.quebecinternational.ca/media/1454335/bilan-economique-2002-2012-rmr-de-quebec.pdf>. Consulté le 3 juin 2013.

RAYMOND, L. (2000). « Mondialisation, économie du savoir et compétitivité : un cadre de veille des tendances et des enjeux stratégiques pour la PME », *Gestion*, vol. 25, n° 2, p. 29-38.

ROBERT, M., BOURGEOIS-SÉGUIN, H., LAFRENIÈRE, N. et ROYAL, J. (2011). *Quand le capital monte à la tête. L'éducation postsecondaire dans l'économie du savoir*. Montréal : Association pour une solidarité syndicale étudiante (ASSÉ), 30 p.

RODRIGUE, J.-P. (2000). *L'espace économique mondial : les économies avancées et la mondialisation*. Québec : Presses de l'Université du Québec, 498 p.

SCHILLING, J. et KLUGE, A. (2009). « Barriers to organizational learning : An integration of theory and research », *International Journal of Management Reviews*, vol. 11, n° 3, p. 337-360.

SCHWARTZ, P., EAMONN, K. et BOYER, N. (1999). « L'avènement de l'économie mondiale du savoir », dans OCDE, *L'économie mondiale de demain : vers un essor durable ?* Paris : OCDE, 219 p. <http://www.oecd.org/dataoecd/55/3/35637313.pdf>. Consulté le 16 juin 2011.

SENGE, P. (1990). *La cinquième discipline : l'art et la manière des organisations qui apprennent*. Paris : First Editions.

STATISTIQUE CANADA (2005). *L'économie du savoir au Québec*. Québec : Direction de l'analyse économique et des projets spéciaux, Ministère du Développement économique, de l'Innovation et de l'Exportation, 28 p.

STEINMUELLER, W.-E. (2002). « Les économies fondées sur le savoir : leurs liens avec les technologies de l'information et de la communication », *Revue internationale des sciences sociales*, n° 171, p. 159-173.

TEBOURBI, N. (2000). *L'apprentissage organisationnel : penser l'organisation comme processus de gestion des connaissances et de développement des théories d'usage*, Note de recherche de la Chaire Bell en technologies et organisation du travail. Montréal : Télé-université, Université du Québec.

TREMBLAY, D.-G. (1989). *La dynamique économique du processus d'innovation. Une analyse de l'innovation et du mode de gestion des ressources humaines dans le secteur bancaire canadien*, Thèse de doctorat. Paris : Université de Paris I, Panthéon-Sorbonne. 2 tomes, 711 p.

TREMBLAY, D.-G. (2003). *Nouvelles carrières nomades et défis du marché du travail : une étude dans le secteur du multimédia*, Note de recherche de la Chaire Bell en technologies et organisation du travail. Montréal : Direction de la recherche, Télé-université, Université du Québec.

TREMBLAY, D.-G. (dir.) (2012). *Performance organisationnelle et temps sociaux*. Québec : Presses de l'Université du Québec.

TREMBLAY, D.-G. (2014). *L'innovation technologique, organisationnelle et sociale*, Québec, Presses de l'Université du Québec.

TREMBLAY, D.-G. et ROLLAND, D. (dir.) (2003). *La nouvelle économie : Où ? Quoi ? Comment ?* Québec : Presses de l'Université du Québec, coll. « Études d'économie politique », 224 p.

VEILLEUX, G. (2006). *Nouvelle carrière à l'ère de l'économie du savoir : une étude dans le secteur des télécommunications*, Mémoire de maîtrise. Québec : Département des relations industrielles, Faculté des sciences sociales, Université Laval.

VERCELLONE, C. (2004). « Sens et enjeux de la transition vers le capitalisme cognitif : une mise en perspective historique », Communication présentée au séminaire « Transformation du travail et crise de l'économie politique », Université Paris 1 – Panthéon-Sorbonne. <http://seminaire.samizdat.net/spip.php?article14>. Consulté le 6 août 2012.

WENGER, E. (1998). *Communities of Practice : Learning, Meaning and Identity*. New York : Cambridge University Press.

WENGER, E. (2005). *La théorie des communautés de pratique, apprentissage, sens et identité*. Québec : Les Presses de l'Université Laval.

WILÉN, H. (2006). « Mesures des écarts entre femmes et hommes chez les travailleurs du savoir en Europe », *Statistiques en bref, Sciences et technologie*, décembre, Eurostat, 7 p. <http://www.eurosfaire.prd.fr/7pc/doc/1174290486_ks_ns_06_012_fr.pdf>. Consulté le 25 novembre 2014.

CHAPITRE 2
Les carrières dans l'économie du savoir

SOMMAIRE

Introduction

Nous commençons par présenter le contexte général dans lequel se situent les carrières dans l'économie du savoir, en traitant du contexte de la mondialisation. Puis, nous nous intéressons à la relation d'emploi et à ses transformations, avant de passer au cœur du sujet, à savoir les carrières. Nous nous penchons alors sur le succès de carrière, les étapes de carrière ainsi que les ancres de carrière.

2.1. Les conséquences de la mondialisation sur les organisations

Selon Mailliot (2012), alors que la notion de *mutations industrielles* se caractérisait par d'importantes restructurations dans les organisations, à partir des années 1990, nous assistons à un glissement terminologique de cette notion au profit du concept de *mutations économiques* qui élargit la perspective et met en relief le processus de transformations continues des économies, influant sur les organisations. Ce changement de terminologie peut être associé à l'ouverture des marchés, à la mondialisation et aux diverses transformations économiques et financières qui s'ensuivent. On peut aussi y associer, sur le plan du travail, l'intégration et le développement exponentiel des nouvelles technologies de l'information et de la communication, l'augmentation des services et du nombre de femmes sur le marché du travail, mais aussi la prolifération des emplois atypiques due à la recherche de flexibilité des organisations (Mailliot, 2012). Tous ces changements sont autant de facteurs qui ont transformé les organisations tout comme les carrières des individus (Sullivan et Baruch, 2009).

Au Québec, comme dans de nombreux autres pays, l'économie axée sur les secteurs primaire et secondaire a glissé depuis un bon moment vers une économie dominée par le secteur tertiaire (secteur des services). La forte expansion du secteur tertiaire a eu des répercussions sur l'emploi, et s'est notamment traduite par une progression des emplois dits atypiques (temps partiel, sur appel, horaires variables) occupés par un nombre croissant de salariés, et souvent par des femmes (Tremblay, 2004, 2014c ; Tremblay et Larivière, 2010).

La progression des femmes sur le marché du travail a également transformé le schéma traditionnel de la famille. On trouve maintenant de nombreuses familles formées de couples à deux salaires (Colle et Christin, 2008), des familles monoparentales ou recomposées, ou encore des couples ayant la responsabilité d'un ou de plusieurs enfants, mais parfois aussi d'un parent âgé (INSPQ, 2005). Ceci complexifie l'articulation des temps sociaux et rend plus difficile la conciliation entre le travail et le hors travail (Tremblay, 2012a, 2013). Avec les exigences liées aux horaires atypiques, il devient très difficile pour les employés de concilier la sphère professionnelle et la sphère privée. De plus, le manque de temps pour assumer les exigences liées au travail et celles liées à la famille peuvent fragiliser la santé physique et mentale des individus, les rendant de plus en plus stressés (Tremblay, 2014a, b et c ; Tremblay, 2012a et b ; Tremblay et Mascova, 2013, 2014 ; Tremblay et Larivière, 2010).

Comme nous l'avons évoqué au chapitre précédent, c'est donc dans ce contexte socioéconomique que les organisations ont choisi de mettre en œuvre des stratégies de flexibilité. Celles-ci ont pour dessein d'adapter l'activité aux évolutions rapides de la demande et de flexibiliser le temps de travail, tout en réduisant le coût de la main-d'œuvre et en tentant d'augmenter la mobilité de l'emploi, ou des salariés, selon les besoins (Gadrey, 2000, p. 89-118).

Gaujard (2004) explique que, selon la *théorie de la contingence*, les organisations doivent s'adapter aux contraintes extérieures, celles-ci agissant sur les organisations qui à leur tour doivent réagir à ces contraintes. Par contre, il faut souligner qu'il n'y a pas qu'une seule modalité d'ajustement. Diverses options sont possibles, comme produire de la qualité et de l'innovation pour faire face à la concurrence (Tremblay, 2007, 2014d), ou alors précariser les emplois et gérer au plus juste. Gaujard (2004) rappelle que le modèle de la contingence repose notamment sur les travaux de Burns et Stackler (1961) ainsi que sur ceux de Lawrence et Lorsch (1967, 1989). Selon Gaujard (2004), les principales idées mises de l'avant par ces auteurs sont les suivantes :

- les organisations sont des systèmes ouverts qui ont besoin d'être soigneusement administrés si on veut répondre aux besoins internes, les équilibrer et les adapter à l'environnement et à ses modifications,
- il n'existe pas une seule façon d'organiser le travail. Tout dépend du type de tâche ou du type d'environnement auquel on a affaire,
- les dirigeants doivent avant tout arriver à opérer les bons ajustements entre les diverses composantes internes et le contexte dans lequel opère l'organisation : telle est la clé principale du succès (Gaujard, 2004, p. 10).

Ainsi, la théorie de la contingence souligne l'importance pour les organisations de s'adapter au contexte et à l'environnement dans lequel elle fonctionne, la solution universelle n'existant pas. Ceci nous rapproche d'ailleurs des travaux sur les modèles japonais et suédois, qui montrent bien qu'il n'y a pas un modèle universel, mais bien divers modèles d'organisation du travail, variant selon les pays, les secteurs et d'autres variables (Tremblay et Rolland, 2011).

C'est ainsi que l'économie du savoir, moteur de toutes ces transformations majeures, renvoie à de nombreuses réorganisations du travail et particulièrement à des transformations dans le développement des carrières des individus ainsi que dans leur capacité à rester en emploi et à développer leurs compétences pour ce faire (Tremblay, 2003 ; Cadin, 2005 ; Veilleux, 2006).

2.2. La relation d'emploi à l'ère de l'économie du savoir

Dans le contexte de l'économie du savoir, les relations d'emploi ont changé. Aussi, afin de rendre compte de l'évolution survenue dans les relations d'emploi ainsi que de leur dynamique, de nombreux chercheurs ont recours au concept de *contrat psychologique*. Non seulement ces auteurs tentent de mettre en lumière les perceptions subjectives des salariés confrontés au contexte organisationnel changeant, mais ils cherchent aussi à comprendre quelle est l'influence de ces perceptions sur le comportement des salariés (Rousseau, 1990, 1995; McDonald et Makin, 2000; Sharpe, 2003; Guerrero *et al.*, 2004).

2.2.1. Les deux formes de contrat psychologique

Rousseau (1990, 1995) définit les contrats psychologiques comme des croyances individuelles selon lesquelles les obligations réciproques basées sur des promesses implicites ou explicites déterminent la relation d'emploi entre l'employé et l'employeur.

McDonald et Makin (2000), Sharpe (2003), Guerrero *et al.* (2004) ont souligné que depuis les années 1990, le contrat psychologique qui régissait la relation d'emploi est passé d'un contrat *relationnel* basé sur le long terme, la loyauté, la sécurité d'emploi, à un *contrat transactionnel* basé sur le court terme, l'employabilité devenant un substitut à la promesse de sécurité de l'emploi et de carrière (McDonald et Makin, 2000; Sharpe, 2003; Guerrero *et al.*, 2004). On pourrait dire qu'on est passé de la relation d'emploi à la japonaise, axée sur le long terme, à la relation à l'américaine, axée sur le court terme et incitant le salarié à être responsable de son *employabilité* (Tremblay et Rolland, 2011, sur les modèles japonais et américain d'organisation du travail et de relation d'emploi).

Selon McDonald et Makin (2000), les contrats psychologiques transactionnels (ou à l'américaine) comportent des obligations explicites, plutôt de nature financière, et portent sur le court terme. Ces contrats ont pour objet de développer l'employabilité et ne nécessitent que peu d'engagements réciproques des parties. Au contraire, les contrats psychologiques relationnels renvoient à des obligations socioémotionnelles, souvent implicites, sur le long terme et font appel à un engagement réciproque tant de la part de l'employeur que de celle de l'employé. Par exemple, en échange de la loyauté de l'employé envers l'employeur, ce dernier assure en retour à l'employé la sécurité de l'emploi (comme dans le modèle traditionnel japonais; voir Tremblay et Rolland, 2011). Cependant, selon Turnley et Feldman (1999), il peut y avoir rupture ou violation du contrat psychologique lorsque les salariés pensent que l'employeur n'a pas tenu ses obligations.

Par ailleurs, Aguir (2009) a mis en évidence la progression de l'individualisation des relations d'emploi dans le *nouveau* contrat psychologique comparativement à celui des relations d'emploi traditionnelles. En effet, l'auteur souligne que, de plus en plus, de nombreuses conditions de travail sont négociées individuellement (entre employé et employeur) et non collectivement, dans le cadre d'une convention ou d'un accord collectif, ce qui peut entraîner des problèmes et pousser certains employés qui se sentent lésés à quitter l'organisation. Cela peut aussi engendrer de la compétition entre les salariés, une compétition qui peut se révéler malsaine et nuire au climat de travail.

La comparaison de l'ancien contrat psychologique et du nouveau contrat psychologique de Sparrow (1996, cité dans Sharpe, 2003) montre que le contrat psychologique a beaucoup évolué. En effet, s'il était possible d'associer l'ancien contrat à la sécurité d'emploi, le nouveau contrat psychologique suppose plutôt la contractualisation et l'employabilité.

Cependant, comme le soulignent McDonald et Makin (2000), il est difficile de faire une distinction dichotomique en ce qui concerne le contrat psychologique ou la gestion des ressources humaines, car le contrat psychologique est dynamique et relève tant du contrat transactionnel que du contrat relationnel. Certains auteurs vont ainsi plutôt opposer les stratégies de gestion des ressources humaines – ou du personnel – pour mettre en évidence également les transformations. Ainsi une autre vision nous amènerait à mettre en évidence une évolution vers plus d'autonomie et de confiance (dans la gestion des ressources humaines), la gestion du personnel évoluant alors vers la gestion des ressources humaines, avec plus d'autonomie.

On peut donc considérer qu'il y a deux pôles dans le contrat psychologique comme dans la gestion des ressources humaines et que, non seulement, ceci varie dans le temps, mais aussi d'une organisation et d'un gestionnaire à l'autre. Le contexte de l'économie du savoir conduit certains auteurs à mettre en évidence le développement de l'autonomie, de l'autocontrôle et de la confiance, et bien sûr cela ne se produit pas dans tous les emplois, alors que d'autres vont souligner qu'au contraire, les milieux de travail et les supérieurs exercent de plus en plus de contrôle.

2.2.2. Le concept d'employabilité

D'après Finot (2000, p. 17), « développer l'employabilité, c'est maintenir et développer les compétences des salariés et les conditions de gestion des ressources humaines leur permettant d'accéder à un emploi, à l'intérieur ou à l'extérieur de l'entreprise dans des conditions favorables ». Alors que les entreprises ont généralement été responsables du développement des compétences des salariés, désormais nombre d'entre elles considèrent que c'est le salarié lui-même qui doit développer ses compétences dans un contexte où elles n'assurent plus nécessairement la sécurité d'emploi (Tremblay et Rolland, 2011). Finot (2000) précise également que si l'individu doit gérer et développer son portefeuille de compétences pour demeurer employable et garantir sa sécurité d'emploi, pour demeurer compétitive, l'entreprise devrait quant à elle veiller au développement de l'employabilité de ses salariés. L'employabilité serait donc un élément crucial du *nouveau* contrat psychologique régissant la relation d'emploi (Veilleux, 2006). Cependant, comme nous le voyons plus loin avec la théorie des carrières nomades (*boundaryless*), nombre d'employeurs de l'économie du savoir font plutôt reporter cette responsabilité sur les salariés.

Dietrich (2010) souligne que l'économie du savoir se caractérise de plus en plus par des structures « plates, flexibles, peu prescriptives » ; il ajoute que « ces structures requièrent une forte autonomie, mais qu'elles renforcent aussi étroitement les procédures de contrôle et exercent une pression accrue sur les résultats » (Dietrich, 2010, p. 34). Dans le modèle des carrières nomades, modèle typique de l'économie du savoir que nous voyons plus loin, c'est donc en passant d'un projet à un autre ou d'un emploi à un autre que les individus cumulent des connaissances et gèrent leur portefeuille de compétences. Le développement des compétences est donc important et nous y revenons dans la section suivante.

2.2.3. Le concept de compétence

Selon Pastré (2005), depuis plusieurs décennies, le sens de la notion de compétence professionnelle a évolué de compétence d'*exécution* à compétence d'*adaptation*. En effet, s'il s'agissait « de savoir exécuter le bon mode opératoire, la bonne procédure, la compétence aujourd'hui c'est savoir faire preuve d'intelligence au travail » (Pastré, 2005, p. 5). Faire preuve d'intelligence au travail, ce n'est pas simplement appliquer des procédures qui n'existent d'ailleurs pas toujours, mais c'est aussi savoir s'adapter à des situations variées, même celles auxquelles on n'a jamais eu affaire, et résoudre des problèmes.

De plus, le passage de la compétence d'*exécution* à la compétence d'*adaptation* a vu le courant de l'éducabilité cognitive se développer en formation professionnelle. Il s'agissait d'apprendre aux individus à raisonner, à analyser, à diagnostiquer, c'est-à-dire de leur apprendre à apprendre (Pastré, 2005).

Dans le contexte de *carrière nomade* que nous examinerons plus loin, les compétences sont redéfinies et subdivisées en trois dimensions :

- le *knowing how* qui correspond aux connaissances, aux capacités voire aux routines acquises, donc les éléments plus traditionnellement considérés comme des compétences,
- le *knowing whom* qui fait intervenir les relations privilégiées, les réseaux sociaux, les contacts
- et, enfin, le *knowing why* qui prend en compte les intérêts, les passions, les valeurs et la construction identitaire (Cadin *et al.*, 2000, p. 5).

Les deux derniers éléments sont davantage mis de l'avant dans l'économie du savoir, ou du moins distinguent les nouvelles compétences des anciennes, plus classiques, qui demeurent.

Cependant, tous les individus ne possèdent pas les compétences nécessaires ou la flexibilité requise pour gérer eux-mêmes leur carrière. Ainsi certains individus ne réussissent pas dans un tel système et beaucoup cherchent encore à obtenir une carrière traditionnelle, plutôt stable (De Larquier et Remillon, 2008 ; Dany, 2004) dans un marché interne du travail, plutôt que d'avoir à se déplacer et à faire reconnaître ses compétences. De plus, Amossé et Gollac (2008) précisent que, dans les « formes d'organisation moderne », le contrôle hiérarchique toujours présent permet de déterminer le rythme de travail des salariés. Ainsi, si certains salariés peuvent faire face à l'intensité du rythme de travail, d'autres se verront renvoyer. De même, à travers une analyse des mobilités professionnelles, Bruyère et Lizé (2011) ont montré que ce sont les employés les plus fragiles qui subissent l'éviction de la part de l'employeur, mais que bien que certains salariés choisissent la mobilité, les contraintes liées aux conditions de travail peuvent fragiliser les salariés. C'est aussi ce que montre l'étude de la Commission des normes du travail du Québec (2011).

2.3. La notion de carrière

Dès les années 1930, aux États-Unis, la notion de carrière était abordée suivant deux approches, selon Hugues et les sociologues de l'Université de Chicago (Roger, 1993, p. 9). La première approche reposait sur une définition objective de la carrière comme « une succession de statuts et de postes bien définis dans une société très structurée » et la deuxième, sur une définition subjective fondée sur « la façon dont une personne perçoit globalement l'évolution de sa vie et interprète tout ce qui lui arrive ». En somme, alors que la première définition porte sur une conception objective de la carrière (niveau hiérarchique, grades, etc.), dans la conception subjective de la notion de carrière, c'est la façon dont les individus interprètent leur parcours professionnel qui est importante. En fait, les deux aspects se complètent toujours, puisqu'il y a bien une dimension objective et une dimension subjective.

Selon la conception traditionnelle, la carrière est surtout vue comme une progression hiérarchique dans une même organisation. Ce cheminement correspond à celui de la mobilité verticale caractérisée par l'avancement hiérarchique (grades, salaire, niveaux hiérarchiques, postes), mais ne tient pas nécessairement compte ici de l'environnement extérieur, économique et organisationnel. Or, avec l'aplatissement des hiérarchies, le phénomène d'externalisation et la fluctuation et l'imprévisibilité des marchés observés ces dernières décennies, il est devenu plus difficile d'offrir la sécurité de l'emploi (Bastid, 2004). Outre le fait que peu d'entreprises possèdent une stratégie et une vision à long terme, ces instabilités rendent encore plus difficile la prévision des emplois (Cadin *et al.*, 2003 ; Cadin, 2005). De ce fait, il y a moins d'organisations qui pensent en termes de stabilité d'emploi et de marchés internes du travail, ou de carrières à plus long terme. L'annexe 2.1 fournit plus d'information sur les marchés internes du travail.

Selon Pralong (2009), la carrière traditionnelle peut se définir en fonction de deux niveaux d'analyse, l'un émanant des organisations où la carrière est définie comme « un outil de gestion », l'autre reposant sur les individus dont la carrière est définie comme un *parcours individuel*. S'appuyant sur une étude qu'il a menée, l'auteur donne une nouvelle définition de la carrière en considérant « que la carrière est un système à trois composantes : un mode organisationnel de gestion des compétences, un parcours subjectif et une norme sociale » (Pralong, 2009, p. 23). Les carrières traditionnelles liées à l'économie fordiste étaient caractérisées par la combinaison de ces trois composantes puisque « les individus vivaient des carrières hiérarchiques monoentreprise, gérées par les organisations et respectant la norme de la carrière organisationnelle » (Pralong, 2009, p. 23). C'est ainsi qu'en raison de l'évolution de l'économie ces dernières décennies, « ces composantes se trouvent dissociées en un triple découplage » (Pralong, 2009, p. 22-23) :

- Le *découplage entre la norme et les procédures organisationnelles de gestion* : c'est-à-dire que les organisations et leurs politiques de mobilité valorisent le court terme, les parcours diversifiés et individualisés.
- Le *découplage entre la norme et les trajectoires individuelles* : les parcours professionnels sont discontinus et fragmentés.

- Le *découplage entre les procédures de gestion et les trajectoires individuelles*: avec la notion de projet, les entreprises cherchent à obtenir de la part des salariés une capacité d'adaptation individuelle. On s'attend à ce que les salariés gèrent leurs compétences comme un capital qu'ils doivent faire fructifier, adapter et développer sous peine de désuétude. Cette tâche peut toutefois s'avérer problématique vu la complexité et l'imprévisibilité du marché du travail.

Ainsi, Pralong (2009) met en relief le fait que pour bien comprendre les carrières, les analyses des processus individuels sont insuffisantes puisqu'elles sont influencées par de nombreux paramètres sociaux.

2.4. Le concept de succès de carrière

Très tôt, la gestion s'est intéressée au comportement organisationnel du point de vue du *succès de la carrière*. Ainsi, dans son étude sur le comportement organisationnel, Argyris (1957) s'intéressait déjà au conflit entre les besoins, les attentes des individus et les objectifs qui émanaient de l'organisation.

Aussi, dans les années 1970, les terminologies de carrières éclatées, de crise des carrières, sont mises de l'avant par plusieurs auteurs, dont Hall (1976), qui mettent en cause la pertinence de l'approche traditionnelle ou organisationnelle des carrières. Ainsi, Hall (1976) examine la carrière à partir des appréciations des individus et la définit comme la perception des attitudes et des comportements concernant les expériences et les activités professionnelles tout au long du parcours de vie. Selon l'auteur, le succès psychologique des carrières permet une augmentation de l'estime de soi et une meilleure implication dans le travail. Ainsi, il définit le concept de succès de carrière avec quatre critères, à savoir: l'avancement hiérarchique ou financier; les perceptions des individus en termes de satisfaction ou d'implication; l'accomplissement identitaire en termes d'expériences et de rôles; l'adaptabilité. Ces quatre critères soulignent la place cruciale des attentes des individus dans l'examen du concept de succès de carrière. Cela ne signifie toutefois pas que l'individu soit maître de sa carrière et qu'il puisse facilement obtenir le succès qu'il espère, car l'organisation demeure tout de même l'acteur dominant. Afin de mesurer le concept de succès de carrière à propos des nouvelles carrières supposément gérées par les individus, Hall (1996) s'appuie sur le succès psychologique qu'il définit comme le bien-être d'un individu qui connaît un épanouissement total, tant sur le plan professionnel que personnel. La dimension psychologique n'est évidemment qu'une des dimensions, rappelons-le.

Ainsi, Judge *et al.* (1994) ont montré que les variables qui conduisent au succès professionnel objectif (rémunération) sont très différentes de celles qui conduisent au succès professionnel subjectif (satisfaction à l'égard de l'emploi, satisfaction à l'égard de la carrière, motivation). De plus, plusieurs études menées auprès de cadres ont révélé que les individus peuvent être insatisfaits de leur carrière, même si, du point de vue de la société ou du public, ils semblent réussir. Ainsi sur la base de critères objectifs (niveaux hiérarchiques, rémunération), ces individus peuvent reconnaître leur succès, mais suivant des critères subjectifs (satisfaction à l'égard de l'emploi, satisfaction à l'égard de la carrière), ils peuvent par contre être déçus (Cardinal, 2004), notamment en fonction de leurs aspirations personnelles. La perception de ne pas avoir une carrière réussie peut être, par exemple, attribuable au fait d'avoir énormément investi dans le travail au détriment de la vie familiale et personnelle, mais de ne pas avoir le sentiment d'être reconnu à sa juste valeur. Cela peut avoir des effets négatifs sur la santé physique et mentale des individus et les pousser au désengagement organisationnel, voire les inciter à quitter leur emploi (Lazzari Dodeler et Tremblay, 2011). Le concept de succès de carrière est donc double, reposant à la fois sur des critères objectifs et subjectifs (Hughes, 1937 ; Schein, 1978). De plus, d'autres éléments pourraient s'ajouter à ceux mis de l'avant ici, en particulier tous les travaux sur les carrières nomades, *boundaryless*, ou protéennes, selon les noms retenus par divers auteurs.

La *carrière protéenne* peut être définie comme

> un processus dans lequel c'est l'individu qui gère sa carrière, et non l'organisation. Elle inclut les expériences, l'éducation, la formation, le travail dans plusieurs organisations et les changements de domaine d'activité. Les individus sont les auteurs de leur propre choix de carrière et cherchent l'accomplissement de soi comme éléments d'unification et d'intégration dans leur vie (Hall, 1976, p. 201, notre traduction)[1].

Plus tard, DeFillippi et Arthur (1994) introduisent la notion de *boundaryless career*, notion traduite en français par le terme *carrière nomade* par plusieurs auteurs (Cadin *et al.*, 2003 ; Tremblay, 2003). Si le modèle de carrière traditionnel était mis en œuvre par l'organisation, celui de la carrière nomade repose sur l'individu. Ainsi DeFillippi et Arthur (1996, p. 116) définissent la carrière nomade comme une série d'occasions d'emploi au-delà des frontières d'un lieu de travail unique.

Dans sa revue de littérature, Sullivan (1999) effectue une comparaison entre la *carrière traditionnelle* et la *carrière nomade*. Ceci permet de mettre en évidence plusieurs éléments qui différencient les deux types de carrières :

- Concernant la carrière traditionnelle, c'est en échange de la loyauté de l'employé que l'entreprise offre une sécurité de l'emploi. Dans la carrière nomade, l'entreprise ne cherche pas à s'attacher le salarié. C'est ce dernier qui doit veiller à son employabilité s'il veut pouvoir se maintenir sur le marché du travail.
- Dans le cadre des carrières traditionnelles, l'individu travaille pour une organisation, voire deux, durant son parcours professionnel. Dans le nouveau contexte, celui des carrières nomades, il est appelé à changer souvent d'organisation.
- Alors que les compétences sont propres à une organisation dans la carrière traditionnelle, elles sont transférables à d'autres organisations dans la carrière nomade. En fait, l'individu a intérêt à acquérir ces compétences transférables pour se maintenir en emploi.

1. « *The protean career is a process in which the person, not the organization, is managing. It consists of all the person's varied experience in education, training, work in several organizations, changes in occupational field, etc. The protean person's own personal career choices and search for self-fulfillment are the unifying or integrative elements in his or her life* ».

- Dans la carrière traditionnelle, le succès de carrière se mesure par des critères objectifs comme le salaire, les promotions ou le statut. Dans la carrière nomade, les critères sont subjectifs puisque c'est le sens du travail qui est mis de l'avant, mais on pourra aussi avoir recours à des indicateurs comme le salaire et la sécurité d'emploi.
- La responsabilité de la carrière émane de l'organisation dans la carrière traditionnelle. Dans la carrière nomade, c'est l'individu qui est considéré comme étant le principal acteur et responsable de sa carrière. Ainsi, s'il est en chômage ou vit des échecs, la responsabilité se trouve en quelque sorte transférée vers lui, et ce, même si la situation macroéconomique et d'autres facteurs peuvent intervenir encore plus fortement.
- La formation est plus souvent dispensée par des programmes formels dans la carrière traditionnelle (lorsqu'il y a de la formation en entreprise). Dans la carrière nomade, il s'agit de *formation sur le tas*.
- Si l'apprentissage est déterminé par l'âge dans la carrière traditionnelle, il est le pivot central dont l'évolution de la carrière nomade dépend.

De plus, Sinclair (2009) souligne qu'afin de maximiser leur chance de réussir leur carrière, les individus

> ont besoin de comprendre que leur carrière évolue dans une ère postmoderne caractérisée par la subjectivité et la fluidité [...] et qu'il est important pour les personnes d'identifier les nouvelles formes de carrière, nomades, protéennes et kaléidoscopiques [ce modèle sera présenté plus loin], ceci leur permettant de créer un récit et de trouver leur propre identité unique ou multiple (Sinclair, 2009, p. 23).

Cependant, Briscoe et Hall (2006, p. 2) soulèvent le fait que les concepts de *carrière protéenne* et de *carrière nomade* ont souvent été utilisés de manière interchangeable, les deux concepts étant imprécis. Sullivan et Baruch (2009) expliquent qu'alors que de nombreuses recherches portent sur la mobilité physique (ou objective) des carrières, relativement peu de recherches ont été menées sur la mobilité psychologique (ou subjective) des carrières. Les raisons explicatives seraient que, d'une part, la mobilité physique est plus facile à mesurer (comptage du nombre de changements d'emploi) (Sullivan et Baruch, 2009) et que, d'autre part, il n'existait, semble-t-il, jusqu'à récemment aucune mesure concernant la mobilité psychologique à la disposition des chercheurs (Briscoe *et al.*, 2006). De plus, Briscoe *et al.* (2006) montrent que, dans les carrières protéennes, l'individu est plus susceptible de s'éloigner de son parcours professionnel typique. Il est donc difficile de catégoriser les individus dans une forme de carrière ou dans l'autre.

Selon une redéfinition de Briscoe *et al.* (2006)[2], la carrière protéenne repose sur deux dimensions caractéristiques des attitudes de l'individu, 1) selon qu'il est motivé par les valeurs, c'est-à-dire que c'est à la lumière de ses propres valeurs qu'il oriente sa carrière et mesure sa réussite, et 2) selon qu'il est

2. Définition de la carrière protéenne de Briscoe *et al.* (2006, p. 8) : « *A career in which the person is (1) values driven in the sense that the person's internal values provide the guidance and measure of success for the individual's career; and (2) self-directed in personal career management – having the ability to be adaptive in terms of performance and learning demands. We are more concerned here with the stance or "orientation" one takes toward the career rather than the career structure itself.* »

autonome dans la gestion de sa carrière sur les plans du rendement et de l'apprentissage. Briscoe *et al.* (2006) sont en fait plus intéressés par l'orientation des carrières que par leur structure. Briscoe *et al.* (2006) soulignent que les concepts de carrière protéenne et de carrière nomade ont souvent été définis en fonction de la mobilité des individus, mais affirment que leurs recherches indiquent que la mobilité n'est pas nécessairement corrélée avec les carrières protéennes, ni même avec les carrières nomades. Briscoe *et al.* (2006) invitent à un examen plus approfondi des traits de personnalité des individus afin de mieux comprendre les deux concepts.

Briscoe *et al.* (2006) soulignent que si les concepts de carrière protéenne et de carrière nomade ont permis de faire avancer la théorie des carrières, l'examen empirique de ces modèles reste insuffisant. Ils considèrent que ces concepts constituent des idéaux-types qui peuvent encore servir à analyser la réalité des carrières d'aujourd'hui. Ainsi, les auteurs ont développé quatre nouvelles échelles de mesure des attitudes de carrière portant sur la carrière protéenne et la carrière nomade. Les échelles liées aux attitudes caractéristiques de la carrière protéenne mesurent les attitudes dans les décisions de changement d'entreprise ainsi que les valeurs relativement aux prédispositions des individus; en ce qui a trait aux échelles liées aux attitudes caractéristiques de la carrière nomade, les mesures portent sur l'état d'esprit et la préférence en matière de mobilité organisationnelle des individus.

De même, plutôt que de se demander si un individu a ou non une carrière nomade, Sullivan et Arthur (2006) proposent un modèle qui met l'accent sur le degré de mobilité physique et psychologique. Selon les auteurs, la mobilité physique renvoie au déplacement d'un emploi à un autre, d'une organisation à une autre ou d'un pays à un autre. Quant à la mobilité psychologique, elle concerne la perception de l'individu en regard de sa capacité à procéder à de tels déplacements. Ils proposent ainsi de définir la carrière nomade en fonction du rôle et de l'importance de la mobilité professionnelle physique et psychologique. C'est donc la variation des niveaux de mobilité qui caractérise la carrière nomade. La figure 2.1 présente leur conception de la carrière nomade selon ses deux dimensions.

- Le quadrant 1 correspond à un faible niveau de mobilité tant physique que psychologique. Les individus dont les connaissances sont peu transférables et qui jouissent de la sécurité d'emploi sont plus susceptibles de demeurer dans le même emploi. De même, les individus qui possèdent peu de compétences ou qui sont au chômage chronique se situent également dans ce quadrant.
- Dans le quadrant 2, le niveau de mobilité physique est élevé et le niveau de mobilité psychologique est faible. Le point commun des carrières correspondant à ce quadrant est qu'elles traversent les frontières physiques (changement d'emploi, d'organisation, de pays), mais non les frontières psychologiques (perceptions que l'individu se fait du changement). Dans un tel contexte, si les compétences ne sont pas réactualisées, les individus auront moins de possibilités de se voir offrir un autre emploi.

Figure 2.1. Deux dimensions de la carrière nomade selon Sullivan et Arthur

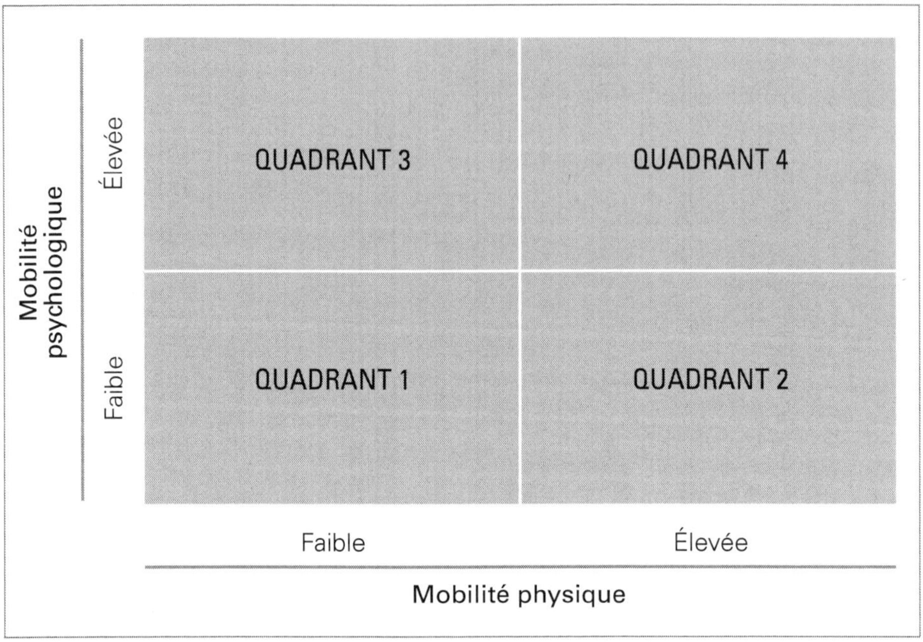

Source : Sullivan et Arthur (2006, p. 22).

- Dans le quadrant 3, les carrières se caractérisent par un faible niveau de mobilité physique, mais par un niveau élevé de mobilité psychologique. Les personnes se situant dans ce quadrant ont des attentes élevées quant à leur employabilité sans pour autant changer d'employeur, par exemple, les infirmières, les universitaires, les conseillers en gestion, etc. La mobilité psychologique peut aussi se manifester chez les individus qui aspirent à une croissance personnelle en dehors du travail, par exemple, en faisant du bénévolat.
- Le quadrant 4 représente les carrières à haut niveau de mobilité psychologique et de mobilité physique. Les individus se situant dans ce quadrant changent souvent d'emploi tout en changeant leur orientation de carrière du point de vue psychologique. En ce qui concerne la mobilité psychologique, il peut s'agir notamment d'un couple dont les deux personnes travaillent et planifient afin que l'un ou l'autre soit toujours auprès des enfants, l'un travaillant de jour, l'autre de nuit, par exemple (Sullivan et Arthur, 2006, p. 24).

Ainsi le modèle de Sullivan et Arthur (2006) représente un ensemble de combinaisons de mobilité physique et de mobilité psychologique tout au long du parcours professionnel et met en relief les avantages et les limites des carrières.

Dans le cadre d'une recherche qualitative, Veilleux (2006) s'appuie sur la typologie des carrières de Cadin *et al.* (2003), laquelle repose sur cinq catégories à savoir : les *sédentaires*, les *migrants*, les *itinérants*, les *frontaliers* et les *sans frontières*. Il s'intéresse aux trajectoires professionnelles des travailleurs du savoir dans le secteur des télécommunications (ingénieurs électriques/informatiques et informaticiens) afin de déterminer si les carrières de ces travailleurs du savoir s'apparentent à celles des travailleurs du savoir issus du secteur du multimédia (recherche réalisée par Tremblay, 2003). Ce travail a permis de montrer que les profils de carrière dans ces deux secteurs d'activité s'apparentaient aux carrières nomades. Dans ces deux secteurs, au fil de leur parcours de carrière, les travailleurs s'appuient sur leurs réseaux personnels et professionnels, s'affranchissent des frontières d'un employeur unique et connaissent ainsi plusieurs mobilités interentreprises. Les raisons subjectives les poussant à ces mobilités reposent sur la recherche « de défis, d'autonomie, de liberté, de valorisation dans le travail et d'initiative » (Veilleux, 2006, p. 38). Néanmoins, selon Veilleux (2006), les contextes de travail différents vécus dans ces deux secteurs font en sorte que les travailleurs du secteur des télécommunications ont une identité professionnelle plus marquée que celle des travailleurs du multimédia (ils vivent aussi des reconversions parfois radicales à la suite de licenciements). En outre, bien que la typologie des carrières de Cadin *et al.* (2003) permette de rendre compte des trajectoires de ces travailleurs du savoir, et tout comme l'avaient déjà évoqué Cadin *et al.* (2003), Veilleux (2006) confirme qu'il serait utile d'élargir cette typologie à une sixième catégorie, celle des *itinérants élargis*. En effet, les parcours de carrière de certains itinérants possèdent des mobilités externes interentreprises plus variées (domaines plus variés, mais connexes à leur spécialisation) que celles des autres itinérants (même secteur d'activité).

Pour résumer, Veilleux (2006) a établi que les parcours professionnels des travailleurs du savoir des télécommunications comme ceux des travailleurs du multimédia s'apparentent aux carrières nomades. La comparaison entre les parcours professionnels des deux secteurs a permis de mettre au jour une forte identité professionnelle chez les travailleurs des télécommunications, celle des travailleurs du multimédia étant moins marquée. Cette recherche montre également que l'ajout d'une nouvelle catégorie d'itinérants élargit la typologie de Cadin *et al.* (2003) et permettrait de mieux classer les différentes trajectoires professionnelles des travailleurs du savoir.

2.5. Les étapes de carrière et les ancres de carrière

Dans les écrits scientifiques, les choix de carrière des individus ont été conceptualisés selon deux grandes théories ou modèles, à savoir les étapes de carrière et les ancres de carrière.

2.5.1. Les étapes de carrière

Le modèle des étapes de carrière (Super, 1957) conceptualise les choix de carrière des individus dans une perspective déterministe et avance l'idée que ces choix obéissent aux phases d'un cycle.

Super (1957) introduit le concept d'étape de carrière fondé sur des groupes d'âge et grâce à une classification de carrière par genre, l'auteur fait le lien entre carrière et vie familiale. Ceci a permis à Super (1990) de mettre en évidence la multitude et l'évolution des rôles joués par les individus, tout au long de la vie, au travail et hors travail. Ainsi, afin de rendre compte du cheminement des individus de l'entrée à la sortie de la vie professionnelle, le processus de développement de carrière s'effectue en quatre grandes étapes distinctes, les individus devant passer par une étape pour atteindre l'autre.

Ces quatre grandes étapes de carrière correspondent à l'exploration, la maîtrise, la maintenance et le désengagement.

- L'*étape d'exploration*: selon, Kets de Vries et Miller (1985), l'étape d'exploration (ou apprentissage) correspond à la première étape de la carrière. Cette dernière se situe entre 20 et 26 ans; durant cette étape les individus tentent de se construire une identité et de s'intégrer dans leur nouvel environnement (Hall et Goodale, 1986). Durant l'étape d'exploration, les individus consacrent beaucoup de temps à leur travail et moins à leur famille (Ng et Feldman, 2007).
- L'*étape de maîtrise*: l'étape de maîtrise se situe selon Erikson (1963) entre 35 et 45 ans. À cette étape de leur carrière, les individus sont en quête de promotions, d'obtention d'un statut dans la hiérarchie. Ils cherchent à élargir leurs compétences et possèdent des attentes d'équilibre entre la vie professionnelle et personnelle (Kets de Vries et Miller, 1985).
- L'*étape de maintenance*: Kets de Vries et Miller (1985) décrivent l'étape de maintenance comme une phase de routine. Les individus maîtrisent leur emploi, peu de formations leur sont offertes ce qui engendre moins d'implication et peut être ressenti comme une étape de plafonnement. Cependant, Hall et Goodale (1986) soulignent que, pour plusieurs individus, le développement des compétences et la poursuite de la carrière restent importants, durant cette étape, tandis que pour d'autres, il s'agit d'une période de stagnation. Certains individus peuvent également avoir le sentiment d'être dépassés par les plus jeunes qui maîtrisent les nouvelles technologies (Kets de Vries et Miller, 1985).

  Selon Super (1980) ainsi que Williams et Savickas (1990), si l'équilibre vie professionnelle/vie personnelle est très important pour certains individus, pour d'autres, en raison des responsabilités familiales, elle devient même prioritaire (Ng et Feldman, 2007).
- L'*étape de désengagement*: d'après plusieurs auteurs, durant l'étape de désengagement, l'individu s'engage moins dans son travail, il se retire psychologiquement et se prépare à la retraite (Hall et Goodale, 1986). De plus, bien qu'ayant du mal à vivre les pressions extérieures et les changements organisationnels, ils ne souhaitent pas changer de poste ou d'emploi et se satisfont du parcours accompli, de peur de perdre la sécurité que leur procure leur emploi (Kets de Vries et Miller, 1985).

Cependant, la théorie des étapes de carrière ne peut expliquer tous les aspects de la construction d'une carrière, le mode séquentiel qui prône le passage d'une étape pour accéder à l'autre ne s'applique pas à tous les individus et certaines étapes ne se vivent pas non plus au même moment (Weick, 1976). Effectivement, plus récemment, certaines recherches empiriques remettent en question le lien entre l'âge et les différentes étapes de carrière, ou encore les étapes de carrière et l'ancienneté (Hess et Jepsen, 2009; Giraud *et al.*, 2011; Lazzari, 2012). En effet, un individu peut, jeune, se trouver à l'étape de désengagement s'il considère que son emploi n'est pas en lien avec ses aspirations. Le passage à l'étape de maintenance peut être vécu à plusieurs reprises lorsque les individus suivent des formations par exemple, ce qui peut leur permettre de changer de poste ou d'organisation (Hall et Goodale, 1986 ; Lazzari, 2012). Cependant, l'étape de maintenance peut aussi bien être atteinte rapidement que ne jamais l'être (Hall et Mirvis, 1996). De plus, l'automatisme entre l'âge et le genre des individus peut aussi être remis en cause puisque les femmes peuvent connaître la maternité tardivement et elles peuvent, tout comme les hommes, souhaiter bâtir une nouvelle carrière après le départ à la retraite (Lazzari, 2012). Ce mode séquentiel de carrière ne semble donc pas en adéquation avec des carrières contemporaines qui sont discontinues et fragmentées.

En outre, diverses recherches (Tremblay, Larivière et Chamahian, 2011 ; Tremblay, 2014c ; Lazzari, 2012) ont souligné l'importance d'une cinquième étape de carrière, soit celle du *renouveau de carrière*, tout comme l'avaient déjà suggéré Smart et Peterson (1997). En effet, ces recherches ont indiqué que plusieurs individus projettent de bâtir une nouvelle carrière après le départ à la retraite et la recherche menée sur les infirmières montre bien que plusieurs d'entre elles reviennent en emploi après la retraite (Tremblay, 2014c), mais elles cherchent alors de nouveaux défis.

En résumé, nous avons vu que le modèle des quatre étapes de carrière tend à rendre compte de la situation d'un individu à un âge donné. Cependant, ce modèle ne semble pas être à même de répondre à tous les parcours professionnels.

Pour compléter l'analyse des carrières, nous présentons ci-dessous le modèle des huit ancres de carrière de Schein (1978, 1996) qui permet d'examiner les motivations et les priorités qui orientent les choix de carrière des individus, tout au long de leur parcours professionnel. Ce modèle nous paraît intéressant pour comprendre les carrières de l'économie du savoir, mais il importe de connaître les autres grandes théories en la matière. C'est pourquoi nous les avons présentées, bien qu'elles paraissent insatisfaisantes sous certains angles.

2.5.2. La théorie des ancres de carrière

La théorie des ancres de carrière permet d'échapper au déterminisme lié au modèle des étapes de carrière en examinant les motivations premières des individus qui guident leur choix de carrière (Bastid et Bravo, 2006).

Dès les années 1970, la théorie des ancres de carrière proposée par Schein (1978, 1996) a montré que le concept de soi (talents, habiletés, valeurs, motivations et besoins) peut s'articuler autour de huit ancres de carrière, dont une seule serait prédominante pour l'individu, soit la seule pour laquelle il refuserait de faire des compromis dans son choix de carrière. Les huit ancres de carrière, qui sont présentées ci-dessous, décrivent les attentes et les besoins des individus en matière de carrière et de désirs professionnels et privés :

- L'*ancre de compétence technique* (métiers techniques) : les choix de carrière de ces individus reposent sur les compétences techniques.

- L'*ancre de compétence managériale*: ces individus préfèrent les compétences liées au management plutôt que les compétences techniques.
- L'*ancre autonomie/indépendance*: les choix de carrière de ces individus portent sur la nécessité d'être autonomes et indépendants. Ces derniers préfèrent devenir leur propre patron et travailler à leur propre rythme, ou tout au moins jouir d'une grande liberté dans leur travail.
- L'*ancre sécurité/stabilité*: les individus axés sur la sécurité/stabilité font des choix de carrière qui leur permettent d'être stables en ayant un poste à long terme.
- L'*ancre créativité/stabilité*: la créativité prime. Ces individus préfèrent travailler dans des milieux qui leur permettent d'exprimer leur créativité et l'on peut imaginer que ceci correspond à plusieurs personnes dans le domaine de l'économie du savoir ou de l'économie créative.
- L'*ancre défi pur*: ces individus aiment les défis, les obstacles à surmonter. Ici encore, on peut imaginer que plusieurs informaticiens, travailleurs du multimédia, du film et d'autres domaines du genre s'inscrivent dans cet axe.
- L'*ancre dévouement à une cause*: les individus ancrés dévouement à une cause aiguillent leur carrière vers des métiers orientés vers l'aide à autrui. Ce serait le cas par exemple des personnes travaillant dans l'économie sociale et solidaire ou encore le milieu associatif.
- L'*ancre qualité de vie*: les individus ancrés qualité de vie ou style de vie placent la qualité de vie au premier plan. Outre l'importance de pouvoir concilier le travail et la famille, c'est également la qualité de vie selon la perception que lui donne chaque individu qui est importante.

Cependant, si Schein affirme que chaque individu ne possède qu'une ancre de carrière, d'autres auteurs comme Feldman et Bolino (1996), Martineau *et al.* (2005), Lévy-Leboyer *et al.* (2006) et Lazzari (2012) ont montré qu'un individu peut posséder deux ancres, voire plusieurs ancres de carrière.

Par exemple, Lazzari (2012) a mis en évidence la diversité des ancres de carrière chez une même personne, la persistance de certaines ancres (dévouement à une cause et qualité de vie), mais parfois aussi le changement de prédominance d'une ancre ou une autre, tout au long du parcours de vie. En effet, dans cette recherche auprès de professionnels de la santé, les résultats ont indiqué qu'en début de carrière, l'ancre *dévouement à une cause* semble être dominante tant pour les hommes que pour les femmes, puis avec la naissance des enfants et le désengagement temporel dû à la prise du congé de maternité et du congé parental, l'ancre *qualité de vie* apparaît pour toutes les jeunes femmes, côtoyant l'ancre *dévouement à une cause*. Un schéma identique se met en place lorsque les individus, en fin de parcours professionnel, cherchent à mieux concilier l'emploi et la famille ou la vie personnelle.

De plus, parfois, une troisième ancre, celle de l'*autonomie/indépendance*, peut s'ajouter aux deux autres lorsque les professionnels de la santé souhaitent bâtir une nouvelle carrière après la retraite. Ainsi, ces trois ancres prédominantes, *dévouement à une cause*, *qualité de vie* et *autonomie/indépendance*, permettent aux professionnels de la santé d'orienter leur choix de carrière, c'est-à-dire de continuer de travailler dans le domaine de la santé, de répondre à leurs besoins, attentes et valeurs (choix du travail, rythmes des horaires de travail, etc.) afin de pouvoir concilier le travail et la famille ou la vie personnelle, ou alors au contraire, de partir pour trouver un autre emploi qui permette de satisfaire ces ancres ou objectifs de carrière (Lazzari, 2012 ; Tremblay, 2014c). Aucune recherche n'a été menée, à notre connaissance, sur les ancres de carrière des travailleurs du savoir, mais les travaux que nous avons réalisés dans les secteurs du multimédia ainsi que des bibliothèques nous conduisent à penser que l'ancre *autonomie/indépendance*, la créativité et le défi pur doivent être importants pour eux, quoique plusieurs recherchent sans doute aussi la stabilité, surtout avec l'avancée en âge.

Sullivan *et al.* (2007) rappellent que c'est à partir de modèles masculins que la théorie des carrières s'est historiquement construite. Ainsi, que l'on parle de modèles traditionnels ou de nouveaux modèles de carrière, ces derniers ne semblent pas toujours tenir compte de la complexité des carrières des femmes aux prises avec des responsabilités professionnelles et familiales, complexité d'autant accrue qu'elles sont maintenant dans des emplois plus complexes eux-mêmes, ceux de l'économie du savoir, incluant la santé, l'éducation, les sciences, etc.

Effectivement, en ce qui concerne la carrière et le genre, certaines difficultés touchent encore aujourd'hui les carrières des femmes. Selon Sullivan et Mainiero (2012), en raison des différences dues au genre, les femmes sont encore plus susceptibles que les hommes d'être confrontées à la discrimination et le *plafond de verre* les empêche toujours d'accéder à des postes de haute direction. De plus, selon les auteures, aux États-Unis, les femmes demeurent toujours les principales dispensatrices des soins aux enfants et aux parents âgés, et ce sont toujours elles qui assument en grande partie les tâches domestiques. En effet, aux États-Unis, en 2009, en moyenne sur une journée, les hommes en emploi participent à hauteur d'une heure aux tâches domestiques et de quarante minutes aux soins aux membres de la famille, tandis que les femmes en emploi contribuent quant à elles à hauteur de 1,6 heure aux activités domestiques et d'une heure aux soins aux membres de la famille (Jarrett et Tchen, 2011). En outre, selon Sullivan et Mainiero (2012), même les organisations qualifiées de *family friendly* ne proposent qu'une faible flexibilité des horaires ; d'autres organisations ont des pratiques de ressources humaines si limitées qu'elles ne sont d'aucun secours pour les femmes au travail et ont par le fait même plutôt tendance à les décourager d'utiliser ces programmes.

Ainsi, bien qu'il existe des programmes de gestion des ressources humaines dans certaines organisations pour améliorer les problèmes de conciliation emploi-famille, le modèle *ABC de carrière kaléidoscopique* des femmes de Mainiero et Sullivan (2005) peut être utilisé comme cadre d'analyse des choix de carrière des femmes pour améliorer les programmes de ressources humaines ainsi que les politiques visant à accroître le recrutement et la rétention de ces dernières. Ce modèle permet de mieux rendre compte de la complexité de la carrière des femmes. Il comprend trois paramètres, soit l'authenticité (*authenticity*), l'équilibre (*balance*) et le défi (*challenge*), dont les différentes combinaisons reflètent les choix et les désirs des femmes selon leur parcours de vie. Chacun de ces paramètres correspond à une question qui se pose aux femmes dans leurs décisions de carrière :

- *L'authenticité*: « Puis-je être moi-même dans tout cela et rester authentique ? »
- *L'équilibre*: « Si je fais ce choix de carrière, puis-je équilibrer les différentes sphères de ma vie en un tout cohérent ? »
- Le *défi*: « Si j'accepte cette option de carrière, aurais-je suffisamment de défis ? » (Mainiero et Sullivan, 2005, p. 113-114, notre traduction).

La figure 2.2 illustre le modèle ABC de carrière kaléidoscopique.

Figure 2.2. Modèle ABC de carrière kaléidoscopique

DÉBUT DE CARRIÈRE

- En début de carrière, le modèle prédominant de vie/carrière pour les femmes consiste à chercher des défis et l'atteinte d'objectifs de carrière.
- Les questions d'équilibre et d'authenticité restent importante, mais passent en arrière-scène, alors que les femmes poursuivent leur objectif de carrière.

MI-CARRIÈRE

- À la mi-carrière, les femmes doivent concilier les demandes familiales et relationnelles. C'est cette question de conciliation entre la vie personnelle et la vie professionnelle qui devient dominante.
- Les femmes recherchent toujours des défis et de l'authenticité, mais ces questions deviennent secondaires puisque les femmes doivent faire des compromis pour des raisons de conciliation entre leur vie personnelle et leur vie professionnelle.

FIN DE CARRIÈRE

- Vers la fin de la carrière, les femmes sont moins préoccupées par les questions de conciliation et les questions d'authenticité prennent le devant.
- Les femmes veulent toujours des défis et se préoccupent toujours de la conciliation vie personnelle/vie professionnelle, mais il y a des changements en fonction des orientations et des choix que chacune a fait au cours de sa vie.

Source : Mainiero et Sullivan (2005, p. 115).

La première combinaison du modèle met l'accent sur le fait que les femmes cherchent à atteindre leurs objectifs et à relever des défis en début de carrière. L'équilibre et l'authenticité sont des paramètres moins présents puisqu'il s'agit de la phase de construction de la carrière.

La seconde combinaison représente la mi-carrière et met en évidence la recherche de l'équilibre entre la vie professionnelle et personnelle ainsi que les demandes familiales et relationnelles. On peut voir que bien que les femmes aspirent au défi et à l'authenticité, ceux-ci sont moins prégnants dans la mesure où ces dernières opèrent des compromis pour équilibrer la vie professionnelle et personnelle.

La troisième combinaison, qui correspond à la fin de carrière, révèle que l'authenticité occupe le premier plan, les femmes étant libérées des problèmes d'équilibre entre vie professionnelle et vie privée. Cependant, bien qu'elles aspirent toujours au défi de carrière, elles restent en attente d'équilibre entre la vie professionnelle et la vie personnelle.

En somme, le modèle kaléidoscopique reflète la combinaison des choix et des désirs des femmes dans différents domaines de la vie professionnelle et personnelle, et ce, tout au long du parcours professionnel. Lors d'une recherche effectuée auprès de cadres, hommes ou femmes, les auteures ont souligné que les femmes et les hommes vivent des contraintes temporelles différentes. En effet, en ce qui concerne les trois paramètres du kaléidoscope (*authenticité*, *équilibre* et *défi*), les femmes auraient tendance à se consacrer à la fois à leur carrière, à la famille et aux autres, alors que les hommes se concentrent d'abord sur leur carrière, et plus tard seulement sur la famille et les relations aux autres.

Conclusion

Pour conclure, tout au long de ce chapitre nous avons montré que, avec l'économie du savoir, les carrières ont beaucoup évolué durant ces dernières décennies, les transformations socioéconomiques ayant engendré une réorganisation des carrières tant sur le plan du cheminement de carrière des individus, que sur celui de l'employabilité. L'étude de la Commission des normes du travail du Québec (2011) a permis de confirmer ces changements, notamment en ce qui concerne la durée du travail et la mobilité professionnelle.

Ces transformations ont affecté les relations d'emploi puisque s'il était possible d'associer l'ancien contrat psychologique à la sécurité d'emploi, le nouveau contrat psychologique renvoie davantage à la contractualisation et au maintien de l'employabilité. Cependant, il est difficile de faire une distinction dichotomique des relations d'emploi, car le contrat psychologique est dynamique et relève tant du contrat transactionnel que du contrat relationnel et, selon les stratégies de gestion des organisations, on peut trouver l'un ou l'autre.

Dans le contexte des carrières nomades, la responsabilité est transférée de l'employeur vers le salarié, qui doit tenter de maintenir, voire d'accroître, son employabilité et de développer ses compétences. Ainsi, dans le modèle de carrière nomade, la responsabilité de la carrière repose sur l'individu et les organisations considèrent que c'est à lui de s'assurer de développer ses compétenceset son employabilité. De plus, dans le contexte des carrières nomades, les compétences sont redéfinies et portent tant sur les connaissances et les relations (contacts) que sur le sens donné au travail. Cependant, nombre d'individus ne possèdent pas les compétences nécessaires ou la flexibilité pour gérer eux-mêmes leur carrière ; ainsi ils préfèrent travailler pour des organisations plutôt traditionnelles qui peuvent encore offrir une certaine stabilité. De fait, le modèle de la carrière nomade dans l'économie du savoir est un modèle qui peut être assez difficile à assumer.

Sur le plan théorique, plusieurs théories permettent d'examiner l'évolution des carrières. Dans une perspective déterministe, la théorie des étapes de carrière (Super, 1957) conceptualise les choix de carrière des individus et avance que ces choix obéissent aux phases d'un cycle. Cependant, d'autres recherches récentes ont révélé que le mode séquentiel d'étapes de carrière (passer une étape pour ensuite atteindre l'autre) ne s'applique pas nécessairement à tous les individus. De plus, il faut noter l'importance d'une cinquième étape, le *renouveau de carrière*, certains individus souhaitant bâtir une nouvelle carrière une fois à la retraite (Smart et Peterson, 1997 ; Tremblay, Larivière et Chamahian, 2011 ; Tremblay, 2014c ; Lazzari, 2012).

Échappant au déterminisme des étapes de carrière, la théorie des ancres de carrière (Schein, 1978, 1996) permet d'examiner la motivation première qui guide les choix de carrière des individus. Cette théorie montre que le concept de soi peut s'articuler autour de huit ancres de carrière dont une seule serait prédominante. Plus récemment, d'autres chercheurs ont souligné les limites de cette théorie en mettant en évidence la diversité des ancres de carrière chez une même personne, la persistance de certaines ancres, mais parfois aussi le changement de prédominance d'une ancre ou une autre, tout au long du parcours professionnel (Feldman et Bolino, 1996 ; Martineau *et al.*, 2005 ; Lévy-Leboyer *et al.*, 2006 ; Lazzari, 2012).

La théorie des carrières s'est construite à partir de modèles masculins et, que ce soit le modèle traditionnel ou les nouveaux modèles de carrière (protéenne, nomade), aucun ne semble pouvoir tenir compte de la complexité des enjeux et réalités associés aux carrières féminines. Pour tenter de tenir compte de ces particularités, Mainiero et Sullivan (2005) ont proposé un cadre d'analyse en lien avec le choix des carrières des femmes, soit le modèle ABC de carrière kaléidoscopique, qui devrait permettre d'améliorer les programmes de ressources humaines ainsi que les politiques visant à accroître le recrutement et la rétention de ces dernières.

Dans le prochain chapitre, nous examinons le concept d'engagement au travail. En effet, comme nous l'avons vu, dans un contexte socioéconomique de plus en plus compétitif, il est devenu crucial pour les organisations de retenir leur main-d'œuvre en proposant des pratiques de gestion des ressources humaines qui favorisent des attitudes et des comportements positifs de la part des employés envers l'organisation, tel l'engagement.

ANNEXE 2.1.
LES MARCHÉS INTERNES DU TRAVAIL[3]

Le modèle de Doeringer et Piore : les marchés interne et externe

Des règles différentes s'appliquent effectivement selon que l'employé fait partie du marché interne de l'entreprise ou du marché externe du travail. La première description de ces règles régissant les deux marchés a été faite par Doeringer et Piore (1985). Ces derniers ont défini le marché interne du travail comme une « unité administrative à l'intérieur de laquelle la rémunération et l'affectation du travail sont déterminées par un ensemble de règles et de procédures administratives ». Pour sa part, Guillon (1970, p. 208) l'a défini comme « un ensemble de règles organisant l'accès à l'emploi, les mouvements de ce dernier à l'intérieur de l'entreprise, ainsi que les pratiques de rémunération ».

On parle ici de marché externe et de marché interne du travail parce que ce sont les noms couramment employés, mais d'autres auteurs ont parlé du « sous-système de relations industrielles » ou du système d'emploi (Osterman, 1987). Ces expressions rendent bien l'idée d'organisation en système qu'imposent les règles présentes dans l'organisation, mais le terme « marché interne » est si bien connu que nous le reprenons, même s'il y a en quelque sorte contresens dans l'idée d'un marché qui serait interne par rapport à l'organisation (voir Tremblay, 1997).

Quoi qu'il en soit sur le plan terminologique, les règles dont il est question dans le marché interne s'opposent à la vision traditionnelle du marché du travail et de l'entreprise selon laquelle ce sont les forces du marché et les prix qui déterminent l'affectation de la main-d'œuvre. Cette idée voulant que les entreprises ne soient pas régies exclusivement par les forces économiques avait été soulignée par Coase (1987) avant d'être développée et diffusée par Doeinger et Piore (1985). Coase avait en effet souligné que les entreprises sont davantage régies par des relations hiérarchiques et bureaucratiques, ce que Doeringer et Piore ont confirmé dans leur recherche. Depuis lors, les notions de marché interne et de marché externe sont considérées comme une bonne représentation de la réalité des marchés du travail.

La notion de marché interne s'applique à l'analyse de la gestion de la main-d'œuvre à l'échelle de l'entreprise, et non en ce qui concerne l'ensemble du marché du travail. Il s'agit donc d'une analyse microéconomique qui s'intéresse essentiellement à ce qui se passe à l'intérieur de l'entreprise, bien qu'elle puisse contribuer à expliquer la dynamique plus générale à partir des pratiques et des règles d'entreprises.

Le marché interne peut être considéré comme une « institution » ou un organe de régulation, c'est-à-dire un ensemble de règles de fonctionnement, pas toujours explicites ou officielles, mais souvent issues de conventions collectives, de procédures administratives de gestion des ressources humaines, etc., par opposition au marché externe du travail où les « lois du marché » président. Cette théorie confère donc un rôle central aux conventions, plus précisément aux « règles » et à la « coutume » ou aux habitudes.

3. Tiré de Tremblay, D.-G. et Rolland, D. (2011). *Gestion des ressources humaines : typologies et comparaisons internationales*. Québec : Presses de l'Université du Québec, p. 41-45.

Ce sont des règles administratives qui modulent les décisions dans le marché interne, alors que sur le marché externe les décisions en matière de rémunération, d'affectation du personnel au travail et de formation sont directement régies par des variables économiques. Ainsi, les règles gouvernant l'affectation et la rémunération accordent certains droits et privilèges à la main-d'œuvre interne, alors qu'elles les refusent à la main-d'œuvre externe. Par exemple, la main-d'œuvre interne est la seule admise à certains postes ; de plus, la continuité du lien d'emploi est assurée, la main-d'œuvre étant protégée de la concurrence extérieure, même dans des emplois constituant des « portes d'entrée » dans l'entreprise (Doeinger et Piore, 1985, p. 2).

C'est donc dire que les mouvements de personnel au sein d'une entreprise sont régis par un ensemble de règles administratives concernant les salaires et l'affectation à des postes et non par une évaluation économique que commanderait le marché selon les règles de l'offre et de la demande. L'intérêt pour la notion de marché interne du travail vient du fait qu'une rationalité distincte de celle qui règne au sein de l'analyse économique traditionnelle semble être adoptée par nombre d'entreprises et produit des résultats plus favorables. Selon l'analyse économique néoclassique, la rationalité du calcul économique, qui place en concurrence au sein d'un marché du travail unifié l'ensemble des employés et des candidats potentiels, devrait servir de base de décision à l'entreprise pour l'affectation du personnel à des postes et la détermination des salaires. Toutefois, le marché du travail décrit par ces économistes ne semble pas correspondre à la réalité de l'entreprise en matière de recrutement de ressources humaines et de gestion de celles-ci. On peut penser à l'affection de postes selon des règles d'ancienneté plutôt que suivant des principes de mérite ou d'évaluation des compétences.

Les règles de mobilité interne et externe font souvent partie des conventions collectives négociées entre les acteurs et elles s'imposent souvent comme des normes pour l'ensemble des entreprises. Ces règles convenues semblent répondre davantage aux intérêts des employés en fait de stabilité et aux besoins des employeurs en ce qui concerne le salaire. Celui-ci serait moindre et plus prévisible au sein des marchés internes que dans un contexte de compétition. En somme, certains facteurs, comme la disponibilité de main-d'œuvre et le type de pouvoir au sein d'une organisation donnée, font qu'il est rationnel de tenter d'institutionnaliser la relation d'emploi au sein d'un marché interne du travail. La mobilité se fait alors non pas horizontalement, entre les entreprises, mais verticalement au sein de la même entreprise.

Comment est constitué un marché interne ? Selon le secteur, certaines entreprises ont une ou plusieurs classifications de postes de travail que l'on peut considérer comme une porte d'entrée au marché interne de l'entreprise. Une fois franchie cette porte commence, avec un emploi au bas de la hiérarchie, une relation d'emploi à long terme entre l'employeur et l'employé. Le marché interne et le marché externe sont interreliés par la définition de postes d'entrée au sein du marché interne des entreprises. On peut se représenter les marchés internes à partir de la figure A2.1.

Des postes que l'on qualifie de portes d'entrée ou de sortie du marché du travail permettent en effet à des gens actifs au sein du marché externe du travail d'entrer et à des employés du marché interne de sortir (ou d'être expulsés !) comme on peut le voir à la figure A2.1. Il en résulte certains mouvements, en des endroits précis, entre le marché interne et le marché externe. Le reste des postes est pourvu par des promotions ou des transferts de salariés déjà intégrés à l'entreprise. Le marché interne est ainsi protégé de la concurrence du marché externe.

Figure A2.1. Représentation des marchés interne et externe d'une entreprise

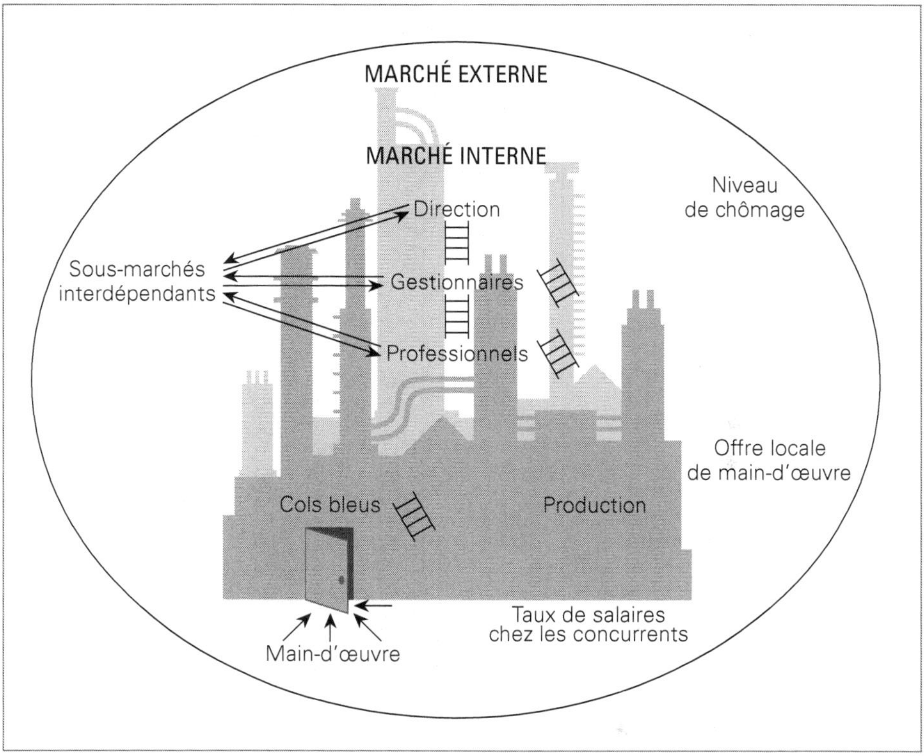

L'ampleur et la structure des marchés internes peuvent varier d'un secteur d'activité ou d'une catégorie professionnelle à l'autre. À titre d'exemple, dans le cas des cols bleus, le marché interne se limite généralement à une usine ou à un établissement donné. Il existe cependant des structures différentes de marchés internes dans les établissements manufacturiers, la plus courante étant celle où les postes de production sont organisés selon l'ancienneté et des filières professionnelles définies.

Dans ce contexte, les portes d'entrée se situent au premier niveau de l'échelle tandis que les postes vacants à des niveaux supérieurs sont généralement pourvus par voie de promotion des travailleurs se trouvant aux niveaux inférieurs de la filière professionnelle. Pour ce qui est des critères gouvernant l'accès aux emplois correspondant à des portes d'entrée, ils subissent l'influence des conditions du marché externe, c'est-à-dire du marché du travail en général. Ainsi, les critères d'embauche de l'établissement varient en fonction du niveau de chômage, des taux de salaire offerts par les concurrents, des caractéristiques de l'offre locale de main-d'œuvre et d'autres facteurs relevant du marché externe.

Par contre, les licenciements et les promotions touchant les postes autres que ceux du niveau des portes d'entrée dans l'établissement sont soumis à des normes relativement rigides concernant l'ancienneté et les compétences ou, encore, les aptitudes nécessaires exigées pour le poste. Ces normes, et surtout la pondération accordée aux divers facteurs, peuvent varier d'un établissement à l'autre, ou encore évoluer au fil des ans. Cependant, cette évolution est complètement indépendante des conditions du marché externe.

Les emplois de gestion fonctionnent souvent de façon analogue aux emplois de cols bleus, du moins en ce qui concerne l'établissement de filières professionnelles verticales ascendantes. Les gestionnaires passent un certain nombre d'années comme stagiaire ou adjoint. Ce n'est qu'après quelques années à un poste d'entrée qu'ils peuvent prétendre avoir accès à une promotion dans la hiérarchie. La forme de leur filière professionnelle s'apparente ainsi à celle des cols bleus, la filière promotionnelle du marché interne pouvant les mener jusqu'au poste de directeur d'établissement ou, encore, à d'autres postes supérieurs à l'échelle de l'entreprise.

Il existe toutefois des différences non négligeables entre les marchés internes où circulent les gestionnaires et ceux ouverts aux cols bleus. Les marchés internes des gestionnaires en informatique ou des professionnels en général ont tendance à couvrir plus d'un établissement : le plus souvent, ce sera l'ensemble des établissements d'une entreprise et parfois même l'ensemble des entreprises d'un secteur. Ainsi, soulignons que, en ce qui concerne les cols blancs, les espaces de mobilité ne se limitent pas nécessairement à une usine, un établissement ou une entreprise donnée.

Par ailleurs, on n'accorde pas la même pondération aux divers critères régissant les promotions au sein du marché interne des gestionnaires. L'ancienneté y est nettement moins importante que dans le cas des cols bleus, alors que la compétence, l'attitude, les réussites dans les postes antérieurs et d'autres caractéristiques du genre prédominent. Il s'ensuit d'ailleurs que les règles de mise à pied selon l'ancienneté et les droits de rappel, que l'on trouve dans un grand nombre d'emplois de métier ou d'emplois syndiqués en Amérique du Nord, ne s'appliquent pas au marché interne des gestionnaires ou des professionnels, à moins qu'une convention collective ne le prévoie.

Pour ce qui est plus particulièrement des catégories d'emploi proprement professionnelles, par exemple les informaticiens, les comptables, les fiscalistes ou autres, leur marché interne ou leurs filières de mobilité sont généralement ouverts à plusieurs entreprises. En d'autres termes, la mobilité horizontale est fréquente et valorisée pour la progression de carrière ; ainsi, les déplacements d'une entreprise à l'autre pour des postes à peu près équivalents contribuent à la formation de l'individu et le préparent à monter ensuite de façon verticale vers des postes plus importants. Il ne faut donc pas voir le marché interne comme une mobilité nécessairement limitée à un établissement ou une entreprise, mais bien comme un espace de mobilité propre à une catégorie professionnelle donnée.

Chaque catégorie a ainsi un espace de mobilité interne, au sens qu'elle se déplace au sein de cet espace et que celui-ci est fermé aux nouveaux arrivants de l'extérieur. Lorsqu'une catégorie professionnelle circule souvent d'une entreprise à une autre, on peut alors considérer qu'elle se déplace entre différents sous-marchés interdépendants.

La configuration du marché interne est donc le fruit de médiations et de compromis réalisés à l'échelle de l'entreprise et parfois du secteur d'activité. Elle n'est généralement que transitoire et peut être remise en question, par exemple en cas d'innovations, de changements technologiques ou organisationnels qui induisent des tensions dans l'organisation et accroissent l'incertitude.

Divers auteurs (Doeringer et Piore, 1985 ; Gambier et Vernières, 1991 ; et d'autres – voir Tremblay, 1997) se sont aussi intéressés aux raisons qui peuvent motiver la mise en place d'un marché interne. La stabilité de l'activité, l'existence de qualifications professionnelles ou de compétences particulières nécessaires à l'entreprise, le fait pour celle-ci de donner des formations spécialisées, la tendance à innover sur le plan des produits et des technologies ainsi que la recherche de cohésion au sein du personnel sont autant de facteurs qui ont été reconnus comme favorisant la mise en place de marchés internes. Le tableau A2.1 résume la logique de la mise en place de marchés internes.

Tableau A2.1. Mise en place et effets des marchés internes du travail

Marchés internes	Absence de marchés internes
Stabilité de l'activité	Instabilité chronique
Qualifications et formation spécifique	Qualifications générales
Recherche de cohésion	Indifférence
Innovatrice	Traditionnelle
Organisation de filières professionnelles et salariales	Absences de telles filières
Gestion des marchés internes par des règles et des conventions d'entreprises	Gestion de la main-d'œuvre par minimisation des coûts (soit les salaires-prix et les mauvaises conditions de travail)
Fixation de la main-d'œuvre dans l'entreprise	Forte rotation et baisse de motivation des salariés
Hausse de productivité	Bonne productivité à court terme, mais non à long terme
Cercle vertueux de la croissance économique	Cercle vertueux à court terme, puis crise économique

Source : Tremblay, D.-G. (1997). *Économie du travail. Les réalités et les approches théoriques*. Montréal : Éditions Saint-Martin et Descarries éditeur, p. 90.

Certains auteurs ont précisé que l'analyse du marché interne d'une entreprise devrait inclure trois caractéristiques structurelles, soit une échelle de postes de travail, une entrée au bas de l'échelle seulement et un mouvement ascendant permettant aux employés d'acquérir et de développer plus de compétences (Althauser et Kalleberg, 1981, p. 130). Selon Osterman (1994, p. 306), l'analyse des marchés internes du travail doit aussi inclure des éléments comme le système de rémunération, le type de classification des postes, les règles d'affectation ainsi que les règles concernant la sécurité d'emploi.

Bibliographie

AGUIR, M. (2009). « L'approche systémique de la gestion des ressources humaines : le contrat psychologique des relations d'emploi dans les administrations publiques du XXIe siècle », Compte rendu, *Relations industrielles/Industrial Relations*, vol. 64, n° 3, p. 541-543.

ALTHAUSER, R. P. et KALLEBERG, A. L. (1981). « Firms, occupations, and the structure of labor markets : A conceptual analysis », dans Berg, I. (dir.), *Sociological Perspectives on Labor Markets*. New York : Academic Press, p. 119-149.

AMOSSÉ, T. et GOLLAC, M. (2008). « Intensité du travail et trajectoire professionnelle », *Travail et Emploi*, n° 113, p. 59-73.

ARGYRIS, C. (1957). *Personality and Organization : The Conflict Between System and Individual*. New York : Harper.

ARTHUR, M. B. et ROUSSEAU, D. M. (dir.) (1996). *The Boundaryless Career : A New Employment Principle for a New Organizational Era*. New York : Oxford University Press.

BASTID. F. (2004). *Mesurer la réussite de carrière des cadres vers une intégration de la dimension extra-professionnelle*, Aix en Provence : Centre d'études et de recherche sur les organisations et la gestion – CEROG IAE, Working Paper n° 681, 25 p. <http://www.cergam.org/fileadmin/files/cerog/wp/681.pdf>. Consulté le 15 mars 2011.

BASTID, F. et BRAVO, B. (2006). « Réussir sa carrière : approche conceptuelle », dans El Akremi, A., Guerrero, S. et Neveu, J.-P. (dir.), *Comportement organisationnel : justice organisationnelle, enjeux de carrière et épuisement professionnel*, vol. 2, Série « Méthodes et recherches – Management ». Bruxelles : De Boeck Université, p. 143-167.

BRISCOE, J.-P. et HALL, D.-T. (2006). « Special section on boundaryless and protean careers : Next steps in conceptualizing and measuring boundaryless and protean careers », *Journal of Vocational Behavior*, vol. 69, p. 1-3.

BRISCOE, J.-P., HALL, D.-T., RACHEL, L. et DEMUTH, F. (2006). « Protean and boundaryless careers : An empirical exploration », *Journal of Vocational Behavior*, vol. 69, p. 30-47.

BRUYÈRE, M. et LIZÉ, L. (2011). « Quelles sont les contraintes qui pèsent sur les mobilités professionnelles ? », Document de travail du Centre d'économie de la Sorbonne, Université Paris 1, 14 p.

BURNS, T. et STALKER, G. M. (1961). *The Management of Innovation*. Londres : Tavistock.

CADIN, L. (2005). « Les cadres français ont-ils bouleversé leur modèle de carrière ? », *Cahiers du GDR*, n° 10, p. 45-55.

CADIN, L., BENDER, A.-F. et DE SAINT-GINIEZ, V. (2003). *Carrières nomades : les enseignements d'une comparaison internationale*, Série « Vital Roux ». Paris : Vuibert, 256 p.

CADIN, L., BENDER, A.-F., DE SAINT-GINIEZ, V. et PRINGLE, J.-K. (2000). *Carrières nomades et contextes nationaux*. Paris : Eska, 21 p.

CARDINAL, L. (2004). « Nouvelles carrières et succès psychologique au travail », *Cahier de recherche de l'ESG UQAM*, document 15, p. 1-23.

COASE, R. H. (1987). « The nature of the firm », *Economica*, vol. 4, n° 16, p. 386-405.

COLLE, R. et CHRISTIN, J. (2008). « Couples à double carrière et articulation vie privée-vie professionnelle : le mariage de la carpe et du lapin ? », XIXe Congrès de l'AGRH, Dakar, 9-12 nov. 2008.

COMMISSION DES NORMES DU TRAVAIL DU QUÉBEC – CNT (2011). *Profil des salariés non syndiqués et assujettis à la Loi sur les normes du travail et application de certaines dispositions de la loi, Édition 2010*. Québec : Commission des normes du travail, 57 p.

DANY, F. (2004). « La théorie des carrières : d'où venons-nous et où allons-nous ? », dans Guerrero, S., Cerdin, J.-L. et Roger, A. (dir.), *La gestion des carrières : enjeux et perspectives*. Paris : AGRH et Vuibert, p. 335-349.

DEFILLIPPI, R. J. et ARTHUR, M. B. (1994). « The boundaryless career : A competency-based prospective », *Journal of Organizational Behavior*, vol. 15, n° 4, p. 307-324.

DEFILLIPPI, R. J. et ARTHUR, M. B. (1996). « Boundaryless contexts and careers : A competency-based perspective », dans Arthur, M. B. et Rousseau, D. M. (dir.), *The Boundaryless Career : A New Employment Principle for a New Organizational Era*. New York : Oxford University Press, p. 116-131.

DE LARQUIER, G. et REMILLON, D. (2008). « Assiste-t-on à une transformation uniforme des carrières professionnelles vers plus de mobilité ? Une exploitation de l'enquête "Histoire de vie" », *Travail et Emploi*, n° 113, p. 13-30.

DIETRICH, A. (2010). « L'employabilité à l'épreuve de la RSE ou la RSE à l'épreuve de l'emploi ? », *Revue de l'organisation responsable*, vol. 5, p. 30-38.

DOERINGER, P. B. et PIORE, M. J. (1985). *Internal Labour Markets and Manpower Analysis*. New York : M. E. Sharpe, 212 p.

EL AKREMI, A., GUERRERO, S. et NEVEU, J.-P. (dir.) (2006). « Du succès de carrière ou sentiment de réussite professionnel ; un cadre théorique renouvelé pour étudier les carrières », dans El Akremi, A., Guerrero, S. et Neveu, J.-P. (dir.) *Comportement organisationnel : justice organisationnelle, Vol. 2, Enjeux de carrière et épuisement professionnel*, Série « Méthodes et recherches – Management ». Bruxelles : De Boeck Université, 353 p.

ERIKSON, E. (1963). *Childhood and Society*, 2e éd. New York : Norton & Company.

FELDMAN, C. et BOLINO, C. (1996). « Careers within careers : Reconceptualizing the nature of career anchors and their consequences », *Human Resource Management Review*, vol. 6, n° 2, p. 89-112.

FINOT, A. (2000). *Développer l'employabilité*. Paris : INSEP Consulting Editions.

GADREY, J. (2000). *Nouvelle économie, nouveau mythe ?* Paris : Flammarion.

GAMBIER, D. et VERNIÈRES, M. (1991). *Le marché du travail*, 3e éd. Paris : Economica, 232 p.

GAUJARD, C. (2004). « Modèles et individus de l'organisation », *Laboratoire Redéploiement industriel et innovation*, Document de travail n° 71, 16 p.

GIRAUD, L., DANY, F. et ROGER, A. (2011). « Les étapes de carrière sont-elles toujours d'actualité ? », 15 p. <http://www.reims-ms.fr/agrh/docs/actes-agrh/pdf-des-actes/2011 giraud-dany-roger.pdf>. Consulté le 10 mai 2012.

GIRAUD, L. et ROGER, A. (2011). « Les étapes de carrière à l'épreuve du temps », *Humanisme et entreprise*, n° 302, p. 13-28.

GUERRERO, S., CERDIN, J.-L. et ROGER, A. (2004). *La gestion des carrières : enjeux et perspectives*. Paris : Vuibert.

GUILLON, R. (1970). « Le marché interne de l'emploi », *Sociologie du travail*, vol. 12, n° 2, p. 209-213.

HALL, D. T. (1976). *Careers in Organizations*. Pacific Palisades : Goodyear.

HALL, D. T. (1996). « Protean careers of 21st century », *The Academy of Management Executive*, vol. 10, n° 4, p. 8-16.

HALL, D. T. et GOODALE, J. G. (1986). *Human Resource Management : Strategy, Design, and Implementation*. Glenview : Scott, Foresman.

HALL, D. T. et MIRVIS, P. H. (1996). « The new protean career : Psychological success and the path with a heart », dans Hall, D. T. *et al.* (dir.), *The Career is Dead, Long Live the Career : A Relational Approach to Careers*. San Francisco : Jossey-Bass, p. 15-45.

HESS, N. et JEPSEN, D. M. (2009). « Career stage and generational differences in psychological contracts », *Career Development International*, vol. 14, n° 3, p. 261-283.

HUGHES, E. C. (1937). « Institutional office and the person », *American Journal of Sociology*, vol. 43, p. 404-413.

INSTITUT NATIONAL DE SANTÉ PUBLIQUE DU QUÉBEC – INSPQ (2005). *La difficulté de concilier travail-famille: ses impacts sur la santé physique et mentale des familles québécoises*. Québec: INSPQ, 32 p. <http://www.inspq.qc.ca/pdf/publications/375-Conciliation Travail-Famille.pdf>. Consulté le 12 mars 2011.

JARRETT, V. et TCHEN, C. (2011). *Women in America Indicators of Social and Economic Well-Being*. Washington: U.S. Department of Commerce Economics and Statistics Administration and Executive Office of the President, Office of Management and Budget, for White House Council on Women and Girls, 63 p. <http://www.whitehouse.gov/sites/default/files/rss_viewer/Women_in_America.pdf>. Consulté le 15 juillet 2013.

JUDGE, T.-A., CABLE, D.-A., BOUDREAU, J.-W. et BRETZ, R.-D. (1994). *An Empirical Investigation of the Predictors of Executive Career Success*. New York: Center for Advanced Human Resource Studies, CAHRS/Cornell University, 39 p.

KETS DE VRIES, M. et MILLER, D. (1985). *L'entreprise névrosée*. Paris: McGraw-Hill, coll. « Stratégie et organisation ».

LAWRENCE, P. R. et LORSCH, J. W. (1967). *Organization and Environment*. Cambridge: Harvard Business School.

LAWRENCE, P. R. et LORSCH, J. W. (1989). *Adapter les structures de l'entreprise: intégration ou différenciation*, 2e éd. Paris: Éditions d'Organisation.

LAZZARI, N. (2012). *La conciliation emploi-famille/vie personnelle: son incidence sur le parcours professionnel et la rétention de la main-d'œuvre dans la santé*, Thèse de doctorat. Montréal: Université du Québec à Montréal.

LAZZARI DODELER, N. et TREMBLAY, D.-G. (2011). « Conciliation emploi-famille et horaires chez les paramédics: des différences selon l'âge et le genre », Communication présentée au colloque « La gestion des âges, un autre regard », à l'Université de Liège, les 8 et 9 décembre 2011. Version légèrement modifiée à paraître dans *Management et avenir*. <http://benhur.teluq.uquebec.ca/SPIP/aruc/IMG/pdf_ARUC-NR11-10.pdf>. Consulté le 25 novembre 2014.

LÉVY-LEBOYER, C., LOUCHE, C. et ROLLAND, J.-P. (2006). *Les apports de la psychologie au travail, tome 2, Management des organisations*. Paris: Éditions d'Organisation, 496 p.

MAILLIOT, S. (2012). *Penser les processus de changement à travers l'expérience de la mobilité professionnelle: de l'objet discursif à l'activité de transition*, Thèse de doctorat. Marseille: Université d'Aix Marseille.

MAINIERO, L. A. et SULLIVAN, S. E. (2005). « Kaleidoscope careers: An alternate explanation for the "opt-out" revolution », *Academy of Management Executive*, vol. 19, nº 1, p. 106-123. <http://ncefbsc.com/Week%2012%20reading%20%20-%20Kaleidoscope%20careers.pdf>. Consulté le 5 mai 2010.

MARTINEAU, Y., WILS, T. et TREMBLAY, M. (2005). « La multiplicité des ancres de carrière chez les ingénieurs québécois: impacts sur les cheminements et le succès de carrière », *Relations industrielles/Industrial Relations*, vol. 60, nº 3, p. 455-482.

McDONALD, D. J. et MAKIN, P. J. (2000). « The psychological contract, organizational commitment and job satisfaction of temporary staff », *Leadership & Organization Development Journal*, vol. 21, p. 84-91.

NG, T. et FELDMAN, D. (2007). « Organizational embeddedness and occupational embeddedness across career stages », *Journal of Vocational Behavior*, vol. 70, nº 2, p. 336-351.

OSTERMAN, P. S. (1987). « Choice of employment systems in internal labor markets », *Industrial Relations*, vol. 26, nº 1, p. 46-67.

OSTERMAN, P. S. (1994). « How common is workplace transformation and who adopts it? », *Industrial and Labor Relations Review*, vol. 47, nº 2, p. 173-188.

PASTRÉ, P. (2005). « Dynamique et métamorphose des compétences professionnelles », *Psychologie du travail et des organisations*, vol. 11, nº 2, p. 73-87.

PRALONG, J. (2009). « Projet de mobilité interne et carrière organisationnelle : d'un nouveau modèle du projet à une redéfinition de la carrière », *Revue multidisciplinaire sur l'emploi, le syndicalisme et le travail*, vol. 4, n° 1, p. 3-26. <http://www.erudit.org/revue/remest/2009/v4/n1/000383ar.html>. Consulté le 12 février 2013.

ROGER, A. (1993). « La gestion des carrières : vers une convergence des approches françaises et américaines ? » *Études et documents*, Série Recherche, Working Paper n° 408, p. 1-23. <http://www.cergam.org/fileadmin/files/cerog/wp/408.pdf>. Consulté le 1er février 2013.

ROUSSEAU, D. M. (1990). « New hire perceptions of their own and their employer's obligations : A study of psychological contracts », *Journal of Organizational Behavior*, vol. 11, p. 389-400.

ROUSSEAU, D. M. (1995). *Psychological Contracts in Organizations – Understanding Written and Unwritten Agreements*. Thousand Oaks : Sage.

SCHEIN, E. H. (1978). *Career Dynamics : Matching Individual and Organizational Needs*. Reading : Addison-Wesley.

SCHEIN, E. H. (1996). « Career anchors revisited : Implications for career development in the 21st century », *The Academy of Management Executive*, vol. 10, n° 4, p. 80-88.

SHARPE, A. (2003). *The Psychological Contract in a Changing Work Environment*. Brentwood : The Work Institute, 29 p. <http://www.ukwon.net/files/kdb/fe880e20eee4d5bb9be2640542a64fcd.pdf>. Consulté le 5 avril 2011.

SINCLAIR, V. (2009). « Experiencing career satisfaction and career success over the life course », *Counselling at Work BACP*, juin, p. 19-25.

SMART, R. et PETERSON, C. (1997). « Super's career stages and the decision to change careers », *Journal of Vocational Behavior*, vol. 51 n° 3, p. 358-374.

SULLIVAN, S. E. (1999). « The changing nature of careers : A review and research agenda », *Journal of Management*, vol. 25, n° 3, p. 457-484.

SULLIVAN, S. E. et ARTHUR, M.-B. (2006). « The evolution of the boundaryless career concept : Examining physical and psychological mobility », *Journal of Vocational Behavior*, vol. 69, p. 19-29.

SULLIVAN, S. E. et BARUCH, Y. (2009). « Advances in career theory and research : A critical review and agenda for future exploration », *Journal of Management*, vol. 35, n° 6, p. 1542-1571.

SULLIVAN, S. E. et MAINIERO, L. A. (2007). « Women's kaleidoscope careers : A new framework for examining women's stress across the lifespan », dans Perrewé, P. L. et Ganster, D. C. (dir.), *Exploring the Work and Non-Work Interface* (Research in Occupational Stress and Well-being, vol. 6). Bingley : Emerald Group Publishing Limited, p. 205-238.

SULLIVAN, S. E. et MAINIERO, L. A. (2008). « Using the kaleidoscope career model to understand the changing patterns of women's careers : Implementing human resource development programs to attract and retain women », *Advances in Developing Human Resources*, vol. 10, n° 1, p. 32-49. <http://ncefbsc.com/Week%2012%20reading%20%20-%20Kaleidoscope%20careers.pdf>. Consulté le 13 juin 2012.

SULLIVAN, S. E et MAINIERO, L. (2012). *Using the Kaleidoscope Career Model to Understand the Changing Patterns of Women's Careers : Designing HRD Programs That Attract and Retain Women*. Fairfield : Fairfield University.

SUPER, D. E. (1957). *The Psychology of Careers*. New York : John Wiley.

SUPER, D. E. (1980). « A life-span, life-space approach to career development », *Journal of Vocational Behavior*, n° 16, p. 282-298.

SUPER, D. E. (1990). « A life-span, life-space approach to career development », dans Brown, D. et Brooks, L. (dir.), *Career Choice and Development*, 2e éd. San Francisco : Jossey-Bass, p. 197-261.

TREMBLAY, D.-G. (1997). *Économie du travail : les réalités et les approches théoriques*. Montréal : Éditions Saint-Martin et Descarries éditeur, 482 p.

TREMBLAY, D.-G. (2003). *Nouvelles carrières nomades et défis du marché du travail: une étude dans le secteur du multimédia*, Note de recherche 2003-2 de la Chaire Bell en technologies et organisation du travail. Montréal: Direction de la recherche, Télé-université, Université du Québec.

TREMBLAY, D.-G. (2007). *L'innovation continue; vers un modèle multidimensionnel de l'innovation*. Québec: Presses de l'Université du Québec.

TREMBLAY, D.-G. (2012a). *Conciliation emploi-famille et temps sociaux*, 3e éd. Québec: Presses de l'Université du Québec, 367 p.

TREMBLAY, D.-G. (2012b). *Articuler emploi et famille: le rôle du soutien organisationnel au cœur de trois professions*. Québec: Presses de l'Université du Québec, 284 p.

TREMBLAY, D.-G. (dir) (2013). *Temporalités sociales, temps prescrits, temps institutionnalisés*. Québec: Presses de l'Université du Québec, 294 p.

TREMBLAY, D.-G. (2014a). « Conciliation emploi-famille et porosité des temps sociaux chez les avocats et les avocates: des stratégies de report et d'intensification pour arriver à concilier? », *Revue canadienne Femme et droit*, printemps 2014.

TREMBLAY, D.-G. (2014b). « Être parent et avocat: les défis de la conciliation travail-famille pour la progression professionnelle », *Regards sur le travail*, vol. 10, nº 1, p. 1-13.

TREMBLAY, D.-G. (2014c). *Infirmière: vocation, engagement et parcours de vie*. Montréal: Éditions du remue-ménage, 153 p.

TREMBLAY, D.-G. (2014d). *L'innovation technologique, organisationnelle et sociale*. Québec: Presses de l'Université du Québec.

TREMBLAY, D.-G. (dir.) (2014e). *Management de la retraite, de l'emploi et des temps sociaux*. Québec: Presses de l'Université du Québec.

TREMBLAY, D.-G. et LARIVIÈRE, M. (2010). « L'articulation emploi-famille dans le secteur infirmier au Québec: une conciliation possible? », *Éthique publique*, vol. 11, nº 2, p. 43-50.

TREMBLAY, D.-G., LARIVIÈRE, M. et CHAMAHIAN, A. (2011). « Les parcours professionnels des infirmières au Québec: quelques éléments de compréhension du rapport au travail, de la conciliation emploi-famille et des choix de fin de carrière », Note de recherche nº 15, ARUC-GATS, TÉLUQ-UQAM. <http://benhur.teluq.uquebec.ca/SPIP/aruc/IMG/pdf/ARUC-NR11-15.pdf>. Consulté le 25 novembre 2014.

TREMBLAY, D.-G. et MASCOVA, E. (2013). *Les avocats, les avocates et la conciliation travail-famille*. Montréal: Éditions du remue-ménage, 175 p.

TREMBLAY, D.-G. et MASCOVA, E. (2014). « La gestion des temporalités familiales et domestiques et la carrière des avocats et avocates: différents modèles de conciliation? » *SociologieS*. <http://sociologies.revues.org/4449?lang=en>. Consulté le 25 novembre 2014.

TREMBLAY, D.-G. et NAJEM, E. (2010). « L'incidence des pratiques de conciliation travail-famille dans les milieux de travail canadiens: les milieux syndiqués sont-ils mieux pourvus et la situation s'améliore-t-elle? », *Interventions économiques*, nº 41. <http://interventions economiques.revues.org/398?lang=en>. Consulté le 25 novembre 2014.

TREMBLAY, D.-G. et ROLLAND, D. (2011). *Gestion des ressources humaines; typologies et comparaisons internationales*. Québec: Presses de l'Université du Québec, 366 p.

TURNLEY, W. H. et FELDMAN, D. C. (1999). « The impact of psychological violations on exit voice, loyalty and neglect », *Human relations*, vol. 52, nº 57, p. 895-922.

VEILLEUX, G. (2006). *Nouvelles carrières à l'ère de l'économie du savoir: une étude dans le secteur des télécommunications*, Mémoire de maîtrise. Québec: Faculté des sciences sociales, Université Laval.

WEICK, K. (1976). « Career as eccentric predicates », *Executive*, hiver, p. 6-10.

WILLIAMS, C. P. et SAVICKAS, M. L. (1990). « Developmental tasks of career maintenance », *Journal of Vocational Behavior*, vol. 36, nº 2, p. 166-175.

CHAPITRE 3
L'engagement

SOMMAIRE

Introduction

De nos jours, en écho à la mondialisation et au développement de l'économie du savoir, les organisations évoluent dans un contexte socioéconomique mouvant, de plus en plus compétitif où les changements technologiques sont constants et entraînent des pressions sur les salariés. Le départ massif des *baby-boomers*, au cours des années à venir, est une autre préoccupation. Les organisations sont donc confrontées à un double défi, celui de conserver leur main-d'œuvre qualifiée et d'attirer une main-d'œuvre plus jeune dans le but d'assurer la relève (Vandenberghe, 2004) ou encore de renforcer l'engagement des employés (Sáez Bayona *et al.*, 2009).

C'est pourquoi les chercheurs et les praticiens s'entendent sur le fait que les ressources humaines représentent une source d'avantages concurrentiels et qu'il est essentiel de proposer des pratiques de gestion des ressources humaines favorisant des attitudes positives de la part des salariés envers l'organisation, tel l'engagement, et de faire des ressources humaines un atout stratégique (Ngalle, 2012).

À l'ère de l'économie du savoir, l'entente réciproque entre employeur et employé ou un contexte *gagnant-gagnant*, comme disent certains négociateurs en relations industrielles, peut avoir des répercussions sur les attentes, donc sur les comportements des employés, qui peuvent décider de s'engager plus ou moins, ou pas du tout, dans leur travail et dans leur organisation. Nous évoquons dans un premier temps les définitions du concept de l'engagement, puis nous nous intéressons à la mesure de l'engagement, à son importance dans le monde, pour ensuite traiter des objectifs organisationnels qui y sont associés et des aspects négatifs qui peuvent également y être associés.

3.1. Les éléments de problématique

Dans cette section, nous nous intéressons aux divers éléments de la problématique de l'engagement, en traitant deux aspects, soit la séparation entre le travail et la communauté, puis les nouveaux modèles productifs.

3.1.1. La séparation entre le travail et la communauté

Dans la société préindustrielle, le travail était intimement lié au bien-être de l'individu et à la communauté dans laquelle l'employé travaillait et vivait. Or, avec l'ère industrielle, on assiste à la séparation du travail et de la vie communautaire. C'est ainsi que, selon Chalofsky et Krishna (2009), en séparant le travail de la communauté et du reste de la vie, le travail aurait perdu son sens originel qui faisait partie intégrante de l'existence humaine. Cette perte du sens originel n'est pas sans conséquence sur la motivation et l'engagement des salariés au travail et au fil des ans, notamment dans le contexte de l'économie du savoir, les employeurs chercheront des manières de récréer ou d'accroître cet engagement des salariés.

3.1.2. Les nouveaux modèles productifs

Dans l'économie du savoir, l'amélioration de la productivité et de la réactivité des organisations passe souvent par un aplatissement des niveaux hiérarchiques et un accroissement des responsabilités et des compétences des individus, de sorte que les organisations attendent des salariés une participation accrue, un engagement et une adhésion à l'organisation allant au-delà de ce qu'elles attendaient de simples exécutants (Lacroux, 2008). C'est ainsi que l'engagement et l'adhésion des salariés sont perçus comme les clés du succès de l'organisation dans le contexte de l'économie du savoir. D'ailleurs dans nombre d'organisations, on cherche à faire participer les salariés, comme nous le verrons dans un autre chapitre. Ceci ne peut se faire sans engagement des salariés.

3.2. Le concept d'engagement

L'engagement de l'employé, appelé en anglais *commitment, involvement* ou *attachment*, est un concept qui se réfère à l'attachement des individus à leur travail et à leur organisation (Ashkanasy *et al.*, 2000). En France, de manière générale, les chercheurs utilisent le terme d'implication qui recouvre tant la notion d'implication que celle d'engagement (Thévenet, 1992). Cependant, comme nous l'avons vu dans le chapitre précédent, les transformations du marché du travail ont modifié le contrat psychologique entre l'employeur et l'employé, contrat qui se trouvait être à la base de l'engagement organisationnel (Lapalme et Doucet, 2004). C'est pourquoi, depuis un certain nombre d'années, différents construits du concept d'engagement ont été examinés. Or, la variété des conceptualisations présente dans la littérature scientifique montre que l'absence de consensus pour une définition de l'engagement et de sa mesure pose un problème majeur quant à la validité du construit (Meyer et Allen, 1991). De ce fait, il est difficile de le mesurer et de tenter d'améliorer la situation concrète dans les organisations. En effet, si les travaux qui examinent l'engagement au travail s'intéressent à l'implication au travail (*work involvement*), plusieurs chercheurs ont mis en lumière une confusion sémantique de cette notion avec celles d'engagement, de motivation, de satisfaction et d'identification. Ils ont également montré que les notions d'implication (*involvement*) et d'engagement (*commitment*) sont utilisées de manière interchangeable dans les écrits scientifiques (Lapalme et Doucet, 2004; Welch, 2011).

3.2.1. Les différentes cibles de l'engagement

Dans leur recension des écrits, Lapalme et Doucet (2004) ont relevé plusieurs formes d'engagement telles que: l'engagement au travail, l'engagement à l'égard de la profession, l'engagement dans l'emploi et l'engagement organisationnel qui serait la forme la plus étudiée par les chercheurs (Mathieu et Zajac, 1990; Meyer et Allen, 1997, cités dans Lapalme et Doucet, 2004).

En ce qui a trait à l'engagement organisationnel, selon Lapierre (2008, p. 12), la théorie de l'échange perçoit l'engagement organisationnel comme « un phénomène structurel qui se produit en raison d'une relation d'échange entre l'employé et l'organisation ». La théorie de l'échange, appelée communément la théorie des *side bets* (littéralement, « paris latéraux ») a été élaborée par Becker (1960). Le concept de *side bets* correspond aux investissements réalisés par tout individu dans son organisation (c'est-à-dire la sécurité d'emploi, l'atteinte d'un niveau hiérarchique, les compétences acquises, etc.) qui ne peuvent être transférés et peuvent être perdus dans le cas où l'individu viendrait à quitter son organisation pour une autre. Ainsi, avant de quitter son organisation, l'individu procède à une évaluation cognitive des coûts (économiques, psychologues et sociaux) qu'engendrerait son départ. S'il perçoit que le coût de la rupture du lien contractuel avec l'organisation est trop important, il demeurera dans l'organisation (Becker, 1960).

Diverses cibles de l'engagement ont été étudiées plus récemment telles que : le groupe de travail, le syndicat, le superviseur, le subordonné, le client, etc. Cet intérêt pour l'étude des groupes ou équipes de travail semble être en lien avec les transformations de l'organisation du travail de ces dernières décennies (Lapalme et Doucet, 2004). En effet, le travail en équipe fait appel à un engagement ou à une responsabilisation des salariés et est lui aussi fortement associé au contexte de l'économie du savoir.

3.2.2. Les différentes approches de l'engagement

Deux approches définissent l'engagement au travail, l'une unidimensionnelle, l'autre multidimensionnelle. L'approche unidimensionnelle s'appuie sur les attitudes des individus à l'égard de leur travail (voir Allport, 1943, cité dans Codo, 2010), l'intérêt que représente le travail (Dubin, 1956, cité dans Codo, 2010), ainsi que sur l'identification au travail (Lodhal et Kejner, 1965 ; Kanungo, 1979 ; cités dans Codo, 2010). Cependant, ces approches n'ont pas permis de définir, de manière globale, l'engagement au travail (Codo, 2010). Ainsi, d'autres chercheurs s'appuient sur une approche multidimensionnelle de l'engagement au travail.

Pour Schaufeli et Bakker (2004, p. 295, cités dans Codo, 2010, p. 6) qui se placent dans l'approche multidimensionnelle, l'engagement au travail représente « un état affectivo-cognitif persistant et envahissant qui n'est pas polarisé sur un objet, un événement ou un comportement particulier ». L'engagement au travail reposerait ainsi sur trois dimensions :

- L'*absorption* : l'individu est très concentré sur son travail, le temps de travail n'est pas compté et il a du mal à s'arrêter de travailler.
- Le *dévouement* ou en anglais *dedication* : le dévouement correspond au sens que donne l'individu au travail.
- La *vigueur* : l'individu est très investi dans son travail et persévère devant les difficultés ; cette notion fait également référence à la résistance mentale de l'individu (Schaufeli et Bakker, 2004, p. 295, cités Codo, 2010, p. 5).

3.2.3. L'engagement organisationnel

Selon Lapalme et Doucet (2004), l'engagement organisationnel correspond au degré d'identification et d'implication d'un individu envers son organisation. Tout comme l'engagement au travail, l'engagement organisationnel comporte plusieurs approches, à savoir: une approche unidimensionnelle, une approche bidimensionnelle et une approche tridimensionnelle.

Mowday *et al.* (1982) structurent l'engagement organisationnel à partir de trois facteurs, à savoir: les individus s'identifient aux valeurs de l'organisation, ils produisent l'énergie maximum au profit de leur travail et de leur organisation, et ils n'ont pas l'intention de quitter leur organisation. De plus, selon ces mêmes auteurs, l'engagement correspond à une attitude unidimensionnelle qui se développe à long terme.

Cependant, O'Reilly et Chatman (1986) réfutent l'idée que l'engagement soit unidimensionnel. Selon ces auteurs, l'engagement organisationnel est bidimensionnel et porte sur la dimension affective et instrumentale.

Quant à Meyer et Allen (1991), ils proposent plutôt une approche tridimensionnelle qui est considérée, jusqu'aujourd'hui, comme une des approches les plus utilisées (Lacroux, 2008). Selon Meyer et Allen (1997), l'attachement ou l'engagement des salariés envers leur organisation peut être considéré comme une posture psychologique qui caractérise la relation entre l'employé et l'organisation et qui influence les comportements. Plus précisément, l'engagement organisationnel serait constitué de trois dimensions, soit les dimensions affective, normative et de continuité (Meyer *et al.*, 2002; Mathieu et Zajac, 1990). Cependant, bien que distinctes, ces trois dimensions de l'engagement peuvent coexister à des niveaux différents chez un même employé (Meyer et Allen, 1997). Mais voyons à quoi renvoient ces trois dimensions.

- La *dimension affective de l'engagement*: selon Meyer et Allen (1991, p. 67), l'engagement affectif relève d'un attachement émotionnel, d'une identification et de l'implication des individus envers leur organisation. Mowday *et al.* (1982) ajoutent qu'il correspond au lien affectif que tisse l'individu avec son organisation et les membres de son organisation. De plus, un individu attaché affectivement demeure dans son organisation parce qu'il est en accord avec les valeurs et les buts de son employeur (Meyer et Allen, 1991), mais aussi de ses collègues et de l'ensemble du milieu de travail.
- La *dimension normative de l'engagement*: les individus engagés sur le plan normatif ont un sentiment de loyauté à l'égard de leur employeur ou de leur supérieur hiérarchique. Ils se sentent obligés de rester chez leur employeur en raison d'une dette morale ou d'une obligation morale qu'ils souhaitent respecter (Meyer et Allen, 1991), mais la dimension affective est ici absente.
- La *dimension de continuité de l'engagement*: l'engagement de continuité s'appuie, comme nous l'avons vu plus haut, sur la théorie des *side bets* élaborée par Becker (1960). Plusieurs auteurs décrivent l'engagement de continuité de manière bidimensionnelle: une dimension relevant des coûts engendrés par un éventuel départ de l'organisation et l'autre dimension s'appuyant sur la perception de l'employé par rapport

au risque de ne pouvoir trouver un autre emploi en dehors de l'organisation (Meyer et Allen, 1991). Selon Vanderberghe (2004), l'engagement de continuité est motivé par le besoin ou le désir de conserver les avantages liés au fait de rester dans l'organisation (Vanderberghe, 2004).

Le tableau 3.1, tiré de Trabelsi et Le Berre (2009), synthétise les différentes dimensions de l'engagement selon le point de vue de quelques auteurs.

Tableau 3.1. Différents points de vue de l'engagement selon quelques auteurs

Les auteurs	Engagement	Définitions
Mowday *et al.* (1982)	Unidimensionnel	**Engagement affectif :** Identification et appartenance
O'Reilly et Chatman (1986)	Bidimensionnel	**Engagement normatif :** Identification et internalisation **Compliance :** Engagement de conformité
Meyer et Allen (1991)	Tridimensionnel	**Engagement affectif :** Identification et implication **Engagement normatif :** Obligation morale **Engagement continu :** Calcul d'opportunité

Source : Trabelsi et Le Berre (2009, p. 39).

3.3. Les mesures de l'engagement

Plusieurs auteurs ont développé des échelles de mesure de l'engagement, comme celle de Mowday *et al.* (1979, cités dans Stoeva, 2006) et d'Allen et Meyer (1990).

Afin de mesurer l'engagement organisationnel, Mowday *et al.* (1979, cités dans Stoeva, 2006) élaborent un questionnaire contenant 18 questions appelées *Organizational Commitment Questionnaire* (OCQ) et utilisent l'échelle de Likert en sept points, s'échelonnant de « fortement en désaccord » à « fortement en accord ». Cette échelle unidimensionnelle a pour but de mesurer la dimension affective de l'engagement.

Allen et Meyer (1990) proposent une échelle à huit énoncés pour chacune des dimensions de l'engagement : engagement affectif (*Affective Commitment Scale* ou ACS), engagement normatif (*Normative Commitment Scale* ou NCS) et engagement de continuité (*Continuance Commitment Scale* ou CCS). Afin de mesurer les dimensions de l'engagement, Allen et Meyer (1990) utilisent l'échelle de Likert en sept points, s'échelonnant de « fortement en désaccord » à « fortement en accord ». Cependant, les fortes corrélations entre l'échelle affective et l'échelle normative soulevées par Allen et Meyer (1990) ont fait en sorte que peu de chercheurs utilisent l'échelle d'engagement normatif.

Afin de rendre compte de l'évolution de l'engagement des employés, nous présentons un portrait mondial de la situation de l'engagement des salariés.

3.4. Le portrait mondial de l'engagement des salariés

Avant d'examiner comment les organisations s'y prennent pour acquérir ou renforcer l'engagement de leurs employés, nous présentons les résultats d'une étude concernant le degré d'engagement des employés à l'échelle mondiale et régionale. Le rapport mondial d'Aon Hewitt (2012) montre qu'entre 2010-2011, trois domaines sont en progression et influencent positivement l'engagement des employés. Il s'agit de l'efficacité du leadership, des pratiques de GRH liées à l'environnement de travail et des perceptions de bonnes relations avec les clients.

En effet, l'édition 2012 du rapport mondial en matière d'engagement des salariés mené par Aon Hewitt a examiné les réponses de plus de 3 100 entreprises (9,7 millions de salariés). Les résultats de cette analyse ont révélé une évolution positive du niveau d'engagement des salariés à l'échelle mondiale, mais aussi de nombreuses disparités en fonction des différentes régions.

Les résultats 2010-2011 présentés au tableau 3.2 montrent que les taux d'engagement dans ces différentes régions demeurent stables. Si le taux d'engagement est stable en Amérique du Nord ou en progression en Asie-Pacifique et en Europe, il est en diminution en Amérique latine. Cependant, il faut noter que le fort taux d'engagement de l'Amérique latine (2010-2011) contribue pour beaucoup à la progression de l'engagement à l'échelle mondiale. De plus, selon Christelle Poumès, d'Aon Hewitt France, bien que les taux d'engagement augmentent dans le monde, « un salarié sur quatre ne montre pas d'engagement vis-à-vis de son entreprise ».

Tableau 3.2. Taux d'engagement des salariés en 2011 et en 2010, en fonction des différentes régions

Régions	2011	2010
Europe	52 %	51 %
Asie-Pacifique	58 %	55 %
Amérique du Nord	64 %	64 %
Amérique latine	71 %	72 %

Source : Rapport mondial 2012 sur l'engagement des salariés, d'après Aon Hewitt (2012).

Selon Aon Hewitt (2012, p. 1), en 2011, trois domaines sont associés à une augmentation de la perception des employés :

- L'efficacité du leadership à l'échelle de l'entité commerciale ou de la division opérationnelle : 61 % [en 2011], contre 54 % en 2010.
- Les pratiques de gestion des RH permettant de créer un environnement de travail positif : 53 % [en 2011], contre 47 % en 2010.
- La perception selon laquelle les relations avec les clients sont enrichissantes : 75 % [en 2011], contre 70 % en 2010.

Néanmoins, selon Aon Hewitt (2012, p. 1), trois domaines sont en recul :

- L'efficacité de la communication : 42 % en 2011, contre 46 % en 2010.
- L'innovation : 52 % en 2011, contre 55 % en 2010.
- La sécurité sur le lieu de travail : 75 % en 2011, contre 78 % en 2010.

Selon cette même étude, les entreprises qui souhaitent obtenir l'engagement de leurs salariés devront concentrer leurs efforts sur les leviers suivants.

- Les perspectives de carrière restent le principal levier, sur les plans régional et mondial, qui permet l'engagement des salariés. Il s'agit pour les entreprises de communiquer les perspectives de carrière à leurs salariés en leur donnant les moyens d'accéder à de nouvelles fonctions.
- La reconnaissance est également un levier fort, cette étude ayant montré qu'en reconnaissant de manière intrinsèque (gestes, bravos, félicitations) les efforts supplémentaires de ses employés, ces derniers témoignaient de l'engagement envers leur entreprise. L'étude montre également que la reconnaissance est plus appréciée dans les régions d'Asie-Pacifique et d'Amérique latine que dans les autres régions.
- La réputation de l'entreprise joue aussi un rôle dans l'engagement des salariés et tout particulièrement chez les employés européens et nord-américains qui la jugent plus importante que les gestes de reconnaissance. Le levier de réputation de l'entreprise porte sur l'image de l'entreprise au niveau du marché, mais aussi le sentiment d'appartenance à une équipe respectée et performante.
- La communication est en baisse. En effet, les scores de perception des salariés ont mis en relief une baisse de la dimension communication en 2011. L'étude montre qu'il est important pour les entreprises de communiquer sur leurs objectifs, leurs défis ainsi que leurs attentes à l'endroit des salariés.

De manière générale, dans cette étude, un lien fort entre l'engagement des salariés et les performances des entreprises a été relevé par Christelle Poumès, d'Aon Hewitt France (Aon Hewitt, 2012), puisque les entreprises reflétant des scores d'engagement élevés sont les plus performantes.

3.5. Les objectifs de l'engagement du point de vue de l'entreprise

Dans cette section, nous nous intéressons aux divers objectifs que peuvent poursuivre les entreprises par le biais des activités visant l'engagement des salariés. Cela nous conduit à voir divers modèles d'organisation du travail.

3.5.1. Le modèle sociotechnique

Le modèle sociotechnique est intéressant pour mettre en évidence les conditions d'organisation et leurs répercussions sur l'engagement des travailleurs. Ainsi, Ketchum et Trist (1992) ont montré que l'insatisfaction des travailleurs dans le secteur des mines était due à une mauvaise organisation du travail et non au niveau de salaire. Le modèle sociotechnique, appelé « design des systèmes sociotechniques », vise à organiser le travail de sorte que les aspects de la motivation intrinsèque et la motivation extrinsèque des travailleurs soient stimulés et aient une influence positive sur la performance organisationnelle. Selon Trist (1981, p. 30), ce modèle comprend six aspects intrinsèques et six aspects extrinsèques reliés au travail.

- Les six aspects intrinsèques, c'est-à-dire ceux qui sont directement et intrinsèquement liés au contenu du travail :
  - la variété et le défi,
  - l'apprentissage continu,
  - une marge discrétionnaire et l'autonomie,
  - la reconnaissance et le soutien,
  - une contribution sociale qui a du sens,
  - un avenir désirable.
- Les six aspects extrinsèques, c'est-à-dire ceux qui sont extérieurs au travail ou aux tâches comme telles, bien qu'ils y soient associés :
  - le salaire,
  - la sécurité de l'emploi,
  - les installations,
  - la sécurité au travail,
  - la santé,
  - la justice et l'équité des procédures et la relation supérieur-subordonné.

La stimulation des aspects intrinsèques et extrinsèques devrait donc permettre une meilleure satisfaction des employés, qui devrait à son tour avoir une influence positive sur l'engagement des salariés et donc sur la performance de l'organisation.

Toutefois, il semblerait que les travailleurs du savoir soient « dotés de caractéristiques spécifiques à leur profil », d'où des facteurs d'engagement différents de ceux des travailleurs « ordinaires » (Trabelsi et Le Berre, 2009, p. 40). Dans la mesure où les organisations devront tenir compte de ces particularités et dans le but de prédire le niveau d'engagement des individus envers leur organisation, il est donc utile d'en expliciter les déterminants, comme nous le faisons dans la section suivante.

3.5.2. Les déterminants de l'engagement chez les travailleurs du savoir

Trabelsi et Le Berre (2009, p. 37) expliquent que dans un contexte de rareté de main-d'œuvre à haut potentiel, pour attirer et retenir les *knowledge workers*, c'est-à-dire les travailleurs du savoir, les entreprises doivent s'assurer de leur engagement. Selon les auteurs, « s'assurer de l'engagement de ces ressources clés, c'est disposer de leurs connaissances, détenir leurs compétences et constituer un "noyau dur" d'avantages compétitifs ». Comme nous l'avons indiqué, les travailleurs du savoir sont dotés de caractéristiques particulières et les pratiques de rétention exercées à leur égard doivent en tenir compte.

Comme le montre le tableau 3.3, plusieurs types de déterminants caractérisent ces individus comme les déterminants individuels composés des variables sociodémographiques qui comprennent le sexe, l'âge, l'ancienneté, etc., mais surtout les variables de personnalité, telles que le besoin d'autonomie, de créativité et d'accomplissement, l'aversion à l'égard de l'autorité et du contrôle, etc. Les déterminants organisationnels de l'engagement (tableau 3.4) sont caractérisés, d'une part, par les variables liées aux caractéristiques du travail, c'est-à-dire les défis au travail, l'innovation continue, etc., et, d'autre part, par les pratiques de gestion des ressources humaines comme les pratiques d'attraction et de sélection, de développement, de responsabilisation et de rétribution.

Tableau 3.3. Déterminants individuels de l'engagement chez les travailleurs du savoir

Variables sociodémographiques	Variables de personnalité
Sexe, âge, ancienneté, niveau de qualification élevé, appartenance à un corps de métier.	Autonomie, créativité, confiance en soi, facultés intellectuelles, éthique au travail, perception valorisante des compétences, besoin d'accomplissement, aversion à l'autorité et au contrôle, l'intérêt personnel et professionnel.

Source : Trabelsi et Le Berre (2009, p. 40).

Tableau 3.4. Déterminants organisationnels de l'engagement des travailleurs du savoir

Variables liées aux caractéristiques de travail	Variables liées aux pratiques de GRH
Le défi au travail, la nature cognitive du travail, l'environnement de travail adéquat, la culture de travail ; l'apprentissage, l'innovation continue, l'accès permanent aux nouvelles technologies, l'ouverture sur les réseaux relatifs aux domaines de compétence ; l'autonomie et l'autogestion, le rôle et le statut dans la hiérarchie ; la valorisation et la reconnaissance de leur travail, la rétribution de leur contribution.	Pratiques d'attraction et sélection : processus de recrutement sélectif et transparent. Pratiques de développement : formation qualifiante et promotion gratifiante. Pratiques de responsabilisation : prise de décision et accès aux systèmes d'information et de communication. Pratiques de rétribution : évaluation équitable et rémunération stimulante.

Source : Trabelsi et Le Berre (2009, p. 41).

De manière générale, les variables liées aux déterminants individuels et organisationnels sont cruciales dans l'engagement organisationnel des individus et de nombreux auteurs ont tenté de mettre en lumière les relations entre ces variables et les trois dimensions de l'engagement : affective, normative et de continuité.

Par exemple, concernant les déterminants individuels, Mathieu et Zajac (1990) et Meyer et Allen (1997) ont prouvé que bien que l'âge produise des relations statistiquement significatives dans un certain nombre d'études, d'autres recherches ont mis en évidence de faibles relations entre l'âge et l'engagement. L'appartenance au genre masculin ou féminin ne semble pas non plus avoir de lien avec l'engagement affectif et lorsque des différences existent, celles-ci relèveraient plus des expériences de travail différenciées entre les deux genres que de l'appartenance au genre masculin ou féminin (Meyer et Allen, 1997).

Concernant la rétribution de la contribution des employés, la recherche de Trabelsi et Le Berre (2009) a mis en lumière les effets particuliers des modes de rétribution au mérite en lien avec la dimension normative et affective de l'engagement.

Cependant, si certaines études soulignent les relations positives entre des déterminants et les dimensions de l'engagement, une étude menée auprès d'une population de travailleurs du savoir (ou *knowledge workers* comme des ingénieurs, cadres et vérificateurs financiers) a montré que le désengagement de ces travailleurs ne semble pas avoir d'effet sur la qualité de leur travail, mais en aurait en revanche, sur l'intention de quitter l'organisation (Herrbach et Mignonac, 2001). En effet, la satisfaction des travailleurs du savoir semble être liée à leurs propres résultats de travail et il serait difficile pour eux d'être associés à des performances insatisfaisantes. C'est pourquoi, compte tenu des coûts de recrutement et de formation engagés par les organisations, la fidélisation des travailleurs du savoir reste une préoccupation centrale pour les organisations (Herrbach et Mignonac, 2001).

Une autre difficulté réside dans le fait qu'en fonction de certaines caractéristiques (marché, organisation, activité) la relation d'emploi peut aussi être envisagée à court et moyen termes. Il s'agira alors pour les organisations de maintenir l'engagement, durant un temps donné, en accord avec les individus, les contextes et les caractéristiques de l'organisation. Selon Herrbach et Mignonac (2001, p. 698), cette difficulté peut être surmontée, car il s'agirait alors de « remplacer l'implication par rapport à l'organisation par l'implication pour l'acquisition de compétences, le développement du professionnalisme, etc. ».

Voyons à présent les pratiques de gestion des ressources humaines innovatrices qui pourraient influencer le comportement des individus et faire en sorte qu'ils se mobilisent et démontrent de l'engagement dans leur travail et envers leur organisation.

3.5.3. Les pratiques de gestion des ressources humaines

L'utilité d'implanter des pratiques de gestion des ressources humaines innovatrices dans le but de mobiliser les employés a été illustrée par plusieurs auteurs qui ont souligné la présence de comportements de mobilisation chez les employés qui perçoivent un investissement de leur organisation dans ce type de pratiques (Quenneville *et al.*, 2004).

3.5.3.1. La mobilisation des employés

Les résultats de la recherche empirique de Wils *et al.* (1998) ont montré qu'un employé mobilisé est un employé qui déploie beaucoup d'énergie afin de toujours améliorer la qualité de son travail. Ces *efforts comportementaux de mobilisation* sont structurés en trois dimensions, soit les *efforts d'amélioration continue*, les *efforts d'alignement stratégique* et les *efforts de coordination spontanée*.

La première dimension, les *efforts d'amélioration continue*, suppose qu'un individu mobilisé déploie toute son énergie pour mieux effectuer son travail afin d'aboutir à un travail de qualité. La deuxième dimension, les *efforts d'alignement stratégique*, indique que l'individu aligne son travail sur les priorités de l'organisation et la troisième dimension, les *efforts de coordination spontanée*, signifie que le travailleur mobilisé coordonne spontanément son travail avec celui de son équipe en coopérant avec les autres personnes.

Ainsi, Wils *et al.* (1998, p. 578) définissent une personne mobilisée en contexte organisationnel comme suit :

> une personne qui déploie volontairement des efforts au-dessus de la normale pour améliorer continuellement son travail, pour l'aligner stratégiquement (c'est-à-dire sur les priorités organisationnelles) et pour le coordonner au sein de son équipe de travail en coopérant [...] La mobilisation est définie comme un déploiement volontaire d'efforts dans trois domaines qui sont vitaux pour les organisations à cause de leur effet sur la performance.

La figure 3.1 représente les dimensions de la mobilisation.

Figure 3.1. Dimensions de la mobilisation

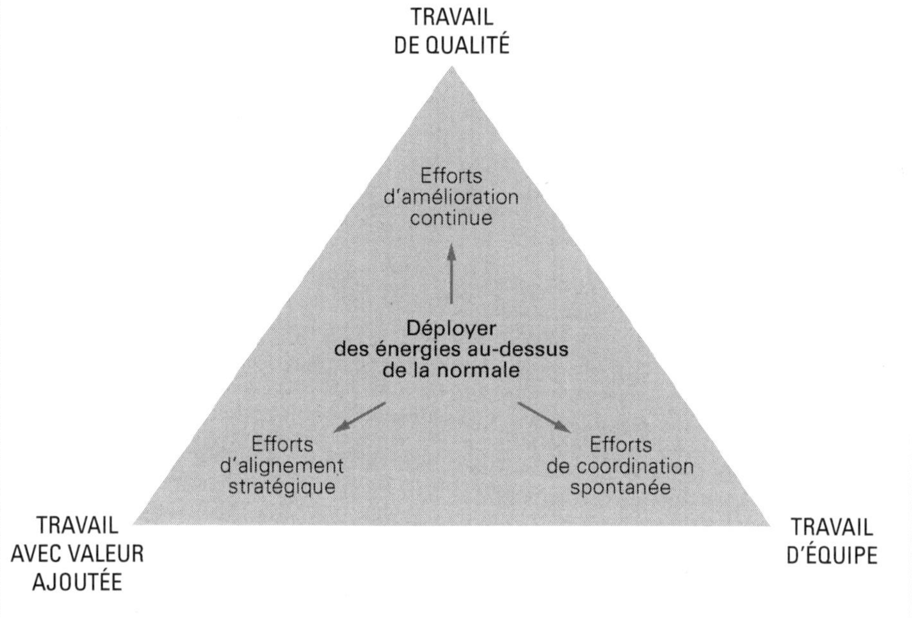

Source : Wils *et al.* (1998, p. 576).

Voyons à présent les conséquences des pratiques de gestion des ressources sur les dimensions de l'engagement.

3.5.3.2. L'influence des pratiques de développement des compétences sur l'engagement affectif

Avec l'aplatissement des hiérarchies et le phénomène d'externalisation observé au cours des dernières décennies, les organisations ont de la difficulté à offrir la sécurité de l'emploi. Ainsi, pour compenser en partie, certaines d'entre elles vont donner la possibilité aux individus d'améliorer leur employabilité en leur permettant d'acquérir de nouvelles compétences (voir Baruch, 2006, 2001) en vue d'établir une relation de réciprocité à long terme (Tsui *et al.*, 1997). Par ailleurs, de nombreux travailleurs du savoir travaillent sur des projets à moyen terme ou parfois à court terme; le fait de pouvoir mettre à jour ses compétences et en acquérir d'autres peut représenter un avantage lorsqu'ils seront amenés à travailler sur un autre projet ou pour une autre organisation. Ainsi de nombreux chercheurs ont démontré que les pratiques de développement des compétences étaient reliées à l'engagement affectif (Tremblay *et al.*, 2000; Brun, 2008; Lazzari, 2012).

3.5.3.3. La communication interne engageante

La recherche de Guéguen *et al.* (2011, p. 30) a mis en évidence l'importance de la mise en œuvre d'une *communication interne engageante* dans l'entreprise. Dans son étude, l'auteur souligne que la «réalisation d'actes préparatoires engageants» en lien avec les mesures de RH portant sur la communication et sur la circulation de l'information a une incidence positive sur les comportements professionnels des individus. En effet, l'implication des individus dans la production de l'information par le biais de supports visuels implantés dans des endroits stratégiques met en évidence qu'en devenant acteur, un lien se crée entre les individus et leurs actes. En outre, selon ces auteurs, une meilleure transmission des informations par le biais de la *communication engageante* favorise l'engagement affectif.

Pour sa part, Welch (2011, p. 341) présente un modèle qui suggère des manières dont le concept d'engagement peut être vu dans une perspective de communication interne. Partant de ce modèle, il définit l'engagement organisationnel comme

> un état psychologique dynamique et modifiable qui lie les employés à leur organisation, qui se manifeste dans l'accomplissement par les membres de l'organisation de leur rôle sur les plans physique, cognitif et émotionnel, et qui est influencé par la communication interne à l'échelle de l'organisation (Welch, 2011, p. 341, notre traduction)[1].

La figure 3.2 présente le modèle conceptuel d'engagement dans une perspective de communication interne.

Ce modèle conceptuel illustre les conséquences possibles de la communication interne sur l'engagement des employés.

3.5.3.4. La reconnaissance financière et non financière

La recherche de Guery (2009) a mis en évidence un lien positif entre la performance de l'entreprise et les primes de rendement collectif. La rémunération incitative individuelle laisse apparaître quant à elle une distinction entre les cadres et les non-cadres. En effet, pour ces derniers, les augmentations individuelles et les primes individuelles n'ont pas d'influence sur la performance de l'entreprise. De plus, outre le salaire, les avantages sociaux, etc., la reconnaissance non financière qui relève du registre symbolique (félicitations, gestes, etc.) renvoie un signal d'estime et de considération de l'organisation envers son employé (Quenneville *et al.*, 2004). Par ailleurs, Dany et Livian (2002) ont

1. «*A dynamic, changeable psychological state which links employees to their organizations, manifest in organization member role performances expressed physically, cognitively and emotionally, and influenced by organization-level internal communication.*»

précisé que chez les cadres, la reconnaissance constituerait un facteur de résistance au stress, leur permettant ainsi de mieux faire face aux situations professionnelles parfois difficiles.

Figure 3.2. Modèle conceptuel de l'engagement des employés dans une perspective de communication

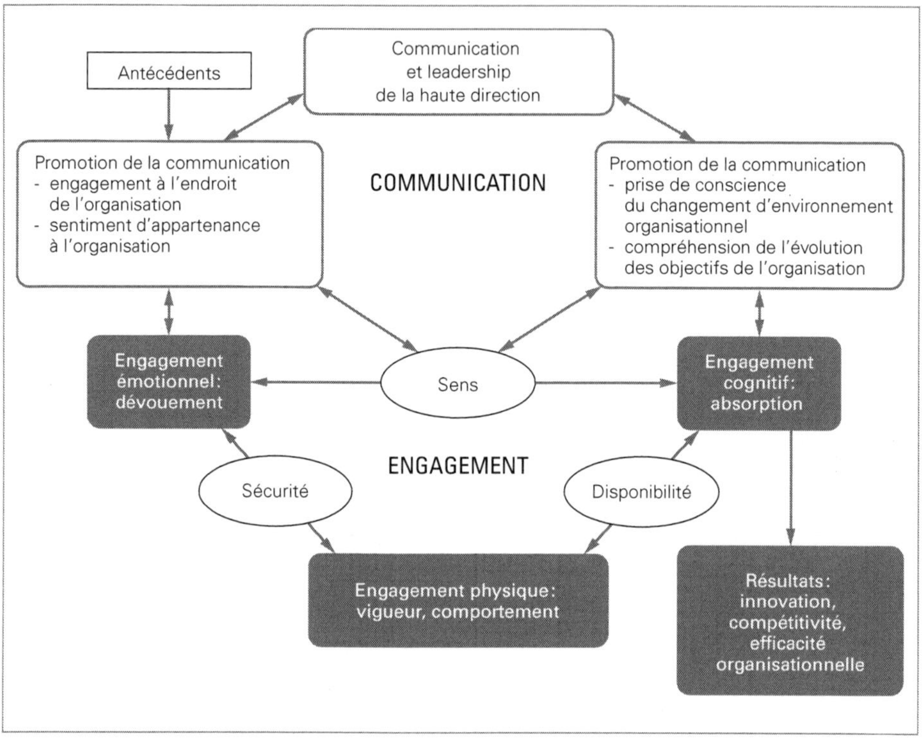

Source: Welch (2011, p. 340).

3.5.3.5. Le sens du travail

Plusieurs autres chercheurs ont souligné que le sens attribué au travail avait un effet sur l'engagement des salariés. Le modèle de Hackman et Oldham (1980, cités dans Morin, 2006, p. 26) indique que la *variété des compétences* (une variété de tâches supposent une variété de compétences), l'*identité au travail* (capacité à faire son travail du début à la fin et à obtenir un résultat tangible, identification et signification des tâches, influence du travail sur son bien-être et sur celui d'autrui) et la *signification du travail* sont des caractéristiques qui peuvent contribuer à donner du sens au travail et stimuler la motivation, la croissance psychologique, l'équilibre psychologique et la croissance de la loyauté. L'autonomie permettrait un degré d'indépendance dans l'accomplissement et la planification du travail et le *feedback* permettrait aux employés d'obtenir les informations concernant leurs performances. La figure 3.3 illustre le modèle des caractéristiques de l'emploi de Hackman et Oldham (1980, cités dans Morin, 2006).

Figure 3.3. Modèle des caractéristiques de l'emploi

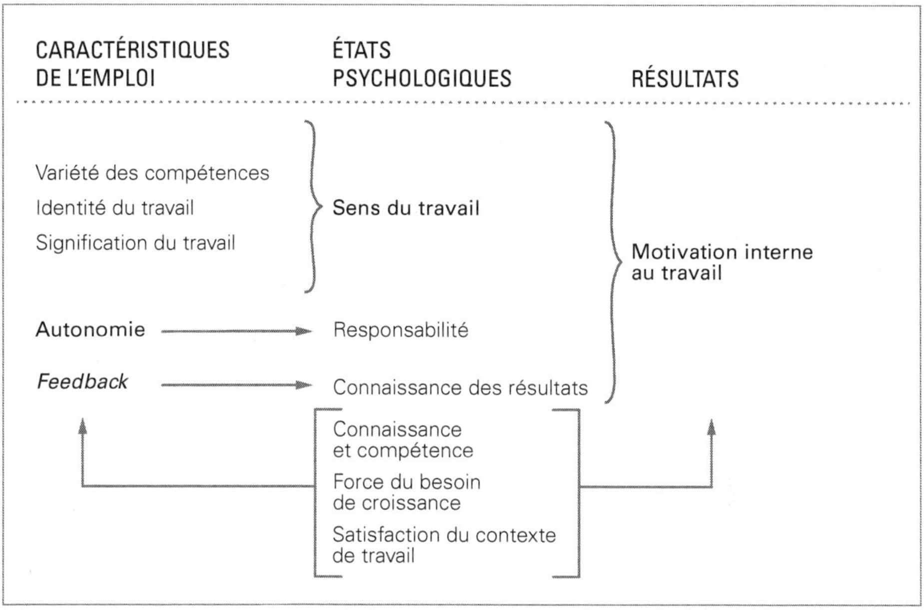

Source : Hackman et Oldham (1980, cités dans Morin, 2006, p. 26).

En mesurant deux des trois dimensions de l'engagement au travail, c'est-à-dire la *vigueur* et l'*absorption*, Codo (2010) a observé un niveau d'engagement au travail faible chez les gestionnaires (cadres intermédiaires ou cadres de proximité) dans le secteur public. Ces résultats sembleraient pouvoir s'expliquer par la perte de sens du travail de ces cadres qui serait imputable à l'évolution du service public, en France (Codo, 2010). L'auteure explique ce phénomène en émettant l'hypothèse que la cible d'engagement de ces cadres a pu se déplacer hors du travail.

3.5.3.6. Une politique de GRH qui vise le renforcement des liens avec les employés

Les résultats d'une recherche menée par Sáez Bayona *et al.* (2009) auprès de professeurs d'université ont indiqué que les concepts d'engagement affectif et d'engagement de continuité sont distincts lorsqu'il s'agit de les incorporer dans une politique de GRH qui vise à renforcer les liens avec les employés. En effet, plusieurs aspects de l'emploi de professeur ont été examinés tels que : l'enseignement, la recherche et le fait d'avoir un rôle dans les activités de gestion. La prise de décisions ou les activités de gestion n'ont pas de conséquences sur l'engagement affectif envers l'université. Selon les auteures, l'explication viendrait du fait que les professeurs d'université sont moins intéressés par l'aspect gestion que par les aspects fondamentaux de leur travail à savoir l'enseignement et la recherche. D'autres relations positives ont également été mises en lumière entre l'engagement affectif et l'environnement de travail et entre l'engagement affectif et l'atteinte d'un certain statut professionnel. Cependant, contrairement à d'autres études qui montrent qu'avec l'âge le niveau d'engagement de continuité progresse, dans cette recherche ce n'est pas le cas.

3.5.3.7. Le soutien organisationnel perçu

Le soutien organisationnel perçu semble également concourir à l'engagement des salariés. En effet, Eisenberger *et al.* (1986, cités dans Guerrero *et al.*, 2005, p. 5) définissent le soutien organisationnel perçu (SOP) comme « la croyance globale d'un salarié à propos du degré de soin et d'attention que l'entreprise lui porte et de la façon dont elle valorise ses contributions ». Dans une méta-analyse portant sur plus de 70 études, Rhoades et Eisenberger (2002) ont examiné la façon dont les organisations valorisent la contribution des employés et se soucient de leur bien-être. Cette étude a montré que le traitement réservé aux employés est bénéfique s'il est lié à l'équité, au soutien du supérieur, à des récompenses organisationnelles et à de bonnes conditions d'emploi. Selon Gouldner (1960, cité dans Guerrero *et al.*, 2005), seule la norme de réciprocité pourrait être garante d'un échange durable et de satisfaction. Ainsi, un employé bien traité manifestera en retour un engagement plus grand à l'endroit de son organisation.

C'est ainsi qu'offrir de la formation est un moyen pour l'organisation de communiquer son engagement envers ses employés et d'assurer aussi leur employabilité (Chênevert *et al.*, 2011, p. 11). Selon ces auteurs, les organisations qui permettent le développement des compétences par le biais « des formations formelles, mais également à travers des expériences professionnelles et des assignations enrichissantes » participent positivement au sentiment de compétence des employés qui, en retour, perçoivent le soutien organisationnel. En effet, dans leur étude effectuée auprès d'infirmières travaillant pour des agences de placement, Chênevert *et al.* (2011) ont démontré que le fait de pouvoir accéder à de la formation professionnelle contribuait à accroître le soutien organisationnel perçu. De plus, la perception du soutien organisationnel renforce l'engagement affectif des infirmières (Chênevert *et al.*, 2011).

3.5.3.8. L'importance du style de leadership

S'inspirant des travaux de Bass (1985, cité dans Tremblay *et al.*, 2005), la théorie du leadership transformationnel fait état de trois types de leader, soit le *leadership transactionnel*, le *leadership transformationnel* et le *leadership laisser-faire*. Le premier style de leadership s'intéresse aux transactions entre le supérieur et le subordonné. En effet, le leader transactionnel établit ses objectifs et ses attentes, donne du *feedback* et récompense ou punit ses employés en fonction de leurs résultats. Il s'agit donc d'un leadership plutôt instrumental.

Le style de *leadership transformationnel* reflète un engagement mutuel entre le leader et l'employé placé sous son autorité. En raison de son caractère charismatique, le leader transformationnel est un modèle, une référence pour ses subordonnés, ce qui lui permet d'obtenir, de manière volontaire, leur adhésion. Autant *coach* que mentor, le leader transformationnel valorise le travail de ses subordonnés et se préoccupe de leur bien-être. En déléguant du pouvoir, il leur permet de se dépasser et de participer à la performance organisationnelle. De cette manière, le leader transformationnel parvient à mobiliser ses subordonnés, car il suscite leur engagement affectif (Tremblay *et al.*, 2005).

De plus, Degroot *et al.* (2000, cités dans Tremblay *et al.*, 2005) ont souligné une relation positive entre le leadership transformationnel et l'engagement envers différentes autres cibles de l'engagement, à savoir : l'équipe, les collègues ou encore l'organisation.

Le dernier style de leadership, soit le *laisser-faire*, correspond au leader passif qui n'intervient que lorsque les résultats ne sont pas atteints. Ce leader n'est pas à l'écoute de ses employés, ne leur fournit pas de *feedback* ni même de soutien. Les employés sous l'autorité d'un leader *laisser-faire* seront donc plus enclins à se dissocier du leader et parfois même de l'organisation (Tremblay *et al.*, 2005).

Cependant, Tremblay *et al.* (2005) rappellent que ces trois formes de leadership coexistent à des degrés différents dans chaque leader. Ce sera donc la forme prédominante du type de leadership (transactionnel, transformationnel ou laisser-faire) qui caractérisera le style de leadership (Tremblay *et al.*, 2005).

D'autres auteurs se sont intéressés aux dimensions associées aux différents types de leadership dans le but de définir si l'engagement organisationnel est davantage influencé par le soutien et la confiance envers l'organisation ou le supérieur. C'est ainsi que Doucet *et al.* (2008) ont mené une recherche auprès de l'ensemble du personnel d'un centre hospitalier (hormis les médecins) en mobilisant la théorie de l'échange social. L'échange social suggère, dans une logique de réciprocité, « qu'un employé qui se sent soutenu et en confiance répondra généralement par des comportements ou des attitudes positives comme l'engagement affectif » (Doucet *et al.*, 2008, p. 632). De manière générale, cette recherche met en relief la dimension de confiance et de soutien comme mécanismes centraux pour expliquer l'effet du leadership sur l'engagement organisationnel des individus. Elle précise également qu'en ce qui concerne l'effet du leader sur la confiance, seule la dimension du *charisme* semble avoir un effet sur la confiance des employés envers le supérieur. Les chercheurs ont également mis en évidence le soutien de l'organisation comme un antécédent plus important de la confiance envers l'organisation que de la confiance envers le supérieur.

Stoeva (2006) a analysé le lien entre l'engagement organisationnel et la relation supérieur-subordonné. Confrontant les trois dimensions de l'engagement (affectif, normatif et de continuité) avec la relation supérieur-subordonné, l'auteure a montré un lien positif entre la relation supérieur-subordonné, d'une part, et l'engagement affectif et l'engagement normatif, d'autre part. En effet, ce lien positif est dû à l'importance de la qualité de la relation de l'échange dyadique (supérieur-subordonné), chaque individu ayant des attentes et des besoins différents. Cette relation permettrait un meilleur rendement de l'employé au travail et, par ricochet, une meilleure performance de l'entreprise.

Récemment, dans une recherche effectuée auprès de cadres intermédiaires, Guilmot et Vas (2011) ont montré que le manque de clarté et l'ambivalence de leur position (absence d'une description de poste détaillée) au sein de l'organisation soulèvent des difficultés et peuvent engendrer du stress et de l'incertitude, diminuant ainsi l'engagement.

3.5.3.9. Le lien entre engagement, équipe de travail et gestion de projet

Concernant les liens entre l'engagement et l'équipe de travail, dans une recherche auprès de 554 salariés travaillant en équipe dans un Centre de santé et de services sociaux (CSSS), Lapierre (2008) montre que le soutien interpersonnel et la gestion du travail favorisent l'engagement organisationnel affectif et normatif des salariés membres des équipes et qu'aucun lien ne relie ces deux dimensions à l'engagement organisationnel de continuité, dimension qui serait plutôt néfaste, car les individus demeurent en emploi un peu par dépit.

La gestion de projet ne doit pas être assimilée à de la gestion d'équipes de travail et requiert une gestion des ressources humaines à part entière si on veut s'assurer un certain engagement des salariés, malgré le court terme du projet. En effet, Larose et Corriveau (2009) soulignent dans le tableau 3.5 les difficultés liées aux caractéristiques de la gestion de projet.

Tableau 3.5. Caractéristiques de la gestion de projet et répercussions sur les aspects humains de l'organisation

Caractéristiques de la GP	Répercussions sur les aspects humains de l'organisation
– Environnements désordonnés, dynamiques et incertains – Approche temporaire impliquant un commencement et une fin – Approche situationnelle, unique à chaque projet – Approche plus orientée vers les objectifs, les résultats et les clients – Comporte des activités diverses hautement spécialisées et interdépendantes – Création d'équipes pluridisciplinaires – Acteurs soumis à une double autorité – Rôle de soutien à l'équipe davantage assumé par la direction ; relations de travail horizontales	– Exigent une approche de gestion et d'opération originale ; une structure organique, décentralisée, une flexibilité dans l'organisation du travail et une préséance des besoins du groupe sur les objectifs individuels – Les RH doivent posséder un haut niveau d'habiletés, d'expertises et de connaissances ; leur réaffectation après le projet cause de l'anxiété ; leur développement reste aléatoire – Créent un flux discontinu des RH rendant difficile leur planification et leur allocation ; exigent une forte participation des employés et un bon accès à l'information – Besoins élevés de communication et de la capacité de l'équipe à réagir rapidement aux changements – Capitalisation des expériences difficiles – Nécessitent une négociation permanente entre les acteurs et une forte intégration – Complexifient la construction et le maintien de la coopération, de la cohésion et d'une communication efficace – Séparation entre l'autorité formelle du gestionnaire et ses responsabilités ; relations d'autorité souvent obscures

Source : Larose et Corriveau (2009, p. 17).

Ainsi, à partir des caractéristiques liées à la gestion de projet, Larose et Corriveau (2009, p. 16-18) ont déterminé six pratiques des activités de GRH à mettre en œuvre pour assurer l'engagement dans un contexte de gestion de projet :

- *Acquisition* : sélection et recrutement des RH au plus près des exigences des postes à pourvoir.
- *Développement* : évaluation et formation des RH dans le but de les amener à accomplir leur travail au mieux.

- *Mobilisation*: engagement des individus autour des objectifs du projet ainsi que de leurs valeurs intrinsèques.
- *Organisation*: clarté des rôles, de l'assignation de l'autorité et des responsabilités de chacun.
- *Coordination*: grande importance des compétences de leadership du gestionnaire de projet, contrôle plutôt décentralisé afin de permettre un ajustement mutuel et une grande autonomie des individus.
- *Intégration*: identité propre au projet et forte culture d'équipe.

Cependant, si les organisations retirent des avantages (fidélisation, rétention, performance, etc.) en ayant une main-d'œuvre engagée, pour un employé fortement engagé, le prix à payer peut parfois être élevé.

3.6. Les côtés sombres de l'engagement

Plusieurs auteurs ont examiné les coûts élevés pour les employés d'un engagement prononcé (Bakker *et al.*, 2011 ; George, 2010; Cartwright et Holmes, 2006). C'est ainsi que Bakker *et al.* (2011) examinent les *côtés sombres de l'engagement* en soulignant les coûts élevés pour l'employé très engagé. En effet, alors que les exigences actuelles imposées aux employés engendrent de longues heures de travail, une utilisation accrue de la technologie et des pressions, Cartwright et Holmes (2006) ont souligné que le *surengagement* au travail pouvait avoir des effets négatifs sur la santé des employés, comme le stress et le *burnout*, mais aussi engendrer des conflits travail-famille (Bakker *et al.*, 2011). Selon George (2010), les employés *surengagés* verraient leur énergie diminuée hors travail et seraient, du coup, de moins en moins disponibles pour effectuer des activités hors travail. Dans le but de maintenir leur haut niveau d'engagement, ces individus semblent ainsi préférer faire des sacrifices dans leur vie personnelle au profit de leur vie professionnelle. De plus, concernant ces employés très engagés, la perte d'emploi pourrait avoir des effets destructeurs, car, d'une part, ils auraient sacrifié leur vie personnelle au profit de leur vie professionnelle et, d'autre part, leur *auto-identité* pourrait être intimement liée à leur vie professionnelle (George, 2010). C'est ainsi que certains employés expriment un certain cynisme, voire de la méfiance, à l'égard de l'engagement (Cartwright et Holmes, 2006), mais il faut reconnaître que l'identité est aujourd'hui en bonne partie associée à la vie professionnelle. Il faut toutefois éviter un envahissement complet de la vie personnelle et familiale par la vie professionnelle.

Pour pallier ces difficultés, il est important que les organisations veillent à maintenir une articulation entre les besoins et les valeurs liés au travail, mais aussi à assurer un certain équilibre entre le travail et la vie hors travail (Cartwright et Holmes, 2006).

Conclusion

Comme nous venons de le voir, devant les transformations du marché du travail, le fait de chercher à favoriser l'engagement de ses employés envers leur travail ou leur organisation est complexe.

S'ajoute à cette complexité la variété de construits du concept d'engagement examinée dans la littérature scientifique, qui montre l'absence de consensus pour le définir (Meyer et Allen, 1991). En effet, des chevauchements et une confusion sémantique persistent toujours entre la notion d'engagement au travail avec celles d'engagement, de motivation, de satisfaction et d'identification. De plus, les notions d'implication (*involvement*) et d'engagement (*commitment*) sont utilisées de manière interchangeable (Lapalme et Doucet, 2004; Welch, 2011). Ainsi il est devenu primordial pour les organisations de comprendre les cibles d'engagement des employés (engagement au travail, à l'endroit de l'organisation, du groupe de travail, du superviseur, etc.) dont le but est de développer chez ces derniers des comportements favorables à l'organisation.

C'est ainsi que pour permettre aux organisations de susciter l'engagement de leurs employés, certains chercheurs confrontent les différentes dimensions de l'engagement au travail, soit l'*absorption*, le *dévouement* et la *vigueur*, ou encore celles de l'engagement organisationnel, soit les dimensions *affective*, *normative* et de *continuité* aux déterminants individuels et organisationnels de l'engagement.

Ainsi des relations positives entre les déterminants et les dimensions de l'engagement ont pu être observées dans certaines recherches. Les exemples retenus nous ont permis de montrer que les organisations qui offraient des pratiques de gestion des ressources humaines innovatrices basées sur la mobilisation des employés, c'est-à-dire axées sur la *gestion des compétences*, la *communication interne engageante*, la *reconnaissance financière* et *non financière*, etc., démontraient des liens positifs avec l'engagement des employés.

Le style de leadership (des cadres intermédiaires ou de proximité) est également un élément crucial dans l'engagement des employés. En effet, bien souvent placés entre le marteau et l'enclume, soit entre l'organisationnel et l'opérationnel, les cadres intermédiaires ou de proximité se doivent de restituer le plus clairement possible les attentes et les objectifs de l'organisation, tout en étant à l'écoute de leurs subordonnés. Ainsi, la qualité de la relation de l'échange dyadique (supérieur-subordonné), le charisme et la valorisation de la contribution des employés et de leur bien-être au travail semblent être le gage d'un engagement partagé entre le leader et chacun de ses subordonnés. Ce lien positif est dû à l'importance de la qualité de la relation de l'échange dyadique (supérieur-subordonné), chaque individu ayant des attentes et des besoins différents.

Pour résumer, une démarche d'engagement pourrait être réussie si les organisations démontraient de la clarté, de la cohérence, une vision et des valeurs partagées en lien avec les attentes et les besoins des employés (organisation du travail et pratiques de conciliation travail/famille, etc.). De leur côté, les employés devront être vigilants par rapport au surengagement qui pourrait nuire à leur santé (stress, *burnout*, conflit travail-famille) surtout s'ils ne bénéficient pas de reconnaissance ou encore dans le cas d'un licenciement, ce qui pourrait entraîner une certaine perte d'identité (Georges, 2010).

L'annexe 3.1 présente l'organisation du travail en équipe et ses différentes approches. Dans le chapitre 4, nous nous intéressons à l'autonomie et à l'auto-organisation ; nous nous penchons sur les liens entre autonomie et compétences, rémunération, division du travail et d'autres dimensions de la gestion des ressources humaines et nous nous intéresserons aussi à l'évaluation de ses effets.

ANNEXE 3.1.
LE TRAVAIL EN ÉQUIPE, L'ENGAGEMENT ET LA RESPONSABILISATION[2]

L'organisation du travail en équipe

Parce que le travail en équipe peut se présenter sous une diversité de modes d'application, on l'associe souvent à une transformation profonde du taylorisme provoquée par la crise du travail, les nouvelles formes de concurrence et les nouvelles technologies (Bélanger, Grant et Lévesque, 1994). Les entreprises modifient l'organisation du travail afin de s'adapter à la nouvelle concurrence et de satisfaire ainsi aux nouvelles demandes. En effet, elles commencent à mettre en œuvre une organisation non plus basée sur une logique de postes individualisés, mais, au contraire, sur des activités d'équipe, des collectifs polyvalents et autonomes. Ces mutations des systèmes productifs indiquent que ce n'est plus l'efficience des opérations partielles et spécialisées qui compte, mais celle de l'articulation de différentes opérations étroitement liées à la capacité d'apprentissage des employés, ainsi qu'à la recomposition des tâches, à de nouvelles activités de communication et à la mise en ordre d'un monde d'événements (Veltz et Zarifian, 1993). Le travail devient davantage une activité relationnelle et communicationnelle (Zarifian, 1996) reposant sur un processus de responsabilisation des équipes.

Alors, si les entreprises sont soumises à des contraintes non seulement de productivité, mais surtout de qualité, de variété et de réponse aux demandes du marché, l'engagement des employés, en plus d'être un passage obligé (Linhart, 1994), devient une quête de créativité, d'initiative, de flexibilité, de polyvalence dans leur quotidien de travail. L'engagement au travail est au cœur de la capacité des équipes d'assumer les nouvelles responsabilités. Même si le travail en équipe permet un élargissement de la qualification professionnelle, un enrichissement des tâches ou un renouvellement de la distribution des responsabilités, ces attributs en eux-mêmes ne peuvent expliquer le processus d'engagement (responsabilisation) des équipes.

Nous explorerons maintenant cette distinction entre création de nouvelles responsabilités et processus de responsabilisation des équipes. D'abord, nous présenterons les contributions théoriques qui considèrent le travail en équipe comme une nouvelle forme d'organisation du travail en se concentrant sur le processus de responsabilisation des équipes et les changements dans la forme d'encadrement. Ensuite, nous discuterons des résultats d'une étude portant sur trois entreprises au Québec[3] qui ont adopté cette configuration collective d'organisation du travail, en mettant l'accent sur les nouvelles responsabilités, la responsabilisation des équipes, les compétences exigées et le rôle des superviseurs.

Le travail en équipe constitue une configuration flexible et adaptable à plusieurs contextes productifs et organisationnels. Sa diversité et sa polysémie conceptuelle (Durand, 1999a; Salerno, 1999) sont dues à diverses approches théoriques sur les groupes dans

2. Tremblay, D.-G. et Rolland, D. (2011). *Gestion des ressources humaines: typologies et comparaisons internationales*. Québec: Presses de l'Université du Québec, p. 109-121.
3. Cette étude s'inscrit dans le cadre d'une recherche menée à la Télé-université (Université du Québec): «Compétitivité, système d'emploi et nouvelles formes d'organisation du travail». Cette étude a été financée par le Conseil de recherches en sciences humaines du Canada, que nous tenons à remercier.

les organisations, mais aussi aux contextes sociétaux divers ainsi qu'aux entreprises qui l'appliquent et qui transforment quelque peu le modèle théorique (Tremblay et Rolland, 1996). Par ailleurs, sa flexibilité et son adaptabilité concernent la variété de compositions et de type d'équipes qu'une organisation peut porter à tous ses niveaux hiérarchiques. Les équipes de direction, les équipes de production, les équipes de soutien, les équipes de projet, les groupes d'amélioration continue, les équipes de service à la clientèle ne sont que quelques illustrations de la variété des groupes auxquels les entreprises font appel dans leur fonctionnement quotidien (Hackman, 1990 ; Cohen et Bailey, 1997). Nous nous intéressons surtout aux équipes de production, qui peuvent inclure des activités d'amélioration continue.

1. Le travail en équipe selon plusieurs approches

En plus de se présenter sous des formats multiples, les équipes ont été étudiées différemment selon les années et les théoriciens (Savoie et Beaudin, 1995 ; Guzzo et Shea, 1992). On pourrait dire que c'est avec la série d'études à l'usine de la Western Electric à Hawthorne, dans les années 1930, que les scientifiques de la gestion ont découvert le rôle des groupes dans le fonctionnement des entreprises (Roethlisberger et Dickson, 1939). Certes le courant des relations humaines qui en émane réintroduit le groupe comme réalité organisationnelle, mais ce sera l'école sociotechnique du Tavistock Institute à Londres qui, au cours des années 1950, systématisera l'idée d'équipe comme forme volontaire d'organisation et montrera que le groupe de travail constitue un système social pouvant avoir une incidence majeure sur l'efficacité des entreprises (Trist et Bamforth, 1951). Dans les années 1970, ce sont les pays scandinaves qui, à travers les expériences réussies d'équipes semi-autonomes[4], ont contribué à présenter le travail en équipe comme une solution viable à plusieurs problèmes organisationnels, notamment celui de la productivité (Shea et Guzzo, 1987), sans pour autant que ce modèle ne se soit diffusé énormément. À la fin des années 1970, l'intérêt pour les équipes se confond avec le mouvement de la Qualité de vie au travail qui favorisait la transformation des milieux de travail par la concertation patronale-syndicale et par la création de groupes semi-autonomes au niveau des employés de production.

Au milieu des années 1980, c'est le système japonais qui devient la référence principale pour l'implantation du travail en équipe. C'est avec cette impulsion principale que le travail en équipe connaît au cours des années 1990 un regain d'intérêt. La concurrence mondiale, l'ouverture des frontières, la déréglementation, le développement des systèmes intégrés de gestion de l'information et les percées techniques dans diverses technologies de production exigent des entreprises une orientation vers des stratégies de qualité, d'innovation et de diversité. L'adoption de ces stratégies en retour exige des niveaux de flexibilité, de rapidité, d'efficacité et d'efficience du personnel qui sont difficilement obtenus sans le recours à des équipes polyvalentes relativement autonomes. En effet, le travail en équipe semble constituer une réponse appropriée au contexte économique, une configuration de l'organisation du travail qui pourrait répondre aux préoccupations économiques dominantes dans la crise d'accumulation actuelle du capitalisme (Durand, 1999a). Lorsque la flexibilité de l'organisation du travail est une nécessité afin d'ajuster les types de production rapidement, le travail en équipe constitue une recette gagnante.

4. Les expériences les plus significatives et influentes ont été réalisées chez Volvo, Electrolux et Saab en Suède, en Allemagne et ensuite chez Shell, Sarnia et Steinbey au Canada (Rankin, 1990 ; Brossard et Simard, 1990), chez Renaud en France et chez Fiat en Italie.

Selon bon nombre d'auteurs (dont Tremblay et Rolland, 2011), les différents modèles apparus depuis les années 1930 coexistent encore aujourd'hui. Selon Durand (1999), il existerait quatre modèles principaux d'organisation du travail du collectif de travail (tableau A3.1). Le premier modèle, appelé fordiste, décrit des relations univoques entre le superviseur et un groupe constitué d'individus n'ayant pas nécessairement de relations entre eux. Dans ce type de groupe presque entièrement régi par un système d'autorité, les participants assument peu de responsabilités. Dans le système japonais, on encadre l'équipe d'une façon moins autoritaire et la participation est surtout centrée sur des questions techniques qui sont approfondies au sein des cercles de qualité. Des équipes constituées pour des raisons économiques forment un troisième modèle à mi-chemin entre le modèle japonais et le modèle des équipes semi-autonomes. Ce dernier modèle semble être orienté vers la qualité de vie au travail en offrant des espaces de liberté pour auto-organiser le travail au sein du groupe. Dans ce contexte, le superviseur a pour mission de faciliter le fonctionnement de ce groupe.

Toutefois, comme chaque entreprise est immergée dans un contexte précis, le travail en équipe peut alors se composer d'un mélange d'aspects et de nuances s'inspirant de chacun des modèles suggérés par Durand (1999). Par conséquent, chaque réalité organisationnelle et chaque système productif sont fondés sur une forme de travail en équipe qui intègre des niveaux variables d'autonomie, d'interdépendance entre les membres, de responsabilité ainsi que différents styles d'encadrement.

Par exemple, dans leur analyse de l'usine GM au Canada (Boisbriand), Lévesque et Côté (1999) ont trouvé une diversité de perceptions par rapport au travail en équipe au sein des 17 équipes de travail observées. Ils montrent que le travail en équipe dans un contexte de production allégée suscite une adhésion et des dynamiques sociales contrastées et multiformes. L'évaluation des employés du travail en équipe est intimement associée à la façon dont ils définissent l'univers relationnel au sein de leur équipe. Les membres qui définissent leur univers relationnel en termes d'exclusion réciproque évaluent le travail en équipe essentiellement comme une contrainte ; ceux qui le conçoivent en termes d'ajustement mutuel en font une évaluation assez modérée ; enfin, les équipiers qui le définissent comme une fusion en font une évaluation plutôt positive. Cependant, les nuances d'évaluation font que 75 % des équipiers évaluent que leur charge de travail a augmenté au cours des trois dernières années et près de 70 % indiquent que les pressions sur la productivité ont augmenté pendant cette même période.

Il faut souligner que, même si la mise en place des équipes, leur fonctionnement et les relations sociales qui y sont associées sont loin d'être homogènes et uniformes (Lévesque et Côté, 1999), nombre d'auteurs s'accordent sur ce qui constitue le noyau dur de l'organisation du travail en équipe. Ainsi, pour constituer une équipe, les membres doivent avoir :

- un minimum d'interdépendance dans leur tâche ;
- des responsabilités en commun ;
- une identité en tant qu'équipe ;
- un minimum de pouvoir de gestion sur les relations entre l'équipe et l'organisation (Hackman, 1987 ; Guzzo et Dickson, 1996 ; Sundstrom, De Meuse et Futrell, 1990 ; Cohen et Bailey, 1997 ; Savoie et Mendes, 1993).

Tableau A3.1. Quatre modèles canoniques d'organisation du travail en équipe

	Équipe dans le système fordiste traditionnel	Équipe dans le système japonais – Toyota	Équipe dans les systèmes autres que le japonais	Équipe semi-autonome (Suède et Allemagne dans les années 1970)
Nature des tâches	Tâches prescrites et méthodes opérationnelles imposées	Tâches prescrites et méthodes opérationnelles imposées (peu d'autonomie interne)	Tâches prescrites et méthodes opérationnelles imposées (peu d'autonomie interne)	Travail librement organisé au sein du groupe
	Synchronisation basée sur la méthode de temps et peu de modifications de mouvements ; objectifs d'augmentation de la production à peu près absents	Synchronisation continuellement améliorée Kaizen : rôle mineur pour les opérateurs et majeur pour les superviseurs et le soutien technique	Amélioration de la synchronisation *Kaizen* : soutenu par le management et les objectifs contractuels (mais pas négociés)	Modèles de synchronisation pouvant être négociés à l'intérieur de certaines limites ; production à la base d'objectifs plus au moins négociés
	Département d'ingénierie centralisé : base de référence pour le travail des ouvriers	Fonction d'ingénierie dispersée	Département d'ingénierie centralisé sans barrières entre les fonctions de recherche, ingénierie et production (augmentation des échanges entre eux)	Département d'ingénierie centralisé, mais sans barrières avec la production
	Opérateurs spécialisés et travailleurs de secours polyvalents	Employés tous polyvalents (haut niveau d'éducation et rotation de poste)	Majorité des employés polyvalents dans l'équipe	Employés polyvalents (par le système de rotation de postes). Formation professionnelle substantielle.
Rôle des superviseurs	Rôle disciplinaire : *a*) pas de système de motivation ; *b*) respect pour la discipline ; *c*) pas de buts locaux.	Rôle technique de monitorage de la production ; prise en charge de l'évaluation individuelle : *a*) motivation selon la « méritocratie » ; *b*) importance du rôle des pairs (support, formation et absentéisme)	Rôle administratif, disposant de peu de temps pour les employés : *a*) motivation selon la méritocratie ; *b*) intérêt dans le travail par le changement de son image (diversification de tâches, qualité, planification, sens des responsabilités authentiques) ; *c*) rôle des pairs (absences et coopération)	Rôle administratif et orienté vers les employés et leur motivation : *a*) motivation selon l'intérêt par le travail et selon l'attrait du poste ; *b*) leader de l'équipe et superviseur : cherchent à construire un bon environnement au travail
Interprétation	Système mettant l'accent sur la discipline	Système mettant l'accent sur des aspects techniques	Système orienté vers des buts économiques	Système orienté vers la qualité de vie au travail

Source : Durand, J.-P. *et al.* (1999). *Teamwork in the Automobile Industry : Radical Change or Passing Fashion ?* Londres : Macmillan Business Press, p. 17.

En s'appuyant sur cette vision globale unificatrice du travail en équipe, nous pouvons mettre en évidence des différences par rapport au système tayloriste et fordiste d'organisation du travail (tableau A3.2). Dans cette perspective, le travail en équipe apporterait à ses membres une certaine polyvalence, un partage de l'information, une augmentation de la responsabilisation par rapport à la qualité et à la productivité (Marx, 1998) ainsi qu'un encadrement moins rigide et disciplinaire. Cependant, même si les superviseurs tendent à changer leur rôle hiérarchique, dans le but de devenir facilitateur, coordonnateur et personne-ressource, les entreprises n'éliminent pas certaines formes de contrôle tels que les indicateurs de performance (Salerno, 1999).

Tableau A3.2. Travail en équipe par rapport à l'organisation du travail traditionnelle

Organisation du travail traditionnelle	Organisation du travail en équipe
– Centrée sur le management	– Centrée sur le client
– Employés spécialisés et isolés	– Employés polyvalents
– Plusieurs descriptions de tâches	– Peu de catégories d'emploi
– Information peu diffusée	– Information largement partagée
– Plusieurs niveaux hiérarchiques	– Peu de niveaux hiérarchiques
– Accent sur le département ou la fonction	– Accent sur l'ensemble de l'organisation
– Buts individuels	– Buts communs
– Impression de structure	– Impression de chaos
– Accent sur la résolution de problèmes	– Accent sur la réalisation de la mission
– Engagement élevé de la haute direction	– Engagement élevé des travailleurs
– Amélioration continue	– Amélioration continue
– Contrôle du management	– Autocontrôle
– Fondée sur des politiques et procédures	– Fondée sur des valeurs et des principes

Sources: Glaser, R. et Bayley, C. (1992). *Classic Readings in Self-Managing Team Work*. King of Prussia: Organization Design and Development Inc.; Roy, M. (1999). « Les équipes semi-autonomes au Québec et la transformation des organisations », *Gestion – Revue internationale de gestion*, vol. 24, n° 3, p. 76-85; Roy, M. *et al.* (1998). *Équipes semi-autonomes de travail: recension d'écrits et inventaire d'expériences québécoises*, Rapport B052. Québec: Institut de recherche en santé et en sécurité du travail.

2. La nouvelle distribution des responsabilités au sein des équipes

L'implication attendue du personnel dans les entreprises structurées en équipes déborde largement la simple exécution de tâches prédéterminées qui était la norme dans le système tayloriste et fordiste. Dans les équipes, on incite les travailleurs à gérer leur unité en plus d'accomplir leur travail. Autrement dit, les équipes peuvent déterminer quand et comment le travail qui leur est assigné sera accompli et, parfois, établir les cadences. Cette délégation du pouvoir décisionnel s'accompagne d'une délégation de la responsabilité du succès de la production de biens et de services destinés aux clients internes ou externes de l'entreprise. Ainsi, dans sa forme la plus avancée, la nouvelle distribution de responsabilités peut éliminer des intermédiaires entre les clients et les fournisseurs, ramène la prise de décision plus près de l'action et mise sur la synergie des équipes pour réagir rapidement aux variations dans la demande du marché.

Pour Marchington (1992), le travail en équipe est la forme la plus élaborée de reconfiguration des tâches et des responsabilités, car elle prévoit une extension horizontale (les travailleurs font plus de tâches au même niveau) et verticale des responsabilités (les travailleurs prennent en charge plus de tâches qui relevaient auparavant d'autres niveaux hiérarchiques, à savoir les contremaîtres et les superviseurs). Ainsi, le travail en équipe comprend non seulement la délégation des tâches, mais parfois également le transfert d'un certain niveau de contrôle des tâches au sein de l'équipe.

Au Québec, dans les entreprises ayant adopté le travail en équipe comme nouvelle forme d'organisation du travail, nous pouvons déjà observer un changement dans la nature des responsabilités qu'on leur confie. Par exemple, à partir d'une enquête postale menée auprès de 124 entreprises au Québec, Maschino (1991) constate qu'un groupe minoritaire de 19 entreprises a modifié son organisation du travail dans le cadre d'une structure décisionnelle qui décentralisait certains pouvoirs vers les équipes de base, en diminuant les échelons entre ces équipes et la direction. Les initiatives des équipes s'exerçaient surtout dans les domaines de la productivité (dans 80 % des cas), de la qualité (dans 84 % des cas) et de la sécurité au travail (dans 73 % des cas). Notons que la responsabilité des équipes en matière de fixation des objectifs de production n'a été mentionnée que par 27 % des entreprises de son échantillon. En effet, dans une autre recherche menée en 1995, Maschino (1995) constate que dans dix entreprises qui avaient adopté le travail en équipe plusieurs responsabilités ont été transférées aux salariés et le rôle des cadres intermédiaires a été transformé. Ils assumaient désormais une fonction s'apparentant plus au soutien technique et à l'aide-conseil qu'au contrôle du respect des procédures de gestion.

Roy *et al.* (1998) parviennent à des résultats qui semblent concorder avec ceux de Maschino (1995). Dans leur recherche sur 34 cas d'entreprises ayant adopté des équipes semi-autonomes de travail, ces auteurs révèlent que 50 % de leurs responsabilités correspondent à des opérations courantes[5]. Le deuxième niveau regroupe les activités pour lesquelles entre 20 % et 49 % des équipes prennent des décisions. On y trouve plutôt des activités d'organisation et d'encadrement[6] ; il s'agit de la façon dont on s'y prend pour aborder la réalisation des activités plutôt que l'accomplissement du travail de base lui-même. Le troisième niveau regroupe des activités pour lesquelles moins de 20 % des équipes étudiées par Roy *et al.* (1998) prenaient des décisions. Ces activités avaient soit une incidence déterminante sur la vie au travail des membres de l'équipe, soit une portée à long terme ou stratégique[7] pour l'équipe. Ce dernier niveau décisionnel se retrouvait dans une minorité d'équipes ayant atteint un stade très élevé de maturité.

5. Les opérations et tâches courantes : le ménage des lieux de travail ; le fonctionnement interne de l'équipe ; l'entretien de base des équipements ; la répartition du travail des membres de l'équipe ; la qualité des produits ; les contacts avec les fournisseurs d'outillage et d'accessoires ; la formation sur le tas entre les employés ; l'amélioration des méthodes de travail.
6. Ce deuxième niveau englobe des processus plus complexes de régulation interne et externe de l'équipe, tels que : le choix du chef d'équipe ou du leader ; la gestion des absences au travail ; l'achat de matériel et la gestion des stocks ; les contacts avec les clients externes ; l'établissement du calendrier des congés ; la santé et la sécurité au travail ; l'aménagement des systèmes de production ; le recrutement des membres de l'équipe ; les horaires de travail ; l'établissement du calendrier de production.
7. Il s'agit de décisions majeures qui touchent l'organisation et les opérations de l'équipe, à savoir : la budgétisation du département ou de l'unité ; la modification et le perfectionnement du produit ; l'évaluation du rendement des membres de l'équipe ; les mesures disciplinaires à l'égard des membres de l'équipe ; les décisions salariales ; les choix stratégiques du département ou de l'unité.

Dans une autre étude (Grant, Bélanger et Lévesque, 1994), la moitié des établissements étudiés se caractérisaient par l'autonomie des membres des équipes, l'enrichissement des tâches et un desserrement de l'encadrement hiérarchique, ce qui constituait la principale transformation dans l'organisation du travail. Dans ce contexte, les équipes vont habituellement de pair avec la polyvalence des tâches, l'investissement dans la formation, la réduction du nombre de cadres et de paliers hiérarchiques.

Les syndicats, particulièrement la Confédération des syndicats nationaux (1995) au Québec, considèrent que les responsabilités sont assumées de diverses manières et à différentes étapes de la réalisation des tâches. Selon eux, dans tout travail en équipe, deux sortes de tâches sont absolument indispensables, à savoir les tâches techniques et les tâches sociales. Les tâches techniques[8] sont directement liées à l'exercice du travail et à la production, tandis que les tâches sociales[9] concernent le soutien collectif à la vie en équipe. Ces dernières seraient déterminantes pour la qualité de vie au sein de l'équipe et rendraient possible la concrétisation des valeurs partagées par ses membres. Pour la Confédération des syndicats nationaux, le degré d'autonomie des équipes s'évaluerait en regard de la nature des tâches techniques et sociales qu'elles assumeraient. Ce degré s'accroîtrait avec le temps, selon l'évolution de l'équipe, sa maturité, la dynamique des rapports entre les équipes et les règles convenues dans la convention collective.

3. Le processus de responsabilisation des équipes

Même si nous observons que le travail en équipe s'effectue à partir de nouvelles responsabilités qu'on leur a confiées, à lui seul ce transfert n'explique pas l'implication des équipes. Selon plusieurs auteurs, leur efficacité et leur adhésion aux nouvelles responsabilités sont influencées par un ensemble de facteurs. Savoie et Beaudin (1995) relient l'efficacité de la responsabilisation à des composantes fonctionnelles, telles que :

- l'interdépendance envers l'environnement (rétroaction des clients, des superviseurs, mission de l'équipe, coordination interéquipes, appui de la direction[10]) ;
- l'interdépendance des équipiers au niveau de la tâche (développement des compétences) et au niveau des conséquences (sanctions communes sur résultats) ;
- la qualité des transactions entre équipiers (relations interpersonnelles, énergie de production, efficacité partagée et cohésion groupale).

Le processus de responsabilisation des équipes atteindra les objectifs d'amélioration de la productivité, de flexibilité et d'efficacité à partir du moment où les équipes auront des conditions favorables à leur apprentissage collectif et à leur prise de décision (Edmondson, 1999). Ces conditions permettront un véritable engagement des équipes envers les nouvelles responsabilités qui leur sont confiées. Guzzo (1986) avance l'idée que le processus de prise de décision à l'intérieur de l'équipe consiste en quatre phases qui ne suivent pas une évolution linéaire et ordonnée, à savoir la phase d'identification des occasions (intelligence),

---

8. Les tâches techniques incluent à la définition des objectifs de production, la planification des activités et l'élaboration des échéanciers, le choix et l'examen des moyens matériels, l'évaluation des besoins en personnel, la définition et la répartition des tâches entre les membres de l'équipe, l'élaboration des horaires de travail, l'évaluation des coûts et la préparation des budgets, et l'évaluation des résultats.
9. Les tâches sociales comprennent l'exercice du leadership, la formation des membres, la santé et la sécurité, les programmes particuliers, la définition des réseaux de communication et les réunions d'équipe.
10. Hodson (1997) observe que les relations interpersonnelles et le soutien de la direction sont directement associés à la solidarité qui se développe au sein de l'équipe.

la phase de création et de développement de possibilité d'actions, la phase de choix et la phase de révision. Selon plusieurs théoriciens, les facteurs déterminants de l'efficacité de la prise de décision des équipes sont :

- la nature de la tâche (selon la demande que l'organisation place dans le processus d'interaction groupal et de ses propriétés motivationnelles) ;
- l'existence de récompenses pour la performance groupale (et la distribution de ces récompenses de façon à favoriser l'interaction des membres et l'effort nécessaire pour l'accomplissement de la tâche) ;
- la disponibilité des ressources pour l'équipe (ressources à l'intérieur de l'équipe et dans son environnement) ;
- l'autonomie de l'équipe ;
- la pertinence des stratégies de performance pour mettre en œuvre les décisions prises (Guzzo, 1986).

Pour certains auteurs (Guzzo et Shea, 1992 ; Grant, Bélanger et Lévesque, 1997), la responsabilisation des équipes varie en fonction du degré d'autonomie qui leur est dévolu. Des structures plus traditionnelles accorderont à l'équipe de travail des pouvoirs moins étendus, qui concernent plutôt les objectifs de production, l'évaluation de la qualité et les méthodes de travail les plus appropriées. En effet, le degré d'autonomie et les types de responsabilités confiées aux équipes semblent évoluer en fonction de leur maturité (Roy, 1999 ; Roy *et al.*, 1998) puisque l'apprentissage du processus décisionnel en équipe demande un certain temps, un certain « vécu ensemble » et une certaine cohésion sociale. Selon cette approche, l'autonomie décisionnelle des équipes suit un processus évolutif parallèle au développement de la maturité des groupes (figure A3.1). En d'autres mots, plus une équipe démontre de la maturité, plus elle a de chance de se voir confier des responsabilités importantes en matière de gestion et d'organisation de son travail.

Le degré de responsabilité des équipes et l'aire de leurs pouvoirs semblent évoluer avec la durée de l'expérience des groupes. Dans l'échantillon de dix entreprises du secteur manufacturier étudiées par Maschino (1991), le niveau d'autonomie le plus répandu était celui de la répartition des tâches, du pouvoir de désigner ou de recommander le coordonnateur du groupe et de faire l'analyse de la qualité des produits. Le deuxième niveau est celui des tâches mineures d'entretien préventif de l'équipement associées à la capacité d'entrer directement en contact avec le service chargé de cette fonction. À un palier de progression plus avancé, on trouve la gestion, par l'équipe, de la liste des personnes désignées pour faire des heures supplémentaires et pour remplacer les absents, ainsi que pour la planification des vacances. Enfin, la capacité d'effectuer des achats modestes et le transfert de certaines responsabilités en matière d'environnement et de santé et de sécurité au travail visaient un nombre très limité de cas. L'évaluation du travail des pairs et la participation à la gestion de la discipline dans l'équipe constituent des domaines que très peu d'établissements ont abordés.

Ce transfert du pouvoir décisionnel sur les tâches est étroitement associé au style d'encadrement de chaque équipe. Le changement dans les rôles des superviseurs et des chefs d'équipes doit se faire en parallèle avec le processus de développement de l'autonomie et de responsabilisation des équipes. Plus le niveau de contrôle s'accroît au sein de l'équipe, moins on recourt à la hiérarchie pour prendre des décisions.

Figure A3.1. Progression des responsabilités

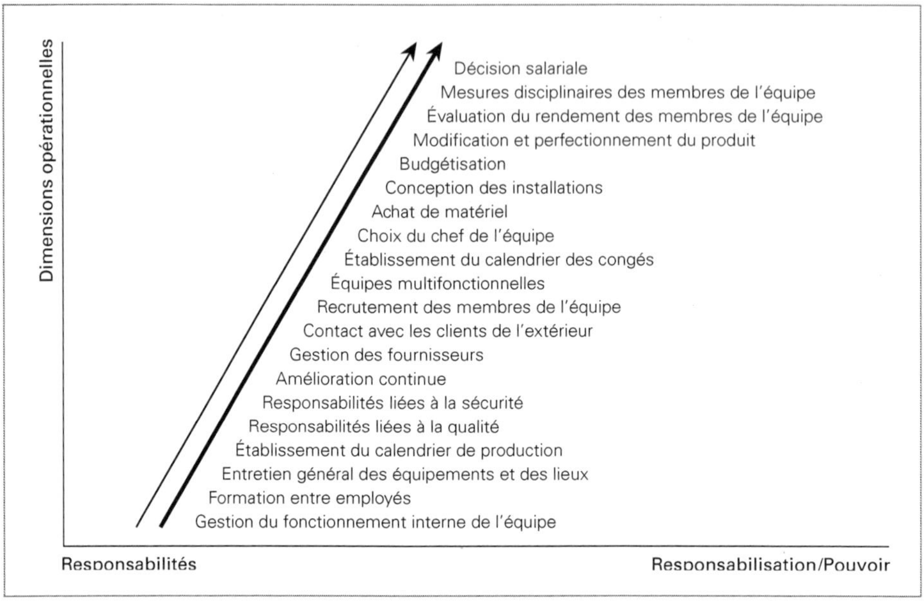

Source : Adapté de Roy, M. (1999). « Les équipes semi-autonomes au Québec et la transformation des organisations », *Gestion – Revue internationale de gestion*, vol. 24, n° 3 ; Roy, M. *et al.* (1998). *Équipes semi-autonomes de travail : recension d'écrits et inventaire d'expériences québécoises*, Rapport B052. Québec : Institut de recherche en santé et en sécurité du travail ; Wellins, R. S. *et al.* (1991). *Empowered Teams*. San Francisco : Jossey-Bass Publishers.

Selon Letize et Donovan (1990), le superviseur doit assumer tour à tour quatre fonctions pour permettre la réussite des équipes. Au départ, il doit se préoccuper de la consolidation de l'équipe (rôles de leader, formateur et expert). Par la suite, en tant qu'accompagnateur (*coach*) et facilitateur, il s'intéresse au développement des compétences des individus qui composent le groupe. À l'étape suivante, il met davantage l'accent sur la gestion de la performance de l'équipe (rôle d'auditeur et de tampon pour protéger l'équipe des agressions extérieures). Enfin, au dernier stade, le superviseur joue un rôle de consultant externe auprès de diverses équipes pour les aider à atteindre leurs objectifs (rôle de conseiller).

Roy (1999) relève trois types d'encadrement qui représentent un certain continuum selon le degré d'autonomie confié aux équipes. Au moment de l'adoption du travail en équipe, le rôle du superviseur tend à changer. Il doit devenir un facilitateur, un accompagnateur ou un coordonnateur qui aide l'équipe à assumer ses nouvelles responsabilités. Ensuite, il peut arriver qu'un membre de l'équipe soit nommé chef d'équipe pour coordonner et représenter l'équipe. Il peut relever d'un cadre supérieur ou d'une personne qui encadre plusieurs équipes. Finalement, certaines entreprises ont choisi de répartir les responsabilités de gestion entre les membres de l'équipe. Dans ce cas, chaque membre désigné devient la personne de référence de l'équipe pour le sujet dont il a la charge.

Par exemple, dans le secteur de l'automobile (Durand *et al.*, 1999b), les chefs d'équipes sont des opérateurs dont l'expertise technique, les compétences interpersonnelles et les qualités humaines ont été reconnues. Ils n'ont pas de pouvoir administratif et ne font pas partie de la chaîne hiérarchique de l'entreprise ; ils assument plutôt une fonction communicationnelle centrale. Ils organisent les communications horizontales au sein de l'équipe et la communication verticale avec la direction. Parce qu'ils sont le pivot entre ces deux systèmes de communication, ils occupent une position paradoxale (Durand, 1999a ; Durand-Sebag, 1992).

Les auteurs contemporains reconnaissent le rôle déterminant du contexte organisationnel sur l'implication et l'efficacité des équipes (Guzzo et Shea, 1992 ; Sundstrom, De Meuse et Futrell, 1990 ; Hackman, 1987 ; Goodman, Ravlin et Argote, 1986 ; Gladstein, 1984 ; Nieva, Fleishman et Reick, 1978). Plusieurs dimensions du contexte organisationnel sont considérées, à savoir la technologie, les politiques de gestion des ressources humaines (Shea et Guzzo, 1987 ; Hackman, 1987), le soutien et l'implication de la direction (Pearce et Ravlin, 1987) et la structure organisationnelle (Gladstein, 1984).

Par ailleurs, le pouvoir syndical est un élément contextuel qui peut influencer le processus et le degré de responsabilisation des équipes. En effet, la révision des rapports de pouvoir et des rôles traditionnels requise par le travail en équipe interpelle directement le pouvoir syndical. Sans avoir pris de position définitive sur le sujet, les grandes centrales du Québec abordent les équipes semi-autonomes dans une perspective de démocratisation et d'humanisation des milieux de travail (CSN, 1995 ; FTQ, 1997 ; CSD, 1997). Pour les syndicats, l'autonomie signifie que les travailleurs contrôlent de manière effective le rythme et les méthodes de travail. Cette redistribution du pouvoir vers la base des organisations est perçue comme un gain par rapport à l'amélioration de l'environnement et des conditions de travail.

La Confédération des syndicats nationaux du Québec (1995) a soutenu les démarches d'implantation du travail en équipe, considérant qu'elles peuvent servir l'avancement de la démocratie au travail, la protection et la promotion d'emplois de qualité, la production de meilleurs biens et services et la responsabilisation sociale des acteurs patronaux et syndicaux. En effet, le travail en équipe apporte de nouveaux défis aux syndicats : le fait de donner la parole et le pouvoir de décision à un maximum de personnes donne au syndicat un rôle de premier ordre dans l'implantation de cette forme collective d'organisation du travail. Selon la CSN (1995), la décentralisation du pouvoir, des droits et des responsabilités qui découle du travail en équipe affecte plusieurs aspects du fonctionnement du syndicat. Ainsi, le rôle des représentants syndicaux consiste désormais à maintenir un équilibre entre les droits des personnes, ceux de chaque équipe et ceux de l'ensemble des équipes dans leurs interrelations.

Selon Savoie et Beaudin (1995), le processus de responsabilisation touche la qualité des relations interpersonnelles entre les membres des équipes. On présume donc que l'efficacité et l'implication sont plus soutenables lorsque les membres de l'équipe s'entraident ou entretiennent des interactions sociales adéquates et enrichissantes. Ce processus d'interaction fait référence aux comportements et aux réactions des membres des équipes quant à l'échange d'information, à l'expression des sentiments et à la formation de coalitions (Guzzo et Shea, 1992). Alors, en plus d'être une source de solidarité et de cohésion sociale (Hodson, 1997), la qualité de l'interaction expressive dans l'équipe est fondamentale pour comprendre les conséquences relatives aux attitudes et aux réactions affectives associées au fait d'être une équipe.

En somme, le processus de responsabilisation des équipes est loin d'être un processus linéaire de transfert de responsabilités. Au contraire, il se fonde sur un ensemble de dimensions telles que l'interdépendance au niveau de la tâche, l'interdépendance envers l'environnement organisationnel (la disponibilité de ressources, l'appui de la direction, les politiques de GRH adaptées au travail en équipe, la structure organisationnelle et l'attitude du syndicat), le type d'encadrement, les relations interpersonnelles entre les membres et un certain degré d'autonomie confié aux équipes.

Bibliographie

ALLEN, N. J. et MEYER, J. P. (1990). «The measurement and antecedents of affective, continuance and normative commitment to the organization», *Journal of Occupational Psychology*, vol. 63, p. 1-18.

AON HEWITT (2012). «News from Aon», 2 p. <http://www.aon.fr/PDF/Aon_Hewitt-CP_Engagement25092012.pdf>. Consulté le 3 janvier 2013.

ASHKANASY, N., WILDEROM, C. et PETERSON, M. (2000). *Handbook of Organizational Culture and Climate*. Thousand Oaks: Sage.

BAKKER, A. B., ALBRECHT, S. L. et LEITER, M. P. (2011). «Key questions regarding work engagement», *European Journal of Work and Organizational Psychology*, vol. 20, n° 1, p. 4-28.

BARUCH, Y. (2001). «Employability: A substitute for loyalty?», *Human Resource Development International*, vol. 4, n° 4, p. 543-566.

BARUCH, Y. (2006). «Career development in organizations and beyond: Balancing traditional and contemporary viewpoints», *Human Resource Management Review*, vol. 16, p. 125-138.

BASTID, F. (2004). «Mesurer la réussite de carrière des cadres vers une intégration de la dimension extra-professionnelle». Aix en Provence: CEROG IAE.

BECKER, H. S. (1960). «Notes on the concept of commitment», *American Journal of Sociology*, vol. 66, n° 1, p. 32-40.

BÉLANGER, P., GRANT, M. et LÉVESQUE, B. (1994). *La modernisation sociale des entreprises*. Montréal: Presses universitaires de Montréal, 320 p.

BROSSARD, M. et SIMARD, M. (1990). *Groupes semi-autonomes de travail et dynamique du pouvoir ouvrier. L'évolution du cas Steinberg*. Québec: Presses de l'Université du Québec, 148 p.

BRUN, J.-P. (2008). *Les sept pièces manquantes du management*. Montréal: Éditions Transcontinentale, 204 p.

CARTWRIGHT, S. et HOLMES, N. (2006). «The meaning of work: The challenge of regaining employee engagement and reducing cynicism», *Human Resource Management Review*, vol. 16, p. 199-208.

CHALOFSKY, N. et KRISHNA, V. (2009). «Meaningfulness, commitment, and engagement: The intersection of a deeper level of intrinsic motivation», *Advances in Developing Human Resources*. Thousand Oaks: Sage, p. 190-203.

CHÊNEVERT, D., MOTTAY, D. et JOURDAIN, G. (2011). «L'engagement organisationnel des infirmières d'agences intérimaires au Québec et en France: le rôle du soutien organisationnel», Congrès AGRH, Marrakech, p. 1-33.

CODO, S. (2010). «Engagement et stress au travail chez des managers territoriaux: quelles implications managériales», XXIe Congrès de l'AGRH, «Nouveaux comportements, nouvelles GRH?», St-Malo, Rennes.

COHEN, S. G. et BAILEY, D. E. (1997). «What makes teams work: Group effectiveness research from the shop floor to the executive suite», *Journal of Management*, vol. 23, n° 3, p. 239-290.

CONFÉDÉRATION DE SYNDICATS DÉMOCRATIQUES – CSD (1997). *Le projet de la CSD: négocier un contrat social*. Québec: CSD.

CONFÉDÉRATION DES SYNDICATS NATIONAUX – CSN (1995). *Travail en équipe et démocratie au travail*. Montréal: Service de la documentation de la CSN.

DANY, F. et LIVIAN, Y.-F. (2002). *La nouvelle gestion des cadres: employabilité, individualisation et vie au travail*, 2e éd. Paris: Vuibert.

DOUCET, O., SIMARD, G. et TREMBLAY, M. (2008). «L'effet médiateur du soutien et de la confiance dans la relation entre le leadership et l'engagement», *Relations industrielles/Industrial Relations*, vol. 63, n° 4, p. 625-647.

DURAND, J.-P. (1999a). « Le nouveau modèle productif », dans Durand, C. et Bollier, G. (dir.), *La nouvelle division du travail*. Ivry-sur-Seine : Éditions de L'Atelier.

DURAND, J.-P., STEWART, P. et CASTILLO, J. J. (dir.) (1999b). *Teamwork in the Automobile Industry : Radical Change or Passing Fashion ?* Londres : Macmillan Business Press.

DURAND-SEBAG, J. (1992). *Un siècle de rationalisation taylorienne : sociologie du travail, représentations et subjectivité*, rapport de recherche. Paris : Université de Paris VIII.

EDMONDSON, A. (1999). « Psychological safety and learning behavior in work teams », *Administrative Science Quarterly*, n° 44, p. 350-383.

FABI, B., LACOURSIÈRE, R., MORIN, M. et RAYMOND, L. (2009). « Pratiques de gestion des ressources humaines et engagement envers l'organisation », *Gestion*, vol. 34, n° 4, p. 21-29.

FÉDÉRATION DES TRAVAILLEURS DU QUÉBEC – FTQ (1997). *Démocratiser nos milieux de travail*. Montréal : FTQ.

GEORGE, J. M. (2010). « More engagement is not necessarily better : The benefits of fluctuating levels of engagement », dans Albrecht, S. L. (dir.), *Handbook of Employee Engagement : Perspectives, Issues, Research and Practice*. Cheltenham : Edward Elgar.

GLADSTEIN, D. L. (1984) « Groups in context : A model of task group effectiveness », *Administrative Science Quarterly*, vol. 29, p. 499-517.

GLASER, R. et BAYLEY, C. (1992). *Classic Readings in Self-managing Teamwork : 20 of the Most Important Articles*. King of Prussia : Organization Design and Development Inc.

GOODMAN, P. S. *et al.* (1986). « Current hinking about groups : Setting The stage for new ideas », dans Goodman, P. S. (dir.), *Designing Effective Work Groups*. San Francisco : Jossey-Bass. <http://repository.cmu.edu/cgi/viewcontent.cgi?article=1825&context=tepper>. Consulté le 25 novembre 2014.

GRANT, M., BÉLANGER, P. R. et LÉVESQUE, B. (1997). « Aperçu des principales transformations des rapports du travail dans les entreprises : le cas québécois », dans Grant, M., Bélanger, P. R. et Lévesque, B., *Nouvelles formes d'organisation du travail : études de cas et analyses comparatives*. Paris : L'Harmattan. <https://depot.erudit.org/bitstream/001738dd/1/ET9702.pdf>. Consulté le 25 novembre 2014.

GUÉGUEN, N., GRANDJEAN, I. et MEINERI, S. (2011). « Adhésion de salariés à un projet d'entreprise par le biais d'actions de communication engageante », *Revue de gestion des ressources humaines*, n° 82, p. 19-32.

GUERRERO, S., HERRBACH, O. et MIGNONAC, K. (2005). « L'engagement organisationnel des jeunes cadres : une question de soutien ou d'image », XVIe Conférence de l'AGRH, Paris Dauphine. <http://www.reims-ms.fr/agrh/docs/actes-agrh/pdf-des-actes/2005guerrero-herrbach-m%DArignac077.pdf>. Consulté le 25 novembre 2014.

GUERY, L. (2009). « Pratiques de mobilisation des salariés et performance financière de l'entreprise : quels liens ? », *Actes du XXe Congrès de l'AGRH*, Toulouse, p. 1-23.

GUILMOT, N, et VAS, A. (2011). « Les cadres intermédiaires au cœur du processus de sensemaking en contexte de changement organisationnel », XXIIe Congrès de l'AGRH, Marrakech, Maroc. <https://www.uclouvain.be/cps/ucl/doc/crecis/documents/2011-06_Guilmot_c.pdf>. Consulté le 25 novembre 2014.

GUZZO, R. A. (1986). « Group decision making and group effectiveness in organizations », dans Goodman, P. S. & Associates (dir.), *Designing Effective Work Groups*. San Francisco : Jossey-Bass.

GUZZO, R. A. et DICKSON, M. W. (1996). « Teams in organizations : Recent research on performance and effectiveness », *Annual Review of Psychology*, vol. 47, p. 307-338.

GUZZO, R. A. et SHEA, F. P. (1992). « Group Performance and Intergroup Relations in Organizations », dans Dunnette, M. D. et Hought, L. M. (dir.), *Handbook of Industrial and Organizational Psychology*, vol. 3. Palo Alto : Consulting Psychologists Press, p. 269-313.

HACKMAN, J. R. (1987). «The design of work teams», dans Lorsch, W. (dir.), *Handbook of Organizational Behavior*. Englewood Cliffs: Prentice-Hall.

HACKMAN, J. R. (1990). « Introduction: Work teams in organization. An orienting framework », dans Hackman, J. R. (dir.), *Groups that Work (And Those that Don't): Creating Conditions for Effective Teamwork*. San Francisco: Jossey-Bass, p. 1-14.

HERRBACH, O. et MIGNONAC, K. (2001). « Knowledge workers et implication organisationnelle dans la société de l'information: perspective et limite d'une approche affective », dans Pichaut, F. et Trepo, G. (dir.), *La GRH dans/et/ou la société de l'information*, vol. 1, Actes du XIIe Congrès de l'AGRH, Liège. Paris: Eska, p. 683-701.

HODSON, R. (1997) « Group relations at work. Solidarity, conflict, and relations with management », *Work and Occupations*, vol. 24, n° 4, p. 426-452.

KETCHUM, L. D. et TRIST, E. (1992). *All Teams are not Created Equal. How Employee Empowerment Really Works*. Newbury Park: Sage, 318 p.

LACROUX, A. (2008). *Implications au travail et relation d'emploi atypique: le cas des salariés intérimaires*, Thèse de doctorat. Marseille: Université Paul Cézanne – Aix Marseille III, 605 p.

LAPALME, M. E. et DOUCET, O. (2004). « Les récents développements dans l'étude de l'engagement des employés: la redondance perdure », Actes du Congrès de l'AGRH – « La GRH mesurée », p. 1009-1026.

LAPIERRE, I. (2008). *Engagement organisationnel: l'influence des comportements de travail d'équipe*, Mémoire de maîtrise. Montréal: Université de Montréal, 127 p.

LAROSE, V. et CORRIVEAU, G. (2009). « Management des RH en contexte de projets », *Revue française de gestion*, vol. 35, n° 195, p. 15-28.

LAZZARI, N. (2012). *La conciliation emploi-famille/vie personnelle: son incidence sur le parcours professionnel et la rétention de la main-d'œuvre dans le secteur de la santé*, Thèse de doctorat. Montréal: Université du Québec à Montréal.

LAZZARI DODELER, N. et TREMBLAY, D-.G. (2013). « Attraction et rétention de main-d'œuvre; la gestion de la relève et le maintien en emploi chez les professionnels de la santé au Québec », dans Tremblay, D.-G. (dir.), *Temps prescrits, temps institutionnalisés et temps perçus: quelles temporalités sociales?* Québec: Presses de l'Université du Québec. p. 169-185.

LETIZE, L. et DONOVAN, M. (1990). «The supervisor's changing role in high involvement organizations », *Journal for Quality et Participation*, mars, p. 62-65.

LÉVESQUE, C. et CÔTÉ, P. (1999). « Le travail en équipe dans un univers de production allégée: contrainte ou opportunité? », *Relations Industrielles*, vol. 54, n° 1, p. 80-110.

LINHART, D. (1994). *La modernisation des entreprises*. Paris: La Découverte.

MARCHINGTON, M. (1992). *Managing the Team*. Oxford: Blackwell.

MARX, R. (1998). *Trabalho em Grupos e Autonomia como Instrumentos da Competiçao*. Sao Paulo: Atlas.

MASCHINO, D. (1991). *La mondialisation de l'économie et les changements dans l'organisation du travail au sein des entreprises au Québec*. Québec: Centre de recherche et de statistiques sur le marché du travail, ministère du Travail, gouvernement du Québec.

MASCHINO, D. (1995). « Les nouvelles pratiques en milieu de travail au Québec », *Le marché du travail*, vol. 16, n° 8, p. 6-8 et 87-94.

MATHIEU, J. E. et ZAJAC, D. M. (1990). « A review and meta-analysis of the antecedents, correlates, and consequences of organizational commitment », *Psychological Bulletin*, vol. 108, n° 2, p. 171-194.

MEYER, J. P. et ALLEN, N. J. (1991). « A three-component conceptualization of organizational commitment », *Human Resource Management Review*, vol. 1, n° 1, p. 61-89.

MEYER, J. P. et ALLEN, N. J. (1997). *Commitment in the Workplace*. Thousand Oaks: Sage.

MEYER, J. P., STANLEY, D. J., HERSCOVITCH, L. et TOPOLNYTSKY, L. (2002). « Affective, continuance, and normative commitment to the organization : A meta-analysis of antecedents, correlates, and consequences », *Journal of Vocational Behavior*, vol. 6, p. 20-52.

MORIN, E. (2006). « Donner un sens au travail ». <http://www.santepsy.ulaval.ca/webdav/site/cspt/shared/pdf/Donner%20un%20sens%20au%20travail.pdf>. Consulté le 10 novembre 2012.

MOWDAY, R. T., PORTER, L. W. et STEERS, R. M. (1982). *Employee-Organisation Linkages: The Psychology of Commitment, Absenteeism and Turnover.* New York : Academic Press, 253 p.

NGALLE, A-F. (2012). *Les déterminants de l'engagement de carrière par rapport à l'engagement organisationnel chez les professionnels en ressources humaines*, Mémoire de maîtrise, Montréal : Université de Montréal.

NIEVA, V. F., FLEISHMAN, E. A. et RIECK, A. (1978). *Team Dimensions: Their Identity, their Measurement, and their Relationships*, rapport inédit. Washington, D.C. : Response Analysis Corp.

O'REILLY, C. A. et CHATMAN, J. (1986). « Organisational commitment and psychological attachment : The effects of compliance, identification, and internalization on prosocial behaviour », *Journal of Applied Psychology*, vol. 71, p. 492-499.

PEARCE, C. L. ET. MANZ, C. C. (2005). « The new silver bullets of leadership : The importance of self- and shared leadership in knowledge work », *Organizational Dynamics*, vol. 34, n° 2, p. 130-140.

PEARCE, J. A. II et RAVLIN, E. C. (1987). «The design and activation of self-regulating work groups », *Human Relations*, vol. 40, n° 11, p. 751-782.

QUENNEVILLE, N., SIMARD, G. et RABOUIN, N. (2004). « L'influence de l'engagement affectif dans la relation entre la perception des pratiques de gestion des ressources humaines innovatrices et les comportements de mobilisation », XVe Congrès de l'AGRH, Québec, p. 1112-1130.

RANKIN, T. (1990). *New Forms of Work Organization : The Challenge for North American Unions.* Toronto : University of Toronto Press.

RHOADES, L. et EISENBERGER, R. (2002). « Perceived organizational support : A review of the literature », *Journal of Applied Psychology*, vol. 87, n° 4, p. 698-714.

ROETHLISBERGER, F. J. et DICKSON, W. J. (1970). *Management and the Worker.* Cambridge : Harvard University Press.

ROY, M. *et al.* (1998). *Équipes semi-autonomes de travail : recension d'écrits et inventaire d'expériences québécoises*, rapport B052. Québec : Institut de recherche en santé et en sécurité du travail.

ROY, M. (1999). « Les équipes semi-autonomes au Québec et la transformation des organisations », *Gestion – Revue internationale de gestion*, vol. 24, n° 3, p. 76-85.

SÁEZ BAYONA, C., GOÑI LEGAZ, S. et MADORRÁN GARCÍA, C. (2009). « Comment renforcer l'engagement chez les enseignants dans les universités publiques », *Revue internationale des sciences administratives*, vol. 75, p. 365-380.

SALERNO, M. S. (1999). *Projeto de Organizações Integradas e Flexíveis. Processos, Grupos e Gestão Democrática via Espaços de Comunicação-Negociação.* Sao Paulo : Atlas.

SAVOIE, A. et BEAUDIN, G. (1995). « Les équipes de travail : que faut-il en connaître ? », *Revue Psychologie du travail et des organisations*, vol. 1, n°s 2-3, p. 116-137.

SAVOIE, A. et MENDES, H. (1993). « L'efficacité des équipes de travail : une prédiction initialement multidimensionnelle », dans Goguelin, P. (dir.), *Psychologie du travail et des organisations.* Paris : EAP.

SHEA, G. P. et GUZZO, R. A. (1987). « Group effectiveness : What really matters ? », *Sloan Management Review*, printemps, p. 25-31.

SOUCY, G. (2005). « Le point sur la conjoncture », *En perspective*, vol. 15, n° 2, 5 p.

STOEVA, E. (2006). *La qualité des relations employés-supérieur et l'engagement organisationnel.* Montréal: HEC Montréal, p. 1-121. <http://www.irec.net/upload/File/memoires_et_theses/52_Elena_Stoeva.pdf>. Consulté le 10 janvier 2013.

SUNDSTROM, E., DEMEUSE, K. P. et FUTRELL, D. (1990). « Work teams: Applications and effectiveness », *American Psychologist*, n° 45, p. 120-133.

THÉVENET, M. (1992). *Impliquer les personnes dans l'entreprise.* Paris: Éditions Liaisons.

TRABELSI, Y. et LE BERRE, M. (2009). « L'impact des rémunérations perçues sur l'engagement organisationnel tridimensionnel des "knowledge workers" », *Revue de gestion des ressources humaines*, n° 73, p. 37-53.

TREMBLAY, D.-G. et ROLLAND, D. (1996). « Le modèle japonais de gestion au Québec: vers une hypothèse d'hybridation », (cahier de recherche 96-3). Montréal: Télé-université.

TREMBLAY, D.-G. et ROLLAND, D. (2011). *Gestion des ressources humaines; typologies et comparaisons internationales.* Québec: Presses de l'Université du Québec, 366 p.

TREMBLAY, M, CHÊNEVERT, D., SIMARD, G., LAPALME, M.-E. et DOUCET, O. (2005). « Agir sur les leviers organisationnels pour mobiliser le personnel: le rôle de la vision, du leadership, des pratiques de GRH et de l'organisation du travail », *Gestion*, vol. 30, p. 69-78.

TREMBLAY, M., GUAY, P. et SIMARD, G. (2000). *L'engagement organisationnel et les comportements discrétionnaires: l'influence des pratiques de gestion des ressources humaines.* Montréal: Centre interuniversitaire de recherche en analyse des organisations (CIRANO), 29 p.

TRIST, E. et BAMFORTH, K. (1951). « Some social and psychological consequences of the long wall method of goal setting », *Human Relations*, n° 4, p. 3-38.

TRIST, E. L. (1981). « The evolution of sociotechnical systems: A conceptual framework and an action research program », dans Van de Ven, A. et Joyce, W. F. (dir.), *Perspectives on Organization Design and Behavior.* New York: Wiley Interscience, p. 1-67.

TSUI, A.-S, PEARCE, J. L., PORTER, L. W. et TRIPOLI, A.-M. (1997). « Alternative approaches to the employee-organization relationship: Does investment in employees pay off? », *Academy of Management Journal*, vol. 40, n° 5, p. 1089-1121.

VANDENBERGHE, C. (2004). « Conserver ses employés productifs: nature du problème et stratégies d'intervention », *Gestion*, vol. 29, n° 3, p. 64-72.

VELTZ, P. et ZARIFIAN, P. (1993). « Vers de nouveaux modèles d'organisation? », *Sociologie du travail*, n° 1, p. 3-25.

WELCH, M. (2011). « The evolution of the employee engagement concept: Communication implications », *Corporate Communications: An International Journal*, vol. 16, n° 4, p. 328-346.

WELLINS, R. S. *et al.* (1991). *Empowered Teams.* San Francisco: Jossey-Bass Publishers.

WILS, T., LABELLE, C., GUÉRIN, G. et TREMBLAY, M. (1998). « Qu'est-ce que la mobilisation des employés? Le point de vue des professionnels en ressources humaines », *Gestion*, vol. 23, n° 2, p. 30-39.

ZARIFIAN, P. (1996). *Travail et communication. Essai sociologique sur le travail dans la grande entreprise industrielle.* Paris: Presses universitaires de France, 213 p.

CHAPITRE 4
L'autonomie et l'autoorganisation dans l'économie du savoir

SOMMAIRE

Introduction

L'autonomie au travail a suscité beaucoup d'intérêt au fil des ans, notamment avec le développement des équipes semi-autonomes et des nouvelles formes d'organisation du travail (qui font l'objet du chapitre 7). Dans le contexte de l'économie du savoir, l'autonomie au travail est généralement fortement valorisée et elle paraît incontournable. Nous présentons donc d'abord quelques définitions de l'autonomie au travail, avant de passer aux objectifs qu'on lui attribue, à sa mise en œuvre et aux limites observées.

4.1. L'autonomie au travail

Puisque l'on ne peut parler de l'économie du savoir sans s'intéresser à l'autonomie des travailleurs du savoir, il convient d'abord de voir les définitions données à cette notion. Dans un deuxième temps, nous traitons du paradoxe que nous voyons en lien avec l'étude de l'autonomie au travail.

4.1.1. Quelques définitions

Il est utile d'abord de rappeler que, selon le *Petit Robert,* l'autonomie se définit comme étant le « droit de se gouverner selon ses propres lois ». De même, selon le *Larousse*, l'autonomie est la « capacité de quelqu'un à être autonome, à ne pas être dépendant d'autrui » ; c'est également le « caractère de quelque chose qui fonctionne ou évolue indépendamment d'autre chose ». Par ailleurs, le rôle de l'autonomie dans l'organisation a été abondamment traité par divers sociologues et économistes du travail (De Terssac, 1992 ; Chatzis *et al.*, 1999 ; Everaere, 1999 ; Perrenoud, 2000) à la fin des années 1990 et au début des années 2000. Voici donc dans un premier temps quelques définitions données à cette notion dans ces champs de recherche.

Selon Chatzis (1999, p. 29), l'autonomie au travail réside dans « la capacité d'un sujet (individuel ou collectif) de déterminer librement les règles d'action auxquelles il se soumet, de fixer, à l'intérieur de son espace d'action, les modalités précises de son activité, sans qu'un "extérieur" (ici l'organisation formelle) ne lui impose ses normes ». Selon Everaere (1999, p. 134), l'autonomie peut se définir comme une « capacité d'initiative légitimée destinée à permettre la prise en charge d'une situation de travail complexe, non totalement prescriptible, en raison de nombreux aléas susceptibles de l'affecter du fait des exigences de flexibilité ». Enfin, pour De Terssac et Maggi (1996, p. 249), le choix est très important dans la notion d'autonomie. Ils définissent l'autonomie comme « la capacité de produire et de choisir ses propres règles [...] donc comme la capacité de gérer ses propres processus d'action ».

La notion d'autonomie renvoie ainsi à quelques notions clés qui contribuent d'une manière significative à l'autonomie dans le travail. Everaere (1999) en identifie trois, soit le *choix*, la *participation active* et l'*influence*.

- Le *choix*: cette notion est liée à l'autonomie dans le sens où elle est inhérente à l'incertitude. En effet, l'autonomie suppose que le travailleur n'est pas cantonné à une solution unique (imposée), mais à une multitude de solutions pour atteindre l'objectif, comme le notent aussi De Terssac et Maggi (1996) qui insistent sur la possibilité pour les travailleurs de choisir et de définir leurs propres règles pour réaliser le travail.
- La *participation active*: cette notion renvoie à un « engagement volontaire dans l'action, une implication constante tendue vers l'amélioration systématique des processus » (Everaere, 1999, p. 136).
- L'*influence*: elle permet de mesurer le degré d'initiative des travailleurs dans un environnement autonome. Plus le niveau d'autonomie est élevé, moins il y a de normes prescrites et plus le travailleur exerce une influence dans la manière de gérer le processus de travail. Cela dit, l'autonomie ne peut être complètement associée à une absence totale de normes, car « l'existence de normes est intrinsèque à la définition d'un travail lui-même [...] donc définir l'autonomie par l'influence sur son propre travail, oui ; mais pas au point d'envisager une autonomie complète détachée de toute norme » (Everaere, 1999, p. 137). De Terssac et Maggi (1996) considèrent pour leur part que les travailleurs peuvent en quelque sorte négocier les règles de travail, entre eux et avec les supérieurs. De ce fait, ils acquièrent une certaine influence sur leur travail et leur milieu de travail.

Everaere (1999) retient également une autre notion clé qui peut avoir un effet sur l'autonomie, soit le *risque*. Il souligne à cet égard qu'une grande autonomie peut parfois s'accompagner d'une prise de risques plus élevés. Il nuance toutefois ce point en précisant que ce facteur est relatif à la compétence de l'individu.

Selon De Terssac (2012a), la notion d'autonomie peut se concevoir en termes de *résistance*, de *pouvoir* et de *contrôle du processus normatif*. Conçue comme *résistance*, l'autonomie consiste en une réaction contre des dispositifs et des décisions hétéronomes. À cet égard, De Terssac rappelle que « Friedmann (1956, p. 12) montre que, quelles que soient les contraintes issues de la division du travail, le travailleur garde de l'autonomie définie en termes de compétence, de conscience, de stratégie et il nous oblige ainsi à reconnaître le caractère irréductible de l'acteur social » (p. 2). Il ajoute que l'autonomie est un *pouvoir* en ceci qu'elle constitue une capacité stratégique d'affirmation des choix des travailleurs. En d'autres termes,

> l'autonomie est cette capacité de se conduire selon ses propres règles inventées en marge ou contre le système de règles officielles : cette notion d'autonomie est liée à la notion d'acteur rationnel et stratégique, mais aussi au refus de tout déterminisme. Pour autant, le sujet n'est pas dilué dans un vide social, mais bien ancré dans un jeu social de relations de pouvoir qui se construit dans les zones d'incertitude, chacune des parties essayant d'obtenir de l'autre qu'il se plie à ses exigences (De Terssac, 2012a, p. 3).

Enfin, toujours selon De Terssac, en tant que *contrôle du processus normatif*, l'autonomie est une façon de contrôler le processus d'action et d'interaction. À cet égard, il s'appuie sur la théorie de la régulation sociale de Jean-Daniel Reynaud et considère cette conception de l'autonomie comme fondamentale

> dans la mesure où les individus agissent en exerçant leur autonomie, tant pour échapper à la dépendance du système hétéronome de contrôle, que pour tenter de contrôler le dispositif normatif et d'affirmer par leur jugement et leurs décisions leur prétention à poser des règles (De Terssac, 2012a, p. 3).

4.1.2. Le paradoxe de l'autonomie

Les nouveaux impératifs en matière d'organisation du travail supposent souvent que les entreprises accordent plus de marge d'autonomie, de flexibilité et de liberté aux salariés, ou du moins affirment-elles le faire. Les politiques managériales s'orientent de plus en plus vers des pratiques d'autonomie et de responsabilisation des employés (Cerdin et Peretti, 2005). En effet, selon Barel *et al.* (2009, p. 28), il existe deux tendances dans la société contemporaine qui plaident en faveur d'une plus grande autonomie accordée aux salariés :

> D'une part, l'augmentation de la complexité dans la sphère économique met en lumière les limites des règles et procédures (M. Crozier, 1991). L'autonomie seule permet aux acteurs de l'entreprise de s'affranchir du carcan bureaucratique, de s'adapter aux situations mouvantes et incertaines et d'apporter des solutions appropriées aux problèmes particuliers posés par le travail quotidien. D'autre part, les hommes développent de nouvelles attentes vis-à-vis du monde du travail, refusant les anciens modèles hiérarchiques de décision et aspirant à des formes plus égalitaires et négociées de relations (J.-F. Chanlat, 2003). Les salariés souhaitent être davantage impliqués dans les décisions et les orientations à donner à leur travail.

Cela dit, il existe bien un paradoxe dans la conception de l'autonomie au travail. Ainsi, comme le constate Perrenoud (2000, p. 1) :

> Le salarié n'ignore pas, au fond de lui, qu'en acceptant un contrat il a délibérément aliéné une partie de sa liberté, mais il a constamment envie de l'oublier et de gagner sur tous les tableaux, au prix parfois d'une mauvaise foi sans limites ou d'une reconstruction très subjective de ce qui est légitime. L'employeur voudrait contrôler les procédures et les gestes professionnels, mais il n'ignore pas, au fond de lui – même s'il croit dur comme fer à l'organisation scientifique du travail – que la production dépend des initiatives et des bricolages autonomes des travailleurs.

Pour Perrenoud, le salarié marchande sans cesse son autonomie, ce qui mène à l'apparition de certains mécanismes de contrôle basés sur la défiance et l'hypothèse que les gens ne travaillent que contraints et forcés. Or, ajoute-t-il,

> les gens n'aspirent pas à ne rien faire, ni même à faire « toute autre chose » ; la plupart souhaitent faire ce qu'ils font à leur manière, à leur rythme, avec des outils et des matériaux qu'ils ont choisis. Bref, ils aimeraient, paradoxalement, qu'on « les laisse travailler ». Comme les employeurs, dans leur majorité, ne l'entendent pas de cette oreille, l'autonomie n'est pas un état stable, mais un enjeu permanent du rapport de force entre patrons et salariés. S'affrontent, dans l'organisation du travail comme dans son exercice quotidien, stratégies d'autonomisation et stratégies de contrôle (Perrenoud, 2000, p. 5).

Perrenoud (2000) souligne par ailleurs une série d'ambiguïtés fondamentales à l'autonomie dans le travail, dont la division des acteurs, le rapport entre autonomie et expertise et le respect des règles. Ces ambiguïtés ont également été reprises par Azaïs (2006). En ce qui concerne la première source d'ambiguïté, l'autonomie au travail pousse à une individualisation des rapports alors que la *coopération* et le *travailler ensemble* sont recherchés dans tous les secteurs (Azaïs, 2006). Or, force est de constater que

> l'autonomie dans le travail divise les acteurs, sauf dans les secteurs, encore peu nombreux, où la conception de la productivité passe par la valorisation de l'autonomie des salariés, assortie de façons nouvelles de rendre compte, qui introduisent d'autres modes de régulation (Perrenoud, 2000, p. 5).

Azaïs (2006) s'interroge sur cette volonté paradoxale des entreprises de favoriser l'autonomie alors que la nécessité des interrelations et des interdépendances entre les activités et les personnes ne cessent de croître. En effet, selon lui, les entreprises demandent aux salariés de

> s'engager « corps et âme » dans l'acte de travail, de donner du sens à ce dans quoi ils se sont investis, même s'ils ne sont pas totalement maîtres des objectifs de leur travail. Leur intelligence et leur investissement subjectif sont requis [...] en échange de quoi leur est reconnue une certaine dose d'autonomie, en partie instrumentalisée certes, mais pas uniquement, car les individus ont la possibilité d'accepter ou de refuser cette instrumentalisation. Toutefois, le refus peut entraîner un phénomène de « désaffiliation » (Castel, 1995, 2000), qui caractérise l'absence d'inscription du sujet dans des structures qui portent un sens, moyen de mettre sur la touche des individus ne correspondant plus exactement aux compétences requises. Le danger d'accroître la « souffrance au travail » de l'individu, qui voit sa reconnaissance et son autonomie s'amenuiser (Dejours, 1998) (Azaïs, 2006, p. 123).

La seconde source d'ambiguïté, selon Perrenoud (2000), est le rapport entre autonomie et expertise. En effet, l'auteur affirme que plus l'échelle des qualifications est élevée, plus il faut concéder d'autonomie, et ce, pour trois raisons : premièrement « à partir d'un certain niveau de formation, les professionnels n'acceptent pas une forte dépendance et portent leurs compétences ailleurs s'ils se sentent étroitement contrôlés ». Deuxièmement, « le travail qu'on leur confie ne peut être prescrit dans son détail ; si on les paie aussi bien, c'est justement pour inventer des solutions originales à des problèmes complexes, prendre et assumer en personne le risque de se tromper ». Et troisièmement, « les tâches qualifiées entraînent une responsabilité morale et juridique personnelle, qu'on ne peut assumer qu'en étant le premier maître de ses actes » (Perrenoud, 2000, p. 6). Ainsi, et ceci s'applique clairement dans nombre de professions du savoir, il s'agit de trouver le juste rapport entre le degré d'autonomie et le degré d'expertise. Ce rapport présente des enjeux tant économiques qu'identitaires pour les travailleurs. En effet,

> plus on reconnaît l'autonomie d'une catégorie de travailleurs, plus ils peuvent se considérer comme une profession à part entière, s'organiser, se référer à leurs pairs en cas de conflits, se donner des instances propres à la profession, un code d'éthique, organiser leur formation continue, autant de façons de modifier à leur avantage non seulement l'échelle salariale, mais les rapports de pouvoir (Perrenoud, 2000, p. 6).

Il faut par contre noter que les employeurs et syndicats sont souvent en conflit sur ces questions, au Québec comme ailleurs, la reconnaissance des compétences ou qualifications étant toujours un enjeu majeur dans les organisations.

La troisième source d'ambiguïté est relative au respect des règles aussi longtemps que cela ne nuit pas au rendement. Comme l'explique Perrenoud (2000), dans nombre de secteurs, en particulier les secteurs à risque (pétrochimie, cimenterie ou encore nucléaire), tout comme dans des secteurs plus simples, le fait de « suivre scrupuleusement les procédures et respecter à la lettre les normes de sécurité prend du temps et coûte de l'argent » (Perrenoud, 2000, p. 6). De ce fait, les salariés sont parfois amenés à contourner les règles, à ne pas réparer les outils lorsque nécessaire, à ne pas faire la maintenance requise. De Terssac (1992, p. 92) a réalisé nombre de recherches qui vont dans le même sens et il affirme que « ce qu'attend l'encadrement, c'est moins le respect de la règle que la réalisation des objectifs de production : c'est cela que recouvre la notion d'obligation implicite ». Il en conclut que la mise en œuvre de l'autonomie s'effectue bien souvent dans un contexte de travail caractérisé moins par des contraintes explicites d'obéissance que par des obligations implicites de production. Comme l'indique l'auteur, le « travail décrit et demandé par l'encadrement au travers des règles formelles devient moins explicite et moins visible » (p. 92). En fait, dans nombre d'activités de travail, les consignes données aux salariés ne sont pas toujours sous forme de prescriptions explicites et les salariés doivent généralement se débrouiller lorsqu'il s'agit de faire face à des pannes, des aléas ou des événements imprévus. Comme le note l'auteur,

> aux règles formelles qui se font plus discrètes, se substitue un univers d'obligations qui vise, si ce n'est à limiter l'autonomie des exécutants, du moins à « l'encapsuler » dans un système de l'encadrement : le passage de la règle explicite à l'obligation implicite n'enlève rien à l'orientation stratégique de la règle qui reste d'influencer le comportement des exécutants, même si cette influence se fait de manière plus discrète (De Terssac, 1992, p. 109).

Dans un autre texte, De Terssac (2012a, p. 7) établit une distinction entre autonomie et discrétion,

> pour mieux différencier la « fausse » autonomie de la « vraie » autonomie, l'autonomie issue de comportements attendus par l'encadrement, de l'autonomie pratiquée par les groupes d'exécution, mais aussi pour séparer ce qui vise à répondre aux exigences de fonctionnement du système de travail, de ce qui vise à affirmer une indépendance ou une influence sur le processus de travail ; il s'agit de bien éloigner ce qui est octroyé et/ou requis par la hiérarchie, de ce qui est conquis ou appris par les subordonnés.

Ces trois sources d'ambiguïté dans l'autonomie du travail prouvent bien que l'autonomie au travail ne signifie pas forcément *indépendance* (agir seul sans tenir compte des autres) ou *laisser-faire* (définir soi-même la finalité de ses actions) (Everaere, 1999). Toujours selon Everaere, « l'autonomie dans le travail ne peut aller jusqu'à l'autonomie du travail » (p. 37). L'auteur rappelle que l'autonomie ne touche en fait que la définition et l'application des moyens nécessaires pour réaliser le travail, alors que les objectifs du travail sont généralement fixés à un échelon supérieur de l'organisation. L'analyse des équipes de travail nous a d'ailleurs permis de constater que cette autonomie est souvent plus limitée que ce qui est affirmé par l'organisation (Tremblay et Rolland, 2011). Souvent, l'autonomie ne porte que sur la détermination des moyens pour réaliser le travail et c'est la hiérarchie qui détermine les objectifs globaux. Il arrive parfois, exceptionnellement, que les ouvriers puissent avoir plus d'autonomie sur des enjeux majeurs, comme c'est parfois le cas en Suède (Tremblay et Rolland, 2011). Ceci nous amène aux propos d'Azaïs (2006, p. 124) qui pense que « l'autonomie prônée est une autonomie d'équipe et non individuelle, "autonomie coopérative", "autonomie de réseau", "autonomie de concertation" ». Cet auteur souligne ainsi que l'individu n'agit pas seul, ne décide pas seul, mais plutôt en collaboration avec les collègues de travail et d'autres membres de l'organisation. De ce fait,

> la part de travail prescrit tend à s'amenuiser pour la bonne raison que la prescription n'est plus possible, souvent parce que, même si techniquement elle est possible, elle devient coûteuse, faiblement efficace et donc pas rentable. L'autonomie, pour paradoxal que cela puisse sembler, est alors imposée, assignée par l'organisation du travail, la fin important davantage que les moyens (Azaïs, 2006, p. 124).

L'autonomie des équipes sera abordée plus en détail dans le prochain chapitre portant sur la participation aux décisions.

4.2. Les objectifs de l'autonomie au travail

Du point de vue des entreprises, l'autonomie constitue un facteur clé du management moderne tel que le décrivent Boltanski et Chiapello (1999). En effet, la crise du modèle fordiste a poussé les sociétés industrialisées à chercher de nouveaux modes de fonctionnement et a imposé de nouvelles formes de rationalisation de la production, ainsi que de nouveaux modèles de gestion du travail et de l'emploi. Les termes *réactivité* et *flexibilité* sont devenus les mots clés de la modernisation (Vendramin, 2007).

Les entreprises se sont souvent tournées vers une organisation plus modulaire et flexible avec un écrasement des niveaux hiérarchiques (Boltanski et Chiapello, 1999). Les travaux de la Fondation travail-université dirigés par Vendramin permettent de résumer les innovations managériales récentes en une seule phrase: « des entreprises maigres travaillant en réseau avec une multitude d'intervenants, une organisation du travail en équipe, ou par projets, orientée vers la satisfaction du client, et une mobilisation générale des travailleurs grâce aux visions de leurs leaders » (Vendramin, 2007, p. 2).

Ainsi, l'autonomie vient répondre aux besoins des nouveaux modèles d'organisation du travail. L'entreprise cherche à maximiser la flexibilité et la réactivité en vue de satisfaire la clientèle. De ce fait, par opposition au modèle tayloriste où le champ d'intervention et l'autonomie des salariés sont limités, les organisations vont de plus en plus vers une reconnaissance d'un espace de prise de décision relatif aux salariés et à la minimisation de l'espace donné à la hiérarchie.

> L'élévation générale des niveaux de qualification, l'insatisfaction des cadres et le refus d'une relation dominant/dominé expliquent en partie que la hiérarchie soit devenue un mode d'organisation périmé. Le modèle devient celui de l'organisation sans hiérarchie, flexible, innovante, et hautement compétente (Vendramin, 2007, p. 2).

Du point de vue des salariés, l'épanouissement personnel et la connaissance de soi sont mis de l'avant. Les nouvelles organisations du travail promettent à chacun de se développer personnellement.

> La vision libératrice du travail dans la société de l'information nous annonce un travail de plus en plus qualifié, qui permet de mettre en œuvre et de développer de multiples compétences faites de savoir-faire et de savoir-être. Le travail s'affranchit des hiérarchies et des contrôles tatillons; il promet des espaces de réalisation personnelle. L'autonomie et le travail en groupe permettent un nouveau rapport au travail et au collectif de travail. Le travail se décrit avec des mots comme responsabilisation, implication, créativité et collaboration (Vendramin, 2007, p. 3).

C'est ainsi que les besoins de flexibilité et de réactivité prônés par les entreprises ont trouvé un écho favorable chez les travailleurs en quête d'autoréalisation et d'épanouissement personnel:

> L'autonomie était nécessaire aux entreprises flexibles, contraintes à l'innovation et à la créativité. L'entreprise attend de chaque salarié qu'il investisse toutes ses compétences dans son activité. Promesse lui est faite de pouvoir ainsi continuer à développer ses compétences et ses savoirs. La technologie a pris en charge tout ce que le travail avait de routinier et d'appauvrissant et l'espace ouvert à l'intelligence et à la réalisation de soi ira grandissant. Chaque individu devient une «pièce maîtresse» dans la réalisation des projets et des objectifs de l'entreprise (Vendramin, 2007, p. 3).

Cela dit, cette vision libératrice du travail procurée par l'autonomie n'a pas que des avantages et elle ne se réalise pas toujours de manière aussi positive. En effet, il existe quelques limites à l'autonomie que nous développons plus loin.

4.3. La mise en œuvre et l'évaluation de l'autonomie au travail

Les sections qui suivent traitent des conditions associées à la mise en œuvre de l'autonomie au travail, de même qu'à l'évaluation de cette autonomie.

4.3.1. Les conditions pour la mise en œuvre de l'autonomie au travail

Les travaux scientifiques ne sont pas très élaborés sur la manière d'encourager l'autonomie individuelle au travail. En revanche, il existe beaucoup d'écrits sur la gestion des équipes autonomes et semi-autonomes que nous abordons dans le prochain chapitre.

Everaere (1999) a traité des conditions nécessaires à la mise en œuvre de l'autonomie. En effet, l'auteur examine dix paramètres qui, selon lui, sont indispensables à l'élaboration de l'autonomie dans l'entreprise: la compétence, la responsabilité, l'apprentissage, l'autonomation, la stabilité, la hiérarchie, la rétribution, les partenaires sociaux, les règles et les systèmes d'informations. En outre, l'auteur insiste sur le fait que l'autonomie requiert des ajustements sur mesure, qu'elle est également située dans le cadre théorique général de la division du travail, ainsi que dans celui de la coordination (Everaere, 1999). Sur ces questions, la plupart des auteurs s'entendent et soulignent qu'il existe un grand nombre de conditions à l'autonomie réelle, mais elles ne sont pas toujours réalisées ou observées dans les organisations, ou alors à des degrés divers (Tremblay et Rolland, 2011).

Dans les paragraphes suivants, nous détaillons une à une les composantes mises de l'avant par Everaere et qui sont considérées comme nécessaires à la mise en œuvre de l'autonomie dans l'entreprise.

4.3.1.1. L'autonomie et la compétence

Everaere (1999) affirme que la compétence émerge à la rencontre hypothétique (donc instable et fragile) entre les propriétés individuelles et la situation de travail. Les propriétés individuelles ne se limitent pas aux qualifications de l'individu, mais aussi à son expérience (savoir-faire dérivé de la pratique, etc.), sa disponibilité physique (avoir le temps), sa disponibilité mentale (avoir envie, implication) ainsi que l'engagement circonstanciel dans l'action (juger les limites de sa propre compétence). Ainsi, du côté des individus, la compétence est « spécifique à celui qui la détient et se trouve à l'état de potentiel » (Everaere, 1999, p. 51).

La situation de travail se caractérise par six paramètres :

> un équipement à utiliser... pour transformer une matière (et/ou une information)... en opérant un ordonnancement local des tâches... dans certaines conditions de travail... compte tenu d'indicateurs de performance... et dans un environnement culturel donné (Everaere, 1999, p. 51).

Tout comme les propriétés individuelles, chaque situation de travail est singulière et peut évoluer dans le moyen terme et varier au jour le jour. Selon Everaere (1999), la compétence rassemble ce que Taylor avait séparé, à savoir la réflexion et l'exécution. La compétence est donc nécessaire à la mise en œuvre de l'autonomie, car elle est fondamentalement particulière à un contexte donné, ainsi qu'à la personne qui l'occupe.

4.3.1.2. L'autonomie et la responsabilité

Le concept de responsabilité se veut être une tension permanente ou une vigilance continuelle pour travailler le plus efficacement possible avec tous les compromis que cela puisse occasionner, que ce soit au niveau des objectifs officiels de la production (quantité, coût, délais) ou des objectifs personnels (dépense d'énergie, sécurité, confort, etc.). La responsabilité reflète donc un engagement intime, une vigilance pour les actions à venir et une exigence envers soi-même. Nombre d'auteurs mettent en évidence le lien important entre autonomie et responsabilisation (Tremblay et Rolland, 2011).

L'autonomie et la responsabilité sont deux concepts intimement liés, car

> l'autonomie sans responsabilité constituerait une erreur organisationnelle majeure, chacun pouvant faire n'importe quoi sans devoir rendre des comptes et assumer les conséquences de ses actes. D'un autre côté, des responsabilités sans autonomie, cela reviendrait [...] à imputer des responsabilités à quelqu'un qui n'a pas conscience de ses actes et de leurs conséquences sur les autres (Everaere, 1999, p. 60).

4.3.1.3. L'autonomie et l'apprentissage

L'apprentissage est également un principe lié à la compétence et de ce fait à l'autonomie. Everaere (1999) définit l'apprentissage comme étant un « processus cognitif ouvert et continu tourné vers l'adaptabilité » (Everaere, 1999, p. 65).

L'apprentissage porte en lui le principe de perfectibilité. Ainsi, par opposition à la *one best way* de Taylor, les travailleurs développent ainsi une *one better way*, une façon de mieux faire, sans que ce ne soit la meilleure manière, soit une façon de faire qui peut être améliorée localement par les exécutants.

L'apprentissage peut se faire par la confrontation aux problèmes réels (*sur le tas*), mais aussi par la réactualisation des bases de connaissances (formation). Cela dit, le droit à l'erreur et à l'expérimentation semble être primordial dans cette quête de solutions inédites en vue de l'amélioration des processus de travail.

4.3.1.4. L'autonomie et l'autonomation

Le néologisme *autonomation* fusionne autonomie et automatisation et évoque ainsi la division nécessaire des tâches entre l'homme et la machine. En effet, pour Everaere (1999), les individus ne peuvent être autonomes que si les machines disposent elles-mêmes d'un minimum d'intelligence. Cette relative intelligence des machines fait que les travailleurs peuvent leur déléguer les tâches routinières et répétitives et s'assurer de se consacrer aux tâches plus complexes « demandant de l'apprentissage, de l'adaptation, de l'anticipation, de l'initiative, de la coordination, et du savoir-faire (maintenant, contrôle de la qualité, amélioration des processus, concertation avec les autres, etc.) » (Everaere, 1999, p. 71).

4.3.1.5. L'autonomie et la stabilité

Il est difficile d'associer la stabilité à l'autonomie. En effet, la quête de l'adaptabilité et de la souplesse en vue de contrer un environnement de plus en plus imprévisible, ne doit pas outrepasser certains repères qui déterminent la stabilité. Everaere (1999) en compte trois :

- La *stabilité de l'emploi* : en d'autres termes, l'intégration durable des individus dans l'entreprise qui les incitera à faire preuve d'autonomie. En effet, sans stabilité d'emploi, il est peu vraisemblable que les travailleurs auront envie de s'engager dans le travail et d'améliorer les processus.
- La *stabilité de la situation de travail* : Everaere (1999) pense que la compétence ainsi que l'apprentissage (deux facteurs indissociables de l'autonomie) ne peuvent s'acquérir que par la pratique répétitive et à long terme de situations de travail relativement stables et homogènes. Il faut pour cela limiter les effets pervers de la polyvalence qui génère le risque de déperdition des savoirs et de perturbation des processus d'apprentissage. Toutefois, cela ne veut pas dire que la polyvalence est impossible, mais elle génère des coûts d'inefficience susceptibles de nuire à la maîtrise et à la qualité du processus.
- La *stabilité de prérogatives* : l'autonomie peut laisser suggérer une certaine porosité des champs d'intervention des individus où chacun peut faire tout et n'importe quoi. Or, une autonomie réussie est celle qui délimite les prérogatives des travailleurs avec fermeté et rigueur. Certes, il peut y avoir des recouvrements et des redondances dans les savoirs, mais il faut tout de même que les champs d'intervention de chacun soient clairs (Everaere, 1999, p. 79).

4.3.1.6. L'autonomie et la hiérarchie

Bien souvent, la hiérarchie est présentée comme l'antithèse d'un fonctionnement autonome. Cela dit, la complexité des processus de travail peut induire un besoin d'autonomie et de hiérarchie: « C'est un grave contresens que de considérer que l'autonomie réduit par un phénomène mécanique de type de vases communicants le besoin d'encadrement» (Everaere, 1999, p. 80). En effet, on peut supprimer les niveaux hiérarchiques pour réduire le caractère bureaucratique des structures, mais on ne peut réellement se passer d'un encadrement de proximité dans les organisations qui prônent l'autonomie. Ce dernier est considéré comme un *maillon essentiel* du dispositif d'autonomie dans le travail. Ainsi, la hiérarchie (ou encadrement) de proximité œuvre à l'identification et au développement des compétences à travers des processus locaux d'apprentissage, au choix de personnes adéquates à se former, à la sélection des formateurs, etc. (Everaere, 1999).

Everaere (1999) rappelle aussi que les pratiques d'autonomie *encadrée* dans un management plus *démocratique* qu'autocratique font que le travail est considéré comme étant moins stressant et plus attractif. Cela aide également au développement d'une relation de confiance avec les supérieurs hiérarchiques de l'entreprise et amène les employés (subordonnés) à travailler différemment, en particulier dans l'utilisation des informations disponibles pour faire des choix. De plus, la hiérarchie dans les organisations autonomes joue un rôle primordial dans la gestion et l'absorption du stress, ce qui constitue pour les employés une forme de protection psychologique qui les empêche de routiniser à outrance leur travail ou de déformer la réalité en contestant tout ce qui peut indiquer un danger ou un dysfonctionnement.

4.3.1.7. L'autonomie du *sur mesure*

Une des conditions de la mise en œuvre de l'autonomie dans l'organisation est l'analyse approfondie des paramètres indispensables pour l'adéquation de la situation de travail à l'individu qui l'effectue. Ainsi, la nature des tâches et des interventions, les connaissances et les savoir-faire requis, la nature et les conséquences des aléas, les procédures et leur degré de fiabilité, etc., sont autant d'éléments qui doivent être examinés de près en vue de réussir l'adéquation entre l'individu et sa situation de travail. C'est à la hiérarchie de proximité qu'incombe la responsabilité de cette analyse qui a pour but de s'ajuster à moyen et à long terme et ainsi mettre en place des éléments pour faire évoluer l'organisation.

4.3.1.8. L'autonomie et la rétribution

Il est impossible de développer l'autonomie dans une organisation sans rétribuer les efforts fournis à leur juste valeur. En effet, l'autonomie requiert davantage d'efforts, d'implication et d'attention de la part des individus. Il est donc normal que l'entreprise paie davantage un travailleur compétent, capable d'initiative qu'un travailleur passif ne faisant qu'obéir aux consignes. Cela dit, dans les cas où les entreprises possèdent des marges de manœuvre économiques très limitées, Everaere (1999, p. 86) affirme que l'absence d'autonomie peut être « une source de dépenses indirectes ou différées importantes ». En effet, l'auteur propose trois éléments de coûts qui amènent à reconsidérer une politique de rémunération cohérente avec le développement de l'autonomie :

- Le *coût d'opportunité*: il affirme ici qu'une personne qui n'est pas autonome sera un peu plus rigide dans son travail et que cela constitue un coût d'opportunité (Everaere, 1999, p. 86).
- Le *coût d'encadrement*: l'auteur note qu'« un individu non autonome doit être davantage encadré, et ce surcroît d'encadrement coûte » (Everaere, 1999, p. 86).
- Le *coût lié au risque d'incompétence*: enfin, il semble

  > [qu']une capacité d'initiatives défaillante peut coûter cher à l'entreprise si des erreurs sont commises que ce soit vis-à-vis des clients (problèmes de qualité, par exemple) ou vis-à-vis des équipements de production de l'entreprise [...] par des individus n'ayant pas les compétences ou les capacités d'initiatives requises (Everaere, 1999, p. 86).

En plus de la question des coûts, la rétribution de l'autonomie est considérée par certains comme un bon moyen de fidélisation et de rentabilisation des actifs humains ; cela ne fait toutefois pas l'unanimité, car certains salariés considèrent que le fait de devoir s'engager et d'en faire plus comme « faire le travail des cadres » (Tremblay, 2007)[1]. Pour Everaere (1999, p. 87),

> les dispositifs de rémunération qui incitent à un investissement de l'individu dans son travail et dans l'entreprise, et qui l'engagent à vouloir en recueillir le fruit sur le long terme sont tout à fait appropriés pour rétribuer l'autonomie.

Nous avons toutefois vu au chapitre 3 sur l'engagement que ce n'est pas toujours si simple et l'autonomie comme l'engagement n'est pas toujours si facile à mettre en œuvre dans le contexte de l'économie du savoir. Certes, les entreprises la recherchent et tentent de la susciter, mais tous les salariés n'adhèrent pas, comme le montre une étude sur le travail en équipe dans trois entreprises industrielles au Québec (Tremblay, 2014). Cependant, il est clair que les salariés de l'économie du savoir recherchent généralement davantage l'autonomie et l'engagement que ce n'est le cas dans des secteurs plus traditionnels. Le chapitre 10, sur le présentéisme, reviendra aussi sur certaines manifestations d'autonomie et d'engagement, notamment sous la forme des longues heures de travail.

4.3.1.9. L'autonomie et les partenaires sociaux

Selon Everaere (1999), les partenaires sociaux (ou syndicats) ont un rôle à jouer dans la mise en œuvre de nouvelles organisations à base d'autonomie, à la fois dans une perceptive de moyen terme (garantir la sécurité de l'emploi) et dans le quotidien (assurer un relais pour la prise de parole).

---

1. Voir le chapitre qui porte sur le travail en équipe dans Tremblay, D.-G. (2007). *L'innovation continue*. Québec : Presses de l'Université du Québec.

En ce qui concerne le premier point, les syndicats doivent défendre la sécurité d'emploi, nécessaire à l'exercice de l'autonomie. Quant au second point, il semblerait que les syndicats aient un rôle à jouer au quotidien en veillant à ce que les doléances des parties soient systématiquement transmises et qu'elles puissent obtenir des réponses satisfaisantes (Everaere, 1999).

4.3.1.10. L'autonomie et les règles

Everaere (1999) se base sur les travaux de De Terssac (1992) pour mettre en parallèle l'autonomie et les règles en reprenant le postulat selon lequel les règles élaborées par l'encadrement sont incomplètes, ambiguës et parfois même incohérentes par rapport au contexte réel de travail. Du fait de l'incertitude, l'imprévisibilité et l'urgence de certaines situations, les règles ou les procédures standards ne peuvent qu'être remises en cause tellement elles peuvent être réductrices par rapport à toutes les éventualités du travail réel. Donc, il est admis que les règles officielles soient imparfaites et que leur adaptation, voire leur transgression, soit tolérée dans la mesure où elles conditionnent la réalisation des objectifs de production en situation d'incertitudes. Ainsi,

> l'autonomie réside précisément dans la capacité à discerner, en fonction des situations ou des contextes, le caractère obligatoire, facultatif, inutile, voire parfois nuisible, des règles et à faire varier la soumission en fonction des contingences (Everaere, 1999, p. 95).

De Terssac (1992) met également de l'avant la coproduction de règles entre l'encadrement et les exécutants et l'importance des règles tacites qui au fil du temps, peuvent venir à s'imposer et à déclasser d'anciennes règles. Dans un contexte de flexibilité, il est important que les règles collent au plus près des réalités. De fait, l'autonomie des travailleurs leur permet d'ajuster les règles, de les faire correspondre aux besoins ou aux particularités de la production. Les travailleurs peuvent ainsi faire évoluer les règles au fil du temps afin de compenser les écarts entre le travail prescrit et le travail réel (De Terssac, 1992).

4.3.1.11. L'autonomie et la division du travail

L'autonomie au travail conduit indéniablement à repenser les principes hérités au début du xxe siècle (fordisme, taylorisme) sur la division du travail. En effet, Everaere (1999, p. 100) affirme « qu'il n'y a pas d'autonomie sans recomposition conjointe du travail, des savoirs et du pouvoir décisionnel ». Toutefois, il n'est pas question de remettre en question le principe de division du travail qui reste, selon l'auteur, nécessaire dans un contexte complexe et incertain. Ce qui a fondamentalement changé, ce sont les axes autour desquels la division des processus de travail se faisait.

4.3.1.12. L'autonomie et la coordination

Si le travail dans une organisation basée sur l'autonomie n'exclut pas la division des tâches (telle que définie ci-dessus), il n'en reste pas moins qu'il faut coordonner le tout pour créer une cohérence globale. En effet, Everaere (1999) se pose une question pertinente : « si chacun est autonome localement, comment maintenir la cohérence du tout et faire converger (coordonner) les actions de chacun dans une direction satisfaisante pour l'ensemble ? » (Everaere, 1999, p. 109).

Pour cela, l'auteur se base sur la typologie des modes de coordination de Mintzberg (1982). Mintzberg identifie cinq modes de coordination possibles résumés par Everaere (1999) comme suit :

> L'ajustement mutuel (communication informelle directe entre quelques individus), la supervision directe (régulation hiérarchique typique : un chef à la responsabilité d'un nombre plus ou moins important de subordonnés), la standardisation des procédés (la tâche à accomplir est spécifiée à l'avance, il suffit d'exécuter un mode opératoire précis), la standardisation des résultats (seul le résultat du travail est spécifié dans l'esprit de la direction par objectif), la standardisation des qualifications (seul est précisé le type de compétence nécessaire à la réalisation du travail) (Everaere, 1999, p. 110).

Mintzberg a également proposé un sixième mode de coordination qui est celui de la standardisation par les normes. En évoquant divers auteurs ayant écrit au sujet des normes et de la normalisation des procédures, Everaere (1999) souligne l'ambiguïté de la notion de la norme, car « contrairement à la standardisation des procédés, des résultats ou des qualifications, il n'y a pas un groupe dans l'organisation chargée de la conception et de la diffusion de ces normes ou de ces valeurs » (Everaere, 1999, p. 110).

Les modes de coordination précédemment cités sont des idéaux-types et il faut reconnaître que dans la réalité du monde de travail, nous faisons souvent face à des systèmes hybrides de coordination combinant à la fois l'ajustement mutuel, la coordination par les résultats, etc. (Everaere, 1999). Toutefois, les modes de coordination ne peuvent pas tous se combiner et peuvent même parfois être antagonistes. Everaere (1999) souligne toutefois que la standardisation des résultats est ce qui semble le plus garantir le principe d'autonomie locale et celui de la nécessité d'une cohérence globale pour l'ensemble du système de production.

4.3.1.13. L'autonomie et les systèmes d'information

Le système d'informations complète le principe de coordination par standardisation des résultats évoquée plus haut. Everaere (1999) souligne l'importance de la qualité et de la cohérence du patrimoine informationnel commun à l'ensemble des acteurs-décideurs de l'organisation pour ainsi permettre l'autonomie locale sans nuire, à la cohérence globale. Pour cela, le système d'information se doit d'être standard et durable afin de garantir la cohérence et l'unicité des langages, des données et des procédures. La standardisation et la durabilité du système informationnel peuvent sembler paradoxales dans un contexte de flexibilité, mais elles paraissent essentielles (Everaere, 1999). Il en est de même pour les principes stricts et normatifs de la forme et du support de l'information pour ainsi « préserver l'unicité, la disponibilité et la qualité de l'information, afin que celle-ci soit compréhensible, utilisable et disponible pour chacun » (Everaere, 1999, p. 120). Cela peut également paraître paradoxal par rapport au principe de l'autonomie dans un système flexible qui suppose « de ne pas préjuger de l'usage de l'information par les acteurs dans leurs actes décisionnels locaux » (Everaere, 1999, p. 120).

Il est donc indispensable que l'ensemble des acteurs puisse accéder à des informations fiables et communiquer entre eux. Si l'information n'est pas disponible, inaccessible ou erronée, il ne peut y avoir de décisions autonomes appropriées aux situations (Everaere, 1999 ; De Terssac, 1992).

4.3.2. L'évaluation des effets de l'autonomie

Comment mesure-t-on l'autonomie dans le travail ? Les travaux scientifiques n'abordent pas ce sujet. Certes, il y a eu quelques échelles de niveaux d'autonomie comme celle de Lunacek (1994) qui intègre des considérations plus sociologiques (dépendant / critique / constructif / apparatchik / franc-tireur / stratège), ou encore des classifications de niveaux d'autonomie dans le contexte de travail en équipe (Tremblay et Rolland, 2011). Ces modèles sont considérés par Everaere comme n'étant pas « suffisamment opératoires pour les managers en charge du repérage et du management de proximité des collaborateurs appelés à être autonomes dans leur travail » (Everaere, 2006, p. 108). De ce fait, il propose une échelle de mesure qui permet aux gestionnaires de situer le niveau d'autonomie de leurs collaborateurs à partir de comportements typiques pouvant relever tantôt de paramètres objectifs (notamment la fréquence et la nature des sollicitations, la capacité à transgresser intelligemment les règles, la capacité à proposer des axes d'amélioration ou d'innovation) et tantôt de paramètres subjectifs liés à d'éventuels besoins d'être rassurés, des perceptions du risque ou des enjeux liés à l'adaptation des règles et au sentiment de responsabilité qui doit en principe accompagner les pratiques d'autonomie. La figure 4.1 illustre cette échelle de mesure.

Everaere propose ainsi quatre niveaux simples d'autonomie, soit les suivants : 0 = incompétence ; 1 = poser de « bonnes » questions ; 2 = adapter intelligemment les règles ; 3 = remettre en cause et améliorer. On retrouve tout ceci dans le tableau, en allant du bas vers le haut. Cela rend des comportements typiques (identifiés de A à J) qui intègrent des registres objectifs (soit les capacités, à droite dans le tableau) et des registres subjectifs (volonté ou envie de, à gauche). Les teintes utilisées désignent : des comportements très adéquats (blanc) ou corrects (gris pâle) avec les pratiques d'autonomie selon les niveaux ; des comportements problématiques (gris foncé) et des comportements qui appellent vigilance de la part des gestionnaires (gris moyen).

La limite de ce modèle se situe dans sa généralité. Il faut réussir à transposer cette grille théorique à des situations professionnelles précises.

> Seul le lecteur peut le faire en fonction de sa propre expérience. Mais en transposant les concepts proposés et en essayant de visualiser les comportements qualifiés d'adéquats ou au contraire de problématiques (parfois rédhibitoires), voire de mettre un visage sur les différents comportements repérés, pour essayer d'évaluer le niveau d'autonomie des collaborateurs connus, on perd en comparabilité. Car ce qui est un indice d'incompétence dans un contexte professionnel donné ne l'est pas pour un autre. Il en est de même pour la qualification d'une « bonne » question, ou le degré d'intérêt ou de dangerosité dans la transgression des règles, ainsi que l'ampleur, la nature et la pertinence des innovations (Everaere, 2006, p. 121).

Figure 4.1. Échelle de mesure des niveaux d'autonomie proposée par Everaere

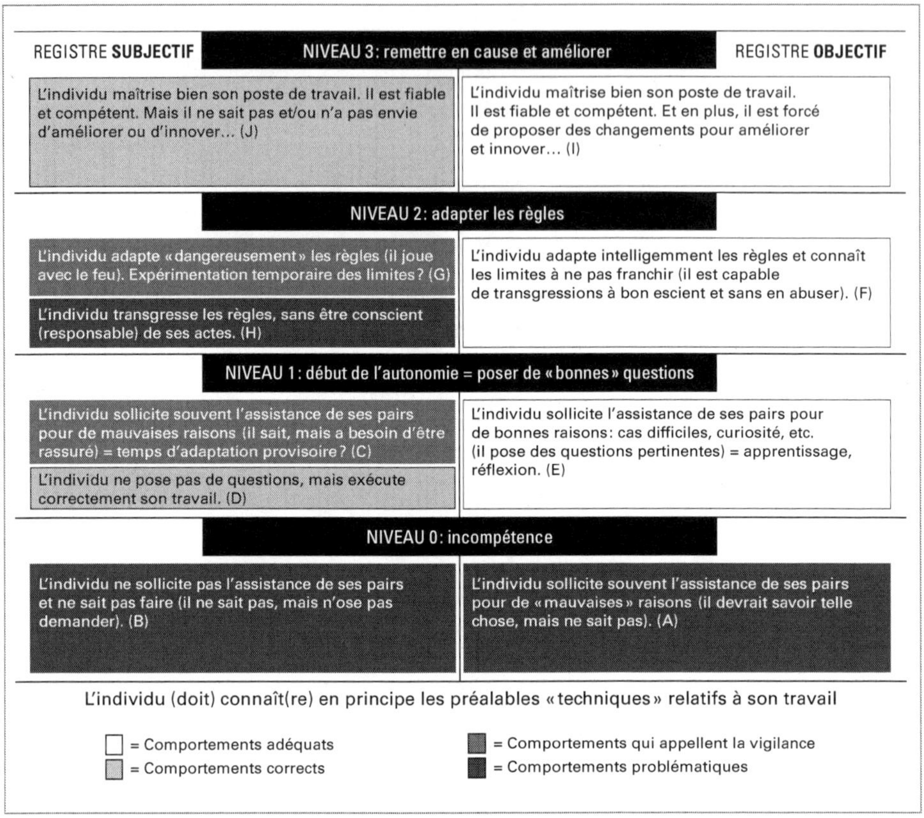

Source : Everaere (2006, p. 108).

4.4. Les limites et les difficultés de l'autonomie

Comme mentionné auparavant, les avantages offerts par l'autonomie, tant aux entreprises qu'aux travailleurs ne constituent pas nécessairement des bénéfices. En effet, certaines difficultés d'instauration peuvent subsister faisant ainsi ressortir les limites de ce modèle d'organisation.

Everaere (1999) aborde les difficultés et les limites de l'autonomie en cinq points. Il souligne d'abord que l'autonomie ne peut être appliquée de manière universelle dans tous les milieux. Une autre difficulté a trait à la différenciation des statuts ou à la segmentation du marché du travail, qui amène des travailleurs précaires à travailler aux côtés de travailleurs stables, ce qui peut occasionner des difficultés ou des tensions entre les deux groupes.

À cet égard, Vendramin (2007) note aussi la difficulté reliée à des situations différenciées des travailleurs dans le cadre d'un fonctionnement soutenant l'autonomie. En effet, des résultats d'enquête ont montré que « la pression du groupe peut être plus forte que celle de la hiérarchie et que la marge de manœuvre des groupes peut être relativement limitée» (Vendramin, 2007, p. 4). Il peut s'ajouter à ces tensions de cohabitation d'autres problèmes liés à la pratique de la flexibilité comme le fait d'affecter des individus mal préparés à des situations de travail exigeantes, le bouleversement des équilibres fragiles inhérents à la gestion des compétences ou encore la difficulté pour les salariés précaires de prévoir, d'anticiper et de jouer sur les différentes temporalités que requiert une situation de travail autonome.

La technologie peut bien être un support comme un obstacle au développement d'un fonctionnement autonome dans une entreprise. En effet, la technologie peut limiter l'initiative des travailleurs en proposant des solutions toutes faites, ce qui accentuerait les menaces d'asservissement humain. Ainsi, selon Everaere (1999, p. 157), si on ne forme pas correctement les salariés, les utilisateurs, «les technologies peuvent s'avérer un élément rigidifiant du travail du fait de leur opacité».

Enfin, le fonctionnement autonome peut amener à une remise en cause des solidarités collectives tant il est difficile de «concilier un dispositif inévitablement individuel de développement, de mesure et de reconnaissance de la compétence, avec des formes collectives de fonctionnement» (Everaere, 1999, p. 157). Si l'on ajoute à cela la question de l'individualisation des rémunérations (pendant naturel de la compétence), il devient difficile de réunir à la fois des comportements individualistes et des comportements de coopération. Ce défi est bien résumé dans cette phrase: «travaillez ensemble, coopérer [*sic*] et recherchez une efficacité collective, et en même temps distinguez-vous individuellement» (Everaere, 1999, p. 157). Enfin, l'autonomie peut créer des espaces de liberté dans l'accomplissement du travail, mais générer du stress en parallèle, devenant par là même une méthode de travail très exigeante du point de vue cognitif et psychologique (Everaere, 1999).

Vendramin (2007) ajoute à cette série de limites trois éléments qu'il importe de mentionner ici:

- L'*autonomie et la maîtrise du travail*: tel qu'il est mentionné auparavant, les espaces de liberté créés par l'autonomie peuvent se révéler éprouvants pour les travailleurs dans le sens où cette dernière diminue la maîtrise qu'ils ont de leur travail et de leur vie.

  > L'autonomie dans le travail et le travail par objectifs se révèlent source d'intensification du travail et d'autoexploitation. Beaucoup de directions accordent davantage d'autonomie dans la réalisation du travail, mais resserrent l'étau au niveau des objectifs à atteindre, ce qui conduit à une perte de maîtrise de la charge de travail et du temps professionnel, et à une personnalisation de la faute en cas d'échec. Autonome, le salarié devient aussi responsable, mais la distinction des responsabilités et des rôles manque souvent de clarté (Vendramin, 2007, p. 5).

- Le *surinvestissement et la charge de travail*: l'autonomie entraîne un surinvestissement dans le travail qui est lié

  > au souci d'être évalué positivement, de progresser professionnellement, mais aussi à la crainte d'être perçu comme un maillon faible, peu performant, peu impliqué dans son travail. Le travail autonome n'est plus vraiment contrôlé sur base du temps de travail, mais sur les réalisations (Vendramin, 2007, p. 5).

À tous les niveaux de qualification (cadres ou non-cadres), le temps de travail est de plus en plus éclaté et de plus en plus difficile à mesurer (Vendramin, 2007).

- Le *contrôle* et le *«benchmarking» des salariés*: l'aplatissement des structures hiérarchiques n'a pas pour autant fait disparaître le contrôle.

> À l'autocontrôle, s'ajoute le contrôle par les objectifs, par les indices de satisfaction des clients, et par les batteries d'indicateurs quantitatifs et qualitatifs fournis par les technologies de l'information. Si le travail est devenu plus autonome, il n'a jamais été aussi contrôlé et mesuré. Des pans entiers d'activités font l'objet de mesure et de «benchmarking» [...] L'objectif est toujours de tirer le profit maximum du temps qui passe, de lutter contre les temps morts entre deux opérations et contre la porosité du temps de travail. Tout le temps de travail doit être du temps travaillé. [...] Les salariés contrôlés et évalués sont mis en concurrence, entre équipes ou individuellement, dans le but d'éliminer les moins performants. Le culte de la performance individuelle et l'exaltation de la mobilité deviennent de véritables dogmes (Vendramin, 2007, p. 5).

Ceci peut amener l'individu à ce que mentionnait Everaere (1999) à savoir, privilégier son propre intérêt au détriment de l'action collective et du succès de l'entreprise.

Conclusion

Ce chapitre nous a amenés à traiter d'autonomie et de contrôle et nous a permis de voir les diverses définitions de l'autonomie et de l'autoorganisation, tout comme ses manifestations dans les milieux de travail. Les travaux de De Terssac, Vendramin et Everaere sont parmi les principaux travaux scientifiques dans le domaine et ils permettent d'avoir des repères théoriques pour analyser les situations de travail dans l'économie du savoir, notamment les situations de travail en équipe, qui renvoient souvent à une certaine autonomie des personnes membres du collectif, mais exigent par ailleurs qu'il y ait articulation et coordination des actions. On parle d'ailleurs parfois d'interdépendance entre les personnes faisant partie d'une équipe.

Dans le chapitre suivant, nous nous intéresserons à la participation des salariés, un thème qui se rapproche du concept de l'autonomie, mais qui met l'accent sur d'autres dimensions, comme nous le verrons.

Bibliographie

AZAÏS, C. (2006). « Désegmentation du marché du travail et autonomie », dans Boutillier, S. et Uzunidis, D. (dir.), *Travailler au XXIe siècle : nouveaux modes d'organisation du travail.* Bruxelles : De Boeck, p. 114-127.

BAREL, Y., FRÉMEAUX, S. et SALLADARRÉ, F. (2009). « Autonomie du salarié et intention de départ », *La Revue des sciences de gestion*, nos 237-238, p. 27-34.

BOLTANSKI, L. et CHIAPELLO, E. (1999). *Le nouvel esprit du capitalisme.* Paris : Gallimard.

CERDIN, J.-L. et PERETTI, J.-M. (2005). « La fidélisation des salariés par les entreprises à la carte », *Revue de gestion des ressources humaines*, janvier-mars, no 55, p. 2-21.

CHATZIS, K. (1999). « De l'autonomie par l'indépendance à l'autonomie dans l'interaction », dans Chatzis, K., Mounier, C., Veltz, P. et Zarifian, P. (dir.), *L'autonomie dans les organisations. Quoi de neuf ?* Paris : L'Harmattan, p. 27-37.

CHATZIS, K., MOUNIER, C., VELTZ, P. et ZARIFIAN, P. (dir.) (1999). *L'autonomie dans les organisations. Quoi de neuf ?* Paris : L'Harmattan, 314 p.

DE TERSSAC, G. (1992). *Autonomie dans le travail.* Paris : Presses universitaires de France, 279 p.

DE TERSSAC, G. (2012a). « Autonomie et travail », dans Bevort, A., Jobert, A., Lallement, M. et Mias, A. (dir.), *Dictionnaire du travail.* Paris : Presses universitaires de France, coll. « Quadrige », p. 47-53.

DE TERSSAC, G. (2012b). « La théorie de la régulation sociale : repères introductifs », *Revue Interventions économiques*, vol. 45. <http://interventionseconomiques.revues.org/1476>. Consulté le 19 avril 2013.

DE TERSSAC, G. et MAGGI, B. (1996). « Autonomie et conception », dans De Terssac, G. et E. Friedberg (dir.), *Coopération et conception*, 2e éd. Toulouse : Éditions Octares.

EVERAERE, C. (1999). *Autonomie et collectif de travail.* Paris : Agence nationale pour l'amélioration des conditions de travail, coll. « Point de repères ».

EVERAERE, C. (2006). « Pour une échelle de mesure de l'autonomie dans le travail », *Revue internationale sur le travail et la société*, vol. 4, no 2, p. 105-123.

LUNACEK, C. (1994). *La délégation efficace. Pour un nouveau management plus responsabilisant.* Paris : ESF Éditeur, 180 p.

MINTZBERG, H. (1982). *Structure et dynamique des organisations.* Paris : Eyrolles.

PERRENOUD, P. (2000). « L'autonomie au travail : déviance déloyale, initiative vertueuse ou nouvelle norme ? », *Cahiers pédagogiques*, no 384, p. 14-19.

TREMBLAY, D.-G. (2007). *L'innovation continue.* Québec : Presses de l'Université du Québec.

TREMBLAY, D.-G. et ROLLAND, D. (2011). *Gestion des ressources humaines : typologies et comparaisons internationales.* Québec : Presses de l'Université du Québec, 350 p.

VENDRAMIN, P. (2007). « La gestion individualisée du travail : promesses et pièges », *Notes éducation permanente*, no 2007-29. <http://www.ftu.be/documents/ep/EP-29-07.pdf>. Consulté le 1er mai 2014.

CHAPITRE 5
La participation au travail

SOMMAIRE

Introduction

La participation et le travail en équipe sont des éléments qui sont souvent vus comme caractéristiques du contexte de l'économie du savoir. De fait, la diffusion du modèle japonais d'organisation du travail ainsi que du modèle suédois d'équipes semi-autonomes a incité nombre d'entreprises d'autres pays à développer des formes de participation diverses, puisque ces deux pays semblaient avoir trouvé dans la participation une manière d'accroître la performance et la flexibilité de l'organisation.

On observe actuellement que de nombreuses entreprises du Québec comme d'ailleurs transforment leur organisation du travail et optent pour la participation des salariés, sous diverses formes. Comme nous l'avons indiqué dans des chapitres antérieurs, la flexibilité est souvent recherchée par les organisations dans le contexte de l'économie du savoir. Or, celles-ci considèrent que la participation des salariés est une excellente façon d'accroître la flexibilité du processus de production. Un grand nombre d'entreprises développent donc diverses formes de participation ou de consultation, mais elles ne vont pas toujours aussi loin que le travail en équipe ou les équipes semi-autonomes à la suédoise, ces dernières formes de participation donnant un poids plus important aux salariés.

5.1. La participation au travail

Dans cette première partie, nous commençons par définir ce qu'est la participation dans l'entreprise et nous dévoilons les différents types de participation. Nous nous intéressons également à une forme particulière de participation qui est la participation aux décisions. Nous abordons ensuite les objectifs de la participation du point de vue des organisations et nous évoquons enfin le paradoxe de la participation dans les organisations.

5.1.1. La participation dans l'entreprise

Dans cette section, nous traitons successivement de la définition de la participation, puis des types de participation. Nous nous intéressons ensuite à la participation aux décisions.

5.1.1.1. La définition

Si l'on veut partir d'une définition très globale, Hermel (1988) définit la participation comme le fait de « prendre part à quelque chose ». Il précise que « le degré d'implication et la nature même de la part prise peuvent varier selon les cas » (Hermel, 1988, p. 112). Cette définition va dans le sens de celle proposée en 1969 par le Centre national des dirigeants d'entreprise (CNDE) :

> Participer, c'est d'abord informer et comprendre : informer pour que chacun puisse mesurer ce que l'on attend de lui et savoir ce que la collectivité entreprend de faire et de bien faire ; comprendre pour que chacun, conscient de ses responsabilités, de son rôle, de son adhésion à une politique générale, œuvre dans le bon sens, dans la sphère où s'inscrit son activité. La participation réclame la mobilisation de tous les salariés de l'entreprise, mais une mobilisation née de l'acceptation libre, fondée sur l'intelligence de tous les objectifs poursuivis (CNDE, 1969, p. 16).

L'information, la compréhension et la mobilisation forment ainsi une base essentielle pour tout gestionnaire désirant faire de la gestion participative. Perron (1997) ajoute à ces trois critères, celui de la consultation, et affirme que « l'information étant la base de la gestion participative, la consultation vient par la suite consolider le climat de confiance nécessaire. Ce n'est qu'à partir de ces deux éléments que la mobilisation sera possible » (Perron, 1997, p. 58).

5.1.1.2. Les types de participation

Hermel (1988) identifie les différents types de participation par deux critères : la nature de la participation et le degré de participation. En ce qui concerne la nature de la participation, il fait état de trois cas principaux dans l'organisation, soit la participation aux moyens, la participation au processus et la participation aux résultats.

La *participation aux moyens* consiste le plus souvent en une participation financière donnant aux membres de l'organisation la possibilité d'acquérir des parts de capital et d'en devenir, de ce fait, des actionnaires représentés au conseil d'administration. Elle ne procure pas à ceux qui l'exercent la possibilité d'intervenir, directement ou indirectement, dans le processus.

La *participation au processus* consiste en une contribution à la valeur ajoutée et se divise, selon Hermel (1988), en trois éléments : la participation à la conception, à la réalisation et à l'exécution du travail ou de la production en question. Il considère que la forme la plus complète de participation au processus est la première, car « elle suppose que le participant définisse son propre produit et les objectifs à atteindre avant de réaliser son travail. Cela inclut nécessairement des étapes intégrées d'autocontrôle intermédiaire, tout au long de la mission considérée » (Hermel, 1988, p. 120). Dans les entreprises, ce type de participation se cantonne bien souvent au niveau des cadres supérieurs, et encore.

La *participation aux résultats* est une forme de récompense pour le résultat obtenu individuellement ou collectivement. La participation peut aller des primes individuelles ou collectives à la participation aux fruits de l'expansion en passant par la médaille du travail ou la promotion. Elle peut être jumelée à la participation au processus, mais peut parfois se limiter à la participation d'exécution (prime de rendement). Cela dit, on peut s'interroger sur l'efficacité de cette forme de participation. En effet, l'auteur se demande si les salariés étaient susceptibles de jouer le jeu de la participation aux résultats s'il ne leur est pas donné la capacité de participer à l'exécution, voire même à la conception. « Rien ne semble moins sûr, dans le contexte socioculturel actuel où les valeurs dominantes nouvelles s'expriment précisément en termes d'accomplissement personnel, autonomie, qualité de vie... » (Hermel, 1988, p. 126). En même temps, il faut reconnaître que la participation aux résultats est tout de même assez fréquente aux États-Unis notamment, et elle est vue comme une manière d'amener les salariés à adhérer aux objectifs de l'organisation, une manière d'éviter la résistance à diverses propositions patronales, puisqu'alors, les résultats pourraient être réduits, ce qui va alors à l'encontre de l'intérêt des travailleurs.

Déterminer la nature de la participation dans une organisation est donc primordial si l'on adopte un mode de fonctionnement participatif. Cela dit, elle ne détermine en rien l'ampleur et l'intensité de la participation qui, selon Hermel (1988), se définissent selon trois critères: le degré de participation, les acteurs concernés et le mode de participation.

Le *degré de participation* est le degré en volume ou en quantité dans le temps et dans l'espace de la participation pratiquée dans l'entreprise. Ainsi, on peut se poser la question de la durée dans le temps des processus de participation, par exemple: les cercles de qualité ou les groupes semi-autonomes sont-ils permanents dans l'organisation ou sont-ils exceptionnellement utilisés en cas de crise? L'intensité de la participation peut également être définie dans l'espace: la participation est-elle localisée ou générale?

Il convient aussi de se demander *qui est visé* par la participation dans l'organisation. Les cadres supérieurs et les dirigeants? Tout l'encadrement? Tout le personnel? Selon Hermel (1988), tous les membres du personnel devraient être inclus dans la participation. Cela dit, il convient de préciser que cette approche peut avoir un effet négatif si les enjeux des participants ne sont pas pris en compte et s'ils ne sont ni préparés ni formés à ce type de participation (nous développons plus loin les facteurs de succès de la participation).

En ce qui concerne le *mode de participation*, Hermel (1988) distingue la participation directe et la participation indirecte. La première se définit comme étant «le pouvoir reconnu, à un moment donné, à un groupe d'exercer une influence sur son propre environnement immédiat, en prenant, après discussion, les décisions nécessaires» (Weiss, 1978, cité par Hermel, 1988, p. 130). La seconde s'exerce par l'intermédiaire d'un tiers tel que les institutions des représentations du personnel dans la négociation collective (forme la plus fréquente de participation indirecte). Cette dernière peut poser problème quant à la réalité et la sélectivité de la représentation du personnel qui peut constituer un biais dans la transmission d'informations. Cela dit, une prédominance de la participation directe reviendrait à remettre en cause l'existence même de la représentation du personnel. L'auteur conclut donc que l'intensité et l'ampleur de la participation sont «plus fortes en cas de participation directe, ou de participation mixte – directe et indirecte» (Hermel, 1988, p. 131).

5.1.1.3. La participation aux décisions

Perron (1997) distingue trois niveaux de participation aux décisions: le niveau stratégique, le niveau organisationnel et le niveau opérationnel.

La nature des décisions au niveau *stratégique* concerne la mission, les objectifs et la stratégie d'entreprise. Il est rare que les employés prennent part aux décisions à ce niveau sauf dans les entreprises participatives où ils peuvent être informés et consultés au préalable. Ainsi:

> les gestionnaires avisés sont conscients de l'information que possèdent leurs employés et les consultent avant de mettre au point leurs stratégies avec le conseil d'administration. [...] Les employés participent aux réflexions sur les stratégies de développement et aux sessions de formation, préparant cette réflexion stratégique. Ces entreprises lancent un message clair à leurs employés: «Nous avons besoin de vous pour nous développer» (Perron, 1997, p. 61).

Les décisions au *niveau organisationnel* sont relatives à l'organisation, l'agencement et l'ordonnancement des ressources afin d'atteindre les objectifs de l'entreprise. Ces décisions sont généralement prises par des cadres:

> Dans les entreprises pratiquant la gestion participative, les employés seront informés et consultés avant que ces décisions soient prises. Le plus souvent, ils seront mobilisés dans divers comités qui traitent de ces questions (comité de gestion, cercle de qualité, etc.) (Perron, 1997, p. 61).

Dans la plupart des cas, c'est au niveau opérationnel que la participation des employés est le plus requise, car les décisions qui s'y prennent sont relatives à l'exécution du travail et à l'amélioration de la qualité du travail.

> C'est à ce niveau que l'information, la consultation et la mobilisation prennent tout leur sens, parce que c'est le niveau que contrôlent mieux les employés. La gestion participative commence ici. La confiance créée par les succès à ce niveau permet de passer par la suite aux niveaux organisationnel et stratégique (Perron, 1997, p. 62).

C'est également au niveau opérationnel que se développe le concept d'équipe autonome sur lequel nous revenons ultérieurement dans ce chapitre.

Hermel (1998) affirme, quant à lui, que la participation aux décisions, de la détermination des règles à mettre en application à la conception des objectifs à suivre, se rapproche du principe de démocratie.

> Appliqué à l'entreprise, ce principe [...] conduirait à penser que la forme la plus forte de participation est une participation réellement démocratique, où tous les membres du personnel partagent de façon équitable le pouvoir de gouverner (Hermel, 1988, p. 113).

5.1.2. Les objectifs de la participation

Les objectifs de la participation s'apparentent à ceux déjà traités auparavant dans le chapitre sur l'autonomie des salariés, à savoir l'émergence de nouvelles logiques (incertitude, flexibilité, etc.) qui amènent les organisations à s'adapter aux changements dans la manière de gérer le personnel. Comme l'expliquent Petit *et al.* (1999):

> La production de masse a progressivement laissé place à une exigence de flexibilité. De plus en plus, il s'est agi de s'adapter rapidement aux exigences d'une demande de plus en plus diversifiée; voire même de l'anticiper ou de la créer. Dans un contexte d'intensification de la concurrence, la rapidité de réactions aux impulsions du marché ainsi que la qualité de service constituent de plus en plus de critères sur lesquels se jouent la réussite ou l'échec de l'organisation (Petit *et al.*, 1999, p. 67).

Bélanger *et al.* (1998) abondent dans le même sens et ajoutent qu'au-delà des exigences du nouveau contexte économique, les innovations organisationnelles recherchent l'implication des salariés pour «faire plus et mieux avec moins».

> La recherche d'implication accrue des salariés nécessite d'agir sur leur consentement et sur leur volonté de travailler autrement (plus et mieux, plus fort ou plus intelligemment); en leur donnant un travail plus conforme à leurs aspirations de réalisation au travail (ce qu'ils recherchent effectivement), en les associant aux décisions, en incitant leur organisation syndicale à les convaincre de travailler plus et mieux... en les forçant à se comporter ainsi par la crainte de perdre leur emploi... (Bélanger *et al.*, 1998, p. 21).

Il faut toutefois ajouter que la participation ou l'engagement des salariés peuvent aussi être recherchés parce que l'on se trouve dans un contexte professionnel où les salariés s'attendent à être consultés et écoutés (les groupes plus éduqués) ou encore parce que l'entreprise a une stratégie axée sur l'innovation et la qualité, qui exige l'engagement; la participation des salariés paraît alors comme une bonne manière d'accroître cet engagement.

Hermel (1988) résume d'ailleurs les objectifs des organisations qui mettent en place un fonctionnement participatif en cinq points: la recherche de la performance (compétitivité, innovation, flexibilité, etc.), les considérations humanistes (épanouissement, implication des individus), le souci de vie interne de l'entreprise (mobilisation, motivation, cohésion, etc.), les besoins du gestionnaire de mieux appréhender le fonctionnement de son unité et la nécessité de changer (exigences liées à l'évolution, survie de l'entreprise, etc.).

Monteil (1983), quant à lui, affirme que la gestion participative peut être une source de réduction de la résistance au changement en associant le personnel aux processus. Elle permet également de rapprocher, bien qu'ils soient souvent contradictoires, les objectifs des acteurs et ceux de l'organisation et ainsi, « harmoniser les contraintes économiques et techniques de l'organisation avec les aspirations des personnes » (Monteil, 1983, p. 60). La diversité de ces objectifs et la divergence d'intérêt des acteurs sont la source de tensions et de paradoxes dans l'exercice du modèle participatif, ce que nous abordons dans la section suivante.

Pour Monteil (1983), la pratique de la participation a des conséquences sur les personnes, sur l'organisation et les structures, ainsi que sur le fonctionnement et les relations. Ainsi, la participation au travail permet « de faire passer les salariés d'une situation de soumission, de dépendance, voire d'aliénation vis-à-vis de l'organisation, à une situation plus équilibrée ou chacun peut à son niveau exercer une influence sur le fonctionnement de l'organisation » (Monteil, 1983, p. 61). Au niveau de l'organisation, la gestion participative a un effet positif sur l'ambiance de travail grâce au développement d'un système d'information fluide et efficace nécessaire à la mise en place de la participation. Elle a aussi un effet sur la performance qui peut se manifester par une amélioration de la productivité et du système de prise de décision, ainsi qu'une diminution de la résistance aux changements. Enfin, quant au fonctionnement de l'organisation et aux relations, la participation peut être un moyen de réduire les clivages entre les niveaux hiérarchiques en renouvelant l'esprit de coopération: « la participation provoque la rencontre, l'écoute, la prise en compte des contraintes et des objectifs de chacun » (Monteil, 1983, p. 63). Cependant, l'auteur tient compte sur ce point des relations de pouvoir et de contrôle entre dirigeants et salariés qui peuvent freiner le développement d'un fonctionnement participatif. Les dirigeants soulignent l'importance du contrôle dans ce mode de fonctionnement et insistent sur le fait que participation ne rime pas nécessairement avec absence de contrôle. Les salariés, quant à eux, craignent que la participation ne soit qu'une utopie qui ne change rien en substance et qui a essentiellement pour but d'affaiblir le pouvoir des syndicats. Sur ce point, Monteil (1983) écrit que « si l'on veut voir se réaliser les conséquences attendues de la participation directe, il est indispensable que la pratique de celle-ci soit cohérente et harmonisée avec la pratique de la participation indirecte avec les représentants du personnel » (Monteil, 1983, p. 63).

5.1.3. Le paradoxe de la participation

Bélanger (2000) souligne l'importance du rapport entre la participation des employés et la productivité et son caractère *discrétionnaire* et indéterminé. En effet, la participation des employés demeure largement tributaire de la volonté de ces derniers d'investir leurs compétences et leur savoir-faire dans le processus de production.

> Cette volonté, à son tour, repose sur les arrangements organisationnels, les conditions de travail acceptées de plein gré et les relations de coopération de façon plus générale. Bref, la participation de l'employé est cruciale parce que, dans une large mesure, l'effort de celui-ci demeure discrétionnaire (Bélanger, 2000, p. 3).

Bélanger *et al.* (1998) évoquent, quant à eux, des tensions et des paradoxes dans le modèle de l'entreprise qualifiée de partenariale. Ces paradoxes sont abordés du point de vue des relations du travail.

Ainsi, pour ces auteurs, « la participation est un phénomène complexe à géométrie variable selon le degré de partage des pouvoirs qu'il comporte et les objets sur lesquels il porte ». La nature de la participation (aux décisions, à la conception, aux résultats, etc.) et son degré d'intensité (tous les acteurs, quelques employés) présument du partage de pouvoir à prévoir dans le cadre du fonctionnement :

> La participation réelle, à distinguer de la pseudo-participation ou de la participation sans pouvoir, nécessite de la part de la direction un partage du pouvoir au profit du syndicat qui voit ainsi son champ d'intervention et son pouvoir s'accroître. La situation est paradoxale, lorsque le partenariat s'accompagne d'une pseudo-participation, sans partage du pouvoir, en limitant la participation à la consultation ou à la formulation de suggestions d'amélioration. C'est le cas des cercles de qualité et plus généralement des comités consultatifs. Ce type de participation est peu durable (Lawler et Morgan, 1985) et en outre il s'accompagne d'effets plus limités sur les performances (Batt et Appelbaum, 1995) (Bélanger *et al.*, 1998, p. 23).

Pour Bélanger *et al.* (1998), la participation des employés suppose des modifications dans le système de gouvernance des entreprises étant donné la divergence des intérêts sur le court et le long terme. En effet, les programmes d'innovation mis en place par les directions locales sont exigeants en coûts à court terme pour apporter des bénéfices à long terme. Or, bien souvent les actionnaires et les hautes directions sont préoccupés par les coûts à court terme et cherchent à retirer des bénéfices immédiats. Cette divergence dans les intérêts peut nuire aux programmes de participation qui requièrent du temps afin de produire des résultats satisfaisants.

L'autre point développé par Bélanger *et al.* (1998) est celui du rôle de l'acteur syndical dans un mode de fonctionnement participatif. En effet, ce mode entraîne une confusion dans la logique des syndicats, qui du fait de la participation peuvent se trouver à épouser la logique du patronat et les intérêts de la direction tout en continuant à défendre les intérêts des salariés. Dans la mesure où les dirigeants syndicaux se rapprochent de la direction de l'entreprise, ils s'éloignent de leurs membres. Bélanger *et al.* (1998) expliquent :

> Les dirigeants syndicaux apparaissent dès lors, à tort ou à raison, comme trop proches de la direction de l'entreprise et incapables de bien représenter les intérêts des travailleurs de la base, nécessitant une certaine indépendance. Compte tenu de la nature politique et démocratique de l'organisation syndicale, ces dirigeants, favorables à la participation et jugés trop proches de la direction, sont susceptibles d'être remplacés par d'autres dirigeants plus critiques à l'égard de, voire opposés à, la participation. Cela introduit une grande instabilité dans les expériences de changement (Bélanger *et al.*, 1998, p. 25)

Les auteurs s'interrogent aussi sur cette confusion des genres surtout dans un contexte d'affaiblissement syndical : « Comment une réelle participation, avec une influence réelle sur la prise de décisions, peut-elle être compatible avec un partenaire syndical affaibli ? » (Bélanger *et al.*, 1998, p. 24). Ce paradoxe constitue donc un enjeu majeur pour les entreprises syndiquées et peut avoir des conséquences sur la division du mouvement syndical (distance des syndicats locaux des affiliations plus larges) ou encore l'émergence d'un syndicalisme d'entreprise.

Un autre point soulevé par Bélanger *et al.* (1998) est celui de l'emploi à une échelle sociale plus large. En effet, l'acceptation de l'implication accrue des employés vient en échange d'une certaine sécurité de l'emploi que les entreprises sont de moins en moins capables de garantir. De ce fait, les entreprises vont offrir la sécurité d'emploi au seul personnel formant le noyau central de leurs activités et avoir recours à la sous-traitance ou à une main-d'œuvre plus précaire pour se protéger contre les fluctuations du marché. Le modèle participatif assure donc « certes une protection accrue pour certains salariés, mais il est également générateur d'une précarisation accrue pour d'autres » (Bélanger *et al.*, 1998, p. 26). Il en est de même pour la formation qui s'adresse de plus en plus à un noyau central pour éviter l'investissement en pure perte dans la formation d'une main-d'œuvre qui serait susceptible d'aller travailler pour un concurrent.

Tous ces paradoxes amènent à s'interroger sur la pertinence de la participation dans la gestion, comme l'exprime Hermel (1988) :

> La participation peut donner formellement un certain pouvoir à ceux qui ne sont pas des managers. Elle est fréquemment en outre génératrice de débats ouverts, parfois porteurs de conflits. Dès lors, le « bon » management doit-il se passer de participation, sous peine de devenir fondamentalement paradoxal ? À l'inverse, la participation est-elle possible sans management ? (Hermel, 1988, p. 136).

L'auteur en arrive à la conclusion que le paradoxe de ces deux concepts n'est qu'apparent, car rien ne prouve leur contradiction. Pour Hermel (1988), il est plus opportun de parler de « dosage » entre participation et gestion qui conduira à plus de souplesse et de capacité d'adaptation de l'organisation afin de saisir toutes les occasions: « ... le manager [pourra] s'appuyer davantage sur ses managés donc accroître son autonomie et sa liberté d'action, tout en enrichissant sa décision » (Hermel, 1988, p. 156).

Pour Hermel (1988) tout comme pour Bélanger (2000), la gestion participative ne constitue en aucun cas une panacée au malfonctionnement des organisations (ni *one best way* ni formule optimale universelle). Cela dit, quand Hermel (1988) élève la contingence à un principe clé de la gestion participative, Bélanger (2000) prévient qu'une approche trop contingente ne serait pas la solution idéale, car « si on insiste trop sur la spécificité et les idiosyncrasies de chaque lieu de travail et sur les variations d'un cas à l'autre, on en arrive souvent à penser que les choix organisationnels optimaux sont "tout à fait contingents" » (Bélanger, 2000, p. 32).

Il s'agit donc de trouver une démarche intermédiaire qui permettrait d'appréhender la participation au travail comme une possibilité offerte aux gestionnaires, à condition de savoir la mettre en œuvre.

5.2. Les méthodes participatives dans les organisations

Il existe plusieurs programmes et méthodes qui favorisent la participation des travailleurs dans l'entreprise. Les plus connues d'entre elles sont: le partage de l'information avec les employés, les programmes de suggestions des employés, la conception flexible des tâches, les cercles de qualité (ou équipes de résolution de problèmes), les comités mixtes patronaux-syndicaux et les groupes de travail autonomes (Statistique Canada, 1999).

Dans cette partie, nous présentons les origines et les modes de fonctionnement des principaux courants de la participation des travailleurs dans l'entreprise. Ainsi, nous traitons du modèle japonais de participation, du modèle suédois, des cercles de qualité et des équipes autonomes.

5.2.1. Le modèle japonais

Le Japon fut le premier pays à vouloir rompre avec les traditionnelles conceptions tayloriste et fordiste de l'organisation (réduction des temps opératoires et des interventions des opérateurs, production de masse, forte centralisation des décisions et de l'information, etc.) pour mieux s'adapter aux besoins de l'économie japonaise d'après-guerre, à l'époque marginalisée, dépourvue de ressources naturelles et évoluant dans un contexte incertain (Petit *et al.*, 1999). Selon Chabaud et Parthenay (1999),

> le modèle J (japonais) constitue une solution plus efficace dans ce contexte en reposant sur une coordination horizontale, le traitement des flux d'information étant réalisé sans l'intervention de la hiérarchie. La coordination nécessite alors, outre des mécanismes de transmission horizontale de l'information (p. ex., le *kanban*), la pratique d'une « définition souple des fonctions » (Aoki, 1988), qui permet aux agents de développer des compétences localement et de se mobiliser collectivement en présence d'aléas importants (Chabaud et Parthenay, 1999, p. 52).

Ce modèle doit sa naissance à Ohno, ingénieur en chef puis directeur des usines Toyota. Ce dernier fut le premier à remettre en question les modes traditionnels de production pour créer des groupes de travail (composé d'ouvriers et de chefs d'équipe) en vue d'obtenir un processus continu d'amélioration (*Kaizen* en japonais). Ce nouveau système de production a eu pour effet de développer l'autonomie, l'initiative et la polyvalence des opérateurs (Petit *et al.*, 1999).

Le développement du *Kaizen* a également favorisé le développement de la production juste-à-temps qui vise le *zéro stock, zéro défaut, zéro délai*. Là encore, « c'est l'opérateur qui va indiquer le type de pièce de produit à fabriquer en fonction des contraintes de production qu'il rencontre. C'est lui qui va prendre l'initiative de s'alimenter en pièces auprès du poste en amont lorsqu'il en a besoin, et "juste" de la quantité dont il a besoin » (Petit *et al.*, 1999, p. 70). Le modèle japonais s'est donc substitué au modèle quantitatif de masse américain pour se spécialiser dans la production de petites séries et se différencier grâce à des produits différents.

La méthode japonaise favorise grandement la participation des opérateurs et permet plus d'autonomie, d'autocontrôle, de pouvoir de décision et de responsabilités (Petit *et al.*, 1999). Elle a changé le rôle des gestionnaires qui sont « devenus les animateurs d'un *processus de production* impliquant les personnes et les équipes, avec un rôle de conseiller, de formateur, de coordinateur-régulateur » (Petit *et al.*, 1999, p. 70). Cette conception des choses puise ses sources dans des valeurs (notamment le collectivisme) propres à la société japonaise. Les individus y sont sensibilisés à la philosophie de l'entreprise et à sa culture (qui se manifeste dans un ensemble de symboles et de cérémonies). Les prises de décisions sont donc naturellement participatives, car tous ceux qui sont engagés dans le processus de décisions sont amenés à participer même dans le cas où la décision touche un nombre important de personnes (Ouchi, 1981).

5.2.2. Le modèle suédois

Ce modèle a vu le jour dans des usines d'assemblage automobile, soit celles de l'entreprise Volvo en Suède. C'est au début des années 1970 que Volvo a décidé de rompre avec un modèle de production traditionnel de travail à la chaîne pour le remplacer par un nouveau mode d'organisation dit « modulaire ». Le but était d'augmenter l'efficacité des travailleurs, comme l'explique Petit *et al.* (1999):

> Les ouvriers, de faible niveau de qualification pour la plupart, effectuaient des tâches relativement simples, parcellaires et répétitives. La monotonie du travail et parfois sa pénibilité ainsi que l'absence de perspectives d'évolution pour les ouvriers se traduisaient par des taux d'absentéisme proches de 20 % (Petit *et al.*,1999, p. 72).

L'entreprise a donc intégré dans ses usines de Kalmar et d'Uddevalla un nouveau système qui fonctionne sans chaîne de montage, avec peu de robots ou systèmes automatiques pour favoriser l'intervention d'« hommes de métier dûment formés ». « Les véhicules ne sont plus assemblés sur une chaîne, mais dans des modules décentralisés et fixes où des équipes de 8 à 10 personnes sont responsables du montage complet d'un véhicule[1] » (Petit *et al.*, 1999, p. 71).

1. Ce système s'est d'ailleurs traduit par une forte progression du nombre de femmes dans les usines automobiles.

La responsabilisation des équipes est le maître-mot de l'organisation suédoise: à partir d'objectifs annuels et mensuels négociés avec la direction, ce sont les équipes qui décident des moyens à mettre en œuvre pour atteindre l'objectif, ce qui nécessite un effort de coordination et de discussion au sein de l'équipe, l'ordonnancement du travail et les modalités de contrôle. Selon Petit *et al.* (1999),

> la production est discutée chaque semaine au sein de l'équipe; les ajustements nécessaires et les nouveaux objectifs sont décidés à cette occasion. Leur atteinte permettra aux ouvriers de percevoir des primes équivalant à 10 % du salaire hebdomadaire à condition que l'équipe tout entière ait répondu aux conditions fixées en matière de qualité de livraison et de productivité (Petit *et al.*, 1999, p. 72).

L'entreprise a dû investir pour former ses employés et aussi pour réduire le potentiel de pénibilité pour le personnel féminin qui représentait 40 % des équipes, ce qui a profité aussi aux hommes qui n'ont pas tous une forte carrure et amélioré la sécurité au travail. Le changement du mode d'organisation du travail a permis de faire passer le taux d'absentéisme, jadis de 20 %, à 8 %.

Le modèle suédois se distingue donc par des pratiques innovantes d'organisation du travail caractérisées par l'élargissement et l'enrichissement des tâches grâce à l'allongement des temps de cycle et à l'autonomie de la prise de décision des équipes de travail (Chabaud et Parthenay, 1999).

Cela dit, ce mode d'organisation, certes participatif, peut être source de divers comportements opportunistes qui peuvent se révéler nuisibles à l'organisation,comme l'expliquent Chabaud et Parthenay (1999):

> Une organisation de la technologie productive et des modes de coordination basés sur des équipes de travail autonomes multiplient les risques de situation d'asymétrie d'information en défaveur de l'entreprise. Celle-ci est confrontée à la difficulté de mesurer *ex ante* les compétences d'un salarié qui devra être apte à prendre des initiatives et à coopérer (risque de sélection adverse) (Chaubaud et Parthenay, 1999, p. 53).

En effet, il semble que l'autonomie de l'équipe telle qu'imaginée par le modèle suédois ne permette pas de mesurer l'action réelle de chaque salarié, ce qui pousse les entreprises à créer un « système d'incitation "centralisé" dans lequel la progression des salariés est liée à l'accumulation des compétences et dans lequel l'insertion à long terme dans l'entreprise ainsi que la valorisation de l'acquisition de compétences spécifiques sont primordiales » (Chaubaud et Parthenay, 1999).

5.2.3. Les cercles de qualité

L'Association française des cercles de qualité (AFCERQ) définit les cercles de qualité comme suit:

> Un cercle de qualité est un petit groupe permanent et homogène, composé de cinq à six volontaires appartenant à une même unité organique (atelier, bureau, laboratoire, réseau de vente) ou ayant des préoccupations professionnelles communes (Petit *et al.*, 1999, p. 72).

Les membres de ce groupe se réunissent volontairement et régulièrement pour identifier, analyser et résoudre des problèmes relatifs à leur travail (qualité, sécurité, productivité, conditions de travail, etc.). Les cercles de qualité sont par ailleurs souvent appelés les « équipes de résolution de problèmes ».

En 1991, Kélada soulignait que les cercles de qualité étaient alors l'une des approches les plus célèbres de gestion participative, leur but étant l'amélioration continue de la qualité dans leur secteur de l'entreprise pour ainsi atteindre la *qualité totale*. Ce concept, également défini par l'AFCERQ, renvoie à « un ensemble de principes et de méthodes, organisés en stratégie globale et visant à mobiliser toute l'entreprise pour obtenir une meilleure satisfaction du client au moindre coût » (Petit *et al.*, 1991, p. 73). Si les cercles de qualité sont moins fréquents aujourd'hui, il reste que la recherche de la qualité demeure un objectif important et que les entreprises s'en préoccupent encore beaucoup aujourd'hui.

Les cercles de qualité ont vu le jour au Japon au début des années 1960 grâce à Kaoru Ishikawa qui affirmait que les experts et les bureaux de méthodes n'ont pas le monopole de la pensée. Chaque travailleur, quel que soit son niveau hiérarchique, est *pensant* et donc capable d'utiliser son expérience et sa connaissance (De Coster, 1999). Ishikawa était appuyé dans ses recherches par la Japanese Union of Scientists and Engineers (JUSE) qui a pour but de contribuer au développement des méthodes scientifiques au travail. Le succès de la méthode des cercles de qualité est tel que des cercles de qualité s'implantent petit à petit aux États-Unis comme en Europe où le mouvement qualité connaîtra un grand essor au début des années 1980. Par ailleurs, l'AFCERQ se veut une institution analogue à la JUSE et vise à encourager et enregistrer les expériences qui se font dans ce domaine (De Coster, 1999). Cette pratique était passablement répandue dans les entreprises canadiennes, mais a depuis fait place à d'autres pratiques organisationnelles telles que le partage de l'information avec les employés, les programmes de suggestions des employés, les comités mixtes patronaux-syndicaux, etc. Le tableau 5.1 montre le déclin des cercles de qualité (ou équipes de résolution de problèmes) dans les entreprises entre 1999 et 2005.

Tableau 5.1. Pourcentage des entreprises ayant recours aux équipes de résolution de problèmes en 1999 et en 2005, par taille d'entreprise

Taille des entreprises	1999	2005
1 à 19 employés	22,6 %[a]	12,8 %
20 à 99 employés	27,3 %	19,6 %
100 à 499 employés	32,3 %	32,5 %
500 employés et plus	53,3 %	37,0 %

a) En 1999, les questions n'ont pas été posées aux établissements comptant dix employés ou moins contrairement à 2005. Ceci pourrait donc légèrement fausser les statistiques.

Source : Adapté des données de 1999 et de 2005 de l'*Enquête sur le milieu de travail et les employés*, Statistique Canada.

La figure 5.1 illustre la présence de pratiques organisationnelles telles que le partage de l'information avec les employés, les programmes de suggestions des employés, les comités mixtes patronaux-syndicaux, selon la taille des entreprises au Canada.

Figure 5.1. Fréquence des pratiques de travail à haut rendement selon la taille de l'emplacement, 2005

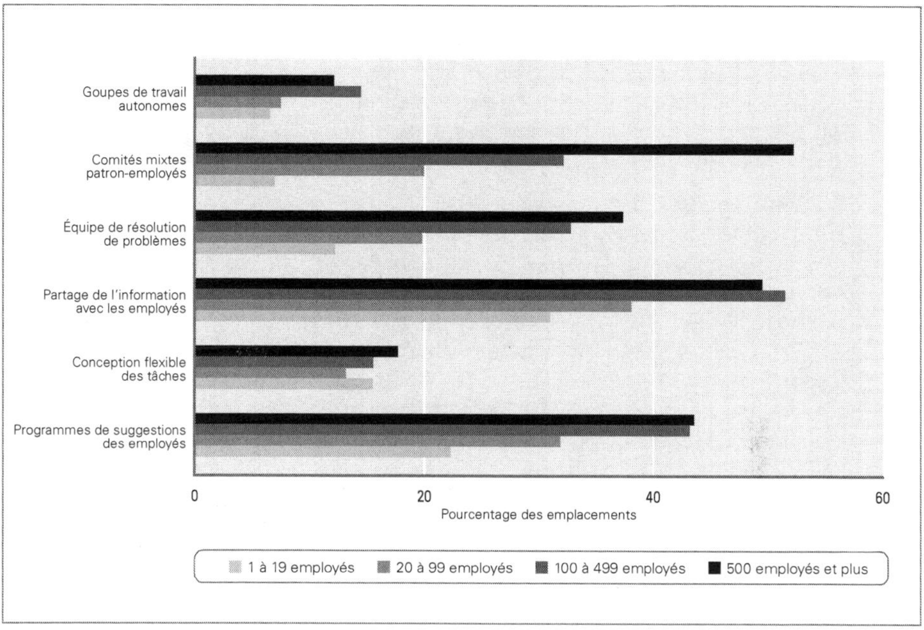

Source : Statistique Canada (2005, p. 37).

Cette figure montre également que les équipes de résolution de problèmes (cercles de qualité) sont beaucoup plus présentes dans les entreprises que les groupes de travail autonomes, que nous abordons dans la section suivante.

5.2.4. Les équipes autonomes

Ce type de participation peut prendre différentes appellations dans les organisations (équipes semi-autonomes, unité élémentaire de travail, équipes à responsabilités élargies, etc.) (Tonnelé, 2007). Pour simplifier les choses, nous utilisons l'expression équipes autonomes, car c'est le plus répandu.

Selon Tonnelé (2007, p. 47), une équipe autonome est une équipe qui dispose d'un maximum de liberté et « qui assure un travail global, comprenant toutes les tâches de décision, d'exécution, de contrôle... liées à son périmètre de responsabilité ». Roy *et al.* (1998) considèrent ce type d'équipe de travail comme

> un mode d'organisation du travail où les employés sont collectivement responsables, en permanence, d'une séquence complète de travail dans un processus de production d'un bien ou d'un service destiné à des clients internes ou externes. Les équipes sont imputables de leurs résultats et les membres de l'équipe assument, à l'intérieur de certaines limites, des fonctions de gestion en plus d'accomplir leurs tâches de production (Roy *et al.*, 1998, p. 2).

L'origine des équipes autonomes remonte, selon Roy *et al.* (1998), au Tavistock Institute de Londres et à l'approche sociotechnique des années 1950. Cette dernière repose sur deux postulats : premièrement, les sciences sociales peuvent intervenir pour modifier l'organisation du travail ; deuxièmement, la quantité et la qualité de la production sont influencées par le système technique, mais aussi par le degré de satisfaction des besoins du système humain qu'elle permet. L'approche sociotechnique intervient donc dans la recherche d'une configuration optimale de ces deux systèmes (Roy *et al.*, 1998).

Bien entendu, dans les années 1970, le concept des équipes autonomes s'est confondu avec les autres mouvements de participation dans l'entreprise cités auparavant (le modèle scandinave, les cercles de qualité, etc.) et a connu une cote de popularité en demi-teinte (Tonnelé, 2007). En effet, selon Tonnelé (2007), bien que cette forme d'organisation soit reconnue comme étant l'une des plus performantes, elle n'est pas très répandue et elle n'a pas connu le succès escompté. Ainsi, certaines expériences ont été entreprises au Canada dans les années 1970, mais se sont soldées par des échecs au bout de quelques mois ou quelques années (nous expliquons plus loin les facteurs de succès de cette méthode). De ce fait, il est très difficile de mesurer l'ampleur du phénomène, et ce, pour plusieurs raisons, dont la diversité des définitions et des mesures du concept, le niveau souvent inconnu de pénétration des équipes autonomes dans les entreprises, leur durée de vie, etc. (Roy *et al.*, 1998). Par ailleurs, Roy *et al.* (1998) sont persuadés que très peu d'entreprises possèdent des équipes autonomes et affirment dans une mise à jour de leur enquête en 2003 que « l'adoption des équipes semi-autonomes de travail est beaucoup moins élevée que ce qui est généralement rapporté dans la majorité des publications » (Roy et St-Jacques, 2003).

Les données publiées par Statistique Canada en 1999 et en 2005 confirment cette tendance. En effet, comme l'illustre le tableau 5.2, entre 1999 et 2005, le recours aux équipes autonomes aurait baissé dans toutes les entreprises, quelle que soit leur taille[2].

Tableau 5.2. Pourcentage des entreprises ayant des équipes autonomes en 1999 et en 2005, par taille d'entreprise

Taille des entreprises	1999	2005
1 à 19 employés	8,0 %	7,1 %
20 à 99 employés	11,4 %	7,5 %
100 à 499 employés	15,7 %	14,3 %
500 employés et plus	27,8 %	12,0 %

Source : Tableau constitué à partir des données de 1999 et de 2005 de l'*Enquête sur le milieu de travail et les employés*, Statistique Canada.

2. L'*Enquête sur le milieu de travail et les employés* (EMTE) fournit des données très intéressantes sur ce sujet, mais elle a malheureusement été annulée après 2005, et ce sont donc les dernières données disponibles. Étant donné que l'échantillon de répondants à cette enquête est modifié d'une année à l'autre, les petites variations ne sont peut-être pas significatives. Par contre, la réduction est très forte dans le groupe des 500 employés et plus. Ces entreprises de grande taille ayant davantage tendance à suivre les « modes » en gestion et étant peut-être mieux informées que les autres, elles sont sans doute passées à de nouvelles modalités d'organisation du travail.

Pourtant, beaucoup s'accordent à dire que l'organisation en équipes autonomes est une source de performance. Les statistiques de l'*Enquête sur le milieu de travail et les employés* de 2005 montrent que « légèrement plus de la moitié des emplacements ayant mis en place des groupes de travail autonomes estimait que la qualité de leurs produits avait augmenté, comparativement à un tiers de ceux qui n'avaient pas adopté cette pratique » (Statistique Canada, 2005, p. 37). De plus, Roy *et al.* (1998) soulignent que de grandes entreprises ayant eu recours aux groupes de travail autonomes telles que :

> Xerox, General Electric, Procter & Gamble, GM, Texas Instrument et plusieurs autres ont signalé des gains de productivité importants, la réduction du nombre de rejets, la réduction du temps de réaction aux demandes de la clientèle, tout en maintenant ou en améliorant le climat de travail (Roy *et al.*, 1998, p. 1).

Il est donc légitime de s'interroger sur le peu de diffusion de cette pratique. Hermel (1988) explique cela par l'apparition d'enjeux personnels et de stratégies de pouvoir qui pourraient être à l'origine des écarts entre discours et pratiques. Avec « la réorientation des différents types de pouvoir, certains comportements de "chasse gardée" peuvent apparaître » (Hermel, 1988, p. 44). Mais bien au-delà « des désaccords profonds sur les conséquences réelles de cette approche nouvelle du fonctionnement des organisations », Hermel (1988) montre la difficulté de la mise en place de ce type de fonctionnement en soulignant l'importance de l'engagement de la direction, du savoir-faire des pilotes et de la rigueur méthodologique de la démarche pour réussir la mise en œuvre de la gestion participative dans l'entreprise.

5.3. Les conditions de mise en œuvre de la participation

Dans cette partie, nous abordons dans un premier temps, de manière générale, les facteurs de succès d'un programme visant la participation au travail. Ensuite, nous examinons plus particulièrement le mode de fonctionnement ainsi que le processus de mise en œuvre de deux modèles de gestion participative présentés auparavant : les cercles de qualité et les équipes autonomes.

5.3.1. Les facteurs de succès d'un programme de participation au travail

Avant de définir les variables clés à surveiller lors de la mise en place d'un fonctionnement participatif dans l'entreprise, Hermel (1988) met en garde contre certaines illusions qui pourraient porter préjudice au processus. Parmi elles, la corrélation directe entre participation et performance, l'absence d'enjeux personnels et de stratégies de départ, la possibilité de mettre en place rapidement (quelques semaines ou mois) un processus de participation fonctionnelle et surtout, l'existence de recettes transposables ou de techniques préétablies. L'auteur conseille de préparer minutieusement les budgets d'investissement et de bien penser la politique d'information, de communication et de concertation. Comme nous l'avons précisé auparavant, « [p]articiper, c'est d'abord informer et comprendre » (CNDE, 1969). Hermel (1988) souligne également l'importance de la prise en compte des influences des environnements (interne et externe) qui peuvent favoriser ou freiner le développement du processus participatif. Une analyse stratégique permettrait donc de déceler les possibilités et les menaces pouvant compromettre la pratique de la participation au travail.

Pour Hermel (1988), les quatre variables indispensables pour la mise en place d'une gestion participative sont :

- L'*implication des acteurs* en choisissant des employés motivés, compétents, disponibles, reconnus et ayant une certaine crédibilité dans l'organisation.
- L'*explication des objectifs et de leur légitimité* en formalisant « les objectifs généraux pour qu'ils soient non seulement connus, mais aussi compris et reconnus légitimes [...] Cela suppose une communication claire sur les raisons fondamentales, aux plans socioéconomique et stratégique de cette option » (Hermel, 1988, p. 202).
- La *mise à disposition des moyens* (humains, matériels, financiers, etc.) pour l'activation des structures et des comportements (éviter la démotivation face au manque de moyens).
- Le *suivi et la gestion préventive des effets* (incidents prévus ou imprévus, résultats intermédiaires, effets induits, etc.). La gestion participative doit être pilotée en permanence et réajustée en fonction des effets.

Dans les deux prochaines sections, nous voyons comment ces variables s'appliquent à deux types de fonctionnement participatif : les cercles de qualité et les équipes autonomes de travail.

5.3.2. Les principes de fonctionnement des cercles de qualité

Selon Monteil (1983), les bases du bon fonctionnement des cercles de qualité reposent sur sept principes fondamentaux que l'on peut formuler comme suit :

- Principe n° 1 – S'assurer de l'esprit participatif et de la motivation des membres du cercle

  « Ce n'est pas pour motiver le personnel qu'on crée des cercles de progrès ou de qualité, c'est parce que le personnel est motivé que les cercles marchent » (Monteil, 1983, p. 108). La motivation est donc une condition préalable à la création des cercles de qualité.
- Principe n° 2 – Favoriser le volontariat

  La motivation et la participation ainsi que l'efficacité des cercles sont favorisées par la liberté d'adhésion et le libre choix des sujets à traiter.
- Principe n° 3 – Instaurer un état d'esprit d'ouverture et de créativité

  Les cercles de qualité doivent être « un creuset d'innovation et de créativité ». On fait appel à l'intelligence et à l'imagination du personnel pour suggérer des adaptations pertinentes aux changements internes et externes. Il faut bien entendu s'assurer que les idées émises sont applicables et appliquées.
- Principe n° 4 – Créer une dynamique ou une activité de groupe

  Créer une dynamique qui permettrait aux membres de travailler en étroite collaboration, dans un climat de liberté en déterminant des objectifs communs et en choisissant des thèmes de travail qui intéressent tout le monde. Il est important de préserver la petite taille du groupe, fixer un objectif clair pour chaque rencontre et gérer la progression et le contrôle du programme selon un calendrier préalablement déterminé.

- Principe n° 5 – Intégrer les cercles dans l'organisation

  L'encadrement doit intégrer les activités des cercles de qualité à l'entreprise. Son premier rôle est de définir les relations entre les cercles et la hiérarchie, de bien intégrer les tâches dans l'ensemble de l'organisation. Son deuxième rôle est de gérer l'activité des cercles en apportant les moyens nécessaires, en prenant en compte les résultats, en assurant la cohérence entre les cercles et les autres groupes de travail, etc. Enfin, l'encadrement a également un rôle de support et d'aide aux cercles.

- Principe n° 6 – Miser sur la formation des membres

  Une formation préalable au démarrage du cercle ainsi qu'une formation complémentaire continue pour les membres et pour l'animateur sont nécessaires pour le bon fonctionnement du cercle. Cette formation peut prendre la forme de séminaires, d'une éducation permanente par l'encadrement et les services fonctionnels, ou encore par l'échange avec d'autres cercles.

- Principe n° 7 – Favoriser les échanges intercercles

  Il est nécessaire d'établir des contacts avec d'autres cercles (dans l'entreprise ou à l'extérieur de celle-ci) afin de rompre l'isolement des membres. Ces échanges vont créer une émulation et permettront un partage d'expériences favorables à la résolution de problèmes. Ils peuvent être facilités par l'organisation de congrès.

5.3.3. Le processus de mise en place des équipes autonomes

Le processus de mise en place des équipes autonomes ne diffère pas beaucoup de celui des cercles de qualité, mais vient apporter des éléments complémentaires aux principes que nous avons présentés précédemment. Nous nous basons sur les travaux de Roy *et al.* (1998) sur les équipes semi-autonomes de travail et l'ouvrage de Tonnelé (2007) pour mieux comprendre les principes de fonctionnement des équipes autonomes.

Sur la base d'une recension assez exhaustive des écrits sur le fonctionnement des équipes autonomes, Roy *et al.* (1998) font état des conditions requises pour réussir le passage vers ce mode d'organisation. Selon ces auteurs, ce processus peut se diviser en quatre étapes : la mobilisation des acteurs, l'étude de faisabilité, le plan de réorganisation du travail et le soutien à la mise en œuvre des changements proposés.

La *mobilisation des acteurs* est une étape primordiale avant la mise en place des équipes autonomes dans le travail. Ces acteurs sont la haute direction, ainsi que le syndicat et les travailleurs. La mobilisation des premiers amène à la mise en place d'une philosophie participative et assure la mise en œuvre du processus à tous les niveaux de l'organisation. Bien entendu, les syndicats ne doivent pas être laissés pour compte dans la réorganisation pour ainsi développer une vision commune avec les nouveaux objectifs de l'entreprise. Enfin, l'implication du personnel passe par l'implication de ses représentants (bien que cela puisse être perçu comme étant paradoxal), mais aussi, par l'installation d'un climat de confiance qui leur permettra de mieux participer en donnant ouvertement leurs opinions et en réorganisant leur manière de travailler « dans un environnement où les rôles sont moins clairement définis et comportent des exigences plus complexes » (Roy *et al.*, 1998, p. 17). Cela dit, Tonnelé (2007) considère la définition des rôles dans une équipe comme étant essentielle, car « autonomie n'est pas synonyme d'autogestion » (Tonnelé, 2007, p. 48).

Il est également nécessaire de prendre en compte l'histoire organisationnelle. En effet,

> si l'organisation a expérimenté des événements qui ont créé des divisions profondes entre les travailleurs, les ESA (équipes semi-autonomes) risquent de ne pas bien fonctionner, puisqu'elles peuvent influencer le contenu et le ton des interactions entre les membres du groupe de même que le processus de prise de décision (Klein, 1994) (Roy *et al.*, 1998, p. 18).

De ce fait, pour la mobilisation des acteurs, les auteurs préconisent une réflexion préliminaire à la mise en œuvre du mode participatif suivie d'une recherche d'informations sur ce type de fonctionnement et ses conséquences. Ils peuvent ensuite mettre en place un comité directeur composé de dirigeants patronaux et syndicaux (ou à défaut de syndicats, de représentants des travailleurs) ; ce comité se chargera d'étudier les enjeux qui affecteront l'organisation.

L'étude de faisabilité « permet d'apprécier la capacité de l'organisation à réaliser la démarche de réorganisation du travail et de définir les principaux paramètres qui encadreront les phases subséquentes » (Roy *et al.*, 1998, p. 19). Ainsi, l'organisation doit avoir des raisons d'affaires évidentes (pression concurrentielle ou besoin de changement pour rester compétitive) pour mettre en place un mode de fonctionnement en équipes autonomes. Cela dit, les auteurs considèrent que tous les procédés de travail ne sont pas compatibles avec un fonctionnement en équipe de travail. Ainsi, le travail hautement automatisé limite la créativité, l'initiative et la marge de manœuvre des équipes autonomes.

L'organisation doit être prête à faire face à des résistances aux changements que ce soit chez les superviseurs (qui craignent de perdre leur pouvoir) ou chez les employés. Pour cela, il faut s'assurer que le but du changement est clair et que les personnes concernées collaborent. Il faut aussi prendre en compte les habitudes de fonctionnement des groupes et être à l'écoute des réactions qu'engendre le projet.

La disponibilité des ressources en termes d'argent, de temps et d'expertise externe est aussi un facteur essentiel à considérer pour Roy *et al.* (1998) comme pour Tonnelé (2007). Selon Osburn *et al.* (1990, cité dans Roy *et al.*, 1998), la maturation des équipes se calcule en années. De ce fait, « l'organisation doit être prête à investir de façon massive dans la formation, la planification et même la réorganisation physique des lieux » (Roy *et al.*, 1998, p. 21). Ce dernier point est aussi évoqué par Tonnelé (2007) qui considère que la délimitation du périmètre physique (p. ex., une ligne de production, d'approvisionnement, etc.) est un facteur important pour « bâtir l'appartenance, la cohésion et l'identité de l'équipe, et donc sa performance » (Tonnelé, 2007, p. 49).

Pour effectuer une étude de faisabilité, il faut s'assurer de la bonne circulation des informations et de la communication avec le personnel, ainsi que de l'implication de ce dernier dans la prise de décision. En effet, même à ce stade préliminaire d'étude de faisabilité, les acteurs doivent s'investir dans « le processus d'analyse et dans la prise de décision relative à l'environnement de travail dans lequel ils auront à fonctionner » (Roy *et al.*, 1998, p. 22).

Si l'étude de faisabilité montre que le projet de mise en place des équipes autonomes est réalisable, l'entreprise doit procéder à un *plan de réorganisation du travail* pour les entités désignées par le changement. Pour cela, l'organisation doit déterminer en premier lieu à quelle ampleur et à quel rythme le changement doit s'effectuer (commencer par des projets expérimentaux, procéder à un changement radical, etc.). De plus, une analyse technique et sociale du travail permettrait de connaître les aspects fonctionnels et humains qui représentent un problème pour la production et qui nécessiteraient l'intervention des équipes autonomes. Cette analyse permettrait une réorganisation des tâches et une clarification de la mission des équipes et des objectifs qui y sont associés et sur lesquels elles auront une « vraie autonomie d'action et de décision » (Tonnelé, 2007, p. 49). Par ailleurs, certains auteurs cités par Roy *et al.* (1998) pensent que la tâche doit être suffisamment complexe pour que « l'implication du personnel et le développement de leurs habiletés permettent des gains de productivité significatifs » (Roy *et al.*, 1998, p. 23).

La taille des équipes (quatre à six personnes), la stabilité des opérateurs et la charge de travail sont autant de facteurs à ne pas négliger, car ils influencent la capacité à fonctionner en équipe, la prise de décision et de responsabilité des processus de travail (Roy *et al.*, 1998; Tonnelé, 2007). On peut ajouter à cette étape la construction des interfaces préconisée par Tonnelé (2007). En effet, une équipe autonome ne signifie pas qu'elle est indépendante du reste de l'organisation. Il faut donc garder un lien constant avec son environnement (intérieur et extérieur), car sa performance en dépend.

Enfin, la réussite du plan de réorganisation du travail repose sur des stratégies telles que la participation des équipes dans le processus décisionnel concernant la réorganisation des tâches et la mise en place de comités de travail.

La mise en place d'équipes autonomes suppose une multitude de soutiens que l'organisation est censée changer ou mettre en place pour la réussite du projet de gestion participative. « Les canaux de communication, les processus décisionnels, le temps réservé aux discussions de groupe, la disponibilité des lieux de réunion, la structure de rémunération, les plans de formation, la définition des rôles des cadres » (Roy *et al.*, 1998, p. 25) sont des exemples de *soutien à la mise en œuvre du changement*. Comme nous l'avons précédemment évoqué pour les cercles de qualité, la formation (des superviseurs et des membres de l'équipe) joue un rôle capital dans le fonctionnement des équipes autonomes. Il en est de même pour la rétribution de la performance de l'équipe ou les incitatifs financiers qui peuvent prendre différentes formes (Roy *et al.*, 1998; Tonnelé, 2007). Le choix d'un mécanisme de rétribution pour les équipes autonomes peut concerner l'individu (p. ex., augmentation au mérite basée sur l'acquisition de connaissances) ou l'équipe (p. ex., formule de partage de profits, etc.), et peut s'avérer complexe. En effet, il est parfois difficile de déceler les résultats attribuables à tel individu ou à telle équipe, plutôt qu'à l'ensemble du personnel.

Le soutien à la mise en œuvre du changement nécessite une cohérence entre les systèmes mis en place pour soutenir les équipes autonomes, mais aussi une structure hiérarchique aplatie et une bonne équipe de soutien technique.

Conclusion

Nous avons traité dans ce chapitre de la participation des salariés dans l'organisation. Dans cette dernière section, nous avons vu que le partage de l'information avec les employés est la mesure de participation la plus répandue (48 %), bien qu'il faille reconnaître que ce n'est pas une mesure nécessitant une très forte participation réelle des employés. Les comités mixtes (36 %), les suggestions des employés (35 %) et les équipes de résolution de problèmes (30 %) viennent ensuite, alors que les groupes de travail autonomes sont assez peu répandus (12 %) ; par contre, cette dernière mesure joue parfois un rôle prépondérant pour l'amélioration d'une mesure de performance. Pour plus de détails, voir l'annexe 5.1.

Dans le chapitre suivant, nous nous intéressons à l'apprentissage et aux nouvelles modalités qu'il prend dans le contexte de l'économie du savoir.

ANNEXE 5.1.
LA DIFFUSION ET LES EFFETS DES FORMES DE PARTICIPATION[3]

En complément d'information, nous proposons ici quelques résultats issus du traitement d'une enquête de Statistique Canada qui fournit des informations sur la diffusion des formes de participation et sur leurs effets sur divers indicateurs. Ces résultats ont déjà été présentés dans Tremblay et Najem (2012), que nous reproduisons ci-dessous.

Par rapport à notre intérêt pour l'économie du savoir, il est intéressant de constater que le secteur de l'enseignement est celui où les effets des formes de participation se font généralement moins sentir que dans les autres secteurs. Il faut toutefois souligner que certains des objectifs (rentabilité et baisse des coûts) ne sont pas nécessairement les objectifs principaux dans ce secteur, mais les objectifs de satisfaction des clients et de productivité ne sont pas non plus aussi fortement atteints qu'ailleurs, du moins pas en ce qui concerne les pratiques de participation évoquées ici. Peut-être aussi que ces pratiques sont moins fréquentes dans le secteur, cela reste à creuser.

En ce qui concerne la participation, nous avons retenu un certain nombre de variables présentes dans l'*Enquête sur le milieu de travail et les employés* (EMTE), soit les suivantes :

- suggestions des employés (SDE) ;
- conception flexible des tâches (CFDT) ;
- partage de l'information avec les employés (PIAE) ;
- équipes de résolution de problèmes (ÉRDP) ;
- comités mixtes patron-employés (CMPE) ;
- groupes de travail autonomes (GDTA).

Pour ce qui est des indicateurs de la performance, ce sont les suivants qui sont disponibles dans l'Enquête ; ils renvoient à des éléments présentés dans les modèles mentionnés plus haut :

- coût de production ;
- productivité ;
- croissance des ventes ;
- qualité des produits ;
- satisfaction des clients ;
- rentabilité.

[...]

3. Tiré de Tremblay, D.-G. et Najem, E. (2012). « La participation et la performance dans divers secteurs d'activité : que nous dit l'enquête sur le milieu de travail et les employés ? », dans Tremblay, D.-G. (dir.), *Performance organisationnelle et temps sociaux*. Québec : Presses de l'Université du Québec, p. 69-77.

Voyons d'abord l'incidence de diverses formes de participation de manière générale dans les milieux de travail canadiens. Les données de l'EMTE nous indiquent que le partage de l'information avec les employés (PIAE) et les comités mixtes patron-employés (CMPE) sont les formes les plus fréquemment observées, le partage de l'information étant présent dans près de 50 % des milieux de travail, les comités et les suggestions des employés venant ensuite avec moins de 40 %, puis les équipes de résolution de problèmes avec un peu moins de 30 % (figure A5.1).

Pour ce qui est de la performance, la figure A5.2 présente les pourcentages d'employés qui ont déclaré une augmentation d'un indicateur. On observe que la croissance des ventes est l'indicateur de performance qui semble le plus souvent avoir progressé, l'augmentation de la productivité et la baisse des coûts de production (en baisse) marquant les meilleures améliorations suivantes. La plupart des indicateurs présentent des progressions entre 35 et 50 %.

Si nous nous intéressons maintenant à l'amélioration de l'indicateur des coûts par secteur en fonction de la mise en place de diverses mesures de participation, nous observons que le secteur du commerce de détail est celui où les diverses mesures de participation ont le plus contribué à l'amélioration des coûts, selon les employés (figure A5.3). Les groupes de travail autonomes sont une des mesures de participation les plus importantes ou les plus approfondies, de sorte qu'il est intéressant de voir dans quelle mesure elle est présente dans les divers secteurs. On constate qu'elle est plus présente comme source d'amélioration des coûts dans le secteur des transports, puis du commerce de détail et du secteur de la fabrication.

Figure A5.1. Formes de participation dans les milieux de travail canadiens

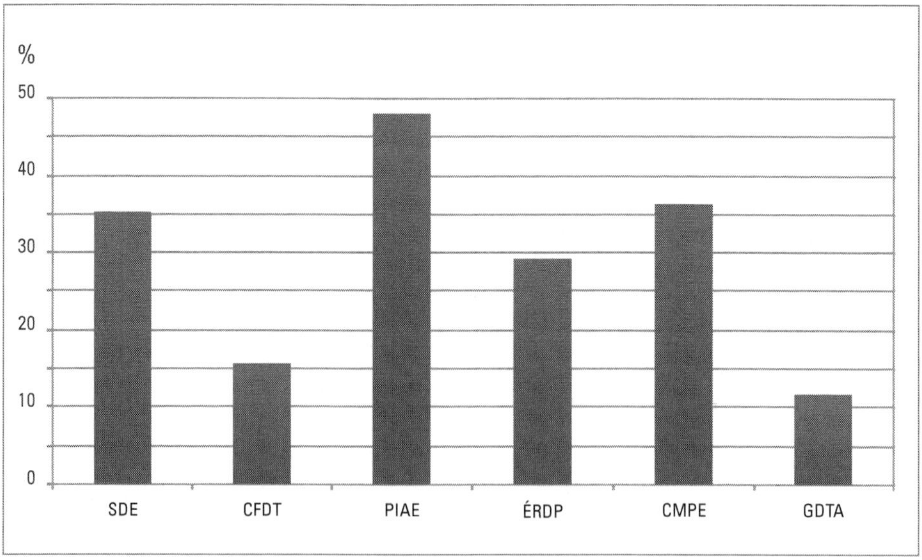

Figure A5.2. Pourcentage des employés qui ont déclaré une augmentation de l'indicateur dans leur entreprise

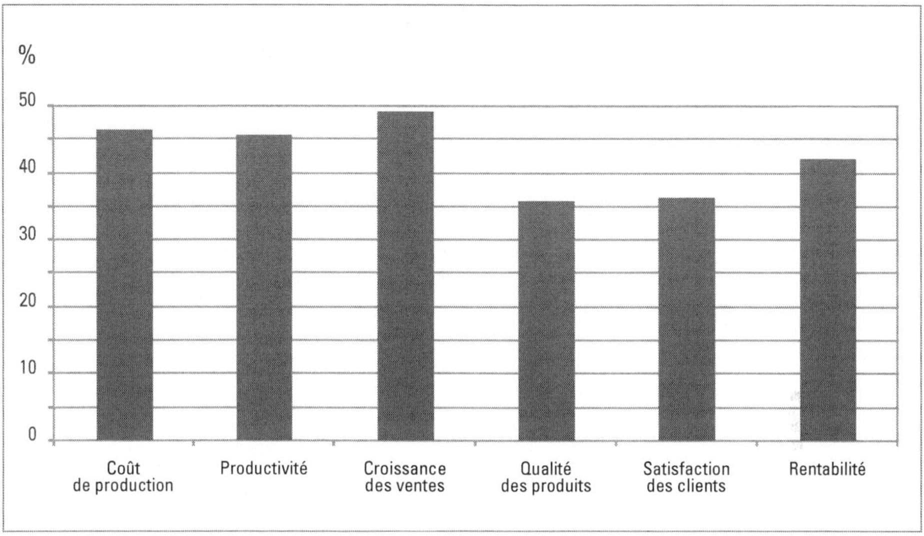

Figure A5.3. Contribution des diverses mesures de participation à l'amélioration des coûts (réduction des coûts)

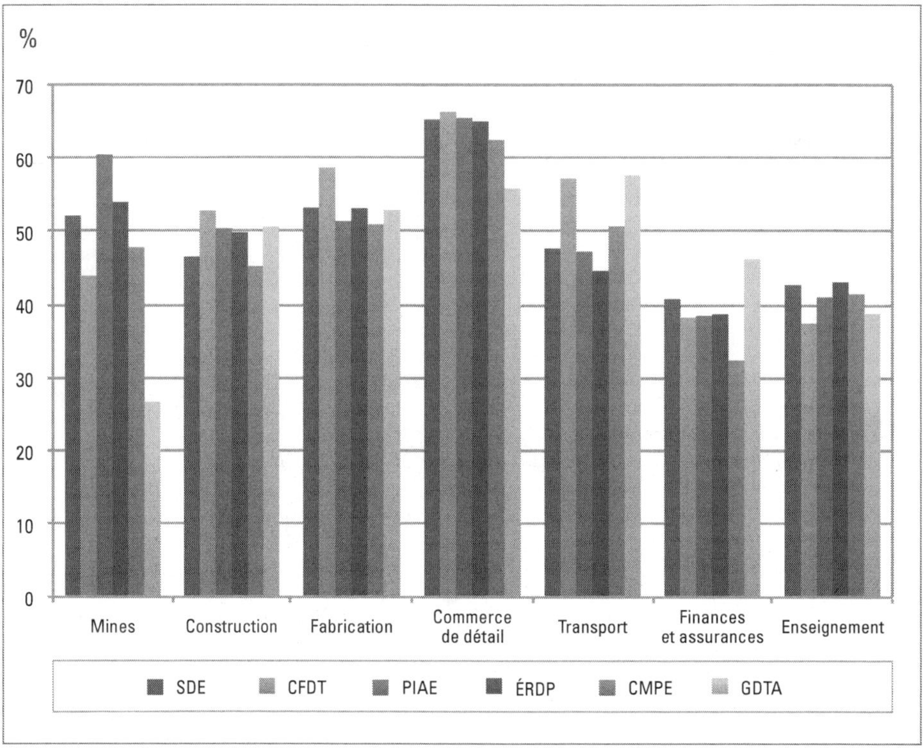

Pour ce qui est de la contribution des divers indicateurs à l'amélioration de la productivité, on voit que les pourcentages sont plus élevés dans tous les secteurs (figure A5.4); seul celui de l'enseignement semble se distinguer par une plus faible contribution de ces facteurs à la productivité, mais peut-être est-ce aussi que la productivité a moins de sens dans ce secteur.

Figure A5.4. Contribution des diverses mesures de participation à l'amélioration de la productivité

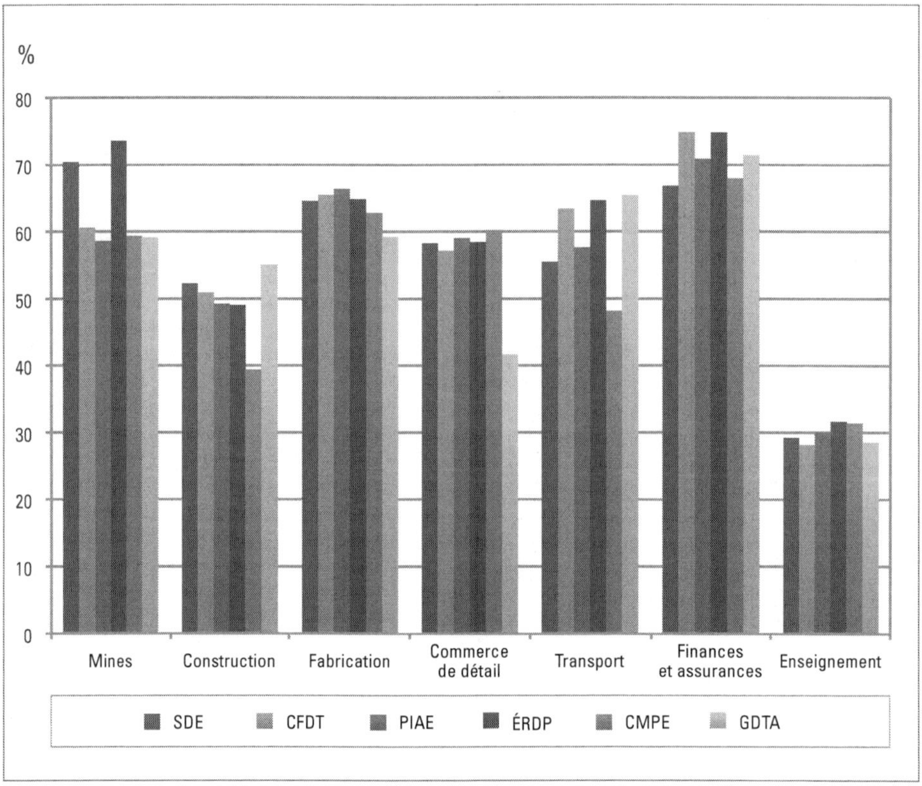

En ce qui a trait à la contribution des divers indicateurs à l'amélioration de la croissance des ventes, on voit que les pourcentages sont plus élevés dans tous les secteurs (figure A5.5); seul celui de l'enseignement semble se distinguer par une très faible contribution de ces facteurs, mais c'est sans doute parce que ce facteur a moins de sens dans ce secteur, même s'il s'agit ici d'entreprises privées dans le domaine de l'enseignement. Il semble bien que les mesures de participation ne soient pas très développées dans le secteur de l'enseignement. Les groupes de travail autonomes semblent avoir joué un rôle plus important ici dans les secteurs des mines et de la construction et aussi dans celui de la finance et des assurances.

Figure A5.5. Contribution des diverses mesures de participation à l'amélioration de la croissance des ventes

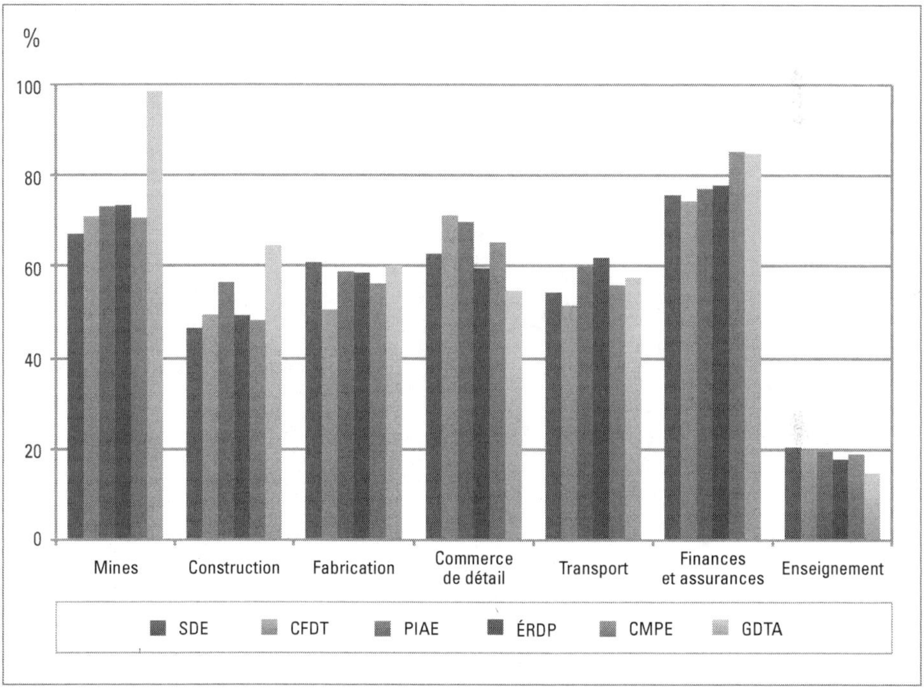

En ce qui concerne la contribution à l'amélioration de la qualité des produits, on voit que les pourcentages sont plus élevés dans le secteur de la finance et des assurances et que c'est la conception flexible des tâches qui semble avoir le plus d'importance sur ce plan. Les groupes de travail autonomes sont plus importants dans les secteurs de la fabrication, de la construction et des transports (figure A5.6).

Figure A5.6. Contribution des diverses mesures de participation à l'amélioration de la qualité des produits

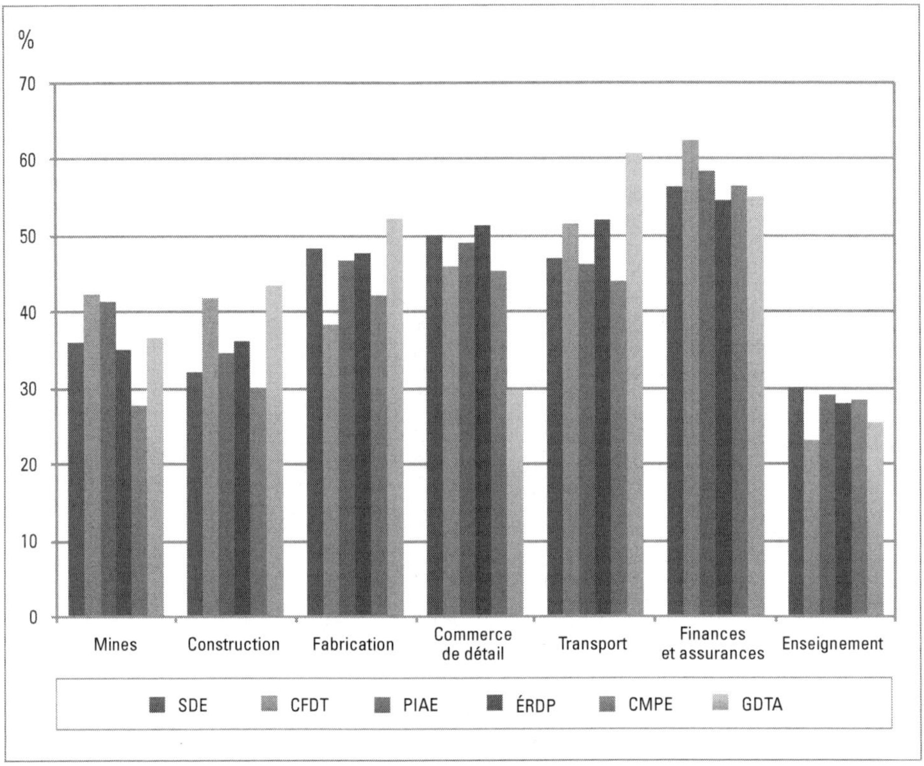

En ce qui a trait à l'amélioration de la satisfaction des clients, la conception flexible des tâches semble fortement y contribuer, et ce, dans tous les secteurs à l'exception de la fabrication, où ce sont les groupes de travail autonomes qui contribuent davantage à l'amélioration de la satisfaction des clients (figure A5.7).

Figure A5.7. Contribution des diverses mesures de participation à l'amélioration de la satisfaction des clients

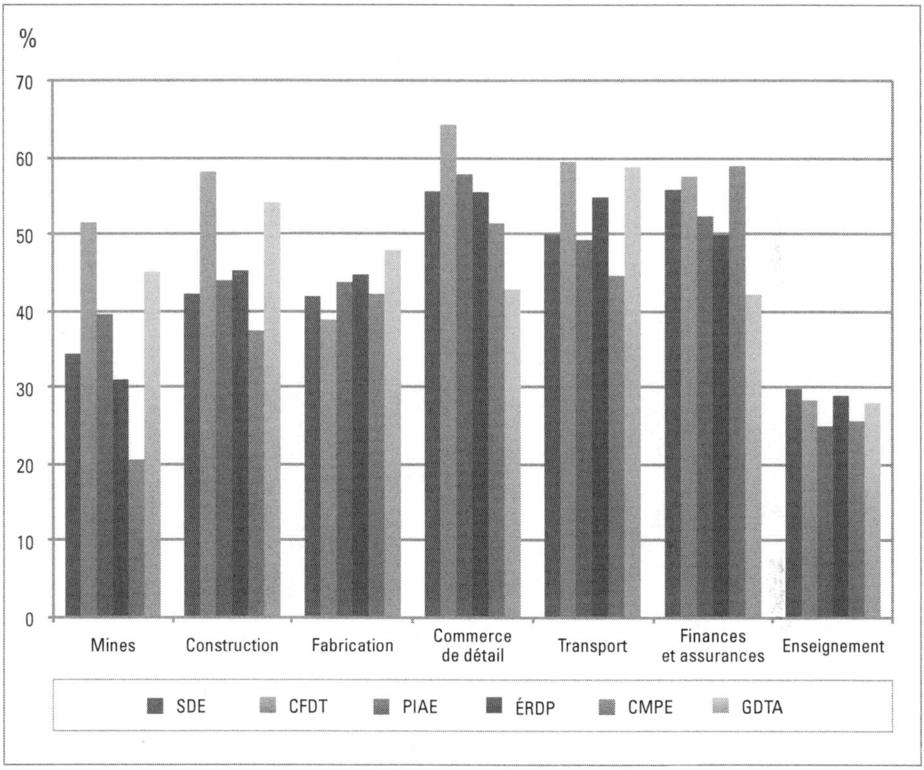

Finalement, pour ce qui est de l'amélioration de la rentabilité, on voit que les pourcentages sont plus élevés dans les secteurs des mines, de la finance et des assurances, ainsi que dans celui de la fabrication (figure A5.8); nous constatons encore une fois que les groupes de travail autonomes y jouent un rôle prépondérant.

Figure A5.8. Contribution des diverses mesures de participation à l'amélioration de la rentabilité

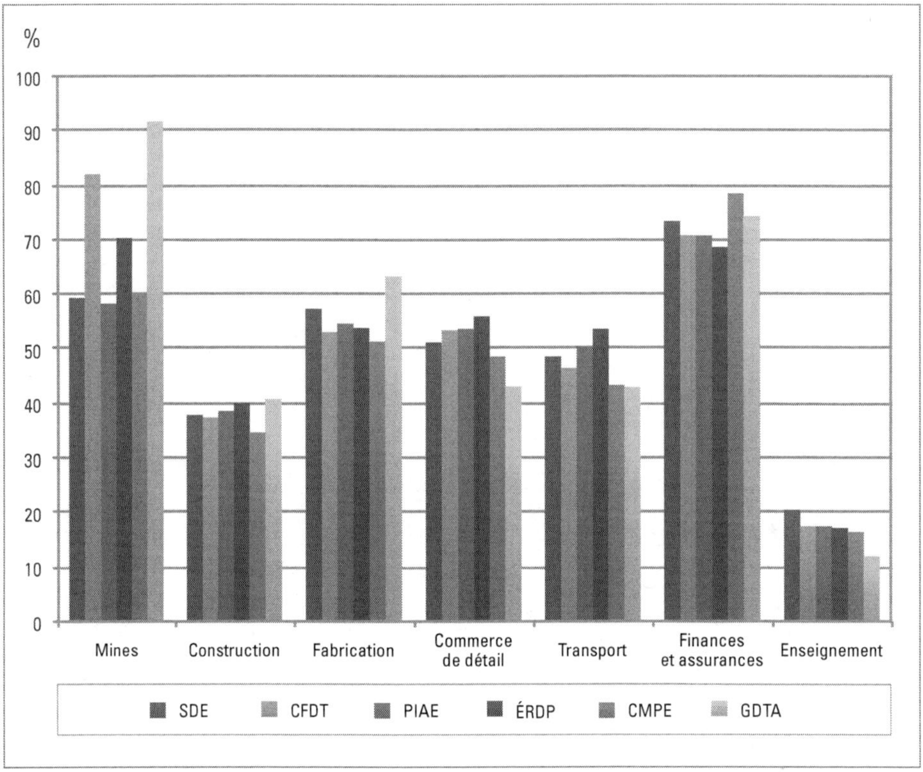

Bibliographie

AZAÏS, C. (2006). « Désegmentation du marché du travail et autonomie », dans Boutillier, S. et Uzunidis, D. (dir.), *Travailler au XXIe siècle : nouveaux modes d'organisation du travail*. Bruxelles : De Boeck, p. 114-127.

BÉLANGER, J. (2000). *L'influence de la participation des employés sur la productivité : état de la recherche*. Ottawa : Direction générale de la recherche appliquée, Politique stratégique. Développement des ressources humaines Canada, R-00-4F, juin 2000, 54 p.

BÉLANGER, P. R., LAPOINTE, P.-A. et LÉVESQUE, B. (1998). « Innovations organisationnelles et blocages institutionnels. Le cas des entreprises au Québec », *Cahiers du CRISES*, Working Papers n° ET9809, 42 p.

CENTRE NATIONAL DES DIRIGEANTS D'ENTREPRISE – CNDE (1969). *La participation dans l'entreprise*. Paris : Éditions du Seuil, 142 p.

CHABAUD, D. et PARTHENAY, C. (1999). « Le modèle suédois d'organisation du travail : une lecture aokienne de la "production en équipes" », *Revue d'économie industrielle*, vol. 89, p. 49-68.

DE COSTER, M. (1999). *Sociologie du travail et gestion des ressources humaines*. Bruxelles : De Boeck Université, 344 p.

HERMEL, P. (1988). *Le management participatif : sens, réalités, actions*. Paris : Éditions d'Organisation, 254 p.

KÉLADA, J. (1992). *Comprendre et réaliser la qualité totale*. Dollard-des-Ormeaux : Éditions Quafec, 415 p.

MONTEIL, B. *et al.* (1983). *Cercles de qualité et de progrès pour une nouvelle compétitivité*. Paris : Éditions d'Organisation, 213 p.

OUCHI, W. G. (1981). *Theory Z: How American Business Can Meet the Japanese Challenge*. New York : Avon, 244 p.

PERRON, G. (1997). *La gestion participative. Mobilisez vos employés !* Montréal : Éditions Transcontinental, 208 p.

PETIT, M. *et al.* (1999). *Management d'équipe : concepts et pratiques*. Paris : Dunod, 203 p.

ROY, M. *et al.* (1998). *Équipes semi-autonomes de travail : recension d'écrits et inventaire d'expériences québécoises*, Rapport. Montréal : Institut de recherche en santé et en sécurité du travail du Québec, 82 p.

STATISTIQUE CANADA (1999). *Enquête sur le milieu de travail et les employés : compendium*. Ottawa : Statistique Canada, catalogue n° 71-585-XIF. <http://www.statcan.gc.ca>. Consulté le 16 mars 2012.

STATISTIQUE CANADA (2005). *Enquête sur le milieu de travail et les employés : compendium*, Ottawa : Statistique Canada, catalogue n° 71-585-X. <http://www.statcan.gc.ca>. Consulté le 16 mars 2012.

TONNELÉ, A. (2007). *Équipes autonomes, guide de mise en œuvre : organisation, gestion des compétences, conduite du changement*. Paris : Éditions d'Organisation, 310 p.

TREMBLAY, D.-G. et NAJEM, E. (2012). « La participation et la performance dans divers secteurs d'activité : que nous dit l'enquête sur le milieu de travail et les employés ? », dans Tremblay, D.-G. (dir.), *Performance organisationnelle et temps sociaux*. Québec : Presses de l'Université du Québec, p. 57-78.

CHAPITRE 6

Les nouvelles modalités d'apprentissage dans l'économie du savoir

SOMMAIRE

Introduction

Dans ce chapitre, nous traitons de l'apprentissage organisationnel et des nouvelles modalités de formation et d'apprentissage dans l'économie du savoir. Ces dimensions sont importantes, car lorsqu'on introduit de nouvelles technologies ou nouvelles modalités d'organisation du travail, il faut souvent former les salariés pour qu'ils puissent s'adapter à ces nouvelles réalités.

6.1. L'apprentissage organisationnel

Cette section aborde le thème de l'apprentissage organisationnel et elle se penche sur la définition du concept, puis sur ses objectifs. Nous voyons ensuite diverses formes d'apprentissage, à savoir le mentorat, le coaching, la communauté de pratique et l'autoformation, des formules qui se sont développées au cours des dernières décennies, en particulier dans les secteurs de l'économie du savoir.

6.1.1. La définition du concept

Bien avant l'avènement de l'économie du savoir, l'apprentissage était souvent perçu comme un processus individuel, se limitant aux contours d'une formation traditionnelle donnée avant l'entrée sur le marché du travail. Ce sont les travaux d'Herbert Simon au début des années 1950 qui ont transposé ce concept sur le plan organisationnel (Koenig, 2006). Depuis, l'apprentissage organisationnel n'a eu de cesse d'être discuté et débattu dans plusieurs domaines, dont la psychologie, le développement organisationnel, la sociologie, etc. (Fillol, 2006).

L'abondance des écrits sur le thème de l'apprentissage organisationnel rend difficile la sélection d'une définition qui tienne compte des multiples facettes de ce concept. Ainsi, pour Argyris et Schön (1978), l'apprentissage organisationnel est un processus cognitif par lequel les membres d'une organisation détectent des erreurs et les corrigent en modifiant leur théorie d'action. Levitt et March (1988) voient l'apprentissage organisationnel comme un processus basé sur une routine, dépendant de l'histoire de l'entreprise et orienté vers un objectif précis. C'est en transformant les expériences du passé en routine que les organisations apprennent. D'autres auteurs (Weick, 1991) analysent le processus organisationnel comme un processus d'adaptation dans le sens où les organisations efficaces sont celles dont les membres ont la capacité d'apprendre à prévoir les changements : « l'organisation se confronte et s'adapte à la complexité croissante de l'environnement externe » (Davel et Tremblay, 2011, p. 33).

Deux définitions sont toutefois largement reprises. La première est celle de Koenig (2006) qui perçoit l'apprentissage organisationnel comme un « phénomène collectif d'acquisition et d'élaboration de compétences qui, plus ou moins profondément, plus ou moins durablement, modifie la gestion des situations et les situations elles-mêmes » (Koenig, 2006, p. 297). La seconde est celle de Huber (1991) pour qui l'apprentissage est qualifié d'organisationnel quand l'acquisition d'un savoir, même strictement individuel, modifie le comportement de l'organisation.

Sans être exhaustives, toutes les définitions précédentes reflètent une perception différente de l'apprentissage organisationnel. Néanmoins, elles se rejoignent sur deux points essentiels, à savoir la place de l'individu dans l'apprentissage organisationnel et la socialisation par laquelle cet apprentissage se diffuse ou s'institutionnalise dans les organisations (Shrivastava, 1983). Fillol (2006) en déduit que l'apprentissage organisationnel peut se concevoir comme une adaptation des routines de l'organisation à son environnement ou comme le fruit de la socialisation. « La routine met en relief l'influence du passé, des expériences et des comportements individuels, éléments regroupés sous la dimension "culturelle" tandis que la socialisation souligne la dimension "sociale" de l'apprentissage » (Fillol, 2006, p. 7). Ainsi, la manière dont on appréhende l'apprentissage peut donc être largement tributaire des objectifs que l'entreprise veut en retirer.

6.1.2. Les objectifs de l'apprentissage du point de vue de l'entreprise

Nous voyons maintenant les objectifs de l'apprentissage du point de vue de l'entreprise, et nous commençons par nous interroger sur les différences entre l'apprentissage et la formation.

6.1.2.1. La formation et l'apprentissage : quelle différence ?

L'apprentissage organisationnel a connu un regain d'intérêt de la part des organisations et des scientifiques depuis une vingtaine d'années. La cause de cet intérêt provient, selon Koenig (2006), du sentiment que l'environnement des entreprises est plus complexe et plus turbulent qu'il y a vingt ans. Le besoin d'un apprentissage rapide et efficace s'en trouve naturellement avivé (Koenig, 2006). En effet, le contexte de l'économie du savoir exige des organisations qu'elles s'adaptent à une multitude d'enjeux associés à la flexibilité, à l'adaptabilité, à l'innovation et au changement. Tous ces enjeux requièrent une assimilation constante et rapide de nouvelles connaissances et l'apprentissage est devenu primordial pour faire face à ces défis.

Le premier réflexe d'une entreprise, dès lors qu'il y a un besoin d'apprendre de nouvelles choses, est le recours à une formation afin de combler ce besoin. La formation est donc considérée, dans la plupart des cas, comme « la seule solution aux besoins d'apprentissage », comme si ce dernier « ne se produisait que le temps de la formation en salle de cours » (Davel et Tremblay, 2011). Or, la formation n'est qu'un moyen parmi d'autres de susciter l'apprentissage.

Nous pouvons dissocier la formation pour le travail et la formation par le travail, la première étant la formation conventionnelle acquise dans une salle de cours et la seconde étant celle acquise par la pratique (Davel et Tremblay, 2011).

La formation pour le travail, même si elle demeure essentielle pour la réalisation des tâches et des activités, mérite un second regard quant à son efficacité et son rendement pour l'entreprise. Ainsi, la rapidité de l'obsolescence des informations acquises et le fait qu'elle cible essentiellement l'individu font partie des inconvénients d'une formation pour le travail. En revanche, une formation axée sur le travail (ou par le travail) peut se révéler beaucoup plus payante dans le sens où elle « découle d'un engagement actif dans l'action », comme nous l'avons indiqué dans un ouvrage précédent :

> Parce qu'elle est fortement associée à l'acte de travail lui-même, la formation axée sur la pratique présente plusieurs atouts. Elle permet de faire face à la complexité, de développer l'expertise et le jugement, de responsabiliser et de motiver les employés, de développer le partenariat, la capacité d'apprendre à apprendre ainsi qu'une culture d'apprentissage, et enfin, d'assurer la pérennité de l'entreprise (Davel et Tremblay, 2011, p. 19).

Il existe différents types d'apprentissage fondés sur le travail. Ces derniers peuvent se combiner avec une formation traditionnelle pour ainsi en combler les lacunes et apporter un meilleur rendement à l'entreprise. Mais avant de s'y intéresser dans la deuxième partie, regardons d'abord de plus près, quelle place détient la formation dans l'entreprise au Québec.

6.1.2.2. Un bref portrait de la formation en entreprise au Québec

Bélanger et Robitaille (2008) ont dressé un portrait de la formation dans l'entreprise au Québec, durant la dernière décennie. Ce portrait dégage trois tendances majeures. La première est la croissance substantielle observée depuis deux décennies de la formation liée à l'emploi (ainsi que l'ensemble de la formation continue). La seconde tendance concerne le mode de développement de la formation en entreprise à travers une concertation sectorielle des acteurs patronaux, syndicaux et gouvernementaux. La troisième tendance est la variabilité de la formation en entreprise en fonction de la taille, de la catégorie d'emploi, du niveau de formation initiale de la population active et des secteurs industriels.

Bélanger *et al.* (2004) ont observé que « c'est dans les secteurs et entreprises davantage insérés dans la nouvelle économie du savoir que nous constatons une systématisation du support à l'apprentissage informel » (Bélanger *et al.*, 2004, p. 5). Selon ces auteurs, l'apprentissage informel comprend le mentorat, le coaching, l'assistanat dans l'autoformation des employés, les plans de développement professionnel individuel, etc. Bélanger et Robitaille (2008) ont également remarqué que la formation interne, en ayant recours au mentorat et au coaching, est de plus en plus prisée par les entreprises québécoises :

> Certes, le coaching et le mentorat ne viennent pas d'apparaître dans le paysage de la formation en entreprise. Il est clair que l'émergence de cette formation par mentorat (Houde, 1995) n'est pas une idée neuve ; ce qui est nouveau, c'est sa diffusion et sa systématisation. De l'intervention plus ou moins spontanée et d'une durée relativement courte d'un coach pour une formation rapide à l'embauche jusqu'à une approche de mentorat s'appuyant sur une formation préalable du travailleur formateur et une planification des dyades mentor-mentoré, il y a toute une gradation.

> Ce type de formation dans l'entreprise sur la base d'une relation interpersonnelle de soutien, d'échange et d'apprentissage autour d'objectifs précis tend à devenir prédominant (Bélanger et Robitaille, 2008, p. 9).

Ces deux formes d'apprentissage sont souvent de mise pour la formation des nouveaux employés ou pour le transfert de savoir intergénérationnel. Cela dit, Bélanger et Robitaille (2008) affirment que le Québec accuse un retard, certes léger, par rapport au Canada quant à la participation des travailleurs à la formation informelle, comme l'illustrent les tableaux 6.1 à 6.3.

Tableau 6.1. Taux de participation à la formation selon le type et l'orientation de la formation, au Canada et au Québec en 2002 (population totale de 25 ans et plus)

	Formation structurée liée à l'emploi	Formation structurée par intérêt personnel	Formation informelle liée à l'emploi	Formation liée à l'emploi (structurée et informelle)	Taux global de formation
Atlantique	24	7	43	48	50
Québec	**22**	**13**	**45**	**50**	**55**
Ontario	25	8	50	54	56
Prairies	28	9	49	54	57
Colombie-Britannique	28	12	49	54	57
Total	25	19	48	53	56
	N = 25 056	N = 25 042	N = 24 636	N = 24 705	N = 24 721

Source : Bélanger et Robitaille (2008, p. 46).

Tableau 6.2. Taux de participation à la formation liée à l'emploi selon le type de formation, au Canada et au Québec en 2002 (population en emploi de 25 ans et plus)

	Formation structurée seulement	Formation structurée et informelle	Formation informelle seulement	Total formation liée à l'emploi
Atlantique	7	31	33	71
Québec	**6**	**27**	**34**	**67**
Ontario	5	29	36	70
Prairies	6	31	33	70
Colombie-Britannique	6	33	35	74
Total	6	30	35	70
N = 15 575				

Source : Bélanger et Robitaille (2008, p. 46).

Toujours selon l'étude de Bélanger et Robitaille (2008), le taux de participation des Québécois et des Canadiens à des formations informelles varie selon la taille de l'entreprise et la situation professionnelle des employés.

> Au Québec comme au Canada, il semble plus probable d'entreprendre une formation informelle liée à l'emploi lorsqu'on est cadre ou professionnel. L'écart est présent entre les employés québécois et canadiens dans toutes les situations professionnelles, mais il est particulièrement notable chez les cols bleus du Québec, qui ont le moins de chance d'être formés (Bélanger et Robitaille, 2008, p. 58).

Certains secteurs semblent également moins privilégiés que d'autres en matière d'apprentissage informel. On note ainsi qu'au Québec et au Canada, le secteur primaire et les secteurs des services publics et du transport et des services personnels et services aux entreprises sont ceux qui bénéficient le moins des modalités de formations informelles. En revanche, les secteurs de l'éducation, de l'information et de la culture, de l'administration publique et de la santé détiennent les taux de participation les plus élevés à cet égard.

Tableau 6.3. Taux de participation à la formation informelle liée à l'emploi selon le secteur d'activité de l'entreprise, au Canada et au Québec en 2002 (population en emploi de 25 ans et plus)

	Canada	Québec
Secteur primaire	56	46
Fabrication	60	57
Services publics et transport	51	52
Commerce	60	60
Finances, assurances, services professionnels et techniques	73	67
Éducation, information et culture	76	73
Santé	68	66
Services personnels et services aux entreprises	58	52
Administration publique	73	73

Source : Bélanger et Robitaille (2008, p. 59).

Précisons que si les données datent de 2002, il n'y a pas eu de changement majeur dans les pratiques de formation des entreprises. Nous utilisons ces données parce qu'elles sont détaillées et permettent de comparer le Québec et le Canada ; on voit qu'il se donne au Québec un peu moins de formation qu'au Canada, malgré la Loi sur la formation professionnelle qui oblige les entreprises d'une certaine taille à offrir de la formation à leur personnel. Il faut noter que, par suite de modifications, cette loi ne s'applique plus aux entreprises de taille moyenne, ce qui réduit fortement sa portée. En effet, les grandes entreprises donnent toujours plus de formation que les autres et, pour plusieurs, elles n'avaient pas besoin de la loi pour les inciter à le faire (Tremblay, 2006). Au-delà de ces considérations socioprofessionnelles et sectorielles, on peut s'interroger sur ce qui pousse les entreprises à mettre en place des programmes favorisant l'apprentissage (formel ou informel). C'est ce dont il sera question dans la partie suivante.

6.2. Les composantes d'un programme favorisant l'apprentissage

Fillol (2006) évoque quatre dimensions favorisant l'apprentissage organisationnel. Il s'agit de la dimension individuelle, la dimension organisationnelle, la dimension managériale et la dimension sociale (figure 6.1).

Figure 6.1. Dimensions de l'apprentissage organisationnel

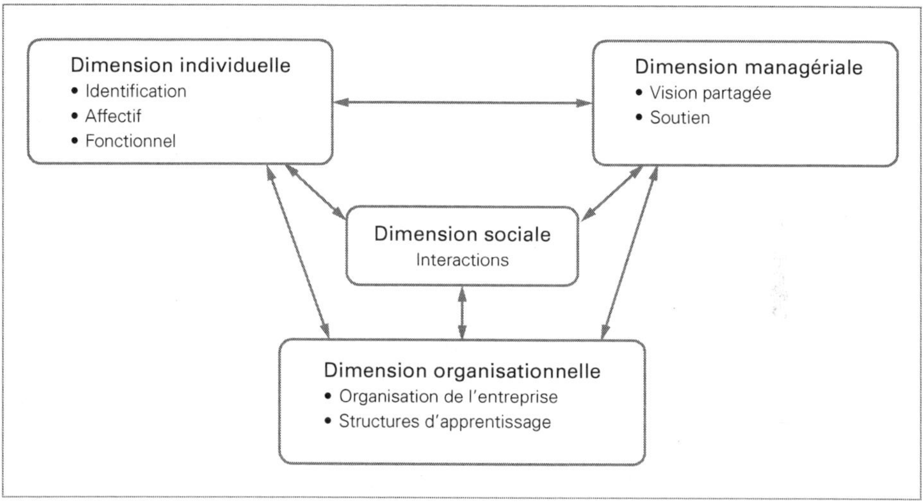

Source: Fillol (2006).

La dimension individuelle « correspond aux motivations et valeurs sous-jacentes aux actions des individus, assurant la coopération et le partage dans l'entreprise » (Fillol, 2006, p. 15). Cette dimension se compose de trois déterminants: l'identification, l'affectif et le fonctionnel. Ainsi, l'identification que l'on a par rapport au métier exercé, les liens affectifs qu'on y tisse, ainsi que l'intérêt que l'individu porte au partage (dimension fonctionnelle) sont autant d'éléments qui forgent des attitudes favorables à l'apprentissage organisationnel. Bélanger et Robitaille (2008, p. 60) confirment cette dimension en affirmant que « des facteurs de personnalité et d'attitude liés à l'itinéraire individuel » et, d'autre part, « des événements ou des circonstances survenus dans l'environnement social et éducatif de l'histoire du sujet à des moments précis » sont des facilitateurs pour le développement de comportements liés à l'apprentissage informel. Bélanger *et al.* (2004, p. 11) ajoutent que « le personnel ayant une formation initiale plus avancée, comme les professionnels, a de meilleures chances de poursuivre plus activement sa biographie éducative, en s'appuyant sur des modèles d'autoformation reconnus par l'employeur ».

Toutefois, la dimension individuelle a besoin de la dimension organisationnelle pour se nourrir et s'épanouir. Cette dernière « correspond aux actions organisationnelles que peut mettre en place une entreprise pour créer un contexte favorable à l'apprentissage » (Fillol, 2006, p. 17). L'importance de cette dimension dépend de la structure organisationnelle et de la place qu'elle accorde aux structures d'apprentissage. Pour Bélanger *et al.* (2004), les changements dans l'organisation du travail (enrichissement des postes de travail, rotation des tâches, etc.) créent une dynamique nouvelle dans la formation des employés de production. Le fait même d'intégrer une fonction de responsable de la formation au sein du service des ressources humaines constitue une condition préliminaire au développement d'une organisation apprenante. Ainsi, la place accordée à l'apprentissage et aux structures dédiées à cet objectif (programmes de mentorat, coaching, autoformation, etc.) sont autant d'options permettant la mise en place d'une organisation favorisant la pratique et la diffusion des connaissances.

Le rôle de l'encadrement dans l'apprentissage organisationnel constitue la dimension managériale. Cette dernière joue un rôle de relais entre la direction (dimension organisationnelle) et les employés (dimension individuelle) pour créer un environnement favorable à l'apprentissage. L'encadrement a donc un rôle primordial dans « la mise en œuvre des structures d'apprentissage et l'identification des acteurs à l'entreprise » (Fillol, 2006, p. 19).

Les interactions entre ces trois dimensions créent la dimension sociale qui « recouvre les échanges, partages et interactions entre les individus à l'origine de l'apprentissage » (Fillol, 2006, p. 19). Cette dimension, largement reprise dans la littérature sur l'apprentissage organisationnel (Nonaka et Takeuchi, 1995 ; Argyris et Schön, 1996 ; Argyris, 1993), place les échanges interindividuels à la base du développement de l'apprentissage organisationnel, comme l'explique Fillol (2006) :

> La socialisation émane conjointement de l'individu, de l'organisation et du management. La dimension sociale est ainsi la résultante de l'interaction des trois dimensions précédentes. Elle est fondatrice d'un contexte organisationnel propice à l'apprentissage organisationnel. En ce sens, la dimension sociale constitue une condition *sine qua non* du processus d'apprentissage organisationnel, associant les individus dans un contexte favorable à l'apprentissage en terme organisationnel et managérial (Fillol, 2006, p. 20).

Dans la prochaine partie, nous étudions en détail quatre types d'apprentissages organisationnels, à savoir, le mentorat, le coaching, la communauté de pratique et l'autoformation.

6.3. Les différents types d'apprentissages fondés sur le travail

Dans cette section, nous voyons divers types d'apprentissages fondés sur le travail, en commençant par le mentorat.

6.3.1. Le mentorat

Le mentorat est une pratique de plus en plus répandue depuis quelques années, mais on ne sait pas toujours bien la distinguer du coaching. Nous commençons donc par donner des définitions du concept afin de bien saisir de quoi il s'agit et de le distinguer des concepts et pratiques apparentées.

6.3.1.1. Les définitions

Le mentorat est une pratique qui doit son nom à un personnage de la mythologie grecque, Mentor, ami d'Ulysse, à qui ce dernier a confié son fils Télémaque, afin qu'il le guide et le conseille pendant qu'Ulysse vaquait à ses occupations de conquérant. Depuis ce temps, la pratique du mentorat s'est organisée dans toutes les sociétés à travers la transmission aux jeunes des traditions ancestrales dans des tribus ou des guildes. Cette transmission va au-delà de l'apprentissage des techniques, car elle comprend un ensemble de valeurs, comme le savoir-faire et le savoir-être.

Dans son répertoire de base, Cuerrier (2003) donne un ensemble de définitions dont celle de mentorat, de mentor, de mentoré et de relation mentorale.

Ainsi, le mentorat se définit comme « une relation d'aide dans laquelle une personne expérimentée apporte son expérience, des conseils et son encouragement à un plus jeune » (Cuerrier, 2003, p. 9). Le mentorat est donc

> une relation interpersonnelle de soutien, d'échanges et d'apprentissage, dans laquelle une personne d'expérience investit sa sagesse acquise et son expertise afin de favoriser le développement d'une autre personne qui a des compétences à acquérir et des objectifs professionnels à atteindre (Mentorat Québec, 2005, p. 8).

Le mentorat suppose l'existence d'un mentor et d'un mentoré. Le mentor est une personne d'expérience, ayant des caractéristiques lui permettant de transférer ses acquis et ses connaissances à des personnes moins expérimentées. Parmi les caractéristiques du mentor, on retrouve la sagesse, l'assurance, la disposition au partage, mais aussi et surtout la motivation altruiste pour aider le mentoré dans la réalisation de ses objectifs tant professionnels que personnels (Houde, 1995). Le mentoré est donc « une personne en quête d'accomplissement personnel et professionnel, motivée à utiliser les connaissances, les habiletés, les valeurs offertes par un senior [*sic*], afin que soit facilitée l'atteinte de ses objectifs personnels et professionnels » (Mentorat Québec, 2005, p. 9).

Le mentor et le mentoré sont liés par la relation mentorale. Cette relation se caractérise par le volontariat, l'engagement, la réciprocité et la gratuité (Cuerrier, 2003). C'est également une relation centrée sur l'apprentissage et un moyen de développer les carrières tout en consolidant la culture organisationnelle et les relations intergénérationnelles (Guay et Lirette, 2003). La relation mentorale se développe essentiellement sur le long terme afin de « faciliter le vécu des transitions personnelles et professionnelles, favoriser la réalisation de soi et contribuer au développement des deux personnes impliquées » (Mentorat Québec, 2005). Selon Guay et Lirette (2003), la relation mentorale repose sur cinq principes clés, à savoir, la confidentialité, le volontariat, l'engagement mutuel, la souplesse et la générosité et l'écoute. Kram (1985) a quant à elle défini les quatre étapes de la relation mentorale à savoir, l'initiation, la maturation, la séparation et la redéfinition. L'initiation ou la mise en œuvre caractérise le début de la relation et consiste en l'établissement d'une relation de confiance et de respect mutuel. Cette étape permet de préciser les attentes mutuelles ainsi que les objectifs de la relation mentorale.

La maturation est la phase où le mentoré profite de l'expérience, des conseils et des rétroactions du mentor pour développer ses compétences. C'est aussi durant cette phase que se révèlent les dysfonctionnements de la relation, car le mentor comme le mentoré sont confrontés à la réalité de l'autre (Davel et Tremblay, 2011). La relation de confiance et d'intimité, l'engagement interpersonnel et les aspects psychosociaux prennent alors une importance capitale durant cette phase. Ensuite, la phase de la séparation entre en ligne de compte quand le mentoré commence à être plus autonome et plus indépendant du mentor. Il y a donc une rupture de l'équilibre établi lors de la phase de maturation et la relation mentorale prend moins de place dans la vie du mentor et du mentoré. La phase de séparation se caractérise chez le mentoré par un sentiment de gratitude envers le mentor, mais aussi par un sentiment d'anxiété et de perte d'un appui. Chez le mentor, le même sentiment de perte existe également, mais il s'accompagne d'un sentiment de fierté et de travail accompli. Enfin, dans la phase de redéfinition, le mentor et le mentoré définissent leur relation sur une base plus égalitaire. La relation n'est pas interrompue et peut se poursuivre à l'avenir sur des bases de soutien mutuel.

La relation mentorale et l'environnement dans lequel elle se développe sont importants pour tirer le maximum de bénéfice du mentorat :

> [L]e partage et le développement de savoirs ne peut prendre place que dans un contexte organisationnel propice et dans une relation qui s'appuie sur la réciprocité en matière d'intérêts mutuels, de compatibilité interpersonnelle et de volonté d'apprendre et de transmettre (Davel et Tremblay, 2011, p. 134).

La relation mentorale se développe avant tout de manière spontanée, du fait que l'individu souhaitant apprendre, se dirige naturellement vers la personne avec qui il a le plus d'affinités et qui accepterait de jouer le rôle du mentor (Cuerrier, 2003). Toutefois, étant donné les avantages du mentorat et la difficulté d'accès au réseau permettant le développement spontané de ce genre de relation dans les organisations, certaines d'entre elles ont pensé à formaliser et structurer le mentorat sous forme de programme formel. L'activité mentorale est donc encadrée et permet de fournir des outils et des ressources aux dyades mentor-mentoré afin d'atteindre les objectifs voulus (Mentorat Québec, 2005).

6.3.1.2. L'objectif du mentorat dans les organisations

Le mentorat a connu un regain d'intérêt, notamment dans les entreprises d'Amérique du Nord, depuis près de deux décennies. Selon Mentorat Québec (2005), les milieux communautaires, mais aussi les organisations privées, publiques et parapubliques, ont constaté que le mentorat organisé de façon formelle représente un mode de développement, d'apprentissage et de gestion des ressources humaines original et efficace.

Le mentorat concerne plusieurs aspects de la vie professionnelle, dont l'insertion professionnelle, la gestion de la relève, la planification de carrière, l'intégration de nouveaux professionnels, etc. (Mentorat Québec, 2005). Selon le Conference Board du Canada (2003) (cité par le ministère des Petites Entreprises et de l'Entrepreneuriat de l'Ontario), les deux principaux facteurs qui poussent les organisations au développement d'un programme de mentorat sont le perfectionnement professionnel et le partage du savoir, comme l'illustre le tableau 6.4.

Tableau 6.4. Facteurs de mise en œuvre d'un programme de mentorat en entreprise

Facteur	Pourcentage
Perfectionnement professionnel	76 %
Partage du savoir	70 %
Maintien de l'effectif	60 %
Transfert du savoir des retraités	42 %
Autres (y compris développement du leadership, apprentissage, planification de la relève)	31 %

Note : Le pourcentage total dépasse 100 en raison des réponses multiples aux questions.

Source : Le Conference Board du Canada, p. 19 ; Ministère des Petites Entreprises et de l'Entrepreneuriat de l'Ontario (2007, p. 5).

L'objectif du mentorat dans un contexte d'économie du savoir est d'acquérir une quantité importante de connaissances, mais aussi des savoirs tacites absents des ouvrages et des manuels (Davel et Tremblay, 2011). En effet, selon Hezlett (2005), le mentorat permet d'acquérir des connaissances (informations techniques, connaissances de l'organisation), de développer des habiletés (techniques, sociales, gestion de soi et de ses ressources) et d'influencer certaines attitudes (confiance en soi, ouverture au changement). Le mentorat constitue donc un moyen d'apprentissage qui permet d'apprendre par le travail et de couvrir plusieurs aspects, tant au niveau du développement personnel que professionnel. On attribue également au mentorat divers effets positifs, notamment le développement du leadership, une meilleure gestion du stress, une meilleure planification de la relève, l'attraction de talents externes (ministère des Petites Entreprises et de l'Entrepreneuriat de l'Ontario, 2007).

6.3.1.3. L'élaboration, la mise en œuvre et l'évaluation d'un programme de mentorat

L'élaboration et la mise en œuvre d'un programme de mentorat dans une organisation requièrent l'engagement des différentes entités et comportent trois étapes essentielles, à savoir l'obtention du soutien de la direction, l'identification des attentes et la définition d'objectifs, et le recrutement des participants (Crawford, 2010 ; Peoples, 2003).

Le soutien de la direction est indispensable dans le cadre de la mise en place d'un programme formel de mentorat dans une organisation. En effet, l'implantation de ce type de programme a plus de chances de réussir quand l'encadrement aux niveaux stratégique et opérationnel est bien au fait des retombées sur l'organisation et y adhère en y allouant les ressources nécessaires. Le programme doit être inclusif pour ainsi permettre à tous les employés ayant les caractéristiques requises de participer (Crawford, 2010). Toutefois, Savoie *et al.* (2008) affirment que tout le monde n'est pas prédisposé à devenir mentor. En effet, plusieurs caractéristiques individuelles du mentor peuvent en effet avoir un effet positif ou négatif sur la relation mentorale. Parmi ces caractéristiques, il y a la motivation, l'âge, l'expérience, le statut hiérarchique, etc.

La deuxième étape est l'identification d'attentes communes entre la direction, les mentors et les mentorés, et la définition des objectifs. Pour l'identification des attentes, il s'agit de se mettre d'accord sur les bénéfices attendus du mentorat tant pour l'entreprise que pour les employés. Cette étape passe par la définition d'objectifs généraux et particuliers, ainsi que par la détermination d'un moyen concret servant à mesurer l'effet du programme et à en évaluer le succès ou l'échec (Peoples, 2003).

Enfin, le recrutement des participants constitue également une étape essentielle dans la mise en place d'un programme de mentorat. En effet, étant donné que l'un des principes clés du mentorat repose sur le volontariat, il peut se révéler difficile dans certains cas de mobiliser les gens autour de ce projet. Crawford (2010) suggère que dans ce cas, la direction devrait clairement définir les attentes, mais aussi les avantages pour les mentors de s'engager dans ce processus. Les employés hautement compétents et désirant progresser dans leur carrière ou encore les travailleurs âgés en fin de carrière peuvent manifester un intérêt pour le mentorat, parce que cela leur rapporte sur le plan du développement personnel. Selon Peoples (2003), les coordonnateurs du programme de mentorat doivent rendre l'expérience positive pour les mentors au moyen de quelques aspects clés comme : l'utilisation efficace du temps, la clarté et le réalisme des objectifs du programme, la disponibilité des ressources et le respect, la reconnaissance et le soutien des coordonnateurs. Si l'expérience est concluante, la fidélisation des mentors s'en trouvera facilitée.

Le recrutement des mentorés suppose de déceler les personnes ayant un intérêt véritable et dont l'engagement envers le programme de mentorat serait total. En effet, le grand investissement de la part de l'organisation et de ses membres dans un programme de mentorat exige « d'établir un profil type de l'employé le plus susceptible de contribuer à l'instauration d'une relation de qualité » (Savoie *et al.*, 2008, p. 174). Peoples (2003) explique que « personne n'y gagnera si les mentorés ne respectent pas leur engagement » (Peoples, 2003, p. 41). Ainsi, la quantité de temps considérable allouée par les mentors pour superviser la relation mentorale, peuvent mener à la frustration de ces derniers si leurs efforts ne trouvent pas un écho favorable chez les mentorés. De ce fait, le programme n'atteindra pas ses objectifs et des effets négatifs se feront sentir sur l'organisation.

L'évaluation du programme de mentorat peut, selon Guay et Lirette (2003), « renforcer l'à-propos et la pertinence du programme pour l'organisation en plus de permettre d'apporter les améliorations nécessaires à sa continuation » (Guay et Lirette, 2003). Cette étape est donc essentielle pour l'organisation. Cela dit, avant de se lancer dans l'évaluation, il importe de déterminer avec précision les mesures en rapport avec les préoccupations de l'organisation et de s'assurer de bien comprendre les tenants et aboutissants du programme. L'évaluation peut s'inspirer des méthodes d'évaluation de programmes généralistes existantes, comme celles de Marceau *et al.* (1992) ou de McNamara (1999). Ces méthodes suivent un même canevas, à savoir la détermination des objectifs et des cibles du programme, l'analyse des activités d'allocation des ressources, d'encadrement et de mise en œuvre du programme, du rôle des intervenants et des effets du programme sur les intervenants et sur l'organisation, ainsi que l'analyse des points forts et des points faibles en vue d'améliorer le programme.

La collecte d'information pour l'évaluation du programme de mentorat peut se faire auprès des personnes concernées, soit les mentors, les mentorés, les coordonnateurs du programme, etc. Diverses méthodes peuvent être employées pour ce faire, notamment les entrevues, les groupes de discussion, ainsi que les questionnaires ou l'analyse de dossiers tenus par les dyades et mis à jour par le coordonnateur (Fortin, 2003).

6.3.1.4. Les facteurs de succès du mentorat

Guay et Lirette (2003) distinguent deux types de facteurs de réussite du programme de mentorat, soit les facteurs organisationnels et les facteurs personnels.

Les facteurs organisationnels concernent les orientations stratégiques de l'entreprise qui doivent être en accord avec l'objectif et la raison d'être du mentorat. Comme mentionné par Crawford (2010), l'appui de la direction pour le mentorat doit constituer une priorité à tous les niveaux de l'organisation. Les responsables du programme doivent s'assurer de fournir le soutien aux participants à toutes les étapes de la relation mentorale, en respectant la confidentialité et en s'assurant que l'activité assure un gain mutuel, tant pour le mentor et le mentoré que pour l'organisation (Guay et Lirette, 2003).

Savoie *et al.* (2008) ajoutent quelques paramètres importants pouvant contribuer au succès d'un programme mentoral. Parmi ces paramètres, il y a la formation préalable des acteurs au déroulement d'une relation mentorale et l'établissement des dyades en fonction des caractéristiques du mentor et du mentoré.

L'apport de la formation préalable à la relation mentorale ne fait pas l'unanimité auprès des chercheurs. Certains auteurs recommandent fortement une formation des acteurs (Evertson et Smithey, 2000 ; Forret *et al.*, 1996 ; Gray, 1988 ; Kram, 1985), arguant que les mentors ayant suivi une formation au mentorat « exerçaient mieux leurs tâches comparativement à ceux dont les mentors n'avaient peu ou pas reçu de formation » (Savoie *et al.*, 2008, p. 176). Cependant, d'autres études montrent que la formation n'influence pas la qualité de la relation mentorale (Sosik et Godshalk, 2000 ; Allen *et al.*, 2006). Cela dit, certains auteurs affirment qu'une formation préalable permet de « renseigner les participants sur les objectifs de la relation mentorale ainsi que sur leur rôle respectif et leur responsabilité dans la relation » (Savoie *et al.*, 2008, p. 176). Elle permet également aux mentors de « saisir les enjeux, les exigences, les responsabilités et les plaisirs liés à l'exercice de leur rôle, tout au long du programme » (Guay et Lirette, 2003, p. 40). La formation peut alors porter sur le développement de certaines compétences telles que la communication interpersonnelle, la connaissance, la relation d'aide, etc.

La participation des acteurs dans le choix de leur partenaire et l'établissement des dyades en fonction des caractéristiques du mentor et du mentoré, ou ce que certains appellent le « jumelage », constituent une part importante dans le succès de la relation mentorale et, de ce fait, dans le succès du programme de mentorat dans l'organisation. Guay et Lirette (2003) distinguent le jumelage spontané (ou informel) qui se produit quand le mentor et le mentoré se connaissent et conviennent de s'engager dans une relation mentorale, et le jumelage assisté (formel) qui « se produit lorsqu'on suggère au nouvel employé intéressé à vivre une relation mentorale le nom de personnes qui ont un profil de mentor et un intérêt pour le rôle » (Guay et Lirette, 2003, p. 24). C'est dans le jumelage assisté que les caractéristiques des mentors et des mentorés se révèlent être un facteur de succès ou d'échec pour la relation mentorale.

En effet, une étude d'Armstrong *et al.* (2002) montre que les mentors et les mentorés qui s'apprécient et qui perçoivent une similitude chez leur partenaire ont plus de chances de réussir leur relation mentorale. *A contrario*, des écarts importants de valeurs, de profils de personnalité et de style de travail entre les mentors (Eby et Lockwood, 2005 ; Eby et McManus, 2004) et les mentorés (Eby *et al.*, 2004) peuvent être un obstacle à la réussite du mentorat. De plus, le fait que les participants puissent s'exprimer sur le choix de leur partenaire constitue un atout considérable pour favoriser l'appropriation de la relation mentorale, l'engagement dans la relation et la satisfaction des besoins développementaux (Savoie *et al.*, 2008).

Armstrong *et al.* (2002) ajoutent que le genre peut également jouer un rôle important dans l'appréciation de la relation. Ainsi, les dyades composées d'une femme mentor et d'un homme mentoré semblent apporter moins de satisfaction aux participants. De même, parfois les mentors hommes rechignent à choisir une femme pour mentorée de peur des mauvaises interprétations que peut susciter leur relation (Noe *et al.*, 2002). Toutefois, il semblerait qu'une femme mentorée soit davantage guidée dans le développement de sa carrière si son mentor est un homme plutôt qu'une femme (Sosik et Godshalk, 2000). Cela amène Savoie *et al.* (2008) à conclure que « la combinaison d'acteurs de même sexe serait appropriée si l'objectif de la relation est avant tout de fournir un soutien psychosocial. Enfin, la combinaison homme mentor/femme mentorée serait appropriée si l'objectif est de fournir un soutien de carrière » (Savoie *et al.*, 2008, p. 176).

En ce qui concerne les facteurs personnels de réussite du programme de mentorat, le mentor comme le mentoré doivent avoir des attentes réalistes face aux objectifs à atteindre et aux bénéfices de la relation mentorale. Si toutefois cette relation ne satisfaisait pas les besoins d'un des deux participants, il est important d'en faire part au responsable du programme et de procéder à un jumelage qui s'apparente plus aux besoins des participants. Les mentors doivent éviter les attitudes de contrôle et de surprotection des mentorés. Ces derniers doivent, quant à eux, éviter de faire des demandes excessives au mentor et développer une attitude de dépendance vis-à-vis de lui (Guay et Lirette, 2003).

6.3.1.5. Quelques retombées et statistiques

À l'heure actuelle, il n'existe pas de statistiques officielles concernant le degré de pénétration du mentorat dans les organisations au Québec et au Canada. Toutefois, certains cabinets de conseil privés ont fait des études sur les avantages du mentorat tant pour les organisations, que pour les mentors et les mentorés.

En ce qui concerne les effets sur les mentors et les mentorés (ou les protégés selon le terme utilisé dans les figures 6.2 à 6.4), une étude rapportée par le ministère des Petites Entreprises et de l'Entrepreneuriat de l'Ontario (2007) indique que les mentors et les mentorés ont au moins cinq fois plus de chances d'être promus que les employés ne participant pas au mentorat. Cette étude montre également que les participants à un programme de mentorat ont 20 % plus de chances d'augmenter leur niveau de salaire et 20 % moins de risques de quitter l'entreprise, par rapport aux salariés réguliers, comme l'illustrent les figures 6.2 à 6.4.

Figure 6.2. Probabilités de promotion pour les mentors et les mentorés

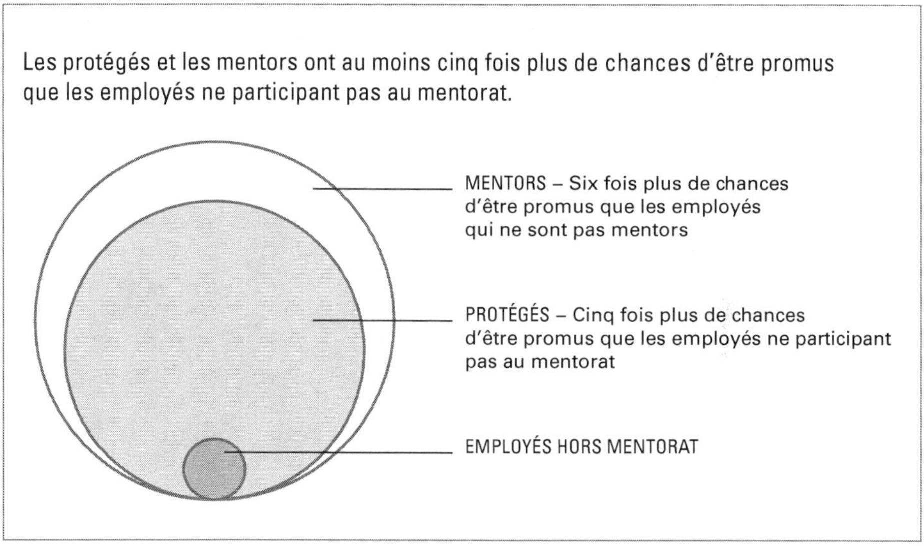

Source : Ministère des Petites Entreprises et de l'Entrepreneuriat de l'Ontario (2007, p. 5).

Figure 6.3. Probabilités d'augmentation de salaire pour les mentors et les mentorés

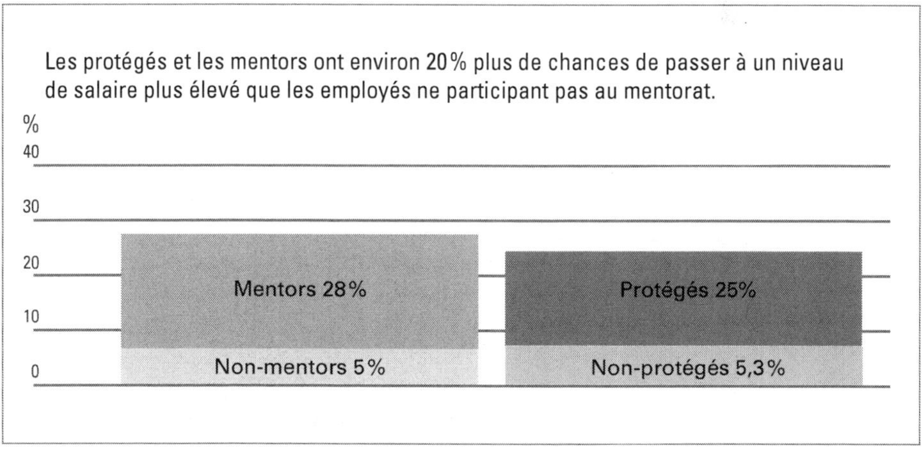

Source : Ministère des Petites Entreprises et de l'Entrepreneuriat de l'Ontario (2007, p. 7).

Figure 6.4. Probabilités de quitter l'entreprise pour les mentors et les mentorés

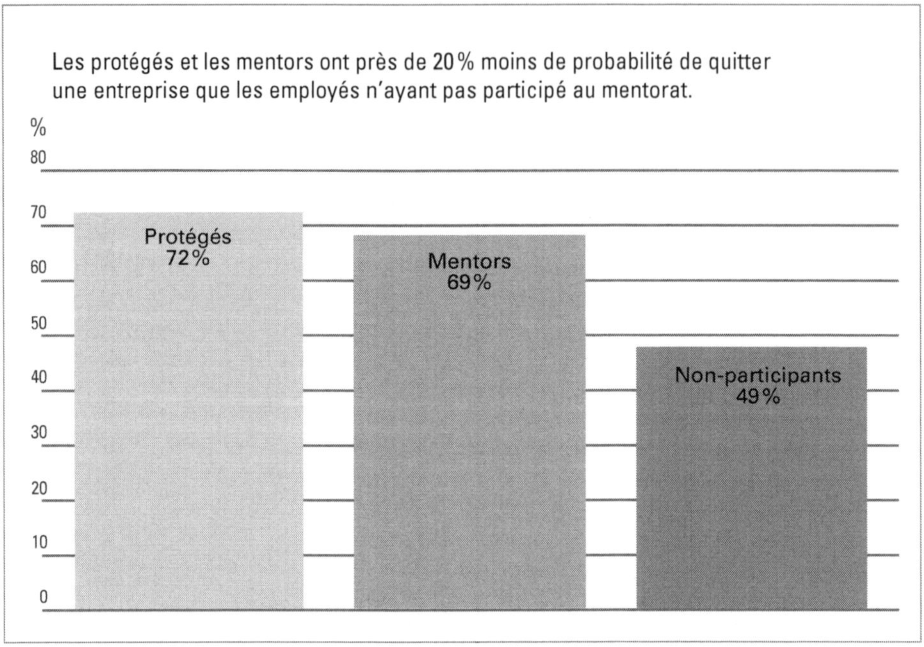

Source : Ministère des Petites Entreprises et de l'Entrepreneuriat de l'Ontario (2007, p. 8).

Le mentorat a donc un effet bénéfique sur le positionnement des mentors et des mentorés dans l'organisation qui pourrait améliorer leur situation professionnelle.

Chez le mentor, participer à un programme de mentorat permet de développer ou de consolider les compétences relationnelles, de leadership et de communication (Guay et Lirette, 2003). Cela peut ouvrir la voie vers de nouvelles perspectives de carrière, notamment quand le mentor arrive à une période de stagnation professionnelle. Allen *et al.* (2006) soulignent également les avantages psychologiques et intangibles chez les mentors, qui disent éprouver un sentiment de satisfaction et d'accomplissement personnels. Savoie *et al.* (2008) résument les avantages du mentorat du point de vue du mentor comme suit : « une reconnaissance d'autrui, une satisfaction personnelle, du soutien, un apprentissage ainsi qu'une augmentation du nombre de promotions » (Savoie *et al.*, 2008, p. 179). Ils pointent également certains inconvénients :

> [...] sentiments de défaite si la relation échoue, de contraintes de temps ou de relations négatives [...] En ordre croissant de fréquence, on trouve le harcèlement, le sabotage, la soumission, la tromperie malveillante, la déception bénigne, le sentiment de gâchis, la relation négative, la relation ardue, l'absence du désir d'apprendre et la sous-performance du mentoré en regard de ce qui est attendu (Savoie *et al.*, 2008, p. 179).

Chez le mentoré, plusieurs études montrent que l'expérience mentorale comporte des avantages tant objectifs (rémunération, promotion) que subjectifs (satisfaction au travail, satisfaction de la carrière) (Hezlett et Gibson, 2005). En effet, non seulement le mentorat permet au mentoré d'acquérir des habiletés et des compétences, cela « lui permet également de consolider son identité professionnelle et de développer des compétences relationnelles et décisionnelles tout en favorisant la connaissance de soi » (Guay et Lirette, 2003, p. 37). S'ajoutent à cette liste une meilleure compréhension de la culture organisationnelle, un raffermissement des solidarités intergénérationnelles et autres effets bénéfiques sur les relations sociales (Davel et Tremblay, 2011). Cela dit, il arrive que certaines expériences négatives du mentorat puissent affecter le mentoré. Ainsi, des comportements de manipulation de la part des mentors et de mauvais jumelages peuvent générer du stress ainsi qu'une insatisfaction au travail chez les mentorés (Eby et Allen, 2002). D'autres études ont établi une corrélation entre une mauvaise expérience du mentorat et la perception des échanges sociaux et la dépression (Eby *et al.*, 2004). En somme, le mentorat se révèle être assez efficace pour la majorité des entreprises qui l'ont mis en place, comme l'illustre la figure 6.5.

Figure 6.5. Efficacité du mentorat dans les organismes offrant un programme officiel

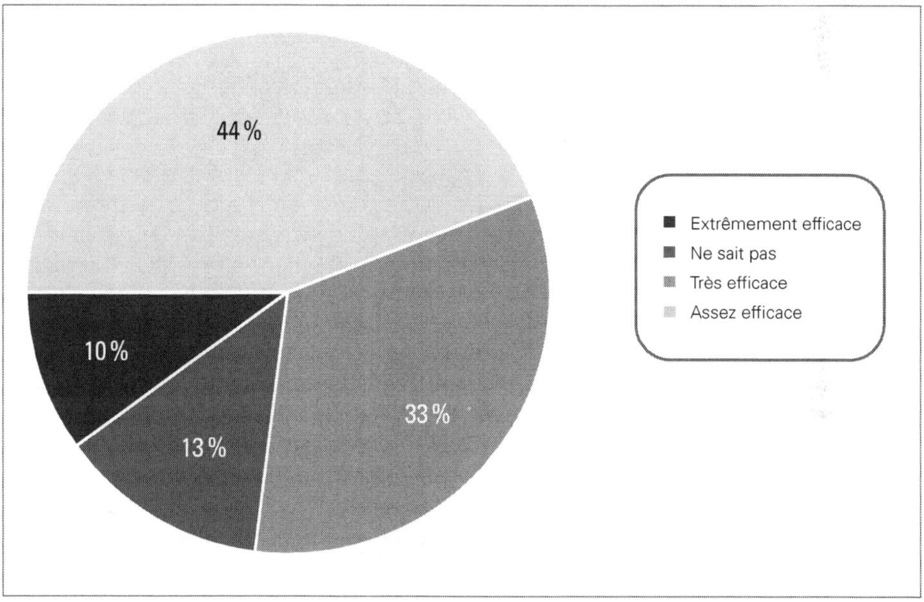

Source : Ministère des Petites Entreprises et de l'Entrepreneuriat de l'Ontario (2007, p. 8).

Savoie *et al.* (2008) regroupent les bénéfices du mentorat sur l'organisation en trois catégories :

> le développement des ressources humaines (rétention/maintien en emploi, mobilisation du personnel, rendement au travail, planification de la relève), la gestion (changement ou renforcement) de la culture organisationnelle et l'amélioration de la communication organisationnelle (Savoie *et al.*, 2008, p. 180).

De plus, le mentorat permet l'intégration des nouveaux employés en les formant à la culture de l'organisation. Il favorise, par là même, l'adhésion et l'engagement des employés, et la transmission des savoir-faire et de la mémoire collective (Guay et Lirette, 2003). Davel et Tremblay (2011) ajoutent que le mentorat en entreprise valorise les employés les plus expérimentés et contribue à améliorer la qualité de vie au travail.

6.3.2. Le coaching

Comme nous l'avons indiqué plus haut, le coaching est parfois confondu avec le mentorat, d'où l'importance de bien définir ces concepts apparentés.

6.3.2.1. La définition

Bien longtemps réservé au professionnel du sport, le coaching a fait son apparition dans le milieu de l'entreprise depuis quelques années déjà. En effet, le coaching managérial (organisationnel) est une nouvelle modalité d'apprentissage par le travail qui engage une personne expérimentée et compétente (le coach) auprès d'une personne moins expérimentée (le coaché) pour l'aider à maîtriser des compétences et des techniques dans un laps de temps déterminé. Davel et Tremblay (2011) ajoutent :

> Le coach apporte progressivement à la personne coachée une meilleure connaissance et une plus grande maîtrise d'elle-même, des techniques d'éveil lui permettant de repousser plus loin ses propres limites. Il lui fournit un entraînement sur mesure, une recherche conjointe, dans les situations de tous les jours [...] Le coach met en lumière les obstacles prévisibles, fait réfléchir à des comportements adéquats pour les surmonter en respectant le rythme d'évolution du coaché [...] (Davel et Tremblay, 2011, p. 176).

Le principe du coaching ne s'applique pas uniquement à une personne (coaching individuel), mais peut s'étendre à une équipe ou une organisation (coaching de groupe). Le coaching devient donc un projet organisationnel discuté et mis en place par la direction. Moral et Heinrichfreise (2008) parlent ainsi de « coacher un système » :

> Coacher un système (personne, relation entre personnes, équipe, organisation) consiste à l'accompagner pour qu'il conçoive lui-même ses propres réponses à l'objet qu'il doit traiter (résultats, actions, défis, challenges, problématiques...) (Moral et Heinrichfreise, 2008, p. 10).

Bien que le concept puisse sembler similaire à celui du mentorat, le coaching en diffère substantiellement tant dans les principes que dans les objectifs à atteindre. Le tableau 6.5 résume brièvement les différences entre ces deux modalités d'apprentissage.

Tableau 6.5. Différence entre coaching et mentorat

	Coaching	Mentorat
Objectif général	Amélioration de compétences et de connaissances particulières	Développement du potentiel du mentoré, en l'orientant dans sa carrière professionnelle
Objectif particulier	Attention portée sur le présent emploi	Attention plus généralisée et portant sur le développement de la carrière future
Durée	Durée limitée à un court laps de temps	Durée plus longue, voire indéfinie
Modalités	Entraînement et formation portant sur des compétences particulières (savoir-faire)	Éducation, expérience et inspiration portant sur des attitudes générales (savoir-être)

Source : Adapté de Crawford (2010).

Contrairement au mentorat, les coaches peuvent provenir de l'extérieur ou de l'intérieur de l'entreprise. La provenance des coaches peut avoir une importance selon la situation de l'organisation. Par exemple, lorsque la situation requiert l'anonymat et la confidentialité, il serait avantageux d'avoir recours à un coach externe. En revanche, quand la compréhension des rouages du système organisationnel est primordiale pour mener à bien les objectifs du coaching, le recours à un coach interne est davantage conseillé (Hall *et al.*, 1999). Le tableau 6.6 dresse les avantages liés à ces deux types de coaches.

Tableau 6.6. Avantages des coaches externes et internes

Coach externe	Coach interne
– Anonymat, confidentialité	– Connaissance de l'environnement et de son histoire
– Expérience dans plusieurs domaines	– Connaissance de la réalité politique (les points de controverse)
– Expertise en matière de subtilités politiques	– Facilité de mise en œuvre
– Large éventail d'idées	– Concentration sur les priorités
– Risque moindre d'évaluation ou de jugement	– Confiance personnelle
– Expertise basée sur une large expérience	
– Plus d'objectivité, possibilité de tout dire	
– Confiance dans l'utilisation des informations (pas d'informations personnelles)	

Source : Adapté de Hall *et al.* (1999, p. 44).

Hormis ces considérations internes et externes, Thiry (2008) distingue trois types de coaching :

- Le *coaching de compétences* : le coach donne des conseils concernant l'aménagement de l'environnement du travail ou le changement d'un certain comportement (p. ex., communication, etc.), ou encore, l'acquisition de nouvelles compétences. Ce volet du coaching s'intéresse au savoir et au savoir-faire du coaché.
- Le *coaching de performance* : le coach aide le coaché à dépasser ses limites personnelles. Ce type de coaching nécessite une grande confiance entre les participants, car le coach va aider le coaché à découvrir son identité profonde. Ce volet du coaching s'intéresse au savoir-être. Pour Nyman et Tach (2013), ce type de coaching est présent dans les entreprises ayant un programme de développement de leadership.
- Le *coaching stratégique* : concerne l'organisation en général et a des visées globales. Comme l'explique Thiry (2008) « toutes les actions de formation de *team building* et de coaching individuel ou de groupe seront organisées pour aider chacun à s'adapter, à se développer, à trouver la place qui lui convient, à s'impliquer et à œuvrer dans la nouvelle organisation » (Thiry, 2008, p. 22).

Bien entendu, le coaching ne se limite pas à ces trois dimensions et peut concerner d'autres champs de la vie professionnelle ou organisationnelle. Dans une revue de littérature, Davel et Tremblay (2011) distinguent d'autres types de coaching comme le coaching d'intégration (aide à intégrer une nouvelle fonction), le coaching de développement (aide à faire les bons choix en cas de doute dans la prise de décision), le coaching entrepreneurial (permet de développer des comportements entrepreneuriaux comme la création, l'apprentissage, etc.), le coaching de carrière (aide à connaître ses habiletés pour de meilleurs choix de carrière), etc.

Il y a également le gestionnaire coach. Il s'agit du gestionnaire qui se base sur son statut et son niveau hiérarchique pour se faire obéir et qui développe « une légitimité de type relationnel et contributif pour mobiliser ses ressources » (Viala *et al.*, 2010, p. 24). « Ainsi, le manager devient une sorte de facilitateur soucieux de responsabiliser, d'autonomiser ses troupes, d'œuvrer au développement de leurs compétences. Il doit notamment réussir à faire émerger de nouveaux talents et faire travailler son équipe en harmonie » (Viala *et al.*, 2010, p. 24). Ce type de coaching diffère des autres dans le sens où la relation supérieur-subordonné ainsi que le processus formel d'évaluation du rendement continue d'exister. De plus, l'approche du coaching comme moyen d'amener les individus à s'améliorer dans un climat de confiance et sans répercussion sur leur carrière peut être compromise quand le gestionnaire est le coach (Nyman et Tach, 2013).

Devant cette diversité de pratiques de coaching, il est essentiel pour l'organisation d'avoir une idée bien précise de l'objectif à atteindre, en vue de mettre en place le type de coaching qui va correspondre aux besoins de l'entreprise.

6.3.2.2. L'objectif du coaching dans les organisations

En 2008, une enquête commandée par l'AMA (American Management Association) auprès de l'Institute of Corporate Productivity[1] a montré que l'objectif principal de l'usage du coaching dans les organisations est l'amélioration du rendement des individus (79 %). Le développement du leadership et la planification de la succession viennent en deuxième position (63 %) et la maximisation des compétences des travailleurs en troisième (60 %). La figure 6.6 illustre les différentes raisons du recours au coaching.

Figure 6.6. Raisons du recours au coaching par les organisations

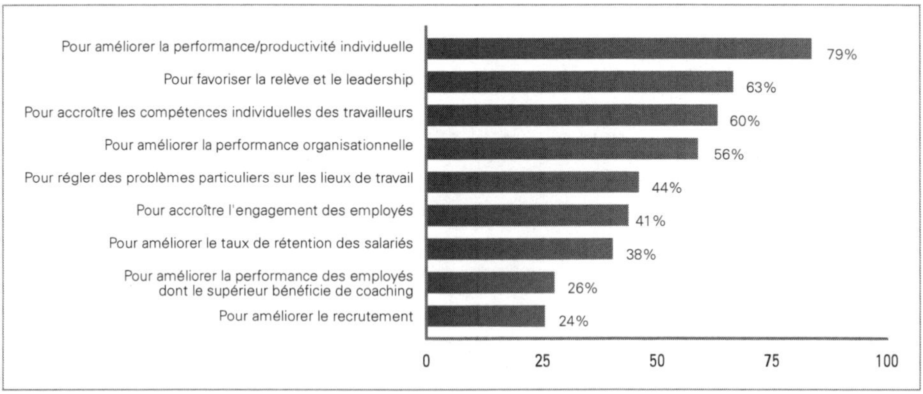

Source : Thompson *et al.* (2008, p. 11).

1. L'enquête, qui n'est pas accessible sur le site de l'association, est présentée en détail dans Thompson *et al.* (2008).

Selon Bax *et al.* (2011), l'essor du coaching a été facilité par la récession des années 1990, où un changement de paradigme s'est opéré dans les entreprises américaines qui sont passées d'une structure hiérarchique axée sur le contrôle à une structure flexible axée sur le soutien des employés pour de meilleures performances. En effet, l'autonomisation des employés est un élément clé du coaching, car l'accompagnement de ces derniers vers l'excellence amène à moins de contrôle de la hiérarchie et donc plus de flexibilité et de créativité au sein de l'entreprise. Poilpot-Rocaboy et Charpentier (2010) résument ce changement de paradigme dans le tableau 6.7.

Tableau 6.7. Ancien et nouveau paradigme organisationnel

Ancien paradigme : le gestionnaire traditionnel...	**Nouveau paradigme : le gestionnaire leader...**
... prévoit, planifie	... crée une vision inspiratrice et créée en collaboration
... établit les budgets	... conçoit une stratégie et fait preuve de flexibilité
... organise	... pilote, s'adapte en souplesse, fait preuve de perspicacité dans l'action
... mesure et réduit les écarts	... fait évoluer la vision, adapte le changement par un effort permanent d'anticipation et d'écoute, prend des risques
... contrôle	... anticipe les possibilités et les failles, délègue, renonce à son pouvoir de supertechnicien, communique avec authenticité

Source : Poilpot-Rocaboy et Charpentier (2010, p. 71).

Flaherty (2010) affirme qu'une meilleure compréhension du coaching vient d'une compréhension des objectifs que l'on veut atteindre en y ayant recours. Ainsi, les entreprises ayant recours au coaching s'attendent à trois résultats principaux : l'excellent rendement à long terme, l'autocorrection pour que les coachés puissent corriger leur savoir-faire sans l'aide du coach et l'autoperfectionnement pour une amélioration continue des compétences. Ces trois caractéristiques donnent une image générale de ce que le coaching est censé apporter à une organisation. Plus précisément, une étude de Longnecker et Neubert (2005) met en évidence une série de pratiques auxquelles ont recours les cadres supérieurs qui offrent du coaching. Cette étude brosse un tableau beaucoup plus détaillé et diversifié. Ainsi, un coaching efficace est un coaching qui va aider les gestionnaires à clarifier les résultats sur lesquels l'organisation doit se concentrer pour atteindre les objectifs désirés. Le coach peut donner un avis honnête, de façon continue, sur le rendement des cadres débutants de l'entreprise et peut rendre compte du rendement réel de ces cadres aux cadres supérieurs. Le coach doit pouvoir comprendre les points forts et les points faibles des cadres débutants et donner ainsi un avis sur la façon d'améliorer leur rendement. Il doit également comprendre le contexte et les pressions qui s'exercent sur ces cadres et les aider à prioriser et à gérer les situations conflictuelles. Le soutien dans la résolution des problèmes et la création d'un climat de confiance et de respect mutuel sont autant de critères appréciés chez un coach. Ce dernier doit pouvoir rendre compte d'une amélioration du rendement en développant un plan d'action avec des objectifs pertinents, mesurables, atteignables dans un laps de temps déterminé.

Poilpot-Rocaboy et Charpentier (2010) ont, quant à eux, décrit des objectifs plus précis que les cadres des organisations veulent atteindre au moyen du coaching. La figure 6.7 résume ces attentes.

Figure 6.7. Attentes des cadres vis-à-vis du coaching

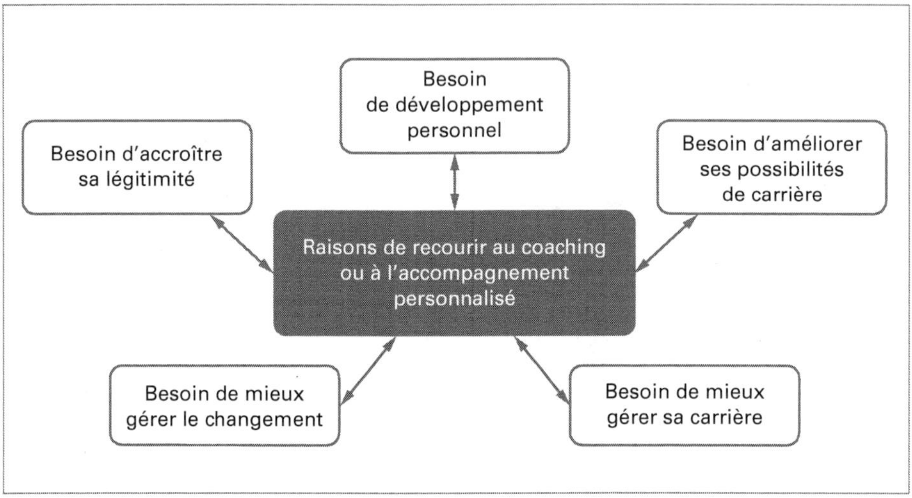

Source : Poilpot-Rocaboy et Charpentier (2010, p. 67).

Le coaching est donc censé apporter un conseil pratique, orienté vers l'objectif fixé. La relation entre le coach et le coaché permet d'améliorer le rendement, d'orienter la carrière ou de gérer un changement. Elle exige du coach d'aider, de soutenir, d'expliquer, de donner de la rétroaction et d'encourager le coaché tout au long du processus. Le coach joue alors plusieurs rôles à la fois, soit celui de guide, de gardien, d'enseignant, de mentor, de parrain, mais aussi d'éveilleur (Dilts, 2003). Ce dernier point est crucial pour Dilts (2003) qui pense que cette fonction du coach va au-delà de tous les autres rôles, car elle permet de faire ressortir ce qu'il y a de meilleur chez l'individu. Elle l'aide à découvrir sa propre vision, sa mission, ou, comme le suggère Barner (2011), sa propre marque ou signature. Le coach devient alors conseiller en gestion de marque. Il précise comment cette signature peut avantager le coaché ou l'empêcher d'atteindre ses objectifs, et il l'aide à la renforcer et à mieux la gérer.

6.3.2.3. L'élaboration, la mise en œuvre et l'évaluation du coaching

La mise en œuvre d'un projet de coaching se fait en cinq étapes selon Bax *et al.* (2011) : faire connaissance, fixer les objectifs, établir un portfolio personnel, tenir les sessions de coaching proprement dites et procéder à l'évaluation.

À la première étape, le coach fait connaissance avec le coaché lors d'une entrevue. Cette étape est essentielle quand les deux participants ne se connaissent pas. Le coach pose alors des questions liées au travail, mais aussi des questions personnelles au coaché. La première impression qui se dégage lors de cette entrevue est importante pour la suite de la relation. En effet, le coaché doit bien se sentir avec le coach, pour être prêt à le respecter et à lui faire confiance. Une mauvaise première impression peut parfois venir compromettre la suite de la relation.

La deuxième étape est celle où le coach et le coaché se mettent d'accord sur les objectifs à long terme et à court terme. Bax *et al.* (2011) proposent l'approche SMART (spécifique, mesurable, acceptable, réaliste, dans un temps donné) pour fixer les objectifs. Il s'agit ainsi de préciser le contexte dans lequel le coaché veut atteindre des objectifs mesurables (observables), éthiquement acceptables, réalistes, et donc, en adéquation avec le potentiel du coaché, tout cela, dans un laps de temps déterminé. À cette étape, la fréquence et la durée des sessions de coaching sont déterminées.

Bax *et al.* (2011) suggèrent à la troisième étape, la création d'un portfolio personnel dans lequel le coaché rapportera tout ce qui concerne ses sessions de coaching à savoir, les objectifs, les apprentissages, les actions, les résultats, etc. Ce portfolio permet de guider le coaché dans son propre processus de coaching.

Les sessions de coaching constituent la quatrième étape de ce processus. C'est alors que le coaching proprement dit se produit et que l'apprentissage a lieu. Nous appelons cette étape la « boucle d'apprentissage » (Davel et Tremblay, 2011), en ce qu'elle comporte comme apport en idées et en rétroaction. Le coach observe, écoute activement et découvre la réalité des défis qui se posent au coaché. Il partage ses perceptions après avoir créé une atmosphère permettant au coaché de recevoir ses conseils. L'un et l'autre étudient alors les solutions possibles aux problèmes soulevés. Selon Bax *et al.* (2011), c'est à cette étape que la connaissance est recueillie, la compréhension créée et la compétence pratiquée. Le coach peut alors encourager et stimuler le coaché à appliquer ses apprentissages et ce sur quoi les deux protagonistes se sont mis d'accord et ainsi passer à l'action et catalyser le changement.

La dernière étape est l'évaluation du coaching. Le portfolio créé à la troisième étape va permettre une évaluation plus précise du programme et de ses apports. En effet, cet outil fournit au coaché le moyen de s'autoévaluer. Lorsqu'il est remis au coach, cela lui donne l'occasion de donner une rétroaction et des suggestions si nécessaire. Cette étape a également pour but de déterminer s'il y a un besoin pour d'autres séances de coaching afin de combler certains besoins plus particuliers, remarqués lors des dernières sessions.

6.3.2.4. Les facteurs de succès du coaching

Les facteurs de succès ou d'échec du coaching ne dépendent pas uniquement du coach, mais aussi des coachés et des membres de la direction. Cela dit, un coach doit avoir certaines qualités pour garantir le succès du processus de coaching.

> Le coach doit avoir une capacité d'écoute, l'aptitude à diagnostiquer et à accompagner, la maîtrise de la maïeutique, la connaissance de l'organisation et de soi-même (Devillard, 2001). Il doit savoir écouter, observer, établir des limites, faire explorer la vision, consolider des valeurs, explorer des objectifs, déterminer des cibles, construire la confiance, encourager, soutenir, susciter, dynamiser, permettre les erreurs, protéger l'intégrité, critiquer de façon constructive, guider pour l'action, fournir des recommandations particulières... (Davel et Tremblay, 2011, p. 181).

L'éthique est également une dimension importante dans le coaching. Celle-ci doit être acceptée au préalable par les coachés et prend en considération des questions de pouvoir, de subjectivité et de confidentialité (Davel et Tremblay, 2011). Du côté des coaches, les facteurs de succès sont essentiellement liés à l'honnêteté et au réalisme de la rétroaction, qu'elle soit positive ou négative. C'est aussi le fait d'avoir des objectifs clairs, d'être disponible et d'avoir de bonnes idées d'action. La relation de coaching risque de connaître un échec si le coach est trop enclin aux critiques ou qu'il manifeste une impatience face aux résultats des coachés. Ces derniers doivent faire attention à ce que la rétroaction ne soit pas uniquement négative et qu'elle comporte des idées d'action réalistes (Hall *et al.*, 1999).

6.3.2.5. Quelques retombées et statistiques

L'enquête de la fédération internationale du coaching[2] (ICF) en 2011 a montré que cette pratique a des effets bénéfiques quand elle est implantée dans l'organisation. Selon les données présentées sur le site de la fédération (International Coach Federation, s. d.), le coaching professionnel maximise le potentiel et permet de débloquer les sources latentes de productivité. Pour 70 % des entreprises, le coaching a amélioré la performance au travail, la gestion des affaires (61 %), le temps de gestion (57 %) et l'efficacité des équipes (51 %). L'étude a également montré l'influence du coaching sur la confiance en soi des employés. Ainsi, 80 % des entreprises ont remarqué une nette amélioration dans ce domaine, ainsi que de meilleures relations (73 %), une meilleure communication (72 %) et un bon équilibre vie/travail (67 %). La majorité des entreprises (86 %) pense avoir rentabilisé leur investissement dans le coaching, 99 % semblent très satisfaites de l'expérience et 96 % d'entre elles disent être tentées de recommencer le processus.

Le coaching apporte donc des avantages indéniables à l'individu comme à l'organisation. Son influence touche plusieurs domaines de la vie professionnelle (leadership, style de gestion, etc.) et de la vie personnelle des individus (communication, gestion des conflits, gestion du stress, etc.) (Davel et Tremblay, 2011). Le coaching constitue également un levier pour l'apprentissage par la pratique, car

> il facilite la réflexion sur les pratiques quotidiennes de travail et les enjeux de carrière. Il fournit du soutien dans les relations au travail. Il pose des défis et suscite l'inspiration pour se sortir des périodes de stagnation au travail. Il aide à trouver de nouvelles réponses et fait ressortir le potentiel inexploité (Davel et Tremblay, 2011, p. 184).

Le coaching bénéficie également aux coaches eux-mêmes dans le sens où ils apprennent davantage de leur métier, mais aussi des politiques internes des organisations, ce qui les rend plus efficaces dans l'exercice de leur fonction (Hall *et al.*, 1999).

---

2. Il y a peu de détails sur cette étude sur le site. Il faut s'abonner pour pouvoir accéder à des informations plus détaillées. Par contre, une vidéo donnant un profil de la profession de coach à travers le monde est disponible au <http://www.youtube.com/watch?v=djdpmctjGJE>. Consulté le 4 novembre 2014.

Toutefois, la pratique du coaching est également critiquée en ce qu'elle peut apporter comme instrument de contrôle social dans l'organisation et dans son apologie du culte de la performance et de la recherche de la perfection (Viala *et al.*, 2010). En effet, l'idée que tout soit perfectible peut cacher une souffrance ou un malaise dans le travail, que l'organisation tenterait de masquer par le recours au coaching. Fatien (2009, p. 50) explique :

> [Q]uand cet accompagnement individuel est présenté comme une solution « miracle » aux difficultés organisationnelles, son intérêt peut traduire une prise en charge personnelle de la souffrance au travail [...] Du côté de l'organisation, ce déplacement de prise en charge permet d'éviter une remise en cause complexe du fonctionnement organisationnel. Le coach appelé endosse un rôle d'externalisation de gestion de difficultés organisationnelles, les acteurs lui sous-traitant une partie du rôle qu'ils ne souhaitent pas jouer.

6.3.3. La communauté de pratique

Les communautés de pratique sont une formule d'apprentissage qui a gagné en popularité au cours des dernières années, bien qu'elle ne soit pas si simple à mettre en place. Nous allons voir la définition, puis les modalités pratiques de ce mode d'apprentissage.

6.3.3.1. La définition

Le concept de communauté de pratique n'est pas nouveau et constitue même « notre première structure sociale fondée sur l'apprentissage » (Davel et Tremblay, 2011, p. 95). Le terme *communauté de pratique* a été initialement employé par Lave et Wenger (1991) et désignait « un ensemble de relations entre des personnes et des activités, à travers le temps et en relation avec d'autres communautés de pratique qui les chevauchent » (Lave et Wenger, 1991, p. 98). Ce concept s'est depuis vu attribuer d'autres noms, comme communautés d'intérêts, communautés stratégiques de résolutions de problèmes, etc. (Langelier, 2005).

Lave et Wenger (1991) définissent la communauté de pratique comme étant

> un système d'activités dans lequel les participants partagent leur compréhension de ce qu'ils font et de ce que cela signifie dans leur vie et pour leur communauté. Ainsi, ils sont unis dans l'action et dans la signification de cette action aussi bien pour eux-mêmes que pour une collectivité plus large (Lave et Wenger, 1991, p. 98).

En somme, les communautés de pratique sont des groupes de personnes réunies dans un objectif bien précis pour approfondir leurs connaissances sur un sujet donné. Cet objectif diffère selon le type de communautés de pratique. En effet, il existe trois types de communautés de pratique : la communauté informelle, la communauté soutenue et la communauté structurée (Saint-Onge et Wallace, 2003). La communauté informelle émerge spontanément et a pour but de créer un lieu d'échange pour des personnes qui ont des besoins et des intérêts communs. La communauté qualifiée de soutenue a pour objectif de développer des connaissances et des compétences dans le contexte d'un travail ou d'un projet précis, alors que la communauté structurée tente de fournir une base d'échanges transversaux pour des personnes qui ont aussi des objectifs communs. Les communautés de pratique soutenue et structurée font partie de ce que Wenger et Snyder (2000) appellent les communautés « cultivées », soit des communautés qui sont toutes deux appuyées par des organisations afin de satisfaire un besoin précis (Langelier, 2005).

Il est important de noter que les communautés de pratique ne sont pas des équipes de travail. Ainsi, contrairement aux équipes, les membres d'une communauté sont unis par la connaissance qu'ils partagent et développent ensemble, elles n'ont pas de résultat précis à livrer à l'organisation et sont conçues pour durer dans le temps dans le but de continuer à développer les savoirs à long terme (Tremblay, 2005).

Les communautés de pratique comportent cinq phases de développement illustrées dans la figure 6.8.

Figure 6.8. Phases de développement d'une communauté de pratique

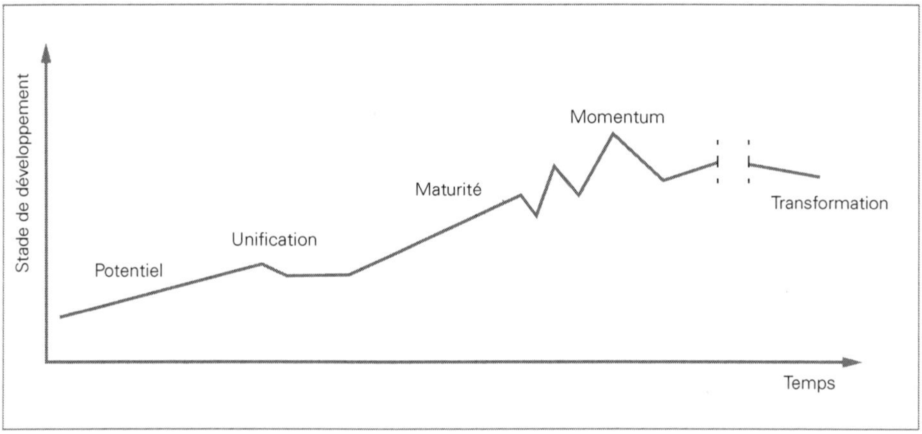

Source : Tremblay (2005, p. 697).

La première phase est le *potentiel*. La communauté de pratique n'est alors qu'une possibilité, qui peut émerger d'un réseau informel dont le partage au sujet d'un thème crée des interactions systématiques et génère l'intérêt de plusieurs membres. Quand la communauté grandit en effectifs, mais aussi en connaissances, elle entre dans le stade de l'*unification*. À ce stade, la communauté est encore fragile et son principal défi est de générer suffisamment d'énergie pour amener les membres à s'unifier. Pour cela, ils doivent percevoir les bénéfices qu'il y a à participer à cette communauté, et l'amener au stade de la *maturité*. Le défi quand la communauté de pratique est mature est de garder un objectif clair tant dans l'objet que dans les contours qui la dessinent. La pratique passe d'un partage d'idées au développement de connaissances. Les efforts pour maintenir la communauté à maturité débouchent sur un *momentum* qui demande une grande énergie et une attention soutenue pour accompagner les changements qui s'opèrent dans la pratique. Cette lancée mène finalement la communauté à sa dernière phase, la *transformation*. En effet, toutes les communautés de pratique arrivent à une fin pour diverses raisons dont la résolution des problèmes, le développement d'autres intérêts par les membres, etc. La communauté peut alors se terminer, se transformer, se diviser en d'autres communautés distinctes ou fusionner avec d'autres (Langelier, 2005).

6.3.3.2. L'objectif de la communauté de pratique dans les organisations

Comme pour le mentorat et pour le coaching, le développement des communautés de pratique dans les entreprises a essentiellement pour but l'amélioration de la performance et les gains de productivité de l'organisation, à l'aide du savoir et de l'apprentissage. Dans un climat de changement et de perpétuelles restructurations, internes (création de petites unités de travail concentrées sur des marchés bien définis) comme externes (partenariat avec d'autres organisations), les communautés de pratique peuvent s'avérer être un atout pour créer un noyau de savoir en mettant en relation les individus de différentes organisations et de différentes unités de travail. Ce savoir est devenu un facteur de succès dans l'économie actuelle (Wenger *et al.*, 2002).

L'économie du savoir pose le défi pour les entreprises de développer une stratégie d'affaires en parallèle d'une stratégie de connaissances. La rapidité avec laquelle l'entreprise acquiert et applique les connaissances est primordiale pour proposer constamment des solutions innovantes. L'accélération du rythme d'apprentissage, de création de compétences et, *in fine*, de création d'un capital de savoir est en soi un enjeu qui oblige les entreprises à passer du simple accès au savoir à l'échange de ce dernier à travers les communautés de pratique. Ainsi, on passerait d'un modèle où les connaissances sont codifiées, emmagasinées, centralisées et statiques à un modèle où elles seraient créées dans des communautés de pratique interactives, dynamiques et propulsées par les besoins de productivité (Saint-Onge et Wallace, 2003).

Wenger et Snyder (2000) affirment que les communautés de pratique peuvent constituer une valeur ajoutée pour les entreprises qui les mettent en place. Ainsi, elles aident à créer des stratégies d'affaires, à ouvrir de nouvelles perspectives, à résoudre les problèmes plus rapidement, à transférer les meilleures pratiques, à développer des compétences professionnelles et, enfin, à recruter et à retenir les employés talentueux. Les communautés de pratique peuvent donc non seulement relier les individus autour de certaines connaissances, mais elles permettent également de repérer les talents dont les compétences et les capacités à générer des idées innovantes sont nécessaires au succès et à la pérennité de l'entreprise (Wenger *et al.*, 2002).

Les participants aux communautés de pratique ont également des attentes qui justifient la participation à ce type de pratique. En effet, faire partie d'une communauté de pratique peut satisfaire des besoins de développement personnel chez les personnes qui y participent. Ainsi, l'apprentissage de nouvelles techniques, l'expression des idées, la collaboration, les débats, le développement de nouveaux réseaux d'influence et l'efficacité accrue dans les tâches de travail peuvent constituer autant d'éléments motivants pour rejoindre une communauté de pratique (Langelier, 2005).

6.3.3.3. L'élaboration, la mise en œuvre et l'évaluation de la communauté de pratique

Selon Saint-Onge et Wallace (2003), la mise en place d'une communauté de pratique dans une organisation se fait selon un processus composé de trois étapes principales : la définition du projet de la communauté, l'établissement des composantes de cette dernière et son lancement.

Définir le projet de la communauté de pratique consiste à délimiter le contexte dans lequel cette dernière doit se développer. Pour cela, il faut en premier lieu, connaître le but de la communauté, sa pertinence, les facteurs environnementaux qui lui sont favorables ou défavorables, ainsi que les résultats escomptés de l'établissement de cette communauté. Cette étape comprend également l'identification des paramètres nécessaires à la composition d'une communauté de pratique comme les rôles et les responsabilités de chacun, la stratégie du projet, le plan d'action, la liste du matériel et des infrastructures requises, etc. Il est important aussi dans la définition du projet de définir les résultats (livrables) que la communauté de pratique entend mettre en place, et ce, afin de pouvoir reconnaître si les objectifs sont atteints et évaluer l'apport de la communauté (Saint-Onge et Wallace, 2003 ; Langelier, 2005).

Établir les composantes de la communauté de pratique consiste à attribuer les rôles clés et à mettre en place la structure de gouvernance de la communauté. À cette étape, on s'assure que les infrastructures, technologiques ou autres, ainsi que les ressources humaines et matérielles nécessaires à l'apprentissage sont disponibles (Saint-Onge et Wallace, 2003). La promotion du projet dans l'organisation est également requise pour mobiliser les différentes parties prenantes. Enfin, il convient également de voir à « l'établissement de consensus avec les participants fondateurs sur la mission précise de la communauté de pratique, les sous-thématiques de démarrage et le *modus operandi* » (Langelier, 2005, p. 24).

Enfin, le lancement de la communauté de pratique peut s'effectuer quand la direction donne le feu vert et que les outils technologiques ainsi que les membres sont prêts à se lancer dans l'aventure. Des activités de bienvenue dans lesquelles on présente la communauté et encourage la participation faciliteront le démarrage.

Bien entendu, il peut y avoir des problèmes liés aux appréhensions des membres devant un mode de travail plus collectif. En effet, certains d'entre eux peuvent être sceptiques et, de ce fait, récalcitrants à « livrer leurs secrets professionnels » aux autres membres de la communauté. Il peut y avoir également une pression liée au temps alloué pour la création de la communauté de pratique.

Le ministère du Travail du Québec (2013) propose deux solutions pour pallier ces problèmes. La première est d'insister sur le sens et l'intérêt commun de la communauté de pratique. Il faut donc expliquer les objectifs et mettre en évidence l'enrichissement mutuel que procure le partage du savoir. La deuxième solution est de faire en sorte que les activités de la communauté de pratique fassent partie intégrante des tâches et soient incluses dans la charge de travail de ses membres. Les rencontres régulières permettront de déceler les problèmes de la communauté et de fournir une rétroaction adaptée aux préoccupations de ses membres.

Certains pensent que les outils qui servent à mesurer l'efficacité de la communauté doivent s'aligner sur les besoins de l'organisation et faire ainsi référence aux objectifs d'une fonction particulière ou à un domaine de connaissance particulier (APQC, 2010). Mais, l'évaluation et la mesure des effets de la communauté de pratique peuvent s'avérer plus difficiles, selon Wenger *et al.* (2002). En effet, les méthodes traditionnelles de mesure (voir la section sur le mentorat) ne peuvent réellement rendre compte de la création, du partage et de l'esprit d'initiative, qui sont essentiels pour comprendre comment la communauté de pratique apporte une valeur ajoutée (Wenger *et al.*, 2002). Le savoir est difficilement mesurable et il faut tenter de l'appréhender en tant que « système de connaissance » qui soutient la création et le partage du savoir dans l'organisation (Saint-Onge et Wallace, 2003). C'est pour cela que les critères d'évaluation doivent tenir compte de la contribution de la communauté de pratique à la *stratégie de connaissances* et peuvent concerner la qualité et la vitesse de prise de décision, l'accélération de l'apprentissage, la cohérence, l'innovation, la flexibilité, la collaboration et la rétention des employés talentueux (Saint-Onge et Wallace, 2003). Cela dit, selon Wenger et Snyder (2000), le meilleur moyen d'évaluer le rendement d'une communauté de pratique est d'écouter les histoires de ses membres, ce qui permet de montrer la complexité des relations entre activités, connaissances et performance.

6.3.3.4. Les facteurs de succès de la communauté de pratique

Selon le ministère du Travail du Québec (2013), le secret du succès de la communauté de pratique réside essentiellement dans l'établissement de règles de fonctionnement et la définition des thématiques prioritaires. Il faut aussi que chaque membre contribue activement au développement du savoir de sa communauté. Il est également conseillé, d'une part, d'avoir un animateur pour maintenir un certain niveau d'activités entre les membres de la communauté et, d'autre part, de bénéficier du soutien d'un parrain, qui contribuerait à son essor et à l'obtention des ressources nécessaires.

Wenger *et al.* (2002), il existe sept principes pour cultiver les communautés de pratique :

- *Configurer la communauté dans une perspective d'évolution* : la structure dynamique de la communauté est la clé de son évolution. Il faut donc savoir tenir compte des changements d'intérêts qui peuvent apparaître chez les membres de la communauté et les intégrer au fur et à mesure, dans une perspective d'apprentissage à long terme.
- *Ouvrir le dialogue entre les perspectives internes et externes de la communauté* : l'utilisation de l'expérience des membres de la communauté est intéressante pour découvrir l'essence même de cette communauté (perspective interne) et pour comprendre profondément les problématiques en question. Cela dit, un apport externe, pouvant provenir d'autres communautés dans d'autres organisations (perspective externe), peut venir enrichir les possibilités qui s'offrent à la communauté créée.

Un dialogue entre ces deux perspectives est donc primordial, car il permet d'agir sur les problématiques internes avec une vision globale apportée de l'extérieur.

- *Inclure différents degrés de participation*: la communauté de pratique doit se doter d'un coordinateur (animateur) pour connecter les membres de la communauté au monde extérieur avec l'organisation d'événements. Wenger *et al.* (2002) identifient trois degrés de participation: le noyau dur qui constitue le leadership de la communauté, les membres actifs qui participent régulièrement aux réunions de la communauté et les membres périphériques qui participent rarement. Au-delà de ces trois degrés de participation, il y a les membres extérieurs qui ne font pas partie de la communauté, mais qui s'y intéressent. Le but dans une communauté de pratique est de faire en sorte que tous les individus, quel que soit leur degré de participation, se sentent comme des membres à part entière (Wenger *et al.*, 2002).
- *Développer autant d'espaces communautaires publics que privés*: l'erreur fréquente qui survient dans les communautés de pratique est de se concentrer essentiellement sur les événements publics d'échanges en négligeant les apports des événements privés, voire informels. Pourtant, ces deux éléments sont liés, car de bonnes relations privées entre les membres de la communauté donnent lieu à des événements publics plus riches, étant donné qu'ils font ressortir les vraies problématiques soulevées par les membres de la communauté lors d'échanges informels ou privés.
- *Se concentrer sur la création de la valeur*: cette valeur ajoutée n'est pas visible dès la création de la communauté, mais se forme au fur et à mesure des activités et événements qui vont la faire émerger et la faire fructifier. Les membres de la communauté doivent être bien au fait de la valeur créée par la communauté à long terme et être encouragés à s'exprimer sur leur conception de cette valeur.
- *Combiner sécurité et aventure*: ne pas tomber dans la routine est un facteur clé de succès d'une communauté de pratique. Bien que le fait de procurer une zone de confort commune aux membres soit important (p. ex., un même lieu de réunion), il faut aussi pouvoir varier les événements pour faire en sorte d'intégrer de nouvelles idées et de nouveaux membres. Fournir certaines habitudes permet aux membres de développer de bonnes relations, l'aventure quant à elle, leur permet de rester enthousiastes et complètement engagés dans la communauté.
- *Créer un rythme pour la communauté*: le rythme de la communauté est le plus grand indicateur de sa vivacité. Que ce soit au rythme des événements ou des interactions entre les membres, la communauté doit être constamment en mouvement. Cela dit, ce rythme ne doit pas être ni trop rapide au risque de voir les membres s'essouffler et abandonner leur participation, ni trop lent au risque de stagner et de perdre l'intérêt de la création de la communauté. Trouver le bon rythme aux différents stades de développement de la communauté de pratique est la clé de sa réussite.

Outre ces principes, Bourhis et Tremblay (2004, p. 145) insistent sur d'autres éléments, qui selon eux sont importants pour le succès des communautés de pratique. Selon eux,

> l'environnement organisationnel dans lequel elles évoluent, le sujet qu'elles ont choisi et le support institutionnel dont elles bénéficient sont autant de variables structurantes susceptibles de favoriser, ou au contraire de limiter, le succès des communautés.

S'ajoutent à cela des pratiques comme la reconnaissance de la participation à la communauté et la structure de la gouvernance qui s'y applique. Bourhis et Tremblay (2004) notent également l'importance de l'engagement des participants comme facteur déterminant pour le succès des communautés de pratique.

Le mode de gouvernance constitue également un point crucial dans le succès ou l'échec de la mise en place des communautés de pratique. Probst et Borzillo (2008) proposent dix commandements de gouvernance des communautés de pratique. Même si certains de ces commandements ressemblent aux principes de Wenger *et al.* (2002), il nous semble utile de les présenter :

- S'en tenir aux objectifs stratégiques.
- Former des comités de gouvernance avec le parrain et le leader de la communauté de pratique.
- Avoir un parrain et un leader de communauté qui supervisent les meilleures pratiques.
- Alimenter régulièrement la communauté de pratique au moyen d'une expertise externe.
- Promouvoir l'accès à d'autres réseaux intraorganisationnels et interorganisationnels.
- Avoir un leader qui assume le rôle de promoteur et de meneur de la communauté de pratique.
- Vaincre les pressions reliées à la hiérarchie.
- Justifier une performance mesurable.
- Amener les membres de la communauté à relater leur expérience.

Probst et Borzillo (2008) pensent que l'échec des communautés de pratique s'explique bien souvent par le manque d'engagement du noyau dur de la communauté, par le faible degré d'interactions informelles entre les membres, par la rigidité des compétences (qui fait que les membres n'intègrent pas les pratiques des autres), par l'identification insuffisante de la part des membres à la communauté (sentiment que la participation à la communauté ne sert à rien) et l'absence de sens donné à la pratique (intangibilité).

6.3.3.5. Quelques retombées et statistiques

Le degré de pénétration des communautés de pratique dans les entreprises québécoises demeure méconnu. Il existe des études (notamment celle de Bourhis et Tremblay, 2004) qui rendent compte de certaines expériences dans des organisations au Québec. Mais il n'existe, à notre connaissance, aucune statistique officielle sur l'étendue de l'utilisation de cette modalité d'apprentissage dans les entreprises.

La littérature sur le sujet suggère que peu d'entreprises ont recours aux communautés de pratique. Wenger et Snyder (2000) pensent que mettre en place et soutenir à long terme une communauté de pratique dans une organisation peut s'avérer très difficile étant donné leur caractère spontané et informel, qui les rend résistantes à toute forme de supervision et d'interférence. C'est pour cela que très peu d'entreprises ont jusqu'à présent réussi à dépasser ce paradoxe managérial inhérent à cette pratique.

Pourtant, les avantages liés aux communautés de pratique sont nombreux tant pour les participants à ce genre de communauté que pour les organisations qui les cultivent. En ce qui concerne les avantages pour les participants, on note une meilleure efficacité et une plus grande satisfaction au travail, le perfectionnement des compétences, le sentiment d'appartenance, la réputation accrue de chaque personne qui contribue à la communauté et l'économie de temps (ministère du Travail du Québec, 2013; Langelier, 2005). Wenger *et al.* (2002) pensent que les communautés de pratique aident à améliorer l'expérience de travail de ses participants à court terme et facilitent leur développement professionnel à long terme. Pour les organisations, les avantages à court terme sont l'amélioration des résultats organisationnels grâce au partage plus rapide des connaissances, une capacité accrue à résoudre les problèmes, l'amélioration de la performance opérationnelle et de la qualité des décisions, etc. Quant aux avantages à long terme, ils concernent le développement des capacités organisationnelles telles que l'accroissement de la motivation, la fidélisation des employés talentueux, le développement du potentiel d'innovation et d'une culture du partage, etc. (Wenger *et al.*, 2002; Langelier, 2005; Dupouët et Yildizoglu, 2006). Chetty et Mearns (2012) attirent également l'attention sur le rôle des communautés de pratique dans la sensibilisation quant à l'importance vitale de la gestion des connaissances et des organisations apprenantes. Les communautés de pratique (aussi bien virtuelles que réelles) permettent au travail et à l'innovation de coexister dans l'entreprise et constituent un catalyseur pour la création, l'acquisition et le transfert des connaissances.

Toutefois, si les communautés de pratique comportent de nombreux avantages, certains auteurs remettent en question l'utilisation de cette nouvelle modalité d'apprentissage dans le cadre d'une économie contemporaine globale. Roberts (2006) souligne que les caractéristiques socioculturelles des pays exercent une grande influence sur la gestion des connaissances. Ainsi, selon elle, les communautés de pratique risquent d'être moins efficaces dans les pays ayant un faible esprit de communauté. Cette auteure fait également référence au paradoxe managérial dont ont parlé Wenger *et al.* (2002), soit la possibilité que les objectifs managériaux ne soient pas alignés sur ceux de la communauté de pratique. Enfin, une dernière critique concerne la pertinence des communautés de pratique dans les petites et moyennes entreprises. En effet, Roberts (2006) note le fait que les petites entreprises n'auraient pas les moyens de cultiver ce type de communauté, et ce, par manque de ressources humaines et matérielles.

6.3.4. L'autoformation

Nous avons vu trois formules nouvelles d'apprentissage et la dernière revêt des caractéristiques particulières, car il s'agit de l'autoformation.

6.3.4.1. La définition

La littérature scientifique s'accorde pour dire que le terme *autoformation* n'est pas clairement défini et prête à confusion. Cette confusion prend sa source dans la différence entre deux principaux courants : le courant conceptuel américain et le courant français. Le premier insiste sur « la place centrale, nécessaire et suffisante de l'individu dans la définition de l'autodirection de l'apprentissage » (Tremblay, 2003, p. 65). Le second « oblige à considérer de façon beaucoup plus large et plus complexe une réalité qui ne saurait être que psychologique et individuelle » (Tremblay, 2003, p. 65). Ainsi, le courant français conçoit l'autoformation comme étant psychologique (formation de soi par soi), sociologique (l'autoformation comme fait social de notre temps) et liée à l'univers du travail (Tremblay, 2003).

L'ambiguïté du concept rend donc difficile la prédominance d'une seule définition. C'est pour cela que nous avons choisi d'en présenter deux, celle de Tremblay (2003) et celle de Foucher (2000).

La définition de Tremblay (2003) est une sorte de plaidoyer pour la pédagogie et l'andragogie. Elle définit l'autoformation comme suit :

> Situation éducative (pédagogique ou andragogique), scolaire ou extrascolaire, favorable à la réalisation d'un projet pendant lequel la plus grande motivation d'une personne est d'acquérir des connaissances (savoir) et des habiletés (savoir-faire) ou de procéder à un changement durable en soi-même (savoir-être). Pour ce faire, cette personne assume un contrôle prépondérant en regard d'une ou de plusieurs dimensions de son projet : contenu, objectifs, ressource, démarche et évaluation (Tremblay, 2003, p. 80).

La définition de Foucher (2000) se base sur une série de caractéristiques au fondement de l'autoformation, à savoir son caractère intentionnel et orienté par l'individu, le fait qu'elle puisse être déclenchée, stimulée ou facilitée par des facteurs externes, mais aussi le fait qu'elle soit indissociable des notions de responsabilité et d'autonomie dans l'apprentissage.

> Basée sur la responsabilité de l'individu face à sa propre formation, l'autoformation est une démarche qui requiert certaines dispositions, et qui est influencée par la capacité de réfléchir sur soi. Cette démarche consiste à prendre des initiatives vis-à-vis sa propre formation, à imprimer une orientation à ses apprentissages et à gérer ces derniers, en exerçant un contrôle sur leur déroulement. Elle peut se réaliser de diverses façons et elle exige une capacité de tirer profit de moyens laissant une marge d'autonomie dans l'apprentissage. Le contenu et la démarche de ces apprentissages, qui peuvent viser la maîtrise de savoirs, de savoir-faire ou de savoir-être, peuvent être plus ou moins planifiés (Foucher, 2000, p. 41).

En somme, ces deux définitions s'accordent pour dire que l'autoformation est une situation d'apprentissage autonome, visant le développement de savoirs, et dont le déroulement et la planification dépendent essentiellement de l'individu qui l'entreprend. On peut dès lors s'interroger sur la présence de ce type d'apprentissage dans l'organisation et sur la façon dont cette démarche individuelle peut avoir des intérêts et des avantages collectifs dans le milieu du travail.

6.3.4.2. L'objectif de l'autoformation dans l'entreprise

L'autoformation ou l'apprentissage autodirigé constitue une stratégie intéressante pour les entreprises qui visent à développer l'apprentissage organisationnel ou à devenir des organisations apprenantes. Comme il est expliqué précédemment, les changements continus et rapides dans les environnements internes et externes des organisations accentuent les besoins d'apprentissage et plus particulièrement d'autoformation, car cette dernière démontre l'implication et la responsabilisation de l'employé pour le développement de ses connaissances (Antonacopoulo, 2000). En effet, cette modalité d'apprentissage est de plus en plus considérée comme une solution efficace et efficiente dans le cadre d'une stratégie de développement des performances de l'entreprise (Cho, 2002).

Cela dit, outre la recherche de la performance, plusieurs autres facteurs expliquent le recours à l'autoformation dans les entreprises, notamment la mise en place de nouvelles formes d'organisation du travail (Davel et Tremblay, 2011). En effet, l'autoformation est compatible avec les nouveaux modes d'organisation du travail qui exigent la prise d'initiative et l'autonomie. Les employés sont donc enclins, pour les besoins de leurs tâches quotidiennes, d'apprendre individuellement de nouvelles manières d'exercer leur travail. Cet apprentissage est bénéfique tant pour l'entreprise qui développe ainsi des individus apprenants de plus en plus aptes à réagir dans un environnement flexible et volatil que pour les employés eux-mêmes, qui y voient un moyen d'améliorer leur expérience de travail, tout en développant de nouvelles habiletés.

6.3.4.3. L'élaboration, la mise en œuvre et l'évaluation de l'autoformation

Contrairement aux autres modalités d'apprentissage, nous ne pouvons parler de programme précis pour l'élaboration et la mise en œuvre de l'autoformation, car l'aspect individuel quant à la volonté et à la motivation pour l'autoapprentissage est primordial. En revanche, nous pouvons évoquer les piliers qui, selon Carré (1992), facilitent et soutiennent l'autoformation dans les entreprises. Celui-ci évoque sept piliers essentiels à cet effet :

- Le *projet individuel*: celui-ci repose sur l'intention d'apprentissage de l'employé.
- Le *contrat d'apprentissage*: l'encadrement du projet de l'apprenant au moyen de la définition des objectifs, des ressources et des modalités.
- Le *mécanisme de préformation*: la préparation d'ordre méthodologique et psychologique de l'apprenant. La première l'aide à développer sa capacité d'apprentissage et la seconde, à le faire réfléchir sur sa capacité à apprendre de manière autonome.
- Les *formateurs facilitateurs*: ce rôle exercé par les formateurs est essentiellement axé sur les besoins de l'apprenant, notamment en ce qui concerne les ressources nécessaires à l'autoformation. Ils peuvent également

stimuler sa confiance en lui et l'aider dans les différentes démarches du processus. Le formateur facilitateur dispose selon Tremblay (2003) de compétences liées à la gestion de projet, la maîtrise du champ d'études, la communication et l'établissement des relations interpersonnelles.

- L'*environnement ouvert de formation*: cet environnement n'est possible que si l'organisation met en place des pratiques caractérisant les organisations apprenantes, met sur pied un centre de ressources et utilise des moyens d'apprentissage ouvert (p. ex., l'enseignement à distance).
- L'*alternance individuel/collectif*: l'apprentissage autodirigé doit comprendre des périodes de travail individuelles et d'autres, collectives.
- Le *triple niveau de suivi*: assurer le suivi auprès des individus, du groupe et de l'organisation tout entière.

Foucher (2000) propose quant à lui cinq moyens pour encourager l'autoformation dans les entreprises: la formulation d'une stratégie de formation intégrant les pratiques autoformatrices, la gestion par compétences, la création d'une culture valorisant l'apprentissage, la reconnaissance des réalisations de l'autoformation et la présence d'un *leader* du changement proposé.

Ainsi, l'entreprise désirant encourager l'autoformation doit d'abord effectuer un diagnostic qui va déterminer l'importance que l'on souhaite accorder à ce type d'apprentissage. Ce diagnostic sera le point de départ d'une stratégie ou d'une politique de formation, dont les contours s'appuieront sur les différents aspects de formation dont les employés seraient responsables, sur le soutien à accorder aux initiatives du personnel pour l'autoformation, sur les moyens dont le personnel devrait disposer à cet effet et sur les appuis fournis pour faciliter l'apprentissage autonome. Le second moyen pour encourager l'autoformation est la méthode de la gestion par compétences. En effet, cette méthode permet de centrer la formation sur les compétences à acquérir et non sur les moyens de le faire. L'apprenant est donc autonome dans le choix du mode d'apprentissage. La gestion par compétences laisse une place importante à la responsabilité individuelle et à la réalisation des projets d'apprentissage des individus, tout en les renseignant sur le but et le contenu de la formation.

La création d'une culture valorisant l'apprentissage autonome peut quant à elle constituer un troisième moyen pour stimuler l'autoformation. Pour cela, certaines caractéristiques doivent exister:

> 1) un engagement de la direction concernant la formation; 2) la création d'un climat de confiance et de collaboration favorisant le partage des compétences; 3) la mise sur pied d'occasions d'échange des savoirs; 4) la valorisation de la compétence; 5) la tolérance des erreurs provoquées par l'apprentissage d'autres façons de faire; 6) l'encouragement et l'aide pour appliquer de nouvelles compétences (Foucher, 2000, p. 50).

Le quatrième moyen pouvant favoriser l'autoformation consiste à reconnaître les efforts et les résultats de l'apprentissage autonome. Cette reconnaissance peut porter sur l'évaluation du rendement ou sur les acquis issus de cette expérience. Enfin, Foucher (2000) propose la présence d'un *leader* du changement qui serait le garant de la mise en œuvre du plan d'action proposé et qui gérerait, de manière adéquate, autant les influences que peuvent subir les apprenants que les obstacles qui pourraient survenir en cours de route.

L'évaluation de l'autoformation en tant que telle est en soi difficile à réaliser par l'organisation, étant donné que c'est une initiative propre à l'apprenant et à sa volonté d'entrer dans un processus d'apprentissage autonome. En revanche, on peut évaluer l'aptitude des individus à s'autoformer. Pour cela, les chercheurs ont mis au point plus d'une vingtaine d'échelles au cours de la dernière décennie. Les instruments de mesure de Guglielmino (1977) et d'Oddi (1984) sont les plus connus et les plus utilisés.

Le *Self-Directed Learning Readiness Scale* (SDLRS) de Guglielmino (1977) fonde l'autoformation sur les caractéristiques de l'apprenant et non sur l'environnement qui l'entoure. Guglielmino (1977) retient donc huit facteurs qui sont : l'ouverture aux possibilités d'apprendre, la perception de soi en tant qu'apprenant, l'initiative et l'indépendance en apprentissage, l'acceptation consciente de sa responsabilité face à son apprentissage, l'amour de l'étude, la créativité, l'orientation positive pour l'avenir et les habiletés intellectuelles de base et de résolution de problèmes. Ainsi, le profil idéal d'un apprenant dans l'organisation serait un individu qui a l'appétit d'apprendre, qui est capable de se débrouiller pour arriver à ses fins, qui s'engage dans son apprentissage, qui est à l'écoute de ses sentiments et qui est donc capable d'évaluer ses rendements et, enfin, qui fait preuve de créativité, de flexibilité et d'originalité (Tremblay, 2003).

L'*Oddi Continuing Learning Inventory* d'Oddi (1984) distingue trois dimensions pouvant différencier un individu apte à l'autoformation d'un autre qui ne l'est pas :

- la tendance proactive par opposition à la tendance réactive ;
- l'ouverture d'esprit par opposition à la tendance défensive ;
- l'implication par opposition à l'apathie ou à l'aversion à l'égard de l'apprentissage.

Ainsi, selon Oddi (1984), une personne apte à l'autoformation est une personne proactive, capable de s'autoréguler et de faire preuve d'initiative. C'est une personne ouverte d'esprit, qui démontre une ouverture aux idées nouvelles, qui s'adapte aux changements et qui tolère l'incertitude. C'est aussi une personne qui s'implique et qui a une attitude positive par rapport à l'apprentissage (Tremblay, 2003).

Ces deux modèles ont été validés par de nombreuses études et ont également fait l'objet de critiques, notamment quant à la méthodologie qu'ils utilisent ou sur la place importante qu'ils accordent à l'amour de l'étude, plutôt qu'à la *compétence à agir de manière autodirigée*. Cela amène Tremblay (2003) à conclure :

> Devant l'incertitude qui entoure la mesure de l'autodirection, il est prudent de se demander s'il faut continuer d'utiliser ces tests. Certains critiques, devant leur faible validité de construit, suggèrent de ne pas les utiliser, d'autres suggèrent le contraire. On peut cependant penser en faire bon usage dans les limites de ce qu'ils mesurent, c'est-à-dire la passion et le désir d'apprendre. Cet aspect est déjà un indice fort intéressant à considérer, quelle que soit la situation : autoformation ou hétéroformation. [...]

> Si toutes ces recherches n'ont pas permis de spécifier clairement ce qu'est un apprentissage autodirigé, cela aura au moins permis de valoriser le pôle de l'apprentissage plutôt que celui de l'enseignement (Tremblay, 2003, p. 260).

6.3.4.4. Les facteurs de succès de l'autoformation

Foucher (2000) parle de trois dimensions essentielles à l'autoformation en milieu de travail : les dimensions individuelle, organisationnelle et pédagogique.

La dimension individuelle concerne les motivations et les capacités des individus et permet de comprendre leur implication et leur réussite dans les activités autoformatrices. Cette dimension est psychologique, selon Carré *et al.* (1997), et repose sur des facteurs comme l'autodétermination, la capacité d'apprendre et le sentiment d'efficacité.

La dimension organisationnelle influence la dimension individuelle par le biais de quatre éléments clés : « la capacité de stimuler le goût d'apprendre, la disponibilité des ressources pour faciliter l'apprentissage, les possibilités d'appliquer les apprentissages et la reconnaissance des efforts accomplis » (Foucher, 2000, p. 44).

Enfin, la dimension pédagogique concerne les moyens mis en place pour faciliter l'apprentissage. Ainsi, les différentes ressources, l'autonomie accordée dans l'apprentissage autonome, de même que le rôle des formateurs et des supérieurs hiérarchiques, forment cette composante pédagogique.

Ces trois dimensions interagissent et constituent les cibles d'intervention pour réussir à mettre en place un environnement favorable et stimulant pour les activités autoformatrices.

6.3.4.5. Quelques retombées et statistiques

Statistique Canada (2004) classe l'autoformation dans la catégorie *formation informelle* ou *formation non officielle*. Les dernières statistiques liées à la formation au Canada remontent aux débuts des années 2000 et montrent quelques différences non significatives entre le Québec et le Canada, notamment en ce qui concerne l'autoformation.

> Le taux de participation à la formation informelle liée à l'emploi est de 45 % au Québec et de 48 % au Canada [...] De plus, pour la population en emploi, la formation informelle [...] constitue à elle seule la moitié des formations liées à l'emploi selon le type de formation au Québec et au Canada (Bélanger et Robitaille, 2008, p. 59).

En effet, les statistiques de l'année 2002 pour le Canada montrent que 33 % des travailleurs adultes se sont livrés à des activités d'autoformation liées à l'emploi dans les quatre semaines précédant l'enquête. Cette étude montre certaines différences notables entre le sexe et l'âge :

> Les taux de participation à ces activités étaient plus élevés chez les femmes que chez les hommes (35 % contre 30 %), et chez les jeunes travailleurs que chez les travailleurs plus âgés (38 % pour les 25 à 34 ans contre 23 % pour les 55 à 64 ans). [L]e taux de participation aux activités d'autoformation le plus faible s'observait chez les travailleurs possédant le niveau de scolarité le moins élevé (16 %). Le taux augmentait successivement pour atteindre 50 % dans le cas des travailleurs titulaires

> d'un diplôme universitaire. Ainsi, non seulement les travailleurs plus âgés et les travailleurs moins instruits ont moins participé à la formation officielle liée à l'emploi en 2002, mais ils ont aussi moins participé à la formation non officielle, du moins pendant une période de quatre semaines en 2002 (Statistique Canada, 2004, p. 19).

Les travailleurs ayant recours à l'autoformation semblent privilégier deux types d'activités : soit la consultation de documents et l'essai de différentes méthodes de travail (presque 80 % respectivement), comme l'illustre la figure 6.9.

Figure 6.9. Types d'activités d'autoformation

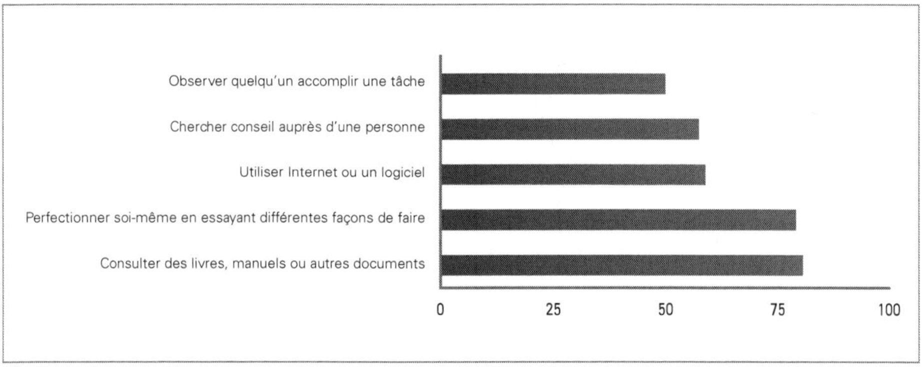

Source : Statistique Canada (2004, p. 20).

Selon les mêmes statistiques, la fréquence des activités d'autoformation était assez soutenue : « 25 % d'entre eux ont déclaré faire au moins une des activités chaque jour, et une autre tranche de 43 % ont dit le faire quelques fois par semaine » (Statistique Canada, 2004, p. 20) et s'accompagne bien souvent d'une activité de formation officielle (formelle) :

> Parmi tous les travailleurs qui ont pris part à des activités d'autoformation dans les quatre semaines précédant l'enquête, au moins 87 % avaient également participé à des activités de formation officielle à un moment ou à un autre en 2002. Ce saisissant chevauchement entre les deux types de formation se vérifie également lorsqu'on examine la situation du point de vue opposé. Parmi tous les travailleurs qui ont pris part à des activités de formation officielle liées à l'emploi en 2002, 82 % ont aussi pris part à des activités d'autoformation pendant les quatre semaines précédant l'enquête (Statistique Canada, 2004, p. 20).

L'étude de Statistique Canada (2004) rapporte également que les activités autoformatrices ont été considérées par les travailleurs qui s'y adonnent, comme plus « utiles » que les autres formes d'apprentissage formel :

> Les travailleurs qui ont pris part aux deux types d'activités de formation ont eu tendance à les trouver tout aussi utiles l'un que l'autre au regard de leur emploi courant. Dans l'ensemble, environ 40 % de ces travailleurs ont déclaré que l'autoformation était aussi utile que les cours ou programmes officiels. Environ 30 % ont dit que l'autoformation était plus utile, soit environ la même proportion de répondants qui ont déclaré que la formation officielle était plus utile pour leur travail courant (Statistique Canada, 2004, p. 20).

Ainsi, comme pour les autres modalités d'apprentissage décrites précédemment, l'autoformation comporte des avantages tant pour l'apprenant que pour l'organisation. Antonacopoulo (2000) affirme que l'autoformation développe la confiance en soi et aide à faire ressortir certaines habiletés latentes qui peuvent améliorer l'esprit d'initiative et la performance au travail. Elle peut également amener les individus à mieux résoudre les problèmes et leur ouvrir de nouvelles perspectives. Finalement, l'autoformation peut avoir un effet sur les relations des travailleurs et sur leur motivation pour s'améliorer.

De point de vue de l'organisation, Cho (2002) insiste sur l'importance de l'autoformation dans l'organisation apprenante. Pour cet auteur, les individus en processus d'autoformation sont constamment en interaction avec leur milieu de travail, et cette interaction constitue la base du processus collectif d'une organisation apprenante. L'autoformation encourage la participation et peut avoir une influence sur l'engagement des travailleurs vis-à-vis de leur entreprise. Elle permet également à cette dernière de mieux gérer le changement et amène également les gestionnaires à le percevoir de manière positive (Antonacopoulo, 2000).

D'autres études ont démontré l'influence de l'autoformation sur la performance des organisations. Boyer *et al.* (2012) ont souligné que le fait d'encourager l'autoformation chez les directeurs de vente a des effets sur l'acquisition d'habiletés, de connaissances et de compétences nécessaires pour exceller dans le métier. De plus, une étude de Smith *et al.* (2007) a montré que les gestionnaires ayant eu recours à l'autoformation sont plus disposés à miser sur son développement dans l'organisation. Le concept de *gestionnaire apprenant* prend alors tout son sens dans la mise en place d'une politique d'autoformation, comme l'a montré l'étude de Raemdonck *et al.* (2012). Celui-ci insiste sur l'importance de la présence de politiques facilitant l'autoformation, comme condition pour le développement de cette dernière dans l'organisation.

6.4. La position des acteurs sociaux

La position des acteurs sociaux sur la formation en entreprise a connu une nette évolution depuis les années 1990. Généralement, les entreprises québécoises étaient peu enclines à mettre en place des pratiques de formation traditionnelle. Selon Bernier (1999, p. 23),

> le plus souvent, il s'agissait de formations sur le tas visant une adaptation rapide du travailleur ou de la travailleuse à son poste de travail. La persistance de ce modèle traditionnel relève selon certaines études du fait justement que l'organisation du travail est encore dominée par le modèle taylorien.

L'adoption dans le milieu des années 1990 de la Loi favorisant le développement de la formation de la main-d'œuvre est venue modifier ce paysage en incitant les entreprises à investir davantage dans la formation. Selon Charest (2007b), cette loi[3] a eu pour effet d'amener les syndicats à insister davantage

3. « La formation dans l'entreprise au Québec a été marquée depuis 1995 par l'adoption de la *Loi favorisant le développement de la formation de la main-d'œuvre*. Mise en application graduellement selon la taille des entreprises, cette loi oblige les employeurs à investir 1 % de la masse salariale à la formation de leur personnel. Les entreprises qui ne déclarent pas un tel investissement doivent alors verser cette somme au ministère du Revenu » (Bélanger et Robitaille, 2008, p. 21).

sur la négociation de clauses de conventions collectives portant sur la formation, même si cette dernière continue de relever « exclusivement d'un droit de la direction que les travailleurs doivent conquérir et négocier » (Charest, 2007a, p. 246). Le fait de ne pouvoir participer au contenu de la formation n'a pas empêché certaines centrales syndicales de revendiquer le droit à une formation qualifiante (plus large que le poste de travail) et transférable (reconnue partout sur le marché du travail) (Bernier, 2002).

Cela dit, l'avènement de nouvelles formes d'organisation du travail a fait en sorte d'amener la formation sur le devant de la scène, au point qu'elle est devenue centrale à la stratégie des organisations. Ainsi, comme l'explique Bernier (2002):

> Dans le modèle de régulation fordiste, la formation était vue par les syndicats comme un complément à la règle de l'ancienneté pour assurer une certaine équité dans les mouvements du personnel [...] À ce modèle, s'oppose maintenant un modèle centré sur les compétences autour duquel se grefferaient de nouvelles règles régissant l'allocation de la main-d'œuvre (Bernier, 2002, p. 101).

Même s'il y a, à notre connaissance, peu d'éléments tangibles et d'études approfondies quant au degré d'acceptation par les syndicats des nouvelles stratégies d'apprentissage basées sur les compétences, Bernier (2002) a tendance à penser que les syndicats québécois restent attachés à l'ancien modèle. En effet:

> Alors que l'importance nouvelle de la formation en entreprise devrait normalement amener une déstructuration des logiques basées sur le collectif au profit de logiques d'individualisation, les syndicats québécois s'acharnent à trouver des façons pour plutôt renforcer le rôle de l'ancienneté et la logique du collectif (Bernier, 2002, p. 101).

De ce fait, selon Bernier (2002), les syndicats ont tendance à « minimiser le rôle de la formation et à renforcer celui de l'ancienneté dans les mécanismes d'allocation des emplois ». Cette stratégie, qualifiée de « défensive », peut contribuer à déqualification des emplois. L'autre tendance est celle où les syndicats, se servent « du nouvel intérêt des entreprises pour la formation pour élargir leurs domaines d'intervention », en s'engageant dans le processus de sélection des travailleurs ou en « acceptant de négocier des plans de restructuration des plans de progression ou de rémunération selon les compétences, mettant ainsi la qualification et la formation au cœur d'un nouveau modèle de mouvement de main-d'œuvre » (Bernier, 2002, p. 103). Le choix de l'une ou l'autre stratégie dépend essentiellement de la situation des syndicats, de leur idéologie et de leurs modes d'action.

Conclusion

Ce chapitre nous a donc permis de connaître les nouvelles modalités de formation et d'apprentissage dans l'économie du savoir, notamment le mentorat, le coaching, les communautés de pratique et l'autoformation. Cette diversité de formules permet aux organisations de développer l'apprentissage de leurs salariés par une diversité de modalités, dont la caractéristique principale est de placer l'apprenant au centre de la démarche. Dans le chapitre suivant, nous nous penchons sur les nouvelles formes d'organisation du travail, des pratiques qui sont souvent associées aux nouvelles modalités de formation ou d'apprentissage mises en œuvre dans les dernières années.

Bibliographie

ALLEN, T. D., LENTZ, E. et DAY, R. (2006). « Career success outcomes associated with mentoring others », *Journal of Career Development*, vol. 32, mars, p. 272-285.

AMERICAN PRODUCTIVITY AND QUALITY CENTER – APQC (2010). *Sustaining Effective Commu-nities of Practice : An Overview of Findings from APQC's Collaborative Research*. Houston : APQC. <ftp ://public.dhe.ibm.com/services/us/gbs/bus/hcm/rbtt/copsustain.pdf>. Consulté le 12 février 2013.

ANTONACOPOULO, E. (2000). « Employee development through self-development in three retail banks », *Personnel Review*, vol. 29, n° 4, p. 491-508.

ARGYRIS, C. (1993). *On Organizational Learning*. Cambridge : Blackwell.

ARGYRIS, C. (1995). *Savoir pour agir : surmonter les obstacles à l'apprentissage organisationnel*. Paris : Interéditions, 330 p.

ARGYRIS, C. et SCHÖN, D. A. (1978). *Organizational Learning : A Theory of Action Perspective*. Reading : Addison-Wesley.

ARGYRIS, C. et SCHÖN, D. A. (1996). *Apprentissage organisationnel : théorie, méthode, pratique*. Bruxelles : De Boeck Université, 380 p.

ARMSTRONG, S. J., ALLINSON, C. W. et HAYES, J. (2002). « Formal mentoring systems : An examination of the effects of mentor/protégé cognitive styles on the mentoring process », *Journal of Management Studies*, vol. 39, p. 1111-1137.

BARNER, R. (2011). « The 5 hidden roles of the managerial coach », *T+D*, vol. 65, n° 6, p. 38-45.

BAX, J., NEGRUTIU, M. et CALOTÄ, T. O. (2011). « Coaching : A philosophy, concept, tool and skill », *Journal of Knowledge Management, Economics & Information Technology*, vol. 1, n° 7, p. 320-328.

BÉLANGER, P., LARIVIÈRE, M. et VOYER, B. (2004). *Les pratiques et l'organisation de la formation en entreprise au Québec*. Résumé du rapport de recherche. Montréal : CIRDEP/UQAM.

BÉLANGER, P. et ROBITAILLE, M. (2008). *La formation en entreprise au Québec : un portrait*. Montréal : CIRDEP/UQAM.

BERNIER, C. (1999). *La formation en entreprise au Québec : un état des lieux*, Recherche en formation : documents de travail. Toronto : Université York. <http://www.yorku.ca/crws/network/members/Bernier.pdf>. Consulté le 16 février 2013.

BERNIER, C. (2002). « Syndicats et formation professionnelle au Québec : entre stratégies globales et actions locales », dans Bernier, C., Jobert, A, Rainbird, H. et Saglio, J. (dir.), *Formation, relations professionnelles et syndicalisme à l'heure de la société-monde*. Québec : Les Presses de l'Université Laval, p. 91-106.

BOURHIS, A. et TREMBLAY, D.-G. (2004). « Les facteurs organisationnels de succès des communautés de pratique virtuelles ». *Rapport de recherche présenté au CEFRIO*, 173 p.

BOYER, S. L., ARTIS, A. B., SOLOMON, P. J. et FLEMING, D. E. (2012). « Improving sales performance with self-directed learning », *The Marketing Management Journal*, vol. 22, n° 2, p. 61-75.

CARRÉ, P. (1992). *L'autoformation dans la formation professionnelle*. Paris : La Documentation française, 212 p.

CARRÉ, P., MOISAN, A. et POISSON, D. (1997). *L'autoformation*. Paris : Presses universitaires de France.

CHAREST, J. (2007a). « La formation de la main-d'œuvre », dans Hébert, G., Bourque, R., Gilles, A., Grant, M., Jalette, P., Trudeau, G. et Vallée, G. (dir.), *La convention collective au Québec*. Boucherville : Gaëtan Morin éditeur, p. 231-248.

CHAREST, J. (2007b). « Impacts of a law fostering training development : Lessons from Quebec's experience », *Administration publique du Canada – Canadian public administration*, vol. 50, n° 3, p. 373-390.

CHETTY, L. et MEARNS, M. (2012). « Using communities of practice towards the next level of knowledge-management maturity », *SA Journal of Information Management*, vol. 14, n° 1, art. n° 503, 9 p.

CHO, D.Y. (2002). « The connection between self-directed learning and the learning organization », *Human Resource Development Quarterly*, vol. 13, n° 4, p. 467-470.

CONFERENCE BOARD OF CANADA (2005). *Learning and Development Outlook 2005*, R. Owen Parker et Janice Cooney, Conference Board.

CRAWFORD, C. J. (2010). *Manager's Guide to Mentoring*. New York : McGraw-Hill, 185 p.

CUERRIER, C. (2003). *Répertoire de base*. Québec : Éditions de la fondation de l'entrepreneurship, coll. « Mentorat », 40 p.

DAVEL, E. et TREMBLAY, D.-G. (2011). *Formation et apprentissage organisationnel : la vitalité de la pratique*. Québec : Presses de l'Université du Québec, 285 p.

DEVILLARD, O. (2001). *Coacher : efficacité personnelle et performance collective*. Paris : Dunod, 247 p.

DILTS, R. (2003). « From coach to awakener », International Coach Federation European Conference, Italie. <http://alfafox.com.br/2008/artigos/anexos/From%20Coach%20to%20 Awakener.pdf>. Consulté le 12 janvier 2010.

DUPOUËT, O. et YILDIZOGLU, M. (2006). « Organizational performance in hierarchies and communities of practice », *Journal of Economic Behavior & Organization*, vol. 61, n° 4, p. 668-690.

EBY, L. T. et ALLEN, T. D. (2002). « Further investigation of protégés' negative mentoring experiences : Patterns and outcomes », *Group and Organization Management*, vol. 27, n° 4, p. 456-479.

EBY, L. T., BUTTS, M., LOCKWOOD, A. et SIMON, S. (2004). « Protégés' negative mentoring experiences : Construct development and nomological validation », *Personnel Psychology*, vol. 57, n° 2, p. 411-447.

EBY, L. T. et LOCKWOOD, A. (2005). « Protégés and mentors' reactions to participating in formal mentoring programs », *Journal of Vocational Behavior*, vol. 67, n° 3, p. 441-458.

EBY, L. T. et McMANUS, S. (2004). « The protégé's role in negative mentoring experiences », *Journal of Vocational Behavior*, vol. 65, n° 2, p. 255-275.

EVERTSON, C. M. et SMITHEY, M. W. (2000). « Mentoring effects on protégés' classroom practice : An experimental field study », *The Journal of Educational Research*, vol. 93, n° 5, p. 294-304.

FATIEN, P. (2009). « Intérêt organisationnel du coaching individuel », *Vie et sciences de l'entreprise*, n° 182, p. 39-56.

FILLOL, C. (2006). « Apprentissage organisationnel et contexte organisationnel : une étude de cas chez EDF », xve Conférence internationale de management stratégique, Annecy/Genève, 13-16 juin 2006.

FLAHERTY, J. (2010). *Coaching : Evoking Excellence in Others*. New York : Elsevier Butterworth-Heinemann, p. 223.

FORRET, M. L. (1996). « Issues facing organizations when implementing formal mentoring programmes », *Leadership & Organization Development Journal*, vol. 17, n° 3, p. 27-30.

FORTIN, J. (2003). *Évaluer un programme de mentorat*. Québec : Éditions de la fondation de l'entrepreneurship, coll. « Mentorat », 88 p.

FOUCHER, R. (2000). « L'autoformation reliée au travail : jalons pour un état de la question », dans Foucher, R. (dir.), *L'autoformation reliée au travail : apports européens, nord-américains pour l'an 2000*. Montréal : Éditions Nouvelles AMS, p. 9-62.

GRAY, W. A. (1988). « Developing a planned mentoring program to facilitate career development », *Career Planning and Adult Development Journal*, n° 4, p. 9-16.

GUAY, M.-M. et LIRETTE, A. (2003). « Guide sur le mentorat pour la fonction publique québécoise ». Rapport de recherche. Québec : Centre d'expertise en gestion des ressources humaines, avril 2003, 76 p.

GUGLIELMINO, L. (1977). *Development of the Self-Directed Learning Readiness Scale*, Thèse de doctorat. Athens : University of Georgia.

HALL, D. T., OTAZO, K. I. et HOLLENBECK, G. P. (1999). « Behind closed doors : What really happens in executive coaching », *Organization Dynamics*, vol. 27, n° 3, p. 39-53.

HEZLETT, S. A. (2005). « Protégés' learning in mentoring relationships : A review of the literature and an exploratory case study », *Advances in Developing Human Resources*, vol. 7, n° 4, p. 505-526.

HEZLETT, S. A. et GIBSON, S. K. (2005). « Mentoring and human resource development : Where we are and where we need to go », *Advances in Developing Human Resources*, vol. 7, n° 4, p. 446-469.

HOUDE, R. (1995). *Des mentors pour la relève*. Montréal : Éditions du Méridien, 253 p.

HUBER, G. P. (1991). « Organizational learning : The contribution processes and the literatures », *Organization Science*, vol. 2, n° 1, p. 88-115.

INTERNATIONAL COACH FEDERATION – ICF (s. d.). <http://www.coachfederation.org>. Consulté le 18 janvier 2010

KOENIG, G. (2006). « L'apprentissage organisationnel : repérage des lieux », *Revue française de gestion*, vol. 32, n° 160, p. 293-306.

KRAM, K. E. (1985). *Mentoring at Work : Development Relationships in Organizational Life*. Glenview : Scott, Foresman. 252 p.

LANGELIER, L. (2005). *Travailler, apprendre et collaborer en réseau*. Montréal : CEFRIO, 109 p.

LAVE, J. et WENGER, E. (1991). *Situated learning : Legitimate Peripheral Participation*. Cambridge : Cambridge University Press, 138 p.

LEVITT, B. et MARCH, J. (1988). « Organizational learning », *Annual Review of Sociology*, vol. 14, p. 319-340.

LONGNECKER, C. O. et NEUBERT, M. J. (2005). « The practices of effective managerial coaches », *Business Horizons*, vol. 48, n° 6, p. 493-500.

MARCEAU, R., OTIS, D. et SIMARD, P. (1992). « La planification d'une évaluation de programme », dans Parenteau, R. (dir.), *Management public : comprendre et gérer les institutions de l'État*. Québec : Presses de l'Université du Québec, p. 445-477.

McNAMARA, C. (1999). *Basic Guide to Program Evaluation*. Minneapolis : Authenticity Consulting, LLC.

MENTORAT QUÉBEC (2005). « Consultation publique sur la stratégie d'action jeunesse 2005-2008 », mémoire produit par le Secrétariat à la jeunesse.

MINISTÈRE DES PETITES ENTREPRISES ET DE L'ENTREPRENEURIAT DE L'ONTARIO (2007). *L'avantage du mentorat. Comment former des chefs et élargir les horizons de vos employés et de votre entreprise*, série sur les entreprises à croissance exceptionnelle, rapport n° 15.

MINISTÈRE DU TRAVAIL DU QUÉBEC (2013). *Avantages des communautés de pratique : l'adaptation à un contexte organisationnel innovateur*. <http://www.travail.gouv.qc.ca/publications/organisation_du_travail/le_partage_des_savoirs_des_mesures_qui_facilitent_la_maitrise_des_innovations/avantages_des_communautes_de_pratique_ladaptation_a_un_contexte_organisationnel_innovateur.html>. Consulté le 12 janvier 2010.

MORAL, M. et HEINRICHFREISE, S. (2008). *Coaching d'organisation : outils et pratiques*. Paris : Armand Collin, 125 p.

NOE, R. A., GREENBERGER, D. B. et WANG, S. (2002). « Mentoring : What we know and where we might go », *Research in Personnel and Human Resources Management*, vol. 21, p. 129-173.

NONAKA, I. et TAKEUCHI, H. (1995). *The Knowledge Creating Company : How Japanese companies Create the Dynamics of Innovation*. New York : Oxford University Press, 284 p.

NONAKA, I. et TAKEUCHI, H. (1997). *La connaissance créatrice*. Bruxelles : De Boeck Université, 303 p.

NYMAN, M. et THACH, L. (2013). « Coaching as a new leadership development option », *Supervision*, vol. 74, n° 2, p. 23-26.

ODDI, L. (1984). *Development of an Instrument to Measure Self-Directed Continuing Learning*, Thèse de doctorat. Chicago : Department of Nursing, University of Northern Illinois.

PEOPLES, A. (2003). *Concevoir et implanter un programme de mentorat*. Québec : Éditions de la fondation de l'entrepreneurship, coll. « Mentorat », 63 p.

POILPOT-ROCABOY, G. et CHARPENTIER, N. (2010). « Pourquoi les cadres recourent-ils au coaching de gestionnaires ? », *Gestion*, vol. 35, n° 1, p. 65-73.

PROBST, G. et BORZILLO, S. (2008). « Why communities of practice succeed and why they fail », *European Management Journal*, vol. 26, n° 5, p. 335-347.

RAEMDONCK, I., VAN DER LEEDEN, R., VALCKE, M., SEGERS, M. et THIJSSEN, J. (2012). « Predictors of self-directed learning for low-qualified employees : A multi-level analysis », *European Journal of Training and Development*, vol. 36, n° 6, p. 572-591.

ROBERTS, J. (2006). « Limits to communities of practice », *Journal of Management Studies*, vol. 43, n° 3, p. 623-638.

SAINT-ONGE, H. et WALLACE, D. (2003). *Leveraging Communities of Practice for Strategic Advantage*. New York : Butterworth-Heinemann, 370 p.

SAVOIE, A., LAPOINTE, D., LAROCHE, R. et BRUNET, L. (2008). « La relation mentorale formelle en milieu de travail : apports de la recherche à la pratique », *Pratiques psychologiques*, vol. 14, n° 2, p. 171-184.

SHRIVASTAVA, P. (1983). « A typology of organizational learning systems », *Journal of Management Studies*, vol. 20, n° 1, p. 7-28.

SMITH, P. J., SADLER-SMITH, E., ROBERTSON, I. et WAKEFIELD, L. (2007). « Leadership and learning : Facilitating self-directed learning in enterprises », *Journal of European Industrial Training*, vol. 31, n° 5, p. 324-335.

SOSIK, J. J. et GODSHALK, V. M. (2000). « The role of gender in mentoring : Implications for diversified and homogenous mentoring relationships », *Journal of Vocational Behavior*, vol. 57, n° 1, p. 102-122.

STATISTIQUE CANADA (2004). *Travail et formation : premiers résultats de l'Enquête sur l'*éducation et la formation des adultes de 2003. Ottawa : Statistique Canada, catalogue n° 81-595-MIF.

THIRY, A. (2008). *Les 3 types de coaching : la PNL de 3e génération en entreprises et organisations*, Bruxelles : De Boeck & Larcier, 131 p.

THOMPSON, H. B., BEAR, D. J., DENNIS, D. J., VICKENS, M., LONDON, J. et MORRISSON, C. L. (2008). *Coaching : A Global Study of Successful Practices. Trends and Future Possibilities 2008-2018*. New York : American Management Association. <http://www.opm.gov/WIKI/uploads/docs/Wiki/OPM/training/i4cp-coaching.pdf>. Consulté le 1er mai 2014.

TREMBLAY, D.-G. (2005). « Les communautés de pratique : quels sont les facteurs de succès ? », *Revue internationale sur le travail et la société*, vol. 3, n° 2, p. 692-722.

TREMBLAY, D.-G. (dir.) (2006). *Formation et performance socio*économique *: comparaisons internationales*. Québec : Presses de l'Université du Québec, 568 p.

TREMBLAY, N. A. (2003). *L'autoformation : pour apprendre autrement*. Montréal : Presses de l'Université de Montréal, 332 p.

VIALA, C., BARABEL, M. et MEIER, O. (2009). « Coachs et coaching au service de la performance », *Expansion Management Review*, vol. 3, n° 134, p. 20-29.

WEICK, K. E. (1991). « The nontraditional quality of organizational learning », *Organization Science*, vol. 2, n° 1, p. 116-123.

WENGER, E., McDERMOTT, R. et SNYDER, W. M. (2002). *Cultivating Communities of Practice : A Guide to Managing Knowledge*. Boston : Harvard Business School Press, 284 p.

WENGER, E et SNYDER, W. M. (2000). « Communities of practice : The organizational frontier », *Harvard Business Review*, janvier-février, p. 139-145.

CHAPITRE 7
Les nouvelles formes d'organisation du travail dans l'économie du savoir

SOMMAIRE

Introduction

Dans ce chapitre, nous nous penchons sur les nouvelles formes d'organisation du travail. Nous définissons ce que l'on entend par ces nouvelles formes d'organisation ou NFOT, puis nous présentons les éléments de mise en œuvre d'un programme visant à introduire de nouvelles formes d'organisation du travail. Enfin, nous traitons des retombées de tels programmes, puisque ceux-ci se multiplient dans le contexte de l'économie du savoir et ils ont de plus en plus de retombées sur les milieux de travail et sur les travailleurs.

7.1. Les nouvelles formes d'organisation du travail

Pour commencer, nous définissons d'abord ce que sont les nouvelles formes d'organisation du travail (NFOT) dans les organisations. Nous présentons ensuite plus précisément ces NFOT en proposant une typologie et en décrivant plus en détail les pratiques diverses de NFOT présentes dans les entreprises. Enfin, nous examinons de plus près le degré de pénétration des NFOT dans les entreprises québécoises.

7.1.1. La définition

Les deux dernières décennies ont été marquées par l'essor de ce qu'il a été convenu d'appeler les nouvelles formes d'organisation du travail dans les entreprises. Ces transformations organisationnelles viennent satisfaire les besoins de flexibilité et de rapidité dans les organisations et remplacer ainsi le modèle taylorien. De fait, les travaux scientifiques semblent constamment définir les NFOT par opposition au taylorisme (Chênevert et Dubé, 2008). Ainsi, la séparation des tâches et l'organisation scientifique du travail cèdent la place à des pratiques telles que les équipes semi-autonomes, les groupes de résolution de problèmes, les cercles de qualité, etc. Ces pratiques, censées favoriser l'implication des salariés, ont pour finalité l'amélioration de la performance des organisations.

Il est difficile de trouver une définition homogène des NFOT. Comme l'expliquent Ichniowski *et al.* (1996), pour certains, les NFOT riment avec équipes de travail, tandis que pour d'autres, les NFOT se manifestent par la participation financière des employés dans l'organisation, souvent pour la survie de la compagnie, mais aussi souvent pour accroître l'engagement des salariés et ainsi améliorer leur rendement. D'autres encore voient les NFOT comme un ensemble de tâches de travail élargies et flexibles, une communication améliorée, une méthode de résolution de problèmes, etc. Cette multitude de pratiques a donné lieu à plusieurs typologies, comme nous le voyons à la section 7.1.2.1.

Un rapport de la Commission européenne (2002) a proposé de classer les NFOT selon trois dimensions d'un système. Ces trois dimensions sont: la manière dont le travail est organisé dans les activités opérationnelles, la manière dont le travail est coordonné dans l'organisation et, finalement, les mesures de soutien aux politiques de gestion des ressources humaines. La figure 7.1 représente ce système.

Figure 7.1. Définition du système des NFOT

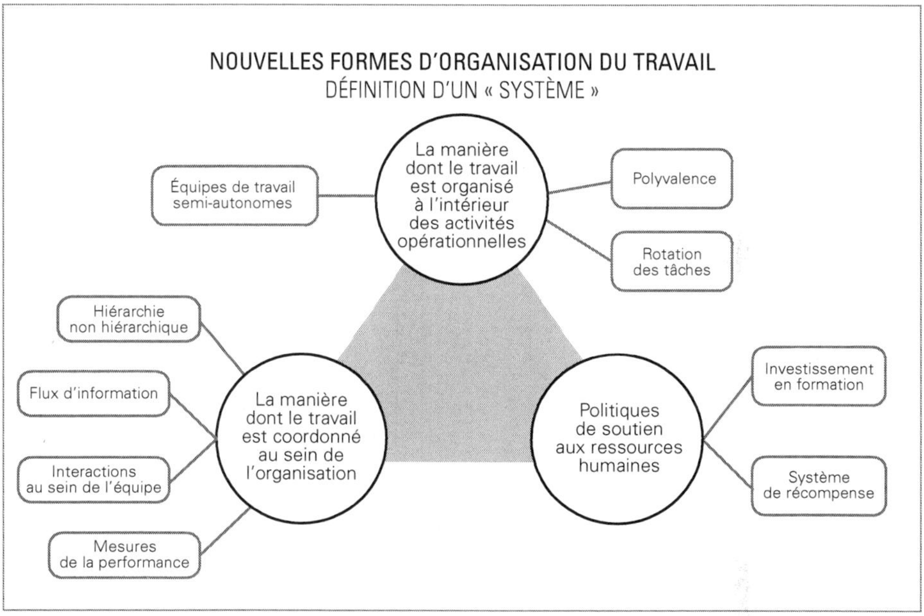

Source: Commission européenne (2002, p. 19).

Cette figure résume bien la multitude d'aspects que peuvent recouvrir les NFOT. Chacune des trois dimensions regroupe respectivement les composantes suivantes:

- La *manière dont le travail est organisé dans les activités opérationnelles*: la présence d'équipes semi-autonomes, la polyvalence et la rotation des postes.
- La *manière dont le travail est coordonné dans l'organisation*: l'organisation non hiérarchique, la disponibilité de l'information, l'interaction entre les équipes et les gestionnaires, et la mesure du rendement.
- Le *soutien aux politiques de gestion des ressources humaines*: l'investissement dans la formation et le système de rémunération basé sur le rendement individuel ou celui de l'équipe.

7.1.2. Le classement et l'identification des NFOT

Dans cette section, nous exposons une typologie des formes d'organisation du travail, discutons de la diversité des NFOT et, enfin, traitons de leur présence au Québec.

7.1.2.1. Les formes d'organisation du travail

Dans le but d'identifier les nouvelles formes d'organisation du travail, et de les distinguer des plus anciennes, Lorenz et Valeyre (2004) ont établi une typologie basée sur une enquête européenne sur les conditions de travail[1]. Cette typologie fait ressortir quatre types d'organisation du travail :

- Les *organisations apprenantes*: les salariés de ces organisations disposent d'une forte autonomie et sont souvent organisés en équipes de travail autonomes. Les tâches exercées ne sont ni monotones ni répétitives et les salariées ne subissent que peu de contraintes sur le plan du rythme du travail. Le contrôle de la qualité et la résolution de problèmes imprévus caractérisent les tâches des salariés de ces organisations qui semblent se conformer au modèle suédois fondé sur l'autonomie des équipes et l'autoorganisation pour l'atteinte des objectifs (Lorenz et Valeyre, 2004).
- Les *organisations en mode de production en flux tendu ou* lean production : à l'instar des organisations apprenantes, le travail en équipe ainsi que le contrôle de la qualité sont très développés dans ce type d'organisation. Bien qu'ils soient autonomes, les salariés des organisations en mode de production en flux tendu exercent cette autonomie sous de fortes contraintes quant au rythme de travail et au respect de normes de qualité. Ils ont, de ce fait, moins de marge de manœuvre que leurs homologues des organisations apprenantes et font face à ce que certains auteurs (Appay, 1993 ; Coutrot, 1998) appellent l'« autonomie contrôlée ».
- Les *organisations tayloristes*: les salariés de ces organisations subissent également des contraintes quant au rythme de travail, combiné à des tâches répétitives et monotones. L'autonomie ainsi que l'autocontrôle de la qualité sont quasi absents de ce type d'organisation.
- Les *organisations à structure simple*: l'organisation en équipe ainsi que la gestion de la qualité ne font pas partie de ce modèle d'organisation qui se caractérise par un travail « pas très autonome, à faible contenu cognitif, peu contraint dans ses rythmes et peu répétitif, mais relativement monotone » (Lorenz et Valeyre, 2004, p. 12).

1. La Fondation européenne pour l'amélioration des conditions de vie et de travail a réalisé une enquête dans quinze pays membres de l'Union européenne en mars 2000. Au total, 21 703 personnes ayant un emploi ont été interrogées au sujet de huit volets thématiques, dont l'organisation du travail. L'étude de Lorenz et Valeyre (2004) se base sur ce dernier volet et mobilise quinze variables pour l'analyse. Parmi ces variables, mentionnons le travail en équipe, la rotation des tâches, l'autonomie dans le travail, dans les méthodes de travail et dans les cadences de travail, la gestion de la qualité, la résolution des problèmes, l'apprentissage, la répétitivité des tâches, etc.

Cette typologie permet de comprendre que les principales pratiques d'organisation du travail tournent essentiellement autour des concepts d'autonomie, de flexibilité, de polyvalence et de gestion de la qualité. En effet, une étude de Grant et Lévesque (1997) sur la transformation des rapports du travail dans les entreprises québécoises classe les pratiques en six catégories principales liées à la flexibilité et à l'autonomie : l'enrichissement des tâches, les cercles de qualité, les équipes de travail, les programmes de qualité totale, la réingénierie des processus et les systèmes sociotechniques.

7.1.2.2. La diversité des NFOT

Plusieurs formes d'organisation du travail peuvent être considérées comme nouvelles et innovantes dans le contexte de l'économie du savoir. Il n'y a donc pas de liste exhaustive des nouvelles pratiques d'organisation du travail, mais toutes les pratiques visant l'augmentation de la performance et de la flexibilité de l'entreprise peuvent être considérées comme des NFOT. Par exemple, Brummelhuis *et al.* (2012) ainsi que Tremblay *et al.* (2007) ont analysé en tant que NFOT le télétravail et ses conséquences sur les organisations et sur les travailleurs. Plusieurs auteurs (voir le chapitre 5 sur la participation aux décisions) se sont également intéressés au fonctionnement des cercles de qualité et des équipes de travail autonomes. Certaines études de Statistique Canada (EMTE, 1999, 2001) font état de la présence de pratiques comme les comités patronaux et syndicaux, les programmes de suggestions des employés, etc.

Pour apporter un éclairage sur la nature des NFOT, cette section reprend, dans les grandes lignes, les descriptions de certaines pratiques fréquemment observées dans les entreprises. Il est donc question ici de la rotation des postes, de l'élargissement des tâches, de l'enrichissement des tâches, de la réingénierie des processus et des systèmes sociotechniques.

La rotation des postes

De Coster (1999) définit la rotation des postes comme une technique consistant à « ne pas laisser les mêmes personnes s'affairer dans les mêmes besognes, les plus fastidieuses ou les plus rebutantes, en alternant les tâches » (De Coster, 1999, p. 283). Cette technique fonctionne selon deux principes : la permutation qui consiste à changer quelqu'un de poste sur une chaîne de montage, et l'échange qui vise à déplacer un travailleur vers un poste différent, avant de retrouver sa tâche initiale selon un cycle d'alternance déterminé soit par la hiérarchie, soit par les travailleurs eux-mêmes (De Coster, 1999).

Il existe plusieurs avantages liés à la rotation des postes. En effet, plusieurs études ont démontré l'effet de cette pratique sur la réduction de la monotonie et sur l'amélioration de la gestion de l'absentéisme et du roulement du personnel (Vézina *et al.*, 2003). De plus, la rotation des postes permet aux travailleurs de renforcer leur polyvalence, bien que cette dernière puisse générer des coûts de formation supplémentaires pour l'employeur (De Coster, 1999). Cela dit, cette pratique comporte également quelques inconvénients comme des difficultés d'apprentissage, le déséquilibre de contraintes liées aux postes et la personnalisation des postes, qui peuvent susciter une résistance chez certains travailleurs ne désirant pas changer leur routine (Vézina *et al.*, 2003).

L'élargissement et l'enrichissement des tâches

L'élargissement des tâches consiste à introduire plus de variété de tâches sur un même poste dans le but d'allonger le cycle de travail et de réduire ainsi la répétitivité. Cette forme d'organisation du travail est censée favoriser l'autonomie des travailleurs et tend à réduire la monotonie du travail qui conduit à la suppression du risque des pathologies lié à la répétition des mêmes gestes (De Coster, 1999). Cela dit, l'élargissement des tâches ne semble pas faire l'unanimité auprès des travailleurs, qui souvent préfèrent les cycles courts, ni auprès des chercheurs (notamment Herzberg, 1968; Herzberg *et al.*, 1959) qui y voient une continuité du taylorisme.

C'est ainsi que l'enrichissement des tâches a fait son apparition comme NFOT. En effet, cette pratique consiste à modifier en profondeur la nature des tâches des travailleurs, en les amenant à réfléchir sur leur travail et à suggérer des idées pour l'améliorer. Les cercles de qualité sont une forme d'enrichissement des tâches. L'enrichissement des tâches peut être horizontal ou vertical, comme l'expliquent Grant et Lévesque (1997):

> Dans le premier cas, il s'agit de confier aux travailleurs plusieurs opérations formant le processus de production. Dans le second, il s'agit de leur attribuer des responsabilités concernant la planification du travail, les méthodes de production, l'évaluation de la qualité du travail accompli (Grant et Lévesque, 1997, p. 227).

Les deux chercheurs notent que, bien souvent, les entreprises se contentent d'un enrichissement horizontal qui engendre une intensification et une augmentation de la charge du travail. Pour Grant et Lévesque (1997), c'est la combinaison des deux qui peut avoir un effet bénéfique sur l'engagement des travailleurs sur le long terme.

La réingénierie des processus

La réingénierie des processus consiste en un changement radical dans les modes de fonctionnement de l'organisation. Ce réexamen de fond des processus organisationnels ou des processus d'affaires a pour but leur modernisation et l'élimination des activités superflues ne produisant pas de valeur (Alsène, 2009). Selon Grant et Lévesque (1997), la remise en question de l'ensemble des activités et des processus dans le cadre de cette NFOT permet une réorganisation des unités de travail en fonction des processus liés à l'activité. Ainsi, « les travailleurs sont regroupés en fonction de ces processus et leur responsabilité n'est plus établie selon des tâches déterminées, mais selon les résultats de l'ensemble du processus » (Grant et Lévesque, 1997, p. 232).

La réingénierie des processus suppose l'existence d'une certaine forme d'autonomie et de polyvalence parmi les travailleurs œuvrant au sein d'équipes de travail multidisciplinaires. Elle suppose également la suppression de toute forme de hiérarchie. « À la place, il y a des comités, constitués des porte-parole des équipes de processus et des groupes de support. Les responsables de processus ne sont, quant à eux, plus des patrons, mais des coaches, des guides, des facilitateurs » (Alsène, 2009, p. 39).

La mise en œuvre d'une réingénierie semble être plus facile dans les entreprises non syndiquées. En effet, le modèle de Hammer et Champy (1994) semble reposer sur l'absence de syndicat dans l'entreprise. Ces deux auteurs insistent également sur l'importance de la culture de l'entreprise et de l'adhésion des employés à la vision de la direction pour l'implantation de cette pratique (Grant et Lévesque, 1997).

Les systèmes sociotechniques

L'émergence du courant sociotechnique remonte à plus d'une cinquantaine d'années, quand Trist et Bamforth (1951) suggèrent que l'amélioration des conditions du travail passe par un travail simultané sur le système social et sur la technologie dans un principe d'« optimisation-jointe » (Vaujany, 2003). En effet, l'analyse sociotechnique voit l'entreprise comme une combinaison de deux sous-systèmes : un sous-système technique, constitué des équipements, des machines et des savoir-faire, et un sous-système social qui est constitué des besoins des personnes et des groupes qui évoluent dans l'entreprise (Grant et Lévesque, 1997).

La mise en place d'un système sociotechnique dans l'entreprise implique une réorganisation de plusieurs processus allant de l'embauche à la rémunération, en passant par la conception des tâches et du milieu de travail. Cette organisation suppose une réduction au minimum des échelons de supervision pour assurer une autonomie maximale aux travailleurs (Grant et Lévesque, 1997).

7.1.2.3. La présence des NFOT dans les entreprises au Québec

Au début des années 1990, l'étude de Lapointe et Paquet (1994) confirme la présence, dans les entreprises québécoises, de certaines NFOT, à savoir l'élargissement et l'enrichissement des tâches, la rotation des postes, les cercles de qualité et les équipes autonomes de travail. En effet, leur enquête dans 114 établissements de la province montre la présence de programmes de qualité totale dans 54 % des établissements étudiés, suivis des programmes d'enrichissement et d'élargissement de tâches (50 %), de rotation des postes (48 %) ainsi que de flexibilité (44 %). Il en est de même pour les cercles de qualité présents dans 44 % des établissements. Les programmes de qualité de vie au travail et les groupes semi-autonomes arrivent en dernier lieu avec respectivement 34 % et 18 % de taux de pénétration dans les établissements (Lapointe et Paquet, 1994).

En 1999 et en 2001, les résultats de l'*Enquête sur le milieu de travail et les employés* (EMTE) de Statistique Canada viennent appuyer les données précédemment évoquées. En effet, la figure 7.2 révèle que les groupes de travail autonomes sont moins présents dans les entreprises canadiennes. Par contre, d'autres NFOT semblent prendre plus d'ampleur dans les organisations, comme le partage de l'information avec les employés, les programmes de suggestions des employés et les comités mixtes patronaux-syndicaux.

Figure 7.2. Fréquence des pratiques d'organisation du travail, 2001

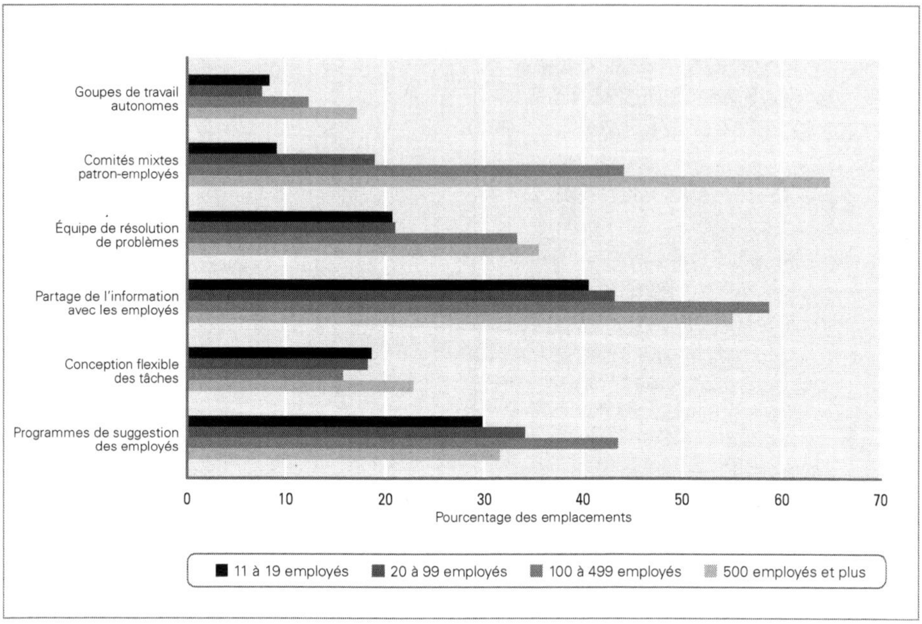

Source : Statistique Canada (EMTE) (2001, p. 8).

La figure 7.3 montre que le recours à la réingénierie des processus, à la rotation des postes et à la polyvalence sont des pratiques très présentes dans les entreprises du Canada.

Figure 7.3. Fréquence des changements organisationnels, 2001

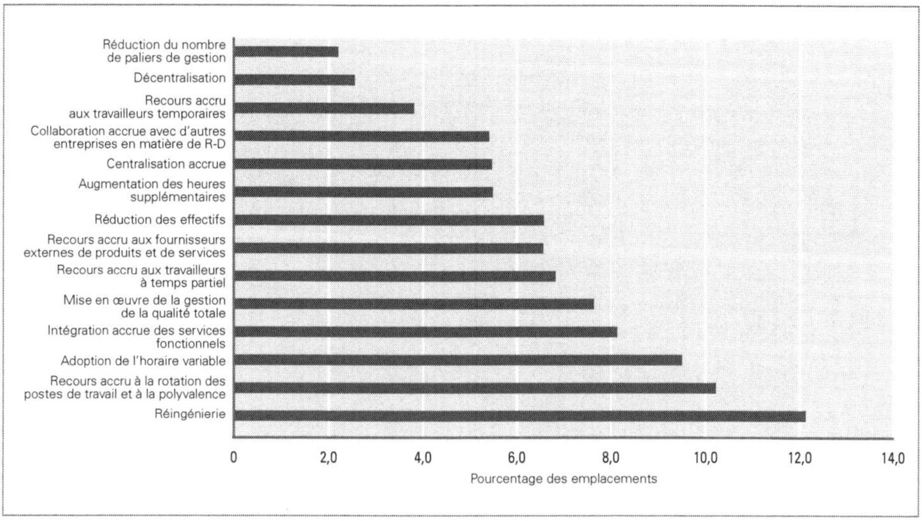

Source : Statistique Canada (EMTE, 2001, p. 11).

Plus particulièrement, dans les entreprises québécoises, l'étude de Chênevert et Dubé (2008) dans 252 entreprises québécoises révèle la présence de NFOT. En effet, toutes les pratiques étudiées (à savoir les équipes autonomes, la rotation des tâches, l'élargissement des tâches, l'enrichissement des tâches, les cercles de qualité et la réingénierie des processus) sont présentes dans plus de 35 % des établissements sondés. Le tableau 7.1 montre le degré de pénétration des pratiques dans les entreprises, avec une distinction pour les entreprises manufacturières, qui selon les auteurs ont davantage recours aux NFOT que les entreprises de services. En fait, ceci s'explique sans doute par le fait que le travail dans le secteur des services est déjà moins taylorisé ou parcellisé que dans le cas de l'industrie. Par conséquent, la collaboration, le travail en équipe et l'enrichissement des tâches peuvent être déjà plus présents, parfois de manière informelle, sans que l'on en ait fait un programme comme c'est plus souvent le cas dans l'industrie. Les cercles de qualité et la réingénierie ont toutefois été assez présents dans les administrations publiques et les grandes bureaucraties privées.

Tableau 7.1. Distribution des NFOT dans les entreprises québécoises

	Toutes les entreprises	Entreprises manufacturières
Équipes autonomes	35,3 %	38,7 %
Rotation des tâches	46,4 %	54,8 %
Élargissement des tâches	62,7 %	66,9 %
Enrichissement des tâches	57,1 %	57,3 %
Cercles de qualité	37,3 %	46,8 %
Reconfiguration des processus	48,4 %	50,0 %

Source : Tiré de Chênevert et Dubé (2008, p. 145).

Là encore, ce sont des pratiques comme l'élargissement et l'enrichissement des tâches qui sont les plus répandues dans les organisations québécoises, suivies de près par la réingénierie des processus. Il est important de signaler que les entreprises ayant recours aux NFOT sont généralement des entreprises de plus de 500 employés, comme le montre la figure 7.4.

Figure 7.4. Changements organisationnels par taille d'emplacement

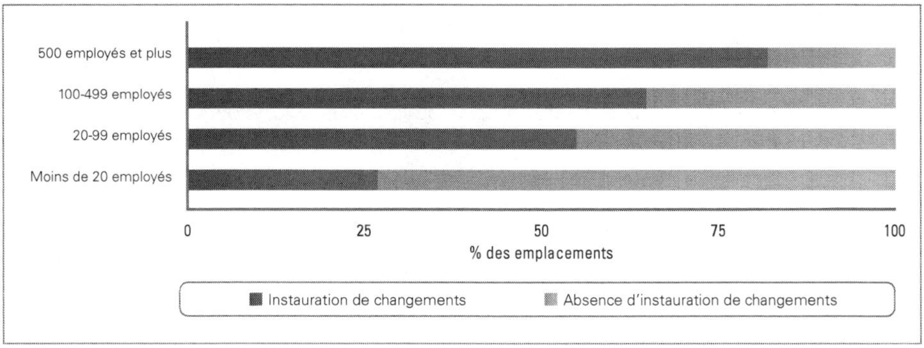

Source : Statistique Canada (EMTE, 2001, p. 11).

Cette tendance semble également se confirmer dans l'Union européenne où les petites entreprises semblent moins enclines à mettre en place des NFOT. Cela s'expliquerait par le fait qu'elles ressentent moins le besoin d'employer des techniques visant à augmenter la participation et la flexibilité. De plus, dans les petites entreprises, les employés et les gestionnaires travaillent bien souvent ensemble et font ainsi déjà preuve d'une polyvalence et d'une adaptabilité qui ne nécessite pas la mise en place de NFOT (Commission européenne, 2002).

7.2. Les composantes d'un programme favorisant les NFOT

Dans cette partie, nous découvrons quels sont les objectifs de la mise en place des NFOT du point de vue des organisations. Ensuite, nous présentons les principes de base pouvant favoriser l'élaboration et la mise en œuvre des NFOT dans l'entreprise.

7.2.1. Les objectifs des NFOT du point de vue de l'entreprise

Globalement, les NFOT sont perçues comme un nouveau modèle de gestion qui s'appuie sur le dialogue et la concertation et qui permet, dans de courts délais, d'augmenter la flexibilité, de responsabiliser le personnel, d'augmenter la fluidité de circulation de l'information, de favoriser la coopération entre les syndicats et les gestionnaires et de favoriser la participation des employés à tous les niveaux de l'entreprise pour faciliter la résolution des problèmes et participer aux décisions (Chenel, 1996).

Dans les écrits scientifiques de ces dernières années, les NFOT sont bien souvent associées à la quête de performance, de flexibilité et d'innovation par les entreprises. Par ailleurs, certains auteurs (Osterman, 2000; Appelbaum, 2004) donnent aux NFOT le nom de *high performance work organization* (organisation du travail à haute performance) ou encore *workplace innovation* (innovation dans le milieu du travail) (Totterdill, 2002). Ce modèle de travail

> offre la possibilité aux salariés de fournir un effort discrétionnaire. [L]a collecte et le traitement de l'information sont décentralisés vers les employés qui peuvent ainsi utiliser cette information pour résoudre les problèmes et prendre les décisions d'ordre opérationnel (Appelbaum, 2004, p. 121).

L'objectif des entreprises qui mettent en place des NFOT est double : premièrement, les NFOT sont perçues comme étant efficaces, du fait qu'elles mettent l'accent sur la qualité et qu'elles tiennent compte des idées et suggestions des employés. Deuxièmement, ces nouvelles pratiques sont censées apporter un gain mutuel tant aux employés qu'à l'entreprise, car elles permettent d'allier la performance organisationnelle à une meilleure qualité de vie au travail pour les employés (Osterman, 2000; Totterdill, 2002). Cette amélioration est possible grâce à l'élargissement et surtout à l'enrichissement des tâches[2] qui permettent plus de contrôle sur l'environnement du travail, une plus grande

2. On définit généralement l'élargissement des tâches par l'ajout de tâches de même niveau de complexité ou de simplicité, alors que l'enrichissement des tâches se traduit normalement par une augmentation de la complexité et la réalisation de tâches d'un autre niveau, plus élevé.

capacité d'innovation et d'apprentissage et, de ce fait, une meilleure employabilité due à l'augmentation des compétences des travailleurs. Totterdill (2002) ajoute qu'avoir recours aux NFOT fait que l'organisation est préparée à gérer des problèmes plus larges comme l'inclusion sociale, le vieillissement de la main-d'œuvre, la diversité culturelle, etc.

Chênevert et Dubé (2008) émettent l'hypothèse que la présence des NFOT dans les entreprises est due à des facteurs exogènes (stratégie de marché et stratégie concurrentielle) et endogènes (valeurs, culture et philosophie de gestion). Ces facteurs peuvent être déterminés selon deux perspectives différentes : une perspective institutionnelle catalysée par le mimétisme organisationnel et les pressions coercitives exercées sur l'organisation, et une perspective contingente qui vise l'alignement entre les pratiques de gestion des ressources humaines et la stratégie de l'entreprise. La figure 7.5 explique la vision de ces deux auteurs.

Figure 7.5. Déterminants des nouvelles formes d'organisation du travail

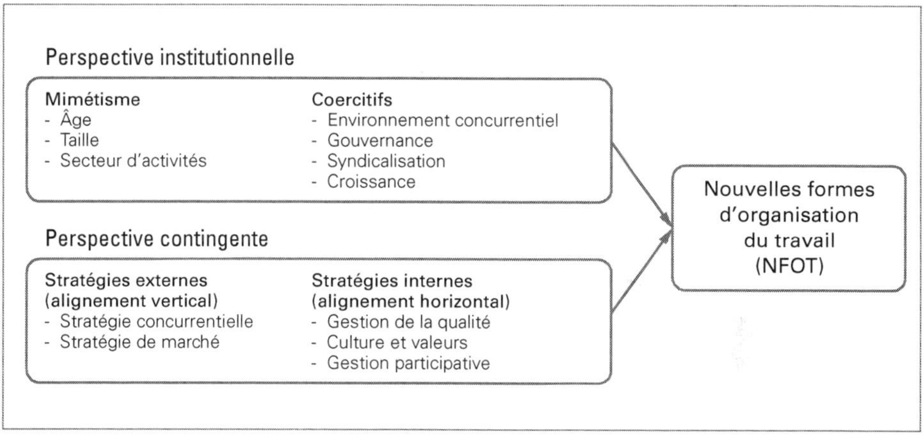

Source : Chênevert et Dubé (2008, p. 138).

Les résultats de cette étude soulignent l'importance de la perspective contingente dans la mise en place des NFOT dans les entreprises. En effet, cette recherche a fait ressortir un ensemble de résultats pertinents aux NFOT.

Tout d'abord, Chênevert et Dubé (2008) ont trouvé que la perspective institutionnelle n'est pas dominante lorsqu'il s'agit de considérer le taux de pénétration des NFOT. Cela dit, quand il s'agit d'expliquer l'adoption de plusieurs pratiques faiblement implantées, la perspective institutionnelle supplante la perspective contingente. Les auteurs en concluent que

> les entreprises implanteraient plusieurs NFOT de façon superficielle pour répondre aux pressions concurrentielles et afin de se légitimer aux yeux des actionnaires favorables à de tels changements. Les firmes seraient ainsi poussées par le mimétisme vers une transformation superficielle supportée par des motivations d'ordre politique plutôt que stratégique (Chênevert et Dubé, 2008, p. 151).

De plus, cette étude a également souligné le rôle important joué par l'environnement concurrentiel international dans la mise en place des NFOT dans les organisations canadiennes. Ainsi, la concurrence accrue force les entreprises à innover en matière d'organisation du travail, dans le but de conserver leurs parts de marché. Chênevert et Dubé (2008) notent que

> la multitude des menaces de fermetures des entreprises canadiennes confrontées à la concurrence des pays à faible salaire réduit la résistance des employés à l'égard des changements liés à l'organisation du travail, ce qui constitue un terrain fertile à la mise en œuvre des NFOT (Chênevert et Dubé, 2008, p. 151).

Enfin, pour Chênevert et Dubé (2008),

> les entreprises qui adoptent une démarche rationnelle et stratégique d'implantation des NFOT le font pour réaliser un changement profond et cohérent avec leurs caractéristiques internes. Toutefois, les entreprises qui n'implantent les pratiques que par mimétisme ou pour se doter d'une image socialement désirable, bien qu'elles paraissent le faire, ne transforment pas réellement leur organisation du travail (Chênevert et Dubé, 2008, p. 154).

7.2.2. L'élaboration et la mise en œuvre des NFOT

Il n'existe pas dans la littérature ce que l'on pourrait appeler une méthode d'élaboration et de mise en œuvre pour toutes les NFOT. Chaque organisation du travail innovante peut avoir certains principes sur lesquels son succès se fonde. Par ailleurs, le chapitre 5, qui traite de la participation aux décisions, reprend en détail les éléments essentiels à la mise en œuvre des cercles de qualité et des équipes autonomes.

Toutefois, Totterdill (2002) a évoqué quelques principes de base pouvant favoriser la mise en place des NFOT dans le milieu du travail. Ainsi, pour s'assurer du gain mutuel promis par les NFOT et évoqué plus haut, il faut en premier lieu s'assurer de traiter les employés comme des partenaires, des personnes responsables, qui veulent contribuer au succès de l'entreprise à la hauteur de leurs capacités. Deuxièmement, la culture de l'entreprise doit être favorable à la participation et à l'implication des employés. Ces deux éléments sont bien souvent liés au développement de nouvelles compétences, ce qui nécessite un investissement dans la formation des salariés. Troisièmement, il faut s'assurer que la valeur des NFOT soit visible immédiatement par les travailleurs. Ils doivent être informés du gain mutuel qui sera engendré par suite de la mise en place des NFOT. En effet, Totterdill (2002) précise que les travailleurs doivent pouvoir reconnaître et influencer les améliorations dans la qualité du travail et de la vie au travail en général. Enfin, les employés doivent avoir un certain contrôle sur leur environnement de travail et doivent pouvoir trouver l'équilibre entre les tâches de routine et celles demandant plus d'efforts.

Totterdill (2002) évoque également quelques éléments clés dont doivent s'occuper les organisations qui souhaitent implanter des NFOT, à savoir la connaissance et la créativité, le partenariat et le dialogue, et le travail d'équipe. Ainsi, l'auteur pense que la connaissance, l'innovation et la créativité doivent être valorisées et placées au cœur des processus de travail à tous les paliers de l'organisation. Le partenariat et le dialogue sont des prérequis dans l'environnement de travail dans lequel l'innovation est diffusée. Le travail d'équipe devient, de ce fait, une caractéristique de tous les aspects du travail (des tâches de routine comme des tâches de développement). Il est une composante essentielle dans la mise en place des NFOT, car au-delà de ce que cette pratique permet comme élargissement du champ du travail et d'optimisation à tous les niveaux de l'innovation, elle procure un contexte quotidien pour permettre l'amélioration de la qualité de vie au travail (Totterdill, 2002).

Bien entendu, ces différents facteurs ne sont pas les seuls indispensables à la mise en place des NFOT. D'autres considérations comme l'interaction avec le monde externe (les actionnaires, les partenaires sociaux, etc.), le réseautage avec d'autres organisations et l'apport de la connaissance des différentes recherches, sont autant de sources d'inspiration pour les organisations souhaitant mettre en place des NFOT. S'ajoute à cela, le facteur culturel qui peut également influer sur la façon dont l'organisation perçoit les NFOT et les implante. En effet, une recherche de Cagliano *et al.* (2011) a montré que la culture nationale joue un rôle plus important que le développement économique dans la mise en place des NFOT dans les organisations. Ainsi, selon la culture, certaines entreprises peuvent être plus ou moins enclines à mettre en place des pratiques d'enrichissement des tâches favorisant l'habilitation des travailleurs, le travail en équipe, etc. Comme l'expliquent les auteurs,

> *the dominant culture of one country determines the specific profile of NFWO adoption practices. In particular, countries with similar cultural traits seem to choose similar types of job redesign coordination mechanisms, and HRM support practices because the implementation of these practices is more or less fostered (or hampered) by a number of different factors, among which cultural variables play an important role* (Caglioni *et al.*, 2011, p. 315)

Il est vrai que l'adoption des pratiques japonaises dans les industries automobiles aux États-Unis et au Canada a d'abord suscité de la méfiance, voire des résistances (Tremblay et Rolland, 2011). Cependant, au fil du temps, les salariés y ont vu des avantages et ont surtout voulu s'assurer que leur entreprise reste concurrentielle face aux entreprises japonaises, qui produisaient à la fois de la qualité et des produits à bas coûts. La culture d'un pays n'est donc pas nécessairement un obstacle à l'adoption de pratiques *a priori* étrangères, bien qu'elles soient souvent transformées quelque peu dans leur nouveau contexte d'application (Tremblay et Rolland, 2000, 2011).

La mise en place des NFOT dans l'organisation suppose la création d'un climat favorable à leur développement, ce qui suggère la mobilisation de ressources tant humaines que matérielles et, de ce fait, un grand investissement pour l'organisation. Ainsi, avant de mettre en place des mesures qui peuvent se révéler coûteuses, il est nécessaire d'examiner les retombées des NFOT tant sur les entreprises, que sur les travailleurs et leurs représentants.

7.3. Les retombées des NFOT

Dans cette partie, nous abordons tour à tour les répercussions de la mise en place des NFOT sur les entreprises et sur les salariés. Nous voyons également quelle est la position des acteurs sociaux à l'égard de ces nouvelles pratiques organisationnelles.

7.3.1. Pour les entreprises

Plusieurs recherches (Huselid et Becker, 1996 ; Black et Lynch, 1997 ; Shih *et al.*, 2006) ont porté sur la question de l'influence réelle des NFOT sur la performance des entreprises en termes de productivité, d'innovation, de gestion du changement, etc. Un rapport publié par le réseau européen de l'organisation du travail (EWON) en 2001 recense ces études internationales ainsi que leurs principaux résultats. Parmi les plus marquantes, l'étude de Lay *et al.* (1999) dans 1 300 établissements manufacturiers allemands, a montré que les entreprises ayant largement recours aux NFOT avaient un taux de productivité plus élevé (8 à 30 %) que les entreprises qui n'y ont pas recours. Aux États-Unis, l'étude de Black et Lynch (1997) a montré l'existence d'une corrélation positive entre les NFOT et la productivité du travail. Une autre étude des mêmes auteurs (Black et Lynch, 2000) a démontré que les entreprises syndiquées ayant recours aux NFOT affichent une performance supérieure à la moyenne (20 % de plus). Les entreprises n'ayant pas recours aux NFOT voient ce taux chuter en dessous de 15 % de la moyenne observée.

Cependant, l'incidence des NFOT sur les organisations n'a pas que des aspects positifs. En effet, si Osterman (2000) a également montré que les entreprises qui ont recours aux NFOT réalisent d'importants gains de productivité dus à l'implantation de ces derniers, il a remarqué l'accroissement des licenciements dans les entreprises ayant adopté des NFOT sur une période de cinq ans. Ces résultats laissent suggérer que la promesse de gains mutuels censés être engendrés par les NFOT ne tient pas, car il y a une relation directe entre la mise en place des NFOT et les licenciements dans ces entreprises. Une autre étude longitudinale de Cappelli et Neumark (2001) fait ressortir que les NFOT causent une augmentation du coût du travail, essentiellement générée par le coût de la rémunération des employés. Ainsi, même si ces pratiques augmentent la productivité des employés, celle-ci n'est pas proportionnelle à l'augmentation du coût du travail. De ce fait, ces auteurs concluent que la mise en place des NFOT n'a pas d'effet clair sur la profitabilité des entreprises.

7.3.2. Pour les travailleurs

Le recours aux NFOT peut avoir une influence non négligeable sur les travailleurs qui, même s'ils consentent à des pratiques censées améliorer leur qualité de vie au travail, se retrouvent parfois pris au piège de certaines conséquences qui peuvent modifier leur attitude face à la nouvelle organisation du travail.

En effet, les NFOT peuvent avoir un effet pernicieux sur les salariés, car ils constitueraient « un moyen d'amener les travailleurs à collaborer à l'intensification du travail et à accepter plus de stress » (Appelbaum, 2004, p. 133). De plus, les organisations sont amenées à mettre en place une multitude de pratiques pouvant avoir des effets contradictoires qui génèrent, de ce fait, certaines tensions. Ainsi, l'autonomie et la latitude décisionnelle accordées avec l'introduction du travail en équipe peuvent s'accompagner d'une perte de contrôle sur le rythme de travail. De plus, l'accroissement des récompenses intrinsèques (liées à la créativité, la formation et la responsabilité) peut générer plus de stress et d'anxiété pour les travailleurs (Appelbaum, 2004).

Parmi les autres conséquences des NFOT, on retrouve la hausse des exigences professionnelles. Eschuk (2003) a mis en évidence des associations positives entre des pratiques telles que la rotation d'emploi, les équipes de résolution de problèmes et les groupes de travail autonomes et la hausse des exigences professionnelles dans trois groupes professionnels différents (ateliers, bureaux et sciences et santé). Cette hausse des exigences se traduit par une demande accrue de nouvelles compétences dues à l'élargissement des postes et des responsabilités au travail, comme l'explique l'auteur:

> Étant donnée [*sic*] que la rotation d'emplois occasionne un échange de tâches entre les employés, celles-ci se recouperont davantage. L'utilisation d'équipes de résolution de problèmes peut ajouter des tâches supplémentaires associées à la détection et à la résolution de problèmes ainsi qu'à la communication. La participation dans ces équipes entraîne aussi parfois l'utilisation de certaines techniques associées à la gestion de la qualité [...] Pour beaucoup d'emplois, l'ajout de tâches cognitives et interpersonnelles peut augmenter considérablement les exigences professionnelles du poste, mais tout cela dépendra de la participation de l'employé dans l'équipe et de la nature des problèmes qui sont traités (Eschuk, 2003, p. 2).

Cette hausse des exigences professionnelles peut être préjudiciable à une certaine catégorie de travailleurs peu qualifiés qui risquent de voir leurs perspectives d'emploi réduites à cause d'un manque de compétences.

De Coster (1999) rapporte des tentatives de restructuration des tâches[3] non concluantes pour plusieurs raisons expliquées ici:

> [L]a différence d'habileté qu'entraîne la polyvalence du travailleur, en rupture de travail parcellaire, crée inévitablement des engorgements. De plus, l'alternance des postes de vérification de la production donne lieu à des règlements de comptes: tel qui voit son produit refusé ou rebuté par son collègue attend le moment propice pour lui rendre la pareille [...] Enfin, si le travail en équipes autonomes n'est pas généralisé, on imagine des jalousies qui sourdent d'une situation inégalitaire: en effet, des groupes autonomes produisant moins vite que les ateliers taylorisés se voient rémunérés davantage, compte tenu d'une qualification polyvalente qui les situe au-dessus des ouvriers spécialisés... (De Coster, 1999, p. 289).

L'auteur ajoute que l'élargissement des tâches peut constituer un fardeau de responsabilités dans le travail. Certains travailleurs refuseraient de s'y engager pour des raisons idéologiques ou simplement, parce que l'entreprise ne représente plus un pôle d'activités important à leurs yeux.

Le même constat de *responsabilisation contrainte* a été fait par Cintas (2003) qui note un certain scepticisme des travailleurs face à la réorganisation dans les ateliers de travail dans une étude de cas multisites chez Renault Véhicules Industriels. Cette méfiance résulte, selon elle, des « décalages entre discours managérial et réalité des NFOT » (Cintas, 2003, p. 9). Ainsi, les écarts entre la philosophie des équipes de travail et sa réelle mise en pratique occasionnent des tensions sociales dans les collectifs de travail, mais aussi des clivages entre jeunes et anciens salariés. Par ailleurs, une étude d'Aubert *et al.* (2006) montre que, bien souvent, l'implantation des NFOT et des changements technologiques se fait au détriment des travailleurs les plus âgés (même les plus

3. Terme utilisé par l'auteur pour désigner l'enrichissement et l'élargissement des tâches.

qualifiés d'entre eux) qui semblent moins en bénéficier que les travailleurs plus jeunes. Aux États-Unis, certaines études ont également fait ressortir le scepticisme des travailleurs syndiqués face aux nouvelles méthodes de travail et ont ainsi expliqué la lenteur de leur diffusion dans les entreprises américaines (Godard et Delaney, 2000). Hunter *et al.* (2002) pensent que les travailleurs syndiqués peuvent résister aux NFOT s'ils perçoivent une réduction des avantages durement acquis par la négociation collective (p. ex., l'ancienneté, les règles protectrices de l'emploi, etc.).

Les NFOT peuvent également avoir une influence sur la santé des travailleurs. En effet, l'intensification du travail due à des pratiques comme la production en flux tendu peut donner lieu à des troubles musculosquelettiques, de l'hypertension ainsi que des maladies cardiovasculaires (Landsbergis *et al.*, 1999). Le risque d'avoir ces maladies professionnelles chez les travailleurs est tellement considérable que les auteurs suggèrent aux entreprises qui mettent en place la production en flux tendu d'incorporer le coût des maladies chroniques pour les inciter à modérer le stress dans ce type de production.

Toutefois, il importe de signaler que les NFOT n'ont pas que des conséquences négatives sur les travailleurs. En effet, il est possible de constater que les salariés de certaines entreprises réussissent à tirer profit de la mise en place des NFOT, notamment en termes d'engagement organisationnel et de satisfaction au travail (Appelbaum *et al.*, 2000). C'est le cas dans l'étude de Harley *et al.* (2010) qui arrive à la conclusion que les NFOT contribuent à améliorer l'expérience du travail, car elles viennent répondre aux besoins des employés en termes d'ordre et de prévisibilité. Plus en détail, les auteurs ont fait ressortir un effet positif direct du travail non tayloriste sur l'expérience du travail par le biais d'une série de pratiques. Ainsi, la gestion du rendement (système basé sur la rémunération au rendement) est positivement corrélée avec l'engagement et la satisfaction au travail, et négativement corrélée avec l'épuisement professionnel. La corrélation positive vient du fait que la gestion du rendement encourage l'adéquation des objectifs des employés et ceux de l'organisation. De ce fait, certains employés peuvent avoir une satisfaction intrinsèque procurée par le fait que l'entreprise s'intéresse et récompense leur rendement. La corrélation négative entre la gestion du rendement et l'épuisement professionnel peut s'expliquer par le fait que ce système donne un accès facilité et régulier aux superviseurs pour discuter du rendement. Les employés se sentent donc régulièrement soutenus par la hiérarchie, ce qui permet de réduire le stress lié à l'incertitude.

L'étude de Brummelhuis *et al.* (2012) montre que l'usage régulier des NFOT (dans ce cas, le télétravail et la communication via Internet et téléconférence) a un effet positif sur l'implication des employés dans leur travail. En effet, l'usage des nouvelles technologies de communication permet aux employés d'organiser leur travail selon leur convenance, ce qui leur permet d'économiser du temps et de l'énergie. Le processus de travail se trouve amélioré et plus efficace. De plus, le fait d'être connecté en permanence aux autres collègues favorise la motivation au travail. Cela dit, cette connectivité permanente a l'inconvénient d'augmenter la fatigue quotidienne essentiellement à cause des interruptions qu'elle peut causer (courriels, téléphone, changement de tâches, etc.).

Il est donc difficile de tirer des conclusions généralisées sur l'apport des NFOT pour les travailleurs. Certaines études montrent que les avantages et les inconvénients s'équivalent à peu près, d'autres indiquent que les avantages outrepassent les inconvénients et vice-versa. Comme l'écrit Appelbaum (2004, p. 154): « En somme, sur cette question, le jury n'a pas encore fait connaître son verdict. »

7.3.3. La position des acteurs sociaux

L'introduction des NFOT dans une organisation relève bien souvent de la direction de l'entreprise. La position de l'acteur syndical s'inscrit plus souvent en réaction à cette initiative (Lapointe et Paquet, 1994). La position des acteurs sociaux est donc primordiale dans le cas de l'introduction de NFOT dans une organisation, car elle influence plusieurs éléments fondamentaux dans le système organisationnel des relations industrielles.

L'élément le plus important est celui de la participation des syndicats à la gestion de l'entreprise, ou encore, le dilemme des syndicats sur les positions à adopter à l'égard des changements, à savoir l'opposition ou l'acceptation passive (Bélanger *et al.*, 2004). Il semblerait que ces deux positions soient également inefficaces à l'égard des changements, comme l'expliquent Bélanger *et al.* (2004, p. 168):

> La première, en tenant les syndicats à l'écart du changement, favorise une introduction unilatérale de la part de la direction, sans consultation ni négociation. Quant à l'autre position, bien qu'elle amène les syndicats à participer, elle favorise une participation dépendante, sans programme syndical distinctif. Elle est davantage susceptible d'affaiblir le syndicat local et de l'isoler de ses membres.

Au Québec, les syndicats semblent être favorables à la mise en place de la majorité des NFOT, sans doute moins quant à la réingénierie. La résistance des partenaires sociaux demeure faible et concerne essentiellement les pratiques centrées sur la flexibilité qui peuvent nuire à l'organisation personnelle des salariés. Certains auteurs expliquent que la flexibilité « s'applique à la répartition des tâches et fait partie du domaine traditionnel de l'action syndicale. Sur ce point, les syndicats ont de nombreux acquis qu'ils veulent protéger » (Lapointe et Paquet, 1994, p. 298). L'adoption des pratiques favorisant la flexibilité et le partage des informations peut modifier l'attitude des travailleurs envers le syndicat les représentant. Selon Appelbaum (2004), plusieurs études ont établi l'existence d'une « double allégeance des travailleurs syndiqués, envers leur employeur et leur syndicat » (Appelbaum, 2004, p. 151). Cela dit, Bélanger *et al.* (2004) soulignent la meilleure compréhension des enjeux soulevés par les innovations au travail par les syndicats au fil du temps. Ceci fait qu'ils ont pu « adopter des positions d'implication dans le changement en mettant de l'avant leur propre conception des changements. Dans ce cas, les syndicats cherchent à façonner les innovations afin qu'elles reflètent mieux l'intérêt des travailleurs » (Bélanger *et al.*, 2004, p. 168).

D'autres éléments entrent en ligne de compte pour les syndicats avec l'introduction des NFOT. En effet, le mode de négociation, l'action syndicale et le mode de gouvernance de l'entreprise peuvent être touchés par l'adoption de nouvelles pratiques. Ainsi, le mode de négociation peut passer de périodique à continu ou de sectoriel à décentralisé, tenant ainsi compte des particularités des changements dans chaque milieu de travail. L'action syndicale peut également être affectée en passant d'un rôle basé sur la négociation et la surveillance des règles à la participation aux décisions à travers des comités paritaires, ce qui peut avoir une influence directe sur la prise de décision. Enfin, le mode de gouvernance dans une organisation innovante favorise le partage des rôles et de certaines fonctions autrefois réservées exclusivement au management (Bélanger *et al.*, 2004).

L'affiliation syndicale joue également un rôle important dans la position des acteurs sociaux à l'égard des NFOT. De Coster (1999) confirme les propos de Lapointe et Paquet (1994) à ce sujet et affirme que l'attitude des syndicats dépend de l'idéologie et de la doctrine auxquelles ils se réfèrent. Le système des relations industrielles ainsi que la culture des pays influencent le style syndical qui peut donc se répercuter sur l'adoption ou non des NFOT dans les organisations syndiquées.

Conclusion

Ce chapitre nous a permis de recenser de nouvelles formes d'organisation du travail, en les distinguant des formes plus traditionnelles, les formes tayloristes d'organisation du travail. Nous avons notamment traité des nouvelles pratiques que sont l'apprentissage organisationnel et l'organisation en flux tendu, autant de pratiques que l'on retrouve de plus en plus dans les entreprises. En traitant de l'organisation en flux tendu, nous avons déjà pu voir que les nouvelles organisations du travail n'ont pas toujours que des effets positifs et la suite de ce livre nous permettra d'approfondir les effets parfois négatifs des nouvelles organisations, en traitant notamment de la précarisation des emplois, de l'intensification du travail et du présentéisme. Ce sont là des effets négatifs qui peuvent être associés au développement de l'économie du savoir et de ses nouvelles formes de gestion des ressources humaines.

Le chapitre suivant traite de la précarisation de l'emploi et notamment de la définition du concept, puis des causes de ce phénomène et des principaux groupes touchés. Nous nous intéressons finalement à la flexicurité, qui peut constituer une option intéressante pour tenter de contrer la précarisation.

Bibliographie

ALSÈNE, E. (2009). « Réingénierie des processus opérationnels et organisations », *Revue Interventions économiques*, n° 39. <http://interventionseconomiques.revues.org/204>. Consulté le 22 janvier 2014.

APPAY, B. (1993). « Individu ou collectif : question à la sociologie du travail et des professions. L'autonomie contrôlée », *Cahiers du GEDISST*, n° 6, p. 57-92.

APPELBAUM, E. (2004). « Les incidences des nouvelles formes d'organisation du travail sur les travailleurs », dans Murray, G., Bélanger, J., Giles, A. et Lapointe, P.-A. (dir.), *L'organisation de la production et du travail : vers un nouveau modèle ?* Québec : Les Presses de l'Université Laval, p. 119-154.

APPELBAUM, E., BAILEY, T., BERG, P. et KALLEBERG, A. (2000). *Manufacturing Advantage : Why High-Performance Work Systems Pay Off.* Ithaca : ILR Press, 259 p.

AUBERT, P., CAROLI, E. et ROGER, M. (2006). « Nouvelles technologies et nouvelles formes d'organisation du travail : quelles conséquences pour l'emploi des salariés âgés ? », *Revue économique*, vol. 57, n° 6, p. 1329-1349.

BÉLANGER, P. R., LAPOINTE, P.-A. et LÉVESQUE, B. (2004). « Les innovations organisationnelles et les blocages institutionnels dans les entreprises », dans Murray, G., Bélanger, J., Giles, A. et Lapointe, P.-A. (dir.), *L'organisation de la production et du travail : vers un nouveau modèle ?* Québec : Les Presses de l'Université Laval, p. 155-189.

BLACK, S. E. et LYNCH, L. M. (1997). *How to Compete : The Impact of Workplace Practices and Information Technology on Productivity.* Working Paper, n° 6210. Cambridge : National Bureau of Economic Research.

BLACK, S. E. et LYNCH, L. M. (2000). *What's Driving the New Economy : Benefits of Workplace Innovation.* Working Paper, n° 7479. Cambridge : National Bureau of Economic Research.

BRUMMELHUIS, L. L., BAKKER, A. B., HETLAND, J. et KEULEMANS, L. (2012). « Do new ways of working foster work engagement ? », *Psicothema*, vol. 24, n° 1, p. 113-120. <http://www.psicothema.com>. Consulté le 20 janvier 2014.

CAGLIANO, R., CANIATO, F., GOLINI, R. et LONGONI, A. (2011). « The impact of country culture on the adoption of new forms of work organization », *International Journal of Operations & Production Management*, vol. 31, n° 3, p. 297-323.

CAPPELLI, P. et NEUMARK, D. (2001). « Do "high-performance" work practices improve establishment-level outcomes ? », *Industrial and Labor Relations Review*, vol. 54, n° 4, juillet 2001, p. 737-775.

CHENEL, R. (1996). « Nouvelles formes d'organisation du travail : les nouvelles formes d'organisation du travail », Actes du 8e colloque en communication organisationnelle, 7 novembre 1996, GISCOR, Département de communication, Université de Montréal, Montréal, p. 37-46.

CHÊNEVERT, D. et DUBÉ, M. (2008). « Les nouvelles formes d'organisation du travail : le rôle des perspectives contingente et institutionnelle », *Relations industrielles/Industrial Relations*, vol. 63, n° 1, p. 134-159.

CINTAS, C. (2003). « Nouvelles formes d'organisation du travail et tensions sociales : vers de nouvelles problématiques pour la GRH ? », *Revue de gestion des ressources humaines*, octobre-décembre, n° 50, p. 57-76.

COMMISSION EUROPÉENNE (2002). *New Forms of Work Organization : The Obstacles to Wider Diffusion.* Bruxelles : European Commission, DG Employment and Social Affairs, Business Decisions Limited, octobre 2002.

COUTROT, T. (1998). *L'entreprise néolibérale, nouvelle utopie capitaliste ?* Paris : La Découverte, 288 p.

DE COSTER, M. (1999). *Sociologie du travail et gestion des ressources humaines*, 3e éd. Bruxelles : De Boeck Université, 344 p.

ESCHUK, C. (2003). *Nouvelles formes d'organisation du travail, compétences et formation*, Rapport final. Ottawa : Direction générale de la recherche appliquée, Développement des ressources humaines Canada. <http://publications.gc.ca>. Consulté le 22 janvier 2014.

EUROPEAN WORK ORGANIZATION NETWORK – EWON (2001). *New Forms of Work Organization : The Benefits and Impact on Performance*, Bruxelles : European Commission, DG Employment and Social Affairs, Business Decisions Limited. <http://www.eurofound.europa.eu/emcc/content/organisation/eu007o.htm?p1=topic&p2=Work_Organisation>. Consulté le 1er mai 2014.

GODARD, J. et DELANEY, J. T. (2000). « Reflections on the "high-performance" paradigm's implications for industrial relations as a field », *Industrial and Labor Relations Review*, vol. 53, nº 3, avril, p. 482-502.

GRANT, M. et LÉVESQUE, B. (1997). « Aperçu des principales transformations des rapports du travail dans les entreprises : le cas québécois », dans Grant, M., Bélanger, P. R. et Lévesque, B. (dir.), *Nouvelles formes d'organisation du travail : études de cas et analyses comparatives*. Montréal : L'Harmattan, p. 221-277.

HAMMER, M. et CHAMPY, J. (1994). *Reengineering the Corporation : A Manifesto for Business Revolution*. New York : Harper Business, 223 p.

HARLEY, B., SARGENT, L. et ALLEN, B. (2010). « Employee responses to "high performance work system" practices », *Work, Employment and Society*, vol. 24, nº 4, p. 740-760.

HERZBERG, F. (1968). « One more time : How do you motivate employees ? », *Harvard Business Review*, janvier-février, nº 46, p. 53-62.

HERZBERG, F., MAUSNER, B. et SNYDERMAN, B. (1959). *The Motivation to Work*. New York : Wiley, 2e éd., 157 p.

HUNTER, L., MACDUFFIE, J. P. et DOUCET, L. (2002). « What makes teams take ? Employee reactions to work reforms », *Industrial and Labor Relations Review*, vol. 55, nº 3, avril, p. 448-472.

HUSELID, M. A. et BECKER, B. E. (1996). « Methodological issues in cross-sectional and panel estimates of HR-firm link », *Industrial Relations*, vol. 35, nº 3, p. 400-422.

ICHNIOWSKI, C., KOCHAN, T. A., LEVINE, D., OLSON, C. et STRAUSS, G. (1996). « What works at work : Overview and assessment », *Industrial Relations*, vol. 35, nº 3, p. 299-333.

LANDSBERGIS, P. A., CAHILL, J. et SCHNALL, P. (1999). « The impact of lean production and related new systems of work organization on worker health », *Journal of Occupational Health Psychology*, vol. 4, nº 2, p. 108-130.

LAPOINTE, P.-A. et PAQUET, R. (1994). « Les syndicats et les nouvelles formes d'organisation du travail », *Relations industrielles/Industrial Relations*, vol. 49, nº 2, p. 281-302.

LAY, G., SHAPIRA, P. et WEGEL, J. (1999). « Innovation in production », *Technology, Innovation, and Policy*, nº 8.

LORENZ, E. et VALEYRE, A. (2004). « Les formes d'organisation du travail dans les pays de l'Union européenne », *Document de travail CEE*, nº 32, juin 2004. <http://www.cee-recherche.fr>. Consulté le30 avril 2014.

OSTERMAN, P. (2000). « Work reorganization in an era of restructuring : Trends in diffusion and effects on employee welfare », *Industrial and Labor Relations Review*, vol. 53, nº 2, p. 179-196.

ROY, M. et AUDET, M. (2002). « La quête de flexibilité par les nouvelles formes d'organisation du travail », Actes du 12e congrès de l'Association internationale de psychologie du travail de langue française (AIPTLF), Louvain-la-Neuve, Belgique, 8-11 juillet 2002.

SHIH, H.-A., CHIANG, Y.-H. et HSU, C.-C. (2006). « Can high performance work systems really lead to better performance ? », *International Journal of Manpower*, vol. 27, nº 8, p. 741-763.

STATISTIQUE CANADA (1999). *Enquête sur le milieu de travail et les employés (EMTE) : compendium.* Ottawa : Statistique Canada, catalogue n° 71-585-XIF. <http://www23.statcan.gc.ca/imdb/p2SV_f.pl?Function=getSurvey&SDDS=2615>. Consulté le 1er mai 2014.

STATISTIQUE CANADA (2001). *Enquête sur le milieu de travail et les employés (EMTE) : compendium.* Ottawa : Statistique Canada, catalogue n° 71-585-XIF. <http://www23.statcan.gc.ca/imdb/p2SV_f.pl?Function=getSurvey&SDDS=2615>. Consulté le 1er mai 2014.

TOTTERDILL, P. (2002). *Developing New Forms of Work Organization : The Role of the Main Actors.* Nottingham : The Work Institute, The Nottingham Trent University. <http://www.ukwon.net/files/kdb/ae4941f0c69eb1dff781f8abeac15875.pdf>. Consulté le 1er mai 2014.

TREMBLAY, D.-G. (2003). *New Ways of Working and New Types of Work ? What Developments Lies Ahead ?*, Note de recherche n° 2003-3A. Montréal : Chaire de recherche du Canada sur les enjeux socioorganisationnels de l'économie du savoir, Télé-Université.

TREMBLAY, D.-G., CHEVRIER, C. et LORETO, M. (2007). *Le télétravail comme nouvelle forme d'organisation du travail*, Note de recherche n° 2007-07. Montréal : Chaire Bell en technologies et organisation du travail, Télé-Université.

TREMBLAY, D.-G. et ROLLAND, D. (2000). « L'organisation à la japonaise : ses sources de succès et sa transférabilité à l'extérieur du Japon », *Organisation et territoires. Réflexion sur la gestion, l'innovation et l'entrepreneurship*, été, p. 29-44.

TREMBLAY, D.-G. et ROLLAND, D. (2011). *Gestion des ressources humaines : typologies et comparaisons internationales.* Québec : Presses de l'Université du Québec, 366 p.

TRIST, E. et BAMFORTH, K. (1951). « Some social and psychological consequences of Longwall method of coalgetting », *Human Relations*, vol. 4, n° 1, p. 3-38.

VAUJANY, F.-X. (2003). « Les figures de la gestion du changement sociotechnique », *Sociologie du travail*, vol. 45, n° 4, p. 509-514.

VÉZINA, N., ST-VINCENT, M., DUFOUR, B., ST-JACQUES, Y. et CLOUTIER, E. (2003). « La pratique de la rotation des postes dans une usine d'assemblage automobile : étude exploratoire », Rapport. Montréal : Institut Robert-Sauvé pour la santé et sécurité au travail – IRSSST. <http://www.irsst.qc.ca ». Consulté le 1er mai 2014.

CHAPITRE 8
La précarisation des emplois

SOMMAIRE

Introduction

Dans les chapitres précédents, nous avons vu des aspects positifs de l'économie du savoir et de la gestion des ressources humaines dans ce contexte. Nous avons ainsi étudié les nouvelles formes d'organisation du travail et d'apprentissage, mais il faut reconnaître que ces nouvelles pratiques ont parfois des effets négatifs, comme la précarisation de l'emploi, que nous abordons ici. Nous traitons aussi de la flexibilité du travail et de l'emploi, un objectif dans le contexte de l'économie du savoir qui, sans être négatif en soi, se traduit parfois par une précarisation du travail et de l'emploi, sujet que nous abordons maintenant.

8.1. La précarisation des emplois

Dans cette première partie, nous commençons par définir le concept d'emploi précaire. Nous nous penchons ensuite sur les caractéristiques de ce dernier.

8.1.1. La définition

L'adjectif *précaire*, du latin *precarius* (qui s'obtient avec la prière), désigne quelque chose « qui n'est octroyé, qui ne s'exerce que grâce à une concession, à une permission toujours révocable par celui qui l'a accordée » (*TLFi*, 2007). *Précaire* se dit également d'un état « qui n'offre nulle garantie de durée, de stabilité, qui peut toujours être remis en cause » (*Dictionnaire Larousse*, s. d.). De ces deux définitions, il apparaît clairement que la notion de précarité évoque non seulement un rapport social de domination, mais aussi l'incertitude, la fragilité et la réversibilité d'une situation donnée (Hélardot, 2005).

L'utilisation des termes *précaire* et *précarité* était plutôt rare dans les années 1950, alors que la stabilité et la sécurité d'emploi semblaient se développer. Ces concepts renvoyaient néanmoins à des acceptions différentes, comme l'explique Cingolani (2005, p. 6) :

> 1) le travail ou, plus exactement, [...] l'*emploi précaire* ; 2) les précaires, que l'on associe à une expérience plus ou moins élective, néanmoins persistante, d'une certaine précarité ; 3) la *précarité*, entendue comme synonyme d'une manifestation spécifique de la pauvreté (souligné par l'auteur).

Toutefois, dans les dernières décennies, ces termes sont devenus plus répandus du fait des mutations qu'ont connues le travail et l'emploi.

Le travail ou l'emploi précaire se définit par opposition au travail *normal* auquel aspirent tous les salariés, à savoir un emploi à temps plein et à durée indéterminée. Lestrade (2011) explique que « toutes les formes d'emploi auxquelles manquent une de ces caractéristiques ou les deux sont considérées comme des emplois atypiques » (Lestrade, 2011, p. 96). Ainsi, le travail à temps partiel ou le travail saisonnier sont considérés comme atypiques, car ils ne sont pas à temps complet. Le travail intérimaire et l'emploi en contrat à durée déterminée sont également atypiques, car la relation employeur-salarié n'est pas permanente (Lestrade, 2011). Pour Lestrade (2011, p. 97), le travail précaire est « une activité professionnelle qui ne s'inscrit pas dans la durée, qui est souvent entrecoupée de périodes de chômage, et qui ne permet guère aux salariés concernés de vivre décemment. Ainsi, il s'accompagne souvent de pauvreté ».

Cela dit, la définition du travail précaire n'est pas aussi simple et comporte de multiples facettes, comme le mentionne le rapport de l'Organisation internationale du travail (OIT, 2011). Ainsi, la précarité diffère « en fonction du pays, de la région, de la structure économique et sociale des systèmes politiques et des marchés du travail » (OIT, 2011, p. 5). Les termes pour désigner l'emploi précaire sont tout aussi diversifiés (travail occasionnel, atypique, non standard ou non conventionnel), car la précarité revêt continuellement de nouvelles formes. En effet, dans le but d'accroître la rentabilité de leurs entreprises, les employeurs cherchent souvent les moyens de contourner les législations et de trouver des lacunes dans les réglementations qui font ressurgir constamment de nouvelles formes de précarité (OIT, 2011). Toutefois, malgré cette diversité, il existe des caractéristiques communes à l'emploi précaire que nous détaillons dans la section suivante.

8.1.2. Les caractéristiques de l'emploi précaire

Ces dernières décennies ont été marquées par des transformations économiques et organisationnelles qui ont conduit à la mutation des formes d'emploi et du travail. Hélardot (2005) évoque l'institutionnalisation de cette mutation sur trois plans : les contrats de travail, les temps de travail et le coût du travail. Ainsi, Hélardot (2005) observe une normalisation de l'insécurité de l'emploi avec la recrudescence des emplois à durée déterminée, l'augmentation du temps partiel contraint, des temps flexibles et discontinus, ainsi que les restructurations fréquentes afin d'alléger le coût du travail, ce qui tend à généraliser cette insécurité de l'emploi aux salariés permanents.

Habituellement, les emplois précaires comportent une ou plusieurs des caractéristiques suivantes (OIT, 2011 ; Arthurs, 2006) : une faible rémunération, l'incertitude sur la durée de l'emploi, l'absence d'accès à la protection sociale et aux avantages associés à l'emploi, le flou entourant l'identité de l'employeur, ainsi que plusieurs obstacles limitant l'adhésion à un syndicat.

La faible rémunération est bien souvent la caractéristique première d'un travail précaire, à laquelle s'ajoute une variabilité dans la durée de l'emploi, qui prive le travailleur d'avantages souvent basés sur l'ancienneté ou sur le statut. « Il en résulte une situation dans laquelle les travailleurs ne peuvent prévoir leur avenir, et d'où sont absentes la sécurité et certaines formes de protection sociale » (OIT, 2011, p. 5).

Le manque de clarté quant à l'identité de l'employeur est dû à ce qu'Hélardot (2005) appelle la reconfiguration de la division sociale du travail. En effet, si l'ancien modèle de rapport salarial était basé sur une relation entre des salariés et un employeur défini, moyennant un salaire et des assurances sociales, l'émergence des agences de placement temporaires et de la sous-traitance vient complexifier cette relation, comme l'explique l'OIT (2011) :

> On a assisté ces dernières décennies à la fragmentation des entreprises autrefois intégrées verticalement, avec l'apparition de plus de liens horizontaux impliquant d'autres établissements comme les sous-traitants, les franchisés, et les agences. [...] Les travailleurs embauchés par le biais d'une agence ou d'un sous-traitant qui accomplissent leurs tâches dans une autre entreprise utilisatrice, ou pour cette dernière, sont en situation précaire lorsqu'il y a ambiguïté pour savoir laquelle de ces deux parties doit être tenue pour responsable et redevable des droits et des prestations sociales du travailleur (OIT, 2011, p. 5).

Enfin, l'emploi précaire est bien souvent exempt de droits syndicaux et les travailleurs précaires se trouvent exclus des négociations collectives, réservées pour la plupart du temps aux employés permanents. Ceci a pour conséquence de réduire les effectifs des syndicats et d'affaiblir encore davantage leur pouvoir de négociation collective (OIT, 2011).

8.2. Les entreprises et la précarisation des emplois

À la lumière des caractéristiques exposées plus haut, il convient de s'interroger sur les raisons qui poussent les entreprises à avoir recours aux formes d'emploi atypiques et de dresser un tableau des populations des travailleurs les plus touchés par ce phénomène.

8.2.1. Les causes de l'augmentation de l'emploi précaire

Les statistiques publiées par l'Institut de la statistique du Québec en 2010 montrent que l'emploi atypique (+14,1 %) a fortement augmenté en comparaison avec l'emploi typique (+10,4 %) entre 2001 et 2009. Cela dit, le taux de présence de l'emploi atypique dans l'emploi total demeure relativement stable (36,4 % en 2001 et 37,2 % en 2009).

L'augmentation de l'emploi atypique aux dépens de l'emploi typique est bien souvent attribuée aux changements économiques, conjoncturels et structurels qu'a connus le monde au début des années 1970. Plusieurs auteurs en Europe et en Amérique du Nord s'accordent pour dire que la concurrence accrue générée par la mondialisation a poussé les entreprises à développer une réactivité et une flexibilité qui s'accordent avec les impératifs des marchés. Le changement sur les plans de la technologie et des formes d'organisation du travail ont permis cette flexibilité qui s'est bien souvent faite au détriment du bien-être des travailleurs, dont on exige une adaptation quasi instantanée aux nouvelles règles de compétitivité (Kalleberg, 2009 ; Kornig et Michon, 2010). Pour les entreprises, éliminer les rigidités passe également par la flexibilisation des statuts d'emploi, en modifiant autant la durée du travail que les liens d'emploi. Comme l'illustre la figure 8.1, l'entreprise flexible ne conserve donc

> qu'un noyau dur d'employés permanents à temps plein. Autour de ce noyau gravitent, d'une part, des employés à temps partiel, temporaires, à contrat ou dont les services sont loués par l'intermédiaire d'une agence de placement, et d'autre part, des prestataires de services qui peuvent être des travailleurs autonomes ou des entreprises sous-traitantes (CPJ, 2001, p. 16).

Figure 8.1. Entreprise flexible

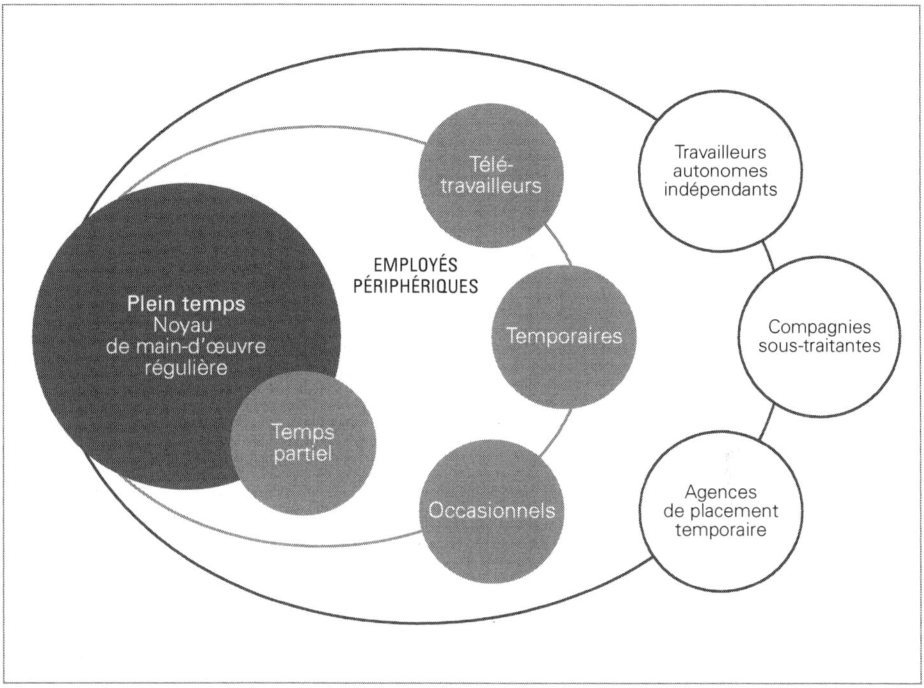

Source : CPJ (2001, p. 15).

Cela dit, la flexibilité n'est pas le seul facteur responsable de l'essor de l'emploi précaire dans les sociétés industrialisées. En effet, pour certains, les changements intervenus dans les marchés du travail sont aussi responsables de la précarisation. Ainsi, l'arrivée massive des femmes sur le marché du travail et les flux migratoires ont permis aux employeurs de disposer d'un bassin plus important de salariés. S'ajoute à cela, dans certains pays comme la France, la rigidité de certaines règles du marché du travail et les effets de certaines politiques d'emploi, comme la réduction du temps de travail et les emplois dits « aidés[1] » (Kornig et Michon, 2010).

Kalleberg (2009) ajoute que la restructuration spatiale du travail sur une échelle globale a permis aux employeurs de se libérer des contraintes temporelles et géographiques en délocalisant leurs entreprises aux endroits où la main-d'œuvre est la moins coûteuse. L'essor du secteur des services a engendré le déclin des emplois des cols bleus et a créé autant d'emplois hautement et faiblement rémunérés pour les cols blancs. De plus, les licenciements sont devenus une composante de base de la stratégie de restructuration des employeurs, même quand la conjoncture économique est bonne. En effet, l'idée de réduire le coût de la main-d'œuvre pour faire du profit à court terme est devenue monnaie courante dans les entreprises contemporaines.

1. « Ces emplois sont réservés à telle ou telle catégorie de main-d'œuvre ou aux bas niveaux de qualification et de rémunération. Ils bénéficient d'encouragement et d'aides de diverses natures qui en allègent le coût pour l'employeur » (Kornig et Michon, 2010, p. 16).

Enfin, Thirot (2013) évoque d'autres éléments responsables de la précarisation des emplois :

> Alors que le développement de ces nouvelles formes d'emploi est justifié par les impératifs de compétitivité des entreprises québécoises sur l'échiquier économique mondial et par le souhait, pour de nombreux travailleurs, de gérer leur mobilité et leur ascension professionnelle (Arthur et Rousseau, 1996), de nombreux travaux montrent que les lacunes de la protection sociale (Bernier, 2003) et des normes du travail (Bernstein, 2009), l'augmentation de la pauvreté (Morissette et Picot, 2005) et la persistance des inégalités sociales (Raynault, 2011) semblent, en partie, liées à cette précarisation (Thirot, 2013, p. 143).

Cette précarisation touche des catégories bien précises de travailleurs que nous proposons de détailler dans la prochaine section.

8.2.2. Les catégories de travailleurs touchés par la précarisation des emplois

Les travaux scientifiques s'accordent pour dire que les travailleurs les plus touchés par la précarisation sont : les jeunes, les femmes et les travailleurs vieillissants.

8.2.2.1. Les jeunes

La transformation du marché du travail touche principalement les jeunes travailleurs (15 à 24 ans), dont le taux de présence dans l'emploi atypique s'est considérablement accru au cours de la dernière décennie, passant de 57,2 % en 2001 à 62,4 % en 2009 (ISQ, 2010) (figure 8.2).

Figure 8.2. Taux de présence de l'emploi atypique dans l'emploi total selon le groupe d'âge, 2001 et 2009

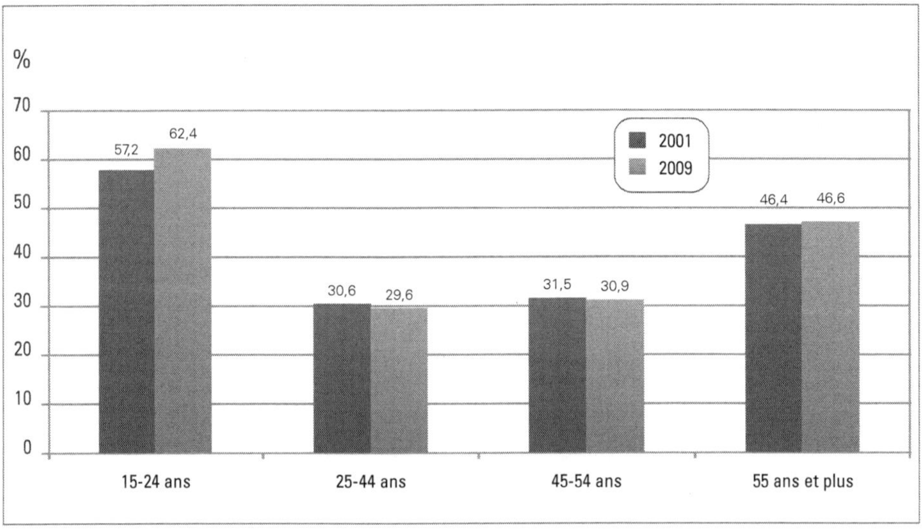

Source : ISQ (2010, p. 97).

En effet, selon Noiseux (2012), les jeunes sont surreprésentés dans toutes les catégories du travail atypique (le travail à temps partiel et le travail temporaire), à l'exception du travail autonome.

Ainsi, l'emploi à temps partiel des jeunes Québécois (15 à 24 ans) a connu une forte hausse entre 2001 et 2009, passant de 41,4 % en 2001 à 50,2 % en 2009 (ISQ, 2010). En ce qui concerne l'emploi temporaire, la tendance à l'augmentation observée entre 1999 et 2005 s'est un peu atténuée, comme l'explique Noiseux (2012) :

> Alors que 9,1 % des plus de 30 ans occupaient un emploi temporaire en 1999, cette proportion grimpait à 16,5 % chez les 15 à 29 ans. Plus encore, entre 1997 et 2005, la proportion des jeunes travailleurs âgés de 15 à 29 ans occupant un emploi temporaire s'est accrue, passant de 23,2 % à 25,5 % (ISQ, 2010, p. 41). [...] La surreprésentation des jeunes travailleurs de 15 à 29 ans s'est donc accentuée au moins jusqu'en 2005, dernière année pour laquelle des données portant sur ce groupe d'âge sont disponibles. Les données plus récentes semblent toutefois indiquer un renversement de tendance au cours des dernières années, du moins chez les 15 à 24 ans. Entre 2000 et 2009, l'emploi permanent (+ 13,3 %) a progressé à un rythme beaucoup plus soutenu que l'emploi temporaire (– 17,9 %) (ISQ, 2010, p. 94). Le taux de présence des jeunes travailleurs dans l'emploi temporaire a donc chuté de 6,7 % (ISQ, 2010, p. 92) (Noiseux, 2012, p. 38).

Les jeunes sont également touchés par le phénomène du cumul d'emplois. En effet, selon les statistiques de l'année 2012 de l'ISQ, la catégorie des 15 à 24 ans représentait 21,5 % des personnes cumulant des emplois, alors que leur part dans l'emploi total était de 14,2 % (ISQ, 2013). C'est également cette catégorie qui détient, pour la même année, la plus faible rémunération horaire (13,16 $ contre 22,18 $ en moyenne pour l'ensemble des travailleurs québécois).

Selon le Conseil permanent de la jeunesse (CPJ), « la montée spectaculaire des emplois atypiques est une cause importante des difficultés d'insertion professionnelle, d'appauvrissement des jeunes, et de report des projets de vie tels que le départ du foyer parental et la formation d'une famille » (CPJ, 2001, p. 45).

8.2.2.2. Les femmes

À partir des années 1960, la présence des femmes sur le marché du travail a beaucoup augmenté et cela s'est poursuivi dans la dernière décennie, alors que leur taux d'emploi ne cesse de progresser passant de 45,9 % en 2002 à 47,7 % en 2012. Pourtant, si la participation des femmes se rapproche de plus en plus de celle des hommes, le taux des femmes occupant des emplois typiques ou réguliers s'établit à 45,9 % en 2009, contre 54,1 % pour les hommes (ISQ, 2010) (figure 8.3).

Figure 8.3. Répartition de l'emploi typique et atypique selon le sexe, 2009

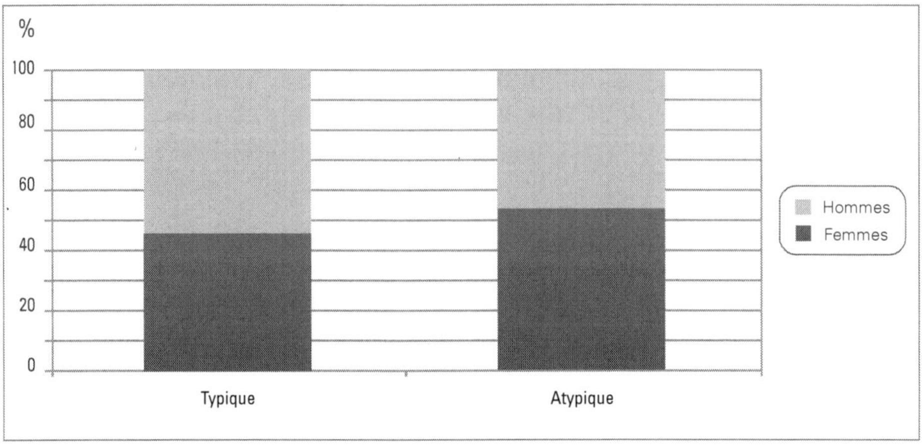

Source : ISQ (2010, p. 96).

Par contre, les femmes sont plus souvent dans des emplois précaires. « [L]a concentration des femmes dans un nombre limité de professions et de secteurs d'emploi, souvent très différents de ceux investis par les hommes, permet le maintien d'écarts dans les conditions de travail et de rémunération » (Boivin, 2012, p. 6). Ainsi, il semble que 80 % des femmes occupent des emplois dans les secteurs de la santé, du travail de bureau et de l'administration, de l'éducation, et de la restauration et de l'hôtellerie, alors que les hommes sont davantage répartis dans les divers secteurs d'emploi (Boivin, 2012). Cette concentration est constante depuis l'entrée des femmes sur le marché du travail et ne semble pas vouloir changer (Tremblay, 1997, 2004).

Cela dit, c'est le temps partiel (souvent volontaire chez les femmes) qui semble causer ce déséquilibre entre les sexes sur le marché de l'emploi. Au Québec, le travail à temps partiel touche 65,4 % des femmes, comparativement à 43,6 % des hommes en 2012 (ISQ, 2013). L'analyse du recours (volontaire ou involontaire) au temps partiel chez les femmes est complexe, car cette forme d'emploi est inégalement répartie entre les différentes catégories socioprofessionnelles, sans compter qu'elle recouvre de multiples réalités (semaine de travail réduite, horaires fragmentés, décalés, etc.) (Tremblay, 1997, 2004). De plus, selon les contextes, le temps partiel « peut représenter une voie d'accès à l'emploi ou un moyen de dégager du temps afin de concilier la vie professionnelle et les responsabilités familiales (ou les deux à la fois) » (Boivin, 2012, p. 7). Toutefois, il convient de signaler que poser la question du temps partiel des femmes uniquement du point de vue de la conciliation travail-famille revient à occulter deux facteurs. Premièrement, les préférences discriminatoires et stéréotypées de certains employeurs font que les emplois proposés aux femmes ne sont pas à temps plein et n'offrent pas de grandes perspectives de carrière (Maruani, 2004 ; Young, 2010). Deuxièmement, Nicole-Drancourt (2009) émet l'hypothèse d'un modèle émergent où l'emploi détient un rôle majeur dans l'aménagement des projets de vie des femmes comme des hommes. En effet, les unes comme les autres souhaitent articuler leur vie professionnelle et leur vie familiale. On passe ainsi d'une logique de conciliation des temps de travail – fortement reliée à la division sexuelle du travail – à une logique de gestion personnalisée des temps de vie, cette dernière étant davantage reliée à la problématique des temps sociaux (Nicole-Drancourt, 2009).

De fait, l'articulation entre vie professionnelle et vie personnelle/familiale est un des enjeux majeurs de l'emploi féminin et les femmes de nombreuses catégories professionnelles sont fortement touchées par cette problématique de la gestion de leurs temps de vie ou temps sociaux (Tremblay, 2012a et b, 2013a et b, 2014).

8.2.2.3. Les travailleurs de plus de 50 ans

La figure 8.2 vue précédemment souligne que la population qui occupe le plus d'emplois atypiques après les jeunes est celle des personnes âgées de 55 ans et plus.

> Chez les 55 ans et plus, un peu plus de 45 % des emplois sont atypiques, alors qu'environ 3 emplois sur 10 sont atypiques chez les 25-44 ans et les 45-54 ans. Ainsi, les 15-24 ans et les 55 ans et plus sont sous-représentés dans l'emploi typique (proportions respectives de 8,4 % et 13,2 %), alors que l'inverse est constaté chez les 25-44 ans et les 45-54 ans (ISQ, 2010, p. 95).

De plus, entre 2001 et 2009, c'est la catégorie des 55 ans et plus qui enregistre la plus forte croissance de l'emploi, et ce, tant pour l'emploi typique (+75,3 %) que pour l'emploi atypique (+77,0 %). La figure 8.4 montre cette croissance de l'emploi atypique.

Figure 8.4. Indice de la croissance de l'emploi atypique selon le groupe d'âge, 2001-2009

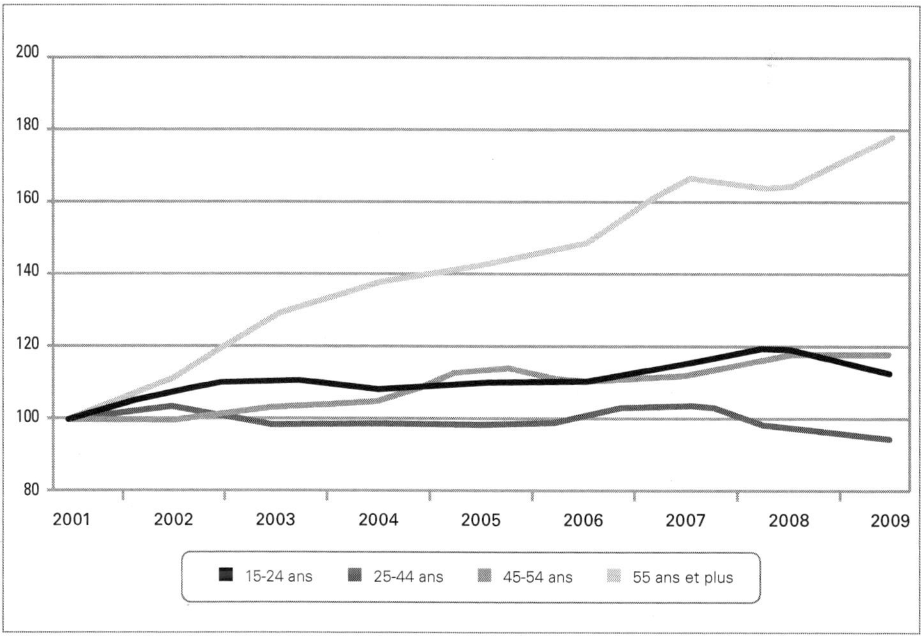

Source : ISQ (2010, p. 97).

La présence des 55 ans et plus sur le marché du travail n'est pas un fait nouveau. En effet, depuis quelques années, les Canadiens de 45 à 59 ans ont tendance à repousser leurs projets de retraite (D'Amours et Lesemann, 2008; Tremblay, 2010), et ce, pour diverses raisons (la situation financière, l'état de santé, la nature de l'emploi, etc.). Cela dit, selon D'Amours et Lesemann (2008), la majorité des Canadiens qui se retrouvent au travail après la retraite, avec un statut ou un autre, le sont pour des raisons financières, comme l'expliquent ces deux auteurs :

> La majorité des Canadiens qui n'ont pas pu accumuler suffisamment de revenus au cours de leur carrière ou qui n'ont pas travaillé dans des entreprises offrant un régime privé de retraite, sont finalement obligés de rechercher une source complémentaire importante de revenu (D'Amours et Lesemann, 2008, p. 10).

Cette majorité fait partie de ce que Lesemann et Beausoleil (2004) qualifient de travailleurs *précaires* dans leur classification des itinéraires d'emplois *post-carrière*. Ces travailleurs sont généralement les employés des secteurs d'activité moins performants, où le travail est le moins qualifié et où les conditions d'emploi sont les moins favorables, les revenus d'emploi les plus bas et les régimes de retraite inexistants. Ils sont en emploi principalement par nécessité économique. Viennent ensuite les travailleurs *compétitifs* qui sont les travailleurs qualifiés, ayant de bonnes conditions de travail et de rémunération, qui détiennent des compétences recherchées et qui sont en mesure de participer à des réseaux de relations gratifiants. Cette catégorie minoritaire retourne sur le marché du travail par attachement à l'emploi, en grande partie pour la satisfaction personnelle et le désir de contribuer le plus longtemps possible à la société. Lesemann et Beausoleil (2004) évoquent également une autre catégorie, celle des *protégés*, qui se rapprochent des *compétitifs* par leur niveau de scolarité sans qu'ils ne soient exposés aux pressions concurrentielles du marché. C'est une main-d'œuvre que l'on retrouve essentiellement dans le secteur public et dont le rapport au travail post-carrière est différent de celui des *compétitifs*.

> [U]ne fois l'accès à la retraite possible, ils se retirent et ne reviennent pas en emploi, ou alors dans des formes marginales, dans des secteurs différents de celui de leur carrière principale, et probablement davantage marqués par une quête de sens que par une quête de rémunération supplémentaire (Lesemann et Beausoleil, 2004, p. 31).

8.3. La précarisation de l'emploi : conséquences et solutions

Dans cette partie, nous commençons par évoquer les conséquences de la précarisation des emplois sur les travailleurs, les organisations et la société en général. Ensuite, nous nous penchons sur les solutions permettant de limiter cette précarisation. Nous traitons notamment en détail de la flexicurité, ses origines et ses effets, avant d'exposer les options de rechange à la flexicurité.

8.3.1. Les conséquences de la précarisation sur les travailleurs et la société

La précarisation de l'emploi a des conséquences qui dépassent les travailleurs précaires eux-mêmes et qui s'étendent à l'organisation, voire à la société de manière générale.

En ce qui concerne les travailleurs précaires, Hélardot (2005) note que

> l'une des conséquences très concrètes et immédiates de ce phénomène est que l'emploi ne permet plus d'assurer les conditions de vie au quotidien. On voit donc réapparaître des formes de vulnérabilité financière et de pauvreté, y compris chez des personnes en emploi (voir les « travailleurs pauvres »). Cette insécurité économique se traduit au présent dans les conditions et les modes de vie (difficultés pour se nourrir, se loger, s'habiller, etc.) et elle perturbe l'organisation de la vie à court et moyen terme en obligeant à vivre « au jour le jour », sans possibilité de projection dans l'avenir (Hélardot, 2005, p. 32).

Cette vulnérabilité financière a une influence sur la santé des travailleurs, qui faute de moyens sont amenés à renoncer aux soins (Hélardot, 2005). En outre, l'OIT (2011, p. 17) affirme que

> [l]es emplois précaires sont également associés à un mauvais état de santé. Les travailleurs temporaires et sous contrat dans des agences sont souvent exposés à des environnements de travail dangereux, à des conditions de travail psychosocialement éprouvantes, à une charge de travail accrue et à des temps de trajets disproportionnés entre les multiples emplois sur des sites multiples.

Malenfant *et al.* (2004) abondent dans le même en recensant les situations professionnelles et les contextes de travail propices à la détérioration de l'état de santé. Nous les résumons dans le tableau 8.1.

Tableau 8.1. Situations professionnelles et contextes de travail propices à la détérioration de la santé

Situations professionnelles/ contextes de travail	Caractéristiques
La position sur le marché du travail	– La perte d'un emploi occupé depuis plusieurs années – L'intermittence en emploi – Une suite d'emplois monotones et dévalorisants – Des emplois qui maintiennent dans la pauvreté – L'assistance-emploi
Des conditions de travail qui usent	– Des emplois exigeants sur les plans physique et émotionnel – Une charge de travail démesurée – Des emplois qui contraignent beaucoup la vie hors travail
Des rapports sociaux qui perturbent	– Des relations de travail conflictuelles – La manipulation exercée par les employeurs
La mise en doute des compétences professionnelles	– Perte du sens du travail – Absence de critères permettant d'évaluer le travail (Hélardot, 2005)
Un avenir sans horizon	– L'impossibilité d'accéder à la formation de son choix – Les échecs scolaires répétés

Source : Adapté de Malenfant *et al.* (2004) et de Hélardot (2005).

Bien souvent, la santé est la dernière marge de manœuvre qu'ont les travailleurs à l'égard de leur travail, comme l'explique Hélardot (2005) : « De nombreux salariés sont ainsi confrontés à une alternative difficile : travailler, mais en s'exposant à des risques pour leur santé, ou préserver leur santé, mais en s'exposant alors à un autre risque, celui du chômage » (Hélardot, 2005, p. 33).

Hormis le facteur santé, l'emploi précaire est source d'inégalités économiques, d'insécurité et d'instabilité. En effet, Kalleberg (2009) affirme que la volatilité des revenus et les fluctuations s'y rapportant, la pauvreté et les bas salaires menacent les fondements de la société de classe moyenne, car les travailleurs ne peuvent plus acheter ce qu'ils produisent. Ceci a pour résultat une augmentation du pessimisme et une baisse de la satisfaction à l'égard des standards de vie. De plus, le travail précaire crée de l'incertitude dans les familles et dans les ménages qui se retrouvent bien souvent contraints d'augmenter leur temps de travail pour subvenir à leurs besoins.

La précarité a également une influence sur les communautés qui se caractérise par un manque de confiance dans l'économie sociale et la baisse du nombre des volontaires dans les organismes sans but lucratif. Cela peut changer les structures des communautés et alimenter les discours racistes et xénophobes envers les travailleurs migrants (légaux et illégaux), qui sont parfois plus enclins à travailler à de plus bas salaires dans de plus mauvaises conditions (Kalleberg, 2009). L'OIT (2011) abonde dans le même sens en ce qui concerne les conséquences sociales et collectives de la précarisation, en affirmant

> [qu'u]ne forte proportion de travail précaire dans une communauté semble coïncider avec un niveau moyen de coopération et de cohésion entre voisins inférieur à la moyenne, et un recul disproportionné de l'appartenance à des groupes et à des associations dans les communautés les plus pauvres. Il suffit de jeter un coup d'œil aux journaux pour se rendre compte de la façon dont le travail précaire, la crise et les mesures d'austérité créent les conditions de la misère et de l'absence de cohésion sociale, qui aboutissent souvent à l'agitation sociale et au ressentiment (OIT, 2011, p. 18).

La précarisation des emplois influence également les attitudes des travailleurs envers les organisations. Basée sur la théorie du stress, l'étude de Sora *et al.* (2010) indique que l'insécurité de l'emploi est non seulement négativement corrélée avec la satisfaction au travail et l'engagement envers l'organisation, mais qu'elle est positivement corrélée avec l'intention de quitter l'organisation. Ainsi,

> l'insécurité de l'emploi semble être perçue comme un facteur de stress qui a des effets négatifs sur les attitudes des salariés [...] ces réactions négatives peuvent être considérées comme des stratégies de distanciation qui permettent aux salariés de se dissocier de ce facteur de stress (Sora *et al.*, 2010, p. 75).

Le manque d'engagement des travailleurs envers l'organisation peut faire augmenter les coûts de gestion de cette dernière, comme l'explique Allan (2000). En effet, le recours massif et constant aux travailleurs atypiques mène à des problèmes de roulement, de motivation, de communication et de confidentialité. Ces travailleurs reçoivent moins de formation, ce qui peut avoir des conséquences négatives sur leur santé et sur leur sécurité ainsi que sur les normes de qualité. De plus, les travailleurs typiques peuvent se sentir menacés par les travailleurs atypiques, ce qui peut donner lieu à un manque de communication et de coopération entre les groupes de main-d'œuvre (Allan, 2000).

Mais bien au-delà de toutes les considérations personnelles et organisationnelles, la précarisation des emplois pose la question des identités professionnelles et sociales, comme l'explique Hélardot (2005) :

> Que veut dire être ouvrier, ou même cadre, si l'on peut devenir chômeur demain ? Que veut dire être « intérimaire » ? Que devient le travail dans la crise ? Quelle doit être sa place dans la vie ? Si les clivages traditionnels en termes de catégories socioprofessionnelles ou de « classes sociales » restent valables, d'autres formes de différenciation s'y superposent désormais (par rapport au statut de l'emploi par exemple, ou par rapport au type d'entreprise) (Hélardot, 2005, p. 34).

Ainsi, la précarisation des emplois brouille les repères qui permettent aux individus de se situer au sein de l'espace social, et ce, à cause de l'éclatement du salariat, de la multiplicité des statuts et du « caractère plus provisoire, plus réversible, plus flou des différentes positions successivement occupées dans le monde du travail » (Hélardot, 2005, p. 34). Pour Hélardot (2005), « il est moins facile aujourd'hui de répondre à la question courante "qu'est-ce que tu fais dans la vie ?", cette question étant d'une certaine façon équivalente à : "qu'est-ce que tu es dans la vie ?". Au fil des parcours, chacun est amené à reconstruire continuellement sa propre identité » (Hélardot, 2005, p. 34). En effet, selon Thirot (2013), la précarité ne se vit pas de manière homogène par tous les individus qui y sont confrontés. En se basant sur une analyse du rapport au travail et du rapport à l'emploi de certains individus, cette chercheuse distingue trois types de parcours de précarisation du travail :

- Les *parcours aménagés* : ce sont les parcours des individus qui ont traversé une période de « précarisation relative et mineure ». Ainsi, ces personnes ont dû aménager ou différer leurs attentes en matière de travail et d'emploi pendant un certain temps, mais ont fini par obtenir la stabilité recherchée. « Le rapport au travail et à l'emploi des répondants ayant des parcours aménagés a évolué au fil du temps, passant du pôle négatif au pôle positif » (Thirot, 2013, p. 155).

- Les *parcours rompus* : pour les individus qui suivent ce type de parcours, « il est possible de distinguer "un avant", période pendant laquelle les emplois sont relativement stables, "un entre-deux" qui équivaut à un retrait et "un après", caractérisé par un rapport à l'emploi hors de tout contrôle » (Thirot, 2013, p. 152). En effet, pendant des années de stabilité, survient une rupture ou une perte de statut causant une précarisation qui peut augmenter au fil du temps.

- Les *parcours circulaires* : ce sont les parcours des individus qui ont accumulé plusieurs expériences de travail de durée variable (d'une journée à plusieurs mois), au point que « leur statut de travailleur temporaire devient permanent » (Thirot, 2013, p. 153). Le rapport au travail de ce groupe est insatisfaisant en raison de la faible rémunération, des conditions de travail intenses et de l'absence de tout avantage social. Le rapport à l'emploi est quant à lui hors de leur contrôle, car il consiste en une succession d'emplois temporaires. Comme l'explique

Thirot (2013), « ces parcours sont construits par une précarisation perpétuelle et autoreproduite par des pratiques et des logiques liées à des intérêts exclusivement économiques » (Thirot, 2013, p. 154).

Devant ces conséquences néfastes tant pour les individus que pour les entreprises et la société dans son ensemble, il convient de s'interroger sur les moyens visant à limiter les effets de la précarisation des emplois. C'est ce que nous détaillons dans la section suivante.

8.3.2. La flexicurité : une solution viable pour limiter la précarisation ?

Tel que mentionné auparavant, les besoins de flexibilité des entreprises ont modifié les relations entre les employeurs et les employés, apportant ainsi plus de souplesse à l'organisation au détriment de la stabilité et la sécurité d'emploi des travailleurs. Devant la vulnérabilité croissante des travailleurs, les organismes publics de certains pays européens se sont penchés sur les moyens à développer afin de garantir cette sécurité d'emploi, tout en assurant la flexibilité souhaitée pour les organisations. Dès lors, le concept de *flexicurité* (ou *flexisécurité* comme dans certains écrits) a vu le jour comme un moyen pour tenter d'endiguer la précarisation des emplois. Toutefois, il importe de mentionner que ce concept demeure peu appliqué au Québec et en Amérique du Nord, même si les chercheurs commencent à s'y intéresser de près depuis quelques années. C'est essentiellement en Europe que la flexicurité a été expérimentée, avec comme résultat, autant de succès que d'échecs.

8.3.2.1. Quelques définitions de la flexicurité

La Commission européenne (2007) définit la flexicurité « comme une stratégie intégrée visant à améliorer simultanément la flexibilité et la sécurité sur le marché du travail » (Commission européenne, 2007, p. 5). Cette définition est étoffée de la manière suivante :

> La flexibilité, d'une part, c'est réussir les changements (les « transitions ») dans la vie : entre le système éducatif et le monde du travail, entre les emplois, entre le chômage ou l'inactivité et le travail, entre le travail et la retraite. [...] Il s'agit de faciliter la progression des travailleurs vers de meilleurs emplois, de favoriser la « mobilité ascensionnelle » et le développement optimal des talents. La flexibilité, c'est également celle de l'organisation du travail qui permet, avec rapidité et efficacité, de répondre à de nouveaux besoins en termes de production et de maîtriser les nouvelles compétences nécessaires, et de faciliter la conciliation des responsabilités professionnelles et privées. La sécurité, d'autre part, représente bien plus que l'assurance de garder son emploi. Il s'agit de donner aux individus les compétences qui leur permettent de progresser dans leur vie professionnelle et de les aider à trouver un nouvel emploi. Il s'agit aussi de leur donner des indemnités de chômage adaptées pour faciliter les transitions. Enfin, cela inclut aussi des possibilités de formation pour tous les travailleurs (en particulier les travailleurs peu qualifiés et plus âgés) (Commission européenne, 2007, p. 5).

La définition donnée par Wilthagen et Tros (2004) revient sur la flexicurité, non comme une politique ou une stratégie du marché du travail, mais comme un état de ce dernier :

> La flexicurité est un degré d'emploi, de revenu et de sécurité combinés qui facilite les carrières des travailleurs ayant une situation d'emploi instable et qui leur permet de participer au marché du travail et de les inclure dans la société. En même temps, la flexicurité assure un degré de flexibilité numérique (à la fois externe et interne), fonctionnelle et salariale qui permet au marché du travail (et aux entreprises) de s'ajuster adéquatement et dans les délais aux changements de l'environnement dans le but de maintenir et augmenter la compétitivité et la productivité (Wilthagen et Tros, 2004, p. 169, notre traduction).

Seifert et Tangian (2008) expliquent que la flexibilité numérique interne couvre toutes les stratégies des organisations pour rester compétitive, sans avoir recours au marché externe, et ce, au moyen des ajustements des horaires, des salaires, etc. En revanche, la flexibilité numérique externe se réfère à l'ajustement à travers l'embauche, les mises à pied, les contrats à durée déterminée, etc. La flexibilité fonctionnelle concerne la réorganisation du travail par la modification des tâches ou des exigences en termes de qualifications, et la flexibilité salariale consiste à adapter la rémunération en fonction des conditions du marché, de la performance de l'entreprise ou du rendement des travailleurs.

Si ces deux précédentes définitions mettent essentiellement l'accent sur le marché du travail comme élément régulateur, la définition d'Auer et Gazier (2006) revient quant à elle sur le rôle essentiel joué par l'État et les législations dans la mise en place de la flexicurité :

> La « flexicurité » est une politique d'adaptation concertée des entreprises de l'économie et de la société, basée sur une législation protectrice de l'emploi et sur une Sécurité sociale établies en fonction d'un marché du travail plus ouvert. Elle exploite et développe les nouveaux droits sociaux permettant de construire et contrôler sa carrière personnelle et professionnelle, afin de générer une nouvelle sécurité des personnes face aux défis de la « globalisation » et de la « société basée sur la connaissance » (Auer et Gazier, 2006, p. 40).

Ces différentes définitions semblent toutes concorder au sujet de la mission et des objectifs de la flexicurité. Cependant, il ne semble pas y avoir de consensus sur la manière dont devrait s'appliquer ce concept ni sur les acteurs qui doivent en faire partie. Les raisons de ce flou peuvent s'expliquer si l'on examine de plus près le contexte d'apparition de la flexicurité et le fait que les pays ont des politiques différentes en matière de licenciement, de travail temporaire, de sécurité d'emploi, et d'autres éléments en lien avec la flexicurité.

8.3.2.2. L'origine, les composantes et les effets potentiels de la flexicurité

Selon Conter (2011), la flexicurité a vu le jour dans des contextes nationaux particuliers. C'est aux Pays-Bas et au Danemark, au cours des années 1990, que la flexicurité a fait son apparition dans le champ politico-administratif. L'appropriation et le développement du concept par les chercheurs se feront dans un second temps. Béjaoui (2010) résume les contextes dans les deux pays comme suit :

Aux Pays-Bas, la flexicurité a été mise en œuvre en adoptant une loi qui facilite le recours au travail temporaire par les entreprises, tout en garantissant une certaine sécurité sociale peu importe le type de contrat de travail. Au Danemark, la flexicurité a pris la forme d'une poursuite simultanée de trois objectifs : la flexibilité du marché du travail, l'indemnisation généreuse des chômeurs et des politiques actives de l'emploi (par exemple, l'obligation de participer à la formation pour les prestataires de l'assurance chômage) (Béjaoui, 2010, p. 248).

Par ailleurs, les trois composantes du modèle danois constituent ce que la littérature appelle le « triangle d'or ». La figure 8.5 en présente le schéma.

Figure 8.5. « Triangle d'or » de la flexicurité danoise

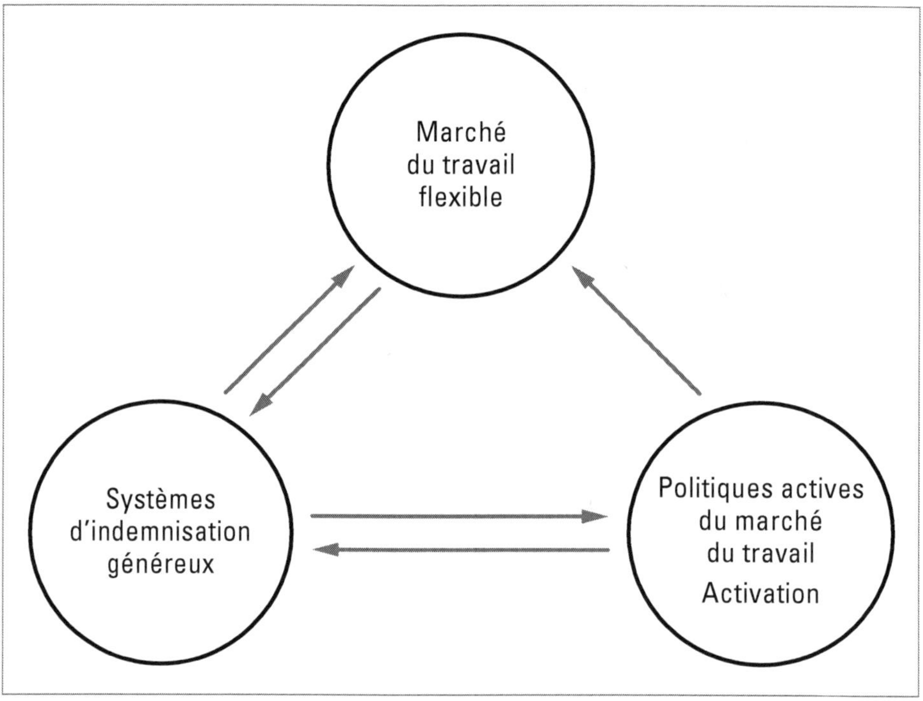

Source : Conter (2011, p. 9).

C'est en s'inspirant de l'expérience des pays ayant adopté la flexicurité que la Commission européenne (2007) a dressé une liste de ses composantes :

- *Souplesse et sécurisation des dispositions contractuelles* (du point de vue tant des employeurs que des travailleuses et des travailleurs en place comme des exclus) dans le cadre d'un droit du travail, de conventions collectives et d'une organisation du travail moderne ;
- *des stratégies globales d'apprentissage tout au long de la vie* pour garantir une capacité d'adaptation et une aptitude à l'emploi permanentes des travailleurs, en particulier des plus vulnérables ;

- *des politiques actives du marché du travail (PAMT)* efficaces permettant aux individus de faire face aux changements rapides, de réduire les périodes de chômage et de faciliter les transitions vers de nouveaux emplois;
- *des systèmes de sécurité sociale modernes* qui fournissent une aide au revenu adéquate, encouragent l'emploi et facilitent la mobilité sur le marché du travail. Cela suppose une large gamme de prestations de protection sociale (indemnités de chômage, pensions et soins de santé) permettant aux individus de concilier leur travail et leurs responsabilités privées et familiales telles que la garde d'enfants (Commission européenne, 2007, p. 5).

D'ailleurs, en lien avec les responsabilités familiales, il faut considérer les mesures de conciliation emploi-famille et les politiques de congés parentaux comme faisant partie des politiques visant la flexicurité (Tremblay, 2012a et b).

L'efficacité de la flexicurité reposerait sur l'équilibre entre ces différentes composantes. Elle doit être envisagée dans un contexte économiquement sain, comme l'affirme la Commission européenne (2007).

> Des politiques macro-économiques saines et financièrement viables et des politiques micro-économiques efficaces, de même que des marchés de produits, de services et de capitaux ouverts et compétitifs, créent un environnement dans lequel les entreprises peuvent saisir les occasions qui se présentent, financer de nouvelles idées commerciales et créer des emplois. De même, la flexicurité doit être complétée par des politiques sociales qui ciblent les personnes défavorisées et les plus éloignées du marché du travail (Commission européenne, 2007, p. 8).

Pour la Commission européenne (2007), les politiques de flexicurité contribuent à de bons résultats socioéconomiques, caractérisés par des taux d'emploi élevés, de faibles taux de chômage et des taux de pauvreté relatifs peu élevés par rapport à la moyenne de l'Union européenne. Mais cette lecture est fortement critiquée par plusieurs auteurs qui soulèvent non seulement les difficultés d'opérationnalisation de ce concept, mais aussi sa pluralité.

8.3.2.3. Des options de rechange à la flexicurité?

Vielle (2007) note que les différentes critiques de la flexicurité, émanant soit du monde syndical ou de certaines ONG, dénoncent l'absence d'« un cadre renouvelé et mobilisateur de la sécurité sociale, susceptible d'intégrer les nouveaux risques et éventualités qu'affrontent les citoyens européens dans leurs trajectoires professionnelles et familiales » (Vielle, 2007, p. 2).

Le cas du Danemark, pays souvent cité comme exemple d'une flexicurité réussie, ne constitue pas, selon Ramaux (2008), une raison suffisante pour croire que la flexicurité est LA solution à la précarisation des emplois et à l'insécurité et l'instabilité des carrières professionnelles. Ramaux (2008) explique que la croissance de l'emploi et le taux de syndicalisation peuvent expliquer le succès économique du Danemark. Cet auteur souligne également que d'autres pays scandinaves (Suède et Norvège) ont tout de même réussi à atteindre des performances économiques comparables à celles du Danemark, malgré une réglementation serrée en matière de protection de l'emploi.

Pour Tremblay (2004), les débats et les questionnements que soulève la flexicurité ne doivent pas être un rempart à l'action pour lutter contre la précarisation de l'emploi. Comme Vielle (2007), l'auteure insiste sur le rôle de la sécurité sociale et propose des solutions pour le renforcement de cette dernière. Ainsi, pour Tremblay (2004, p. 148),

> [i]l s'agit de favoriser la participation des femmes au marché du travail par des mesures adéquates de conciliation des rôles professionnels et parentaux [...], ainsi que par des emplois de qualité et des mesures d'équité salariale. [...] Il faut par ailleurs favoriser la participation des pères aux responsabilités parentales et familiales (parents âgés ou malades). [L]es mesures de sécurité sociale doivent être rattachées à la personne dépendante pour assurer la continuité et une certaine autonomie de décision. Il faut aussi veiller à indemniser toutes les formes de risques, soit les risques de retrait du marché du travail, de perte d'emploi, de maladie, de chômage, etc. Il faut aussi assurer une meilleure adéquation à la diversité des statuts d'emploi, soit ceux de travailleur autonome, de temps partiel, de contractuel, etc.

À l'instar de Boivin (2012), nous pensons que la question de l'emploi des femmes est capitale pour la restructuration du marché de l'emploi dans le but de le rendre plus sécuritaire (Tremblay, 2004). Boivin (2012, p. 9) note à ce sujet que

> la question du genre est souvent absente des réflexions ou, encore, réduite à celle des droits parentaux [...] On a tendance à croire qu'en mettant les hommes et les femmes sur le même pied, on atteint l'égalité. Or, l'apparente neutralité des dispositifs n'est pas en soi une garantie d'égalité ; il faut aussi, comme le préconise l'économiste et sociologue danois Gosta Esping-Andersen (2002, p. 122), développer des politiques qui favorisent explicitement les femmes, en tenant compte de leur situation concrète. Les femmes, souligne-t-il, assument maintenant un rôle moteur dans l'économie de services comparativement à l'ère industrielle où les hommes en étaient les acteurs centraux. Les problèmes des femmes ont donc des répercussions sur la stabilité globale de la société. À son avis, l'articulation de la vie professionnelle et familiale et la mise en œuvre de véritables chances égales des hommes et des femmes devant l'emploi devraient faire l'objet d'un débat de société.

L'OIT (2011) affirme que la lutte contre le travail précaire passe par plusieurs facteurs, dont un socle social solide sur lequel seraient basées les politiques économiques et sociales. Elle ajoute qu'il faudrait également réduire la volatilité des marchés financiers, renforcer l'assiette fiscale des services publics et des investissements publics en faveur de la cohésion sociale et garder le lien entre les augmentations de salaire et la croissance de la productivité (OIT, 2011). L'OIT (2011) parle également de « moderniser les cadres juridiques pour que les travailleurs précaires bénéficient au moins de la même protection que les autres travailleurs » et garantir l'accès à la négociation collective « en faisant pression sur les gouvernements pour qu'ils instaurent des mécanismes de négociation collective permettant aux travailleurs précaires, quel que soit leur statut, de négocier collectivement avec leur employeur unique ou leurs multiples employeurs » (OIT, 2011, p. 53).

Enfin, Verd et Vero (2011) proposent l'*approche par les capacités* développée par Amartya Sen, prix Nobel d'économie en 1998, comme nouvelle proposition visant à remplacer la vision de la flexicurité promue au sein de l'Europe (Verd et Vero, 2011). Cette théorie accorde de l'importance aux causes des choix individuels, voire des non-choix, pour mieux en comprendre les résultats (Vergnies, 2007).

L'approche par les capacités a le mérite, selon Verd et Vero (2011), « d'offrir une vision intégrée et générale de la question sociale qui permet de lier l'éthique à l'économie. Elle offre un cadre pour la conception, la mise en œuvre, mais aussi l'évaluation de l'action publique » (Verd et Vero, 2011, p. 6). Dans leur article, les deux auteurs exposent des études de chercheurs pour qui « l'approche par les capacités constitue une perspective sérieuse pour relancer l'Europe sociale sur de nouvelles bases ; de même, elle constitue une proposition décisive quant à la manière de concevoir et d'évaluer l'articulation entre flexicurité et sécurité », mais aussi, pour ceux pour qui « elle ne serait qu'une chimère, un avatar de la conception rawlsienne ou un effet de mode qui ne serait pas en mesure de résister durablement à l'épreuve du temps » (Verd, et Vero, 2011, p. 8). Mais, quelles que soient les divergences, l'approche par les capacités offre une possibilité de réflexion approfondie sur les fonctions de l'État social, le lien entre flexibilité et sécurité ou encore l'amélioration des situations des personnes à travers un regard novateur à la question de la flexicurité (Verd et Vero, 2011).

8.4. La position des acteurs sociaux

Les acteurs sociaux, et notamment les organisations syndicales, sont en première ligne quand il s'agit de la problématique de la précarisation des emplois. Selon l'OIT (2011), « les initiatives des syndicats pour lutter contre le travail précaire continuent [...] de se multiplier dans le monde, mais au lieu d'assister à une baisse de la précarité, les travailleurs et les sociétés semblent souffrir encore plus de la précarité » (OIT, 2011, p. 2). Et pour cause, l'insuffisance ou l'absence des droits syndicaux font partie des caractéristiques principales de l'emploi précaire. Cette situation contribue donc à l'affaiblissement du syndicalisme, comme l'explique Hélardot (2005) :

> Les salariés intérimaires ne s'investissent pas de la même façon dans l'entreprise : soit ils savent qu'ils ne vont pas rester et donc ils ne se sentent pas vraiment concernés par les questions syndicales, soit ils espèrent être embauchés et s'abstiennent alors de participer à d'éventuels mouvements sociaux [...] La sous-traitance, la précarisation de l'emploi et la flexibilité des temps de travail affaiblissent donc très fortement les possibilités de résistance collective à une subordination excessive, ce qui constitue une rupture considérable par rapport à toute l'histoire de la société salariale qui s'est précisément construite sur des luttes collectives (Hélardot, 2005, p. 33).

Cependant, il existe une différence notable entre les pays dans les relations entre les formes d'emplois précaires et le syndicalisme. Une étude de Dufour et Hege (2006) compare neuf pays (sept pays européens, les États-Unis et le Japon) et fait ressortir des différences, notamment du point de vue du rôle joué par le syndicat pour la sécurisation des emplois. Dufour et Hege (2006) écrivent à ce sujet :

> La sécurisation des emplois est, dans ces neuf pays, une priorité pour les syndicats. Mais ils ne parviennent pas tous à conserver, dans les évolutions en cours, les places qu'ils avaient acquises dans une phase antérieure de construction des normes aujourd'hui mises en cause. Les confrontations auxquelles ils sont soumis sont inégales, mais leurs résultats sont partout significatifs de l'évolution des statuts des syndicalismes dans leurs pays respectifs (Dufour et Hege, 2006, p. 6).

Ainsi, si les pays du nord de l'Europe (Danemark, Suède, Pays-Bas), dont les modèles syndicaux sont confortés dans leur rôle sociétal, semblent s'être organisés en fonction d'une flexibilité du marché du travail, ce n'est pas le cas de l'Espagne et de l'Italie qui sont confrontées à des marchés du travail « moins globalement formalisés ». Pour l'Espagne, la flexibilisation du marché du travail a donné lieu à une cohabitation entre une forme majoritaire de travail bien protégé et 30 % d'emplois mal protégés[2], ce qui laisse penser que les organisations syndicales comme les salariés espagnols souffriraient moins que d'autres organisations syndicales en ce qui concerne la régulation des emplois précaires. Ce n'est pas le cas en Italie où les syndicats semblent divisés sur la stratégie à adopter vis-à-vis des nouvelles formes d'emploi, à savoir une régulation, voire une limitation des flexibilités existantes ou une multiplication des formes de celles-ci. En Allemagne, les dérégulations et re-régulations des années 1980 ont conduit à une augmentation considérable du travail à temps partiel. Ainsi, il semble que le syndicalisme allemand n'arrive pas à juguler le développement des emplois précaires, qui annonce la déqualification des chômeurs et des risques de pauvreté accrus pour les salariés contraints d'accepter des emplois précaires. Ceci laisse à penser, selon Dufour et Hege (2006, p. 14), que

> les difficultés pour le syndicalisme ne font que commencer s'il ne parvient pas à réintégrer la négociation collective, sur laquelle il fonde sa légitimité, dans la dynamique des transformations en cours et donc s'il ne parvient pas à se renouveler par son implantation auprès des salariés directement concernés par ces transformations.

Les modèles américain et britannique se caractérisent par de faibles prescriptions réglementaires en matière de protection du travail. Cette dérégulation va de pair avec la désyndicalisation, qui est le résultat d'années de marginalisation des organisations syndicales par les différents gouvernements. Les dissensions dans les mouvements syndicaux dans les deux pays ne laissent pas présager un regain de mobilisation à l'avenir et ceci permet aux emplois précaires de se développer, presque sans contraintes.

Enfin, le syndicalisme japonais, contrairement aux modèles anglo-saxons et européens, se cantonne à défendre uniquement les salariés réguliers des grandes entreprises, et semble très éloigné de la tranche de plus en plus grandissante de la population ayant un emploi précaire. En effet, on observe une forte différenciation des régimes sociaux au Japon, tant sur le plan des salaires, que sur celui des conditions de travail et de la syndicalisation notamment. Pour Dufour et Hege (2006), cette situation rend difficile, voire impossible, un changement radical du système pour une représentation syndicale qui serait plus équitable.

2. Ces données sont à prendre avec précaution étant donné que l'article date de 2006, donc bien avant la crise de 2008, qui a fait grimper le taux de chômage et, de ce fait, la précarisation des emplois en Espagne.

Pourtant le Japon n'a pas été épargné par les mouvements de protestation des travailleurs partout dans le monde (p. ex., les indignés, le mouvement *occupy*), même si la mobilisation était moins importante que dans le reste du monde. En effet, ces mouvements ont vu les travailleurs du monde entier protester

> parce qu'ils ne peuvent plus assurer leur gagne-pain, leur avenir, celui de leurs familles, alors qu'ils assistent à l'effritement de leur socle de protection sociale. Les jeunes en particulier, qui se voient refuser la possibilité d'un emploi décent et qui sont confrontés à des formes toujours nouvelles d'emploi précaire ou de chômage élèvent la voix et se font entendre plus que dans les décennies passées (OIT, 2011, p. 54).

Les organisations syndicales auront donc un rôle capital à jouer afin de surmonter les divisions entre les précaires exclus du système et les permanents qui en font partie, et ainsi construire un nouveau modèle basé sur moins de précarité et davantage de justice sociale.

Conclusion

Nous avons pu voir dans ce chapitre que le développement de l'économie du savoir n'a pas que des avantages, mais qu'on observe parfois des situations plus négatives, comme l'accroissement des emplois précaires. Nous avons pu voir que ce type d'emploi se développe dans nombre de régions et pays, et nous avons évoqué le concept de la flexicurité, comme une option possible pour donner aux organisations plus de flexibilité organisationnelle, mais sans accroître la précarisation des emplois. Dans le chapitre qui suit, nous nous intéresserons à l'intensification du travail, un autre des aspects négatifs possibles du développement de l'économie du savoir.

Bibliographie

ALLAN, C. (2000). « The hidden organisational costs of using non-standard employment », *Personnel Review*, vol. 29, n° 2, p. 188-206.

ARTHUR, M. B. et ROUSSEAU, D. M. (dir.) (1996). *The Boundaryless Career : A New Employment Principle for a New Organizational Era*. New York : Oxford University Press, 394 p.

ARTHURS, H. W. (2006). *Équité au travail : des normes fédérales du travail pour le XXIe siècle*. Gatineau : Ressources humaines et Développement des compétences Canada, 320 p. <http://www.travail.gc.ca/fra/normes_equite/nt/pubs_nt/ntf/pdf/rapport.pdf>. Consulté le 1er mai 2014.

AUER, P. et GAZIER, B. (2006). *L'introuvable sécurité de l'emploi*. Paris : Flammarion, 194 p.

BÉJAOUI, A. (2010). « Recension : Diane-Gabrielle Tremblay (dir.), Flexibilité, sécurité d'emploi et flexicurité : Les enjeux et défis, Québec, Presses de l'Université du Québec, 2008 », *Recherches sociographiques*, vol. 51, n°s 1-2, p. 248-252.

BERNIER, J. (2003). *Les besoins de protection sociale des personnes en situation de travail non traditionnelle*, Rapport. Québec : Ministère du Travail, 47 p.

BERNSTEIN, S. (2009). « Les transformations des relations d'emploi : une sécurité compromise ? », *Regards sur le travail*, vol. 6, n° 1, p. 19-29.

BOIVIN, L. (2012). « Entre précarité et flexibilité : réflexion sur la situation des femmes en emploi », *Regards sur le travail*, vol. 8, n° 1, p. 1-14.

CINGOLANI, P. (2005). *La précarité*. Paris : Presses universitaires de France, 126 p.

COMMISSION EUROPÉENNE (2007). *Vers des principes communs de flexicurité : des emplois plus nombreux et de meilleure qualité en combinant flexibilité et sécurité*, Communication de la commission au parlement européen, au conseil, au comité économique et social européen et au comité des régions, 29 p. <http://europa.eu/legislation_summaries/employment_and_social_policy/community_employment_policies/c10159_fr.htm>. Consulté le 27 septembre 2013.

CONSEIL PERMANENT DE LA JEUNESSE – CPJ (2001). *Emploi atypique et précarité chez les jeunes : une main-d'*œuvre à bas prix, compétente et jetable ! 114 p. <http://www.jeunes.gouv.qc.ca>. Consulté le 27 septembre 2013.

CONTER, B. (2011). « Origines et impacts de la flexicurité », *Courrier hebdomadaire du CRISP*, n°s 2095-2096, p. 5-64.

D'AMOURS, M. et LESEMANN, F. (2008). « La fabrique du travail "post-retraite" : interdépendances entre vieillissement, emploi et retraite au Canada », *Revue de l'Institut de sociologie*, vol. 1, n° 4, p. 1-19.

DICTIONNAIRE DE FRANÇAIS LAROUSSE (s.d.). <http://www.larousse.fr/>. Consulté le 30 avril 2014.

DUFOUR, C. et HEGE, A. (2006). « Emplois précaires, emploi normal et syndicalisme », *Chronique internationale de l'IRES*, n° 97, novembre, p. 5-22.

ESPING-ANDERSEN, G. (2002). « Vers un contrat social pour l'égalité entre hommes et femmes à l'ère post-industrielle », dans Auer, P. et Gazier, B. (dir.), *L'avenir du travail, de l'emploi et de la protection sociale*. Compte rendu du Symposium France OIT. Lyon : Institut international d'études sociales, p. 121-141.

HÉLARDOT, V. (2005). « Précarisation du travail et de l'emploi : quelles résonances dans la construction des expériences sociales ? », *Empan*, vol. 4, n° 60, p. 30-37.

INSTITUT DE LA STATISTIQUE DU QUÉBEC – ISQ (2010). *Annuaire québécois des statistiques du travail : portrait des principaux indicateurs du marché du travail, 2001-2009*, vol. 6 Québec : ISQ, 280 p. <http://www.stat.gouv.qc.ca/statistiques/travail-remuneration/annuaire-v09.pdf>. Consulté le 1er mai 2014.

INSTITUT DE LA STATISTIQUE DU QUÉBEC – ISQ (2013). *Annuaire québécois des statistiques du travail: portrait des principaux indicateurs du marché du travail, 2002-2012*, vol. 9. Québec: ISQ, 264 p. <http://www.stat.gouv.qc.ca>. Consulté le 20 septembre 2013.

KALLEBERG, A. L. (2009). « Precarious work, insecure workers: Employment relations in transition », *American Sociological Review*, vol. 74, n° 1, p. 1-22.

KORNIG, C. et MICHON, F. (2010). *L'emploi non permanent en France: un état des lieux*. Paris: Centre d'économie de la Sorbonne, janvier, 59 p.

LESEMANN, F. et BEAUSOLEIL, J. (2004). « Les emplois "post-carrière" aux États-Unis: un bilan des connaissances », *Retraite et société*, vol. 2, n° 42, p. 9-43.

LESTRADE, B. (2011). « Emploi et précarité, un nouveau défi social », *Informations sociales*, vol. 1, n° 163, p. 96-104.

MALENFANT, R., LARUE, A., JETTÉ, M., VÉZINA, M. et ST-ARNAUD, L. (2004). *Précarisation du travail et santé: briser le cercle vicieux de l'exclusion*. Québec: Équipe RIPOST, CLSC Haute-Ville-Des-Rivières, juillet, 95 p.

MARUANI, M. (2004). « Activité, précarité, chômage, toujours plus? », *Revue de l'OFCE*, n° 90, p. 95-115.

MORISSETTE, R. et PICOT, G. (2005). « Le travail peu rémunéré et les familles économiquement vulnérables depuis 20 ans », Document de recherche. Ottawa: Ministère de l'Industrie, Statistique Canada, 42 p. <http://www.statcan.gc.ca>. Consulté le 14 novembre 2013.

NICOLE-DRANCOURT, C. (2009). « Un impensé des résistances à l'égalité entre les sexes: le régime temporel », *Temporalités*, vol. 9. <http://temporalites.revues.org/1067>. Consulté le 14 novembre 2013.

NOISEUX, Y. (2012). « Le travail atypique au Québec: les jeunes au cœur de la dynamique de précarisation par la centrifugation de l'emploi », *Revue multidisciplinaire sur l'emploi, le syndicalisme et le travail (REMEST)*, vol. 7, n° 1, p. 28-54.

ORGANISATION INTERNATIONALE DU TRAVAIL – OIT (2011). *Du travail précaire au travail décent: politiques et réglementation visant à lutter contre l'emploi précaire*, 54 p. <http://www.ilo.org/global/lang—en/index.htm>. Consulté le 14 novembre 2013

RAMAUX, C. (2008). « La flexicurité: critiques empiriques et théoriques », dans Tremblay, D.-G. (dir.), *Flexibilité, sécurité d'emploi et flexicurité: les enjeux et défis*. Québec: Presses de l'Université du Québec, p. 296-322.

RAYNAULT, M.-F. (2011). « Les inégalités sociales de santé à Montréal: le chemin parcouru », Rapport. Montréal: Direction de santé publique, 31 p. <http://nccdh.ca/fr/resources/entry/social-inequalities-in-health-in-montreal-2011>. Consulté le 1er mai 2014.

SEIFERT, H. et TANGIAN, A. (2008). « European flexicurity: Flexibility and precariousness of work – empirical findings », dans Tremblay, D.-G. (dir.), *Flexibilité, sécurité d'emploi et flexicurité: les enjeux et défis*. Québec: Presses de l'Université du Québec, p. 265-294.

SORA, B., CABALLER, A. et PEIRO, J. M. (2010). « L'insécurité de l'emploi et ses conséquences pour les salariés: l'effet modérateur de la dépendance envers l'emploi », *Revue internationale du travail*, vol. 149, n° 1, p. 65-80.

THIROT, M. (2013). « La précarisation du travail: des parcours professionnels à géométrie variable », *Relations industrielles/Industrial Relations*, vol. 68, n° 1, p. 142-163.

TREMBLAY, D.-G. (2004). *Économie du travail: les réalités et les approches théoriques*. Montréal: Éditions St-Martin, 586 p.

TREMBLAY, D.-G. (2008). « Les nouveaux habits de l'instabilité en emploi et de l'insécurité sur le marché du travail », dans Tremblay, D.-G. (dir.), *Flexibilité, sécurité d'emploi et flexicurité: les enjeux et défis*. Québec: Presses de l'Université du Québec, p. 133-154.

TREMBLAY, D.-G. (2010). *D'une culture de retraite vers de nouvelles fins de carrière?* Montréal: Éditions Saint-Martin et Décarie Éditeur, 143 p.

TREMBLAY, D.-G. (2012a). *Articuler emploi et famille : le rôle du soutien organisationnel au cœur de trois professions.* Québec : Presses de l'Université du Québec, 284 p.

TREMBLAY, D.-G. (2012b). *Conciliation emploi-famille et temps sociaux*, 3e éd., Québec : Presses de l'Université du Québec, 406 p.

TREMBLAY, D.-G. (2013a). *Infirmière : vocation, engagement et parcours de vie.* Montréal : Éditions du remue-ménage. 154 p.

TREMBLAY, D.-G. (dir.) (2013b). *Temporalités sociales, temps prescrits, temps institutionnalisés.* Québec : Presses de l'Université du Québec, 271 p.

TREMBLAY, D.-G. (2014). *Infirmière : vocation, engagement et parcours de vie.* Montréal : Éditions du remue-ménage, 153 p.

TREMBLAY, D.-G. et MASCOVA, E. (2013). *Les avocats, les avocates et la conciliation travail-famille.* Montréal : Éditions du remue-ménage, 175 p.

TRÉSOR DE LA LANGUE FRANÇAISE INFORMATISÉ – TLFI (2007). Cédérom. Nancy : CNRS Éditions. <http://atilf.atilf.fr/tlf.htm>. Consulté le 1er mai 2014.

VERD, J. M. et VERO, J. (2011). « Introduction : pourquoi la flexicurité mérite-t-elle qu'on en débatte à partir de l'approche par les capacités ? », *Formation emploi*, n° 113, janvier-mars, p. 5-14.

VERGNIES, J.-F. (2007). « Pour une approche par les capacités avec Amartya Sen », *Formation emploi*, n° 98, avril-juin, p. 1.

VIELLE, P. (2007). « Flexicurité : redéfinir la sécurité des citoyens européens », *Observatoire social européen*, n° 1, p. 2-13.

WILTHAGEN, T. et TROS, F. (2004). « The concept of "flexicurity" : A new approach to regula ting employment and labour markets », *Transfer : European Review of Labour Research*, vol. 2, n° 4, p. 166-186.

YOUNG, M. C. (2010). « Gender differences in precarious work settings », *Relations industrielles/Industrial Relations*, vol. 65, n° 1, p. 74-97.

CHAPITRE 9

L'intensification du travail

SOMMAIRE

Introduction

Ce chapitre porte sur l'intensification du travail, une réalité que l'on observe dans nombre de milieux de travail (Tremblay, 2013, 2014; Tremblay et Mascova, 2013), et qui est souvent associée à la progression de l'économie du savoir. Nous traitons ici des causes et des conséquences de cette intensification et nous tentons de reconnaître les solutions qui permettraient de ralentir, si ce n'est d'éliminer, cette intensification du travail.

9.1. L'intensification du travail

Dans cette première partie, après avoir donné une définition de l'intensification du travail, nous évoquons en détail les différentes formes que peut revêtir cette dernière dans les organisations.

9.1.1. Qu'est-ce que l'intensification du travail?

L'intensification (ou intensité) du travail a fait son apparition dans la plupart des pays industrialisés depuis environ deux décennies. Gollac et Volkoff (1996) notent que,

> dans tous les pays et quelle que soit la nature des indicateurs statistiques retenus, les évolutions enregistrées sont convergentes: les rythmes de travail sont de plus en plus contraints, les salariés ressentent de plus en plus les pénibilités du travail (Gollac et Volkoff, 1996, p. 43).

Ces pénibilités peuvent être physiques, mentales ou liées aux risques du travail (Cartron *et al.*, 2009). Elles peuvent se résumer dans la définition englobante que Askenazy donne (2005) de l'intensification:

> - l'augmentation des rythmes de travail, la densification du travail, la multiplication des tâches, dont l'influence sur le bien-être est ambiguë;
> - la dégradation de la santé et de la sécurité au travail, notamment le développement des pathologies musculaires et des accidents du travail;
> - la hausse de la charge physique et de la fatigue;
> - l'accentuation de la charge mentale au travail ou des facteurs y participant (ordres contradictoires, tension, manque de temps pour effectuer correctement son travail, etc.) (Askenazy, 2005, p. 218).

L'intensification du travail est, selon Théry (2006), complexe et multiforme. C'est « un phénomène diversement ressenti et difficilement mesurable, aboutissant le plus souvent à un traitement individuel qui interdit une approche plus globale, collective et donc syndicale et politique de cette question » (Théry, 2006, p. 8).

Gollac (2005) abonde dans le même sens en affirmant qu'il n'y a pas de « définition claire et générale de l'intensité du travail. Cette absence résulte de la diversité des points de vue d'acteur et de la variété des formes de travail, variété encore accrue par les transformations récentes des modes de management » (Gollac, 2005, p. 196). Il existe donc différentes formes d'intensification du travail, que nous exposons dans la section qui suit.

9.1.2. Les différentes formes d'intensification du travail

Dans sa classification des formes d'intensification du travail, Valeyre (2004) rappelle que les formes tayloristes et fordistes d'intensification n'ont pas disparu depuis l'avènement de l'économie du savoir. Au contraire, il semblerait que les contraintes de rythme de travail imposées par la cadence des machines ainsi que le travail répétitif aient progressé depuis 1984, comme le montre la figure 9.1.

Figure 9.1. Augmentation des contraintes de rythme de travail entre 1984 et 2005 (salariés subissant au moins trois contraintes de rythme de travail)

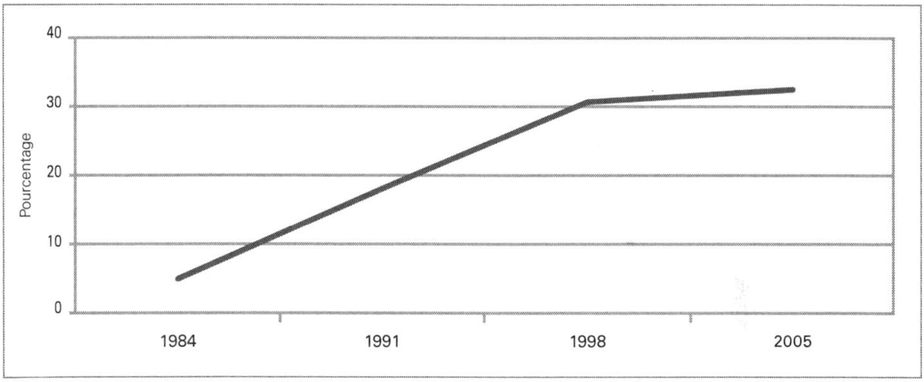

Source : Bué *et al.* (2008a, p. 66).

Ces contraintes touchent plus particulièrement les femmes. En effet, selon Bué *et al.* (2008a), « le travail répétitif concerne encore 28 % des salariés en 2005, davantage les femmes que les hommes. Les ouvriers, et surtout les ouvrières, travaillent de plus en plus souvent à la chaîne ou sous cadence automatique » (Bué *et al.*, 2008a, p. 61), comme l'illustre la figure 9.2.

En plus de ces formes industrielles, Valeyre (2004) note également l'essor des formes événementielles et des formes marchandes d'intensification du travail. Les formes événementielles correspondent aux contraintes techniques et à la « pression de l'urgence » dans toutes les interventions (dépannage, traitement des incidents, etc.). Les formes marchandes, quant à elles, résultent de l'augmentation des exigences de la demande dont les pressions se répercutent tout au long du processus de production. La production en flux tendu (ou *lean production*) est la forme marchande d'intensification la plus courante dans les entreprises (Valeyre, 2004 ; Bouville, 2010). On peut donc constater que l'intensification du travail a bien débordé du cadre des emplois industriels pour gagner un nombre de plus en plus important de secteurs d'emploi, notamment plusieurs secteurs reliés à l'économie du savoir, comme les secteurs des technologies de l'information et autres où l'urgence semble faire pression (Tremblay, 2013, 2014).

Figure 9.2. Travail à la chaîne des ouvriers et ouvrières entre 1984 et 2005

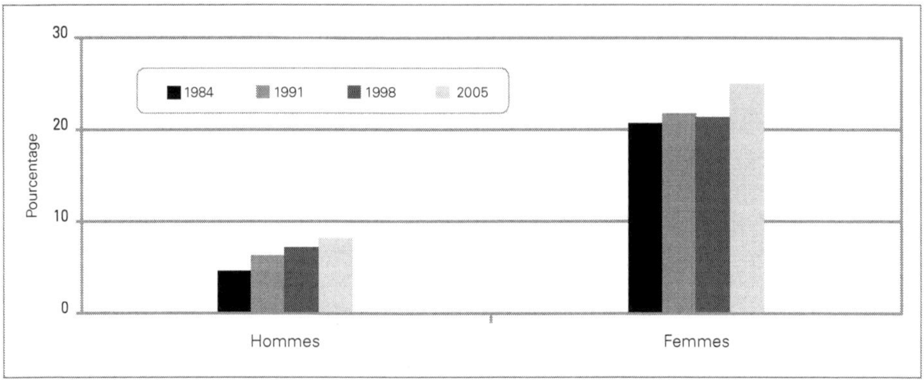

Source : Bué *et al.* (2008a, p. 62).

Il existe également d'autres formes d'intensification du travail révélées par les enquêtes Conditions de travail[1] en France et qui sont liées aux contraintes du rythme du travail. On retrouve ainsi les contraintes automatiques (imposées par la cadence automatique des machines, des flux de produits ou du travail à la chaîne), les contraintes de normes (imposées par des normes de production ou des délais à respecter en une journée au plus), les contraintes hiérarchiques (imposées par le contrôle direct de la hiérarchie) et les contraintes horizontales (imposées par la dépendance vis-à-vis du travail des collègues) (Valeyre, 2004). Toutes ces formes de contraintes ont connu une augmentation et une stabilisation au début des années 2000. Cette stabilisation est due, selon Bué *et al.* (2008a), au ralentissement des innovations organisationnelles observées dans les entreprises durant cette période, comme l'illustrent les figures 9.3 et 9.4. Cartron *et al.* (2009) émettent quant à eux l'hypothèse qu'une forme d'apprentissage organisationnel a permis de voir émerger des organisations plus économesen efforts. Mais cela reste à prouver.

Cependant, cette stabilisation ne concerne pas les ouvriers et les travailleurs moins qualifiés, comme l'expliquent Bué *et al.* (2008a) :

> Le travail à la chaîne progresse encore (de 10 à 11 %), ainsi que les contraintes de rythme de travail liées à l'utilisation des machines (de 19 à 21 %). De même, les ouvriers voient de plus en plus souvent leur rythme de travail défini par un contrôle au moins quotidien de la hiérarchie (de 38 à 40 %), ou par une norme de production ou un délai à respecter en une heure au plus (de 35 à 39 %) (Bué *et al.*, 2008a, p. 65).

1. Les enquêtes Conditions de travail en France sont organisées par la DARES (Ministère du Travail) en collaboration avec l'INSEE (Institut national de statistiques) depuis 1978. Elles sont renouvelées tous les sept ans (1984, 1991, 1998, 2005 et 2013) et concernent près de 20 000 salariés. Elles ont pour objectif de cerner le travail vécu tel qu'il est perçu par le travailleur. Les enquêtés sont interrogés deux fois en face à face (la première et la dernière) et quatre fois par téléphone (Valeyre, 2004 ; Bué *et al.*, 2008a).

Figure 9.3. Augmentation et stabilisation du rythme de travail selon les contraintes entre 1984 et 2005

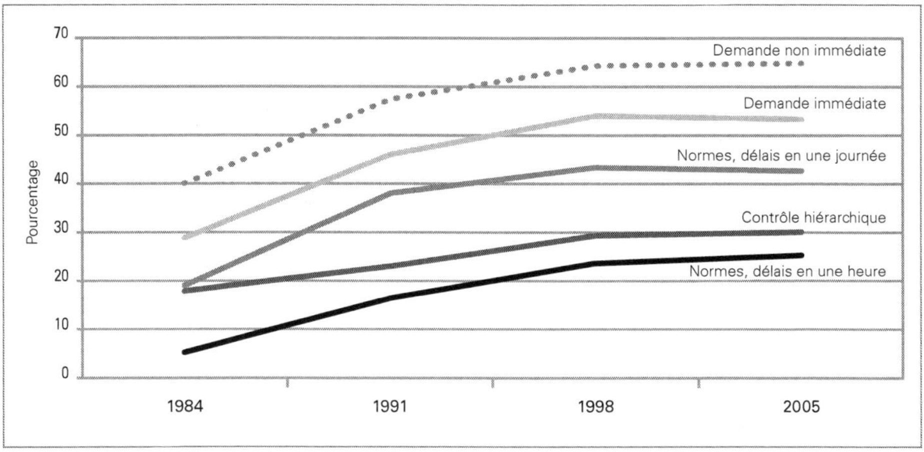

Source : Bué *et al.* (2008a, p. 65).

Figure 9.4. Renforcement des contraintes techniques entre 1984 et 2005

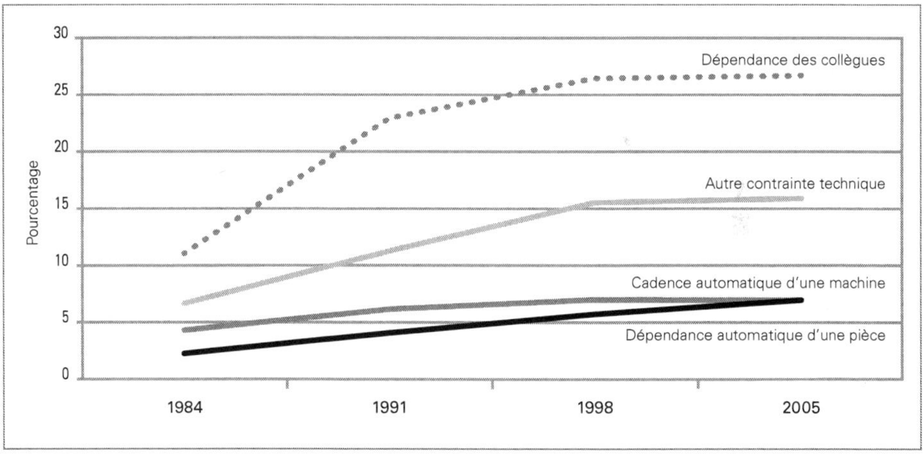

Source : Bué *et al.*. (2008a, p. 65).

Hormis les contraintes du rythme du travail, les contraintes et les pénibilités physiques, qui sont bien souvent associées au travail industriel, subsistent encore dans l'économie du savoir et notamment dans le secteur des services. Selon Bué *et al.* (2008a), certaines de ces contraintes physiques (station debout, posture pénible et bruit) se sont stabilisées au fil des années, tandis que d'autres (charges lourdes, vibrations et mouvements douloureux) ne cessent d'augmenter depuis les années 1980. La figure 9.5 illustre ce propos.

Figure 9.5. Contraintes physiques stables et en développement entre 1984 et 2005

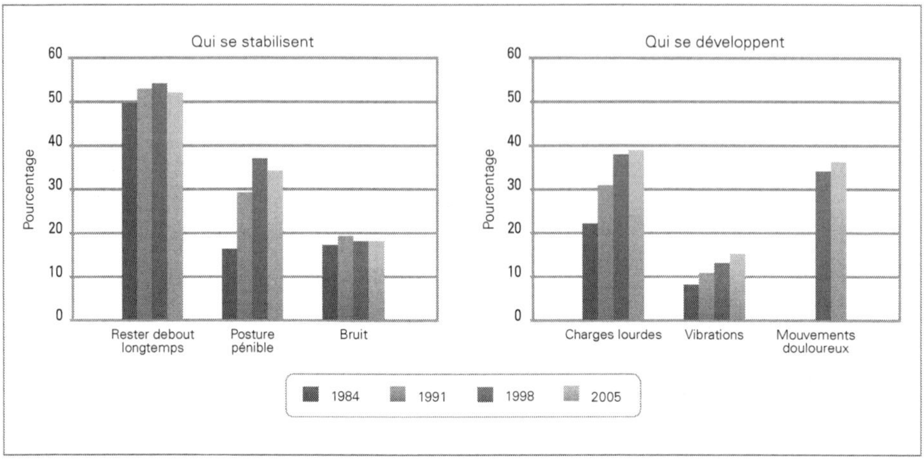

Source : Bué *et al.* (2008a, p. 62).

Les travailleurs sont de plus en plus confrontés à des risques psychosociaux qui se développent notamment lorsque la charge mentale au travail est accrue (tableau 9.1). Bué *et al.* (2008a) expliquent que cette situation est due à l'informatisation et la formalisation des procédures du travail. Celles-ci « amènent les salariés à devoir plus souvent recourir à des documents écrits, ce qui renforce l'exigence de vigilance et de concentration au travail » (Bué *et al.*, 2008a, p. 64), comme le montre la figure 9.6.

Figure 9.6. Accroissement de la vigilance au travail entre 1984 et 2005

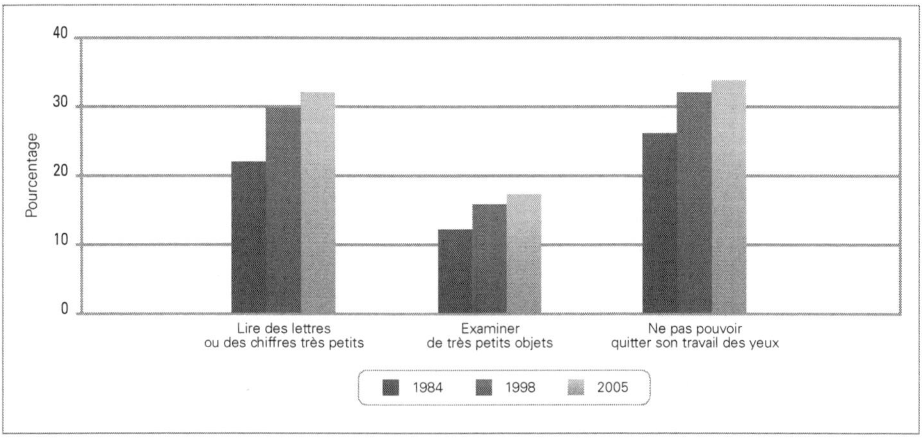

Source : Bué *et al.* (2008a, p. 64).

De plus, le contact direct avec le public fait que certains salariés sont fréquemment interrompus dans l'exercice de leur tâche, ce qui tend à accroître l'urgence de la réalisation du travail et parfois même, des tensions dues aux agressions verbales et physiques du public (Bué et Sandret, 2007).

Tableau 9.1. Interruptions au travail entre 1984 et 2005

	Interruptions fréquentes	Demande à satisfaire immédiatement	Devoir se dépêcher	Être en contact avec le public sans tension	Connaître des tensions avec le public
1984	–	28	–	–	–
1991	48	46	–	40	21
1998	56	54	52	33	30
2005	60	53	48	40	29

Note : en 2005, 60 % des salariés disent « devoir souvent interrompre une tâche pour une autre non prévue » contre 48 % en 1991.

Source : Bué *et al.* (2008a, p. 63).

Le travail tend à s'intensifier également avec la flexibilisation des horaires de travail et l'émergence des horaires atypiques. Boisard *et al.* (2002) écrivent à ce sujet :

> [I]l n'est pas certain que l'évolution récente de la durée et des rythmes de travail se traduise par une amélioration des conditions de vie et de travail des salariés. Plus probablement, il peut y avoir amélioration pour certains salariés qui bénéficient de la baisse de la durée du travail dans des conditions favorables et dégradation pour d'autres qui sont soumis à une intensification des rythmes et à des horaires irréguliers et peu prévisibles (Boisard *et al.*, 2002, p. 1).

Par ailleurs, la réduction du temps de travail observée presque partout en Europe (plus particulièrement en France avec les lois Aubry pour les 35 heures) a largement contribué à la densification et à l'intensification du travail, sans aucune évolution sur le plan de la rémunération. Cette réduction du temps de travail a fragilisé la situation des travailleurs subissant déjà des horaires flexibles, notamment les femmes et les travailleurs peu qualifiés (Askenazy, 2000, 2004). La réduction du temps de travail a donc certes fait diminuer la durée du travail, mais a conduit à l'émergence et au développement des horaires atypiques (figure 9.7). Selon Bué *et al.* (2008),

> [l]a proportion de salariés travaillant la nuit, restée stable durant les années 1980, a légèrement augmenté au cours de la décennie 1990 [...] En 2005, 15 % des salariés, soit 22 % des hommes et 8 % des femmes, travaillent habituellement ou occasionnellement la nuit, contre 18 % et 6 % en 1991. L'augmentation du travail de nuit concerne plus particulièrement les ouvrières (10 % en 2005 contre 2 % en 1991). Le travail du samedi, qui concerne un salarié sur deux, demeure stable depuis 15 ans, mais la pratique régulière s'est développée au détriment de la pratique occasionnelle. Le travail du dimanche tend à se développer. Le travail en deux équipes alternantes (2 × 8) continue à progresser continûment, surtout pour les ouvrières : en 2005, 19 % d'entre elles travaillent en deux équipes, contre 11 % en 1984 (Bué *et al.*, 2008a, p. 64).

Bien qu'il s'agisse ici de données françaises, on peut penser que la situation québécoise est très proche, puisque les activités économiques sont semblables.

Figure 9.7. Horaires de travail atypiques en 1991, 1998 et 2005

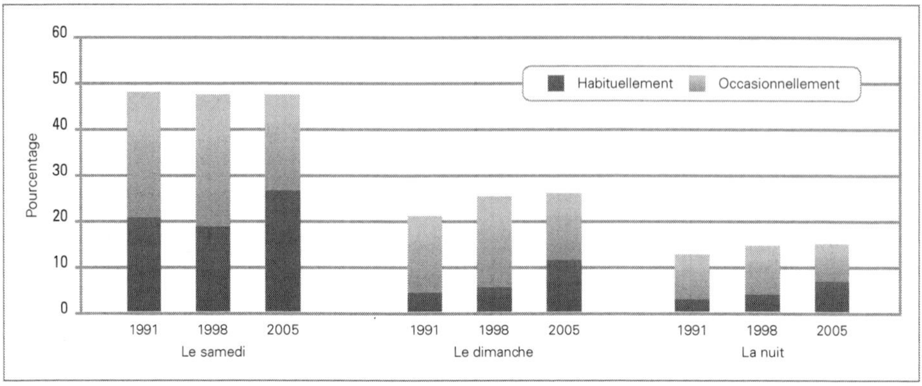

Source : Bué *et al.* (2008a, p. 63).

L'intensification, dans toutes ses formes décrites ci-dessus, concerne autant les travailleurs jeunes que les plus âgés (Boisard *et al.*, 2002) et autant le secteur privé que le secteur public (Guillemot, 2011). Toutefois, si l'intensification se décline en plusieurs formes, elle est vécue subjectivement, selon Muller (2011), car elle est bien souvent reliée au sentiment d'être sous pression. De Coninck et Gollac (2006) abondent dans le même sens et précisent que « les voies par lesquelles l'intensification se produit ne sont pas toujours claires, mais le sentiment d'être pressé (dans tous les sens du terme) se développe sans aucun doute » (De Coninck et Gollac, 2006, p. 3). Cette subjectivité rend parfois l'intensification du travail difficilement mesurable, ce qui pose donc la question de l'objectivité ou de la subjectivité des données recueillies par les enquêtes visant à déterminer le rapport entre l'intensification et la dégradation des conditions de travail (Gollac, 2005 ; de Coninck et Gollac, 2006). Gollac (2005) écrit à ce sujet :

> Comment mesurer les nouvelles formes d'intensité ? Les acteurs se disputent à ce sujet, et le rôle de l'observateur n'est sans doute pas d'imposer une définition et une mesure. Il est plus pertinent d'étudier la chaîne qui va de la politique de l'entreprise à l'organisation concrète du travail, puis à l'intensité vécue par les salariés et à ses conséquences (Gollac, 2005, p. 198).

La mesure de l'intensification dans les organisations passe donc essentiellement par une connaissance approfondie des causes qui l'engendrent, mais aussi des conséquences sur les salariés ainsi que sur leur perception des conditions de travail.

9.2. L'intensification du travail dans les organisations

Dans cette partie, nous évoquons dans un premier temps les causes de l'intensification du travail, avant d'exposer ses conséquences tant pour les organisations que pour les travailleurs. Nous nous intéressons enfin aux solutions pouvant limiter cette intensification.

9.2.1. Les causes de l'intensification du travail

Pour Gollac et Volkoff (1996), l'intensification du travail est le fruit de l'évolution de l'organisation économique et de la gestion des entreprises :

> L'invention de nouvelles formes de concurrence, par la variété des produits ou la réduction des délais de livraison, a été largement décrite. La diffusion de la production en flux tendu, la généralisation de la sous-traitance n'ont toutefois pas pour seul motif la satisfaction du client final : leur motivation peut aussi être l'allégement de la charge financière que représentent les stocks, la rentabilisation de la position dominante des donneurs d'ordres face à leurs sous-traitants, ou l'instauration de nouvelles techniques de contrôle social. La substitution du client-roi au patron ou au chef, la transformation de l'autorité en compétence gestionnaire sont en effet au cœur des nouvelles méthodes de management (comme le montre, de façon quelquefois caricaturale, l'institutionnalisation de rapports clients-fournisseurs à l'intérieur des entreprises) (Gollac et Volkoff, 1996, p. 44).

Ainsi, l'accroissement de la demande en termes de flexibilité dans les organisations est la source principale de l'intensification du travail. Cette flexibilité requise engendre une pression énorme sur le travail, et donc sur les travailleurs, comme l'explique Théry (2009) :

> La pression du travail a augmenté avec la hausse des normes de productivité, l'élévation des cadences de production et le raccourcissement des délais. Le travail répétitif se maintient dans les secteurs industriels et s'est étendu à des activités de service. La pression du client et de la demande extérieure s'est généralisée (Théry, 2009, p. 8).

D'autres éléments contribuent également à l'augmentation de l'intensification au travail. Ainsi selon Valeyre (2004), les nouveaux modes de production (notamment la production à flux tendu), les nouvelles formes d'organisation du travail (enrichissement et élargissement des tâches) et les changements technologiques (automatisation et informatisation) sont autant de facteurs à prendre en considération quand il s'agit d'examiner les causes de l'intensification du travail. Par ailleurs, Vendramin (2006) considère les technologies de l'information et de la communication (TIC) comme complices de l'intensification du travail, tant « elles sont fortement imbriquées dans les tendances lourdes qui caractérisent l'organisation du travail aujourd'hui : la gestion flexible de la main-d'œuvre, la maîtrise du temps, des processus et de l'intervention humaine dans le travail » (Vendramin, 2006, p. 129). Il y a également les nouvelles politiques des ressources humaines (p. ex., évaluation individuelle, incitatif financier) ainsi que les politiques de licenciements de masse qui réduisent l'effectif, sans réduire la charge de travail et le temps de travail. De plus, le déclin du syndicalisme, l'insécurité de l'emploi et la peur du chômage peuvent constituer des facteurs qui aggravent l'intensification du travail (Valeyre, 2004 ; Green et McIntosh, 2001).

9.2.2. Les conséquences de l'intensification du travail

Dans cette section, nous nous intéressons aux conséquences de l'intensification pour les individus travailleurs comme pour les organisations.

9.2.2.1. Pour les organisations

L'étude de Valeyre (2006) a examiné les relations entre l'intensité et la productivité du travail, d'une part, et entre l'intensité et la rentabilité économique, d'autre part. Cette étude révèle qu'il n'y a pas de corrélation significative dans le premier cas (intensité et productivité). L'auteur attribue cela « à la diversité de modèles d'efficacité productive à l'œuvre dans les différents secteurs, notamment dans les industries de [transformation] ». Cela dit, si l'on fait abstraction de ces secteurs, la corrélation est positive (au seuil de 2 %). Dans le deuxième cas (intensité et rentabilité économique), il apparaît que l'intensification des contraintes globales du rythme de travail « contribue fortement à l'élévation du taux de partage de la valeur ajoutée » (Valeyre, 2006, p. 78). Pour cet auteur, les différentes formes d'intensification du travail décrites à la section 9.1.2 ont des logiques de rentabilité économique distinctes. Ainsi,

> [e]n contribuant aux gains de productivité du travail ou par leur pression sur la masse salariale, les formes industrielles d'intensification du travail participent d'une logique de rentabilité fondée sur l'efficacité et le coût de la main-d'œuvre. En contribuant à la réduction des temps de cycle de production, les formes marchandes d'intensification du travail participent d'une logique de rentabilité fondée sur l'efficacité des capitaux circulants. Les formes événementielles d'intensification du travail concernent principalement les activités très automatisées, et tout particulièrement les industries de [transformation], où la rentabilité économique tient essentiellement à l'efficacité du capital fixe (Valeyre, 2006, p. 80).

Toutefois, si l'intensité du travail semble porter ses fruits pour l'organisation d'un point de vue strictement économique, elle semble avoir un coût non négligeable (Davezies, 2007) sur la vie des travailleurs et sur leur santé tant physique que mentale. C'est ce que nous proposons de détailler dans la prochaine section.

9.2.2.2. Pour les travailleurs

L'intensification du travail a une influence considérable sur la santé physique et mentale des travailleurs. Pour Gollac (2005), « l'intensité excessive du travail est source de pénibilités, de nuisances et de risques » (Gollac, 2005, p. 213).

Ainsi, selon les résultats de l'Enquête québécoise sur des conditions de travail, d'emploi et de santé et de sécurité du travail (EQCOTESST, 2011a), environ 7 % des travailleurs québécois de 15 ans ou plus occupant un emploi depuis au moins huit semaines, à raison de 15 heures par semaine ou plus, ont une perception négative de leur état de santé général. Près de 40 % des travailleurs québécois font du présentéisme[2] de courte durée (1 à 9 jours), alors que près de 15 % en font pendant plus de 10 jours (figure 9.8).

2. « Présentéisme : désigne le phénomène où les travailleurs sont présents à leur poste de travail, même s'ils jugent avoir des symptômes ou une maladie qui devraient les amener à se reposer et à s'absenter du travail. Nous distinguons le présentéisme de courte durée (1 à 9 jours) et le présentéisme de longue durée (10 jours et plus) » (EQCOTESST, 2011a, p. XLVII).

Figure 9.8. Présentéisme en fonction de sa durée, du genre, et pour l'ensemble des travailleurs[a] québécois de 2007-2008

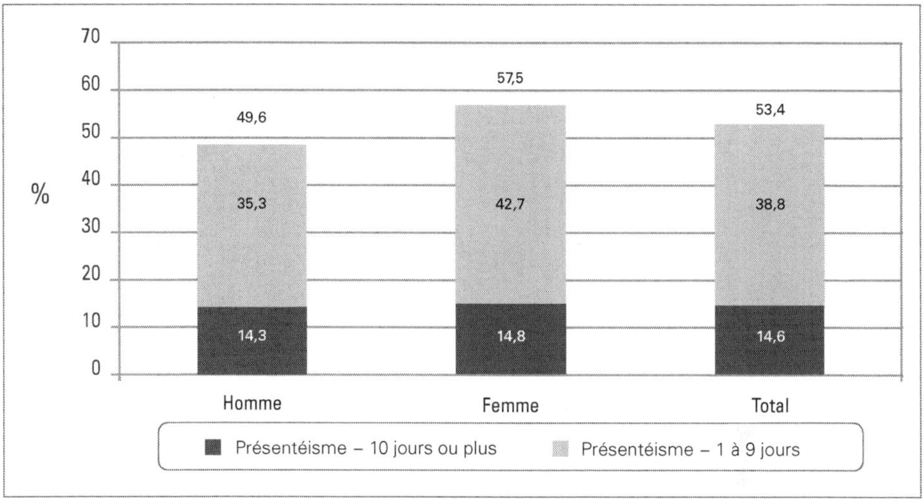

a) En emploi comme salarié ou travailleur autonome depuis au moins 8 semaines, à raison d'au moins 15 heures par semaine.

Le test du khi-deux, pour le présentéisme de 1 à 9 jours est significatif, selon le sexe, au seuil de 5 %.

Source : Institut de la statistique du Québec, *Enquête québécoise sur des conditions du travail, sur l'emploi, la santé et la sécurité du travail, 2007-2008*, figure tirée de Vézina *et al.* (2011, p. 412).

De plus, cette enquête révèle qu'un travailleur québécois sur cinq souffre de troubles musculosquelettiques (TMS) liés au travail. Ces TMS consistent en des douleurs importantes qui gênent les activités et qui sont ressenties souvent, voire tout le temps. Les femmes sont significativement touchées par les TMS parce qu'elles occupent souvent des emplois de bureau, avec des activités répétitives et peu de mobilité. En effet, l'enquête révèle que 25 % des femmes en souffrent contre 16 % des hommes (figure 9.9).

Figure 9.9. Prévalence des TMS selon la fréquence de la douleur, Québec 2007-2008

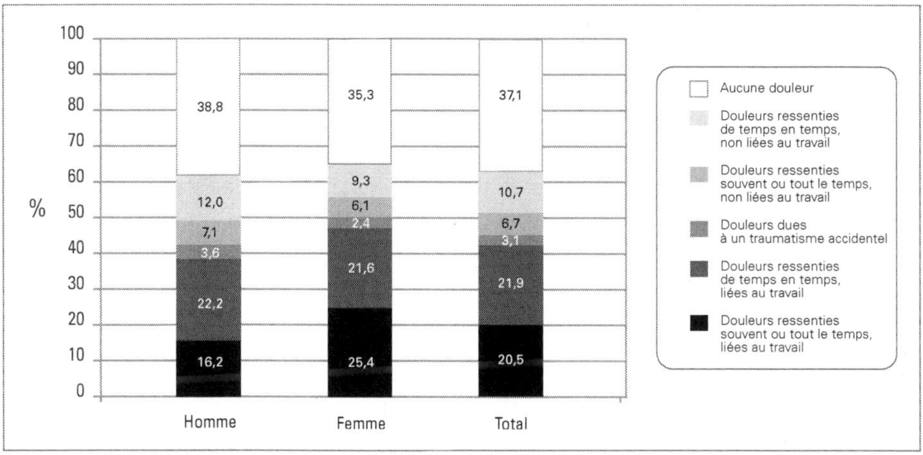

Source : EQCOTESST (2011a, p. 456).

Concernant les accidents de travail, « des 222000 individus victimes d'au moins un accident à leur emploi principal au cours des 12 mois précédents, la moitié (53,6 %) ne s'en est pas absentée à la suite de cet accident, alors que 46,4 % l'ont fait, soit environ 103000 personnes » (EQCOTESST, 2011a, p. 538) (figure 9.10).

Figure 9.10. Proportion estimée de travailleurs ayant été victimes d'au moins un accident du travail à leur emploi principal au cours des 12 mois précédant l'enquête, Québec 2007-2008

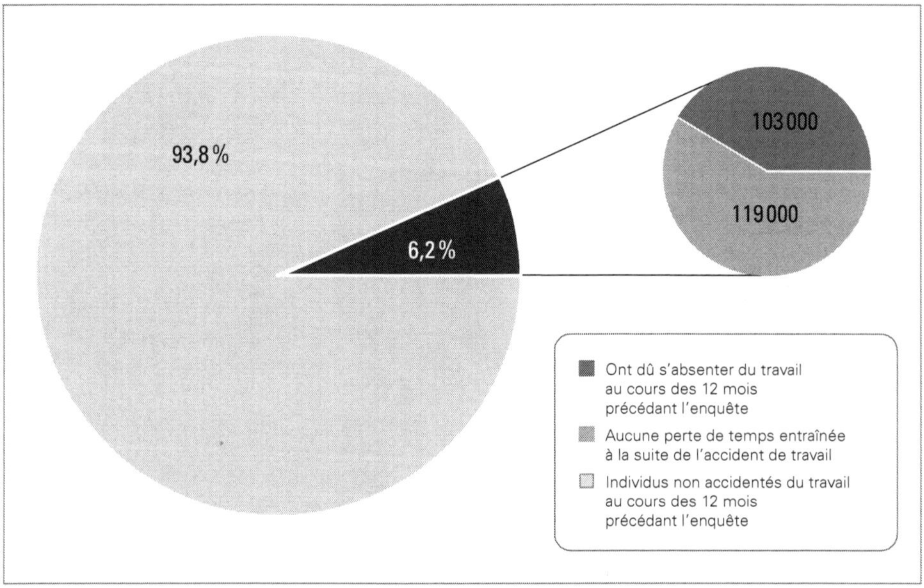

Source : EQCOTESST (2011a, p. 539).

Concernant la santé mentale, l'enquête révèle qu'environ 18 % des travailleurs québécois présentent un niveau élevé de détresse psychologique[3]. Encore une fois, les femmes sont plus touchées que les hommes avec un taux de 21,7 % contre 15,0 % pour les hommes. Ces résultats sont fortement associés à l'insécurité d'emploi et à la précarité contractuelle, notamment chez les femmes. Ce niveau de détresse psychologique élevé s'observe dans

> le cas d'une exposition à une demande psychologique élevée, surtout en l'absence de latitude décisionnelle ou de soutien au travail, ou lorsque les travailleurs n'ont pas les moyens de faire un travail de qualité ou sont victimes de harcèlement psychologique (EQCOTESST, 2011b, p. 15).

3. « Détresse psychologique : La détresse psychologique est un indicateur précoce d'atteinte à la santé mentale qui apprécie deux des plus fréquents syndromes observés en santé mentale soit la dépression et l'anxiété. Il ne s'agit pas d'un outil diagnostic de ces pathologies, mais d'un indice qui, identifie, dans une population, les personnes qui sont plus à risque de développer de telles pathologies » (EQCOTESST, 2011a, p. XLIV).

De plus, l'enquête EQCOTESST souligne que plus de 7 % des travailleurs souffrent de symptômes dépressifs associés au travail (9,6 % de femmes contre 5,4 % d'hommes). L'insécurité d'emploi et la précarité contractuelle sont également responsables de ces pathologies (figure 9.11). De plus, l'enquête a établi « une relation significative entre les niveaux de détresse psychologique et le présentéisme ainsi qu'entre les symptômes de dépression liés au travail et le présentéisme, principalement de longue durée » (EQCOTESST, 2011b, p. 15).

Figure 9.11. Prévalence de la détresse psychologique modérée et élevée selon l'insécurité d'emploi et la précarité contractuelle, Québec 2007-2008

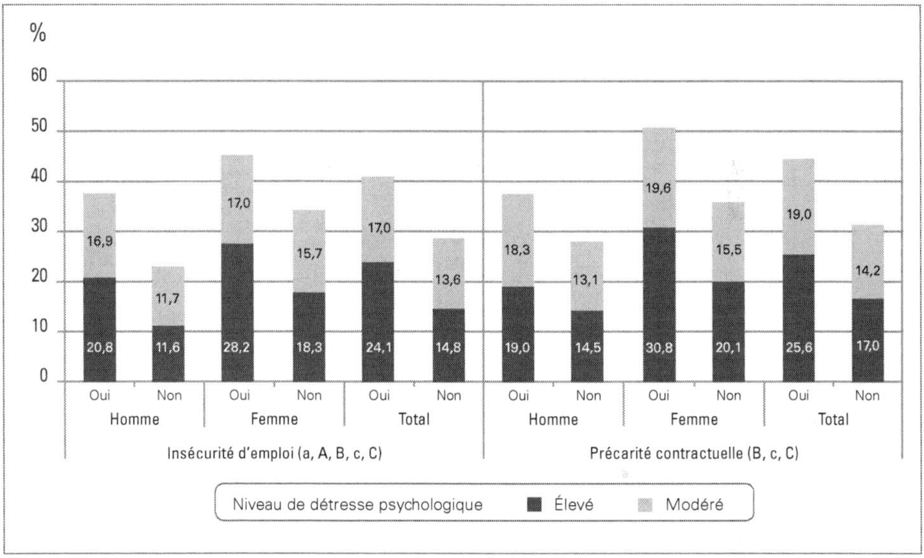

Source : EQCOTESST (2011a, p. 600).

Enfin, l'enquête estime qu'environ 528000 travailleurs québécois sont exposés au harcèlement psychologique dans le cadre de leur travail. Pour le harcèlement sexuel et la violence physique, ils sont respectivement environ 90000 et 69000 à y être exposés. Cela dit, le harcèlement psychologique est la forme de violence au travail qui domine : « dans les 12 mois précédant l'enquête, approximativement 15 % de la population étudiée a subi du harcèlement psychologique à son emploi principal et environ 3 %, du harcèlement sexuel, alors qu'à peu près 2 % ont été l'objet de violence physique » (EQCOTESST, 2011b, p. 10). Encore une fois, ce sont les femmes et les travailleurs peu qualifiés qui sont les premières victimes du harcèlement psychologique, comme le montre la figure 9.12.

Ces résultats ont le même écho en Europe. Ainsi, selon les résultats de la quatrième Enquête européenne sur les conditions de travail en 2005, 35 % des salariés européens (UE 27) perçoivent les effets du travail sur leur santé. Il faut noter qu'il y a des écarts importants selon les pays. Ainsi, ils sont plus de 60 % des travailleurs dans douze nouveaux États membres, contre 21 % au Royaume-Uni et 27 % en France. Les problèmes les plus fréquemment rapportés sont les TMS comme les maux de dos (21 %) et les douleurs musculaires (18 %). S'ajoutent à cela la fatigue (20 %), le stress (18 %), les maux de tête (12 %) et l'irritabilité (12 %).

Figure 9.12. Prévalence du harcèlement psychologique selon la catégorie professionnelle et le sexe, Québec 2007-2008

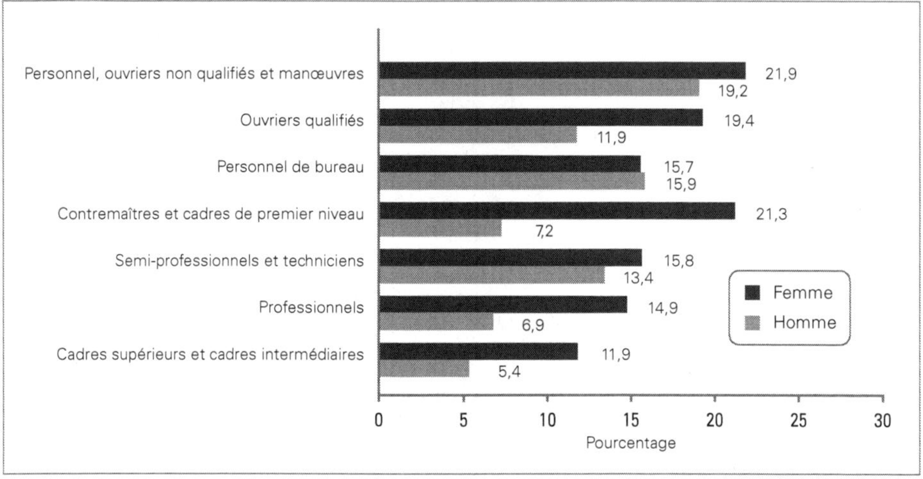

Source : EQCOTESST (2011a, p. 337).

Green (2004) constate que, durant ces deux dernières décennies, il y a eu un déclin important du niveau de la satisfaction au travail. Ce facteur est significativement associé à l'intensification du travail, mais aussi au manque de latitude décisionnelle et de marge de manœuvre qu'ont les travailleurs dans l'exercice de leurs tâches. Dans le même registre, l'étude de Zeytinoglu *et al.* (2007) dans le secteur de la santé, en Ontario, confirme le rapport entre l'intensification du travail (due aux réformes de ce secteur dans les années 1990) et l'augmentation du stress ainsi que la diminution de la satisfaction au travail. Brown (2012) ajoute au déclin de cette dernière, l'influence de l'intensification sur la conciliation travail/vie personnelle tant pour la génération x que les *baby-boomers*. En effet, si ces derniers sont considérés comme étant des « accros au travail », et que la génération x l'est dans une bien moindre mesure, il apparaît que la perception de la satisfaction au travail et d'une bonne conciliation travail/vie personnelle sont réduites par l'intensification du travail, et ce, quelle que soit la génération.

9.2.3. Quelles solutions pour limiter l'intensification ?

Les conséquences de l'intensification du travail exposées ci-dessus amènent à s'interroger sur les raisons qui poussent les travailleurs à l'accepter. Gollac (2005) évoque plusieurs facteurs, parmi eux, la peur du chômage, mais aussi l'utilisation de méthodes *douces* par l'organisation afin de mieux faciliter la coopération. En ce qui concerne la peur du chômage, Gollac (2005) écrit :

> L'enquête *Travail et modes de vie* montre un lien, toutes choses égales par ailleurs, entre l'appréciation que portent les salariés sur le risque de perdre leur emploi et le fait qu'ils estiment travailler à un rythme élevé, mais le sens de la causalité est problématique : la crainte du chômage peut faire accepter l'intensité tout comme une intensité à laquelle on a du mal à faire face peut entraîner des craintes pour son emploi (Gollac, 2005, p. 212).

Quant aux méthodes *douces* utilisées par les organisations (p. ex., des entretiens d'évaluation), Gollac (2005) explique :

> Les résultats de l'enquête *Travail et modes de vie* indiquent que les entretiens sont associés, toutes choses égales par ailleurs, à une intensité du travail ressentie un peu plus forte. L'usage de critères mesurables lors de ces entretiens a un effet sensiblement plus net. La manière douce peut être efficace pour faire accepter l'intensité parce que celle-ci n'est pas uniformément vécue comme un phénomène négatif. Tant qu'on ne « craque » pas, on peut au contraire se prendre au jeu, voire y trouver du plaisir. [...] Faire face avec succès à l'intensité du travail peut aussi engendrer des espoirs de promotion qui la feront supporter (Gollac, 2005, p. 212).

En effet, le fait que l'intensification ne soit pas vécue de manière homogène et comporte une grande part de subjectivité, tel qu'il a été évoqué plus haut, constitue en soi un facteur important dans l'acceptation de conditions de travail intenses :

> Les conditions de travail tendent donc à être vécues comme des problèmes individuels. Les plaintes d'une personne qui souffre de l'intensité excessive du travail parce que les façons de procéder rapides lui conviennent mal peuvent rencontrer l'indifférence ou l'hostilité de ses collègues qui le [*sic*] jugeront paresseux, incompétent ou, au mieux, dépressif (Gollac, 2005, p. 212).

Cela dit, malgré l'acceptation de l'intensification du travail par certains travailleurs, et malgré sa relative stabilisation depuis les années 2000, comme il est mentionné à la section 9.1.2, il est nécessaire de réfléchir à des moyens afin d'en limiter les effets et préserver ainsi une main-d'œuvre en santé, motivée au travail et, de ce fait, sans doute davantage productive. Pour cela, selon Gollac (2005),

> l'action publique doit [...] chercher à modifier le comportement des acteurs, à les faire sortir des cercles vicieux de l'urgence. Les exemples américain ou nordique montrent qu'un tel but peut être atteint en combinant des politiques de coercition, d'incitation, d'information et d'encouragement à la négociation (Gollac, 2005, p. 213).

Les chercheurs ayant mené l'enquête EQCOTESST (2011a) proposent quelques pistes d'action pour tenter d'améliorer les conditions de travail et d'emploi au Québec. Ainsi, une attention particulière devrait être accordée aux groupes figurant systématiquement parmi ceux dont les conditions de travail sont difficiles (les femmes, les jeunes de 15 à 24 ans, les travailleurs peu qualifiés, etc.). Un effort de sensibilisation devrait être mis en place tant pour les dirigeants que pour les travailleurs eux-mêmes, et plus particulièrement les non-syndiqués, afin de mieux les informer sur leurs droits et sur les normes existantes.

Il est également conseillé d'améliorer les conditions d'accès aux mesures de conciliation travail/vie personnelle. En effet, ce genre de mesures peut être bénéfique autant pour les travailleurs que pour les employeurs, car

> les travailleurs ayant un meilleur contrôle de leur horaire s'absenteraient moins fréquemment du travail pour des raisons familiales s'ils pouvaient ainsi échanger des heures avec des collègues ou modifier autrement leur emploi du temps de façon à pouvoir s'acquitter à la fois de leurs responsabilités familiales et de leurs obligations professionnelles (EQCOTESST, 2011a, p. 17).

En ce qui concerne les contraintes physiques et organisationnelles, l'application des mesures de la Loi sur la santé et la sécurité au travail ainsi que différentes dispositions légales obligent les organisations à réduire ou à éliminer plusieurs contraintes, afin de s'assurer que l'organisation du travail est sécuritaire et ne porte pas atteinte à la santé des travailleurs.

Au sujet du harcèlement psychologique au travail, la Commission des normes du travail (CNT) s'est engagée (dans le plan stratégique de 2008-2012) à mettre en place un programme ciblé d'intervention préventive dans les entreprises à risque, le but étant d'augmenter la sensibilisation des employeurs à ce phénomène, mais aussi d'intervenir auprès des employeurs à risque. Cet objectif a été atteint selon la Commission dans son plan stratégique de 2012-2016. Par ailleurs, le nombre de plaintes pour harcèlement psychologique est passé de 64,2 % en 2005-2006 à 57,6 % en 2010-2011. Cela dit, il apparaît qu'une majorité de salariés ne sont plus en emploi au moment du dépôt des plaintes en vertu des lois (et ce pour tous les types de plaintes, y compris celles pour harcèlement psychologique), ce qui laisse à penser que « les salariés craignent des représailles s'ils déposent une plainte en cours d'emploi » (CNT, 2012, p. 18).

Pour le présentéisme, les chercheurs d'EQCOTESST (2011b) suggèrent aux entreprises de

> surpasser le strict contrôle médico-administratif des journées d'absence en raison de maladie et agir également sur les contraintes organisationnelles et physiques qui sont associées à un présentéisme accru. [...] toute tentative de réduire les coûts de l'absentéisme doit être analysée en fonction des conséquences sur l'augmentation des frais reliés au présentéisme, lesquels seraient 10 fois plus élevés que ceux qu'occasionne l'absentéisme pour maladie (EQCOTESST, 2011b, p. 19).

En ce qui concerne les TMS, dans le but d'instaurer une culture de prévention largement diffusée parmi les employeurs, la Commission de la santé et de la sécurité du travail (CSST, 2004) publie régulièrement des guides visant à corriger des situations de travail pouvant porter préjudice aux travailleurs à court ou à long terme. Ainsi, c'est par la formation d'intervenants en santé et sécurité du travail, par la diffusion d'informations sur les différentes manières d'agir et par les recours qu'ont les travailleurs en cas de TMS qu'il y aura une sensibilisation et une prise en compte de ce facteur important de l'intensification du travail. Il en est de même pour les accidents de travail. Par ailleurs, les chercheurs d'ECQOTESST (2011b) suggèrent de mettre l'accent de cette prévention sur les populations les plus vulnérables (jeunes, immigrés, etc.), mais aussi sur ceux qui souffrent d'une précarité contractuelle et de l'insécurité d'emploi.

La sensibilisation doit également porter sur la santé mentale des travailleurs afin de réduire les risques de détresse psychologique et des symptômes dépressifs associés au travail. Il est également important de s'assurer de l'application des mécanismes prévus par la Loi sur la santé et sécurité au travail, qui, contrairement à ce que l'on peut croire, ne se limite pas à la santé physique uniquement, mais aussi à la santé mentale. L'amélioration de la marge de manœuvre des travailleurs et du soutien social ainsi que des programmes de prévention et des pratiques favorables au mieux-être dans le travail, notamment dans les secteurs où les travailleurs vivent des situations de tension avec le public, semble nécessaire pour limiter les effets sur la santé mentale.

9.3. La position des acteurs sociaux

Dans le contexte de l'économie du savoir, la plupart des innovations en matière d'organisation du travail (NFOT) sont souvent perçues comme étant source d'intensification. De ce fait, les syndicats ont tendance à s'opposer aux innovations organisationnelles et leur implantation reste souvent assez limitée, en particulier dans les milieux syndiqués (Lapointe *et al.*, 2000).

Au Québec, Lapointe *et al.* (2000) font le constat que les représentants syndicaux et les employeurs ne s'entendent pas sur le degré d'intensification. Ils expliquent :

> [D]u point de vue des représentants syndicaux, la présence de groupes d'amélioration de la qualité est associée à la fois à une augmentation de la charge de travail et des problèmes de santé, alors que selon des représentants de la direction, elle contribue à une augmentation de la charge de travail, mais à une réduction des problèmes de santé. [...] Pour les représentants syndicaux, l'accroissement de la flexibilité se conjugue à l'intensification du travail, alors que du point de vue des représentants de la direction, c'est plutôt l'absence de flexibilité qui contribue à l'intensification du travail (Lapointe *et al.*, 2000, p. 11).

Ces auteurs constatent également que l'augmentation de la charge de travail et des problèmes de santé évolue souvent dans des contextes où le syndicat est exclu des sphères décisionnelles et où les employés ne bénéficient pas de garanties de la part des employeurs.

De ce fait, Gagnon (2006) dresse un portrait critique de l'action syndicale québécoise (et nord-américaine par extension) et constate son échec à intervenir de façon proactive dans le champ de l'organisation du travail, donc en matière d'intensité du travail. Cet échec est imputable selon Gagnon (2006) à plusieurs facteurs. Ainsi, la notion de compromis fordiste a été largement utilisée dans les relations de travail québécoise et nord-américaine, ce qui a pour résultat de générer une vision « unitariste » ou « gagnant-gagnant », plaçant le syndicat comme cogestionnaire de l'entreprise avec l'employeur. Toutefois, le contrôle sur l'organisation du travail par les syndicats a été abandonné au profit « de conditions salariales avantageuses et une relative sécurité d'emploi ». Gagnon (2006) souligne également que les changements technologiques survenus au cours des deux dernières décennies ont mobilisé les syndicats sur deux principaux sujets : la perte d'emplois et la dequalification. En ce qui concerne l'intensification du travail, Gagnon (2006) écrit :

> [L']action syndicale en matière de changements technologiques n'a pas été fructueuse pour influencer les décisions patronales, mais qu'elle a développé une sensibilité et des modes d'action sur les fronts de la protection des emplois et de la formation professionnelle, donc sur des modalités périphériques d'implantation. C'est dire que l'influence des syndicats sur la matérialité du travail, sur les tâches, l'intensité... fut très faible (Gagnon, 2006, p. 427).

Pourtant, dans le registre de la santé et de la sécurité du travail, qui constitue le champ d'action syndicale par excellence, les syndicats ont pu noter l'augmentation des TMS et ont tenté de renverser la tendance. Toutefois, il semblerait que toutes les tentatives syndicales ont mené à des améliorations ergonomiques, sans pour autant chercher à reprendre le contrôle sur les cadences ou les exigences de la production. Il en est de même lorsqu'il s'agit de la réorganisation du travail. En effet, « les syndicats locaux ont géré le dossier selon les instincts de leurs responsables, ces instincts les amenant à boycotter les processus de réorganisation ou au contraire à les endosser et à y participer activement, avec toutes sortes de postures intermédiaires » (Gagnon, 2006, p. 427).

Il n'y a donc pas, au Québec (comme dans le reste de l'Amérique du Nord), d'action syndicale collective à grande échelle pour contrer l'intensification du travail. Le même constat peut être fait en France où Askenazy (2004) parle d'atonie syndicale et politique tant la question des conditions de travail « fait souvent figure de préoccupation secondaire ». Or, selon Théry (2009), « le développement syndical passe par la résistance au "mal travail" » (Théry, 2009, p. 140). En effet, pour cette auteure, les organisations syndicales se doivent de trouver des voies de développement, en inventant de nouvelles modalités d'action et donc de résistance. Pour cela, les organisations syndicales doivent s'intéresser au détail des situations des salariés, afin de construire une réflexion intégrant la complexité de ces situations, et ainsi pouvoir les porter sur le plan national. De ce fait, la résistance de l'action syndicale, dans le sens de Théry (2009), se situe dans la création d'autres formes possibles d'organisation. Ainsi, comme l'écrit Gagnon (2006) :

> [I]l faut revenir au bon sens élémentaire que l'histoire du mouvement ouvrier n'a jamais démenti, à savoir qu'aucune action syndicale visant à humaniser le travail, à le rendre plus supportable, n'est inutile, et qu'il ne faut pas abandonner aux employeurs la tâche d'humaniser les milieux de travail (Gagnon, 2006, p. 430).

Conclusion

Ce chapitre nous a permis d'analyser le phénomène de l'intensification du travail, une réalité qui, comme nous l'avons vu, se présente dans nombre de secteurs d'activité et de milieux de travail. Souvent associée à la progression de l'économie du savoir, cette réalité contribue à la pénibilité du travail pour les salariés. Il ne semble pas facile d'éliminer cette intensification du travail, car les entreprises y voient souvent des gains pour elles, mais cela peut représenter des gains à court terme, au prix de coûts à long terme, si les salariés finissent par être moins productifs en raison de cette pénibilité du travail. Dans le chapitre 10, nous passons à un autre des effets négatifs potentiels de l'économie du savoir, à savoir le présentéisme au travail.

Bibliographie

ASKENAZY, P. (2000). « Réduction du temps de travail : organisation et conditions de travail », *Revue économique*, vol. 51, n° 3, p. 547-556.

ASKENAZY, P. (2004). *Les désordres du travail*. Paris : Seuil et La République des Idées, 95 p.

ASKENAZY, P. (2005). « Sur les sources de l'intensification », *Revue économique*, vol. 56, n° 2, p. 217-236.

BOISARD, P., CARTRON, D., GOLLAC, M. et VALEYRE, A. (2002). *Temps et travail : l'intensité du travail*, tome 1, Fondation européenne pour l'amélioration des conditions de vie et de travail, 61 p. <http://edz.bib.uni-mannheim.de/www-edz/pdf/ef/02/ef0248fr.pdf>. Consulté le 6 avril 2014.

BOUVILLE, G. (2010). « Les effets de la *lean production* sur la santé au travail et l'absentéisme : les résultats d'une étude de cas rétrospective dans une entreprise de maintenance ferroviaire », *Travailler*, n° 29, p. 183-202. <http://www.cairn.info/resume.php?ID_ARTICLE=TRAV_029_0183>. Consulté le 6 avril 2014.

BROWN, M. (2012). « Responses to work intensification : does generation matter ? », *The International Journal of Human Resource Management*, vol. 23, n° 17, p. 3578-3595.

BUÉ, J., COUTROT, T. et GUIGNON, N. (2008a). « L'évolution des conditions de travail », *L'emploi, nouveaux enjeux*. Paris : Institut national de la statistique et des études économiques (INSEE), p. 61-70. <http://www.insee.fr/fr/themes/document.asp?reg_id=0&id=2409>. Consulté le 6 avril 2014.

BUÉ, J., COUTROT, T., GUIGNON, N. et SANDRET, N. (2008b). « Les facteurs de risques psychosociaux au travail », *Revue française des affaires sociales*, vol. 2, nos 2-3, p. 45-70. <http://www.cairn.info/revue-francaise-des-affaires-sociales-2008-2-page-45.htm>. Consulté le 6 avril 2014.

BUÉ, J. et SANDRET, N. (2007). « Contact avec le public : près d'un salarié sur quatre subit des agressions verbales », *DARES – Premières Synthèses Informations*, n° 15-1. <http://travail-emploi.gouv.fr/IMG/pdf/2007.04-15.1.pdf>. Consulté le 20 mai 2014.

CARTRON, D., GOLLAC, M. et HAMON-CHOLET, S. (2009). « L'intensification du travail : phénomène durable ou effet d'apprentissage ? », dans Appay, B. et Jefferys, S. (dir.), *Restructurations, précarisation, valeurs*. Toulouse : Octares, p. 219-231

COMMISSION DE LA SANTÉ ET DE LA SÉCURITÉ DU TRAVAIL – CSST (2004). *Troubles musculosquelettiques : une démarche simple de prévention*, 17 p. <http://www.csst.qc.ca>. Consulté le 10 août 2013.

COMMISSION DES NORMES DU TRAVAIL – CNT (2008). *Plan stratégique 2008-2012*, 52 p. <http://www.cnt.gouv.qc.ca>. Consulté le 10 août 2013.

COMMISSION DES NORMES DU TRAVAIL – CNT (2012). *Plan stratégique 2012-2016*, 42 p. <http://www.cnt.gouv.qc.ca>. Consulté le 10 août 2013.

DAVEZIES, P. (2007). « Intensification. Danger : le travail rétréci », *Santé & travail*, n° 57, janvier, p. 30-33.

DE CONINCK, F. et GOLLAC, M. (2006). « L'intensification du travail : de quoi parle-t-on ? », dans Askenazy, P., Cartron, D., De Coninck, F. et Gollac, M. (dir.), *Organisation et intensité du travail*. Toulouse : Octares, p. 3-8.

GAGNON, M.-J. (2006). « L'intensification du travail et l'action syndicale : le cas du Québec », dans Askenazy, P., Cartron, D., De Coninck, F. et Gollac, M. (dir.), *Organisation et intensité du travail*. Toulouse : Octares, p. 421-430.

GOLLAC, M. (2005). « L'intensité du travail : formes et effets », *Revue économique*, vol. 56, n° 2, p. 195-216.

GOLLAC, M. et VOLKOFF, S. (1996). « *Citius, altius, fortius* : l'intensification du travail », *Actes de la recherche en sciences sociales*, vol. 114, p. 54-67.

GREEN, F. (2004). « Work intensification, discretion and the decline in well-being at work », *Eastern Economic Journal*, vol. 30, n° 4, p. 615-625.

GREEN, F. et McINTOSH, S. (2001). « The intensification of work in Europe », *Labour Economics*, vol. 8, n° 2, p. 291-308.

GUILLEMOT, D. (2011). « Travail dans le public et le privé : une intensification parallèle », *Travail et Emploi*, n° 128, octobre-décembre, p. 23-40.

LAPOINTE, P.-A., LÉVESQUE, C., MURRAY, G. et JACQUES, F. (2000). « Les innovations en milieu de travail dans l'industrie des équipements de transport terrestre au Québec », Rapport de synthèse, 25 p.

MULLER, S. (2011). « Les ressorts de l'intensification du travail : éprouver les limites jusqu'à la cassure », *Les nouvelles d'Archimède*, LNA n° 58, p. 40-41. <http://culture.univ-lille1.fr/fileadmin/lna/lna58/lna58.pdf>. Consulté le 7 avril 2014.

THÉRY, L. (2006). *Le travail intenable : résister collectivement à l'intensification du travail.* Paris : Éditions La Découverte, 245 p.

THÉRY, L. (2009). « Résister collectivement à l'intensification du travail : quand les syndicats interrogent leurs pratiques syndicales », *Nouvelle revue de psychosociologie*, vol. 1, n° 7, p. 137-149.

TREMBLAY, D.-G. (dir.) (2013). *Temporalités sociales, temps prescrits, temps institutionnalisés.* Québec : Presses de l'Université du Québec, 271 p.

TREMBLAY, D.-G. (2014). *Infirmière : vocation, engagement et parcours de vie.* Montréal : Éditions du remue-ménage, 153 p.

TREMBLAY, D.-G. et MASCOVA, E. (2013). *Les avocats, les avocates et la conciliation travail-famille.* Montréal : Éditions du remue-ménage, 175 p.

VALEYRE, A. (2004). « Les nouvelles formes d'intensification du travail industriel : logiques technologiques, organisationnelles et économiques », *Économies et sociétés, série Socioéconomie du travail*, n° 24, 35 p. <http://halshs.archives-ouvertes.fr/docs/00/82/24/73/PDF/SET24_valeyre.pdf>. Consulté le 7 avril 2014.

VALEYRE, A. (2006). « Les formes d'intensification du travail industriel et leurs déterminants », dans Askenazy, P., Cartron, D., De Coninck, F. et Gollac, M. (dir.), *Organisation et intensité du travail.* Toulouse : Octares, p. 71-80.

VENDRAMIN, P. (2006). « Les TIC, complices de l'intensification du travail », dans Askenazy, P., Cartron, D., De Coninck, F. et Gollac, M. (dir.), *Organisation et intensité du travail.* Toulouse : Octares, p. 129-135.

VÉZINA, M., CLOUTIER, E., STOCK, S., LIPPEL, K., FORTIN, E., DELISLE, A., ST-VINCENT, M., FUNES, A., DUGUAY, P., VÉZINA, S. et PRUD'HOMME, P. (2011a). *Enquête québécoise sur des conditions de travail, d'emploi et de santé et de sécurité du travail (EQCOTESST)*, Projets spéciaux, Rapport R-691. Québec : Institut national de santé publique du Québec, 986 p. <http://www.irsst.qc.ca>. Consulté le 15 août 2013.

VÉZINA, M., CLOUTIER, E., STOCK, S., LIPPEL, K., FORTIN, E., DELISLE, A., ST-VINCENT, M., FUNES, A., DUGUAY, P., VÉZINA, S. et PRUD'HOMME, P. (2011b). *Enquête québécoise sur des conditions de travail, d'emploi et de santé et de sécurité du travail (EQCOTESST).* Sommaire RR-691. Québec : Institut national de santé publique du Québec, 50 p. <http://www.irsst.qc.ca>. Consulté le 15 août 2013.

ZEYTINOGLU, I. U., DENTON, M., DAVIES, S., BAUMANN, A., BLYTHE, J. et BOOS, L. (2007). « Associations between work intensification, stress and job satisfaction : The case of nurses in Ontario », *Relations Industrielles/Industrial Relations*, vol. 62, n° 2, p. 201-225.

CHAPITRE 10
Le temps de travail et le présentéisme dans l'économie du savoir
Engagement ou autoexploitation ?

SOMMAIRE

Introduction

Pendant longtemps, les rythmes de la vie étaient très distincts. Le travail s'effectuait exclusivement chez l'employeur et les temps sociaux se passaient dans la sphère privée (Vendramin et Valenduc, 1999). Selon ces auteurs, les individus étaient d'abord scolarisés, puis venait le temps de la formation professionnelle. Ils entraient ensuite dans la vie professionnelle et après un certain nombre d'années de travail, ils prenaient leur retraite. C'est ce que l'on a appelé le modèle ternaire de vie : études-travail-retraite (Tremblay, 2010, 2014). De plus, le temps consacré au travail correspondait à des heures fixes, stables et prévisibles passées chez l'employeur. La distinction entre le temps de travail et le temps hors travail était donc claire et bien délimitée. Cependant à l'ère de l'économie du savoir, ce modèle de rythmes de vie semble avoir été remis en question et de nombreux chercheurs le réinterrogent.

10.1. Le temps de travail et les temps sociaux à l'ère de l'économie du savoir

Dans cette première partie, après avoir donné une définition de l'intensification du travail, nous évoquons en détail les différentes formes que peut revêtir cette dernière dans les organisations.

De nos jours, de nombreuses transformations ont fait en sorte que le temps de travail et les temps sociaux ne sont plus identiques au modèle traditionnel décrit ci-dessus. En effet, à l'ère de l'économie du savoir, la rapidité des progrès technologiques, de l'information et des communications, la tertiarisation grandissante des économies et l'ouverture des marchés ont poussé les organisations à revoir leur modèle de fonctionnement. La mondialisation et l'accentuation de la concurrence ont aussi poussé les individus à craindre pour leur emploi dans l'avenir.

Ainsi, de nouvelles formes d'organisation émergent, qui bouleversent l'organisation du travail et les temps de travail : « organisation en flux tendus, stratégies axées sur la clientèle, travail par projet, politiques du zéro délai, zéro stock, zéro défaut, autonomie et responsabilisation des salariés, nouvelles technologies » (Vendramin, 2007, p. 13). Le travail devient aussi de plus en plus immatériel. En effet, alors que précédemment le travail s'effectuait en usine ou au bureau, désormais il peut facilement envahir la sphère privée. La possibilité d'accéder aux technologies mobiles (téléphone, Internet, ordinateur) permet aujourd'hui à de nombreux individus de travailler à domicile ou d'être joints où qu'ils se trouvent et à n'importe quel moment (Genin, 2009), l'idée étant comme le souligne Genin (2009, p. 128) que « l'entreprise efficace et concurrentielle est capable de réagir "en temps réel" ». C'est pourquoi la recherche de compétitivité, de fluidité et de flexibilité a fait en sorte que les frontières spatiotemporelles de l'organisation deviennent de moins en moins étanches (Goldfinger, 1998; Veilleux, 2006; Genin, 2009). On peut parler alors de porosité ou de perméabilité des temps et espaces de travail (Tremblay et Genin, 2008b).

Les entreprises semblent avoir eu plus de facilité à imposer ces perméabilités dans un premier temps dans les emplois féminins, jouant sur la *demande* des femmes pour des horaires adaptés à leurs responsabilités familiales. Elles les ont aussi imposés aux jeunes, surtout les jeunes aux études, là encore prétextant que ces horaires leur permettaient de concilier travail et études (Tremblay et Alberio, 2014a et b; Tremblay, 2008a et b). Puis, au fil du temps, elles ont tenté de gérer au plus juste l'ensemble des effectifs, masculins et féminins, jeunes et plus âgés. C'est ainsi que de nombreux types d'emplois atypiques ont vu le jour. Il faut entendre par emploi atypique, l'emploi à temps partiel, le travail temporaire, occasionnel, à contrat, à durée déterminée. Certains incluent aussi le travail autonome ou indépendant (Noiseux, 2012) ou encore le travail à domicile (Bernier, 2003, cité dans Noiseux, 2012, p. 30), mais cela nous paraît excessif d'intégrer ces deux catégories. Dans le cas du travail à domicile, ou télétravail, c'est la plupart du temps à la demande du salarié, qui y voit de nombreux avantages, mais de plus, le statut de salarié permanent à plein temps n'est pas remis en question. Pour ce qui est des travailleurs autonomes ou indépendants, ils sont parfois dans une situation précaire, mais ce n'est pas le cas de tous. En effet, les professionnels (médecins, avocats, dentistes, etc.) qui travaillent à leur compte, comme travailleurs autonomes, ne peuvent être considérés comme précaires.

Souvent, il s'agit d'emplois du secteur des services qui sont davantage occupés par les femmes avec des horaires atypiques, c'est-à-dire sur de longues plages horaires sept jours sur sept ou 24 heures sur 24: temps partiel, sur appel, en fonction d'horaires variables (Nault et Tessier, 2007). Certains de ces services sont bien sûr tout à fait traditionnels et n'ont pas à voir avec l'économie du savoir (restauration, hôtellerie, ménage, etc.), mais il semble que de plus en plus de nouveaux services se développent et ceux-ci sont souvent associés à l'économie du savoir comme les services de téléphonie mobile, de conseil financier ou de conseil informatique, autant de secteurs qui ont souhaité le développement de centres d'appel par ailleurs (Pierre et Tremblay, 2012).

Ainsi selon la CNT (2011b), l'adaptation des salariés et des employeurs aux nouvelles réalités du marché du travail et de l'économie du savoir, en particulier, peut les pousser à enfreindre la Loi sur les normes du travail en matière d'heures supplémentaires. En effet, deux raisons font que les employeurs et les salariés préfèrent passer par des pratiques d'heures supplémentaires, l'une étant d'ordre économique, l'autre d'ordre organisationnel.

Du point de vue économique:

- Si les coûts (formation, charges sociales, charges fiscales) liés à une nouvelle embauche sont plus importants que ceux liés aux heures supplémentaires, l'employeur préférera voir ses employés effectuer des heures supplémentaires.
- Plusieurs raisons poussent le salarié à effectuer des heures supplémentaires: accroître ses revenus, obtenir une promotion, obtenir plus tard un congé pour concilier le travail et la famille, réaliser un travail de

qualité, rester compétitif ou conserver son emploi et aussi, enfin, par passion ou par intérêt pour son travail, ainsi que pour l'enrichissement et la réalisation de soi qui y sont associés.

Du point de vue organisationnel :

- Dans un but de compétitivité, les organisations ont mis en place de nouvelles formes de gestion : gestion par résultats, gestion par projet ou par contrats et ceci s'observe surtout dans les secteurs de l'économie du savoir.
- Pour les mêmes raisons, elles peuvent pousser à l'intensification du travail.
- Enfin, ces possibilités d'intensification et de longues heures sont accrues par l'accessibilité et la disponibilité quasi permanente des salariés grâce aux outils informatiques qui, ayant rétréci au fil des ans, sont de plus en plus portables et transportables en tous lieux, assurant une encore plus grande disponibilité potentielle.

Tous ces éléments concourent à remettre en cause l'organisation du temps de travail et, par ricochet, celle des temps sociaux (familiaux, personnels, etc.).

10.2. Le portrait général de la durée du temps de travail

C'est dans les années 1990 que des inégalités de temps de travail entre les salariés se seraient fortement développées en Europe, alors qu'en Amérique, le temps partiel était développé depuis plus longtemps déjà (années 1970). En Europe, le temps de travail est une question conflictuelle depuis longtemps et il l'est encore à ce jour (Miller, 2013). En effet, la directive relative au temps de travail de 1993 stipule que « les travailleurs ne doivent pas effectuer plus de 48 heures par semaine en moyenne (calculée sur une période de quatre mois) ». Cependant, cette directive permet d'importantes dérogations par le biais d'une clause dite « de l'*opt-out* », c'est-à-dire que des entreprises, des sections syndicales ou des salariés peuvent déroger à la directive et ceci, souvent dans un souci de flexibilité (Miller, 2013). Ainsi, en 2010, les salariés français ont la plus faible durée effective annuelle de temps de travail à temps plein (avec les salariés finlandais) comparativement à tous les pays européens avec 1 679 heures, soit 224 heures de moins que l'Allemagne, 134 heures de moins que l'Italie et 177 heures de moins que le Royaume-Uni (Coe-Rexecode, 2012, p. 3). De 1999 à 2010, les salariés français ont vu la durée effective de travail diminuer de « 270 heures ce qui correspond à un recul de 14 % » (Coe-Rexecode, 2012, p. 14). Comparativement, le recul de la durée effective du temps de travail des salariés à temps plein a été « de 104 heures au Royaume-Uni (–5,3 %), de 114 heures en Italie (–5,9 %) et de 124 heures en Allemagne (–6,1 %) » (Coe-Rexecode, 2012, p. 14). En France, cette diminution est due à la réduction de la durée légale du travail (consécutive aux lois Aubry) de 39 h à 35 h. Il s'agit de la plus importante diminution de tous les pays européens – mais elle s'explique aussi par le ralentissement économique observé en France. Cependant, il faut noter que la durée effective annuelle moyenne de travail des travailleurs non salariés (2 453 heures) à temps plein était supérieure de pratiquement 50 % à celle des salariés à temps plein (1 679 heures). Ainsi, de 1990 à 2010, la durée effective annuelle moyenne de travail des salariés à temps plein a baissé de 13,8 % comparativement à celle des non-salariés qui n'a baissé que de −7,7 %. Cependant, si la baisse de la durée effective du travail des salariés devait permettre aux entreprises de créer des emplois et de partager l'emploi, cet objectif n'a pas été atteint (Coe-Rexecode, 2012).

Au Canada, en 2012, les employés travaillent en moyenne une heure de plus (35,4 heures – heures habituelles de travail) comparativement aux employés québécois (34,4 heures – heures habituelles de travail). Que ce soit au Canada ou au Québec, au cours des dernières années, le nombre d'heures hebdomadaire n'a pratiquement pas changé puisqu'en 2007, il s'élevait à 35,5 heures au Canada et à 34,5 heures au Québec (ISQ, 2013, p. 40). Historiquement, on a observé une réduction du temps de travail depuis le début du siècle, puis une polarisation des heures, c'est-à-dire que le nombre de personnes ayant des heures *normales* a diminué, alors que les horaires courts (dans les services) et les horaires longs ont augmenté. Par la suite, la situation s'est stabilisée au Canada (Tremblay, 2008b).

Au Québec, selon l'ISQ (2012, p. 252), la durée annuelle habituelle du travail des employés québécois s'élevait à 1 782,3 heures en 2012, avec une durée réelle[1] fixée à 1 621,2 heures, c'est-à-dire 31,1 heures en moyenne par semaine, tout comme en 2011. Les vacances et les jours fériés s'élevaient à 110,9 heures et les absences pour cause de maladie ou d'incapacité représentaient 60,4 heures. Les données de l'ISQ ont également montré que les hommes travaillaient plus d'heures habituelles (1 896,2 heures) que les femmes (1 667,9 heures) et il en est de même pour la durée du travail réelle (1 784,7 heures chez les hommes contre 1 457,0 chez les femmes). Ainsi, si l'écart est plus élevé sur le plan des heures réelles (327,7 heures) entre les hommes et les femmes, il semblerait que ce soit en raison d'un plus grand nombre d'heures d'absence pour obligations personnelles ou familiales chez les femmes (74,5 chez les femmes contre 17,9 heures chez les hommes) ainsi que des heures supplémentaires (rémunérées ou non) plus nombreuses chez les hommes (88,3 contre 52,7 heures). Mais n'oublions pas que ces tendances moyennes cachent des évolutions qui peuvent être assez contrastées, puisque les horaires courts sont encore assez fréquents dans les services (hôtellerie, restauration, commerce de détail), alors que les horaires longs semblent se développer aussi, à la fois dans certains services et dans les emplois de l'économie du savoir (CNT, 2011b et c).

10.2.1. Le portrait mondial de la durée du travail excessive

Bien que la durée effective du temps de travail ait diminué dans de nombreux pays, les données de l'OIT (2011) montrent qu'à l'échelle mondiale, certains travailleurs salariés et indépendants présentent une durée du travail excessive, soit plus de 48 heures par semaine.

Selon l'estimation mondiale du BIT 2002 cité dans OIT (2011), les travailleurs indépendants composent les trois cinquièmes de l'économie informelle dans toutes les régions du monde. Ainsi, compte tenu de la rareté des données sur la durée du travail dans l'économie informelle, le nombre d'heures effectuées

1. La définition de ce concept est la suivante : il s'agit du temps réellement travaillé par les employés au cours d'une année civile en tenant compte des absences et des heures supplémentaires effectuées (ISQ, 2012).

par les travailleurs indépendants peut servir d'indicateur approximatif de la durée du travail dans l'économie informelle des pays en développement (OIT, 2011). S'il faut noter que les travailleurs de cette économie formelle des pays en développement ne font pas partie de l'économie du savoir. Il est tout de même intéressant de faire le parallèle avec cette situation, ne serait-ce que pour se rappeler que précarité et longues heures ne sont pas que l'apanage des sociétés développées et de l'économie du savoir, au contraire.

Quoi qu'il en soit, l'analyse des données des figures 10.1 et 10.2 met en relief une proportion plus importante de travailleurs effectuant des horaires excessifs chez les travailleurs indépendants que chez les travailleurs en emploi rémunéré (salarié), tant chez les hommes que chez les femmes et que ce soit dans les pays développés ou en développement et en transition. En ce qui concerne les pays développés, la France, l'Allemagne et les Pays-Bas représentent les pays où l'écart entre la durée du travail rémunéré (salarié) et le travail indépendant est le plus important. Pour la majorité des pays en développement et en transition, les horaires prolongés sont fréquents chez les hommes. Concernant les femmes dans les pays en développement et en transition, l'Éthiopie, les Philippines et la Turquie représentent les pays où la durée du travail de l'emploi

Figure 10.1. Pourcentage d'hommes dont la durée du travail est excessive[a] (2010 ou année la plus récente[b], emploi rémunéré et emploi indépendant)

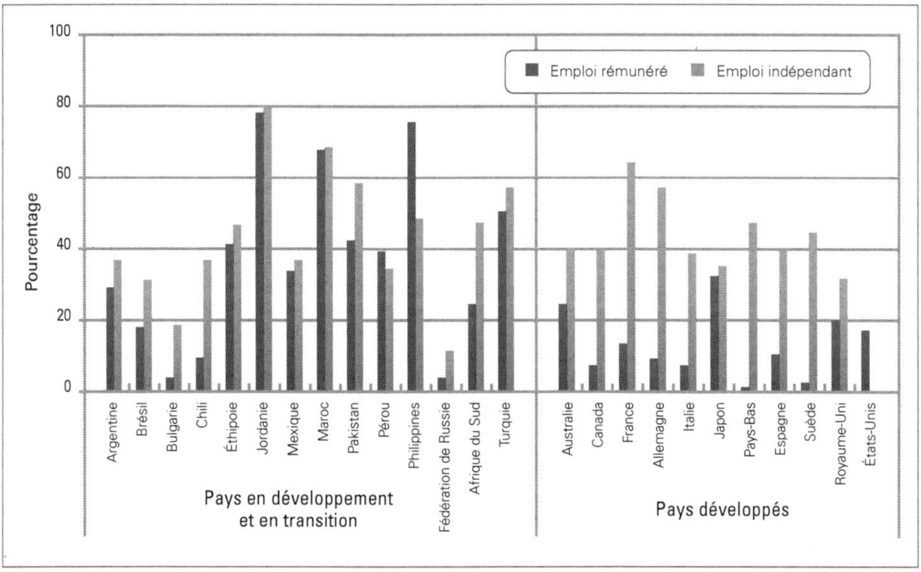

a) Conformément aux recommandations de la Réunion tripartite d'experts sur la mesure du travail décent, une durée hebdomadaire de plus de 48 heures est considérée comme excessive. Compte tenu des données disponibles, le plafond utilisé est de 53 heures pour la République de Corée, 51 heures pour la Fédération de Russie, 50 heures pour le Chili, 49 heures pour l'Australie, le Canada, Singapour, la Thaïlande, la Turquie et les États-Unis, 47 heures pour le Maroc, 40 heures pour les Philippines et 39 heures pour la Jordanie. Pour la même raison, les données concernant les États-Unis ne s'appliquent qu'aux salariés.

b) Les chiffres de l'année 2010 ou 2009 ont été utilisés dans la mesure du possible. Compte tenu des données disponibles, ce sont ceux de 2008 qui ont été utilisés pour l'année 2010 pour le Brésil, le Maroc, le Pérou et la Fédération de Russie. La crise économique mondiale a peut-être influé sur les données de 2009.

Sources : Eurostat 2010, offices statistiques nationaux, OCDE, cités dans OIT (2011, p. 31).

rémunéré des femmes est plus importante que celle de l'emploi indépendant. Dans les pays développés, et en particulier au Canada, c'est dans l'emploi indépendant que les heures sont plus longues, pour les femmes comme pour les hommes.

Figure 10.2. Pourcentage des femmes dont la durée du travail est excessive[a] (2010 ou année la plus récente[b], emploi rémunéré et emploi indépendant)

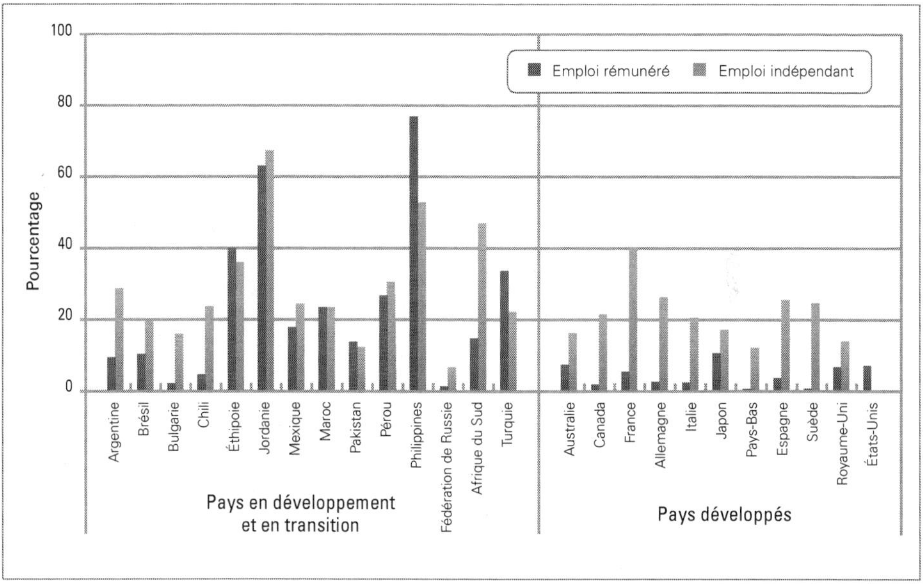

a) Conformément aux recommandations de la Réunion tripartite d'experts sur la mesure du travail décent, une durée hebdomadaire de plus de 48 heures est considérée comme excessive. Compte tenu des données disponibles, le plafond utilisé est de 53 heures pour la République de Corée, 51 heures pour la Fédération de Russie, 50 heures pour le Chili, 49 heures pour l'Australie, le Canada, Singapour, la Thaïlande, la Turquie et les États-Unis, 47 heures pour le Maroc, 40 heures pour les Philippines et 39 heures pour la Jordanie. Pour la même raison, les données concernant les États-Unis ne s'appliquent qu'aux salariés.

b) Les chiffres de l'année 2010 ou 2009 ont été utilisés dans la mesure du possible. Compte tenu des données disponibles, ce sont ceux de 2008 qui ont été utilisés pour l'année 2010 pour le Brésil, le Maroc, le Pérou et la Fédération de Russie. La crise économique mondiale a peut-être influé sur les données de 2009.

Sources : Eurostat 2010, offices statistiques nationaux, OCDE, cités dans OIT (2011, p. 31).

10.2.2. La durée du temps de travail au Canada et au Québec

Au Canada, la durée normale du temps de travail varie en fonction des provinces et des secteurs. Par exemple, à l'Île-du-Prince-Édouard, la durée normale du travail est de 48 heures par semaine et celle du Nouveau-Brunswick de 44 heures par semaine (ministère du Travail du Québec, 2011). En ce qui concerne le Québec, la durée normale du temps de travail est de 40 heures par semaine (ministère du Travail du Québec, 2011).

Historiquement, au Québec, c'est à compter de 1980 que la Loi sur les normes de travail concernant la majoration des heures supplémentaires effectuées au-delà de 44 heures entre en vigueur. Cette loi prévoit la rémunération des heures supplémentaires au taux majoré de 50 %. Plus tard, de 1997 à 2001, dans le cadre d'un projet gouvernemental d'aménagement et de réduction du temps de travail dont le but est de réduire le chômage, la durée de la semaine normale de travail sera réduite progressivement pour passer de 44 heures à 40 heures par semaine (Commission des normes du travail, 2011b et c).

Selon l'ISQ (2013, p. 31), depuis 2002, les heures habituelles de la semaine de travail des employés québécois ne semblent pas avoir beaucoup fluctué. En effet, en 2012, elles s'élevaient à 34,4 heures par semaine réparties chez les hommes à hauteur de 36,6 heures et pour les femmes à hauteur de 32,1 heures (en raison du temps partiel plus fréquent chez elles, qui fait baisser la moyenne). Ainsi, depuis 2002, les heures de travail se maintiennent au-dessous de 35 heures par semaine. De plus, qu'il s'agisse des heures hebdomadaires habituelles des salariés ou des travailleurs autonomes, l'ISQ (2013) a montré que les heures habituelles de la semaine de travail sont demeurées relativement stables en 2012 comparativement à 2011, soit 35,1 heures en 2012 pour les salariés. Chez les travailleurs autonomes, elles baissent de 0,2 heure et se situent à 39,3 heures.

Ainsi, si aujourd'hui une part des salariés travaille moins de 40 heures, ce n'est pas le cas pour tous les employés (tableau 10.1). En effet, comme l'a montré l'ISQ (2012), en 2012, comparativement aux individus sans diplôme (études secondaires), groupe démontrant la plus faible durée de travail réelle (1 545,8 heures), les diplômés universitaires présentent une plus longue durée du travail réelle annuelle (1 683,7 heures). Cependant, ils ont aussi un nombre plus élevé d'heures supplémentaires non rémunérées (96,8 heures) par rapport à d'autres groupes moins scolarisés. Cependant, comparativement aux employés des autres niveaux d'études, les diplômés universitaires s'absentent davantage, notamment pour les vacances et les jours fériés (142,4 heures) et les obligations familiales ou personnelles (67,6 heures). Les individus sans diplôme s'absentent moins pour les vacances et les jours fériés (74,1 heures) ainsi que pour les obligations personnelles et familiales (25,5 heures). En revanche, ils affichent un nombre plus élevé d'heures d'absence pour maladie ou incapacité (79,8 heures) (ISQ, 2012).

En fonction du secteur d'activité, les employés peuvent être également amenés à travailler de longues heures. En effet, les travailleurs du secteur de l'économie du savoir (finances, haute technologie, services de conseils aux entreprises, etc.) travaillent sur des horaires habituels de 40 heures par semaine (CNT, 2011b).

D'ailleurs, selon la CNT (2011b), en moyenne en 2008, les salariés dont l'horaire habituel est de 40 heures, soit 31 975 salariés, se retrouvent essentiellement dans les secteurs suivants :

- 35,0 % (11 128) travaillant pour les secteurs de l'économie du savoir,
- 32,0 % (10 092) œuvrant pour les secteurs de l'hébergement, de la restauration et du commerce (détail et gros),
- 29,0 % (9 385) travaillant pour le secteur des biens (CNT, 2011c, p. 65).

Tableau 10.1. Durée du travail réelle en heures par année selon le genre, le groupe d'âge, le niveau d'études, le régime de travail et le statut de l'emploi, pour l'ensemble des employés au Québec (2012)

	A	B				C		(A – B) + C
	Durée du travail habituelle	Absences pour vacances et jours fériés	Absences pour maladie ou incapacité	Absences pour obligations personnelles ou familiales	Absences pour autres raisons	Heures supplémentaires rémunérées	Heures supplémentaires non rémunérées	Durée du travail réelle
Ensemble	**1782,3**	**110,9**	**60,4**	**46,2**	**14,2**	**34,1**	**36,4**	**1621,2**
Hommes	1896,2	111,9	57,2	17,9	12,8	47,8	40,5	1784,7
Femmes	1667,9	110,0	63,5	74,5	15,5	20,4	32,3	1457,0
Groupe d'âge								
15-24 ans	1365,6	46,6	27,6	27,7	16,9	25,5	9,5	1281,8
25-44 ans	1877,7	111,5	53,6	86,4	16,0	36,9	40,8	1687,9
45-54 ans	1893,4	140,2	72,1	9,9	10,3	37,8	48,0	1746,8
55 ans et plus	1767,7	130,8	97,8	7,8*	12,4*	29,0	32,8	1580,8
Niveau d'études								
Sans diplôme d'études secondaires	1699,9	74,1	79,8	25,5	15,8	34,9	6,2**	1545,8
Diplôme d'études secondaires	1792,3	103,0	74,3	30,4	13,0*	34,0	15,8	1621,3
Études postsecondaires	1778,2	108,2	59,1	46,3	14,2	38,6	22,6	1611,6
Diplôme universitaire	1830,0	142,4	43,1	67,6	14,1	24,1	96,8	1683,7
Régine de travail								
Temps plein	1985,0	126,3	69,0	52,4	14,7	38,9	43,1	1804,6
Temps partiel	927,7	46,0	23,9	19,8	12,1	14,0	8,2*	848,1
Statut de l'emploi								
Permanent	1826,1	119,3	64,5	47,7	12,9	34,8	38,2	1654,6
Temporaire	1522,5	61,0	35,7	37,0	21,5	30,4	25,4	1423,0

Légende : * = Différence statistiquement significative par rapport au groupe de référence à $p < 0,05$; ** = $p < 0,01$.

Source : Statistique Canada (2012). *Enquête sur la population*, adaptée par l'Institut de la statistique du Québec (ISQ, 2012, p. 254).

On voit donc qu'il y a de longues heures dans tous les secteurs. De plus, selon la CNT (2011b, p. 73), la part de travailleurs du savoir qui disposent d'un horaire de 40 heures par semaine s'est accrue de « 17,0 % à 24,0 % de 2004 à 2009 » (bien qu'il ne s'agisse que de 24,6 % des salariés de ce secteur). En effet, comme le montre la figure 10.3, de 2001 à 2009, en moyenne, un peu plus du quart des travailleurs de l'économie du savoir effectue des semaines de 35 heures, un peu moins de la moitié travaille sur des horaires de 35-40 heures, un quart effectue des horaires de 40 heures, et une petite part travaille plus de 40 heures. La figure 10.3 montre l'évolution de la proportion des horaires des secteurs de l'économie du savoir de 2001-2009. Ainsi, s'il y a une augmentation des heures, les horaires très longs (plus de 40 heures) sont assez peu nombreux (moins de 5 %), et la majorité se trouve donc entre 35 et 40 heures. Notons que beaucoup d'emplois de services sont à 37,5 heures.

Figure 10.3. Évolution de la proportion des horaires habituels des secteurs de l'économie du savoir de 2001-2009

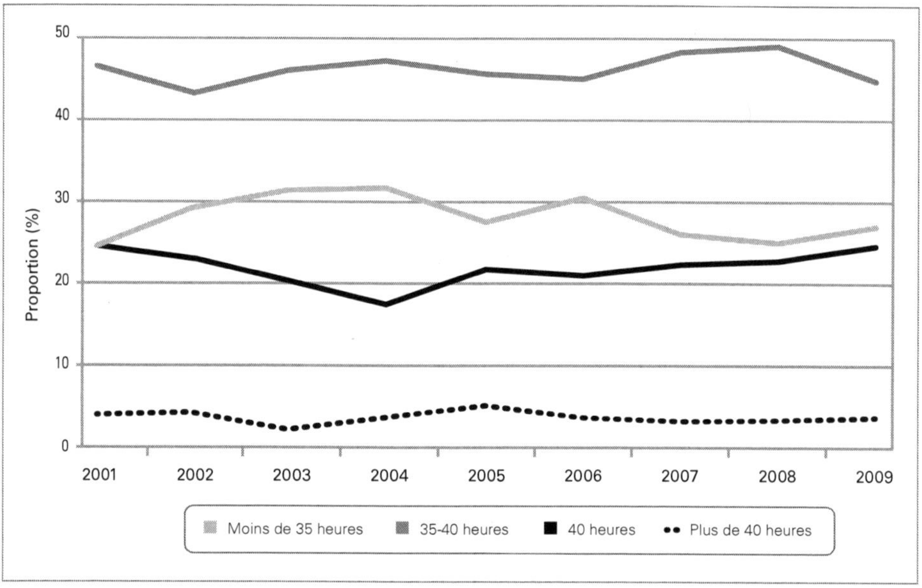

Source: Statistique Canada, *Enquête sur la population active*, mars 2001 à mars 2009, citée dans CNT (2011c, p. 73).

Par ailleurs, selon la CNT (2012, p. 13), dans le secteur de l'économie du savoir, c'est en raison de « la nature et [de] l'organisation du travail propres à ce secteur (gestion par projet plutôt que gestion de la semaine de 40 heures, rémunération à la semaine plutôt que sur la base d'un taux horaire) » que la loi peut être enfreinte, notamment celle sur la durée du temps de travail.

De plus, les données annuelles de Statistique Canada citées dans CNT (2011a, p. 64) indiquent qu'en 2008, en moyenne annuelle « 36,5 % (21 683/59 480) des salariés travaillent selon un horaire habituel de 35 à 40 heures » et enfreignent plusieurs lois, dont celle de la durée du temps de travail. De ces « 21 683, plus d'une personne sur deux (55,4 % ; 12 007/21 683) travaille pour les secteurs de l'économie du savoir ». Selon la CNT (2011b et c), il semble possible que ce type d'horaires puissent relever majoritairement de certaines professions comme celles d'ingénieurs, de comptables, d'avocats, etc., professions qui, comme nous l'avons vu, appartiennent au secteur de l'économie du savoir.

En résumé, ces statistiques montrent qu'un travailleur du savoir qui a un horaire normal de 40 heures par semaine est plus susceptible qu'un autre travailleur de faire des heures supplémentaires, et donc de travailler au-delà de cet horaire, en raison de la nature de l'emploi et de l'organisation du travail propres à ce secteur.

10.3. Les différents contextes où les heures de travail sont longues

Comme nous l'avons vu, l'économie du savoir regroupe plusieurs secteurs, dont le jeu vidéo. Durant les dix dernières années, en occident, cette industrie ne cesse de progresser et c'est également le cas au Canada où elle occupe « le 6e rang à l'international derrière les États-Unis, le Japon, la Grande-Bretagne, l'Allemagne et la France » (Dyer-Witheford, cité dans Legault, 2011, p. 20). Cette industrie est bien sûr également très développée au Québec où elle compte, selon Techno-compétences (2012), 82 entreprises œuvrant dans le milieu du jeu vidéo ; et 55 d'entre elles employaient 7 966 personnes en 2011. D'ailleurs, selon Techno-compétences (2012), l'emploi dans ce secteur aurait connu une évolution de 564 % de 2002 à 2010. La plupart des entreprises se situent sur deux territoires : Montréal (79 %) et Québec (10 %). La production artistique et la programmation comptent pour 46 % des postes occupés dans cette industrie.

10.3.1. Les secteurs à longues heures

Au Canada comme au Québec, l'industrie du jeu vidéo et, plus largement, du multimédia est soutenue par les États qui interviennent par le biais d'exemptions fiscales fédérales pour la recherche et le développement (Canada) et par l'entremise d'exemptions fiscales et surtout d'un programme de contribution aux salaires qui a duré une bonne dizaine d'années dans la Cité du multimédia de Montréal (Tremblay et Rousseau, 2006a et b).

Avec l'ouverture des marchés, la concurrence est forte et l'industrie du jeu vidéo n'y échappe pas. Aussi, il est devenu crucial pour les organisations de s'ajuster le plus rapidement possible aux fluctuations de la demande. Ainsi, il semblerait que la forme d'organisation du travail la plus à même de répondre à la concurrence soit la gestion par projet. En effet, la flexibilité propre à cette forme d'organisation semble permettre de s'adapter aux contraintes inhérentes aux organisations de l'économie du savoir (Ouellet, 2010).

Bien que l'univers de l'industrie du jeu soit perçu par un grand nombre de salariés comme un univers de passionnés, il s'agit d'un milieu chronophage pour les nombreux créateurs de jeux que compte cette industrie : programmeurs, développeurs, graphistes, artistes, etc. (Jeanneau, 2012). En effet, la réalité du travail de ces créateurs de jeux vidéo semble faire écho à des conditions de travail pas toujours faciles qui se traduisent par plusieurs difficultés: « Surcharge de travail, journées à rallonge, week-ends sacrifiés, instabilité de l'emploi, salaires relativement bas » (Jeanneau, 2012, p. 39).

D'ailleurs, l'embauche à court terme ou pour des projets pouvant s'étendre sur un an à cinq ans, ne permet pas toujours aux travailleurs du savoir d'être *syndiqués* ou *syndicables* en vertu du régime général prévu au Code du travail (L.R.Q., c. C-27) (Legault et d'Amours, 2011). De fait, le secteur des technologies de l'information, incluant le jeu vidéo et le multimédia, est très peu syndiqué et se caractérise souvent par les carrières nomades, évoquées au chapitre 3 (Tremblay, 2003).

Ainsi, bien que les concepteurs de jeux salariés puissent se syndiquer, ils ne le souhaitent apparemment pas, car d'une part « leur forte mobilité leur ferait perdre le bénéfice des conditions négociées » et, d'autre part, « la mobilité des capitaux engendre une menace de délocalisation latente qui ne fait que s'ajouter à ces réticences devant la syndicalisation » (Legault, 2011). C'est pourquoi ces derniers ont choisi d'adhérer à l'International Game Developers Association (IGDA) qui au départ avait été créé pour améliorer la performance des concepteurs, mais qui œuvre depuis quelques années pour défendre leurs intérêts[2]. Celle-ci regroupe des travailleurs de partout dans le monde, incluant le Canada, l'Europe et l'Asie.

Les réseaux sociaux, les forums et les blogues semblent également être un bon moyen d'échange sur les conditions de travail entre les concepteurs de jeux. Ces échanges, s'ils sont négatifs, peuvent nuire à l'image de l'organisation dont il est question. La mise en place « de sites web de surveillance des employeurs [qui] exercent une vigilance constante et [qui] peuvent vite déclencher de vastes opérations de *whistle-blowing* visant un employeur aux mauvaises pratiques » (Legault, 2011, p. 11) peut nuire à l'image de l'organisation en question.

Legault et Weststar (2012) ont analysé les données de l'enquête internationale réalisée en 2009 par l'International Game Developers Association (IGDA) auprès de 3362 de ses membres qui travaillent, ont travaillé ou cherchent à travailler dans l'industrie du jeu. Cette enquête cherchait à recueillir les perceptions des employés salariés, des développeurs indépendants ainsi que des personnes qui ont quitté l'industrie des jeux, sur leurs conditions de travail[3].

2. Comme l'énoncent Legault et d'Amours (2011, p. 663), cette association s'est donnée plusieurs missions:
   - Mener des enquêtes internationales en ligne, sur des problèmes rencontrés dans le secteur (heures supplémentaires par exemple).
   - Proposer un comité de griefs qui permet aux concepteurs de déposer une plainte lorsque l'employeur ne suit pas les recommandations de l'IGDA. La plainte doit toutefois être nominative et rendue publique par le concepteur sur le site de l'IGDA. L'IGDA missionnera ensuite un enquêteur *ad hoc* qui sous 30 jours infirme ou confirme la plainte et la rend publique via le site de l'IGDA, mais sans effet coercitif.
   - Proposer des politiques de qualité de vie, d'indemnisation de la période où le réemploi est interdit par les ententes de non-concurrence, de reconnaissance des crédits de propriété intellectuelle, dont l'adoption est libre, suivant le modèle de la norme ISO; l'employeur peut inclure des dispositions recommandées dans les contrats d'embauche et avoir accès à une accréditation IGDA, qui confère un avantage comparatif en termes de recrutement. En tout temps, l'IGDA peut la retirer si les pratiques ne sont pas conformes aux prétentions de l'employeur (Legault et d'Amours, 2011, p. 663).

   Cependant, il semblerait que les plus grands studios prennent à charge le montant de l'adhésion annuelle à l'IGDA pour leurs employés, ce qui peut être problématique (Legault et d'Amours, 2011).
3. À noter que la question portant sur les heures effectuées en période critique ou non critique n'a pas été soumise aux membres qui ne possédaient pas d'expérience de travail, soit 510 personnes (Legault et Weststar, 2012).

De manière générale, les résultats de cette étude comparative 2004-2009 montrent qu'en période de critique (aussi appelée « *crunch time* » ou en période non critique, les heures de travail sont supérieures aux heures habituelles de travail. En effet, en 2009, en période non critique, 71,8 % des membres effectuaient de 35 à 45 heures par semaine, alors qu'en 2004, ce n'était que 36,2 % d'entre eux qui travaillaient ce nombre d'heures. On peut également remarquer qu'une part des individus travaille toujours au-delà de 46 heures par semaine (59 % en 2004 et 24,4 % en 2009) (Legault et Weststar, 2012).

En période critique, un nombre bien supérieur d'individus font de longues heures (93,7 % en 2004 et 85,3 % en 2009), travaillant au-delà de 46 heures par semaine et jusqu'à plus de 80 heures par semaine (13,4 % en 2004 et 3 % en 2009). De plus, selon les répondants, ces périodes de travail chargées de longues heures peuvent s'étendre sur une à quatre semaines, voire sur un à deux mois (14,5 % en 2004 et 14,5 % en 2009), mais aussi sur plus de deux mois (18,9 % en 2004 et 14 % en 2009) (Legault et Weststar, 2012). Le tableau 10.2 présente le nombre d'heures effectuées en période critique et en période non critique ainsi que l'étendue de ces heures.

Tableau 10.2. Nombre d'heures de travail par semaine (comparaison 2004-2009)

		2004	2009
En moyenne, combien d'heures par semaine travaillez-vous *en dehors* des périodes de pointe (*crunch time*) ?	moins de 35 heures	4,8 %	3,8 %
	de 35 à 45 heures	36,2 %	71,8 %
	de 46 à 55 heures	38,9 %	20,1 %
	plus de 55 heures	20,1 %	4,3 %
Total		100,0 %	100,0 %
En moyenne, combien d'heures par semaine travaillez-vous *pendant* les périodes de pointe (*crunch time*) ?	moins de 35 heures	2,0 %	3,0 %
	de 35 à 45 heures	4,3 %	11,7 %
	de 46 à 55 heures	12,5 %	21,7 %
	de 55 à 65 heures	31,4 %	38,4 %
	de 65 à 80 heures	36,4 %	22,4 %
	plus de 80 heures	13,4 %	3,0 %
Total		100,0 %	100,0 %
En moyenne, combien de semaines (mois) de suite *durent* les périodes de pointe (*crunch time*) ?	aucune	2,4 %	9,8 %
	moins d'une semaine	11,8 %	0,2 %
	de 1 à 2 semaines	29,2 %	36,0 %
	de 2 à 4 semaines	23,2 %	25,5 %
	de 1 à 2 mois	14,5 %	14,5 %
	plus de 2 mois	18,9 %	14,0 %
Total		100,0 %	100,0 %

Source : Legault et Weststar (2012, p. 35).

Bien que la comparaison des heures de travail montre une réduction des heures effectuées en 2009 par rapport à 2004, les heures supplémentaires effectuées par les individus restent encore nombreuses, et cela, malgré le fait qu'elles ne soient pas toujours rémunérées.

En effet, lorsqu'on leur demande s'ils reçoivent une forme de rémunération pour les heures effectuées au-delà des heures normales, sur un total de 2 088 répondants, 43,2 % disent ne rien recevoir, 19,8 % obtiennent une remise de temps, 12,7 % reçoivent quelques avantages, 9,1 % disent être payés pour les heures supplémentaires ; 8,5 % disent obtenir du temps et des bonis et 2,3 % disent bénéficier de petits avantages (Legault et Weststar, 2012). Cependant, bien que beaucoup de répondants fassent de nombreuses heures supplémentaires, sur un total de 1 908 répondants, plus de la moitié (57,9 %) ne considèrent pas la compensation de l'employeur comme juste (57,9 %), alors que 37,9 % se disent satisfaits et 4,2 % disent l'être un peu, parfois (Legault et Weststar, 2012).

Une recherche exploratoire (sept employés : concepteur de jeux, programmeur R-D, illustrateur, etc.) menée dans le secteur du multimédia (entreprise de 250 employés) menée par Lazzari Dodeler et Tremblay (2011) a montré que dans cette entreprise, contrairement à ce que l'on observe dans plusieurs entreprises du secteur du multimédia et des technologies de l'information, les employés effectuaient rarement des heures de travail excessivement longues, ni même trop d'heures supplémentaires, celles-ci étant redonnées en temps. En effet, soucieuse de conserver ses talents, cette organisation tente de répondre aux besoins de ses salariés en leur offrant une certaine flexibilité des horaires. Cette entreprise a d'ailleurs obtenu plusieurs prix, dont celui d'innovation technologique, et une mention spéciale pour la qualité de sa stratégie de conciliation travail-famille. Ce n'est donc pas une obligation de faire de longues heures dans ce secteur, même si un bon nombre d'entreprises le font.

Alors qu'est-ce qui motive certains travailleurs du savoir de cette industrie à effectuer tant d'heures non rémunérées ? Comme nous l'avons vu plus haut, les heures supplémentaires ne sont pas rémunérées. En revanche, parfois les individus peuvent obtenir des remises de temps, des bonis ou d'autres petits avantages, mais sur une base purement discrétionnaire (Legault et Ouellet, 2011a et b). C'est ainsi que Legault et Ouellet (2011a et b) mettent en lumière plusieurs sources d'incitation qui poussent ces travailleurs à effectuer de nombreuses heures supplémentaires non rémunérées et qui devraient leur permettre d'obtenir des récompenses :

- Satisfaire sa passion pour les jeux.
- Maintenir son employabilité et posséder un portfolio de grande qualité (très important dans la négociation individuelle du salaire à l'embauche).
- Acquérir des formations informelles riches.
- Accéder aux projets les plus prestigieux (qui demandent de nombreuses heures supplémentaires de travail)[4].
- Obtenir une évaluation positive (qui peut permettre de menacer de partir pour rejoindre la concurrence).

4. Voir aussi Tremblay et Amherdt (2004) qui présentent des données analogues sur le secteur du multimédia en général. Voir la nouvelle version dans le livre Tremblay et Alberio (2014b).

C'est pourquoi, durant les premières années d'expérience professionnelle, les individus hésitent à ne pas faire d'heures supplémentaires ce qui crée une pression sur ceux qui souhaiteraient refuser d'en faire. En effet, s'ils refusent, les individus se voient contraints de diminuer leur ambition. De plus, l'obtention d'une récompense par le biais de boni n'est pas assurée même pour les concepteurs qui connaissent de bons résultats, car elle est fondée sur la rentabilité du jeu dont l'objectif premier est la satisfaction du client, l'évaluation et la réputation y étant intimement liées (Legault et Ouellet, 2011a et b). Ainsi comme le souligne Legault (2011),

> le temps consacré au travail (sans garantie de rémunération) en est l'une des manifestations premières de l'engagement, souvent privilégiée dans l'évaluation des cadres et des professionnels ; on observe la même tendance dans l'économie du savoir, dans laquelle on fait des salariés qualifiés des entrepreneurs de la créativité (Legault, 2011, p. 8).

En somme, il s'agit d'un système qui oscille entre « récompenses et châtiments » dans l'acceptation ou le refus du travail en heures supplémentaires, comme le soutiennent Legault et Ouellet (2011b, p. 22). Les heures de travail supplémentaires non rémunérées représentent l'engagement au travail dont le but est de donner entière satisfaction aux clients pour obtenir des projets prestigieux ou proposer ses services à la concurrence.

D'autres secteurs relevant de l'économie du savoir sont également chronophages et poussent les salariés à faire des heures au-delà de la norme des 40 heures par semaine, dont le multimédia et, plus largement, les technologies de l'information (Tremblay et Amherdt, 2004 ; Tremblay *et al.*, 2004).

Ainsi, en comparant le profil des salariés victimes d'infractions dans le respect de la Loi des normes du travail (LNT) à celui des salariés qui n'étaient pas victimes d'infractions, l'enquête 2010 menée par la CNT (2011c) a permis de considérer certains secteurs comme plus problématiques en ce qui concerne le respect de la Loi des normes du travail. En effet, en 2010, durant les douze mois précédant l'enquête, 412 131 salariés (population de référence) (non-syndiqués et assujettis à la LNT) avaient déjà travaillé au-delà de 40 heures par semaine. Pour 37,3 % de ces salariés (153 846 salariés), les heures effectuées en sus des 40 heures par semaine étaient payées ou compensées selon le taux horaire, ou alors n'étaient ni payées ni compensées, ce qui constitue une infraction à la Loi sur les normes du travail (LNT). Cette recherche a aussi montré que plusieurs salariés dans cette situation semblent posséder certaines caractéristiques propres aux travailleurs hautement qualifiés ou aux travailleurs de l'économie du savoir, telles que : « diplôme universitaire, poste de professionnel ou de cadre intermédiaire, travail à l'extérieur des locaux de l'employeur et meilleure rémunération » (CNT, 2011a, p. 52). En effet, le taux d'infraction à la LNT serait plus élevé lorsque les salariés travaillent dans le secteur des arts, spectacles et loisirs ainsi que dans les services d'enseignement (56,4 %), lorsqu'ils sont professionnels (56,4 %) ou encore lorsqu'ils possèdent une formation universitaire (55,9 %). Ainsi, les travailleurs se rapprochant du portrait décrit ci-dessus sont reconnus par la CNT comme les travailleurs « les plus à risque » d'infractions en termes de non-respect de la durée du temps de travail (au-delà de 40 heures semaine).

Effectivement, si pour un peu plus de la moitié de ces répondants (52,7 %) les heures supplémentaires ont été rémunérées à un taux majoré (78,6 %), 26,8 % des salariés ont vu leurs heures supplémentaires payées ou compensées au taux horaire. On dénombre 40539 salariés (9,8 %) qui n'ont obtenu aucun paiement ni même de compensation pour les heures supplémentaires effectuées. De même, outre les heures supplémentaires, deux autres infractions sont mises à jour. La première porte sur les dispositions visant la rémunération des jours fériés (99444 salariés touchés, soit 7,7 % des répondants). La seconde porte sur la prise des congés annuels payés, ces derniers étant remplacés par une indemnité compensatoire (31 148 salariés, soit 2,8 %). Ces infractions représentent un manque de congés pour ces salariés, mais risquent aussi d'avoir une incidence sur leur santé.

10.3.2. Le télétravail : une forme d'organisation où les heures de travail peuvent être longues

Bien sûr, il n'y a pas que dans l'industrie du jeu vidéo où l'on ne compte pas ses heures. D'autres travailleurs du savoir acceptent également d'effectuer de longues heures de travail et des heures supplémentaires parfois non rémunérées, en échange d'autonomie ou de flexibilité ou en raison de l'intérêt qu'ils portent à leur travail, en optant parfois pour le télétravail, de manière plus ou moins soutenue.

Taskin et Tremblay (2010, p. 89) définissent le télétravail comme

> l'exercice d'une activité professionnelle entièrement ou en partie à distance (c'est-à-dire en dehors de l'endroit où le résultat de ce travail est attendu et sans aucune possibilité physique pour le donneur d'ordre de surveiller l'exécution de la prestation) et au moyen des TIC (Taskin et Tremblay, 2010, p. 89).

De plus, selon la dimension temporelle, on peut compter deux catégories de télétravailleurs, l'une travaillant à plein temps à domicile ou hors du lieu principal de travail, et l'autre composée de télétravailleurs *occasionnels* qui ne travaillent que quelques journées par semaine ou par mois à la maison. De plus, l'absence de cadre juridique entourant le télétravail fait en sorte que c'est surtout de manière informelle que ce dernier s'est développé. Au Canada, 5 % des salariés du secteur privé bénéficient d'un accord formel de télétravail alors que 20 % effectuent du télétravail de manière occasionnelle et informelle et dans ce cas, ce sont souvent des heures non rémunérées pour rattraper le travail qui n'a pu être fait au bureau (Tremblay *et al.*, 2008, cités dans Taskin et Tremblay, 2010, p. 89).

S'appuyant sur les données des instituts statistiques tels que Statistique Canada, STAT-USA, ainsi que sur les statistiques des groupes de consultants Gartner et IDC1, Brunelle (2010) rapporte qu'en 2013, le nombre de télétravailleurs[5] dans le monde devrait passer de 758,6 millions, en 2006, à plus d'un 1,2 milliard. La figure 10.4 souligne l'évolution du télétravail dans plusieurs pays, mais montre aussi que quelques pays restent encore à la traîne. C'est en Asie (le Japon est exclu) où le nombre de télétravailleurs est le plus élevé

....

5. Il s'agit « de travailleurs qui effectuent les tâches liées à leur emploi à l'extérieur des bureaux traditionnels, tout en y étant connectés électroniquement » (Brunelle, 2010, p. 23).

avec 479,8 millions d'individus. Le Japon affiche le plus important taux de croissance en nombre de télétravailleurs, soit 8,5 % par an, alors que durant les cinq dernières années, le taux a progressé aux États-Unis de 5 % par an et au Canada de 4 % (Brunelle, 2010).

Figure 10.4. Salariés pratiquant le télétravail plus de 8 heures par mois, période 2000-2010, en pourcentage

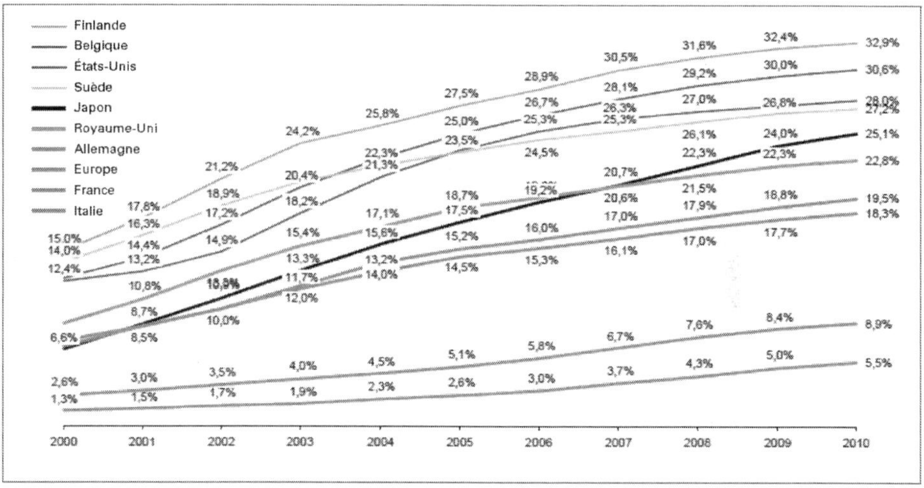

Source : Gartner, analyse Roland Berger, tiré de CAS (2009, p. 18).

En France, alors que pour certains (pouvoirs publics, Commission européenne, association pour le développement du télétravail, certains travailleurs indépendants), le télétravail constitue un bon outil pour équilibrer la vie professionnelle et la vie privée, d'autres (dont quelques syndicats) y voient plutôt « un instrument de flexibilité, un risque de destruction des identités professionnelles et une menace pour la capacité d'action collective » (Metger et Cléach, 2004, p. 2). Aussi, un accord national interprofessionnel concernant le télétravail a été signé en 2005 et très récemment, le 22 mars 2012, une loi encadrant le télétravail a été promulguée (Diard, 2012). Bien qu'en France il soit possible de constater un réel essor du télétravail, 12,4 % des salariés en 2012 comparativement à 7 % en 2007, les pays anglo-saxons ou scandinaves présentent un pourcentage de télétravailleurs bien supérieur (entre 20 % et 35 %) (Brun et Durieu, 2012).

Par ailleurs, l'étude de Brun et Durieu (2012), qui porte sur 6200 télétravailleurs, souligne que le télétravail peut concerner toutes les générations, les hommes comme les femmes, jeunes et plus âgés. Cette étude révèle que le télétravail ne concerne pas que les femmes puisqu'il touche 63 % d'hommes et seulement 3 % des télétravailleurs ont moins de 30 ans. De plus, effectivement, comme le montrent plusieurs recherches, les plus âgés sont très intéressés par cette forme d'organisation qui peut constituer un des outils d'aménagement des fins de carrière et permettre une bonne transition pour la retraite (Taskin et Tremblay, 2010).

Un sondage BMO (2012) effectué auprès de 500 entrepreneurs canadiens a quant à lui révélé que 31 % des entreprises canadiennes permettent à leurs employés de travailler à distance. Selon ce sondage, les entreprises de moins de 50 salariés semblent proposer davantage la possibilité d'effectuer du télétravail à leurs salariés (11 %) et cela à l'extérieur du bureau au moins 80 % du temps de leur semaine de travail, comparativement aux plus grandes entreprises (6 %). Comme le montrent les données du tableau 10.3, au Québec, 16 % des entreprises permettent à leurs salariés d'effectuer du télétravail et 4 % des salariés québécois en font. Ainsi, comparativement à l'échelle de la région, le Québec montre le taux le plus bas d'entreprises offrant du télétravail, puisque 37 % des entreprises ontariennes offrent cette possibilité à leurs employés et 11 % de salariés ontariens en effectuent.

Tableau 10.3. Le télétravail au Canada et selon la province ou région

		Province/Région					
	Échelle nationale	C.-B.	Alberta	Manitoba Sask.	Ontario	Québec	Atlantique
Pourcentage d'entreprises permettant le télétravail à leurs employés	31 %	32 %	34 %	36 %	37 %	16 %	31 %
Pourcentage d'employés qui font du télétravail	9 %	14 %	7 %	8 %	11 %	4 %	4 %

Source : BMO (2012).

Concernant le travail à domicile, en matière d'heures non rémunérées, selon les données 2005 de l'Enquête sur les milieux de travail et les employés (EMTE), un employé sur quatre aurait fait du travail à domicile en 2005, sans rémunération de ses heures, ces dernières venant s'ajouter aux heures habituelles. Les heures supplémentaires seraient concentrées chez les travailleurs les plus scolarisés, dont la majeure partie sont des gestionnaires ou des professionnels (Turcotte, 2010 ; Metger et Cléach, 2004 ; Brun et Durieu, 2012 ; ISQ, 2012 ; CEFRIO, 2001) et se retrouve dans les domaines de l'information, des industries culturelles et organismes sans but lucratif, ainsi qu'en finance et assurances (Tremblay, cité dans CNT, 2011b). Les données de l'EMTE ont également montré que de 1999 à 2005, les travailleurs effectuant des heures à domicile non payées se retrouveraient plus facilement au sein d'organisations de plus de 500 employés (Statistique Canada, 2005). Elles ont également souligné une fréquence plus soutenue des heures non rémunérées chez les employés de plus de 25 ans (Statistique Canada, 2005).

De manière générale, concernant les télétravailleurs, le choix d'effectuer du télétravail peut s'expliquer par plusieurs raisons. En effet, il peut s'agir d'une exigence du travail, du désir d'obtenir de meilleures conditions de travail, d'un souhait de contribuer à la réduction des problèmes de congestion routière ainsi que des coûts de déplacement, mais le télétravail peut aussi favoriser la conciliation entre le travail et la famille (Tremblay et Najem, 2010 ; Turcotte, 2010 ; Tremblay, Chevrier et Di Loreto, 2006). Les données indiquent que dans les deux tiers des cas, c'est pour satisfaire les exigences du travail, rattraper ce que l'on n'a pu faire au bureau (Tremblay et Najem, 2010) et ici, les travailleurs du savoir sont fortement concernés.

À partir des données de l'Enquête sociale générale (ESG) de 2008, Turcotte (2010) estime que, au Canada, en 2008, la part d'employés qui travaille à domicile s'élevait à 23 % chez les professionnels et chez les gestionnaires comparativement à 7 % chez les travailleurs des ventes et services (tableau 10.4). Les employés ayant travaillé à domicile étaient diplômés d'une université dans une proportion de 22 %, comparativement à 7 % pour ceux qui possèdent un diplôme d'études secondaires. Enfin, ils sont plus présents dans le secteur des services professionnels et scientifiques (26 %) et leur temps de travail excède majoritairement 50 heures par semaine (23 %). De plus, toujours en ce qui concerne les employés, les femmes sont un peu moins enclines à effectuer du télétravail à domicile, soit 10 % comparativement à 12 % chez les hommes. Cependant, il faut noter que contrairement aux femmes employées, les femmes travailleuses autonomes sont susceptibles d'effectuer du télétravail à domicile dans une proportion plus grande (67 %) que les hommes travailleurs autonomes (56 %). Le tableau 10.4 synthétise les différentes caractéristiques des individus qui travaillent à domicile.

Tableau 10.4. Pourcentage de personnes effectuant du travail à domicile, selon certaines caractéristiques, 2008

	Employés	Travailleurs autonomes	Tous les travailleurs
Moyenne totale	11	60	19
Hommes †	12	56	20
Femmes	10*	67*	18*
Plus haut niveau de scolarité atteint			
Sans diplôme d'études secondaires	3E*	41*	10*
Diplôme d'études secondaires †	7	59	14
Diplôme d'un collège ou d'une école de métiers	9*	59	17*
Diplôme universitaire	22*	69*	31*
Profession			
Gestion	23	56*	31
Personnel professionnel †	23	71	33
Personnel technique, techniciens et technologues	12*	72	25*
Personnel de bureau	9*	67	15*
Ventes et services	7*	53*	12*
Métiers, transport et machinerie	2E*	40*	9*
Professions propres au secteur primaire	9E*	61	33
Transformation, fabrication et services d'utilité publique	F	54E	4E*
Secteur d'activité			
Agriculture	16E	70	48
Foresterie, pêche, mine et extraction de gaz	10E*	64	18*

(*suite*)

Tableau 10.4. Pourcentage de personnes effectuant du travail à domicile, selon certaines caractéristiques, 2008 (*suite*)

	Employés	Travailleurs autonomes	Tous les travailleurs
Secteur d'activité (*suite*)			
Services publics	F	F	F
Construction	7^{E}*	48*	19*
Fabrication	7*	55*	9*
Commerce	8*	34^{E}*	12*
Transport et entreposage	8*	34^{E}*	12*
Finances, assurances, immobilier et location	16*	73	30*
Services professionnels, scientifiques et techniques †	26	77	44
Services aux entreprises, services relatifs aux bâtiments et autres services de soutien	9^{E}*	46*	18*
Services d'enseignement	20*	64	23*
Soins de santé et assistance sociale	8*	63*	15*
Information, culture et loisirs	16*	71	25*
Hébergement et services de restauration	3^{E}*	42*	6*
Autres services	25	46*	32*
Administration publique	8*	F	8*
Heures travaillées par semaine			
0 à 29 †	7	63	18
30 à 39	9*	64	14*
40 à 49	10*	57	14*
50 et plus	23*	60	35*
Syndicalisation			
Non †	13	–	13
Oui	8*	–	8*
Horaires de travail			
De jour/régulier †	12	53	18
De soir ou de nuit	3^{E}*	45^{E}	5^{E}*
Horaire brisé ou rotatif	4^{E}*	69*	10*
Sur demande, irrégulier ou autre	19*	73*	41*
Âge			
15 à 19 ans	3^{E}*	27^{E}*	4^{E}*
20 à 24 ans	6*	55	10*
25 à 34 ans	12	56	17*
35 à 44 ans †	13	62	22
45 à 54 ans	14	60	23
55 ans et plus	12	63	27*

(*suite*)

Tableau 10.4. (*suite*)

	Employés	Travailleurs autonomes	Tous les travailleurs
Présence d'un enfant de 0 à 12 ans dans le ménage			
Total			
Non †	10	61	19
Oui	12*	58	21*
Hommes			
Non †	12	58	20
Oui	13	50*	20
Femmes			
Non †	9	65	16
Oui	13*	71	21*
Saison			
Hiver †	12	62	20
Printemps	11	62	19
Été	12	56	19
Automne	11	61	19
Distance entre le lieu de résidence et le lieu de travail			
0 à 4 km †	7	40	10
5 à 9 km	9	42	12
10 à 29 km	10*	42	13*
30 km et plus	13*	48*	168
Région de résidence			
Régions métropolitaines de recensement	12*	61	20
Toronto	13*	68	22*
Montréal	11	60	17
Vancouver	14*	63	24*
Ottawa-Gatineau	16*	64	23
Edmonton	12^{E}	50	19
Québec	16^{E}*	57	21
Winnipeg	12	54	17
Autres régions métropolitaines	10	60	17*
Agglomérations de recensement	8	55	16*
À l'extérieur des régions urbaines †	9	61	20

Légende : † = Groupe de référence ; E = Utiliser avec prudence ; F = Trop peu fiable pour être publié ;
* = Différence statistiquement significative par rapport au groupe de référence à $p < 0{,}05$.

Source : Turcotte, Statistique Canada (2010, p. 6).

Concernant une recherche menée auprès de gestionnaires d'une grande organisation québécoise, Tremblay *et al.* (2011) ont établi que les heures supplémentaires étaient parfois inévitables et que si les gestionnaires en effectuaient, c'était en échange de l'autonomie et par intérêt pour leur poste. Dans cette étude, la comparaison entre les genres a montré que les femmes effectuaient des heures supplémentaires dans le but d'obtenir une meilleure reconnaissance, mais qu'elles portaient aussi une attention particulière à ne pas créer de conflits de temps entre la sphère du travail et la sphère familiale, les hommes priorisant davantage le travail. De plus, les TIC envahissant de plus en plus le travail des cadres, elles ont fait en sorte de brouiller les frontières entre travail et hors travail. Cependant, les cadres semblent accepter cet envahissement, car « le travail de cadre fait partie de l'identité professionnelle, voire personnelle, des individus que l'on trouve dans ce métier, dans cette catégorie socioprofessionnelle » (Tremblay *et al.*, 2011, p. 27). Cependant si ces cadres acceptent l'envahissement des TIC dans leur travail, il n'en est pas toujours ainsi. En effet, une étude menée en France en matière de temporalité des cadres (Thoemmes *et al.*, 2011) a montré que certains cadres tentent de réduire l'utilisation des TIC hors travail afin de pouvoir gérer eux-mêmes leurs temporalités, tout en conservant leur autonomie professionnelle et leur liberté d'organisation de leurs activités. En effet, bien que 60 % (soit 56 individus sur 94) de la totalité des cadres déclarent travailler à domicile, le temps de travail ne dépasse pas deux à trois heures par semaine. Pour ces cadres, dits « préservés », la vie familiale, la vie privée et le domicile sont synonymes de bien-être, et ils ne souhaitent pas y introduire le travail.

Comme nous l'avons vu avec différents exemples portant sur les concepteurs de jeux vidéo et les cadres, l'autonomie caractérise les travailleurs du savoir. Cependant, dans le secteur de l'informatique, comme le soulignent Tremblay *et al.* (2008a), bien que parfois certains travailleurs choisissent le travail indépendant pour obtenir cette autonomie, la relation client-fournisseur se substitue à la relation salariale hiérarchique. Cela suppose que bien que ces travailleurs puissent négocier certains aspects de leur travail, leurs missions peuvent s'inscrire dans le cadre de la gestion par projet (parfois ils sont intégrés au sein d'une équipe dans l'entreprise), et leur mandat peut évoluer au cours de la mission et ainsi les contraindre à respecter des délais stricts imposés par les clients, en effectuant des heures supplémentaires (rémunérées comme des heures habituelles) pour atteindre les objectifs fixés (Tremblay *et al.*, 2008a).

Pour résumer, les travailleurs du savoir effectuant du télétravail à domicile le font parfois quelques heures en sus de leurs heures habituelles pour terminer un travail, d'autres peuvent le faire de manière plus soutenue (une journée ou deux dans la semaine ou par mois) et ils peuvent même aller jusqu'à se laisser envahir par les TIC, peu importe le moment (soir week-end, vacances, etc.) ou l'endroit où ils se trouvent (transports en commun, domicile, etc.). La tendance à effectuer du travail à domicile peut varier selon le secteur d'activité (informatique, multimédia, enseignement, etc.), la profession (concepteurs de jeux, informaticiens, etc.) et le statut professionnel (gestionnaires, cadres). Les heures de travail effectuées en dehors des heures habituelles ne sont pas toujours rémunérées et si elles le sont, c'est par l'obtention de jours de congé ou parfois par la rémunération d'une partie des heures supplémentaires, mais pas toujours au tarif des heures supplémentaires en vigueur. Tout comme les concepteurs de jeux, les informaticiens autonomes travaillant dans les locaux de l'organisation autonomes sont contraints à respecter les délais de livraison, ce qui a parfois une incidence sur la durée de leur temps de travail et peut les mener à effectuer de longues heures également. Ainsi, l'autonomie chère aux travailleurs autonomes semble être remise en question sur ce point (Tremblay et Genin, 2008a et b).

Enfin, si les longues heures de travail peuvent parfois se traduire par une meilleure performance, ce n'est pas toujours le cas, pour toutes les personnes, dans tous les types de tâches, dans tous les milieux de travail.

10.4. Le présentéisme

Bien que le terme présentéisme fasse partie depuis longtemps du jargon organisationnel, la définition reste encore assez vague. Plusieurs chercheurs, dont Baker-McClearn *et al.* (2010) et Johns (2010), affirment qu'il existe encore aujourd'hui une certaine confusion dans l'utilisation du terme *présentéisme*, confusion que nous allons tenter d'éclairer ici.

Dans leur article, Gosselin et Lauzier (2011) font état de trois périodes durant lesquelles la notion de présentéisme aurait évolué :

- Tout d'abord, au courant des années 1970, la notion de *présentéisme* s'opposait à celle d'*absentéisme*. Ainsi, le présentéisme représentait le simple fait d'être présent sur le lieu de travail. L'offre de programmes d'assiduité au travail assortis de primes de présence devait alors permettre de lutter contre l'absentéisme.
- Puis, dans les années 1990, c'est en réponse à l'insécurité professionnelle ou encore dans un but de valorisation personnelle que le présentéisme est associé à l'individu qui possède un fort engagement professionnel et qui se surinvestit dans son travail (au-delà des heures prescrites), parfois au détriment des autres sphères de la vie. Cependant, ce surinvestissement au travail pourrait avoir une incidence sur la santé physique et psychologique chez certains individus, principalement s'il n'y a pas de reconnaissance de tout cet investissement dans le milieu de travail.
- Enfin, Gosselin *et al.* (2011), relatant les travaux d'Aronsson *et al.* (2000), souligne une nouvelle conception du présentéisme, qui n'associe plus le présentéisme à des problèmes de santé possibles, mais au fait de se présenter au travail, alors que l'état de santé physique et psychologique vient limiter la capacité à travailler. Cette nouvelle conception du présentéisme est associée au terme de *sickness presenteeism* dans la littérature anglo-saxonne.

Pour Johns (2010), le présentéisme correspond au comportement d'un salarié qui continue à venir travailler bien qu'il devrait s'absenter pour des problèmes de santé physique ou psychologique.

Le concept de *burn-in* est également associé au présentéisme. En effet, selon Josse (2008) le terme de *burn-in*[6] attribué au psychologue Cary Cooper en 1994, correspond à la première phase de l'épuisement professionnel et se manifeste par le présentéisme. Un employé en *burn-in* serait donc présent à son poste de travail même s'il ressent des problèmes de santé physique ou mentale. Certains maux résulteraient du stress ; ainsi les employés pourraient éprouver des maux de tête, de ventre, de dos, des allergies, etc. (Josse, 2008 ; Hemp, 2004). De plus, toutefois, bien que physiquement présent à leur travail, les employés souffriraient de démotivation, seraient fatigués et peu productifs. Plusieurs facteurs semblent expliquer le comportement de ces individus :

> La précarité (crainte de perdre son emploi et/ou sa source de revenus), la surcharge de travail, le besoin d'être reconnu par ses collègues ou ses supérieurs ainsi que la culture d'entreprise valorisant à outrance la performance, la résistance au stress, l'endurance et le courage (Josse, 2008, p. 3).

10.4.1. Comment identifier le présentéisme

Alors que le niveau d'absentéisme au sein des organisations peut être révélateur de l'état de santé des employés, ce n'est pas le cas du présentéisme puisque l'employé souffrant est physiquement présent au travail. Ainsi, pour plusieurs chercheurs, le présentéisme semble difficile à détecter et encore plus à mesurer (Fortier, 2007 ; Brun et Lamarche, 2006). Néanmoins, il est crucial de tenir compte de ce phénomène qui peut avoir une incidence sur la santé des employés, mais aussi sur la performance économique de l'organisation (Schultz *et al.*, 2009). Cependant, le présentéisme semble être évaluable par l'entremise de sondages de satisfaction et d'engagement auprès des employés et des gestionnaires. La mesure de la productivité réelle comparée à celle attendue dans le secteur constitue une autre avenue.

Ainsi, au regard du présentéisme, les organisations devraient intervenir auprès des employés. Hemp (2004, p. 2) suggère que si le présentéisme est géré d'un point de vue organisationnel, celui-ci pourrait devenir une source d'avantages concurrentiels pour l'organisation. En effet, de petits investissements dans la sensibilisation (dépistage, traitements et éducation) des employés pourraient faire la différence. Brun et Lamarche (2006) proposent quelques indicateurs qualitatifs qui devraient permettre de détecter le présentéisme dans l'organisation (tableau 10.5).

Tableau 10.5. Indicateurs de présentéisme

Indicateurs	Description
Accroissement des erreurs	Cet indicateur est lié au fait que l'employé est présent au travail, mais qu'il est moins performant (accroissement des erreurs) en raison d'un problème de santé psychologique au travail.
Réduction de la qualité de la production	Cet indicateur concerne les coûts associés à un employé présent, mais qui est moins performant (réduction de la qualité de la production) en raison d'un problème de santé psychologique au travail.

Source : Brun et Lamarche (2006, p. 52).

6. Le *burn-in* précède l'étape du *burn-out*, soit l'épuisement professionnel (Josse, 2008).

10.4.2. L'ampleur du présentéisme et ses formes

Afin d'examiner la prévalence du présentéisme chez les travailleurs et les travailleuses du Québec, Vézina *et al.* (2011) se sont appuyés sur les données de l'enquête québécoise sur les conditions de travail, d'emploi et de santé et sécurité du travail[7].

Ainsi, au Québec, plus de la moitié de la population visée par cette enquête se serait présentée malade à son travail, au moins une journée, durant la période de 2007 à 2008 (Vézina *et al.*, 2011). Selon ces chercheurs, il existerait deux formes de présentéisme : le présentéisme de courte durée (1 à 9 jours par an) qui concerne 40 % des travailleurs et le présentéisme de longue durée (10 jours ou plus par an) qui concerne près de 15 % des travailleurs et qui peut être plus sérieux et poser plus de problèmes à l'organisation (figure 10.5). De plus, si le genre n'a pas d'influence sur le présentéisme de longue durée, le présentéisme de courte durée serait plus marqué chez les femmes.

Figure 10.5. Présentéisme en fonction de sa durée, du genre, et pour l'ensemble des travailleurs[a] québécois de 2007-2008

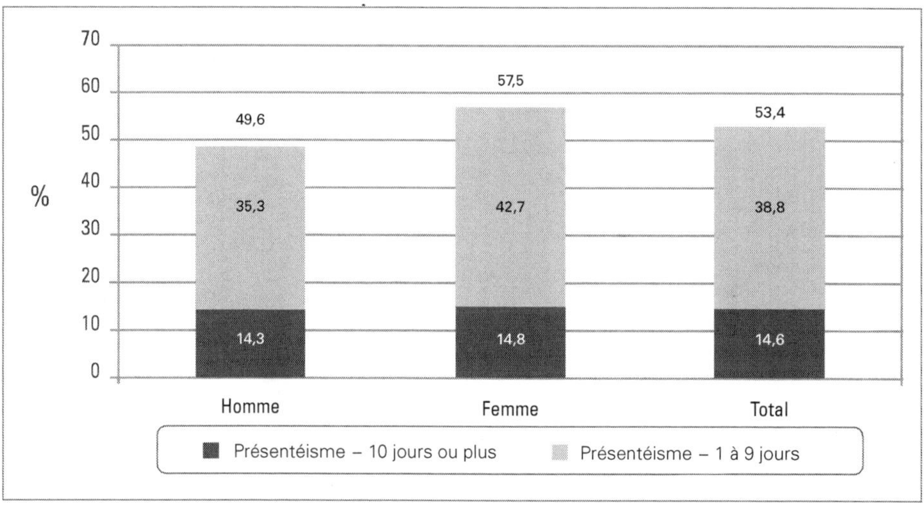

a) En emploi comme salarié ou travailleur autonome depuis au moins 8 semaines, à raison d'au moins 15 heures par semaine.

Le test du khi-deux, pour le présentéisme de 1 à 9 jours est significatif, selon le sexe, au seuil de 5 %.

Source : Institut de la statistique du Québec, *Enquête québécoise sur des conditions du travail, sur l'emploi, la santé et la sécurité du travail*, 2007-2008, figure tirée de Vézina *et al.* (2011, p. 412).

De plus, selon Vézina *et al.* (2011), les motifs du présentéisme de courte durée seraient plus en lien avec « le professionnalisme, le respect des échéances et des engagements », alors que les motifs du présentéisme de

7. « La population visée par l'Enquête québécoise sur des conditions de travail, d'emploi et de santé et sécurité du travail comprend tous les Québécois de 15 ans ou plus ayant un emploi rémunéré depuis au moins 8 semaines, à raison de 15 heures par semaine. Cette population représente près de 3,6 millions de Québécois, soit un peu moins de la moitié (46 %) de la population estimée au 1er janvier 2008. » La population du Québec était de 7,7 millions de personnes au 1er janvier 2008 (Girard, 2008, cité dans Vézina, 2011, p. 29).

longue durée pourraient être davantage liés « à la peur des représailles ou de la perte de revenu » (Biron *et al.*, 2006, cités dans Vézina, 2011, p. 428). De plus, ce sont les travailleurs en situation d'insécurité d'emploi, les travailleurs autonomes et ceux qui travaillent plus de 50 heures par semaine qui font le plus preuve de présentéisme de longue durée (respectivement 19,1 %, 20,1 % et 22,8 %). Parmi les catégories professionnelles les plus sujettes au présentéisme de longue durée se trouvent les travailleuses du secteur des soins de santé et des services sociaux, ce qui semble pouvoir s'expliquer par les exigences (continuité du service, lien d'aide patient/soignant) liées à ce type d'emploi (Biron *et al.*, 2006, cités dans Vézina, 2011), de même que par la pénurie de main-d'œuvre observée dans certains de ces secteurs. Ainsi, Vézina *et al.* (2011) soulèvent l'importance d'inclure dans les normes du travail au Québec l'accès à des congés de maladie rémunérés en prévention du présentéisme de longue durée et de ses répercussions sur la santé des employés à long terme.

10.4.3. Les coûts du présentéisme

Plusieurs recherches concernant le présentéisme soulignent que les coûts générés par le présentéisme sont supérieurs à ceux engendrés par l'absentéisme (Hemp, 2004 ; Naus *et al.*, 2007 ; Fortier, 2007 ; Rodet, 2011).

Ainsi, s'appuyant sur plusieurs études menées en Belgique, au Royaume-Uni et au Canada, Rodet (2011) montre que les coûts liés au présentéisme sont plus importants que ceux liés à l'absentéisme. En effet, Rodet (2011) rapporte qu'une étude belge, menée en 2010 par Claudia Put, a montré que « le présentéisme atteint 61 % des coûts totaux relatifs à la santé dans une entreprise, suivi par les frais médicaux (28 %) et l'absentéisme (10 %) ». Ces chiffres s'expliqueraient par le manque de concentration et d'efficacité qui entraîne des erreurs dans le travail chez les individus sujets au présentéisme, plus précisément celui lié à une situation de maladie. Elle met d'ailleurs en garde contre la propagation du présentéisme aux autres collaborateurs si ces derniers attrapent une maladie de cette personne et sont malades à leur tour, mais continuent de venir au travail. Ici, le télétravail serait certes une solution, car les personnes pourraient travailler un peu, plus tranquillement, tout en se reposant pour revenir à la santé.

Au Royaume-Uni, selon The Sainsbury Centre for Mental Health, Mickael Personage (cité dans Rodet, 2011), en 2009, les jours de présentéisme seraient 1,5 fois plus importants que ceux d'absentéisme. Toujours selon cette étude, le coût moyen quotidien par employé touché par le présentéisme s'élèverait à 145 £ (ou environ 230 $CAN), alors que le coût engendré par une journée d'absence s'élèverait à 80 £ (ou environ 125 $CAN). Selon cette étude, les personnes auraient dû prendre congé dès le début de leurs problèmes de santé, au risque de devoir s'absenter plus longtemps par la suite. Cependant, il faut noter que très peu de pays ont évalué le coût du présentéisme, ce concept demeurant difficile à évaluer du fait de la présence physique des salariés dans l'organisation.

Selon Gosselin *et al.* 2011, afin de comprendre le présentéisme, plusieurs chercheurs (d'Aronsson et Gustafsson, 2005 ; Hansen et Andersen, 2008), ont modélisé le phénomène en prenant appui sur les travaux menés sur l'absentéisme et en décrivant « le présentéisme et l'absentéisme comme deux comportements compétiteurs déterminés par divers champs de forces (voir facteurs individuels et organisationnels) » (Gosselin *et al.*, 2011, p. 24). Ainsi, s'appuyant sur ces travaux de modélisation, Gosselin *et al.* (2011, p. 23) montrent « l'influence des divers déterminants du présentéisme dans la dynamique du processus décisionnel de se présenter ou de s'absenter ainsi que de l'incidence de ces comportements sur le rendement au travail ». La figure 10.6 présente la modélisation du présentéisme que ces auteurs proposent.

Figure 10.6. Modèle du présentéisme

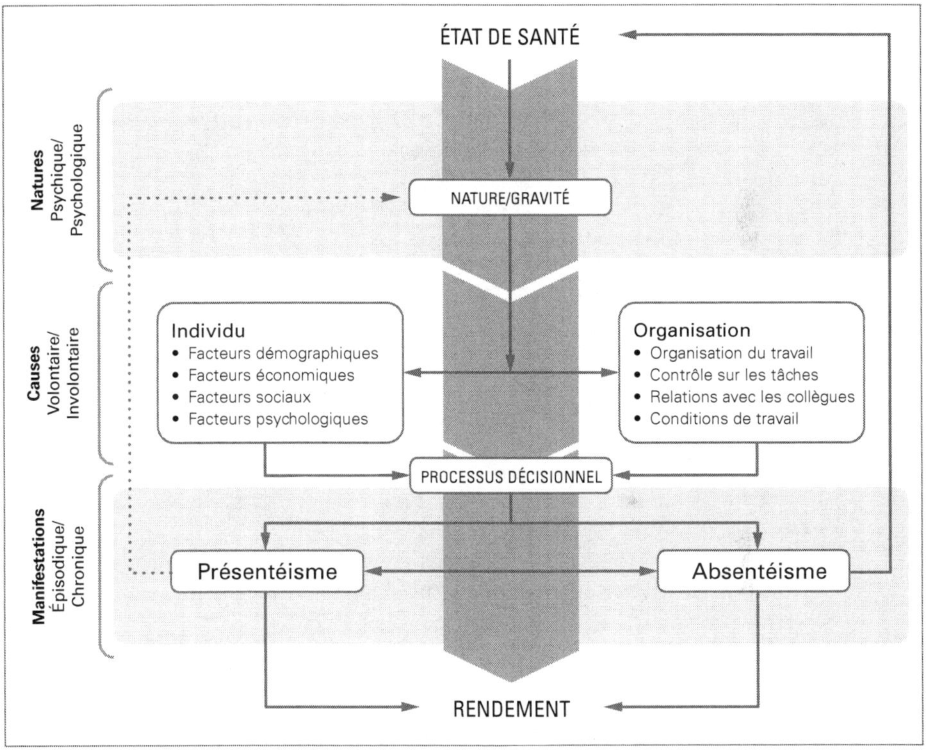

Sources : Gosselin et Lauzier (2011, p. 23).

En tout état de cause, comme le souligne Gosselin (2013, cité dans Sabourin, 2013) « ce qu'il importe surtout de contrer, c'est le présentéisme chronique [...] Car c'est lui qui est le plus néfaste pour l'individu et pour l'organisation, et qui engendre le plus de coûts. En plus, il prédit des absences prolongées ».

> On a assisté ces dernières décennies à la fragmentation des entreprises autrefois intégrées verticalement, avec l'apparition de plus de liens horizontaux impliquant d'autres établissements comme les sous-traitants, les franchisés, et les agences. [...] Les travailleurs embauchés par le biais d'une agence ou d'un sous-traitant qui accomplissent leurs tâches dans une autre entreprise utilisatrice, ou pour cette dernière, sont en situation précaire lorsqu'il y a ambiguïté pour savoir laquelle de ces deux parties doit être tenue pour responsable et redevable des droits et des prestations sociales du travailleur (OIT, 2011, p. 5).

Selon Brun (2006), certains indicateurs peuvent aider les organisations à détecter l'ampleur et les effets du présentéisme en portant une attention particulière aux indicateurs suivants :

- accroissement des erreurs
- réduction de la qualité de la production
- prime d'assurance médicaments
- programme d'aide aux employés (PAE)
- expertises externes
- frais juridiques
- perte de productivité (Brun, 2006, cité dans Legault-Faucher, 2009, p. 35).

Pour résumer, si le marché du travail semble induire des comportements de présentéisme, soit simple présence au travail sans motivation à performer, ou alors présence en situation de maladie, les employeurs devront surveiller cette question, car il en va de la santé de leurs employés et par ricochet de la santé économique de l'organisation. Par contre, dans le secteur de l'économie du savoir, il semble que ce soit aussi souvent l'engagement des salariés, leur *passion* pour leur travail, qui les incite à faire de longues heures et à rester présents au bureau ou à faire de longues heures à domicile. Ces deux situations sont différentes. La deuxième concerne sans doute des secteurs particuliers de l'économie du savoir (multimédia, jeu vidéo, et peut-être aussi beaucoup d'autres secteurs créatifs comme le film, l'audiovisuel, etc.) où l'on fait de longues heures par engagement et passion. La situation où l'on vient travailler même lorsqu'on est malade touche sans doute davantage des secteurs aux prises avec des pénuries de main-d'œuvre, ou au contraire des secteurs où les salariés vivent de l'incertitude et craignent de perdre leur emploi. Quoi qu'il en soit, l'étude de la CNT a permis de montrer que les travailleurs les plus scolarisés et souvent professionnels sont parmi ceux qui font les plus longues heures, et cette situation touche donc une bonne partie de l'économie du savoir.

Conclusion

À l'ère de l'économie du savoir, les nombreuses transformations du marché du travail dues aux progrès technologiques, à l'ouverture des marchés, à la tertiarisation des économies, etc., ont poussé les organisations à revoir leur modèle de fonctionnement. Ainsi de nouvelles formes d'organisation apparaissent : flux tendus, stratégies axées sur la clientèle, travail par projet, etc. D'un côté, les employeurs sont à la recherche de compétitivité, de fluidité, de flexibilité. En échange, ils offrent de l'autonomie et des responsabilités aux travailleurs du savoir. Par ailleurs, les travailleurs du savoir se voient souvent obligés d'accepter de travailler de longues heures, au-delà des heures habituelles, pour boucler un projet et surtout dans un but de performance pour satisfaire le client. Leur évolution professionnelle en dépend.

Mais si les longues heures de travail peuvent parfois être garantes de la performance, ce n'est pas toujours le cas dans tous les milieux de travail. Ainsi, nombreux sont les travailleurs qui se présentent sur le lieu de leur travail en ayant des problèmes de santé physique ou psychologique par peur de perdre leur emploi ou du manque à gagner, ou par besoin de reconnaissance, mais aussi parfois parce que la culture d'entreprise valorise la performance et la résistance au stress. Il s'agit là de présentéisme. Ce type de présentéisme a une incidence sur la santé des employés, mais aussi sur les coûts pour l'organisation.

La tendance à effectuer de longues heures de travail sur le lieu de travail ou en dehors du lieu de travail et à n'importe quel moment varie selon le secteur d'activité. Les secteurs de l'informatique, du jeu vidéo, de l'enseignement sont parmi les secteurs où l'on peut observer de longues heures. Les gestionnaires et les professionnels sont les catégories professionnelles les plus portées à effectuer de longues heures de travail. Il faut par contre noter que ce que nous qualifions de longues heures dans les pays développés correspond souvent à des heures *normales* dans les pays en développement, où il n'est pas rare que les gens travaillent 60 heures par semaine, six jours par semaine, voire sept, pour arriver à survivre, et encore, sous le seuil de pauvreté.

Les heures de travail effectuées en dehors des heures habituelles ne sont pas toujours rémunérées et si elles le sont, c'est parfois en jours de congé ou parfois en rémunérant une partie des heures supplémentaires, mais dans ce cas, pas toujours au tarif des heures supplémentaires en vigueur. Tout comme les concepteurs de jeux, les informaticiens autonomes qui travaillent à l'intérieur d'une organisation sont contraints de respecter les délais de livraison, ce qui a parfois une incidence sur la durée de leur temps de travail et peut les mener à effectuer de longues heures également. Ainsi, l'autonomie, si chère aux travailleurs autonomes, semble être remise en question sur ce point.

Le temps consacré au travail, sans obtenir une garantie de rémunération, semble découler de l'engagement au travail des travailleurs du jeu ou du multimédia, ceux-ci se positionnant en quelque sorte comme « des entrepreneurs de la créativité » (Legault, 2011). De plus, l'engagement au travail par la réalisation de longues heures de travail (parfois certains souhaiteraient refuser, mais sous la pression des plus jeunes ou des pairs n'ont d'autre choix que d'accepter) permet à certains travailleurs de donner entière satisfaction aux clients et ainsi d'obtenir des projets prestigieux ou de proposer leurs services à la concurrence (travailleurs du secteur du multimédia). Dans ce cas, il est sans doute possible de parler d'autoexploitation comme le souligne Tremblay citée dans CNT (2011b) avec parfois un risque d'épuisement pour ces travailleurs, surtout si leurs efforts ne sont pas récompensés. On observe aussi l'allongement des heures de travail chez les cadres, de sorte que c'est une réalité assez fréquente dans les postes de gestion et de professionnels (Grodent, Tremblay et Linckens, 2012, 2013).

Les enjeux reliés au temps de travail et au présentéisme sont donc très importants dans le contexte de l'économie du savoir. Un certain nombre de travailleurs de ces secteurs semblent particulièrement touchés par les longues heures de travail, ce qui peut avoir des incidences sur leur vie familiale, leur vie hors travail en général, et leur santé dans certains cas.

Dans le chapitre suivant, nous passons à un thème connexe, soit celui de l'articulation entre vie professionnelle et vie personnelle, une situation qui est souvent rendue plus difficile par le présentéisme d'ailleurs.

Bibliographie

ARONSSON, G. et GUSTAFSSON, K. (2005). « Sickness presenteeism : Prevalence, attendance-pressure factors, and an outline of a model for research », *Journal of Occupational Environmental Medicine*, vol. 47, p. 958-966.

ARONSSON, G., GUSTAFSSON, K. et DALLNER, M. (2000). « Sick but yet at work : An empirical study of sickness presenteeism », *Journal of Epidemiology Community Health*, vol. 54, p. 502-509.

BAKER-MCCLEARN, D., GREASLEY, K., DALE, J. et GRIFFITH, F. (2010). « Absence management and presenteeism : The pressures on employees to attend work and the impact of attendance on performance », *Human Resource Management Journal*, vol. 20, n° 3, p. 311-328.

BANQUE DE MONTRÉAL – BMO (2012). « Les petites entreprises sont championnes du télétravail, selon BMO ». <http://nouvelles.bmo.com/press-releases/les-petites-entreprises-sont-championnes-du-teletr-tsx-bmo-201210150825921003>. Consulté le 29 juillet 2013.

BOURHIS, A. (2001). « Les enjeux organisationnels du télétravail au Québec », Rapport de recherche soumis au Centre francophone d'informatisation des organisations (CEFRIO) dans le cadre du projet de recherche « Télétravail : concilier performance et qualité de vie », 77 p.

BRUN, J.-P. et LAMARCHE, C. (2006). *Évaluation des coûts du stress au travail*, Rapport de recherche. Québec : Université Laval, 117 p.

BRUN, O. et DURIEU, C. (2012). « Le télétravail dans les grandes entreprises françaises : comment la distance transforme nos modes de travail », Synthèse remise au ministre chargé de l'Industrie, de l'Énergie et de l'Économie numérique. Paris : Cabinet Greenworking, 17 p.

BRUNELLE, E. (2010). « Télétravail et leadership : déterminants des pratiques efficaces de direction », *Management international/International Management/Gestión Internacional*, vol. 14, n° 4, p. 23-35.

CENTRE D'ANALYSE STRATÉGIQUE – CAS (2009). « Le développement du télétravail dans la société numérique de demain », Rapports et documents, Paris : CAS, 151 p.

CENTRE D'OBSERVATION ÉCONOMIQUE ET DE RECHERCHES POUR L'EXPANSION DE L'ÉCONOMIE ET LE DÉVELOPPEMENT DES ENTREPRISES – COE-REXECODE (2012). « La durée effective du temps de travail en France et en Europe », Document de travail n° 29, France, 41 p.

CENTRE FRANCOPHONE D'INFORMATISATION DES ORGANISATIONS – CEFRIO (2001). *Le télétravail*. Montréal : IQ éditeur.

COMMISSION DES NORMES DU TRAVAIL – CNT (2011a). « Les nouvelles réalités du travail : enjeux et pistes de solutions », Colloque de la Commission des normes du travail, 1er novembre 2011, Montréal, 60 p.

COMMISSION DES NORMES DU TRAVAIL – CNT (2011b). « Durée du travail sous l'angle des heures supplémentaires », *Diagnostic*, rapport final, 31 mars 2011, Québec, 97 p.

COMMISSION DES NORMES DU TRAVAIL – CNT (2011c). « Profil des salariés non syndiqués et assujettis à la loi sur les normes du travail et application de certaines dispositions de la loi », Direction de la recherche, de la planification et de la qualité, Enquête évaluation de l'application de certaines dispositions de la Loi sur les normes du travail, Série rapport de recherche n° 1, Québec, 57 p.

COMMISSION DES NORMES DU TRAVAIL – CNT (2012). *Plan stratégique 2012-2016, les normes de travail : mieux comprendre pour mieux s'entendre*. Québec : CNT, 42 p.

DALY, K. (2004). *Tendances contemporaines de la famille : l'évolution de la culture parentale*. Ottawa : Institut Vanier de la famille, 22 p.

DIARD, É. (2012). « Le télétravail : une organisation innovante du travail », *NetPME.* <http://www.netpme.fr/info-conseil-1/droit-travail/condition-travail/fiche-conseil/40901-teletravail-organisation-innovante-travail>. Consulté le 8 avril 2013.

FORTIER, C. (2007). « Absentéisme, présentéisme : où sont les avantages ? », *Revue Avantages*, Règlements santé et invalidité Croix Bleue Médavie, octobre. <http://www.samsongroupeconseil.com/upload/nouvelles/FR/Absenteisme_Presenteisme.pdf>. Consulté le 8 avril 2013.

GENIN, É. (2009). « L'empiétement du travail des femmes et des hommes cadres sur leur vie professionnelle », *Gestion*, vol. 34, n° 3, p. 128-135.

GOLDFINGER, C. (1998). *Travail et hors travail : vers une société fluide.* Paris : Odile Jacob, 351 p.

GOSSELIN, E. et LAUZIER, M. (2011). « Le présentéisme : lorsque la présence n'est pas garante de la performance », *Revue française de gestion*, vol. 211, n° 37, p. 15-27.

GRODENT, F., TREMBLAY, D.-G. et LINCKENS, A. (2012). « Temps de travail, implication professionnelle et temporalités sociales des gestionnaires dans une société de transport québécoise (ST) : une analyse par niveau de responsabilités », dans Tremblay, D.-G. (dir.), *Temporalités sociales, temps prescrits, temps institutionnalisés.* Québec : Presses de l'Université du Québec p. 97-118.

GRODENT, F., TREMBLAY, D.-G. et LINCKENS, A. (2013). « La conciliation vie privée-vie professionnelle des gestionnaires hommes et femmes : le cas d'une société de transport », *@GRH*, vol. 6, n° 1, p. 117-147.

HEMP, P. (2004). « Presenteeism : At work – but out of it », *Harvard Business Review, HBR at large*, octobre, p. 1-10.

INSTITUT DE LA STATISTIQUE DU QUÉBEC – ISQ (2012). « Portrait des principaux indicateurs du marché et des conditions de travail 2002-2012 », *Annuaire québécois des statistiques du travail*, vol. 9. Québec : ISQ, p. 1-6.

INSTITUT DE LA STATISTIQUE DU QUÉBEC – ISQ (2013). « Travail et rémunération », État du marché du travail au Québec, *Bilan de l'année 2012.* Québec : ISQ, p. 1-48.

JEANNEAU, L. (2012). « Stress, fun et jeux vidéo », *Alternatives économiques*, n° 309, p. 39. <http://www.cairn.info.tlqprox.teluq.uquebec.ca/magazine-alternatives-economiques-2012-1-page-39.htm>. Consulté le 15 avril 2013.

JOHNS, G. (2010). « Presenteeism in the work place : A review and research agenda », *Journal of Organizational Behavior*, vol. 31, n° 4, p. 519-542.

JOSSE, E. (2008). « Le burn-in et le burn-out », 12 p., <http://www.resilience-psy.com>. Consulté le 18 mars 2013.

LAZZARI DODELER, N. et TREMBLAY, D.-G. (2011). « Comment les entreprises peuvent-elles attirer et retenir la main-d'œuvre ? Le cas de deux entreprises québécoises ». Note de recherche n° 2011-12 de l'ARUC-GATS sur la gestion des âges et des temps sociaux. Montréal : ARUC-GATS, <http://www.teluq.uqam.ca/aruc-gats>. Consulté le 25 novembre 2014.

LEGAULT, M.-J. (2011). « L'industrie du jeu vidéo, un témoin de la transformation contemporaine du travail hautement qualifié », *Nouveaux cahiers du socialisme*, n° 7, p. 94-104.

LEGAULT, M.-J. et D'AMOURS, M. (2011). « Représentation collective et citoyenneté au travail en contexte de projet », *Relations industrielles/Industrial Relations*, vol. 66, n° 4, p. 655-677.

LEGAULT, M.-J. et OUELLET, K. (2011a). « So into it they forget what time it is ? Video game designers and unpaid overtime », dans Jemielniak, D. et Marks, A. (dir.), *Managing Dynamic Technology-Oriented Business : High-Tech Organizations and Workplaces.* Hershey : IGI Global, coll. « Information Science Reference », p. 82-102.

LEGAULT, M.-J. et OUELLET, K. (2011b). « Les concepteurs de jeux vidéo montréalais, à ce point passionnés par leur travail qu'ils acceptent de travailler gratuitement ? », *Dire*, p. 1-7. <http://www.ficsum.qc.ca/revue-dire/archives/doc_view/1320-les-concepteurs-de-jeux-video-montrealais-kathleen-ouellet.html>. Consulté le 31 mars 2013.

LEGAULT, M.-J. et WESTSTAR, J. (2012). *More than the Numbers: Independent Analysis of the IGDA 2009 Quality of Life Survey.* <http://gameqol.org/wpcontent/uploads/2012/12/Quality%20of%20Life%20in%20the%20Videogame%20Industry%20-%202009%20IGDA%20Survey%20Analysis.pdf>. Consulté le 1er avril 2013.

LEGAULT-FAUCHER, M. (2009). « Vous avez dit présentéisme ? », *Prévention au travail.* Montréal : Institut de recherche Robert-Sauvé en santé et en sécurité du travail (IRSST), p. 34-38. <http://www.irsst.qc.ca/media/documents/fr/prev/v22_01/34-38.pdf>. Consulté le 20 mars 2013.

METZGER, J.-L. et CLÉACH, O. (2004). « Le télétravail des cadres : entre suractivité et apprentissage de nouvelles temporalités », *Sociologie du travail,* vol. 46, n° 3, p. 433-450.

MILLER, L. (2013). « Point mort dans les négociations sur le temps de travail en Europe », *La revue parlementaire,* n° 891, s. p., <http://www.larevueparlementaire.fr/pages/RP891/RP891-europe-point-mort-dans-les-negociations-sur-le-temps-de-travail-en-europe.htm>. Consulté le 18 mars 2013.

MINISTÈRE DU TRAVAIL DU QUÉBEC (2011). « Durée normale du travail et heures supplémentaires », *Les normes légales du travail au Canada (Québec, autres provinces, territoires et fédéral).* Québec : Direction de la recherche et de l'innovation en milieu de travail, Ministère du Travail, p. 1-13.

NAULT, M. et TESSIER, S. (2007). *Enjeux et solutions québécoises à la conciliation famille-travail : une recension des écrits.* Québec : Association pour la santé publique du Québec (ASPQ), p. 1-49.

NAUS, F., VAN ITERSON, A. et ROE, R. (2007). « Organizational cynicism : Extending the exit, voice, loyalty and neglect model of employees' responses to adverse conditions in the workplace », *Human Relations,* vol. 60, n° 5, p. 683-718.

NOISEUX, Y. (2012). « Le travail atypique au Québec : les jeunes au cœur de la dynamique de précarisation par la centrifugation de l'emploi », *Revue multidisciplinaire sur l'emploi, le syndicalisme et le travail,* vol. 7, n° 1, p. 28-54.

ORGANISATION INTERNATIONALE DU TRAVAIL – OIT (2011). *Programme des conditions de travail et d'emploi, le travail au xxie siècle,* Rapport soumis pour discussion à la Réunion tripartite d'experts sur l'aménagement du temps de travail (17-21 octobre 2011), Genève, p. 1-81.

OUELLET, K. (2010). *Les heures de travail chez les concepteurs de jeux vidéo : de la passion pour les jeux aux pratiques de mobilisation,* Mémoire de maîtrise. Montréal : Département de sociologie, Université de Montréal, 108 p.

PIERRE, X. et TREMBLAY, D.-G. (2012). « Améliorer l'implication et la rétention des agents dans les centres d'appel : agir sur les pratiques de gestion », *Recherches en sciences de gestion/Management Sciences/Ciencias de Gestión,* vol. 4, n° 91, p. 17-38.

RODET, P. (2011). « Le présentéisme au travail coûte plus cher que l'absentéisme », *Intelligence RH,* Actualité et information sur les ressources humaines et le droit du travail, <http://www.intelligence-rh.com/actualites-rh/absences-conges/le-presenteisme-au-travail-coute-plus-cher-que-l-absenteisme>. Consulté le 15 mars 2013.

SABOURIN, G. (2013). « Le présentéisme au travail : corps présent, rendement absent ! », *Prévention au travail.* Québec : Commission de la santé et de la sécurité du travail (CSST), <http://www.csst.qc.ca/prevention/magazine/2013/printemps_2013/reportages/Pages/le-presenteisme-au-travail.aspx>. Consulté le 29 juillet 2013.

SCHULTZ, M., DAMKRÖGER, A., HEINS, C., WEHLITZ, L., LÔHR, M., DRIESSEN, M., BEHRENS, J. et WINGENFELD, K. (2009). « Effort-reward imbalance and burnout among German nurses in medical compared with psychiatric hospital settings », *Journal of Psychiatric and Mental Health Nursing,* vol. 16, n° 3, p. 225-233.

STATISTIQUE CANADA (2005). *Enquête sur les milieux de travail et les employés : compendium.* Ottawa : Statistique Canada, n° 71-585-X au catalogue 5, 73 p.

TASKIN, L. et TREMBLAY, D.-G. (2010). « Comment gérer les télétravailleurs ? », *Gestion*, vol. 35, n° 1, p. 88-96.

TECHNO-COMPÉTENCES (2012). *L'emploi dans l'industrie du jeu électronique au Québec, en 2011. Un portrait sommaire de la situation.* Comité sectoriel de main-d'œuvre en technologies de l'information et des communications, 24 p.

THOEMMES, J., KANZARI, R. et ESCARBOUTEL, M. (2011). « Temporalités des cadres et malaise au travail », *Revue Interventions économiques*, n° 43, p. 1-21.

TREMBLAY, D.-G. (2003). « New types of careers in the knowledge economy? Networks and boundaryless jobs as a career strategy in the ICT and multimedia sector », *Communications & Strategies*. Montpellier-Manchester : IDATE, p. 81-106.

TREMBLAY, D.-G. (2006). « Télétravail, travail nomade, *e-work* et travail à domicile : les enjeux actuels », *Revue Interventions économiques*, n° 34, p. 1-5.

TREMBLAY, D.-G. (2008a). *L'éclatement de l'emploi.* Québec : Presses de l'Université du Québec. 104 p.

TREMBLAY, D.-G. (2008b). *Pour une articulation des temps sociaux tout au long de la vie : l'aménagement et la réduction du temps de travail.* Montréal : Éditions Saint-Martin et Descarries éditeur, 470 p.

TREMBLAY, D.-G. (2010). *D'une culture de retraite vers de nouvelles fins de carrière ?* Montréal : Éditions Saint-Martin et Décarie Éditeur, 143 p.

TREMBLAY, D.-G. (dir.) (2014). *Management de la retraite, de l'emploi et des temps sociaux.* Québec : Presses de l'Université du Québec, 348 p.

TREMBLAY, D.-G. et ALBERIO, M. (2014a). « La conciliation études-travail chez les jeunes au Québec », dans Tremblay, D.-G. et Alberio, M. (dir.), *Travail et société : une introduction à la sociologie du travail.* Québec : Presses de l'Université du Québec.

TREMBLAY, D.-G. et ALBERIO, M. (dir.) (2014b). *Travail et société : une introduction à la sociologie du travail.* Québec : Presses de l'Université du Québec.

TREMBLAY, D.-G. et AMHERDT, C. H. (2004). « Travail en réseau et développement des compétences dans le secteur du multimédia », *Revue Carriérologie*, vol. 9, n°s 3-4, p. 551-577.

TREMBLAY, D.-G., CHEVRIER, C. et DI LORETO, M. (2006). « Le télétravail à domicile : meilleure conciliation emploi-famille ou source d'envahissement de la vie privée ? », *Revue Interventions économiques*, n° 34, p. 1-20.

TREMBLAY, D.-G., CHEVRIER, C. et ROUSSEAU, S. (2004). « The Montreal multimedia cluster : District, cluster or localized system of production ? », dans Wolfe, D. et Lucas, M. (dir.), *Clusters in a Cold Climate : Innovation Dynamics in a Diverse Economy.* Montréal et Kingston : McGill-Queen's University Press and School of Policy Studies, Queen's University, p. 165-194.

TREMBLAY, D.-G. et GENIN, É. (2008a). « Money, work-life balance and autonomy : Why do IT professionals choose self-employment ? », *Applied Research on Quality of Life*, p. 1-19. <http://www.springerlink.com/content/hgk331k879n85647/>. Consulté le 15 janvier 2013.

TREMBLAY, D.-G. et GENIN, É. (2008b). « Permeability between work and non-work : The case of IT self-employed workers », *Canadian Journal of Communication*, vol. 33, n° 4, p. 701-720.

TREMBLAY, D.-G., GENIN, É. et CISNEROS MARTINEZ, L.-F. (2008c). « La transformation de la notion d'autonomie : l'exemple des relations entre travailleurs indépendants et clients », *Gestion 2000*, vol. 25, n° 6, p. 83-101.

TREMBLAY, D.-G., GRODENT, F. et LINCKENS, A. (2011). *Engagement organisationnel, temps de travail et modalités de mise en œuvre de la performance : le cas des cadres d'une grande entreprise québécoise*, Note de recherche n° 14 de l'ARUC sur la gestion des âges et des temps sociaux. Montréal : ARUC (Alliance de recherche université-communauté) sur la gestion des âges et des temps sociaux, 29 p.

TREMBLAY, D.-G. et JEBLI, F. (2013). « Des aménagements de temps de travail pour garder les cadres expérimentés en emploi ? Vers une redéfinition du concept de la retraite », dans Tremblay, D.-G. (dir.), *Temporalités sociales, temps prescrits, temps institutionnalisés*. Québec : Presses de l'Université du Québec, p. 203-224.

TREMBLAY, D.-G. et NAJEM, E. (2010). « Le télétravail : qui le pratique et pourquoi ? », *Gestion*, vol. 35, n° 1, p. 108-116.

TREMBLAY, D.-G. et ROUSSEAU, S. (2006a). « The Montreal multimedia sector : A cluster, an "innovative milieu" or a simple colocation ? », *Canadian Journal of Regional Science*, vol. 28, n° 2, p. 299-327.

TREMBLAY, D.-G. et ROUSSEAU, S. (2006b). « Politique d'aménagement et multimédia à Montréal : la reconversion par une gouvernance mixte », dans Tremblay, D.-G. et Tremblay, R. (dir.), *La compétitivité urbaine dans le contexte de la nouvelle économie*. Québec : Presses de l'Université du Québec, coll. « Études d'économie politique », p. 137-162.

TREMBLAY, D.-G. et THOMSIN, L. (2012). « Mobile work : An analysis of its benefits and drawbacks », *International Journal of Work Innovation*, vol. 1, n° 1, p. 100-113.

TURCOTTE, M. (2010). « Le travail à domicile : une mise à jour », *Tendances sociales canadiennes*. Ottawa : Statistique Canada, n° 11-008 au catalogue, 12 p.

VEILLEUX, G. (2006). *Nouvelle carrière à l'ère de l'économie du savoir : une étude dans le secteur des télécommunications*, Mémoire de maîtrise. Québec : Université Laval.

VENDRAMIN, P. (2007). *Les jeunes, le travail et l'emploi – Enquête auprès des jeunes salariés en Belgique francophone*. Namur : Fondation travail-université. <http://hdl.handle.net/2078.1/129430>. Consulté le 7 avril 2014.

VENDRAMIN, P. et VALENDUC, G. (1999). « Nouveaux rythmes de production, temps de travail et temps sociaux », *La lettre Emerit*, Trimestriel d'information sur l'évaluation des choix technologiques. Namur : Unité de recherche Travail et technologies, Fondation travail-université ASBL.

VÉZINA, M., CLOUTIER, E., STOCK, S., LIPPEL, K., FORTIN, E., DELISLE, A., ST-VINCENT, M., FUNES, A., DUGUAY, P., VÉZINA, S. et PRUD'HOMME, P. (2011). *Enquête québécoise sur des conditions de travail, d'emploi et de santé et de sécurité du travail (EQCOTESST)*, Projets spéciaux, Rapport R-691. Québec : Institut national de santé publique du Québec, 986 p.

CHAPITRE 11
Les défis de l'articulation vie professionnelle et vie personnelle/familiale

SOMMAIRE

Introduction

La problématique de l'articulation entre vie professionnelle et vie personnelle/familiale est importante dans pratiquement tous les secteurs, mais elle prend une dimension particulière dans les secteurs de l'économie du savoir en raison des exigences du travail, qui sont souvent très fortes en termes d'engagement et de temps. Ainsi, au Québec comme dans de nombreux pays industrialisés, les mutations du marché du travail ainsi que les aspirations des parents-travailleurs posent avec acuité la question de l'articulation vie personnelle et vie professionnelle, principalement pour les femmes, mais aussi de plus en plus pour les jeunes hommes, notamment dans l'économie du savoir (secteurs des technologies de l'information, du multimédia et de la finance notamment).

11.1. Quelques éléments de contexte

Au fil du temps, le taux d'activité des femmes a grandement progressé, bien qu'en 2011, le taux d'activité des hommes soit toujours supérieur de 8,5 % à celui des femmes (69,5 % des hommes contre 61,0 % des femmes) (ISQ, 2012, p. 57). On observe que les femmes sont très actives dans tous les groupes d'âge, bien qu'il y ait des écarts entre les taux d'activité (tableau 11.1) et que ceux-ci augmentent avec l'âge, en partie en raison des responsabilités familiales. Enfin, bien que les femmes et les hommes âgés de 55 ans aient respectivement des taux d'activité plus faibles que les individus des autres groupes d'âge, leur taux d'activité est en progression chaque année, durant la période 2001-2011 (ISQ, 2012).

Cependant, si le taux d'activité des femmes a augmenté au fil des ans, la diversification des formes d'emploi des femmes comme des hommes (temps partiel, sur appel, en fonction d'horaires variables ou travailleurs autonomes) rend plus complexe la conciliation des activités personnelles et professionnelles (Tremblay, 2014; Tremblay et Mascova, 2013; Tremblay, 2012a et b; Lazzari Dodeler et Tremblay, 2011a). Par exemple, le travail à temps partiel (pas toujours choisi) occupe une place importante et cela peut poser la question de la qualité de ces emplois (horaires de travail atypiques). En effet, bien que la proportion d'emplois à temps partiel ait diminué chez les femmes passant de 67,4 % en 2001 à 64,8 % en 2011, elle reste tout de même beaucoup plus importante que celle des hommes qui, somme toute, a progressé entre 2001 (32,6 %) et 2011 (35,2 %) (figure 11.1). Bien que la part du travail à temps partiel volontaire diminue, ce dernier caractérise encore 76,7 % des emplois à temps partiel (ISQ, 2012, p. 75).

Tableau 11.1. Taux d'activité (pourcentage) selon le sexe et le groupe d'âge au Québec (2001-2011)

	Femmes					Hommes				
	Ensemble	15-24 ans	25-44 ans	45-54 ans	55 ans et plus	Ensemble	15-24 ans	25-44 ans	45-54 ans	55 ans et plus
2001	56,6	59,8	79,8	74,1	15,4	70,7	65,4	90,9	88,2	31,2
2002	58,4	64,4	81,3	76,7	16,9	72,2	68,3	92,1	89,5	33,4
2003	60,0	67,6	82,3	78,6	19,3	72,2	69,1	91,8	88,9	35,1
2004	60,1	67,0	82,9	78,0	20,8	71,8	68,1	91,6	89,2	35,3
2005	59,8	66,4	82,5	79,4	20,8	71,4	66,0	91,2	90,1	36,1
2006	60,0	65,1	82,6	80,1	22,4	70,9	67,2	91,5	89,9	35,3
2007	61,0	66,2	83,8	81,8	23,9	70,5	66,9	91,3	88,8	35,6
2008	61,3	67,7	83,8	81,6	25,2	70,4	68,4	91,6	89,0	35,1
2009	61,1	65,9	84,4	82,1	25,7	69,7	66,7	90,3	88,6	36,7
2010	61,0	67,2	84,3	82,4	26,0	69,8	67,5	90,0	89,1	37,7
2011	61,0	67,1	84,8	82,6	26,4	69,5	66,1	90,5	88,1	38,4
Écart 2001-2011 (points de %)	4,4	7,3	5,0	8,5	11,0	−1,2	0,7	−0,4	−0,1	7,2

Source : Adapté par l'Institut de la statistique du Québec d'après Statistique Canada, *Enquête sur la population active 2011* (ISQ, 2012, p. 57).

Figure 11.1. Répartition de l'emploi à temps partiel et à temps plein, selon le genre au Québec (2001-2011)

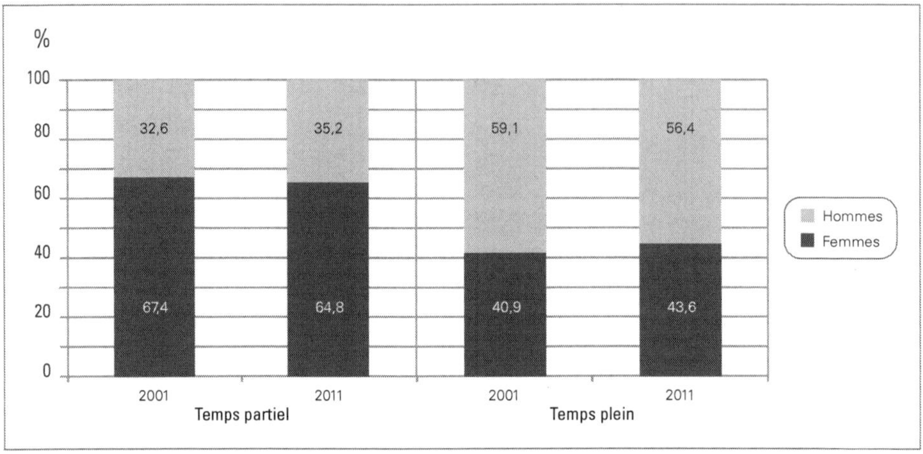

Source : Adapté par l'Institut de la statistique du Québec d'après Statistique Canada, *Enquête sur la population active 2011* (ISQ, 2012, p. 77).

Il est intéressant de noter également la surreprésentation des femmes dans le secteur des services où elles occupaient en 2011 près de la moitié des emplois (54,2 %) (tableau 11.2). Plus précisément, 81,5 % des emplois sont occupés par des femmes dans le secteur des soins de santé et de l'assistance sociale et, dans les six autres secteurs qui suivent, elles occupent plus de la moitié des emplois :

> les services d'enseignement (64,4 %), de la finance, des assurances, de l'immobilier et de la location (55,2 %), de l'hébergement et des services de restauration (58,0 %), des autres services (52,9 %), des administrations publiques (53,2 %) et de l'information, de la culture et des loisirs (43,4 %) (ISQ, 2012, p. 112).

Comme nous l'avons déjà vu, nombre de ces secteurs sont représentatifs des secteurs de l'économie du savoir et comme ils fonctionnent souvent à horaires variables, cela peut engendrer des difficultés dans l'articulation des temps sociaux.

De manière générale, la progression des femmes sur le marché du travail a transformé le schéma traditionnel de la famille puisque les femmes sont une deuxième source de revenus, mais cela engendre aussi des difficultés d'articulation entre les responsabilités familiales et professionnelles. Ceci est d'autant plus complexe dans le cas de certaines situations familiales en particulier (familles monoparentales, familles recomposées).

Au niveau des organisations, la recherche de compétitivité et de flexibilité a fait en sorte que les frontières spatiotemporelles de l'organisation deviennent de plus en plus floues (Veilleux, 2006 ; Genin, 2009). Ainsi, désormais, avec les nouvelles technologies, surtout les ordinateurs portables et les téléphones intelligents, le travail peut empiéter sur la sphère privée. Les salariés peuvent désormais être amenés à travailler sur les lieux de travail, mais aussi à la maison, dans le métro, à l'hôtel, etc., et à n'importe quel moment de la journée ou de la soirée, voire de la nuit (Tremblay et Genin, 2009, 2010).

Tableau 11.2. Taux de présence des femmes dans le secteur des services et des industries au Québec (2001-2011)

	Secteur des services	Commerce	Transport et entreposage	Finance, assurance, immobilier et location	Services professionnels, scientifiques et techniques	Services d'entrepreneurs, bâtiments et autres services	Services d'enseignement	Soins de santé et assistance sociale	Information, culture et loisirs	Hébergement et services de restauration	Autres services	Administrations publiques
2001	52,4	45,7	22,8	60,3	41,3	38,4	63,4	77,9	43,9	58,7	51,2	47,1
2002	53,4	48,0	17,7	58,1	43,4	42,7	65,2	77,2	45,2	59,6	52,6	47,4
2003	53,9	46,5	26,3	61,3	42,0	46,6	61,9	78,9	44,7	58,9	50,6	50,6
2004	54,1	47,3	23,4	59,7	43,1	44,4	64,0	79,1	48,3	58,7	50,2	52,1
2005	54,4	48,9	23,8	59,8	45,2	39,2	65,5	79,5	44,5	56,9	50,9	51,1
2006	53,8	47,8	19,9	59,2	41,2	44,1	60,6	79,2	45,9	58,3	54,4	50,8
2007	53,9	48,2	21,1	59,1	43,0	41,8	63,1	79,6	46,2	58,3	52,4	51,7
2008	54,9	49,7	22,0	57,4	44,1	40,5	65,9	80,1	44,3	58,5	55,0	54,4
2009	55,2	48,1	24,6	60,1	41,8	38,2	57,0	81,3	49,9	58,4	56,1	51,1
2010	54,6	48,2	23,5	57,9	41,2	41,4	67,6	80,0	47,9	56,9	49,2	53,2
2011	54,2	47,5	22,8	55,2	40,9	41,4	64,4	81,5	43,4	58,0	52,9	53,2
Variation 2001-2011 (points de %)	1,8	1,8	0,0	−5,1	−0,4	3,0	1,0	3,6	−0,5	−0,7	1,7	6,1

Source : Adapté par l'Institut de la statistique du Québec d'après Statistique Canada, *Enquête sur la population active 2011* (ISQ, 2012, p. 112).

Le contexte d'accélération du vieillissement de la population a également une incidence majeure sur les sphères de la vie sociale et économique et contribue à accentuer les difficultés de conciliation entre les deux sphères. En effet, alors que l'ISQ (2012) souligne que le Québec est en deçà du taux de fécondité nécessaire pour assurer le remplacement des générations (soit 2,1 enfants par femme), et malgré une progression importante entre les années 2000 et 2009 (respectivement 1,45 et 1,74 enfant par femme), l'indice synthétique de fécondité 2011 est estimé à 1,69 enfant par femme (ISQ, 2012, p. 18). De plus, comme dans presque tous les pays industrialisés, le Québec connaît un vieillissement de sa population (selon une estimation d'ISQ citée dans gouvernement du Québec, 2012). En effet, la proportion des personnes de plus de 65 ans devrait passer de 16 % en 2011 à 26 % en 2031, ce qui correspond à une augmentation d'un million de personnes. Enfin, au faible taux de fécondité s'ajoute l'allongement de l'espérance de vie, qui se situait, au début des années 1980, à 70,7 ans chez les hommes et à 78,1 ans chez les femmes, et qui a poursuivi sa progression pour s'élever, en 2010, à 79,6 ans chez les hommes et à 83,6 ans chez les femmes.

Au regard de ces données, il est clair que plusieurs personnes actives sur le marché du travail sont proches aidantes, surtout des femmes qui s'occupent de leurs parents âgés ou malades. De ce fait, les entreprises doivent tenir compte non seulement des responsabilités parentales à l'endroit des enfants, mais aussi des responsabilités de plusieurs travailleurs proches aidants à l'endroit de leurs propres parents (Tremblay, 2012a et b ; Lero *et al.*, 2012 ; Tremblay et Larivière, 2013).

Selon Statistique Canada, en 2007, le nombre de proches aidants a atteint 2,7 millions de personnes qui prodiguent des soins à des personnes de 65 ans et plus (Cranswick et Dosman, 2008 ; Cranswick, 2003). Statistique Canada indique aussi que 29 % des personnes de 45 ans et plus (soit 3,8 millions de personnes) dispensent des soins, et que 62 % des aidants de 45 ans et plus sont des femmes, alors que 38 % sont des hommes. Vu sous un autre angle, on peut dire que 37 % des travailleuses et 29 % des travailleurs de la tranche des 45 à 64 ans assumaient un rôle d'aidant. De ces personnes, 58 % (2,3 millions) occupaient un emploi (Tremblay, 2012a). Outre le vieillissement de la population, l'allongement de la vie et de l'espérance de vie accroît les risques de maladies, et ce, même si plusieurs aînés sont suffisamment autonomes, contrairement aux générations antérieures (Pernigotti et Tremblay, 2011). Tout cela engendre des défis de gestion des ressources humaines dans l'économie du savoir comme dans les autres secteurs où travaillent les personnes qui sont aussi des proches aidants.

11.2. L'évolution lexicale de la question de l'articulation de la vie privée et de la vie professionnelle

Selon Ollier-Mallaterre (2010), aux États-Unis, l'évolution lexicale de la question de l'articulation s'est poursuivie en trois temps. En effet, autour des années 1970-1980, la question de l'articulation des sphères de la vie privée et de vie professionnelle visait les femmes et c'était le vocable *work-family* (travail-famille) qui caractérisait cette problématique. À compter des années 1990, dans un but d'équité envers les hommes et les personnes célibataires, mais aussi pour lutter contre les stéréotypes qui défavorisaient les femmes sur le marché du travail, un glissement sémantique s'est opéré et la notion de *life* (vie personnelle) vient se substituer à celle de *family* (famille), on parle alors de *work-life* (vie professionnelle et vie personnelle), ce qui démontre une vision dynamique et plus large de l'articulation des sphères de vie. Plus tard, dans les années 2000, les gestionnaires en ressources humaines feront, une nouvelle fois, évoluer la notion d'articulation des différentes sphères en la posant en termes de *bien-être*, de résilience et d'énergie, masquant ainsi la question du genre et celle des différentes sphères de la vie. Le glissement de la notion permet de positionner la question de l'articulation des sphères de la vie privée et de la vie professionnelle afin qu'elle puisse être perçue comme « socialement acceptable et même considérée comme stratégique » (Ollier-Mallaterre, 2010, p. 125). Selon la même auteure, on parle d'abord d'incorporation de la famille, puis de l'expulsion de celle-ci de la sphère du travail et, enfin, l'employeur peut parfois tenter une certaine substitution (par l'offre de services aux personnes, de traiteurs et autres) au fil du temps (Ollier-Malaterre, 2013).

De plus, bien que de nombreux chercheurs parlent de *conciliation travail-famille*, ce terme ne fait pas toujours l'unanimité. Certains préfèrent parler d'*articulation emploi-famille*, d'autres d'*harmonisation vie professionnelle et vie personnelle*, ou d'autres encore d'équilibre travail-famille. S'agissant de traiter des difficultés liées à l'envahissement du travail dans la vie privée, personnelle et familiale, que rencontrent les salariés, nous préférons parler d'*articulation entre vie professionnelle et vie personnelle/familiale*. En effet, tout comme le souligne Tremblay (2003), bien que l'expression *conciliation* soit la plus courante et sans doute la plus reconnue dans les débats publics, l'expression *articulation* est souvent utilisée ici, car il s'agit bien de réglages et d'articulation entre la sphère personnelle/familiale, d'une part, et la sphère professionnelle, d'autre part. Les deux termes, conciliation et articulation, nous paraissent acceptables. Par contre, le vocable équilibre, traduit de l'anglais *balancing*, n'inclut pas cette idée de réglage. Le terme *conciliation* peut aussi être utilisé puisqu'il est largement répandu, mais les termes *harmonisation* et équilibre sont moins heureux, rendant moins l'idée d'un travail de réglage des temps sociaux. Nous les éviterons pour cette raison.

11.2.1. Le conflit entre travail et famille

L'articulation de la vie personnelle et de la vie professionnelle remet en question la relation entre travail et hors travail, mais aussi l'effet de la vie professionnelle sur la vie familiale, et inversement de la vie familiale sur la vie professionnelle. Ainsi, selon Stepanski (2002, citée dans Lazzari, 2012 ; Tremblay, 2012a), plusieurs modèles théoriques tentent de comprendre les relations travail-famille/famille-travail, à savoir : la théorie de la maximisation de la satisfaction, la théorie instrumentale, la théorie rationnelle, la théorie des débordements, la théorie de la segmentation et la théorie du conflit.

- La *théorie de la maximisation de la satisfaction* : cette théorie postule que l'individu calcule l'utilité en vue de maximiser sa satisfaction et elle conçoit la relation travail-famille comme étant bidirectionnelle. Cette relation se déroule donc dans un contexte où l'individu fait des choix utilitaristes et où le temps constitue une ressource limitée. Le conflit travail-famille provient du fait que l'individu a tendance à investir plus de temps dans le domaine (travail ou famille) où il tire plus de satisfaction personnelle. Il en résulte un déséquilibre, car il reste moins de temps pour l'autre domaine. Cette approche s'inspire clairement de la théorie économique néoclassique selon laquelle l'allocation des ressources, dans notre cas le temps et l'énergie, doit être optimisée en vue de maximiser la satisfaction. Cette théorie a été abondamment critiquée parce qu'elle ne correspond pas toujours à la réalité, notamment lorsqu'elle laisse entendre que l'on peut faire des choix en ce qui concerne le temps à affecter à diverses activités, alors que souvent, ce n'est pas le cas. Le temps partiel involontaire illustre justement la difficulté de toujours obtenir ce que l'on souhaite en matière de temps de travail ou de temps de loisir (Tremblay, 2012a).

Dans cette théorie, Frone *et al.* (1992) et St-Onge *et al.* (2002) soulignent la bidirectionnalité de la relation travail-famille. En effet, selon ces auteurs, le conflit peut posséder deux directions possibles, du travail vers la famille et de la famille vers le travail, en ce sens que ces deux sphères s'interinfluencent.

- La *théorie instrumentale*: la théorie instrumentale explique que selon le choix des individus, le travail ou la famille nécessite plus de temps et d'énergie. Ainsi selon le choix des individus, le travail ou la famille relève respectivement soit de l'obligation, soit de la récompense.
- La *théorie rationnelle*: cette théorie soutient que le conflit entre travail et famille provient du fait que le travail nécessite plus de temps et d'énergie que la famille. Le travail relève du domaine de l'obligation tandis que la famille relève du domaine de la récompense. Le premier demande plus de temps et d'énergie, d'où un déséquilibre puisqu'il en reste moins pour les activités familiales. Ce peut être à l'inverse la famille qui appartient au domaine de l'obligation et le travail au domaine de la récompense, mais c'est peut-être moins souvent le cas, surtout pour les hommes, qui ont généralement comme priorité le travail, alors que certaines femmes peuvent prioriser la famille (Tremblay, 2012a).
- La *théorie des débordements*: selon cette théorie, il peut y avoir conflit en fonction de la satisfaction ou de l'insatisfaction vécue dans le domaine du travail ou de la famille. Autrement dit, une incidence positive (satisfaction) ou négative (insatisfaction) se répercute sur l'autre domaine. Par exemple, si l'influence est négative au travail, elle peut se répercuter négativement sur la famille; si elle est positive au travail, elle peut se répercuter de manière positive sur la famille. Par ailleurs, une influence positive au travail peut se répercuter positivement sur la famille.
- La *théorie de la segmentation*: selon cette théorie, le conflit découle de l'inaptitude de l'individu à faire une séparation (ou une segmentation) entre ses activités professionnelles et ses activités familiales. Ces deux domaines sont considérés comme indépendants. Par conséquent, le rôle de l'individu au travail n'aurait aucun effet sur son rôle au sein de sa famille. Au contraire, cette approche considère que les rôles ne sont pas conflictuels. En définitive, l'individu peut jouer les deux rôles s'il arrive

à faire la distinction et à trouver un équilibre entre les deux domaines en investissant le temps qu'il faut au travail sans affecter celui qui est nécessaire aux activités familiales (Tremblay, 2012a).

- La *théorie du conflit*: selon cette théorie, la concentration, l'énergie et le temps sont des ressources limitées. L'individu fait le choix de consacrer ces ressources dans un domaine pour y réussir. En y consacrant plus de ressources, il crée un déséquilibre, car ceci se fait irrémédiablement au détriment de l'autre domaine. Cette situation génère du stress chez l'individu qui est incapable de trouver un équilibre entre travail et famille, d'où le conflit entre ses deux rôles. Cette approche s'appuie aussi sur la notion de ressources limitées et postule qu'il y a une relation d'influence négative entre le travail et la famille. En d'autres termes, la satisfaction ou le succès dans un des domaines entraîne l'insatisfaction dans l'autre.

L'ensemble de ces théories est intéressant à connaître, bien qu'elles s'inspirent plutôt de théories traditionnelles de la psychologie ou de l'économie néoclassique (Tremblay, 2012a).

La *théorie des frontières*, quant à elle, examine la manière dont les rôles de la vie sont séparés par des frontières. Dans cette théorie apparaissent les concepts de perméabilité et de souplesse, concepts cruciaux pour analyser la manière dont les frontières entre les domaines de la vie affectent l'intégration, les transitions et les conflits entre les domaines. Il est ainsi possible de déterminer de quelles sphères proviennent les conflits et d'explorer les relations de réciprocité entre les différents types de conflits (Bellavia et Frone, 2005).

Dans leur ouvrage, Kahn *et al.* (1964) montrent que le conflit travail-famille se fonde sur la théorie des rôles selon laquelle un individu peut avoir à gérer plusieurs rôles qui occasionnent des pressions provenant tant de l'emploi que de la famille, pressions qui seraient mutuellement incompatibles. Selon Greenhaus et Beutell (1985, p. 1), le conflit entre le travail et la famille survient lorsque le temps consacré aux exigences d'un rôle (travail) empiète sur le temps de l'autre rôle (famille). Ainsi, Greenhaus et Beutell (1985, p. 77-81) mentionnent trois formes de conflits entre travail et famille qui peuvent générer du conflit allant du travail vers la famille, mais aussi de la famille vers le travail.

- Le *conflit de temps (*time-based conflict*)*: les individus sont amenés à gérer plusieurs rôles tout au long d'une journée et ces rôles peuvent parfois être en conflit si plus de temps est passé dans une sphère que dans l'autre. Par exemple, du point de vue de la sphère professionnelle, les longues heures de travail et les horaires atypiques ou imprévisibles peuvent occasionner des pressions sur les individus. Du côté de la sphère familiale, la présence de jeunes enfants ou d'un parent âgé ne permet pas toujours d'accomplir le rôle de parent ou celui de salarié, parfois ni l'un ni l'autre.
- Le *conflit de tensions (*strain-based conflict*)*: les facteurs de stress liés à un environnement changeant peuvent produire des tensions (fatigue, anxiété, etc.) et générer des difficultés à se conformer aux exigences du travail, mais aussi à celles de la famille. De même, les conflits familiaux peuvent avoir une incidence sur le rôle professionnel.

- Le *conflit de comportements (*behavior-based conflict*)*: le comportement nécessaire à un rôle peut être incompatible avec les attentes concernant le comportement de l'autre rôle. Par exemple, comme le souligne Schein (1978, cité dans Greenhaus et Beutell, 1985, p. 82) concernant de nombreux cadres, au travail, ce sont plus des comportements d'autonomie, de stabilité émotionnelle, d'agressivité et d'objectivité qui sont recherchés alors que dans la sphère familiale, les membres de la famille s'attendent à un comportement chaleureux, émotionnel et vulnérable dans les interactions entre les membres de la famille.

La notion d'enrichissement est récente (Dumas, 2006). Son approche théorique s'inscrit dans le courant de la psychologie positive, qualifiée de psychologie du bonheur et du bien-être par Csikszentmihalyi (2004, cité dans Dumas, 2006). En effet, contrairement à la théorie du conflit travail-famille qui considère que la sphère professionnelle et la sphère familiale peuvent être concurrentes en termes de temps, d'énergie et de comportements, la théorie de l'enrichissement affirme que la sphère professionnelle et la sphère familiale peuvent chacune bénéficier d'un engagement dans l'autre sphère (Dumas, 2006; Greenhaus et Powell, 2006). Greenhaus et Powell (2006) considèrent que tout comme le conflit entre le travail et la famille est bidirectionnel, l'enrichissement travail-famille l'est aussi. Ainsi les auteurs expliquent que l'enrichissement travail-famille survient lorsque les expériences de travail viennent enrichir et améliorer la qualité de la vie de famille, et l'enrichissement famille-travail se produit lorsque les expériences familiales viennent améliorer la qualité du travail. Par exemple, pour illustrer l'enrichissement famille-travail, Ruderman *et al.* (2002, cités dans Greenhaus et Powell, 2006, p. 73) relatent le cas d'une femme gestionnaire qui considère être devenue meilleure gestionnaire depuis qu'elle est mère (l'apprentissage de la patience avec son enfant lui permet à présent de témoigner également plus de patience à ses subordonnés en leur laissant le temps de se développer et d'évoluer). Concernant l'enrichissement travail-famille, un ouvrier d'usine travaillant sur un mode d'organisation de travail participatif explique qu'il met ses expériences en pratique avec son fils âgé de 16 ans, il peut ainsi interagir avec lui sans hurler et l'entente est meilleure (Crouter, 1984a, cité dans Greenhaus et Powell, 2006, p. 73). En effet, pour Greenhaus et Powell (2006), il est plus probable qu'un individu transfère une ressource d'un rôle A à un rôle B lorsque cette dernière est très importante et que l'individu la perçoit comme telle pour le rôle A. Cela montre bien la pertinence de la compatibilité de la ressource avec les exigences réelles du rôle B. De plus, posséder du contrôle sur son travail et obtenir un mode de travail (non contraint) plus en relation avec la vie personnelle permettraient aux individus de s'enrichir et de mieux articuler la sphère familiale et professionnelle (Dumas, 2006).

11.2.2. Le concept de satisfaction et la théorie de l'autodétermination

Dans l'offre des pratiques de gestion, le concept de satisfaction est important puisqu'il permet de comprendre quels sont les attentes et les besoins de la main-d'œuvre. Ainsi, pour plusieurs auteurs (Locke, 1976; Porter *et al.*, 1974), la satisfaction au travail constitue un état émotionnel en lien avec des perceptions résultant de l'évaluation ou de l'expérience du travail. Elle représente une réponse affective rapide, mais peut évoluer en fonction des attentes et des expériences de l'employé. Enfin, lorsqu'elle précède l'engagement, l'entreprise peut tirer profit des changements apportés à l'organisation du travail (Porter *et al.*, 1974). Par exemple, Berg (1999) a examiné l'effet des pratiques de travail sur la satisfaction des employés. Ces résultats ont montré que les employés étaient satisfaits lorsque leurs rôles et leurs tâches étaient bien définis, qu'ils avaient de bonnes relations avec leur supérieur et que l'offre de bonnes pratiques de gestion leur permettait un meilleur équilibre entre le travail et la famille. Une autre étude, de Torunn Bjørk *et al.* (2007), explore la satisfaction au travail chez des infirmières norvégiennes et montre que les interactions dans le travail, suivies par la rémunération et l'autonomie au travail, sont les facteurs de satisfaction les plus importants pour les infirmières norvégiennes. De plus, outre la satisfaction, la formation continue ainsi que les possibilités de développement professionnel ont une incidence chez les infirmières pour demeurer en emploi. Il est donc important de déceler ce qui alimente la satisfaction ou même l'insatisfaction si les organisations souhaitent maintenir et attirer de la main-d'œuvre.

Selon la théorie de l'autodétermination,

> [t]out être humain a des besoins psychologiques fondamentaux, qu'il cherche à satisfaire dans son travail comme dans sa vie personnelle. Un besoin est un élément essentiel qui, lorsqu'il est comblé, mène au bien-être, à l'émancipation, à l'adaptation et au fonctionnement optimal de l'individu (Decy et Ryan, 2008, p. 25).

Dans le but de faire un lien entre la santé mentale et la satisfaction des trois besoins fondamentaux chez les employés (auprès de 279 professionnels du secteur de la santé québécois), Forest *et al.* (2010, p. 21) se fondent sur la théorie de l'autodétermination qui s'appuie sur les trois besoins fondamentaux, soit « le besoin de compétences, le besoin d'autonomie, ainsi que celui d'affiliation sociale ». Selon Forest *et al.* (2010), le *besoin de compétences*, lorsqu'il est satisfait, permet à l'employé de mener à bien les exigences liées à son travail. Celui d'*autonomie* correspond à son besoin de liberté dans l'exécution de son travail. Enfin, le *besoin d'affiliation sociale* est satisfait lorsque l'individu possède un sentiment d'appartenance au milieu dans lequel il travaille. Ce denier besoin est très important, car s'il n'est pas comblé, la coopération et la collaboration ne sont pas possibles. Ainsi, Forest *et al.* (2010) ont souligné que l'adoption de pratiques de gestion soutenant l'autonomie, par les supérieurs, menait à la satisfaction des besoins psychologiques fondamentaux des employés. Ces pratiques participent non seulement du bien-être des employés, mais les aident aussi à se préserver de la détresse au travail.

11.3. Les positions de l'État et des acteurs sociaux en matière d'articulation vie professionnelle et vie personnelle/familiale

En Europe et en Amérique du Nord, les transformations du marché du travail et les mutations du schéma traditionnel de la famille ont amené les acteurs sociaux et les États à adopter des mesures en matière de temps de travail et de temps sociaux.

11.3.1. Le cas de l'Europe

Comme le souligne Silvera (2010, p. 4), l'Union européenne a adopté de nombreuses résolutions, directives et recommandations sur l'égalité entre les hommes et les femmes, mais aussi sur la conciliation, souvent après que des accords entre les partenaires sociaux européens aient été signés ; c'est le cas, par exemple, pour le travail à temps partiel, le congé parental et la garde des enfants. En 2000, une résolution du Conseil de l'Union européenne introduit neuf « indicateurs de suivi » sur l'articulation de la vie familiale et professionnelle, indicateurs qui ont été réactualisés en 2008 par Raïri et Silvera (2008). Ils permettent d'éclairer « l'usage et le recours par les femmes au congé parental, le développement des services d'accueil auprès des enfants ou des personnes âgées dépendantes ; la répartition des tâches domestiques au sein des ménages » et les politiques menées par les États membres pour « faciliter l'articulation des temps » (Silvera, 2010, p. 65-66). Plus récemment, en 2009, un accord entre les représentants patronaux et syndicaux européens a été signé prévoyant l'allongement du congé parental de trois à quatre mois, ainsi que la non-transférabilité d'une partie du congé entre parents afin de favoriser la participation des pères.

En Europe, six pays ont légiféré sur l'aménagement du temps de travail à savoir : l'Allemagne, le Danemark, la France, les Pays-Bas, la Pologne et la Lituanie ; sept pays proposent des possibilités de réduction du temps de travail seulement en direction des parents : Autriche, République tchèque, Finlande, Grèce, Portugal, Slovénie et Royaume-Uni (Silvera, 2010). En revanche, le travail à temps partiel est développé dans de nombreux pays et est considéré par certains comme la mesure la plus adaptée à l'articulation des temps professionnels et personnels. En effet, selon Silvera (2010, p. 66), dans six pays, il est supérieur à 40 % de l'emploi des femmes et aux Pays-Bas, il représente 75 % de l'emploi féminin. Par ailleurs, contrairement au Danemark ou à la Finlande où la norme de travail est le temps complet, le travail à temps partiel est plus fréquent au Royaume-Uni ou en Allemagne en raison de l'insuffisance d'accueil pour les enfants. C'est donc de manière subie que les mères acceptent cette solution (Eydoux et Letablier, 2008, p. 76) : le temps partiel a généralement une incidence sur la carrière des femmes, et il n'est souvent pas accessible dans nombre de secteurs de l'économie du savoir, comme le droit (Tremblay et Mascova, 2013) ou d'autres groupes de professionnels ou de cadres et gestionnaires, ou alors il aurait une incidence très négative sur la progression de carrière.

Toujours selon l'étude de Silvera (2010), la durée du congé parental varie également selon les différents pays européens : au Royaume-Uni et en Irlande, elle s'élève à 13 ou 14 semaines (minimum). Elle peut atteindre jusqu'à trois ans dans certains pays, mais sans être toujours bien rémunérée : Allemagne, Espagne, Estonie, France, République tchèque, Lettonie, Lituanie, Pologne et Slovaquie. Dans sept pays, le congé parental n'est tout simplement pas rémunéré : Espagne Grèce, Portugal, Royaume-Uni, Irlande, Pays-Bas, Chypre. Il l'est faiblement (allocations forfaitaires), sous certaines conditions (nombre d'enfants) dans six pays : France, Autriche, Belgique, Pologne, République tchèque et Slovaquie. En Suède, au Danemark, en Finlande et au Luxembourg, l'indemnisation du congé de parentalité correspond à un pourcentage élevé du salaire. Il est à noter que l'Allemagne, depuis 2007, offre un congé de parentalité d'un an auquel elle ajoute deux mois supplémentaires si ce dernier est partagé par les deux parents, tout comme les pays scandinaves. Ce congé est rémunéré aux deux tiers du salaire antérieur (Silvera, 2010, p. 68).

Cependant, force est de constater que ce sont toujours majoritairement les femmes qui prennent le congé de parentalité (entre 80 et 90 % selon le pays). D'ailleurs, plus la durée est longue et peu rémunérée, moins les pères s'en prévalent. En Suède, par exemple, si 78 % des pères prennent les deux mois supplémentaires qui seraient perdus pour le couple s'ils ne les prenaient pas, seulement 15 % prennent la totalité du congé, bien que la rémunération d'environ 80 % du salaire antérieur soit maintenue (Silvera, 2010). Ceci peut bien sûr avoir une incidence sur la situation des femmes qui souhaitent faire carrière dans l'économie du savoir, et c'est pourquoi l'Europe souhaite inciter les pays à développer des incitatifs pour accroître la participation des pères, notamment des périodes qui leur sont réservées et non transférables à la mère, comme c'est le cas notamment en Suède et en Islande. Dans ce dernier cas, il y aura, en 2016, cinq mois de congé de paternité, cinq mois de congé de maternité et deux mois à partager, afin de favoriser un partage plus équitable des tâches et responsabilités entre les parents (tableau 11.3). Déjà, on prévoyait trois mois pour les pères, trois pour les mères et trois à partager, mais on augmentera régulièrement le nombre de mois entre 2013 et 2016.

Tableau 11.3. Modification des congés parentaux 2013-2016, Islande

Congé	2013	2014	2015	2016
Maternel	3,0	3,5	4,0	5,0
Paternel	3,0	3,5	4,0	5,0
Parental (au choix)	3,0	3,0	3,0	2,0
Total (mois)	9,0	10,0	11,0	12,0

Source : Harvey (2013).

11.3.2. L'Amérique du Nord et le Québec

Aux États-Unis, l'État s'est peu impliqué et a joué un rôle très limité dans les sphères familiale et privée (Lee-Gosselin, 2005, p. 154). Au Canada anglais, si l'on dispose d'un congé parental d'un an, qui peut être partagé entre les hommes et les femmes, ce sont encore surtout les femmes qui prennent l'essentiel du congé (Tremblay, 2012a). De plus, le Canada hors Québec ne dispose pas de services de garde à bas coûts comme c'est le cas au Québec. De ce fait, au Canada et aux États-Unis, les femmes doivent assumer la charge des enfants ; si les professionnelles et cadres peuvent se payer les services, la situation est plus difficile pour les travailleuses des commerces et autres secteurs à bas salaires (Tremblay, 2010, 2012a). Par contre, au Québec, l'État s'est doté de politiques familiales considérées comme assez généreuses en lien avec l'arrivée de l'enfant et surtout d'un excellent réseau de services de garde de la petite enfance (à bas coût, soit 7 $ par jour en 2013). Il s'est aussi doté depuis 2006 d'un nouveau régime de congé parental plus rémunérateur et plus flexible que celui du Canada (Tremblay, 2012a).

Au Québec, le développement des politiques sociales/familiales repose sur des dispositions de *gouvernance* que l'on peut qualifier d'inclusives, car les acteurs sociaux ont eu la possibilité d'exprimer leurs points de vue sur les enjeux, et ont d'ailleurs souvent été sollicités par le législateur pour le faire (Tremblay, 2010).

Ce mode de *gouvernance* caractérisé par de nouvelles formes de régulation semble être une manière de répondre à la crise des régimes de l'État-providence. En se basant sur le contexte institutionnel français et québécois, l'étude comparative entre les deux zones met en évidence les conditions particulières de la gouvernance de la conciliation travail-famille (Barrère-Maurisson et Tremblay, 2010a). Tout d'abord, qu'entend-on par gouvernance ?

> Le mot anglais *governance* a été utilisé dans les années 1990 par des économistes et politologues anglo-saxons pour désigner « l'art ou la manière de gouverner », avec deux préoccupations : d'une part, marquer la distinction avec le gouvernement en tant qu'institution ; d'autre part, promouvoir un nouveau mode de gestion des affaires publiques fondé sur la participation de la société civile à tous les niveaux (national, mais aussi local, régional et international) (Barrère-Maurisson et Tremblay, 2010a, p. 3).

Ainsi, tant en France qu'au Québec, il est possible de distinguer cinq acteurs, à savoir :

> les entreprises, les organisations syndicales, les municipalités (ainsi que les Régions en France et les MRC – municipalités régionales de comté – au Québec), les institutions responsables de l'enfance et de la famille, et les associations ou organismes d'économie sociale (Barrère-Maurisson et Tremblay, 2010a, p. 6).

Tous ces acteurs *intermédiaires*, situés entre les gouvernements et les bénéficiaires, sont sollicités par les États qui souhaitent obtenir des pistes de solution aux problématiques collectives que vivent les sociétés aujourd'hui. Aussi, comme le soulignent Barrère-Maurisson et Tremblay (2010a), on assiste à un glissement du rôle des États passant d'un rôle « interventionniste » à un rôle de « facilitateur, d'animateur, de régulateur suivant les cas » (Barrère-Maurisson et Tremblay, 2010a, p. 5). Par ailleurs, au-delà des politiques d'égalité et de diversité qui sont présentes dans les politiques publiques, il est important que l'articulation travail-famille obtienne une place à part entière (Barrère-Maurisson et Tremblay, 2010a).

Tout comme dans certains pays d'Europe du Nord, le Québec a innové en matière de conciliation travail-famille : préservation des droits des femmes sur le marché du travail par la mise en place d'un réseau de garderies (le nombre de places a été augmenté au fil des ans) ; instauration d'un nouveau congé parental qui vise à promouvoir une plus grande participation des pères ; congé de paternité avec trois à cinq semaines réservées aux pères (Tremblay, 2012a). Ainsi, désormais, les parents peuvent choisir entre deux options, soit un régime de base plus long, mais rémunéré plus faiblement et un régime plus court, mais accompagné d'une meilleure rémunération. Ce dernier est parfois préféré par les travailleurs de l'économie du savoir qui trouvent difficile de s'éloigner de leur travail, mais 75 % des bénéficiaires utilisent le régime plus long.

Il est également intéressant de noter l'inclusion des travailleurs indépendants qui ne bénéficiaient pas jusqu'alors de prestations, ni même de congé de maternité. Comme ils sont nombreux dans l'économie du savoir, cela favorise leur participation. En effet, parmi les travailleurs indépendants, les mères, qui ne bénéficiaient d'aucune aide auparavant (prestations, congés), reprenaient le travail plus rapidement (Tremblay, 2010).

Cependant, malgré les efforts consentis par les différents États, l'articulation entre la vie professionnelle et la vie personnelle demeure toujours difficile, en particulier dans les secteurs où l'engagement au travail est important et implique de longues heures de travail, comme nous l'avons vu au chapitre 10. Ainsi au-delà des dispositifs législatifs, les États incitent les employeurs à se préoccuper des questions de l'articulation entre la vie professionnelle et la vie familiale (Closon, 2007 ; Barrère-Maurisson et Tremblay, 2010a et b).

D'ailleurs, pour tenter d'inciter les organisations à offrir des mesures de conciliation travail-famille, au Québec, une norme en cette matière a été établie par le Bureau de normalisation du Québec en 2010. Ce dernier définit la conciliation travail-famille comme la « recherche d'un équilibre entre les exigences et les responsabilités liées à la vie professionnelle et à la vie familiale » (gouvernement du Québec, 2013, p. 1). Ainsi les organisations qui offrent des mesures d'articulation travail-famille à leurs employés peuvent se voir octroyer des certifications officielles comme celles des normes « conciliation travail-famille » et « entreprise en santé » (Deschênes, 2012). Par ailleurs, les organisations syndicales ont aussi développé des guides qui facilitent les démarches dans les organisations et un certain nombre de consultants aident aussi les entreprises en la matière, bien qu'il s'agisse surtout d'une question de volonté d'agir, les mesures n'étant pas très complexes ni très coûteuses à mettre en œuvre (Tremblay, 2012a).

11.4. L'intervention des entreprises en matière d'articulation entre vie professionnelle et vie personnelle/familiale

Souvent, c'est sous le couvert de motivations économiques (rétention des talents et attraction de nouveaux talents, réduction de l'absentéisme, amélioration de la productivité, image de l'entreprise, etc.) que certaines organisations tendent à implanter des pratiques d'articulation travail-famille (Deschênes, 2012 ; Pailhé et Solaz, 2010 ; Barel et Frémeaux, 2005 ; Plantenga et Remery, 2005). Comme le soulignent Plantenga et Remery (2005, p. 15), si les avantages sont supérieurs aux coûts, les entreprises devraient implanter de telles mesures.

Selon Plantenga et Remery (2005), plusieurs raisons peuvent influer sur la décision des entreprises d'intervenir en matière de conciliation : le niveau de prise en charge publique, la pression sur les employeurs des normes sociales qui reconnaissent le droit à la conciliation et les relations professionnelles qui divergent d'un pays à l'autre.

Parfois, certaines organisations interviennent pour des raisons économiques et sociales en se souciant du bien-être de leurs employés. Cependant, selon Pailhé et Solaz (2010), bien que l'amélioration du bien-être des salariés fasse aussi partie des préoccupations de certaines organisations, rares sont celles qui disent ne se préoccuper que de ce type de motivations sociales.

11.4.1. La voie du dossier de décision

En réponse aux problèmes stratégiques de certaines organisations (ouverture 24 heures sur 24, augmentation de la productivité, etc.), on voit apparaître de nouvelles formes d'organisation du temps de travail qui peuvent être favorables ou défavorables, selon les cas, à l'articulation entre la vie professionnelle et la vie personnelle et familiale. La flexibilité du temps de travail est souvent retenue, mais pour qu'elle soit favorable tant du point de vue de l'employeur que de celui des employés, il faut s'assurer que ces derniers puissent choisir les horaires, ce qui n'est pas toujours le cas. Ainsi, dans le commerce de détail, il semble que les horaires variables nuisent au contraire à l'articulation emploi-famille (Messing *et al.*, 2013). Par contre, dans les secteurs de l'économie du savoir, les professionnels et les cadres jouissent généralement de plus d'autonomie dans le choix de leurs horaires, mais ceci se fait au prix de longues heures (Tremblay, 2012a; Tremblay et Mascova, 2013).

Si des entreprises hésitent à mettre en place des mesures de conciliation, certaines organisations privilégient la voie du *dossier de décision*, ou *business case* en anglais. Le dossier de décision est employé lorsque la justification des employeurs s'appuie sur des données chiffrées et des objectifs précis qui les amènent à mettre un projet en œuvre dans le but d'une meilleure rentabilisation. Ainsi, le projet aura pour but d'engendrer une plus-value (performance, visibilité et réputation) pour ces organisations (Charron, 2008). Cependant, comme le précise Charron (2008), il faut noter que justifier un projet ou un programme sous le couvert de performances économiques peut être problématique si ce ne sont que les intérêts de l'employeur qui sont pris en compte. De plus en plus, les organisations voient aussi l'avantage qu'elles peuvent tirer de la mise en place de telles mesures sur le plan de la réputation et de la responsabilité sociale, ce qui peut les aider à attirer et à retenir de la main-d'œuvre, surtout si elles sont en pénurie dans certains secteurs d'emploi. C'est ainsi que certains cabinets d'avocats, peu nombreux il faut le reconnaître, ont réussi à se différencier en adoptant des mesures favorables à la famille (Tremblay et Mascova, 2013). Ceci leur permet d'attirer du personnel compétent, mais qui est rebuté par les longues heures des grands cabinets.

Comme le souligne Wisnia-Weill (2011, p. 4), « [l]es outils de conciliation sont développés à condition de pouvoir démontrer un effet positif pour la compétitivité de l'entreprise, c'est la voie dite du "*business case*" ». Ainsi, plusieurs études de cas menées par la Fondation européenne pour l'amélioration des conditions de vie et de travail (2011, citée dans Wisnia-Weill, 2011, p. 4) le confirment. Nous en donnons quelques exemples ci-dessous:

- Procédant à une analyse comparative, le grand groupe informatique états-unien Dell se rend compte que, grâce au travail à distance, les coûts liés à ses sites d'implantation seraient moindres (–20 %). Après un projet pilote de six mois, des centres d'appels virtuels sont mis en place en Amérique du Nord et 500 agents volontaires sont sélectionnés à partir de certains critères (autonomie, évaluation du gestionnaire). Cette démarche contribue à un comportement respectueux de l'environnement et à un programme d'options de travail souple.

- En France, Allianz Global Corporate & Specialty (France) a plafonné les horaires de réunions d'équipe qui ne débutent jamais avant 9 heures et ne se terminent jamais après 18 heures.
- Un grand distributeur de matériel électronique aux États-Unis, Best Buy, avait transformé radicalement l'organisation du temps de travail en partant du principe que « la flexibilité est un droit » et que les employés n'ont pas à soumettre de demande à leur supérieur. Cette mesure était associée à une mesure de productivité, mais elle a bizarrement été annulée en 2013. Outre l'importante influence sur la productivité (35 %) ainsi qu'une réduction des départs volontaires, l'évaluation de ce programme menée auprès de 600 employés sur 4000 employés concernés, avait pourtant mis en évidence une amélioration de la conciliation travail-famille associée à cette gestion personnalisée du temps. En 2010, 3 % des entreprises du Minnesota recouraient à ce type d'organisation du temps de travail.

11.4.2. La déclinaison de l'articulation entre vie professionnelle et vie personnelle/familiale

Selon plusieurs chercheurs, l'articulation entre vie professionnelle et vie personnelle/familiale se décline de manière différente selon les caractéristiques sociales des individus (genre, âge, niveau d'éducation, situation familiale, etc.) et selon les caractéristiques de l'emploi (quarts de travail, imprévisibilité des horaires), mais elle découle aussi des caractéristiques de l'organisation (taille, secteur, politiques de GRH, culture d'entreprise, etc.) (Fusulier *et al.*, 2013 ; Lazzari, 2012 ; Pailhé et Solaz, 2010 ; Barel et Frémeaux, 2005).

En effet, les caractéristiques de l'emploi sont importantes dans le conflit emploi-famille, puisque, selon la catégorie socioprofessionnelle, les exigences de l'emploi peuvent être plus élevées et nuire à la conciliation emploi-famille. Par exemple, Lazzari (2012) a montré que chez les infirmières, les horaires atypiques ou imprévisibles, couplés à l'intensification de la charge de travail ont un effet négatif sur les différents rôles professionnels et personnels tout au long du parcours professionnel (Lazzari, 2012 ; Tremblay et Larivière, 2013 ; Tremblay, 2014).

Toutefois, dans le secteur de la réadaptation physique, certaines organisations ont axé leur philosophie de gestion des ressources humaines sur l'offre de pratiques répondant aux besoins et attentes de leurs professionnels, tout au long de leur parcours professionnel. Ainsi une grande majorité des professionnels de réadaptation ont aménagé leur temps de travail en optant pour la mesure de « semaine de travail comprimée en quatre jours » à raison de 32 heures ou de 28 heures par semaine, ce qui leur permet de concilier le travail et la famille pour certains (âges et genres confondus), et pour d'autres (âges et genres confondus), de se construire une deuxième carrière (Lazzari, 2012).

De manière générale et en fonction des contextes de travail, les parents travailleurs perçoivent comme intéressantes plusieurs mesures pouvant leur permettre de favoriser l'articulation entre vie professionnelle et vie personnelle/familiale : il s'agit des horaires flexibles comprenant les horaires de quatre jours (réduits à quatre jours ou comprimés en quatre jours), le télétravail à domicile, le travail à temps partiel volontaire et le travail partagé (Tremblay, 2012a).

Comme nous l'avons souligné un peu plus haut, le temps partiel est encore trop souvent un attribut féminin, ce qui crée des inégalités tant sur le plan des salaires que dans le cheminement de la carrière ; de plus, les hommes qui souhaiteraient se voir octroyer du temps partiel peuvent faire l'objet de fortes désapprobations dans leur environnement de travail (Observatoire de parentalité en entreprise, 2012 ; Boyer et Nicolas, 2008). Par exemple, concernant les hommes et les femmes occupant un poste de cadre, ceux-ci auraient respectivement 2,82 et 1,61 fois plus de risques d'essuyer un refus s'ils demandaient à travailler à temps partiel (Boyer et Nicolas, 2008, p. 38 ; Pailhé et Solaz, 2010).

C'est pourquoi, selon le rapport de l'Observatoire de parentalité en entreprise (2012), dans le but d'encourager les parents et en particulier les hommes à effectuer du travail à temps partiel sans craindre le jugement des supérieurs et des collègues, plusieurs grandes entreprises (L'Oréal, Areva, BNP Paribas, Total) proposent des mesures incitatives en direction des hommes. Par exemple, l'Oréal a mis en place le *mercredi père et mère de famille*. Cette pratique permet aux parents ayant un enfant de moins de douze ans de s'absenter, avec l'accord de la hiérarchie, entre un et quatre mercredis par mois, et cela jusqu'à ce que l'enfant ait 12 ans (rappelons que les enfants ont congé le mercredi en France). Le salarié qui le souhaite peut revenir au temps complet à tout moment. Autre exemple, en France, pour encourager les pères à prendre leurs 11 jours de congé de paternité (à prendre dans les quatre mois suivant la naissance de l'enfant), un grand nombre d'entreprises font en sorte que leurs salariés soient rémunérés à 100 % durant cette période, en complétant la part versée par la caisse primaire d'assurance maladie.

Ces initiatives mettent en relief le travail engagé sur l'évolution des mentalités, sur les stéréotypes liés au genre dans les entreprises, mais aussi sur la reconnaissance de la responsabilité parentale des pères par ces entreprises (Observatoire de parentalité en entreprise, 2012).

Les résultats d'une enquête, menée en ligne par Accenture (2012) auprès de 3 900 cadres supérieurs de moyennes et grandes organisations (50 % de femmes et 50 % d'hommes) dans 31 pays (dont le Canada), ont souligné que malgré l'insatisfaction envers leur emploi (57 % de femmes et 59 % d'hommes), une grande part des répondants (69 %) n'envisageait pas de le quitter, et ceci, selon 64 % des répondants, pour des raisons d'accessibilité à des mesures de travail flexible.

Outre les difficultés vécues par les parents, les recherches récentes s'intéressent aussi de plus en plus au soutien à l'articulation travail-famille dans l'organisation. Ainsi plusieurs recherches ont porté sur l'importance de la culture organisationnelle, du soutien organisationnel formel et informel, ainsi que des comportements de la direction, des supérieurs et des collègues (Tremblay et Mascova, 2013 ; Tremblay, 2012b ; Tremblay et Larivière, 2013 ; Lazzari, 2012 ; Fusulier *et al.*, 2013).

Malgré l'offre de mesures de conciliation travail-famille, la culture organisationnelle peut être un frein à la conciliation travail-famille. En effet, la culture organisationnelle est définie comme

> un ensemble de croyances et de présupposés, de valeurs et de normes ainsi que d'artefacts (mesures, comportements, attitudes, etc.) partagés, inconsciemment ou non, par les membres d'une organisation (Schein, 1985; Denison, 1996; cités dans Chrétien et Létourneau, 2010a), tels que la direction, les superviseurs et les collègues de travail (Chrétien et Létourneau, 2010a, p. 56).

Ainsi, une culture organisationnelle défavorable à la conciliation travail-famille peut prendre des formes différentes (Chrétien et Létourneau, 2010a, p. 56; Chrétien et Létourneau, 2010b):

- «Une culture sexuée»: Dans ce type de culture, ce sont les mères qui sont priées d'utiliser les mesures de conciliation travail-famille, les pères devant se cantonner à leur rôle de pourvoyeur.
- «Une culture des longues heures de travail»: Ici, l'individu ne peut refuser d'effectuer des heures supplémentaires, car il ne serait plus perçu comme un bon salarié.
- «Une culture du travail ou de la famille»: Du point de vue de l'employeur, il s'agit de faire une séparation entre le travail et la famille. L'employeur ne prend pas en compte les responsabilités familiales des parents par exemple en instaurant des réunions tôt le matin ou tard le soir.
- «Une culture disjointe»: Bien qu'une politique de conciliation existe, les employeurs découragent les employés de les pendre en raison d'une mauvaise communication.
- «Une culture de l'argent»: C'est surtout la performance qui prime ici aux dépens des mesures de conciliation dont les coûts ne pourraient être justifiables.
- «Une culture incompréhensive»: Les besoins de conciliation travail-famille ne sont pas compris par l'employeur, ce dernier ne vivant pas les mêmes réalités que ses employés.
- «Une culture des exigences du travail indiscutables»: L'employeur juge inutile d'adapter les exigences du travail, estimant que les responsabilités familiales des employés ne constituent pas une bonne raison.
- «Une culture hostile»: Il s'agit d'une culture culpabilisante et «familiphobe» en ce sens où les employés culpabilisent d'avoir à assumer leurs responsabilités familiales (Chrétien et Létourneau, 2010a, p. 56).

En somme, ces diverses cultures empêchent la conciliation travail-famille, les employeurs ne répondant pas aux besoins de leurs employés en ne leur offrant pas de souplesse dans l'organisation tant au niveau du travail que du temps de travail. La mentalité rétive quant à l'évolution des rôles familiaux (pères pourvoyeurs et mères porteuses des responsabilités familiales) ne permet pas aux pères de s'impliquer et les mères continuent de porter le fardeau. La vision des employeurs se forme comme si la vie hors travail n'existait pas. De plus, le manque de participation et de transparence fait en sorte que la communication reste fragile.

Dans le cas de l'économie du savoir, c'est surtout la culture des longues heures qui peut nuire à la conciliation, comme nous l'avons vu au chapitre 10, bien que d'autres éléments puissent aussi caractériser des entreprises données (le sexisme notamment). Les travaux récents ont bien montré qu'au-delà de l'offre de mesures de conciliation, les entreprises doivent aussi offrir un soutien informel et assurer que la culture organisationnelle soit favorable à la conciliation travail-famille (Tremblay, 2012b ; Tremblay et Mascova, 2013).

11.5. Quelques régimes de travail offerts au Québec

Afin de répondre aux contraintes rencontrées par les individus tout au long de leur parcours professionnel, une culture organisationnelle favorable à l'articulation travail-famille devrait inclure de la souplesse dans les heures de travail, car c'est le principal mécanisme de conciliation souhaité (Tremblay, 2012a et b).

Ainsi, au Québec, plusieurs régimes de travail peuvent parfois être offerts aux travailleurs tels que la semaine de travail réduite, la semaine de travail comprimée, l'horaire variable et le télétravail. En effet, en 2005, selon les données de l'*Enquête sur le milieu de travail et les employés*, de Statistique Canada (2005), 80 % des travailleurs bénéficient d'un travail à temps plein ; ce sont les femmes, les jeunes et les individus œuvrant dans le commerce et la vente qui travaillent à temps partiel. La figure 11.2 montre qu'environ 37 % des individus (hommes et femmes) bénéficient d'un horaire flexible. Le travail de fin de semaine, le temps partiel et la semaine réduite touchent plus de femmes que d'hommes, et la semaine de travail comprimée est plus courante chez les hommes que chez les femmes.

Figure 11.2. Les formes d'horaires de travail, selon le sexe, en 2005

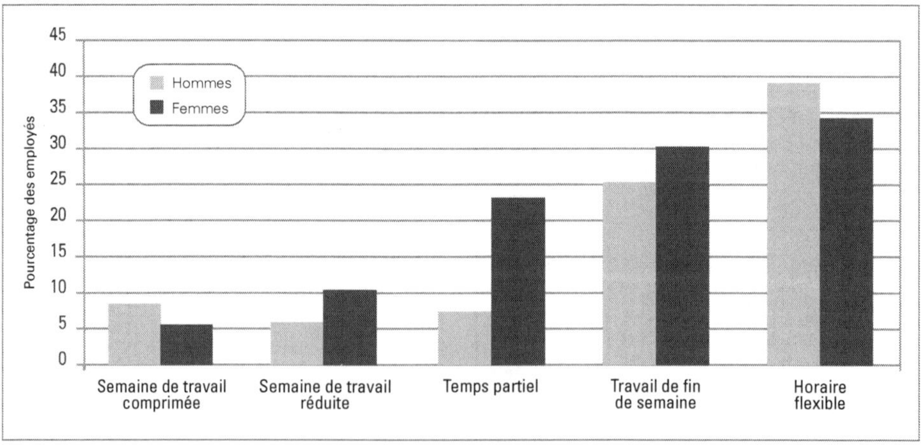

Source : Statistique Canada, *Enquête sur le milieu de travail et les employés*, composante employé (2005, p. 19).

Globalement, en ce qui concerne le travail à domicile selon la catégorie professionnelle, la figure 11.3 montre que ce sont les gestionnaires qui sont amenés à en effectuer le plus, suivis des professionnels, les autres catégories professionnelles en faisant beaucoup moins. L'analyse des données de cette enquête indique que seulement 5 % des personnes bénéficient de programmes de télétravail, mais que 20 % apportent du travail à la maison, et dans les deux tiers des cas, c'est en raison des exigences du travail (Tremblay et Najem, 2013). Ainsi, alors que le télétravail peut parfois aider à concilier emploi et famille, il peut aussi déborder sur le temps personnel et familial. Les cadres et professionnels de l'économie du savoir sont parmi ceux qui utilisent le plus le travail à domicile pour mieux concilier les exigences de leur travail avec celles de leur vie familiale et personnelle.

Figure 11.3. Travail à domicile, selon les catégories professionnelles, 1999, 2001, 2003 et 2005

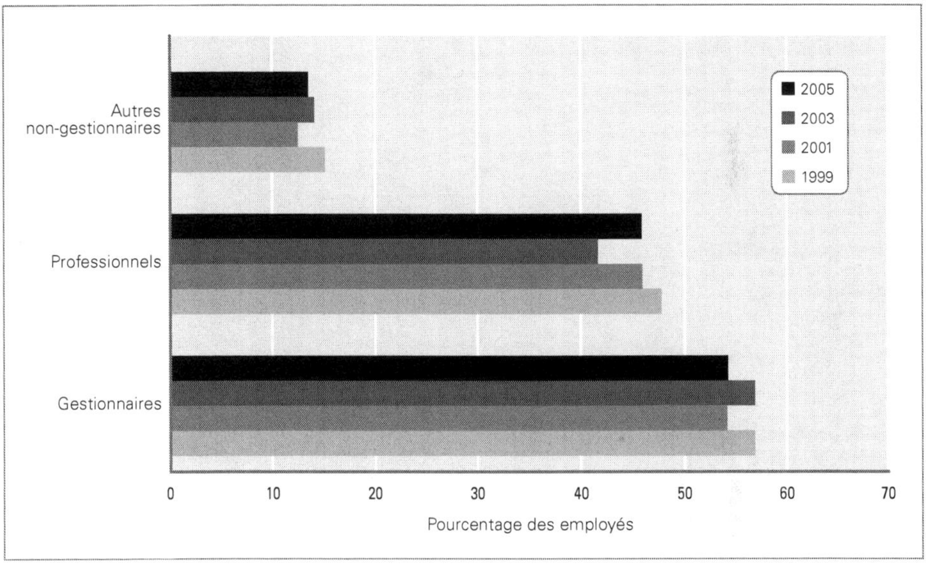

Source : Statistique Canada, *Enquête sur le milieu de travail et les employés*, composante employé (2005, p. 21).

Des données plus récentes (Cloutier *et al.*, 2011) montrent que certains individus ont la possibilité de bénéficier d'horaires flexibles dans leur emploi principal, ainsi que celle d'échanger des heures, et qu'ils peuvent disposer d'une banque de temps.

Ainsi, la figure 11.4 montre qu'en 2007-2008, en moyenne près de la moitié des salariés affirment pouvoir accéder à un horaire flexible qui leur permettrait de choisir leur horaire de travail. Bien que les différences entre les hommes et les femmes ne soient pas très significatives, les femmes auraient comparativement plus la possibilité d'échanger leurs heures de travail (+ 3,7 %) que les hommes, et l'accès à une banque d'heures serait plus important chez les hommes (+ 3,4 %) que chez les femmes.

Outre les mesures en lien avec les horaires de travail, une culture organisationnelle favorable devrait également inclure le soutien des collègues, des supérieurs et de la direction aux employés, face aux contraintes liées à l'articulation travail-famille (Tremblay, 2012a ; Behson, 2005).

Figure 11.4. Accessibilité à des horaires flexibles, à la possibilité d'échanger des heures et à une banque d'heures selon le sexe, salariés[a] de 15 ans ou plus, Québec, 2007-2008

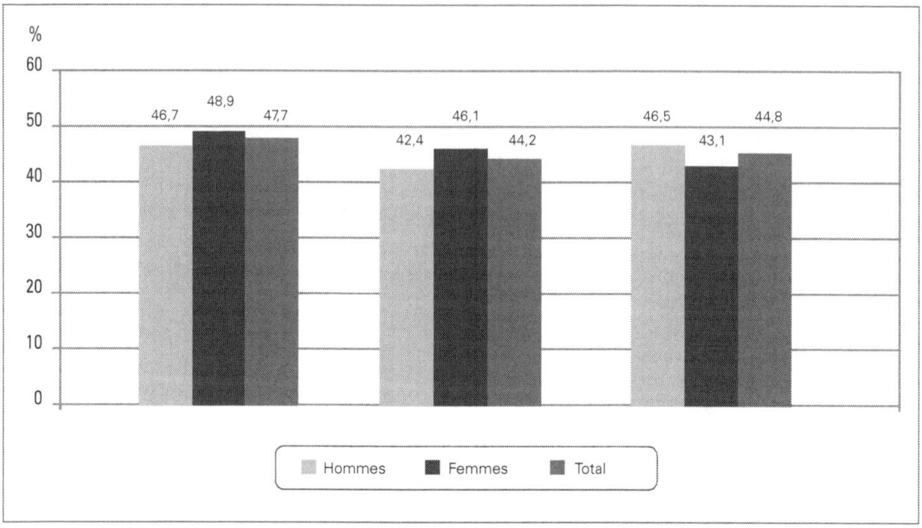

a) Ensemble des travailleurs, excluant les autonomes, en emploi depuis au moins 8 semaines, à raison d'au moins 15 heures par semaine. Le test global du khi-deux est statistiquement significatif au seuil de 5 % uniquement pour les échanges d'heures.

Source : Vézina *et al.* (2011, p. 115).

11.6. Le soutien organisationnel

Plusieurs recherches ont souligné que le conflit entre vie professionnelle et vie familiale est moindre lorsque les dirigeants montrent par leurs attitudes et leurs actions que l'articulation entre la vie professionnelle et la vie personnelle/familiale fait partie de leurs préoccupations (Guérin *et al.*, 1997). En effet, en manifestant de l'empathie à ses salariés, en acceptant des arrangements qui permettent de faciliter l'articulation de la vie professionnelle avec la vie familiale, le conflit semble se réduire. Si plusieurs auteurs précisent l'importance de proposer des mesures de conciliation travail-famille, tant formelles qu'informelles, Behson (2005) précise que le soutien informel est encore plus important que les mesures formelles pouvant être offertes.

En outre « [l]e soutien organisationnel est une condition indispensable à une articulation harmonieuse des temps sociaux, tant au niveau pratique que mental » affirme Laloy (2011, p. 63). En effet, dans une comparaison des cadres organisationnels formalisés (faible autonomie au travail, temps et lieu de travail définis et prévisibles), et des cadres organisationnels non formalisés (temporalités plus larges, horaires non définis et imprévisibles) chez les professionnels du social, Laloy (2011) signale que bien qu'il n'y ait pas de débordement du travail lorsque les professionnels sont encadrés par des règles strictes, le soutien organisationnel par des échanges informels demeure très important, car les règles semblent parfois dénuées de sens et peuvent être remises en question par les professionnels. En ce qui concerne les professionnels bénéficiant d'un cadre organisationnel peu formalisé, ces derniers signalent avoir recours aux échanges entre collègues, ce qui leur permet de donner du sens à leur travail. En outre, la souplesse du cadre organisationnel peu formalisé leur permet de moduler leur temps de travail, ce qui leur donne un moyen de régulation des conflits temporels. L'absence de contrôle du nombre d'heures de travail ainsi que de la charge de travail représente une source de satisfaction pour ces professionnels qui perçoivent cette autonomie comme une marque de confiance des supérieurs. Tout ceci a une incidence positive sur le sentiment de responsabilisation et de loyauté envers l'organisation. Ainsi, le soutien organisationnel est « une condition indispensable à une articulation harmonieuse des temps sociaux, tant au niveau pratique que mental » (Laloy, 2011, p. 64), la charge mentale pouvant déborder de la sphère professionnelle vers la sphère privée si le professionnel ne réussit pas à garder de la distance (Laloy, 2011).

L'analyse des résultats d'une enquête menée par Tremblay (2014) dans le secteur infirmier a montré que les infirmières ne percevaient pas leur milieu de travail comme étant ouvert du point de vue de la conciliation travail-famille. En effet, dans ce milieu très féminin, on aurait pu s'attendre à une certaine ouverture, alors que les résultats mettent en lumière le peu de soutien de la part des supérieurs. Les collègues se soutiendraient davantage, surtout en ce qui a trait aux activités parentales, mais moins lorsqu'il s'agit de difficultés liées aux parents âgés ou malades. Une autre recherche menée auprès d'infirmières présente globalement des résultats identiques à savoir : une proportion élevée d'infirmières a le sentiment d'être soutenue par les collègues (76 %), alors que cette proportion n'est que de 55 % en ce qui concerne le soutien de la part des supérieurs, et qu'elle tombe à 20 % lorsqu'il s'agit du soutien de la direction (Fusulier *et al.*, 2013).

Au contraire, comme le soulignent d'autres recherches, au sein d'un milieu majoritairement masculin comme celui des policiers, les conditions de travail semblent être favorables à la conciliation travail-famille. Ainsi, les résultats d'une recherche belge, menée par Fusulier *et al.* (2013) auprès de policiers et de policières, montrent que 75 % des répondants perçoivent du soutien de la part de leurs collègues, 67 % en perçoivent de la part des supérieurs directs et 52 % de la part de la direction. De manière générale, il s'agit donc d'un milieu favorable à la conciliation travail-famille bien qu'il y ait des différences entre les genres concernant le soutien de la direction (59 % des femmes se sentent soutenues contre 50 % des hommes) et celui des supérieurs hiérarchiques directs (79 % des femmes qui se sentent soutenues contre 64 % des hommes), tandis que le soutien des collègues est identique. Une autre recherche québécoise dans ce même secteur, réalisée par Tremblay (2012b, 2014) apporte une nuance et souligne que ce sont souvent les collègues qui vont s'organiser entre eux en échangeant des heures ou des jours de travail, ce qui facilite la tâche des supérieurs, mais peut parfois être source de tensions entre les collègues. Cependant, si les congés parentaux sont bien respectés dans ce secteur, la situation des congés relatifs aux soins de proches (conjoints, parents) semble être floue. Ainsi, contrairement à ce qu'avançaient nombre d'études, à savoir que les milieux publics, majoritairement féminins, et les grandes organisations offriraient davantage de soutien à la conciliation, ces recherches menées au Québec et en Belgique montrent que ce n'est pas nécessairement le cas (Tremblay, 2012b).

Conclusion

Compte tenu des longues heures passées fréquemment dans l'économie du savoir, de même que des fortes exigences reliées au contenu du travail, l'articulation vie professionnelle et vie personnelle/familiale représente un défi important dans ce secteur. Il semble que les organisations tardent à évoluer en cette matière, bien que cela puisse se traduire par un avantage concurrentiel pour elles par rapport à leurs concurrents du même domaine. À l'échelle de l'organisation, cela pourrait se traduire par la mise en place de mesures de flexibilité ou de réduction du temps de travail, mais aussi par une évolution des mentalités en lien avec les stéréotypes liés au genre, ou encore à la reconnaissance des responsabilités parentales des pères. Ainsi l'évolution terminologique allant du vocable *travail-famille* à celui de vie professionnelle et vie personnelle/familiale démontre également cette volonté d'intégration de la vie personnelle en plus de la vie familiale, ainsi que la volonté de neutralité et d'élargissement à tous les individus de tous âges, et non seulement aux femmes qui doivent s'occuper d'enfants.

Le bref panorama européen et nord-américain dressé plus haut sur les positions des États et des acteurs sociaux en matière d'articulation vie professionnelle et vie personnelle/familiale, a montré que si certains États (p. ex., les pays de l'Europe du Nord) se sont engagés dans les sphères familiale et privée, d'autres y ont joué un rôle plus limité (Canada, États-Unis). Au Québec, les acteurs sociaux (entreprises, syndicats et associations) ont revendiqué la mise en œuvre de pratiques de conciliation telles que les services de garderie et le congé parental (Barrère-Maurisson et Tremblay, 2010b). Pourtant, il semblerait qu'une meilleure harmonisation entre gouvernement et gouvernance permettrait la participation de tous les acteurs que ce soit sur les plans local, régional, national et supranational. Au Québec, au-delà du gouvernement provincial, ce sont les municipalités qui sont appelées à développer des politiques familiales, puisqu'elles ont aussi un rôle à jouer dans une meilleure conciliation des temps sociaux globalement. En effet, leur offre de services de loisirs, leurs heures d'ouvertures et d'offre de services, dont les transports en particulier, ont une très forte incidence sur la conciliation (Darchen et Tremblay, 2009).

Nous l'avons vu, c'est souvent sous la pression de la compétitivité amenant les entreprises à rechercher de la flexibilité spatiotemporelle que les entreprises souhaitent revoir leur organisation du travail et nombreuses sont celles (surtout les grandes) qui exigent un dossier de décision (ou un retour sur investissement) avant de s'engager dans des mesures de conciliation. Ainsi, pour certaines, il s'agit d'une transformation radicale de l'organisation (gestion du temps par les employés), pour d'autres, il s'agit de proposer du travail à distance, ou simplement pour d'autres encore, de plafonner des horaires de réunion d'équipe. Cependant, employés comme employeurs doivent y trouver leur compte.

La pratique de gestion qui apparaît la plus appréciée des salariés semble être celle de la flexibilité des horaires. En effet, en raison du manque de ressources humaines dans certains secteurs, des horaires atypiques et de l'intensification de la charge de travail, les différents rôles professionnels et personnels/familiaux gérés par les salariés peuvent entrer en conflit. D'un autre point de vue, tout comme le conflit entre le travail et la famille est bidirectionnel, l'enrichissement peut l'être aussi. Les expériences de travail peuvent enrichir et améliorer la qualité de vie, et les expériences familiales peuvent bonifier la qualité du travail. Nos recherches tendent d'ailleurs à montrer que les salariés voient davantage l'enrichissement que le conflit, mais souhaitent que leur employeur les soutienne en matière de conciliation (Tremblay, 2012a et b).

Concernant la mise en place de programmes de conciliation, il est important de tenir compte des caractéristiques sociales des individus (genre, âge, niveau d'éducation, situation familiale, etc.), mais aussi des caractéristiques de l'emploi, puisque dans plusieurs secteurs de l'économie du savoir, les employés sont amenés à travailler de longues heures, ce qui complique l'articulation entre vie professionnelle et vie personnelle/familiale. C'est pourquoi au-delà de la mise en place de mesures de conciliation, il faut s'assurer d'une culture organisationnelle ouverte à la conciliation et qui soit partagée par tous (collègues, supérieurs, direction). Au contraire, une culture organisationnelle qui ne permet pas de souplesse de temps, qui est rétive à l'évolution des rôles familiaux en ne permettant pas aux pères de s'impliquer dans la vie parentale, risque d'avoir à gérer des absences, du présentéisme, du roulement de personnel, voire des départs.

Au chapitre suivant, nous passons au thème du vieillissement de la main-d'œuvre et de la gestion des âges, et nous traitons aussi de ses incidences sur le marché du travail.

Bibliographie

ACCENTURE (2012). « *The Path Forward: International Women's Day 2012 Global Research Results*. Dublin : Accenture, p. 1-39.

BAREL, Y. et FRÉMEAUX, S. (2005). « Perceptions par les salariés des mesures d'aide à la conciliation travail/hors travail », Actes du Congrès de la 16e conférence de l'AGRH-Paris-Dauphine, 15 et 16 septembre 2005, 16 p.

BARRÈRE-MAURISSON, M.-A. et TREMBLAY, D.-G. (dir.) (2009). *Concilier travail et famille. Le rôle des acteurs. Québec-France*. Québec : Presses de l'Université du Québec, 456 p.

BARRÈRE-MAURISSON, M.-A. et TREMBLAY, D.-G. (2010a). « La conciliation travail-famille entre gouvernance et gouvernements : quels enjeux, quels outils ? Une introduction », *Revue Interventions économique*, n° 41, p. 1-9.

BARRÈRE-MAURISSON, M.-A. et TREMBLAY, D.-G. (2010b). *Conciliation travail-famille : le rôle des acteurs : leçons d'une comparaison entre la France et le Québec*. Documents de travail du Centre d'économie de la Sorbonne, n° 100, p. 1-20.

BEHSON, S. J. (2005). « The relative contribution of formal and informal organizational work-family support », *Journal of Vocational Behavior*, vol. 66, n° 3, p. 487-500.

BELLAVIA, G. M. et FRONE, M. K. (2005). « Work-family conflict », dans Barling, J., Kelloway, E. K. et Frone, M. R. (dir.), *Handbook of Work Stress*. Thousand Oaks : Sage Publications, p. 113-147.

BERG, P. (1999). « The effects of high performance work practices on job satisfaction in the United States steel industry », *Relations industrielles/Industrial Relations*, vol. 54, n° 1, p. 111-135.

BOYER, D. et NICOLAS, M. (2008). « La conciliation dans les entreprises : une mise en œuvre sexuée ? », *Recherches et prévisions*, n° 92, p. 33-45.

BRUNEL, O. et GRIMA, F. (2010). « Faire face au conflit travail/école : analyse des stratégies d'ajustement », *M@n@gement*, vol. 13, n° 3, p. 172-204.

CHARRON, J. (2008). *Recension des écrits, Bonnes pratiques et mesures pour l'amélioration de l'égalité professionnelle et l'avancement des femmes cadres*. Montréal : Conseil des Montréalaises, 31 p. <http://ville.montreal.qc.ca/pls/portal/docs/PAGE/CONS_MONTREALAISES_FR/MEDIA/DOCUMENTS/CM_Recension_Bonnes_Pratiques.pdf>. Consulté le 2 mai 2013.

CHRÉTIEN, L. et LÉTOURNEAU, I. (2010a). « La conciliation travail-famille : au-delà des mesures à offrir, une culture à mettre en place », *Gestion*, vol. 35, n° 3, p. 53-61.

CHRÉTIEN, L. et LÉTOURNEAU, I. (2010b). « La culture organisationnelle et les préoccupations des parents-travailleurs concernant le soutien de l'employeur en matière de conciliation travail-famille », *Revue multidisciplinaire sur l'emploi, le syndicalisme et le travail* (REMEST), vol. 5, n° 1, p. 70-94.

CLOSON, C. (2007). « L'adéquation travail-famille : une question de conciliation ou d'interaction ? », *Revue multidisciplinaire sur l'emploi, le syndicalisme et le travail* (REMEST), vol. 3, n° 1, p. 107-125.

CRANSWICK, K. (2003). *Enquête sociale générale 2002, cycle 16 : vieillissement et soutien social*. Hors-série, n° 89-583 – XIF. <http://www.statcan.gc.ca/pub/89-583-x/89-583-x2003001-fra.pdf>. Consulté le 7 avril 2013

CRANSWICK, K. et DOSMAN, D. (2008). « Soins aux aînés : le point sur nos connaissances actuelles », *Tendances sociales canadiennes*, n° 86, p. 50-59.

DARCHEN, S. et TREMBLAY, D.-G. (2009). « L'intervention de l'acteur municipal au Québec : l'étude de cinq politiques familiales au Québec », dans Barrère-Maurisson, M.-A. et Tremblay, D.-G. (dir.), *Concilier travail et famille : le rôle des acteurs. Québec-France*. Québec : Presses de l'Université du Québec, p. 409-431.

DECY, E. L. et RYAN, R. M. (2008). « Favoriser la motivation optimale et la santé mentale dans les divers milieux de vie », *Canadian Psychological Association*, vol. 49, n° 1, p. 24-34.

DESCHÊNES, G. (2012). « Comment mieux concilier sa vie professionnelle et sa vie personnelle ? », *Gestion*, vol. 37, n° 4, p. 49-56.

DUMAS, M. (2006). « Conflit et enrichissement travail et famille et implication : une étude des relations entre ces construits », XVIIe Congrès de l'AGRH – « Le travail au cœur de la GRH » – IAE de Lille et Reims Management School, 16 et 17 novembre 2006, Reims, p. 1-12.

EYDOUX, A. et LETABLIER, M.-T. (2008). « Gestion de la parentalité en Allemagne, France et Royaume-Uni : la promotion de la responsabilité sociale des entreprises et ses enjeux », *Brussels Economic Review/Cahiers économiques de Bruxelles*, vol. 51, n°s 2-3, p. 73-91.

FOREST, J., DAGENAIS-DESMARAIS, V., CREVIER-BRAUD, L., BERGERON, E. et GIROUARD, S. (2010). « Le lien entre la santé mentale et la satisfaction des besoins d'autonomie, de compétence et d'affiliation sociale », *Gestion*, vol. 35, n° 3, p. 20-26.

FRONE, M. R., RUSSELL, M. et COOPER, M. L. (1992). « Antecedents and outcomes of work-family conflict : Testing a model of the work-family interface », *Journal of Applied Psychology*, vol. 77, n° 1, p. 65-78.

FUSULIER, B., SANCHEZ, E. et BALLATORE, M. (2013). « Appartenance professionnelle et articulation travail/famille. Comparaison de deux groupes professionnels : les infirmières et les policiers », *Revue internationale Enfances, Familles, Générations*, n° 18, p. 94-119.

GENIN, É. (2009). « L'empiétement du travail des femmes et des hommes cadres sur leur vie personnelle », *Gestion*, vol. 34, n° 3, p. 128-135.

GIRARD, C. (2012). *Les naissances au Québec en 2011 : situation stable*. Québec : Institut de la statistique du Québec, n° 26, p. 1-6.

GIRARD, C., ST-AMOUR, M., PAYEUR, F.-F., LACHANCE, J.-F. et ANDRÉ, D. (2012). *Le bilan démographique du Québec*. Québec : Institut de la statistique du Québec, p. 2-173.

GOUVERNEMENT DU QUÉBEC (2012). « Le Québec et ses aînés : pour mieux vieillir chez soi », *Budget 2012-2013*. Québec : Ministère des Finances, p. 1-53.

GOUVERNEMENT DU QUÉBEC (2013). « Mesures concrètes de conciliation travail-famille ». <http://www.travail.gouv.qc.ca/publications/conciliation_travail_famille/mesures_concretes_de_conciliation_travail_famille.html#c1014>. Consulté le 22 avril 2013.

GREENHAUS, J. et BEUTELL, N. (1985). « Sources of conflict between work and family roles », *Academy of Management Review*, vol. 10, n° 1, p. 76-88.

GREENHAUS, J. H. et POWELL, G. N. (2006). « When work and family are allies : A theory of work-family enrichment », *Academy of Management Review*, vol. 31, n° 1, p. 72-92.

GUÉRIN, G., ST-ONGE, S., CHEVALIER, L., DENAULT, K. et DESCHAMPS, M. (1997). *Le conflit emploi-famille : ses causes et ses conséquences : résultats d'enquête*, Document n° 97-05. Montréal : École de relations industrielles, Université de Montréal.

HARVEY, V. (2013). « L'homme au foyer avec bébé. Les congés de paternité en Islande », *Aspects sociologiques*, vol. 21, n° 1. p. 85-110.

INSTITUT DE LA STATISTIQUE DU QUÉBEC – ISQ (2010). « Portrait des principaux indicateurs du marché des conditions de travail », *Travail et rémunération, Annuaire québécois des statistiques du travail*, vol. 6. Québec : ISQ.

INSTITUT DE LA STATISTIQUE DU QUÉBEC – ISQ (2012). « Portrait des principaux indicateurs du marché des conditions de travail 2001-2011 », *Travail et rémunération. Annuaire québécois des statistiques du travail*, vol. 8. Québec : ISQ, 265 p.

KAHN, R. L., WOLFE, D. M., QUINN, R. P., SNOEK, J. D. et ROSENTHAL, R. A. (1964). *Organizational Stress : Studies in Role Conflict and Ambiguity*. New York : Wiley.

LALOY, D. (2011). « L'articulation des temps sociaux comme enjeu central chez les professionnels du social », *Pensée plurielle*, n° 26, p. 53-64.

LAZZARI, N. (2012). *La conciliation emploi-famille/vie personnelle: son incidence sur le parcours professionnel et la rétention de la main-d'œuvre dans la santé*, Thèse de doctorat. Montréal: Université du Québec à Montréal, 309 p.

LAZZARI DODELER, N. et TREMBLAY, D.-G. (2011a). « *Conciliation emploi-famille et horaires chez les paramédics: des différences selon l'âge et le genre* », note de recherche n° 2011-10 de l'ARUC-GATS sur la gestion des âges et des temps sociaux. Montréal: ARUC-GATS. <http://www.teluq.uqam.ca/aruc-gats>. Consulté le 25 novembre 2014.

LAZZARI DODELER, N. et TREMBLAY, D.-G. (2011b). « *Analyse de mesures et services en faveur de la conciliation travail-vie personnelle*», note de recherche n° 2011-1 de l'ARUC sur la gestion des âges et des temps sociaux. Montréal: ARUC-GATS. <http://www.teluq.uqam.ca/aruc-gats>. Consulté le 25 novembre 2014.

LEE-GOSSELIN, H. (2005). « Quelle est la place de l'entreprise privée et celle de l'État dans le développement des politiques de conciliation ? », dans Laflamme, G. et Lapointe, P.-A. (dir.), *Le travail tentaculaire: existe-t-il une vie hors du travail ?* Actes du 59ᵉ Congrès des relations industrielles de l'Université Laval. Québec: Les Presses de l'Université Laval, p. 151-181.

LERO, D., SPINKS, N., FAST, J., HILBRECHT, M. et TREMBLAY, D.-G. (2012). *The Availability, Accessibility and Effectiveness of Workplace Supports for Canadian Caregivers*. Draft Final Report. Ottawa: HRSDC, 46 p.

LOCKE, E. A. (1976). « The nature and causes of job satisfaction », dans Dunette, M. D. (dir.), *Handbook of Industrial and Organizational Psychology*. Chicago: Rand McNelly, p. 1297-1349.

MESSING, K., TISSOT, F., COUTURE, V. et BERNSTEIN, S. (2013). « Conciliation travail, emploi et vie personnelle face aux horaires variables et imprévisibles du secteur du commerce de détail au Québec », dans Tremblay, D.-G. (dir.), *Temporalités sociales, temps prescrits, temps institutionnalisés*. Québec: Presses de l'Université du Québec, p. 71-96.

OBSERVATOIRE DE PARENTALITÉ EN ENTREPRISE (2012). « Soutien à la parentalité: quelle place pour les entreprises ? », Rapport remis à madame la ministre responsable de la Famille, Dominique Bertinotti, dans le cadre de la Mobilisation pour la petite enfance et la parentalité, p. 1-51.

OLLIER-MALATERRE, A. (2010). « De la conciliation à la résilience: 40 ans d'évolution lexicale aux États-Unis », *Travail, genre et sociétés*, vol. 2, n° 24, p. 111-128.

OLLIER-MALATERRE, A. (2013). « Les organisations et la vie hors travail de leurs membres: incorporation, relégation et substitution au fil du temps », dans Tremblay, D.-G. (dir.), *Temporalités sociales, temps prescrits, temps institutionnalisés*. Québec: Presses de l'Université du Québec, p. 18-31.

PAILHÉ, A. et SOLAZ, A. (2010). « L'implication des entreprises dans l'aide à la parentalité en France: une initiative bienvenue, mais source d'inégalités entre salariés », *Revue Interventions économiques*, n° 41, p. 1-14.

PERNIGOTTI, E. et TREMBLAY, D.-G. (2011). « Le vieillissement professionnel sous tension: les variations sociales de l'expérience de fin de carrière dans trois entreprises touchées par la crise au Québec », *Nouvelles pratiques sociales*, vol. 24, n° 1, p. 51-68.

PLANTENGA, J. et REMERY, C. (2005). « Reconciliation of work and private life: A comparative review of thirty European countries », *Synthesis Report for the Unit Equality for Women and Men*. Luxembourg: DG Employment, Social Affairs and Equal Opportunities, European Commission, p. 1-100.

PORTER, L., STEERS, R., MODWAY, R. et BOULIAN, P. (1974). « Organizational commitment, job satisfaction et turnover among psychiatric technicians », *Journal of Applied Psychology*, vol. 59, n° 5, p. 603-609.

RAÏRI, S. et SILVERA, R. (2008). *Rapport d'évaluation des indicateurs européens sur l'articulation entre la vie familiale et professionnelle*. Paris: Service des droits des femmes et de l'égalité, Présidence française, p. 1-2.

SCHEIN, E. H. (1978). *Career Dynamics: Matching Individual and Organizational Needs*. Reading: Addison-Wesley.

SCHEIN, E. H. (1996). « Career anchors revisited: Implications for career development in the 21st century », *The Academy of Management Executive*, vol. 10, n° 4, p. 80-88.

SILVERA, R. (2010). « Temps professionnels et familiaux en Europe: de nouvelles configurations », *Travail, genre et sociétés*, vol. 2, n° 24, p. 63-88.

STATISTIQUE CANADA (2005). *Enquête sur le milieu de travail et les employés: compendium*. Ottawa: Statistique Canada, n° 71-585-x au catalogue 5, 73 p.

STEPANSKI, K.-M. (2002). *Work-family Conflict Theories: Integration and Model Development*, Thèse de doctorat. Détroit: Wayne State University, 98 p.

ST-ONGE, S., RENAUD, S., GUÉRIN, G. et CAUSSIGNAC, E. (2002). « Vérification d'un modèle structurel à l'égard du conflit travail-famille », *Relations industrielles/Industrial Relations*, vol. 57, n° 3, p. 491-516.

TORUNN BJØRK, I., BEATE SAMDALB, G., SÆTRE HANSENC, B., TØRSTADD, S. et HAMILTONA, G. A. (2007). « Job satisfaction in a Norwegian population of nurses: A questionnaire survey », *International Journal of Nursing Studies*, vol. 44, n° 5, p. 747-757.

TREMBLAY, D.-G. (2003). « Articulation emploi-famille: les usages du temps chez les pères et les mères », *Nouvelles pratiques sociales*, vol. 16, n° 1, p. 76-93.

TREMBLAY, D.-G. (2010). « Viser la conciliation emploi-famille au Québec: des politiques pour les enfants et/ou les mères ? », *Informations sociales*, vol. 4, n° 160, p. 106-113.

TREMBLAY, D.-G. (2012a). *Conciliation emploi-famille et temps* sociaux, 3e éd. Québec: Presses de l'Université du Québec, 367 p.

TREMBLAY, D.-G. (2012b). *Articuler emploi et famille: le rôle du soutien organisationnel au cœur de trois professions*. Québec: Presses de l'Université du Québec, 284 p.

TREMBLAY, D.-G. (2012c). *Les soins et le travail au Canada*. Présentation lors du séminaire organisé par l'Institut Vanier et l'ARUC-GATS, Montréal, le 30 octobre 2012.

TREMBLAY, D.-G. (2012d). *La disponibilité, l'accessibilité et l'efficacité du soutien en milieu de travail pour les aidants au Québec et au Canada*. Présentation lors du séminaire organisé par l'Institut Vanier et l'ARUC-GATS, Montréal, le 30 octobre 2012.

TREMBLAY, D.-G. (2014). *Infirmière: vocation, engagement et parcours de vie*. Montréal: Éditions du remue-ménage.

TREMBLAY, D.-G. et GENIN, É. (2009). « Remodelage des temps et des espaces de travail chez les travailleurs indépendants de l'informatique: l'affrontement des effets de marchés et des préférences personnelles », *Temporalités*, n° 10, <http://temporalites.revues.org/index 1093.html>. Consulté le 6 avril 2013.

TREMBLAY, D.-G. et GENIN, É. (2010). « IT self-employed workers between constraint and flexibility ». *New Technology, Work and Employment*, vol. 25, n° 1, p. 34-48, <http://www3.interscience.wiley.com/cgi-bin/fulltext/123293662/PDFSTART>. Consulté le 7 avril 2013.

TREMBLAY, D.-G., GENIN, É. et DI LORETO, M. (2009). « Le soutien organisationnel informel à la conciliation emploi/famille: quelques observations dans le secteur policier », Note de recherche n° 2009-5 de l'ARUC (Alliance de recherche université-communauté) sur la gestion des âges et des temps sociaux, Télé-université/Université du Québec à Montréal, 25 p.

TREMBLAY, D.-G. et LARIVIÈRE, M. (2013). « La conciliation emploi-famille-soins: quel soutien des entreprises pour les proches aidants ? », Note de recherche n° 2013-1 de l'ARUC-GATS sur la gestion des âges et des temps sociaux. Montréal: ARUC-GATS, <http://www.teluq.uqam.ca/aruc-gats>. Consulté le 25 novembre 2014.

TREMBLAY, D.-G. et MASCOVA, E. (2013). *Les avocats, les avocates et la conciliation travail-famille*. Montréal: Éditions du remue-ménage.

TREMBLAY, D.-G. et NAJEM, E. (2013). « L'articulation travail-famille : une diversité de situations et d'aspirations », dans Tremblay, D.-G. (dir.), *Temporalités sociales, temps prescrits, temps institutionnalisés*. Québec : Presses de l'Université du Québec, p. 33-48.

VEILLEUX, G. (2006). *Nouvelle carrière à l'ère de l'économie du savoir : une étude dans le secteur des télécommunications*, Mémoire de maîtrise. Québec : Département des relations industrielles, Faculté des sciences sociales, Université Laval, p. 1-148.

VÉZINA, M., CLOUTIER, E., STOCK., S., FORTIN, É., DELISLE, A., ST-VINCENT, M., FUNES, A., DUGAY, P., VÉZINA, S. et PRUD'HOMME, P. (2011). « Description des conditions de travail et d'emploi au Québec », dans Vézina, M. *et al.* (dir.), *Enquête québécoise sur des conditions de travail, d'emploi et de santé et sécurité au travail, 2007-2008*. Québec : Institut de la statistique du Québec (ISQ), coll. « Études et recherches », rapport R-691, p. 59-159.

WISNIA-WEILL, V. (2011). « De nouvelles organisations du travail conciliant égalité femme/homme et performance des entreprises », Note d'analyse n° 247, Centre d'analyse stratégique, questions sociales, 11 p. <http://www.strategie.gouv.fr/content/note-danalyse-247-de-nouvelles-organisations-du-travail-conciliant-egalite-femmehomme-et-per>. Consulté le 30 avril 2013.

CHAPITRE 12
La gestion des âges et la perspective du parcours de vie

SOMMAIRE

Introduction

Nombreux sont les pays développés qui se préoccupent du vieillissement de leur main-d'œuvre et essaient de se donner les moyens de retenir les travailleurs vieillissants en emploi et d'intégrer les plus jeunes sur le marché du travail. En effet, un peu partout dans le monde, la situation démographique est marquée par un taux de fécondité peu élevée, par une augmentation de la proportion des personnes âgées, par les départs à la retraite de la génération des *baby-boomers*, ainsi que par la croissance de l'espérance de vie qui allonge la durée de vie durant la retraite (ISQ, 2012). Tous ces facteurs se trouvent également reliés à d'autres comme le chômage, les transformations de la durée de la vie active moyenne et la pyramide des âges de la population. Cette dernière a notamment un effet sur l'équilibre quantitatif entre les personnes de 65 ans et plus et celles de 15 à 64 ans qui représentent la population considérée comme active (Eurostat, 2009). Dans le contexte de l'économie du savoir, on se préoccupe particulièrement de l'intégration des jeunes en emploi, et du maintien des compétences des travailleurs vieillissants, s'ils souhaitent rester actifs en emploi. S'ils ne restent pas actifs, alors c'est la sécurité du revenu qui peut être préoccupante pour plusieurs, surtout si leur régime de retraite est limité ou qu'ils n'en ont pas.

12.1. Le portrait démographique de la population canadienne et québécoise

Cette section traite du portrait démographique de la population canadienne et québécoise, les deux vivant des enjeux importants sur le plan du vieillissement.

12.1.1. Le portrait canadien

La pyramide des âges met en lumière les changements démographiques que nos sociétés sont amenées à connaître. Ainsi, selon Statistique Canada (2010), en 2009, la pyramide des âges canadienne met en évidence l'influence du poids démographique que représentent les *baby-boomers* soit le groupe né entre 1946 et 1966. Bien que l'élargissement de la pyramide soit visible à tous les âges, en 2036 et en 2061, les personnes âgées de 65 ans et plus devraient être de plus en plus nombreuses et viendront donc élargir la pyramide à son sommet.

Le rétrécissement de la pyramide des âges à sa base met en relief la diminution du volume des générations plus jeunes lié au taux de fécondité plus faible après le *baby-boom*. Selon les scénarios de croissance démographique moyenne, en 2036, la base de la pyramide devrait s'élargir, et encore davantage en 2061, en conséquence de la hausse de fécondité depuis les années 2002, à la recrudescence des femmes en âge de procréer ainsi que de l'apport accru d'immigrants (Statistique Canada, 2010). La figure 12.1 illustre le scénario de la pyramide des âges de la population canadienne en 2009, en 2036 et en 2061.

Figure 12.1. Pyramides des âges (en valeur relative) de la population canadienne, 2009 et 2036 (scénario M1)

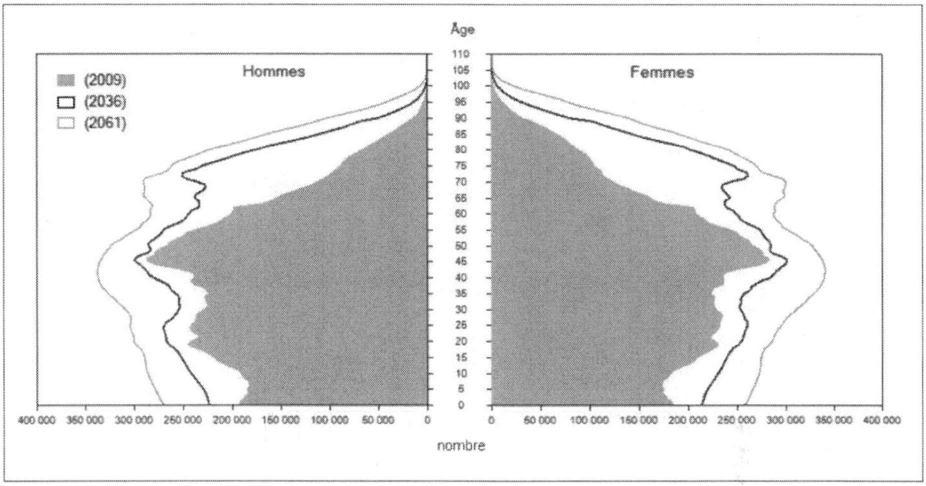

Source : Statistique Canada (2010, p. 46).

Comparativement à plusieurs pays européens, en particulier l'Espagne, le Portugal, la Grèce, l'Italie et la France, le chômage des jeunes est moins préoccupant au Canada, bien que les jeunes aient toujours un taux de chômage plus élevé que les adultes. En effet, selon le classement des 34 pays membres de l'OCDE (figure 12.2) en 2011, le Canada se situait au 11e rang en ce qui a trait au chômage des jeunes (CGA, 2012).

Figure 12.2. Taux de chômage des jeunes (de 15 à 24 ans) en 2011, dans les pays membres de l'OCDE

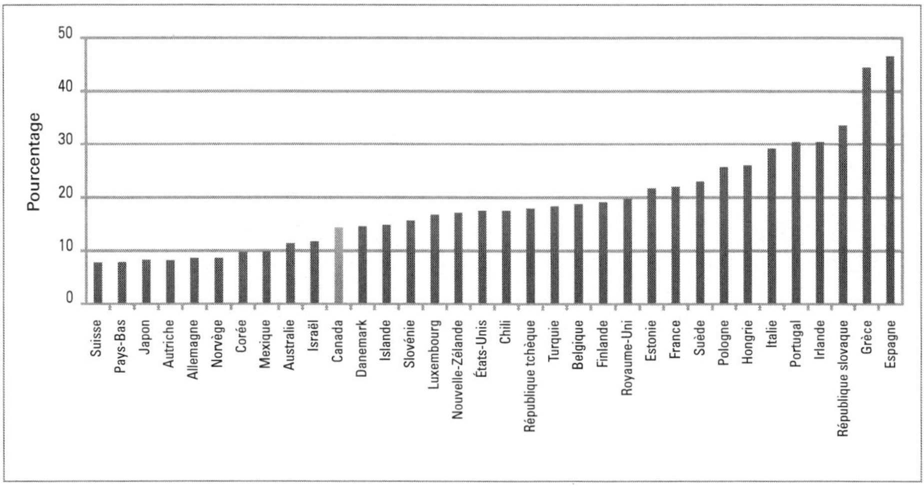

Source : Base de données statistiques de la population active de l'OCDE, citée dans CGA (2012, p. 35).

De plus, en 2011, 46,8 % des jeunes chômeurs canadiens (de 15 à 24 ans) ont retrouvé un emploi en quatre semaines ou moins alors que seulement 27 % des travailleurs d'âge mûr (de 30 à 54 ans) sont dans le même cas. La durée moyenne du chômage des jeunes (de 15 à 24 ans) n'a pas excédé 11 semaines alors qu'elle était deux fois plus élevée chez les chômeurs d'âge mûr (de 30 à 54 ans). En ce qui a trait au chômage de longue durée, en 2011, seulement 5,4 % des jeunes sans emploi (de 15 à 24 ans) demeurent au chômage pendant un an ou plus, les jeunes travailleurs (de 25 à 29 ans) et les travailleurs d'âge mûr (de 30 à 54 ans) étant trois fois plus susceptibles de rester au chômage de longue durée (CGA, 2012).

12.1.2. Le portrait québécois

Selon l'ISQ (2012), la population québécoise est composée de 49,6 % d'hommes et de 50,4 % de femmes. Au Québec, la pyramide des âges (figure 12.3) met l'accent sur les nombreuses générations de *baby-boomers* nés entre 1946 et 1966 situées au centre de la pyramide, les plus âgés ayant atteint 65 ans depuis 2011. Les femmes vivant plus longtemps que les hommes, elles se trouvent plus nombreuses au sommet de la pyramide. En 2012, au Québec, les individus âgés de moins de 20 ans représentaient 21,4 % de la population, ceux âgés de 20 à 64 ans, 62,4 %, et ceux de 65 ans et plus, 16,2 % (contre 14,9 % pour le Canada); le pourcentage des 65 ans et plus est de 17,9 % chez les femmes et de 14,4 % chez les hommes.

Pour comparaison, la part des individus de 65 ans et plus représente 24 % au Japon, 21 % en Allemagne et en Italie, et 19 % en Suède, au Portugal, en Grèce et en Bulgarie (Population Reference Bureau, 2012, cité dans ISQ, 2012). La part des individus de 65 ans et plus représente 13 % aux États-Unis (ISQ, 2012), ce qui en fait une société relativement plus jeune que les sociétés européenne ou japonaise, tandis que le Canada se situe entre les deux.

Figure 12.3. Pyramide des âges, Québec, 1er juillet 2012

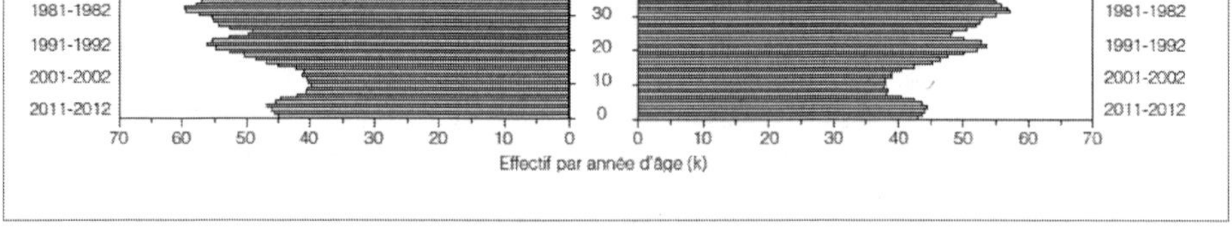

Source : Institut de la statistique du Québec (2012, p. 31).

Au Québec, le rapport de dépendance démographique indique que pour 100 personnes de 20 à 64 ans, donc potentiellement actives sur le marché du travail, on compte autour de 34 jeunes de moins de 20 ans et 26 personnes de 65 ans et plus (ISQ, 2012). La figure 12.3 présente la pyramide des âges au Québec, au 1er juillet 2012. On constate que les jeunes générations sont moins nombreuses et on voit l'importance des groupes qui arrivent à la retraite en ce moment et dans la prochaine décennie.

12.1.3. Le portrait démographique européen

Selon une estimation de la Commission européenne (2012, p. 13), comme le souligne la figure 12.4, l'Europe serait « le seul continent dont le taux de croissance de la population sera négatif au cours des cinquante prochaines années ». Aussi, selon l'estimation des Nations Unies citées par la Commission européenne (2012, p. 13), la population européenne sera celle ayant l'âge médian le plus élevé, comme le montre la figure 12.4.

Figure 12.4. Projection de l'âge médian de la population et tendances démographiques dans le monde (en années)

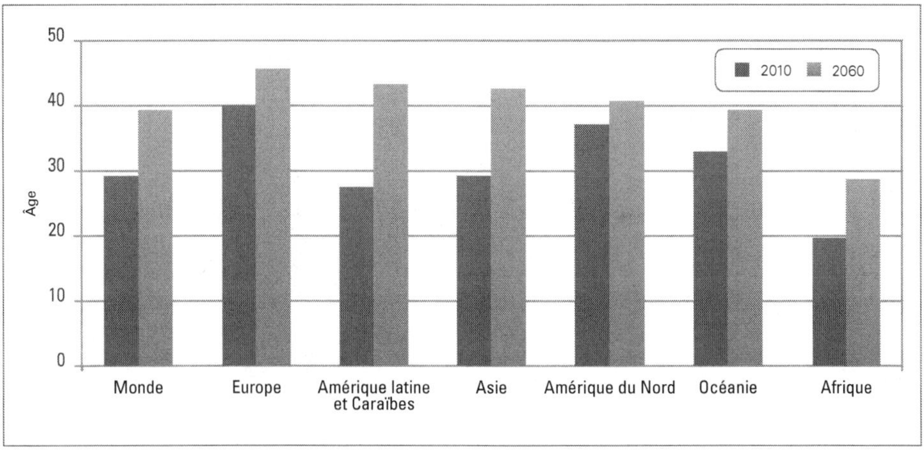

Source : Nations Unies, Département des affaires économiques et sociales, « World population prospects : The 2010 révision », cité par la Commission européenne (2012, p. 13).

De plus, selon la Commission européenne (2012), au cours des prochaines décennies, l'Europe ne pourra se permettre de perdre son potentiel d'emploi de travailleurs de plus de 50 ans. En effet, le potentiel d'emploi pourrait provenir du tiers des hommes ainsi que de plus de la moitié des femmes âgées de 55 à 64 ans qui ne possèdent pas d'emploi. Cependant, comme bon nombre de pays européens ayant développé des politiques de mise à la retraite hâtive, il est difficile pour eux de chercher maintenant à les maintenir sur le marché du travail, même si cela permettrait de générer de la croissance économique et de créer de nouveaux emplois.

En outre, toujours selon la Commission européenne (2012), au cours des trente prochaines années, le nombre de personnes âgées de 60 ans et plus devrait croître à un rythme de 2 millions de personnes par an, alors que parallèlement la population active devrait diminuer en Europe à raison de 1 à 1,5 million. Cette transformation devrait avoir pour conséquence d'engendrer un déséquilibre sans précédent entre le groupe des jeunes et celui des 60 ans et plus, ce qui présente des défis importants en matière de sécurité sociale, mais aussi sur le marché du travail.

Une autre difficulté, et non la moindre, concerne le chômage des jeunes (de 15 à 24 ans). Il s'agit d'une situation préoccupante puisque dans l'Union européenne de 27 pays, en février 2013, près de 5,694 millions de jeunes (23,5 % des moins de 25 ans, hors étudiants) n'ont pas d'emploi (Eurostat, 2013). Plus précisément, selon Eurostat (2013, p. 1) « les taux les plus bas en février 2013 ont été observés en Allemagne (7,7 %), en Autriche (8,9 %) et aux Pays-Bas (10,4 %), et les plus élevés en Grèce (58,4 % en décembre 2012), en Espagne (55,7 %), au Portugal (38,2 %) et en Italie (37,8 %) ». De plus, selon la Commission européenne (2013), durant la période 2008 à 2012, le chômage de longue durée des jeunes (plus de douze mois consécutifs) s'est accru de 3,7 points de pourcentage touchant 7,3 % des jeunes, alors que l'augmentation du chômage de longue durée chez les adultes augmentait de 1,8 point de pourcentage soit un taux de 4,3 % (Commission européenne, 2013). En effet, il s'agit d'un jeune sur cinq se situant dans la tranche d'âge des 15 à 24 ans qui ne travaille pas, n'est pas aux études, ni même en formation et ses chances de trouver un emploi sont minimes, puisque seuls 29,7 % des jeunes de 15 à 24 ans au chômage en 2010 ont trouvé un emploi en 2011 (Commission européenne, 2012, 2013). Ainsi, plus la durée de chômage perdure, moins ces jeunes auront la possibilité d'entrer sur le marché du travail, ce qui peut entraîner chez cette population un sentiment de rejet ou d'exclusion de la société. De plus, au fil du temps, les compétences acquises au cours de leur formation peuvent devenir désuètes, sachant que la désuétude est accélérée dans le contexte de l'économie du savoir. En outre, dans ce contexte, confrontés à l'insécurité économique, ces jeunes peuvent faire le choix de ne pas fonder un foyer ou de se restreindre à n'avoir qu'un enfant, ce qui aurait des conséquences néfastes sur le taux de natalité (Commission européenne, 2012), et par ricochet sur la croissance économique.

En Europe, on observe aussi que le taux d'emploi des femmes de 25 à 49 ans demeure toujours inférieur à celui des hommes se situant dans la même tranche d'âge. Ceci met en relief l'importance d'offrir aux parents travailleurs la flexibilité requise pour exercer leurs responsabilités parentales tout en leur permettant de sécuriser durablement l'évolution de leur carrière (Commission européenne, 2012). D'ailleurs, selon la Commission européenne (2012), les États membres qui ont mis en place des mesures d'égalité hommes-femmes ainsi que des mesures de conciliation de la vie professionnelle et de la vie privée possèdent souvent les taux d'emploi de femmes les plus élevés, mais aussi les taux de natalité les plus élevés. Ceci souligne que les politiques d'égalité hommes-femmes ainsi que les politiques familiales peuvent avoir une influence sur les tendances démographiques (Commission européenne, 2012).

Selon Pison (2013), la crise économique sévissant dans de nombreux pays européens pourrait avoir influencé la chute de l'indice de fécondité dans la plupart des pays. Cependant, la France fait partie des pays développés où la baisse n'a été que légère : 2,00 enfants/femme en moyenne en 2011 par rapport à 2,02 enfants/femme en moyenne en 2010. Ceci semble lié au fait que la France a connu une récession moins importante que d'autres pays d'Europe, mais aussi parce que les politiques sociales et familiales ont amorti le choc de la récession (Pison, 2013).

12.1.4. Le taux d'emploi dans différents groupes d'âge dans les pays de l'OCDE

Comme le montre la figure 12.5, en 2011, le taux d'emploi de la population en âge de travailler (de 15 à 64 ans) était de plus de 70 % au Canada. La Suisse et les pays du nord de l'Europe présentant les taux les plus élevés, la moyenne étant de 65 % en moyenne dans les pays de l'OCDE et de 74 % pour les 10 pays arrivant en tête de liste, dont le Canada (Boulhol et Sicari, 2013).

Cela renvoie au fait que ces pays arrivent à intégrer en emploi tant les jeunes que les plus âgés, au contraire d'autres pays, dont la France, qui excluent fortement les plus jeunes et les plus âgés. En effet, la France possède une particularité en matière d'emploi, les emplois n'étant concentrés que sur une partie de la population active, celle des « âges médians ». Ainsi, en France, en 2011, le taux d'emploi des 25 à 54 ans représente 81,4 % de l'ensemble des personnes actives sur le marché du travail, plaçant ainsi la France au-dessus de la moyenne des États de l'OCDE (75,6 %) ou de l'Union européenne (77,6 %). Cela signifie en contrepartie que les personnes sont davantage exclues aux deux extrémités de la pyramide des âges (données de l'OCDE, citées dans Démontès, 2013).

Figure 12.5. Taux total de l'emploi dans les pays de l'OCDE, en pourcentage de 15 à 64 ans en 2011

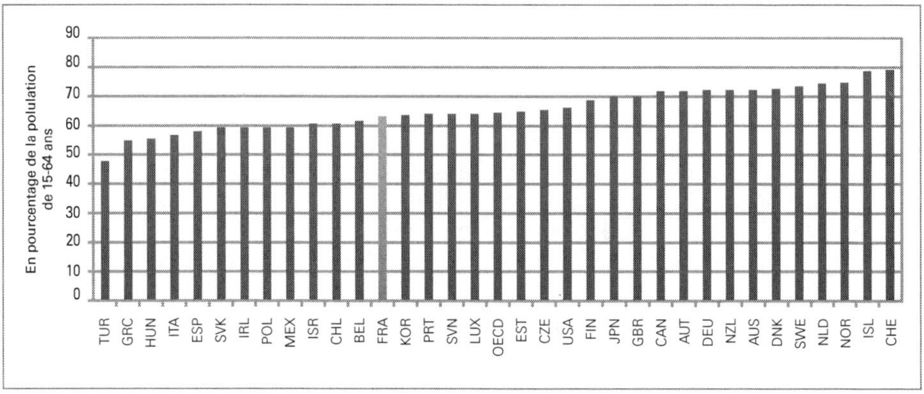

Source : OECD, Labour Force Statistics Database, citée dans Boulhol et Sicari (2013, p. 5).

En effet, la médiocrité des taux d'emploi chez les jeunes ainsi que chez les personnes plus âgées est une caractéristique de la France depuis quelques décennies (Institut Montaigne, 2010 ; Boulhol et Sicari, 2013 ; Démontès, 2013). Selon Démontès (2013, p. 11) en 2011, le taux d'emploi chez les « 15-24 ans est de 29,9 % en France contre 33,6 % dans l'UE, 39,3 % dans l'OCDE et jusqu'à 48 % en Allemagne et 63,6 % aux Pays-Bas ». C'est pourquoi en 2012, pour tenter de garantir l'insertion professionnelle des jeunes et de sécuriser les fins de carrière des plus âgés, la France a mis en place ce qu'elle a appelé le « contrat de génération ». Cette politique veut renforcer l'idée selon laquelle la sortie de l'emploi des salariés âgés ne favoriserait pas l'emploi des jeunes est fausse, ne reposant sur aucun argument économique puisque plusieurs pays qui obtiennent des taux d'emploi élevés chez les jeunes sont des pays dont le taux de travailleurs âgés est le plus élevé (Démontès, 2013). Demontès (2013, p. 26) souligne que « [c]ontrairement à une conception malthusienne de l'emploi, il semble donc exister un cercle vertueux dans certains pays, où les forts taux d'emploi des jeunes et des seniors [*sic*] se renforcent mutuellement ».

Le contrat de génération devrait ainsi permettre « l'embauche par les entreprises, en contrat à durée indéterminée, de jeunes, accompagnés par un salarié plus expérimenté, qui sera ainsi maintenu dans l'emploi jusqu'à son départ à la retraite », préservant ainsi « des savoir-faire » et intégrant « durablement les jeunes dans la vie professionnelle » (Demontès, 2013, p. 35). Il reste à voir si cela fonctionnera dans un contexte marqué par l'exclusion des jeunes et des plus âgés, mais dans le contexte de l'économie du savoir, et tenant compte de l'importance du transfert des savoir-faire, cette politique pourrait certes être intéressante dans nombre de pays, y compris ceux qui ont des taux de chômage plus faibles. La dimension du transfert de connaissances est un élément critique dans nombre de pays et le contexte de l'économie du savoir rend ce transfert d'autant plus important. Les pratiques de gestion des ressources humaines sont au cœur de ce transfert et les gestionnaires doivent donc réfléchir aux mesures qui peuvent le favoriser.

Dans leur étude, Boulhol et Sicari (2013) procèdent à une classification par groupe de pays et distinguent quatre principaux groupes de pays dans l'OCDE, dont la répartition des taux d'emploi est proche, à savoir :

- Le groupe 1 comprend l'Australie, le Canada, le Royaume-Uni, le Danemark, les Pays-Bas, l'Islande, la Nouvelle-Zélande, la Norvège et la Suisse. Ce groupe de pays semble être le plus performant dans sa répartition des taux d'emploi entre toutes les catégories d'âge, contrairement aux trois autres groupes de pays.
- Le groupe 4, dont font partie la France, la Belgique, le Luxembourg, la Pologne, la Slovénie, la Grèce, l'Espagne, la Hongrie, l'Italie, la République slovaque, la République tchèque, l'Estonie et le Portugal, est caractérisé par de faibles taux d'emploi aux deux extrémités du spectre, c'est-à-dire chez les jeunes et chez les plus âgés.
- Le groupe 2, comprenant l'Autriche, la Finlande, l'Allemagne, le Japon, la Suède, l'Irlande, les États-Unis et le Mexique, se situe dans l'intervalle entre les deux précédents ;
- Enfin, le groupe 3, comprenant le Chili, Israël et la Corée, regroupe les pays les moins performants quant à leur taux d'emploi global, sauf pour les travailleurs âgés, où les taux d'emploi sont plus proches de ceux du groupe 2.

La figure 12.6 présente les taux d'emploi moyens par groupe d'âge, de 2005 à 2011, selon l'indice de classification par groupe de pays et selon la structure des taux d'emploi par cohorte.

Figure 12.6. Taux d'emploi par groupe d'âge, selon l'indice de classification, taux moyen 2005-2011, en pourcentage de la population

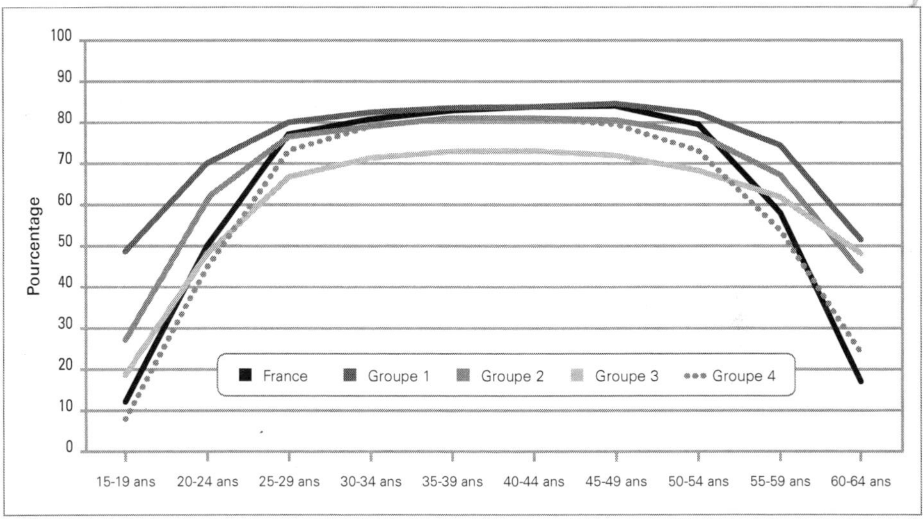

Source: Calculs des auteurs à partir des données sur la population active de l'OCDE; Boulhol et Sicari (2013, p. 7).

Ainsi pour contrer les problèmes démographiques et assurer la main-d'œuvre nécessaire à l'économie du savoir, plusieurs pays ont mis en place des mesures incitatives en vue d'augmenter le nombre d'individus actifs sur le marché du travail, tant en augmentant les emplois des jeunes qu'en prolongeant la durée des carrières.

12.2. Les politiques mises en œuvre

Dans cette section, nous nous intéressons aux politiques développées dans divers pays pour faire face au vieillissement de la population, dans le contexte de l'économie du savoir.

12.2.1. Les objectifs des politiques européennes

Lors du Conseil européen de Lisbonne en 2000, les dirigeants européens envisageaient déjà que l'Europe devienne l'économie de connaissance la plus compétitive du monde. Ainsi un certain nombre d'objectifs avaient été fixés comme celui d'atteindre 70 % de taux d'emploi ou encore de consacrer 3 % du PIB de l'UE aux dépenses de recherche et développement (Parlement européen, 2011). Cependant, comme le souligne le Parlement européen (2011), le manque de clarté des objectifs et l'absence d'une gouvernance dans la mise en œuvre et le suivi de cette stratégie ont fait en sorte que les résultats se sont révélés limités. Ainsi en 2010, la stratégie *Europe 2020* a proposé la mise en œuvre de trois moteurs de croissance :

> une croissance intelligente (promouvoir la connaissance, l'innovation, l'éducation et la société numérique), une croissance durable (rendre notre production plus économe en ressources tout en dopant notre compétitivité) et une croissance inclusive (renforcer la participation au marché du travail, l'acquisition de compétences et la lutte contre la pauvreté) (Commission européenne, 2010a, p. 1, notre traduction)[1].

Sur le plan quantitatif, il a été proposé d'augmenter le taux d'emploi à 75 % dans la tranche d'âge des 20 à 64 ans, et d'affecter 3 % du produit intérieur brut à la recherche et au développement au lieu de 2 % (Commission européenne, 2010a). Si ces objectifs concernent l'Europe, ils se retrouvent aussi dans nombre d'autres sociétés. En effet, nombre d'autres sociétés veulent se tailler une place dans l'économie du savoir (objectif d'innovation et de connaissance), mais aussi s'assurer de ne pas compromettre l'équilibre écologique, et s'assurer d'intégrer les jeunes comme les plus âgés dans la société comme dans l'économie du savoir. Ces objectifs ont donc toute leur pertinence dans la plupart des sociétés, et sous des terminologies parfois différentes, on les retrouve dans les politiques canadiennes et québécoises, qui visent effectivement l'innovation, le développement durable, ainsi que l'inclusion et la cohésion sociale.

Dès le début des années 2000, le Conseil européen de Stockholm a mis en œuvre une stratégie pour faire face aux incidences du vieillissement de la population sur les budgets des États ; celle-ci visait à « réduire la dette, à accroître les taux d'emploi et la productivité et à réformer les systèmes de retraite, de soins de santé et de prise en charge de la dépendance » (Commission européenne, 2010b, p. 7).

Selon l'Observatoire français des conjonctures économiques (OFCE), plusieurs pays, et particulièrement les pays scandinaves, ont mis en place

> des stratégies globales visant à augmenter les emplois disponibles pour les seniors [*sic*] et à inciter les seniors [*sic*] à prolonger leur carrière : incitations fiscales à l'emploi des travailleurs âgés ; amélioration des conditions de travail et des possibilités de formation, pour tous les travailleurs ou spécifiquement pour les travailleurs seniors [*sic*] ; refonte des carrières ; limitation des hausses de salaires liés à l'ancienneté ; lutte contre les discriminations liées à l'âge ; campagne de sensibilisation en direction des entreprises et des travailleurs. Ces stratégies sont généralement gérées conjointement par l'État et les partenaires sociaux, ce qui suppose un certain consensus social sur l'objectif de report de l'âge de la retraite (OFCE, 2007, p. 5-6).

La Finlande est reconnue comme un des pays ayant été les plus dynamiques sur ce plan, et elle a ainsi réussi à renverser la baisse du taux d'activité des travailleurs vieillissants et à assurer leur meilleure intégration en emploi (Guillemard, 2007 ; Tremblay, 2010a, 2014).

1. « *The Commission identifies three key drivers for growth, to be implemented through concrete actions at EU and national levels : smart growth (fostering knowledge, innovation, education and digital society), sustainable growth (making our production more resource efficient while boosting our competitiveness) and inclusive growth (raising participation in the labour market, the acquisition of skills and the fight against poverty).* »

De plus, en réaction au vieillissement de la population européenne, la Commission européenne a consacré l'année 2012 au vieillissement actif, son objectif étant d'instaurer « une véritable culture du vieillissement actif en Europe, soit un ensemble d'attitudes, de valeurs, d'objectifs et de pratiques que partageraient tous les Européens. Pour ce faire, trois champs d'action particuliers ont été déterminés : l'employabilité des séniors, la participation à la vie sociale et le vieillissement en bonne santé » (Direction générale de l'administration et de la fonction publique [DGAFP], 2012, p. 9). Bien que certaines critiques puissent parfois être adressées aux politiques du vieillissement actif, surtout lorsqu'elles visent à forcer le maintien en emploi, elles peuvent être très intéressantes à mettre en place et appellent les entreprises à être plus attentives au maintien en emploi des travailleurs vieillissants qui le souhaitent (Rochman et Tremblay, 2011a et b).

12.2.2. Les politiques canadiennes et québécoises

Bien que le Canada et le Québec possèdent des taux d'emploi plus élevés que certains pays d'Europe, ceux-ci manifestent également de l'inquiétude quant au contexte de déclin démographique, qui peut avoir une incidence sur les régimes de retraite et les coûts de santé. Cet intérêt est encore plus grand, car certaines données ont montré que nombre de travailleurs ayant pris leur retraite se voient obligés de retourner en emploi pour des raisons financières (retraite insuffisante, pas d'épargne) (Tremblay *et al.*, 2007 ; Tremblay, 2010a, 2011, 2014). C'est ainsi que les gouvernements s'intéressent particulièrement à l'activité en fin de parcours professionnel et cherchent à inciter les travailleurs âgés à demeurer plus longtemps en emploi. Par exemple, au Canada, on a modifié la Loi de l'impôt sur le revenu dans le but de favoriser la retraite progressive (Tremblay, 2011), et on a aussi pénalisé les personnes qui souhaitent obtenir leur rente avant 65 ans (Commission nationale, 2011). Des incitatifs ont aussi été ajoutés pour que les personnes restent en emploi au-delà de 65 ans, puisque les prestations de retraite peuvent être améliorées si l'on travaille jusqu'à 67 ans, alors qu'elles seront réduites si l'on cesse plus tôt. Ceci vise à favoriser un plus grand bassin de main-d'œuvre, élément important pour le développement économique, en particulier dans le contexte de l'économie du savoir. Les pratiques de gestion des ressources humaines des organisations doivent donc s'adapter à ces politiques publiques, en favorisant le maintien en emploi des travailleurs vieillissants par des mesures d'aménagement du temps de travail ou des horaires, à défaut de quoi ces politiques n'auront pas d'effet (Tremblay et Genin, 2010 ; Tremblay, 2010a, 2014).

En effet, au Québec, selon la Commission nationale (2011), si en 1990 seulement 34 % des nouveaux prestataires du Régime de rentes touchaient leur rente à 60 ans, ils sont 60 % à en bénéficier à cet âge en 2009. La tendance au départ à la retraite hâtif semble donc s'accélérer, alors même que l'État et les entreprises affirment vouloir conserver les travailleurs vieillissants en emploi. C'est pour tenter de contrer cette tendance que la nouvelle politique a été introduite : ainsi, les rentes demandées avant 65 ans sont ponctionnées de 0,5 % par mois, soit 6 % par année. Par exemple, un individu qui souhaite obtenir sa rente à 60 ans perdra toute sa vie durant, 30 % de sa prestation. D'ailleurs, par suite du budget 2011-2012, le taux de réduction mensuelle sera relevé graduellement à compter de 2014 sur une période de trois années pour atteindre 0,6 % en 2016, ce qui équivaut à une réduction annuelle de 7,2 %. Ce taux équivaudra à celui déjà mis en place par le régime de pensions du Canada (Commission nationale, 2011).

Il semble, cependant, que ces mesures ne suffiront pas à modifier la décision de partir à la retraite des travailleurs âgés (Commission nationale, 2011). En effet, pour plusieurs chercheurs, il conviendrait d'adopter des mesures davantage liées aux souhaits des acteurs sociaux et des individus, et en particulier une plus grande flexibilité des temps de travail et des horaires, voire du télétravail (Tremblay et Genin, 2010 ; Tremblay, 2011). On pourrait aussi envisager de favoriser la mobilité professionnelle ou encore de créer de nouveaux métiers en fin de carrière ce qui permettrait aux travailleurs vieillissants de transmettre leur savoir et de mener à bien la fin de leur carrière professionnelle (Lazzari, 2012).

Pour résumer, toutes ces données montrent que, dans le contexte de vieillissement de la population, de nombreux pays d'Europe et d'Amérique du Nord souhaiteraient augmenter le taux d'emploi de tous les groupes d'individus, hommes et femmes de tous les âges. Cependant, bien que certains objectifs et incitatifs aient été mis en place depuis plusieurs années, les individus situés aux deux extrémités de la pyramide des âges ont toujours du mal à trouver un emploi dans plusieurs pays d'Europe. Au Canada et au Québec, on vise plutôt à augmenter le taux d'emploi des individus âgés qui ne souhaitent pas prolonger leur carrière en fin de parcours professionnels et qui se retirent hâtivement du marché du travail, souvent autour de 60 ans. Il est certain que pour les personnes ayant travaillé en usine ou dans des tâches difficiles et qui usent le corps, la retraite est souvent nécessaire et bien méritée. Par contre, d'autres personnes souhaiteraient rester en emploi, mais à défaut de mesures d'aménagement de la fin de carrière (télétravail, horaires réduits, etc.), elles trouvent difficile d'envisager de le faire.

Avant d'examiner les mesures mises en place par les organisations pour retenir la main-d'œuvre vieillissante en fin de parcours professionnel et permettre aux jeunes d'entrer sur le marché du travail, voyons d'abord ce que l'on entend par le concept de gestion des âges.

12.3. La gestion des âges

Au cours des années 1980, nombre de pays ont connu des difficultés économiques et ont dû faire face au chômage et à la crise de l'emploi. Dans ce contexte, plusieurs pays européens ont adopté des politiques favorisant la retraite hâtive, alors que certaines entreprises nord-américaines faisaient de même, mais dans le cadre de mesures financées par l'organisation et non par l'État. Toute cette période a donc été caractérisée par une culture de la sortie anticipée des travailleurs âgés et par une segmentation par l'âge, ce qui a créé des attentes pour les travailleurs d'aujourd'hui, qui souhaitent souvent bénéficier des mêmes mesures financières favorables pour sortir du marché du travail.

Dans le contexte économique et social actuel, par contre, on cherche plutôt à accroître les taux d'emploi des travailleurs âgés dans le but d'équilibrer le financement des régimes de retraite. Cependant, une des difficultés réside dans le fait que les politiques de sortie anticipée et de segmentation de la main-d'œuvre ont été contre-productives, contribuant à stigmatiser les travailleurs âgés en donnant naissance à des représentations négatives à leur endroit et en les dépréciant tant vis-à-vis d'eux-mêmes que des autres travailleurs et des employeurs (Esping-Andersen, 1999). Il est donc difficile, dans ce contexte, de renverser les pratiques, même si nombre d'entreprises et d'États souhaitent le faire.

De plus, analyser le vieillissement démographique sous le seul aspect des retraites et des réformes concernant les transferts sociaux entre actifs et retraités est une vision tronquée de la question, selon Guillemard (citée dans Tremblay, 2007, p. 15) :

> Nos façons de travailler, de répartir les temps sociaux sur le parcours de vie, de couvrir les risques sociaux, de concevoir les identités de chaque âge et les rapports entre les générations sont profondément transformées par le vieillissement de la population et la longévité accrue.

C'est ainsi que Guillemard préconise un mode de gestion de tous les âges en insistant sur le suivi des parcours en cours de carrière, pour tous. Il s'agit ainsi de remettre en question les pratiques d'éviction de l'emploi et de la société, puis d'envisager la question de la gestion de l'âge « sous l'angle plus large des parcours de vie, des temps de la vie ou des "temps sociaux" » (Tremblay, 2010a, p. 4).

Le tableau 12.1 résume les différents points de vue (gouvernements, syndicats, employeurs et travailleurs) liés à la vision traditionnelle et à la nouvelle vision émergente. Bien que le tableau ait été réalisé en Belgique, on trouve les mêmes perspectives au Québec. La différence est peut-être que le mouvement vers la nouvelle vision est un peu plus avancé en Amérique qu'en Europe. En effet, les visions traditionnelles sont plus présentes en Europe dans les années 1990 et ont tout de même évolué depuis, sans toutefois que toutes les entreprises aient adopté la nouvelle vision, loin de là (Tremblay, 2010a ; Bellemare *et al.*, 1998).

Tableau 12.1. Vision traditionnelle du problème et nouvelle définition du problème du point de vue des gouvernements, des syndicats, des employeurs et des travailleurs

	Vision traditionnelle du problème	Nouvelle définition du problème
Gouvernements	Considèrent la retraite anticipée comme une distribution juste du travail et une façon de réduire le chômage des jeunes	Sont conscients de l'enjeu de relever l'âge effectif de la retraite et les taux d'emploi des séniors.
Syndicats	Considèrent la retraite anticipée comme un droit bien mérité et une obligation sociale.	Sont encore sceptiques envers les réformes des régimes de retraite anticipée.
Employeurs	Voient les séniors comme inflexibles, improductifs et coûteux.	Considèrent de plus en plus le potentiel positif des séniors en termes de loyauté, d'expérience, de mémoire collective, etc. Commencent à développer des pratiques pour les recruter et les maintenir en emploi.
Travailleurs	Défendent une culture de la préretraite.	Développent une préférence pour les retraites flexibles et progressives.

Source : Bredgaard et Tros (2006, p. 6).

12.3.1. La gestion des âges, un concept flou

Aux États-Unis, en Grande-Bretagne ainsi que dans les grands organismes internationaux, ce sont surtout les chercheurs relevant des champs de la sociologie, de l'ergonomie et de l'économie qui se sont intéressés à la gestion des âges ; c'est au Canada et plus particulièrement au Québec (Monti, 2004) que la gestion des âges s'est inscrite dans le champ des sciences de la gestion. C'est pourquoi Monti (2004) souligne que la faible utilisation du terme *gestion des âges* dans les entreprises est sans doute liée au fait que cette thématique ait d'abord été étudiée par d'autres disciplines avant de toucher celle de la gestion, où elle est très présente aujourd'hui.

Selon Monti (2004, p. 12), les difficultés à définir le concept de *gestion des âges* semblent dues au fait qu'il recouvre deux phénomènes distincts, soit la gestion des âges *ex ante* et la gestion des âges *ex post*.

En effet, alors que la gestion des âges *ex ante* concerne « les décisions et les actions qui concourent à façonner les structures par âge des entreprises sur le plan quantitatif et qualitatif, comme le choix de l'âge des personnes recrutées, la sélectivité de la formation sur des critères d'âge ou l'éviction des salariés les plus âgés, etc. » (Monti, 2004, p. 12), la gestion des âges *ex post* comprend « l'ensemble des mesures que les entreprises sont amenées à prendre face à une pyramide des âges donnée, comme la gestion de la deuxième carrière, la gestion des salariés âgés, etc. » (Monti, 2004, p. 12). Ce second phénomène serait le plus évoqué dans les études sur la thématique de l'âge en ressources humaines (Monti, 2004) et c'est effectivement celui qui nous interpelle davantage aujourd'hui.

Le tableau 12.2 présente la définition de la gestion des âges *ex ante* et de la gestion des âges *ex post* et illustre à l'aide d'un exemple ces deux phénomènes distincts.

Tableau 12.2. Définitions et exemple de gestion des âges *ex ante* et *ex post*

	Définitions	Exemple de « gestion des âges »
Gestion des âges *ex ante*	Ensemble des décisions structurant les pyramides des âges	Rééquilibrage des pyramides
Gestion des âges *ex post*	Gestion de la main-d'œuvre âgée	Gestion des deuxièmes carrières

Source : Monti (2004, p. 12).

Selon Guillemard (2010), l'âge est le produit d'une construction sociale variant en fonction des époques et des pays. Selon l'auteure, la vieillesse et ses enjeux sont le produit d'évolutions interdépendantes entre trois dimensions centrales, à savoir : le marché du travail, le système de protection sociale et l'organisation temporelle du parcours de vie (Guillemard, 2010).

12.3.2. Qu'est-ce qu'un salarié âgé

Godelier (2007, p. 131) souligne qu'en matière de gestion de personnel, il existe deux types d'argumentations plus ou moins explicites, pour définir le *salarié âgé*. Il y a, d'une part, celle voulant que « l'âge représente et résume le vieillissement » ; ici, la notion de salarié âgé est liée aux variations des besoins de gestion et de sélection des entreprises, au fil du temps. Une deuxième vision renvoie au fait que « le vieillissement se traduit par une diminution continue des capacités individuelles ». La première argumentation repose sur l'idée qu'en réduisant l'évolution professionnelle à l'âge, l'entreprise

> détache les critères de sélection et d'évaluation des compétences individuelles mises en œuvre dans le travail pour les faire peser sur la personne du salarié, non seulement résumée par son seul âge, mais aussi parfois par des événements qui lui sont associés (possibilité de naissance des enfants, situation matrimoniale ou patrimoniale, etc.). L'âge devient ainsi, pour certains responsables de ressources humaines, un critère, conscient ou non, d'intégration ou d'exclusion dans les processus de gestion (Godelier, 2007, p. 132).

La seconde argumentation renvoie à deux types d'approches associées à l'âge et au vieillissement soit, d'une part, l'usure par le travail qui peut altérer les capacités et diminuer la résistance d'un individu et, d'autre part, le vieillissement par rapport au travail. Concernant le vieillissement par rapport au travail, Godelier (2007) souligne que si le temps a une répercussion sur l'évolution des capacités individuelles, les contraintes (horaires de travail, postures physiques, cadences de production) imposées par l'organisation du travail en ont également. Ainsi, dans la première approche, le salarié est responsable de ne pouvoir s'adapter dans sa relation au travail alors que dans la seconde, au-delà de l'âge, l'organisation « fait vieillir les salariés » (Godelier, 2007, p. 133). C'est d'ailleurs cette responsabilité de l'entreprise face au vieillissement qui nous conduit à dire qu'on ne peut imposer le maintien en emploi à tous les salariés, car certains ont été usés par le travail (Pernigotti et Tremblay, 2012a et b).

En outre, avec les changements technologiques, les salariés âgés peuvent avoir de la difficulté à s'adapter si l'organisation n'a pas fait ce qu'il fallait pour maintenir leurs compétences et les adapter aux changements technologiques, mais aussi organisationnels. D'ailleurs, comme le souligne Aubert et Crépon (2004), la baisse de productivité des salariés âgés n'est pas due à une diminution des compétences des salariés âgés, mais au fait que leurs compétences ne sont plus valorisées par l'employeur, qui est en fait responsable de ne pas les avoir développées pourrions-nous ajouter.

En somme, c'est au fil du temps et en fonction du marché du travail et des besoins de sélection des organisations qu'évolue la question de l'âge. La situation économique a ainsi un effet déterminant sur les attitudes à l'endroit des travailleurs vieillissants. Selon Gaullier (1988, cité dans Godelier, 2007, p. 131),

> [e]n période de croissance, de plein emploi et de pénurie de main-d'œuvre, le salarié âgé est un producteur efficace qu'on cherche à retenir ; avec les crises économiques, le chômage et les sureffectifs, le salarié âgé devient un incapable dont il faut se séparer par tous les moyens.

Ainsi, comme le souligne Gaullier (1988, cité dans Godelier, 2007, p. 131), « le salarié âgé est bien une production sociale et cela est lourd de conséquences ».

12.4. L'évolution des parcours de vie

Les parcours de vie se transforment et il est important de tenir compte des contraintes liées aux mutations sociales et temporelles, incluant le vieillissement, la précarisation et l'insécurité (Hansez *et al.*, 2012). En effet, avec l'accroissement de l'espérance de vie et le vieillissement de la population, on assiste à une *désinstitutionnalisation* des parcours de vie, le cycle de vie ternaire de la société industrielle ayant subi de profonds changements et les trajectoires biographiques des individus ne correspondant plus aux trois temps successifs et distincts de la vie (jeunesse, âge adulte, vieillesse) tels qu'ils étaient définis auparavant (Guillemard, 2004 ; Bessin, 2009).

Lalive d'Épinay *et al.* (2005, p. 201) définissent le concept de parcours de vie comme suit :

> Le modèle ou les modèles de curriculum qui, dans une société et un temps donnés, organisent le déroulement de la vie des individus dans ses continuités et discontinuités. Ces modèles consistent, d'une part, en des systèmes de normes et d'allocation de ressources prenant la forme de profils de carrière et de statuts d'âge, ainsi que de transitions généralement associées à des âges typiques ; d'autre part, en un ensemble de représentations collectives et de références partagées. Ils constituent l'une des médiations centrales entre le système socioculturel et les individus.

Cette définition renvoie à deux modèles, d'une part, à un modèle sociétal dans lequel le parcours de vie est organisé par la société et, d'autre part, à un modèle individuel où ce sont les individus qui organisent leur parcours de vie.

Selon Bessin (2009), le parcours de vie serait « le produit d'un ensemble de normes et d'institutions, de règles formelles et culturelles, qui entourent l'avancée en âge, grâce notamment à l'âge chronologique comme critère de classement et de mise en ordre "naturel" de la société » (Bessin, 2009, p. 7). Ainsi la notion de parcours de vie présente une position neutre relativement à l'âge, n'opérant pas de segmentation sur cette base, ce qui a pour conséquence d'éviter toute discrimination fondée sur ce critère (Nicole-Drancourt, 2007). D'ailleurs, Nicole-Drancourt (2007, p. 199) émet l'hypothèse « qu'un regard fondé sur des "parcours de vie" et des "cycles de vie" permettrait de reconnaître les personnes et de leur accorder le droit d'accéder aux capacités nécessaires pour participer pleinement à la société ».

En effet, une recherche portant sur l'incidence de la conciliation emploi-famille/vie personnelle a montré que le concept de *parcours de vie* est tout à fait intéressant pour mettre en évidence l'importance des événements familiaux et des situations familiales comme facteurs déterminants pour les parcours professionnels, ces éléments permettant de mieux comprendre le parcours professionnel et les choix de carrière, à différents moments du parcours de vie. De même, la mobilisation de ce concept a permis de mettre en exergue l'imbrication des trajectoires professionnelles et familiales/personnelles chez les individus âgés en fin de parcours professionnel, montrant ainsi que cette problématique s'étend tout au long du parcours professionnel et non seulement en présence d'enfants (Lazzari, 2012).

Pour résumer, il semble que le modèle de parcours de vie de type normatif en trois temps successifs (études-travail-retraite) ne correspond plus à la réalité. En effet, désormais les études peuvent s'étaler tout au long de la vie, les individus peuvent être amenés à sortir du marché du travail de manière choisie ou non (chômage, retraite anticipée) puis à y revenir (Guillemard, 2010, 2007); certains retraités retournent sur le marché du travail (Tremblay, 2014; Elder et Pavalko, 1993); les adultes ont à des âges souvent plus tardifs des enfants (Tremblay, 2012a et b) et enfin, le financement des retraites en direction des futures générations se fragilise, ce qui en incite certains à rester sur le marché du travail.

12.5. Les programmes et pratiques de gestion des âges et des parcours de vie

Une étude sur les bonnes pratiques en matière de gestion des âges de la vie (GADV) a été menée dans différents pays (Allemagne, Australie, Belgique, Canada [Province du Québec], Danemark, États-Unis, Finlande, Italie, Pays-Bas, Portugal, Suède, Suisse et Royaume-Uni) tant dans le secteur privé que public (DGAFP, 2012). Nous présentons ci-dessous quelques-uns des programmes étudiés.

12.5.1. Les pratiques portant sur les politiques globales de gestion des âges de la vie

L'Allemagne s'est intéressée, relativement tôt, à la problématique du vieillissement. En l'occurrence, le ministère fédéral de l'Éducation et de la Recherche (BMBF) finance la recherche sur l'évolution démographique du secteur public ainsi que celle dans le secteur privé, dès le début des années 1990, et incite à la mise en place de bonnes pratiques. Au niveau du secteur public, l'agence fédérale allemande du travail a mis en place « une politique de gestion des ressources humaines basée sur les phases de la vie, qui accompagne les fonctionnaires tout au long de leur vie active » (DGAFP, 2012, p. 57). Parmi les objectifs de cette politique, l'équilibre entre la vie professionnelle et privée tient une place importante étant considérée comme « une source non matérielle de motivation et de performance » (DGAFP, 2012, p. 58).

La DGAFP (2012, p. 57) décrit les cinq phases de la vie professionnelle ci-dessous:

- *Première phase*: introduction (jusqu'à deux ans après l'entrée en poste)
- *Seconde phase*: progression/professionnalisation (jusqu'à 20 ans d'activité professionnelle)
- *Troisième phase*: maturité (entre 20 et 40 ans d'activité professionnelle)
- *Quatrième phase*: préparation au départ à la retraite
- *Cinquième phase*: retraite *active* (à partir de 65 à 67 ans: par exemple, recrutement en CDD – contrat à durée déterminée – de retraités et activités de tutorat).

C'est ainsi qu'à partir de chaque phase une analyse de capacité des personnes est menée pour donner lieu à une planification de développement individuel s'appuyant sur des outils de gestion des ressources humaines en lien avec les capacités, par exemple:

> flexibilité du temps de travail, travail mobile, assistance dans l'organisation de l'éducation des enfants, bilan de compétences avant le retour dans l'emploi, obtention de diplômes pendant le congé parental ou le travail à temps partiel, formations aux TIC à domicile, transmission des savoirs (DGAFP, 2012, p. 58).

Notamment, pour les plus de 50 ans, des processus de recrutement particuliers ont été mis en œuvre.

Selon Stivin (2007), en France, le Carrefour pour l'innovation sociale, le travail et l'emploi (CISTE), association paritaire regroupant des organisations patronales, des syndicats de salariés et des représentants de l'économie sociale et solidaire, s'intéresse aux discriminations à l'égard des travailleurs et des demandeurs d'emploi de plus de 50 ans. Cette association a pour objet de rassembler et de coordonner un réseau de partenaires dans le but de gérer le projet Atout'Âge. Il s'agit d'un projet novateur en ce sens où il porte autant sur des objectifs individuels que collectifs.

Au niveau individuel,

> les actions visées concernent à la fois les représentations, les préjugés associés à l'image des seniors [*sic*], le suivi des trajectoires personnelles pour faciliter les conditions d'acquisition de la qualification professionnelle à toutes les étapes de la vie au travail, l'amélioration de la qualité de l'emploi et notamment des conditions de travail de fin de carrière (Stivin, 2007, p. 234).

Par ailleurs, sur le plan collectif,

> les objectifs couvrent trois axes de promotion des fins de carrière : l'analyse des politiques salariales, dont le coût de l'emploi, le développement de dispositifs de gestion de ressources humaines qui valorisent les seniors [*sic*] en prenant en compte leur savoir-faire et, enfin, la meilleure articulation des temps sociaux dans l'entreprise, de la production à la formation (Stivin, 2007, p. 234).

Ainsi, selon Stivin (2007), à la Caisse d'épargne du Poitou-Charentes en France, un dispositif de gestion de carrière qui avait été conçu à l'origine en direction des travailleurs âgés a été élargi par la suite à tous les employés. En effet, comme le souligne Stivin (2007), le fait de pouvoir obtenir un entretien de carrière tous les cinq ans permet aux employés tout au long de leur parcours de vie de travailler sur leurs transitions professionnelles à tous les âges, et d'éviter ainsi les fins de carrière stigmatisées. En d'autres mots, la mise en œuvre d'une approche globale de gestion de ressources humaines permet de répondre aux attentes des individus et non aux caractéristiques liées à l'âge (Stivin, 2007).

Selon l'Institut Montaigne (2010), les pays du nord de l'Europe qui possèdent des taux d'emploi des jeunes et des travailleurs âgés élevés ont adopté « un virage tertiaire par l'adaptation permanente de chaque individu aux conditions du marché du travail qui valorise le savoir » (Institut Montaigne, 2010, p. 35). Ainsi la formation est perçue comme « un levier d'employabilité actionnable tout au long de la vie et le travail comme une activité possible à tout âge » (Institut Montaigne, 2010, p. 35). De plus, ces pays partent du principe que chaque individu possède « trois cartes dans leur jeu : celle du travail, de la formation et des loisirs » (Institut Montaigne, 2010, p. 35).

Bien que le Danemark et les Pays-Bas aient une population estudiantine élevée, ces pays présentent les plus hauts taux d'activité des jeunes de 15 à 19 ans. En effet, plus de 50 % de ces jeunes concilient le travail et les études ou la formation, contrairement à la France où le taux ne s'élève qu'à 9 % (OCDE, 2008, citée dans Institut Montaigne, 2010). On trouve également des taux d'activité élevés en Amérique du Nord, tant aux États-Unis, qu'au Canada et au Québec. Comme le rappelle l'Institut Montaigne (2010), de nombreux enseignements peuvent être tirés de ces expériences. En effet, la prise de contact avec le monde du travail lors des études permet aux jeunes de trouver une certaine indépendance financière, mais aussi de développer leur employabilité ; parfois, alors qu'ils effectuent un stage, ils peuvent décider de se réorienter vers des filières plus porteuses en matière d'offres d'emploi. De plus, dans ces pays, la possibilité de poursuivre des études structurées par modules permet d'accéder au marché de l'emploi sans compromettre un éventuel retour aux études ultérieurement.

12.5.2. Les pratiques en matière de santé, de bien-être et de motivation au travail

En Finlande, au-delà de la santé et de la sécurité au travail, la promotion de la santé revêt une grande importance et est considérée comme un élément crucial permettant d'optimiser la capacité de travail de la main-d'œuvre vieillissante. Ainsi, en Finlande, la promotion de la santé a fait l'objet d'un programme à part entière. En effet, déjà dans les années 1980, l'Institut finlandais pour la santé au travail a mis en place un indice de capacité de travail permettant, de manière précoce, de prévenir tout risque de santé. Cet indice insère plusieurs facteurs qui permettent une autoévaluation de l'individu ainsi que des facteurs en lien avec son travail. Sont pris en compte par exemple : « l'estimation de la capacité de travail actuelle et future ; maladies diagnostiquées et nombre de journées d'absence au cours de l'année précédente ; estimation de la baisse des performances professionnelles due à la maladie ; réserves quant aux capacités mentales » (DGAFP, 2012, p. 24). À partir des résultats obtenus par le biais de questionnaires, un plan d'action visant à améliorer la gestion et la promotion de la santé peut être mis en œuvre au sein des organisations. Il faut évidemment faire attention aux risques de discrimination pouvant découler de la divulgation de ces informations en entreprise, mais cet indice participe du prolongement de la durée de vie active des salariés, car il permet de limiter les incapacités de travail et les départs anticipés à la retraite (DGAFP, 2012).

12.5.3. Les pratiques en matière de gestion du temps de travail

En Suisse, selon Dorsemagen *et al.* (2012), la question de la flexibilisation du temps de travail est au cœur des débats et se pose ainsi : « faut-il relever et consigner les heures de présence des salariés qui travaillent selon des horaires flexibles ? » (Dorsemagen *et al.*, 2012, p. 8). Pourtant sur ce point, la législation suisse impose l'enregistrement du temps de travail, mais elle se trouve souvent contournée, comme le soulignent les résultats de Dorsemagen *et al.* (2012).

Ainsi, en Suisse, il existe un large panel de choix de modèles d'horaires de travail par le biais d'horaires à la carte couvrant diverses formes de travail, à savoir : le système de menus, l'horaire à l'année, l'horaire par groupe, le congé sabbatique, le temps de travail basé sur la confiance et le télétravail (Autorités fédérales de la Confédération suisse, 2013). Il faut toutefois noter que ces modèles d'horaires de travail peuvent être limités en raison d'un mauvais fonctionnement du service ou en raison du budget (DGAFP, 2012). Ci-dessous, voyons l'exemple du concept du *temps de travail fondé sur la confiance*.

En Suisse, les salariés ont la possibilité de fournir le nombre d'heures de travail dues à l'année en moins de 12 mois, le salaire mensuel restant identique et une moyenne de 45 heures par semaine ne pouvant être dépassée (DGAFP, 2012). Cependant, ce type de régime de temps de travail annuel conduit souvent les employés à accumuler un grand nombre d'heures supplémentaires pour lesquelles la compensation en temps libre reste souvent très difficile à obtenir, ce qui peut engendrer des problèmes de santé chez les salariés, et le paiement de celles-ci peut présenter un risque financier pour l'entreprise. Ainsi, afin de satisfaire les besoins de l'employeur et d'éviter le cumul des nombreuses heures supplémentaires, le concept « du temps de travail fondé sur la confiance[2] » a fait son apparition (Dorsemagen *et al.*, 2012). Bien que ce concept demeure flou, il est apparu dans les années 1990, période à laquelle différents modèles de temps de travail très flexibles sont apparus. Dans ces modèles de travail, il ne s'agit pas d'évaluer la performance et le travail des employés en fonction du nombre d'heures effectuées, mais de rendre les employés responsables de leur travail ainsi que de l'atteinte ou non des objectifs fixés (Hamm, 2002, cité dans Dorsemagen *et al.*, 2012).

Ainsi dans ce modèle, la gestion du temps de travail émane en grande partie du salarié. Selon Dorsemagen *et al.* (2012), de multiples modèles d'horaires de temps de travail fondés sur la confiance existent et divergent d'une entreprise à l'autre, mais tous mettent en relief « la disparition des contraintes d'horaires et la compensation de temps assuré par les salariés eux-mêmes » (Wingen, Hohmann, Bensch et Plum, 2004, p. 58, cités dans Dorsemagen *et al.*, 2012, p. 5). C'est là un modèle que l'on retrouve largement au Québec, en particulier dans les entreprises de l'économie du savoir, comme l'indique la récente enquête de la Commission sur les normes du travail (CNT). Celle-ci montre bien que les travailleurs du savoir fonctionnent souvent dans un contexte de gestion par objectifs ou résultats, et qu'ils ont des heures de travail fort variables, dépassant souvent la semaine normale de travail (CNT, 2011 ; voir le chapitre 10 du présent ouvrage).

Les caractéristiques de l'horaire fondé sur la confiance sont les suivantes, selon Wingen *et al.* (2004) :

- suppression des contraintes individuelles d'horaire et de présence
- abandon de la saisie et du contrôle formels du temps de travail par l'employeur

2. Selon Dorsemagen *et al.* (2012, p. 5) « le terme *horaire fondé sur la confiance* est propre à la zone germanophone. Dans la zone anglo-saxonne (et du coup, dans le discours scientifique international), on ne connaît aucun pendant à ce terme et la discussion sur les fondements de ce concept y est aussi inexistante, ceux-ci étant englobés dans le terme *flexitime* ». En effet, en Amérique du Nord, on considère que les horaires flexibles sont fondés sur la confiance, bien que certaines organisations demandent de définir des horaires hebdomadaires ou d'indiquer les heures de travail ou de présence au bureau.

- élargissement de la liberté d'action et de décision des salariés
- fixation d'objectifs et orientation du travail vers les résultats
- respect et rémunération de la durée du travail fixé par contrat ou par une convention collective (Wingen *et al.*, 2004, cités dans Dorsemagen *et al.*, 2012, p. 46).

Ainsi, le concept du *temps de travail fondé sur la confiance* permet d'évincer la *culture de la présence* au profit d'une *culture de la confiance* tout en menant une planification rationnelle des ressources. Ce type de gestion a pour but de disposer des ressources suffisantes pour maîtriser la quantité de travail en évitant les heures supplémentaires. À noter que ce type d'horaire basé sur la confiance nécessite un style de management participatif au sein des organisations (Dorsemagen *et al.*, 2012). De fait, ce type d'horaire se développe assez souvent dans les secteurs de l'économie du savoir, en particulier dans les services aux entreprises ou secteurs professionnels (comptables, avocats, etc.) bien que des contraintes temporelles existent par contre dans les secteurs de la santé ou de l'enseignement primaire et secondaire par exemple.

Ainsi, s'appuyant sur une enquête menée auprès de tous les travailleurs suisses, Dorsemagen *et al.* (2012) montrent qu'un sixième (16,7 %) de la population active suisse travaille sans enregistrement officiel du temps de travail, et ce, à l'encontre de la législation sur le travail.

En effet, si en 2010, 61 % des travailleurs suisses bénéficient d'horaires flexibles contre 45 % en 2005, 44 % d'entre eux en bénéficiaient dans certaines limites et 17 % avaient la possibilité de déterminer leur horaire de travail librement (sans comptabilisation ni saisie des heures de travail), cette part atteint 26 % chez les personnes très qualifiées et les cadres, et 11 % chez les employés subalternes (moyennement ou peu qualifiés).

Bien que non conforme à la législation suisse sur le travail, il ne s'agit pas d'une situation marginale, puisque le fait de travailler sans comptabiliser ses heures de travail concerne un grand nombre de personnes. Cependant, cette étude met également en relief que le fait de ne plus enregistrer le temps de travail rend les frontières entre le temps de travail et la vie personnelle poreuses pour tous les employés (cadres dirigeants, employés hautement, moyennement et faiblement qualifiés, employés subordonnés). En effet, les employés tendent à travailler plus souvent sur le temps libre, à effectuer de nombreuses heures supplémentaires, bien que celles-ci ne soient pas comptabilisées, ni même rémunérées ou compensées par des jours de congé. Il est d'ailleurs intéressant de noter que le présentéisme (se présenter au travail même si l'on est souffrant) est plus important chez les individus dont le temps de travail n'est pas comptabilisé que chez les individus pour qui il l'est, ce qui peut avoir des effets négatifs à terme.

C'est ainsi que pour faire suite aux nombreuses revendications des milieux professionnels à la recherche d'une plus grande flexibilité du temps de travail, la Confédération suisse (2011) a mené un projet pilote, dans le secteur bancaire, en lien avec trois modèles de temps de travail à savoir : horaires de travail flexibles sans enregistrement ; horaires de travail flexibles avec enregistrement ; horaires de travail fixes. Des comparaisons ont été effectuées afin d'évaluer le *temps de travail basé sur la confiance dans le secteur bancaire* (dans sept établissements totalisant 45 000 employés).

Les résultats de cette étude montrent que la moitié des employés interrogés souhaite obtenir une obligation générale de l'enregistrement du temps de travail, 10 % jugent qu'une obligation partielle serait suffisante et pourrait porter uniquement sur les heures supplémentaires, 33 % préféreraient un enregistrement facultatif, voire pas d'enregistrement du tout, et 7 % n'ont pas d'opinion. Cette étude souligne également le fait qu'autant d'heures supplémentaires de travail étaient réalisées par les employées dans les trois modèles de temps de travail, et que celles effectuées avec enregistrement avaient le plus de chance d'être compensées en temps libre. Quant à la satisfaction des employés, les résultats montrent que 73 % des employés travaillant sur des horaires de travail flexibles sans enregistrement et 79 % des employés travaillant sur des horaires de travail flexibles avec enregistrement sont satisfaits, voire très satisfaits. En revanche, ceux qui travaillent sur des horaires fixes le sont moins : 65 % (Confédération suisse, 2011).

En somme, à partir de cette recherche suisse, comme à partir de l'enquête québécoise (CNT, 2011), nous observons que chez les travailleurs du savoir, la flexibilité des horaires de travail est très importante (heures enregistrées ou non) et qu'elle est une source de satisfaction et de motivation pour les individus, même pour ceux (heures non enregistrées) qui ne sont pas sûrs de pouvoir obtenir la rémunération de leurs heures supplémentaires ou la compensation de celles-ci en temps libre.

12.5.4. Les transitions entre vie professionnelle et retraite

Plusieurs pays tentent d'assouplir la transition entre le travail et la retraite. Par exemple, la Finlande a supprimé les régimes de préretraite, mais donne le choix à ses fonctionnaires de partir entre 63 et 68 ans. Cependant, si le départ se fait avant 68 ans, l'individu ne perçoit pas sa pension complète. Une fois atteints les 68 ans, le contrat de travail expire sauf si l'individu décide avec son employeur de le prolonger (DGAFP, 2012).

De même, pour maintenir les personnes âgées en emploi, le Danemark mise sur la flexibilité du temps de travail. En effet, par le biais des conventions collectives, les employeurs peuvent offrir à leurs employés de plus de 60 ans une diminution de leur temps de travail à hauteur de 15 heures par semaine, ce temps pouvant être compensé partiellement ou dans la totalité en fonction de la retraite (DGAFP, 2012). Avec l'accord de l'employeur, les salariés de plus de 62 ans peuvent bénéficier d'un congé sabbatique de 12 jours par an, sans perte de salaire. Une autre incitation porte sur la transmission des connaissances par les anciens employés vers les jeunes employés. Ainsi, ce n'est qu'à condition d'accompagner et d'assurer le tutorat des jeunes employés que les salariés de plus de 62 ans se verront offrir de la flexibilité du temps de travail ainsi que des primes par leur organisation (DGAFP, 2012) ; cela crée un incitatif très intéressant. De plus, un accord-cadre entre le ministère des Finances et les organisations syndicales prévoit des conditions de travail plus flexibles selon les âges (55 ans et plus, 60 ans et plus et 62 ans et plus) (DGAFP, 2012) :

- Les personnes de 55 ans et plus ont la possibilité, si elles le souhaitent, de se voir déplacer vers une position hiérarchique moins élevée. Cette mesure est accompagnée d'une retraite à temps partiel ou complet, ainsi que d'une compensation en salaire.

- Les salariés de 60 ans et plus ont la possibilité de réduire graduellement leur temps de travail avec l'option d'une compensation partielle ou totale de la retraite.
- Les personnes de 62 ans et plus peuvent bénéficier d'un jour supplémentaire de congé payé mensuel. De plus, une prime peut être négociée si le salarié remet son départ à la retraite à plus tard.

Au Québec, sous réserve d'entente et d'acceptation avec l'employeur, dès l'âge de 55 ans, il est possible pour les travailleurs de réduire leurs heures de travail en continuant de cotiser au Régime de rentes à hauteur du salaire complet. Ainsi, au moment du départ à la retraite, les travailleurs pourront obtenir une rente non diminuée (Régie des rentes du Québec, s. d.).

En ce qui concerne le départ à la retraite, dès 2014, les travailleurs pourront bénéficier de leur rente de retraite à partir de 60 ans tout en continuant à travailler. De plus, les travailleurs de 60 ans ou plus qui auront travaillé à temps partiel ou à temps plein et cotisé au Régime de rentes durant une année pourront toucher leur rente de retraite bonifiée dès l'année suivante (Régie des rentes du Québec, s. d).

Comme nous venons de le voir avec ce bref panorama, de nombreux pays ont mis en œuvre des politiques en matière de gestion des âges de la vie : certaines pratiques reposent sur la santé, le bien-être ou encore la motivation des individus, d'autres se fondent sur la gestion du temps de travail par les individus eux-mêmes et d'autres encore portent sur les transitions entre la vie professionnelle et la retraite. Toutes ces pratiques ont pour objectif de maintenir en emploi les individus qui le souhaitent le plus longtemps possible, ou aussi longtemps qu'ils le désirent. Des recherches menées au Québec ont établi que les salariés souhaitent rester en emploi s'ils peuvent disposer de mesures d'aménagement comme les horaires flexibles, la semaine de quatre jours ou le télétravail (Tremblay et Genin, 2009).

Pour le moment, le gouvernement du Québec a plutôt proposé de reporter l'âge du début des prestations de 65 à 67 ans, mais on peut obtenir des prestations plus élevées en travaillant jusqu'à 67 ans. Il faut ajouter que la mise en œuvre de cette mesure sera graduelle puisqu'elle débutera en 2023 et sera achevée en 2029.

Pour les individus nés après le 31 mars 1953, cela signifie qu'il faudra travailler deux années de plus pour toucher la pleine retraite du Régime de rentes du Québec (RRQ), mais il faut voir que déjà aujourd'hui, nombre de personnes quittent le travail plutôt autour de 60 ans. En effet, compte tenu du fait que pour plusieurs, la principale source de revenus à la retraite est le régime de retraite de leur employeur, et non le RRQ, plusieurs personnes continueront sans doute de partir avant l'âge de 65 ou de 67 ans, comme c'est déjà le cas.

Cette réforme suscite néanmoins des questions et des inquiétudes chez les plus bas salariés, surtout ceux qui travaillent dans des milieux difficiles, qui sont usés physiquement par leur travail, et qui craignent d'avoir une réduction de leurs prestations parce qu'ils ne seront pas en mesure de continuer jusqu'à 67 ans. Ce type de mesure reportant l'âge de la retraite à 67 ans a déjà été adopté dans quelques pays européens et des travaux européens indiquent que la simple hausse de l'âge de la retraite prévu pour obtenir une pleine pension publique ne suffit pas à augmenter la participation au marché du travail des travailleurs expérimentés (Guillemard, 2010). Une étude québécoise allait dans le même sens, indiquant que nombre de salariés étaient contre cette proposition et ne prolongeraient pas leur activité (Tremblay, 2012).

De fait, les individus qui ont tendance à prolonger leur activité sur le marché du travail sont plutôt ceux qui travaillent dans les services ou l'économie du savoir, les professionnels et les cadres qui aiment leur travail et peuvent éventuellement continuer à le pratiquer à temps réduit ou depuis le domicile, par exemple. S'ajoutera possiblement aussi un certain nombre de personnes qui sont moins bien rémunérées, qui n'ont pas de régime de retraite de leur employeur, qui n'ont pas épargné suffisamment, ou qui n'ont pas de REER pour compléter le régime public. Par contre, comme les futurs retraités attendront deux ans de plus pour toucher leur pleine retraite, cela pourrait contribuer à appauvrir certains groupes, exclus du marché du travail pour des raisons d'usure physique au travail ou de maladie notamment.

Une recherche a permis de déterminer les mesures dont les salariés québécois souhaiteraient bénéficier en fin de carrière. Les répondants étaient très majoritairement opposés à l'idée de faire passer l'âge légal de la retraite à 67 ans bien qu'ils pensent que l'on peut fournir un travail de qualité après 65 ans. Les répondants se montrent beaucoup plus ouverts à un passage progressif à la retraite plutôt qu'à un recul de l'âge légal de la retraite. Par ailleurs, le secteur d'activité et la catégorie professionnelle, ainsi que la situation du conjoint, ont une incidence sur les aspirations des individus (Tremblay, 2010a).

La pleine retraite domine encore dans les souhaits (surtout dans les secteurs plus difficiles qui occasionnent de la fatigue physique et mentale), mais on voit que la retraite progressive prend de l'importance, comme la retraite avec un emploi à temps partiel ou un travail autonome. Viennent ensuite les vacances plus longues, le télétravail à domicile quelques jours par semaine, le travail partagé volontaire (partage de poste entre deux personnes) et le temps partiel volontaire, comme mesures pouvant inciter à rester en emploi (Tremblay, 2012).

Des recherches montrent que les salariés sont disposés à exercer d'autres fonctions, par exemple du mentorat ou de la formation des plus jeunes (Tremblay et Jebli, 2012). Les organisations qui souhaitent conserver leurs salariés devront donc adopter des mesures actives pour les garder en emploi, car le simple passage à la retraite à 67 ans ne suffira pas pour changer les comportements, puisqu'on prend actuellement la retraite en majorité autour de 60 ans, alors que l'âge de la pleine retraite est toujours de 65 ans.

Certaines études font cependant état de difficultés associées à la diversité des générations qui sont parfois amenées, à travailler ensemble au sein d'une même organisation, ce dont nous traitons maintenant puisque cela peut toucher certaines des organisations de l'économie du savoir.

12.6. La question liée aux générations

Certains auteurs considèrent que la situation actuelle présente des défis importants pour le monde du travail, en raison du vieillissement de la population et de l'obligation pour plusieurs générations de se côtoyer sur le marché du travail et dans les organisations (Hummel et Hugentobler, 2007). Si l'on peut s'interroger sur ces difficultés, puisqu'il y a toujours eu plusieurs générations dans les organisations et sur le marché du travail, il n'en reste pas moins que dans les travaux scientifiques, les termes génération, intergénération, intergénérationnel et conflit intergénérationnel reviennent souvent. Mais qu'entend-on par ces termes ?

Lefebvre (2013) souligne qu'il existe trois façons de concevoir le terme *génération*. Dans le domaine anthropologique, il renvoie aux liens de descendance ou d'ascendance familiale ; en démographie, il désigne une cohorte (groupe de personnes du même âge pouvant se situer dans une fourchette d'une ou plusieurs années) ; enfin, il signifie également « une cohorte qui porte aussi les marques des mutations culturelles, économiques, sociales, technologiques, voire historiques » (Méda et Vendramin, 2010). C'est sous cet angle que nous nous y intéressons. Selon plusieurs auteurs, dont Lefebvre (2013) et Gavrancic *et al.* (2009), actuellement, au moins trois à quatre générations se côtoient dans les organisations : la génération des vétérans nés avant 1945, celle des *baby-boomers* (nés entre 1945 et 1961 pour le Québec), celle des X (nés entre 1962 et 1979) et celle des Y (nés entre 1980 et 1989). Bien que toutes ces générations aient à faire face à des défis identiques en tant que travailleurs (insertion sur le marché du travail, développement de carrière et retraite), elles ne procèdent pas nécessairement de la même manière pour relever ces défis, mais surtout elles ne se retrouvent pas dans le même contexte économique. Selon certains auteurs, les générations auraient une *personnalité* différente, qui influencerait leurs préférences, leurs attentes et leurs besoins (Gavrancic *et al.*, 2009). Cependant pour d'autres chercheurs, dont nous sommes, les représentations liées aux différentes générations ne sont pas toujours fondées (Pichault et Pleyers, 2010 ; Pralong, 2010 ; Lazzari, 2012 ; Tremblay, 2010b, 2013). En effet, plusieurs valeurs prêtées aux Y seraient partagées par toutes les générations. C'est le cas, par exemple, de la recherche d'articulation entre la sphère professionnelle et la sphère privée, la recherche d'autonomie, de reconnaissance et de sens au travail, ainsi que le besoin de rétroaction (Tremblay, 2010b, 2013). De plus, les employés de tous les âges sont soucieux de leur sécurité d'emploi et l'opportunisme ne caractérise pas seulement les Y, mais aussi les X ou encore les *baby-boomers* (Pichault et Pleyers, 2010). Ainsi, une politique de gestion des ressources humaines différenciée en fonction des générations ne semble pas judicieuse, des effets pervers pouvant survenir, par exemple, des problèmes d'équité qui peuvent engendrer des tensions et être onéreux pour l'entreprise (Pichault et Pleyers, 2010).

La théorie de l'équité semble en mesure d'apporter non seulement une meilleure compréhension des perceptions de ce qui semble juste quant aux attentes des individus de tous âges, mais aussi de distinguer les sources de motivation et de démotivation qui animent les individus (Marbot, 2007). Selon Adams (1963), la théorie de l'équité se fonde sur l'hypothèse que chaque individu évalue son environnement afin de comparer, d'une part, les avantages que lui procure son emploi et, d'autre part, ses propres contributions envers l'emploi. Outre que l'individu compare le rapport avantage/contribution pour lui-même, il se compare également avec d'autres individus choisis comme repères dans l'organisation ; il s'agit alors de l'équité interne. En faisant le ratio entre avantages et contributions, si l'individu estime bénéficier d'avantages justes par rapport à ses contributions, il aura le sentiment d'être traité de manière équitable et démontrera un comportement motivé. De même, en ce qui a trait à l'équité générationnelle, Marbot (2007) souligne que tout salarié évalue les avantages (rémunération, formation, conditions de travail, perspectives d'évolution, possibilité d'accroître ses compétences, reconnaissances, etc.) dont il bénéficie, mais aussi ses contributions (expériences, formation, ancienneté et résultats, etc.). Bien que ces évaluations soient subjectives, c'est en établissant le rapport entre les rétributions et les contributions que les employés obtiennent leur « ratio d'équité appelé (Rs/Cs) » (Marbot, 2007, p. 106). À l'issue de cette comparaison, le salarié peut ressentir un *sentiment d'équité*, un *sentiment de sous-équité* ou encore un *sentiment de sur-équité* (Marbot, 2007). Selon le type de sentiment ressenti, l'individu peut être motivé et engagé (sentiment d'équité), très productif (sentiment de sur-équité) ou contre-productif (sentiment de sous-équité). Ce type d'évaluation concerne aussi l'équité générationnelle où des individus réunis par groupes d'âge similaire se comparent à d'autres groupes d'âge différents, par exemple, les jeunes et les *baby-boomers* ; il s'agit ici d'équité intergénérationnelle (Marbot, 2007).

Selon Grima (2007, p. 29), le concept de *conflit intergénérationnel* serait lié à « une conception de la réalité du travail différente fondée sur, à la fois une empreinte historique différente, mais aussi des règles institutionnelles distinctes dans la relation au travail ».

Dans le champ politique, l'enjeu intergénérationnel laisse apparaître quatre catégories de mutations qui ont eu une incidence sur les relations entre les générations :

- les mutations démographiques : allongement de l'espérance de vie, vieillissement de la population ;
- les mutations sociales : mobilité géographique, affaiblissement des liens communautaires, individualisation, transformation de la famille ;
- les mutations économiques et politiques : croissance ralentie, recul de l'État social, problèmes de financement des systèmes de retraite, difficulté d'insertion des jeunes (travail, logement), changements dans le monde du travail, baisse de la participation citoyenne et de la vie associative ;
- les mutations de styles de vie : fracture technologique, fracture de style de vie (Hummel et Hugentobler, 2007, p. 73).

Selon Huyez (2013), dans les milieux de travail, le questionnement sur les relations intergénérationnelles se fait souvent à partir de deux axes : celui du conflit, des tensions et de la compétition, et celui de la coopération et de la transmission. Selon le premier axe, comme nous l'avons vu un peu plus haut, ce sont les différences liées à la personnalité des générations qui sont à l'origine des tensions et, selon le second axe, les modèles intergénérationnels issus de la vie privée seraient transposés dans la sphère professionnelle et favoriseraient ainsi l'intégration des plus jeunes et la valorisation des plus âgés.

En effet, dans un contexte de pénurie de main-d'œuvre et de restrictions budgétaires, concernant les travailleurs de l'économie du savoir, les difficultés liées à la transmission intergénérationnelle du métier peuvent être lourdes de conséquences. On l'observe notamment dans le domaine de la santé (Lazzari, 2012).

Ainsi, la recherche de Divay (2011) souligne les difficultés, voire l'empêchement dans la transmission intergénérationnelle du métier de soignante, entre les soignantes titulaires et les jeunes recrues remplaçantes. En effet, sous la pression de la pénurie de main-d'œuvre et de l'intensification de la charge de travail, les soignantes titulaires se sentent affaiblies (conditions de travail dégradées) et les jeunes soignantes remplaçantes souffrent quant à elles de la précarité liée à leur statut d'emploi (contrat de travail de courte durée, renouvellement imprévisible, improbabilité d'intégration dans le collectif de travail, difficultés liées aux conditions de travail). Sur le plan organisationnel, les restrictions budgétaires ont fait en sorte que les titularisations, ou obtentions de la permanence, ont été réduites et l'organisation fait de plus en plus appel à des remplaçantes, ce qui a créé des conflits entre les deux groupes de soignantes, les soignantes titulaires reprochant aux soignantes remplaçantes de ne pas se reconnaître en elles. Ainsi, les soignantes titulaires rendent les jeunes remplaçantes responsables de leurs difficultés qui seraient dues à leur fluctuation et à tout ce que cela entraîne à l'échelle de l'organisation du travail, mais également pour les patients (méconnaissances des services, des patients, des protocoles). Pourtant, comme le souligne Divay (2011), si des difficultés dans la transmission intergénérationnelle du métier de soignante existent, la responsabilité de ces dysfonctionnements incombe à des facteurs structurels et non au groupe des jeunes remplaçantes. Des situations semblables ont été observées au Québec, où les infirmières permanentes se plaignent parfois de la difficulté de travailler avec des infirmières d'agence, puisque celles-ci changent sans cesse de milieu et ne connaissent pas toujours bien le travail à faire (Tremblay et Larivière, 2010). Un certain nombre de milieux de travail de l'économie du savoir connaissent des difficultés analogues dans le transfert de connaissances entre les générations, le secteur de l'éducation étant aussi confronté à des difficultés semblables, associées aux départs à la retraite et à la précarité d'emploi des plus jeunes (Farges et Tremblay, 2013).

Une recherche de Lacaze (2009), basée sur les identités professionnelles, a mis en lumière le fait qu'il peut exister des conflits très localisés entre les travailleurs âgés « qui restent ancrés dans le passé et qui communiquent sur un mode de revendication hérité de leur passé syndical » (Lacaze, 2009, p. 18) et les plus jeunes chez qui l'on note parfois une absence de projet professionnel. En effet, selon certains, des divergences entre plus jeunes et plus âgés sont présentes en ce qui concerne, « le professionnalisme, la transmission des compétences, le rôle de la règle, le rapport aux syndicats et les objectifs du collectif de travail » Lacaze (2009, p. 14). Par exemple, par suite du changement du style managérial directif vers un style de management participatif (autonomisation et responsabilisation des employés), certains auteurs affirment que les plus âgés se trouvent déstabilisés par l'autonomisation, alors que l'autonomie répond aux attentes des plus jeunes. Cela reste toutefois sujet à débat, comme nous l'avons mentionné plus haut.

D'ailleurs, pour la majorité des salariés, il existe des relations d'échange constructives entre les générations: lorsque les individus possèdent des ressources liées à leurs compétences, quand leur place dans l'organisation est reconnue et valorisée, lorsque les jeunes sont parrainés officiellement par les plus âgés et que ces derniers reconnaissent qu'à leur tour les jeunes peuvent leur apporter quelque chose.

La promotion de l'action intergénérationnelle semble être également une des voies possibles pour faire face à l'enjeu intergénérationnel. En effet, selon Hummel et Hugentobler (2007, p. 71), « la promotion de l'action intergénérationnelle semble conçue comme un "remède" à la possible rupture du lien entre les âges ».

> La fonction de l'intergénération serait d'enrayer un mécanisme d'éclatement ou de délitement social, en y opposant un mécanisme d'intégration: les générations se côtoient dans les difficultés (exclusion du monde du travail aux deux âges extrêmes de la vie) et, idéalement, finissent par s'entraider dans une recherche d'insertion pour les jeunes et d'utilité sociale pour les aînés. Selon cette conception, l'intergénération désigne non plus un conflit potentiel (le conflit des générations), mais une recherche d'entente qui sublime les « effets de générations » (Hummel et Hugentobler, 2007, p. 80)[3].

Toutefois, selon plusieurs auteurs, s'il peut exister des tensions entre les générations, il semble exagéré de qualifier leurs relations de « fondamentalement conflictuelles », les tensions pouvant provenir de facteurs organisationnels ou structurels (choix effectués par l'organisation, modification de la structure, type de management) (Boutreux *et al.*, 2010). La gestion des ressources humaines et les choix faits en contexte de changements technologiques ou organisationnels ont donc une incidence majeure sur les relations entre les générations au travail.

En effet, il semblerait que, comme le soulignent Delay et Huyez-Levrat (2006, cités dans Boutreux *et al.*, 2010, p. 123),

> [l]es tensions intergénérationnelles apparaissent plutôt entre les plus jeunes et les salariés intermédiaires et entre ces derniers et les plus âgés. En effet, pris entre deux feux, les trentenaires et certains des quadragénaires ayant une ancienneté d'une dizaine ou d'une quinzaine d'années, souvent entrés à une période plus difficile du marché du travail, ont connu une carrière à bien des égards plus lente que celle de leurs aînés. Ils prennent progressivement conscience que leur position risque d'être menacée à la fois par les plus jeunes qui pourraient accéder avant eux à des postes d'évolution, tandis qu'ils pressentent la nécessité de reconfigurer leurs anticipations professionnelles qui étaient jusqu'alors calquées sur celles des plus âgés, aujourd'hui proches du départ.

3. L'Association québécoise de gérontologie mène d'ailleurs des actions et une campagne de sensibilisation afin de favoriser l'intergénérationnel dans les milieux de travail comme dans la société en général.

C'est donc aux gestionnaires de ressources humaines qu'il revient de bien gérer les transitions pour s'assurer que chacun ait sa place et soit reconnu à sa juste valeur dans l'organisation.

12.6.1. La transmission intergénérationnelle des savoirs

Comme le soulignent Nonaka et Takeuchi (1997), dans l'ère de la nouvelle économie, la force de l'organisation réside dans la capitalisation des savoirs explicites et implicites et les connaissances doivent être partagées au sein d'une organisation (Nonaka et Takeuchi, 1997).

Malheureusement, comme nous l'avons vu plus haut, ce sont souvent pour des raisons de représentations ou de mauvaise gestion des ressources humaines que la transmission des savoirs peut être mise à mal et engendrer une réelle barrière au processus de transmission des savoirs entre les générations. Ainsi, selon Lagacé *et al.* (2010), il est essentiel que tous les travailleurs se perçoivent positivement, c'est-à-dire que les plus âgés « acceptent leurs jeunes collègues comme une relève adéquate et une valeur ajoutée pour l'organisation et que les nouveaux arrivants jugent l'expérience des plus âgés nécessaire à leur propre parcours professionnel » (Lagacé *et al.*, 2010, p. 195). Ainsi, en ce qui a trait au transfert des connaissances, les résultats de la recherche de Lagacé *et al.* (2010) menée sur les perceptions de différentes générations en lien avec leur propre groupe générationnel, mais aussi avec les autres groupes générationnels, ont montré que, globalement, les travailleurs des différentes générations ne percevaient pas leur groupe de manière négative, mais pas non plus les groupes des autres générations. Cependant, cette recherche montre aussi que plus les jeunes travailleurs sont animés de perceptions négatives à l'égard des travailleurs plus âgés, moins ils perçoivent le transfert des connaissances comme essentiel à leur parcours professionnel. C'est donc un aspect auquel il faut être attentif dans l'organisation, si l'on souhaite s'assurer d'un bon transfert de connaissances, dans les deux sens, entre les deux groupes.

L'étude de Huyez (2013) qui portait sur les conventions collectives sectorielles en France a montré que le thème de la transmission des savoirs et des compétences était le plus mobilisé. Ainsi, ce sont près de neuf conventions sur dix qui prévoient des mesures sur la transmission des savoirs et des compétences et le développement du tutorat. Ainsi, dans ces réunions sectorielles qui mobilisent la transmission des savoirs, Huyez (2013) a répertorié trois objectifs organisationnels pour justifier le choix de ce thème : la performance, le climat social et le maintien en emploi des travailleurs âgés. Ces objectifs se comprennent, dans l'ordre, comme suit :

- La *performance* :

  augmenter [les] compétences individuelles et collectives [des organisations] en formalisant les savoirs issus de l'expérience, *a fortiori* quand ceux qui en sont les dépositaires sont proches d'un départ en retraite (Huyez, 2013, p. 179).

- Le *climat social*:

  agir sur la transmission est une manière de penser des formes de coopération dans les équipes de travail, particulièrement entre jeunes et anciens, et de favoriser du même coup l'intégration des plus jeunes (et notamment, leur acculturation aux normes et comportements ou « savoir-être » propres au monde du travail en général, ou à un milieu professionnel en particulier) tout en valorisant et en reconnaissant la contribution des anciens (Huyez, 2013, p. 179).

- Le *maintien en emploi des plus âgés*:

  l'idée de confier des fonctions de transmission aux salariés les plus âgés (notamment, mais pas uniquement, un rôle de « tuteur ») est une manière d'envisager un aménagement de leur charge de travail, non seulement en transformant en partie leur activité, mais aussi, via une collaboration avec les « tutorés », en transférant une partie de cette charge sur les plus jeunes (Huyez, 2013, p. 179).

De manière générale, dans ces conventions collectives sectorielles, la notion de tutorat recouvre trois fonctions distinctes: « accueil et socialisation, formation, évaluation des connaissances » (Huyez, 2013, p. 178). Bien que la pratique de tutorat[4] puisse avoir une incidence positive sur l'organisation, en termes de rétention des savoirs et des compétences, de relations entre les travailleurs jeunes et les plus âgés (entente entre les générations) et de maintien en activité des travailleurs âgés (activité valorisante en fin de carrière), l'auteur souligne que le concept reste flou pour les organisations qui optent plutôt pour l'individualisation du travail, et la mesure des performances individuelles plutôt que collectives. De plus, il est important de noter que le tutorat exige des compétences particulières en gestion et tous les travailleurs âgés ne possèdent pas ces compétences. Quoi qu'il en soit, on observe un intérêt important des salariés québécois pour le mentorat en entreprise et certaines organisations commencent à s'y intéresser (Tremblay, 2010b; Davel et Tremblay, 2011).

12.6.2. Le soutien organisationnel

Outre les pratiques formelles (aménagement du temps de travail, télétravail, bonnes conditions de travail, etc.), l'attention que porte l'organisation au soutien de ses employés lorsqu'ils rencontrent des difficultés tout au long du parcours de vie peut avoir une incidence positive sur le maintien des employés dans l'organisation.

En ce qui a trait au soutien des individus (cadres de santé, infirmiers, aides-soignants et agents des services hospitaliers), la recherche de Ruiler (2008) met en évidence des différences dans la nature du soutien des cadres de santé et celui de l'équipe de travail. En effet, alors que

> le soutien du cadre de santé est d'abord un soutien professionnel (d'estime, de réceptivité, de réciprocité, de manifestation d'affects positifs, d'aménagement des planifications) et ensuite un soutien « personnel » (écoute et communication), le soutien de l'équipe est un soutien « global » (à la fois d'estime, de reconnaissance, d'aide dans le travail, etc.) (Ruiller, 2008, p. 318).

4. Voir les notes de recherche de Fedwa Jebli et Eduardo Davel (2012) sur le mentorat, sur le site de la Chaire de recherche du Canada sur les enjeux socioorganisationnels de l'économie du savoir, au <http://www.teluq.ca/aruc-gats>. Consulté le 4 novembre 2014.

Les deux dimensions sont importantes et peuvent contribuer à maintenir l'intérêt pour le travail et le milieu de travail, qui reste un milieu de socialisation et, s'il est bien organisé, d'épanouissement personnel.

D'autres recherches ont examiné les perceptions des employés en lien avec les relations d'emploi, en s'attachant particulièrement aux effets du soutien organisationnel (perception du soutien de la part du supérieur hiérarchique, reconnaissance, etc.) sur leur engagement (Rhoades, Shanock et Eisenberger, 2006; Lazzari, 2012). Les résultats de ces recherches montrent une incidence positive sur l'engagement affectif des individus à l'égard de leur organisation lorsque le supérieur hiérarchique manifeste du soutien dans les difficultés que vivent les individus (conciliation travail-famille/vie personnelle), dans leur parcours professionnel ainsi que dans l'entretien de bonnes relations envers les collègues de travail, les supérieurs, la direction et les clients (Rhoades Shanock et Eisenberger, 2006; Lazzari, 2012). De plus, lorsque les supérieurs se sentent soutenus par l'encadrement, ils apportent un plus grand soutien à leurs subalternes (Rhoades Shanock et Eisenberger, 2006).

Pourtant, plusieurs recherches, en particulier dans le secteur de la santé, soulignent encore l'insuffisance, voire parfois l'absence de soutien organisationnel de la part des supérieurs, de la direction, ce qui rend les parcours professionnels difficiles et peut inciter les professionnels du secteur de la santé à s'absenter, voire à quitter l'organisation (Tremblay, Larivière, Chamahian, 2011; Lazzari, 2012). Les autres secteurs de l'économie du savoir sont confrontés aux mêmes difficultés, et le soutien organisationnel apparaît comme l'un des enjeux majeurs des années à venir (Tremblay, 2012a et b).

Conclusion

À travers l'histoire, la vision que l'on a des âges comme de la gestion des âges a évolué en fonction du contexte économique, du marché du travail et des besoins des organisations. Ainsi, alors que dans les années 1980, pour tenter de réduire le chômage, les politiques des entreprises (Amérique du Nord) et des États (Europe) incitaient la main-d'œuvre vieillissante au retrait anticipé du marché du travail, aujourd'hui pour des raisons de vieillissement démographique, les politiques tant européennes que nord-américaines visent à maintenir cette main-d'œuvre en emploi afin de tenter de préserver les régimes de retraite et de faire face à la pénurie de main-d'œuvre qui sévit déjà dans certains secteurs comme celui de la santé.

Cependant, ces politiques de sortie anticipée et de segmentation par l'âge ont stigmatisé les travailleurs vieillissants. Elles ont contribué à les déprécier vis-à-vis d'eux-mêmes, des autres travailleurs et des employeurs, ce qui a généré des représentations négatives à leur égard (Esping-Andersen, 1999). Or, celles-ci semblent encore sévir dans plusieurs organisations et pays. Ainsi, certaines difficultés proviennent des différences de personnalité ou d'aspirations parfois prêtées aux différentes générations qui sont amenées à travailler ensemble au sein d'une même organisation, sans que ces représentations soient nécessairement fondées comme l'ont souligné plusieurs recherches. De ce fait, la mise en œuvre d'une politique de gestion des ressources humaines différenciée en fonction des générations pourrait entraîner des effets pervers (problèmes d'équité) et ne semble donc pas judicieuse (Pichault et Pleyers, 2010). Outre ces représentations, au fil du temps, la fatigue et l'usure dues au travail peuvent tout de même amoindrir les capacités et la résistance d'un individu à effectuer son travail, et les contraintes organisationnelles liées aux conditions de travail (horaires atypiques, postures physiques, etc.) peuvent également avoir des effets négatifs sur la santé des individus et donc sur leur maintien en emploi. L'entreprise est par conséquent largement responsable des difficultés que peuvent connaître certains travailleurs pour se maintenir en emploi. On observe ainsi que ce sont plus souvent les cadres et les cols blancs qui souhaitent rester en emploi plus longtemps, alors que les groupes ouvriers ou les employées de bureau le souhaitent souvent moins. Encore là, les conditions de travail et les aménagements offerts peuvent influer sur les choix (Tremblay et Genin, 2009).

De manière générale, sous la pression de l'insécurité et de la précarisation, les parcours de vie se sont transformés et les trajectoires biographiques des individus ne correspondent plus aux trois temps de la vie (jeunesse, âge adulte, vieillesse). En effet, comme le soulignent Guillemard (2004) et Bessin (2009), les contraintes liées aux mutations sociales et temporelles ont fait en sorte que les façons de travailler, la répartition de temps sociaux, le financement des retraites, la conception de l'identité liée à chaque âge ainsi que les rapports entre les différentes générations amenées à travailler ensemble, ont profondément changé. Sous le poids de ces transformations, le modèle de parcours de vie en trois temps (études-travail-retraite) tend à disparaître.

Outre le maintien en emploi des travailleurs vieillissants, certains pays caractérisés par de faibles taux d'emploi aux deux extrémités de la pyramide des âges tentent également d'intégrer les jeunes sur le marché du travail. C'est pourquoi les États de plusieurs pays ont instauré des politiques incitatives visant la gestion des âges de la vie, qui devraient permettre d'augmenter le nombre d'individus actifs (hommes et femmes, jeunes et plus âgés) sur le marché du travail, tant en augmentant les taux d'emplois des jeunes (le Canada et le Québec sont moins concernés ici puisque les jeunes sont très actifs) qu'en prolongeant la durée des carrières.

Les exemples de pratiques et d'incitatifs présentés dans ce chapitre montrent que les politiques de gestion des âges de la vie visent plusieurs domaines comme la santé, le bien-être, ou encore la motivation des individus, alors que d'autres portent sur la gestion du temps de travail et d'autres encore s'intéressent aux transitions entre la vie professionnelle et la retraite. Si ces pratiques ont une incidence positive sur la satisfaction, la motivation des individus et l'engagement, les mesures informelles, comme le soutien du supérieur, de la direction et des collègues tout au long du parcours de vie peuvent aussi favoriser un prolongement de la vie active, s'il est souhaité.

Bibliographie

ADAMS, J. S. (1963). « Toward an understanding of iniquity », *Journal of Abnormal and Social Psychology*, vol. 67, n° 5, p. 422-436.

ASSOCIATION DES COMPTABLES GÉNÉRAUX ACCRÉDITÉS DU CANADA – CGA-CANADA (2010). *Poser les bases d'une stratégie nationale sur l'entrepreneuriat.* Ottawa : CGA-Canada p. 35

ASSOCIATION DES COMPTABLES GÉNÉRAUX ACCRÉDITÉS DU CANADA – CGA-CANADA (2012). *Le chômage des jeunes au Canada : bousculer les idées reçues*, Rapport de l'Association des comptables généraux accrédités. Ottawa : Association des comptables généraux accrédités du Canada, octobre, 69 p.

AUBERT, P. et CRÉPON, B. (2004). « Les salariés âgés sont-ils moins productifs ? », *Gérontologie et société*, n° 111, p. 95-112.

AUTORITÉS FÉDÉRALES DE LA CONFÉDÉRATION SUISSE (2013). « Prestations de l'employeur ». <http://www.admin.ch/ch/f/rs/172_220_111_31/a30.html>. Consulté le 20 mai 2013.

BASE DE DONNÉES STATISTIQUES DE LA POPULATION ACTIVE DE L'OCDE (2012). Extrait du rapport *Le chômage des jeunes au Canada : bousculer les idées reçues* (Association des comptables généraux accrédités du Canada [CGA-Canada]). Consultée le 25 septembre 2012.

BELLEMARE, D., POULIN SIMON, L. et TREMBLAY, D.-G. (1998). *Le paradoxe de l'âgisme dans une société vieillissante : enjeux et défis de gestion.* Montréal : Éditions Saint-Martin, 265 p.

BESSIN, M. (2009). « Parcours de vie et temporalités biographiques : quelques éléments de problématique », *Informations sociales*, vol. 6, n° 156, p. 12-21.

BODIN, R. (2010). « Anne-Marie Guillemard : les défis du vieillissement. Âge, emploi, retraite, perspectives internationales », *Lectures. Les comptes rendus 2010.* <http://lectures.revues.org/1201>. Consulté le 7 mai 2013.

BOULHOL, H. et SICARI, P. (2013). « Labour market performance by age groups : A focus on France », *OECD Economics Department Working Papers*, n° 1027, OECD Publishing. <http://dx.doi.org/10.1787/5k4c0dnhc58x-en>. Consulté le 17 mai 2013.

BOUTREUX, A., COMA, T., GIBERGUES, S. et TRIPIER, J.-J. (2010). *GRH et intergénérationnel : déconstruction des croyances ou reconstruction des pratiques ?* Paris : MBA Dauphine Management des ressources humaines – Promotion 7, 221 p.

BREDGAARD, T. et TROS, F. (2006). *Alternatives to Early Retirement ? Flexibility and Security for Older Workers in the Netherlands, Denmark, Germany and Belgium*, ILP Innovating Labour Market Policies, Transitional Labour Markets and Flexicurity Amsterdam, 30 novembre et 1er décembre. <http://www.resqresearch.org/uploaded_files/publications/bredgaard2.pdf> Consulté le 25 novembre 2014.

COMMISSION EUROPÉENNE (2010a). *Europe 2020 : Commission Proposes New Economic Strategy in Europe.* Bruxelles : Commission européenne, p. 1-3.

COMMISSION EUROPÉENNE (2010b). « Vers des systèmes de retraite adéquats, viables et sûrs en Europe », *Livre vert.* Bruxelles : Commission européenne, p. 1-40.

COMMISSION EUROPÉENNE (2012). *Démographie, vieillissement actif et retraites : guide de l'Europe sociale.* Bruxelles : Direction générale de l'emploi, des affaires sociales et de l'inclusion, vol. 3, p. 1-96.

COMMISSION EUROPÉENNE (2013). « Emploi des jeunes », *Emploi, affaires sociales et inclusion*, <http://ec.europa.eu/social/main.jsp?langId=fr&catId=1036>. Consulté le 25 mai 2013.

COMMISSION DES NORMES DU TRAVAIL – CNT (2011a). « Les nouvelles réalités du travail : enjeux et pistes de solutions », Colloque de la Commission des normes du travail, 1er novembre 2011, Montréal, 60 p.

COMMISSION DES NORMES DU TRAVAIL – CNT (2011b). « Durée du travail sous l'angle des heures supplémentaires », *Diagnostic, rapport final*, 31 mars 2011. Québec : CNT, 97 p.

COMMISSION NATIONALE (2011). *Le vieillissement de la main-d'œuvre et l'avenir de la retraite. Des enjeux pour tous, un effort de chacun*, Rapport synthèse de la Commission nationale sur la participation au marché du travail des travailleuses et des travailleurs expérimentés de 55 ans et plus, 27 p.

CONFÉDÉRATION SUISSE (2011). *Temps de travail basé sur la confiance*, Rapport final relatif au projet pilote. Berne : Confédération suisse, p. 1-31.

CORNILLEAU, G. *et al.* (2007). « Étude comparative sur les pays européens ayant un taux d'emploi des seniors élevé », Rapport au conseil d'orientation des retraites. Paris : Observatoire français des conjonctures économiques (OFCE), 150 p.

DAVEL, E. et TREMBLAY, D.-G. (2011). *Formation et apprentissage organisationnel. La vitalité de la pratique.* Québec : Presses de l'Université du Québec, 304 p.

DÉMONTÈS, C. (2013). « Rapport fait au nom de la commission des affaires sociales (1) sur le projet de loi, adopté par l'Assemblée nationale après engagement de la procédure accélérée, portant création du contrat de génération », n° 317, session ordinaire de 2012-2013, p. 1-135.

DIRECTION GÉNÉRALE DE L'ADMINISTRATION ET DE LA FONCTION PUBLIQUE – DGAFP (2012). « Recueil de bonnes pratiques en matière de gestion des âges de la vie : expériences des secteurs publics et privés en France et à l'international », DGAFP – SDRH – BUREAU RH4, p. 1-63.

DIVAY, S. (2011). « Confusion dans la transmission intergénérationnelle du métier de soignante », *Recherches familiales*, n° 8, p. 101-114.

DORSEMAGEN, C., KRAUSE, A., LEHMANN, M. et PEKRUHL, U. (2012). *Les horaires de travail flexibles en Suisse*, Évaluation des résultats d'un sondage représentatif auprès de la population active suisse. Berne : Confédération suisse, p. 1-60.

ELDER, G. H. JR. et PAVALKO, E. K. (1993). « Work careers in men's later years : Transitions, trajectories and historical change », *Journal of Gerontology : Social Sciences*, n° 48, p. S180-S191.

ESPING-ANDERSON, G. (1999). *Les trois mondes de l'État-providence : essai sur le capitalisme moderne.* Paris : Presses universitaires de France, coll. « Le lien social ».

EUROSTAT (2009). « La population », *L'Europe en chiffres : l'annuaire d'Eurostat 2009*, Eurostat, chap. 3, p. 127-173.

FARGES, G. et TREMBLAY, D.-G. (2013). « Temps sociaux et fins de carrière des enseignants ; continuité et recomposition des inégalités genrées en contexte québécois », Rapport de recherche inédit. Montréal : ARUC sur la gestion des âges et des temps sociaux.

GAVRANCIC, A., COURCY, F. et PROULX, J. (2009). « Comment superviser une équipe de travail diversifiée ? », *Gestion*, vol. 34, n° 2, p. 68-74.

GODELIER, E. (2007). « Pyramide des âges et gestion des ressources humaines », *Presses de Sciences Po : Vingtième siècle*, n° 95, p. 127-142.

GRIMA, F. (2007). « Impact du conflit intergénérationnel sur la relation à l'entreprise et au travail : proposition d'un modèle », *Management & Avenir*, n° 13, p. 27-41.

GUILLEMARD, A.-M. (2003). « La nouvelle flexibilité temporelle du cours de vie », dans Cavalli, S. et Fragnière, J.-P. (dir.), *L'avenir. Attentes, projets, (dés)illusions, ouvertures*. Lausanne : Réalités sociales, p. 27-42.

GUILLEMARD, A.-M. (2004). « Intégrer la perspective du cycle de vie dans l'analyse de la protection sociale », Communication dans la session 2 du RTF 6, Villetaneuse, 1er Congrès de l'Association française de sociologie, p. 1-21.

GUILLEMARD, A.-M. (2007). *Prolonger la vie active face au vieillissement. Quels leviers d'action ? Les enseignements de l'*étranger. Lyon : Éditions Réseau ANACT (Agence nationale pour l'amélioration des conditions de travail), 48 p.

GUILLEMARD, A.-M. (2010). *Les défis du vieillissement : âge, emploi, retraite, perspectives internationales*. Paris : Armand Colin, coll. « U Sociologie », 358 p.

HANSEZ, I., FAULX, D., ANGENOT, A., BURNAY, N., LURKIN, F., BRAECKMAN, L. et VAN RISSEGHEM, M. (2011). *Recherche sur la gestion des âges dans les entreprises belges*. Bruxelles : Service public fédéral Emploi, travail et concertation sociale, 188 p.

HUMMEL, C. et HUGENTOBLER, V. (2007). « La construction sociale du "problème" intergénérationnel », *Gérontologie et société*, n° 123, p. 71-84.

HUYEZ, G. (2013). « La transmission des savoirs entre générations dans l'entreprise : trois questions préliminaires », *Retraite et société*, n° 64, p. 170-180.

INSTITUT DE LA STATISTIQUE DU QUÉBEC – ISQ (2012). *Le bilan démographique du Québec*. Québec : ISQ, p. 1-172.

LACAZE, D. (2009). « Pour une gestion des âges synergique : décryptage d'un conflit de génération chez Thales », Actes de l'AGRH 2009. Toulouse : Université Paul Cézanne, CERGAM, p. 1-24.

LAGACÉ, M., BOISSONNEAULT, M.-È. et ARMSTRONG, T. (2010). « La cohabitation intergénérationnelle au travail : des questions de perceptions intergroupes et de transfert des connaissances », *Télescope*, vol. 16, n° 1, p. 193-207.

LALIVE D'ÉPINAY, C., BICKEL, J.-F., CAVALLI, S. et SPINI, D. (2005). « Le parcours de vie : émergence d'un paradigme interdisciplinaire », dans Guillaume, J.-F. (dir.), *Parcours de vie : regards croisés sur la construction des biographies contemporaines*. Liège : Les Éditions de l'Université de Liège, p. 187-212.

LAZZARI, N. (2012). *La conciliation emploi-famille/vie personnelle : son incidence sur le parcours professionnel et la rétention de la main-d'œuvre dans la santé*, Thèse de doctorat. Montréal : Université du Québec à Montréal, p. 1-309.

LAZZARI DODELER, N. (2010). « Gestion des âges et diversité », *Cahiers du CRISES*, n° HS1001, Actes du 12e colloque annuel des étudiantes et des étudiants de cycles supérieurs du CRISES, 25 et 26 mars 2010, p. 23-32. <https://depot.erudit.org/bitstream/003674dd/1/HS1001.pdf>. Consulté le 5 avril 2013.

LEFEBVRE, S. (2013). « Relations intergénérationnelles et vieillissement : nouvelles questions », *Retraite et société*, n° 64, p. 53-68.

MARBOT, E. (2007). « La gestion des âges et l'équité entre les générations », *Retraite et société*, n° 51, p. 103-125.

MÉDA, D. et VENDRAMIN, P. (2010). « Les générations entretiennent-elles un rapport différent au travail ? », *SociologieS*. <http://sociologies.revues.org/3349>. Consulté le 20 mai 2013.

MONTI, R. (2004). « La gestion prospective des âges », *Travaux et recherches de prospective*, n° 23, p. 1-88.

NEES, D. (2010). *15 propositions pour l'emploi des jeunes et des seniors*, Rapport septembre 2010. Paris : Institut Montaigne, p. 1-110.

NICOLE-DRANCOURT, C. (2007). « L'approche par les parcours et les cycles de vie : un rempart contre les discriminations ? », *Retraite et société*, n° 51, p. 175-205.

NONAKA, I., TAKEUCHI, H., avec la collab. de INGHAM, M. (1997). *La connaissance créatrice : la dynamique de l'entreprise apprenante*. Bruxelles : De Boeck Université, 320 p.

PARLEMENT EUROPÉEN (2011). « Une stratégie pour une croissance intelligente, durable et inclusive », *La stratégie Europe 2020*. <http://www.touteleurope.eu/fr/actions/economie/politiqueeconomique/presentation/europe-2020-une-strategie-pour-une-croissance-intelligente-durable-et-inclusive.html>. Consulté le 17 mai 2013.

PERNIGOTTI, E. et TREMBLAY, D.-G. (2012a). « Les attitudes des salariés face à la crise financière : une analyse différenciée selon la qualification », *Éthique publique*, vol. 13, n° 2, 14 p. <http://ethiquepublique.revues.org/869>. Consulté le 7 avril 2013.

PERNIGOTTI, E. et TREMBLAY, D.-G. (2012b). « Le vieillissement professionnel sous tension : les variations sociales de l'expérience de fin de carrière dans trois entreprises touchées par la crise au Québec », *Nouvelles pratiques sociales*, vol. 24, n° 1, p. 51-68.

PICHAULT, F. et PLEYERS, M. (2010). « Pour en finir avec la génération Y. Enquête sur une représentation managériale », Communication présentée au XXIe congrès AGRH « Nouveaux comportements, nouvelles GRH », du 17 au 19 novembre 2010, Rennes-St-Malo, France, 44 p.

PISON, G. (2013). « France 2012 : fécondité stable, mortalité infantile en baisse », *Population et Société*, INED, n° 498, p. 1-4.

PLA, A. et BEAUMEL, C. (2012). « La fécondité reste élevée », *Bilan démographique 2011*. Paris : Division Enquêtes et études démographiques, Institut national de la statistique et des études économiques (INSEE), n° 1385, p. 1-4.

PRALONG, J. (2010). « L'image du travail selon la génération Y. Une comparaison intergénérationnelle conduite sur 400 sujets grâce à la technique des cartes cognitives », *Revue internationale de psychosociologie et de gestion des comportements organisationnels*, vol. 16, n° 39, p. 109-134.

RÉGIE DES RENTES DU QUÉBEC (s. d.). « La retraite progressive et le régime des rentes du Québec ». <http://www.rrq.gouv.qc.ca/fr/travail/travail_retraite/retraite_progressive/Pages/retraite_progressive_rrq.aspx>. Consulté le 20 mai 2013.

RHOADES SHANOCK, L. et EISENBERGER, R. (2006). « When supervisors feel supported : Relationships with subordinates' perceived supervisor support, perceived organizational support, and performance », *Journal of Applied Psychology*, vol. 91, n° 3, p. 689-695.

ROCHMAN, J. et TREMBLAY, D.-G. (2011a). « Les services et le programme "ville amie des aînés" au Québec », *Gérontologie et société*, n° 135, janvier, p. 285-339.

ROCHMAN, J. et TREMBLAY, D.-G. (2011b). « Le programme "ville amie des aînés" au Québec : une politique publique innovante en contexte de vieillissement ? », *Regards sur le travail*, avril. Québec : Ministère du Travail.

RUILLER, C. (2008). *Le soutien social au travail : conceptualisation, mesure et influence sur l'épuisement professionnel et l'implication organisationnelle : l'étude d'un cas hospitalier*, Thèse de doctorat. Rennes : École doctorale de sciences économiques et de gestion, Université de Rennes 1, p. 1-359.

SÉNAT (2013). « Projet de loi portant création du contrat de génération », travaux parlementaires, France, 1 p. <http://www.senat.fr/rap/l12-317/l12-3171.html>. Consulté le 15 mai 2013.

STATISTIQUE CANADA (2010). « Projections démographiques pour le Canada, les provinces et les territoires : 2009 à 2036 », n° 91-520-X au catalogue, 249 p. <http://www.statcan.gc.ca/pub/91-520-x/91-520-x2010001-fra.pdf>. Consulté le 4 mai 2013.

STIVIN, C. (2007). « La gestion des seniors à la Caisse d'épargne Poitou-Charentes, partenaire du projet "Atout'Âge" », *Retraite et société*, vol. 2, n° 51, p. 234-241.

TREMBLAY, D.-G. (2007). *D'une culture de retraite vers un nouveau management des âges et des temps sociaux*. Québec : Presses de l'Université du Québec, 292 p.

TREMBLAY, D.-G. (2010a). *D'une culture de retraite vers de nouvelles fins de carrière ?* Montréal : Éditions Saint-Martin et Décarie Éditeur, 143 p.

TREMBLAY, D.-G. (2010b). « Le monde du travail de demain et les facteurs d'attraction et de rétention de la main-d'œuvre », Note de recherche n° 2010-3 de la Chaire de recherche du Canada sur les enjeux socioorganisationnels de l'économie du savoir, 80 p.

TREMBLAY, D.-G. (2011). « La gestion de la diversité des âges : problématique, enjeux et défis », *Regards sur le travail*, vol. 7, n° 3, p. 1-14.

TREMBLAY, D.-G. (2012a). *Conciliation emploi-famille et temps* sociaux, 3e éd. Québec : Presses de l'Université du Québec, 406 p.

TREMBLAY, D.-G. (2012b). *Articuler emploi et famille : le rôle du soutien organisationnel au cœur de trois professions*. Québec : Presses de l'Université du Québec, 284 p.

TREMBLAY, D.-G. (2013). *Generations and the Labour Market*. Allocution prononcée dans le cadre d'une conférence organisée par le Canadian Health Association, au Château Bromont, le 5 juin 2013.

TREMBLAY, D.-G. (dir.) (2014). *Management de la retraite, de l'emploi et des temps sociaux*. Québec : Presses de l'Université du Québec.

TREMBLAY, D.-G. et GENIN, É. (2009). « Aging, economic insecurity and employment : Which measures would encourage older workers to stay longer in the labour market ? », *Studies in Social Justice*, vol. 3, no 2, p. 173-190.

TREMBLAY, D.-G. et GENIN, É. (2010). « Aging, economic insecurity and employment : Which measures would encourage older workers to stay longer in the labour market ? », *Studies in Social Justice*, vol. 3, no 2, p. 173-189. <http://ojs.uwindsor.ca/ojs/leddy/index.php/SSJ/article/view/2878/2348>. Consulté le 20 juillet 2014.

TREMBLAY, D.-G. et JEBLI, F. (2012). « Comment convaincre les salariés de rester plus longtemps en emploi ? », *Interventions économiques*, no 45. <http://interventionseconomiques.revues.org/1542>. Consulté le 1er mai 2014.

TREMBLAY, D.-G. et LARIVIÈRE, M. (2010). « L'articulation emploi-famille dans le secteur infirmier au Québec : une conciliation possible ? », *Éthique publique*, vol. 11, no 2, p. 43-50.

TREMBLAY, D.-G., LARIVIÈRE, M. et CHAMAHIAN, A. (2011). « Les parcours professionnels des infirmières au Québec : quelques éléments de compréhension du rapport au travail, de la conciliation emploi-famille et des choix de fin de carrière », Note de recherche no 15, ARUC-GATS, TÉLUQ UQAM.

TREMBLAY, D.-G., NAJEM, E. et PAQUET, E. (2007). « Travail et vieillissement : vers une nouvelle articulation des temps sociaux sur l'ensemble du parcours de vie ? », dans Tremblay, D.-G. (dir.), *Vers un nouveau management des âges et des temps sociaux*. Québec : Presses de l'Université du Québec, p. 65-82.

De la même auteure

TREMBLAY, D.-G. et M. ALBERIO (2014). *Travail et société. Une introduction à la sociologie du travail.* Québec: Presses de l'Université du Québec. 600 p.

TREMBLAY, D.-G. (2014). *L'innovation technologique, organisationnelle et sociale.* Québec: Presses de l'Université du Québec. 352 p.

TREMBLAY, D.-G. (2014). *Management de la retraite, de l'emploi et des temps sociaux.* Québec: Presses de l'Université du Québec. 348 p.

TREMBLAY, D.-G. (2014). *Infirmière: vocation, engagement et parcours de vie.* Montréal: Éditions du Remue-ménage. 153 p.

TREMBLAY, D.-G. (DIR.) (2013). *Temporalités sociales, temps prescrits, temps institutionnalisés.* Québec: Presses de l'Université du Québec. 294 p.

TREMBLAY, D.-G. et E. MASCOVA (2013). *Les avocats, les avocates et la conciliation travail-famille.* Montréal: Éditions du Remue-ménage. 175 p.

TREMBLAY, D.-G. (2012). *Articuler emploi et famille. Le rôle du soutien organisationnel au cœur de trois professions (infirmières, travailleuses sociales et policiers).* Québec: Presses de l'Université du Québec. 284 p.

TREMBLAY, D.-G. (2012). *Conciliation emploi-famille et temps sociaux* (3e éd.). Québec: Presses de l'Université du Québec. 406 p.

TREMBLAY, D.-G. (DIR.) (2012). *Performance organisationnelle et temps sociaux.* Québec: Presses de l'Université du Québec. 312 p.

DAVEL, E. et D.-G. TREMBLAY (2011). *Formation et apprentissage organisationnel. La vitalité de la pratique.* Québec: Presses de l'Université du Québec. 304 p.

TREMBLAY, D.-G. et D. ROLLAND (2011). *Gestion des ressources humaines: typologies et comparaisons internationales* (nouv. éd.). Québec: Presses de l'Université du Québec. 366 p.

TREMBLAY, D.-G. (2010). *D'une culture de retraite vers de nouvelles fins de carrière?* Montréal: Éditions Saint Martin et Décarie Éditeur. 143 p.

TREMBLAY, R. et D.-G. TREMBLAY (DIR.) (2010). *La classe créative selon Richard Florida: un paradigme urbain plausible?* Québec et Rennes: Presses de l'Université du Québec et Presses universitaires de Rennes. 258 p.

BARRÈRE-MAURISSON, M.-A. et D.-G. TREMBLAY (DIR.) (2009). *Concilier travail et famille. Le rôle des acteurs France-Québec.* Québec: Presses de l'Université du Québec. 456 p.

TREMBLAY, D.-G., J.-L. KLEIN et J.-M. FONTAN (2009). *Initiatives locales et développement socioterritorial.* Québec: Presses de l'Université du Québec. 370 p.

TREMBLAY, D.-G. (2008). *Conciliation emploi-famille et temps sociaux* (2e éd.). Québec: Presses de l'Université du Québec. 367 p.

TREMBLAY, D.-G. (2008). *Développement économique et emploi: les enjeux et les politiques.* Québec: Presses de l'Université du Québec. 372 p.

TREMBLAY, D.-G. (2008). *L'éclatement de l'emploi.* Québec: Presses de l'Universitédu Québec. 104 p.

TREMBLAY, D.-G. (DIR.) (2008). *Flexibilité, sécurité d'emploi et flexicurité: les enjeux et défis.* Québec: Presses de l'Université du Québec. 358 p.

TREMBLAY, D.-G. (2008). *Pour une articulation des temps sociaux tout au long de la vie: l'aménagement et la réduction du temps de travail.* Montréal: Éditions Saint-Martin et Décarie Éditeur. 470 p.

TREMBLAY, D.-G. (DIR.) (2007). *D'une culture de retraite vers un nouveau management des âges et des temps sociaux.* Québec: Presses de l'Université du Québec. Collection « Études d'économie politique ». 281 p.

TREMBLAY, D.-G. (2007). *L'innovation continue. Les multiples dimensions du phénomène de l'innovation.* Montréal: Télé-université. 334 p.

TREMBLAY, D.-G. (2006). *Formation et performance socio-économique.* Montréal : Télé-université et Éditions Saint-Martin. 568 p.

TREMBLAY, D.-G. et R. TREMBLAY (DIR.) (2006). *La compétitivité urbaine dans le contexte de la nouvelle économie.* Québec : Presses de l'Université du Québec. Collection « Études d'économie politique ». 420 p.

FONTAN, J.-M., J.-L. KLEIN et D.-G. TREMBLAY (2005). *Innovation sociale et reconversion économique. Le cas de Montréal.* Paris : L'Harmattan. 170 p.

TREMBLAY, D.-G. (DIR.) (2005). *De la conciliation emploi-famille à une politique des temps sociaux.* Québec : Presses de l'Université du Québec. Collection « Études d'économie politique ». 287 p.

TREMBLAY, D.-G. (2004). *Conciliation emploi-famille et temps sociaux.* Québec et Toulouse : Presses de l'Université du Québec et Octares. 340 p.

TREMBLAY, D.-G. (2004). *Économie du travail. Les réalités et les approches théoriques* (éd. rev.). Montréal : Éditions Saint-Martin et Télé-université. 482 p.